OEUVRES
COMPLÈTES
DE REGNARD

TOME I

SAINT-DENIS. — TYPOGRAPHIE DE PREVOT ET DROUARD.

VOYAGE DE LAPONIE.

Ce fut là que nous plantâmes l'inscription........ C'étoit
sa véritable place ; mais qui ne sera, comme je crois, jamais
lue que des ours.

A Paris, chez P. T.

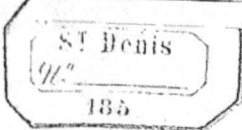

OEUVRES

COMPLÈTES

DE REGNARD

AVEC UNE NOTICE

ET DE

NOMBREUSES NOTES CRITIQUES, HISTORIQUES ET LITTÉRAIRES

DE FEU M. BEUCHOT,

DES RECHERCHES SUR LES ÉPOQUES DE LA NAISSANCE ET DE LA MORT DE REGNARD,

PAR BEFFARA;

Précédées d'un Essai sur le talent de Regnard et sur le talent comique en général,

avec un Tableau des formes comiques et dramatiques, et une Bibliographie complète des ouvrages concernant le rire et le comique.

PAR M. ALFRED MICHIELS.

—o—

Nouvelle Édition

ORNÉE DE 13 GRAVURES D'APRÈS LES DESSINS DE DESENNE.

TOME PREMIER

PARIS

ADOLPHE DELAHAYS, LIBRAIRE-ÉDITEUR

4 ET 6, RUE VOLTAIRE

—

1854

ESSAI

SUR LE TALENT DE REGNARD

ET

SUR LE TALENT COMIQUE EN GÉNÉRAL.

C'est une des singularités de la littérature française que le peuple du monde qui possède le plus d'esprit et le plus de talent comique, deux choses très-différentes, se soit si peu occupé de définir l'un et l'autre, ait si peu cherché à les comprendre, à les expliquer, en sorte que dans la foule de livres critiques publiés chez nous depuis trois siècles, on ne trouverait pas une idée qui jette quelque lumière sur la nature de ces qualités nationales, des matériaux qu'elles exploitent et des effets qu'elles produisent. La patrie de Rabelais, de Molière, de Regnard, de Beaumarchais, de Voltaire, de Paul-Louis Courrier, n'avoir pas la moindre notion philosophique touchant les facultés, le genre de composition, d'où est sortie sa principale gloire, voilà certes de quoi surprendre! Questionnez les individus, compulsez les livres, demandez aux morts et aux vivants quelle est la signification de ces deux mots français par excellence, vous n'obtiendrez aucune réponse. Un nommé Cailhava s'est donné la peine d'écrire deux volumes sur la comédie et sur Molière : on les ouvre, on pense qu'on y trouvera une exposition de principes, une théorie quelconque relativement au sujet du livre. Vain espoir! L'auteur s'occupe de l'application avant d'avoir posé les prémisses, se plonge dans le détail avant d'avoir examiné l'ensemble de la matière, même superficiellement. C'est un voyageur qui étudie à la loupe les cailloux, les brins d'herbe, la mousse et les arbustes, mais oublie de regarder les montagnes et les vallons, les lacs et les fleuves, les villes et les ports; qui ne voit point, en un mot, la configuration générale du pays [1]. Un Italien naturalisé en France et qui a écrit ses livres dans notre idiome, Riccoboni avait également analysé les pièces de notre grand comique et fait ressortir son extrême habileté ; son ouvrage semble annoncer quelques vues philosophiques [2]. On cherche, on feuillette, on ne trouve rien. La même observation s'applique à un ouvrage publié en 1696 par l'abbé de Bellegarde et intitulé : *Réflexions sur le ridicule et sur les moyens de l'éviter*. Ce volume ne contient pas une définition, pas une idée générale, mais seulement une suite de remarques et de portraits, dans le genre de Labruyère.

Une telle absence d'idées sur le comique étonne principalement chez le peuple du monde qui saisit et peint mieux les ridicules. Il faut avouer néanmoins que les autres nations, comme le prouvera la dernière partie de notre essai, vivent dans la même ignorance. Quelques-unes ont fait de louables efforts pour en sortir, mais leurs tentatives n'ont pas réussi. Deux ou trois phrases d'Aristote laissent seules entrevoir la solution de ce problème important, difficile et curieux. Hormis les points que frappent ces lueurs imparfaites, il est resté enveloppé de ténèbres, comme la question du sublime, avant les analyses de Silvain et de Kant. Il mène pourtant, aussi bien que la dernière, aux considérations les plus hautes, les plus inattendues, les plus intéressantes. Une fois élucidé, il explique tout un côté de la nature humaine.

Outre cette raison intime, une autre cause aurait dû stimuler l'esprit d'investigation dans les philosophes, les critiques, les historiens littéraires : c'est l'effet que le ridicule produit en nous. Quel étrange phénomène! Un homme passe dans la rue et voit tomber un autre homme, il éclate de rire. Un spectateur assis au théâtre voit paraître un personnage grotesquement habillé, lui entend dire une sottise, faire un quiproquo, et il éclate de rire. Un individu se promène, un livre à la main : tout à coup il suspend sa marche, sa bouche s'entr'ouvre et s'élargit, ses yeux se ferment à moitié, ses joues se plissent; en même temps sa poitrine se soulève, ses flancs s'agitent; il s'incline, se redresse et fait entendre un bruit capable d'effrayer les oiseaux de proie. Quelles secousses! Comme il semble dominé par l'action d'une force irrésistible! Comme ces mouvements convulsifs ont l'air de le rendre heureux! Enfin, l'émotion croissant, des pleurs hu-

---

[1] Le premier chapitre de Cailhava est intitulé : *Du choix du sujet*.

[2] *Observations sur la Comédie et sur le genre de Molière;* Paris, 1736, un volume in-12.

mectent ses paupières ; il est contraint de s'essuyer les yeux, et on pourrait le croire en proie à la douleur.

Que s'est-il donc passé en lui ? D'où vient cette joie ? D'où viennent ces bizarres soubresauts ? Les fous se livrent-ils à des contorsions plus singulières ? Et cependant cet homme est en même temps plein de raison et plein de santé.

Ici, comme on le voit, le problème se divise : nous avons maintenant à examiner quelles sont les causes extérieures du rire, quelles sont ses causes intérieures, ou, si l'on aime mieux, quelle est la nature du comique et la nature du plaisir qu'il fait naître. Nous exposerons en peu de mots notre manière de voir sur ces deux points, et nous espérons que notre théorie paraîtra claire et satisfaisante.

Tout ce qui est contraire à l'idéal absolu de la perfection humaine excite le rire et produit un effet comique. Or cet idéal absolu embrasse tous les aspects de notre nature et tous nos rapports avec le monde extérieur. Chose étrange en vérité! l'homme, créature faible et malheureuse, est tenu de posséder les mérites les plus divers, de régler ses passions et son intelligence de manière à ce que ses facultés soient dans un perpétuel équilibre; bien mieux, il faut qu'il se maintienne en bonne harmonie d'une part avec ses semblables, de l'autre avec les puissances physiques et avec les objets qui l'entourent. S'il n'arrive pas à ce haut degré d'excellence, il en est immédiatement puni par le ridicule.

En effet, l'homme doit être beau ; toute déviation un peu forte des lois de la beauté le rend comique. Trop de maigreur ou trop d'embonpoint, des jambes ou des bras trop longs, une bosse par-devant ou par-derrière, un nez volumineux, un menton disproportionné, des yeux de taupe, des cheveux hérissés, d'une couleur désagréable, excitent le rire et font naître l'envie de plaisanter les individus chez lesquels on remarque ces défauts. On leur sait mauvais gré de leur conformation hétéroclite, et on ne demande pas mieux que de s'amuser à leurs dépens. Cette disposition produite par les vices du corps implique pour l'homme la nécessité d'être beau, quelque bizarre que cette obligation puisse paraître. Il ne peut même bégayer ou bredouiller, sans faire perdre leur sérieux aux gens qui l'entendent.

Il est deux cas néanmoins, où la laideur physique éveille d'autres sentiments. Lorsqu'elle fait souffrir l'homme disgracié de la nature, elle ne provoque plus la gaîté. Un boiteux, un cul de jatte, qui se traînent péniblement, avec des efforts douloureux, un aveugle qui tâtonne pour trouver son chemin, ne semblent pas comiques et n'inspirent pas d'idées moqueuses. On les plaint, on s'attendrit sur leur sort, en se félicitant de n'être pas dans la même situation. Dès qu'il y a souffrance, la pitié prend la place du rire. C'est une loi et une précaution de la nature, que les maux de nos semblables ne puissent pas devenir pour nous des causes de joie.

On devine néanmoins que la sensibilité des individus fixe les limites du rire et de la compassion. Les âmes sèches trouvent plus à railler, les âmes tendres s'émeuvent plus facilement. Là où tel homme égoïste et dur voit un sujet de plaisanterie, l'homme de cœur voit un sujet de larmes : le premier rit encore avec une expression de dédain, que le second a déjà des pleurs dans les yeux. L'un aperçoit plus tôt la souffrance et l'autre l'aperçoit plus tard. Un individu très-sensible ne rit pas souvent : il plaint presque toutes les difformités, sinon comme une cause de douleur physique, au moins comme une cause de douleur morale. Il y a effectivement bien peu d'êtres laids auxquels leur laideur n'inspire une affliction secrète. Une constante moquerie annonce une mauvaise nature.

La laideur physique cesse encore d'être plaisante, lorsqu'elle devient une menace. Des yeux féroces, des traits repoussants qui annoncent la méchanceté, une organisation puissante au milieu de son désordre, ne provoquent pas le rire, mais excitent la crainte ou l'aversion. Tout comique disparaît : nous sommes en face du terrible. Le drame pousse sa joyeuse sœur dans la coulisse et prend possession du théâtre. Sancho est amusant : les Sorcières de Macbeth, Quasimodo, le Satan du *Paradis perdu* ont un autre caractère et produisent un autre effet. Leur laideur tragique éloigne le rire, au lieu de le faire naître.

Non-seulement l'homme doit être beau, ou pour le moins d'une forme régulière, mais il est tenu d'avoir une intelligence bien organisée, qui suive fidèlement les principes de la logique et le préserve de l'erreur. Tout raisonnement faux, toute méprise sont comiques, s'ils n'engendrent pas de souffrances et ne mettent aucun individu en péril. Les pièces de Térence, Plaute, Molière, Regnard, Beaumarchais, Gozzi, sont pleines de quiproquos, de bévues commises par les personnages, d'inepties, d'extravagances qu'ils débitent. Sur tous les théâtres du monde, le niais a le privilége de faire rire les spectateurs. Les fous du moyen âge excitaient de même la gaîté à la cour des rois et des princes. Jocrisse, Pierrot, Bertrand, Pourceaugnac, sont des types éternels. Une

foule de scènes comiques doivent leur agrément à l'erreur de
deux personnages, qui croient s'entendre et parlent néanmoins
de choses différentes. Ainsi, lorsque Valère a enlevé la fille
d'Harpagon et que le père le soupçonne de lui avoir dérobé son
coffre fort, il y a entre l'avare et le jeune homme une explication
très-divertissante, l'un ayant toujours en vue la femme qu'il aime
et l'autre la caisse qu'il regrette : les mots dont ils font usage peuvent désigner celle-ci comme celle-là; plus l'erreur se prolonge,
plus elle réjouit l'audience, qui finit par éclater de rire. L'idéal
de l'homme exige donc qu'il ne se fourvoie jamais dans le domaine de la pensée, qu'il obéisse ponctuellement aux règles de la
logique et ne se méprenne ni sur l'essence des choses, ni sur les
qualités bonnes ou mauvaises, sur les sentiments et les projets
des individus, ni même sur la signification de leurs paroles. C'est
là un programme bien difficile à réaliser, sans doute; mais la
joie moqueuse excitée par tout ce qui s'en éloigne, prouve son
existence et le caractère impératif dont la nature l'a revêtu. Elle
porte si loin la rigueur, qu'elle ne fait pas même grâce à l'ignorance et à l'étourderie.

Mais supposez qu'une erreur compromette la fortune ou de
celui qui l'a commise ou d'une tierce personne, qu'elle devienne
pour eux une source de chagrins, de pénibles accidents, le comique est aussitôt détruit. Le lecteur, l'auditeur s'apitoient : le
sourire même cesse de voltiger sur leur bouche; il trahirait une
âme basse et un mauvais cœur. Si l'idée fausse, le raisonnement
inexact ont des conséquences plus funestes encore, s'ils jettent
dans le désespoir ou entraînent péril de la vie, alors la terreur
s'empare du public, et l'horreur même peut se produire. John
Gilpin monte à cheval pour aller rejoindre sa femme et ses enfants, qu'une voiture a transportés hors de Londres; mais il ne
connaît pas la bête qui le conduit au rendez-vous : son ami le
calandreur la lui a prêtée. Or, voilà que le quadrupède se lance
à fond de train : le malheureux John le saisit par la crinière, ce
qui le fait galoper de plus en plus vite. Deux cruchons pleins de
vin, qu'il avait enfilés par les anses dans un ceinturon, se brisent
derrière lui. N'importe! l'animal bondit toujours, et le gauche cavalier aperçoit bientôt sa famille au balcon d'une hôtellerie.—
« Arrêtez, arrêtez, John Gilpin; c'est ici l'endroit, crient de tous
leurs poumons la femme, les enfants et les servantes. Le dîner
attend et nous sommes fatigués! »—« Je le suis aussi, répond le
bourgeois éperdu. »—Mais le cheval ne s'occupe guère de ce

qu'éprouve, de ce que désire le marchand de drap. Il passe comme une flèche, car son maître possède, trois lieues plus loin, une maison de campagne où il a l'habitude d'aller. Hop! hop! hop! Gilpin, qui n'a plus ni perruque, ni chapeau, entre dans la cour du calandreur. Celui-ci veut le retenir à dîner : « Mais c'est le jour anniversaire de mon mariage : il est impossible que je laisse ma femme et mes enfants dîner seuls; je cours les retrouver. » Et aussitôt Gilpin tourne bride. Malheureusement un âne, placé près de là, commence à braire avec une telle force que le cheval s'élance de plus belle, comme s'il entendait rugir un lion. Au bout d'une heure, le marchand approche de l'auberge : un valet de poste essaye de l'arrêter, pour gagner une demi-couronne que lui a promise Mme Gilpin ; le quadrupède s'effarouche et arpente plus vite que jamais le sol. Enfin, le drapier rentre dans Londres, arrive chez lui, couvert de poussière, fatigué, altéré, très-peu satisfait de son excursion champêtre.

Comme les accidents qui lui arrivent ne sont pas d'une nature grave, ne compromettent ni son bonheur, ni son existence, et ne peuvent lui causer qu'une irritation passagère, on se divertit à ses dépens : sa mésaventure reste dans les bornes du comique. Il pensait conduire son cheval, et, c'est au rebours, son cheval qui le conduit : cette erreur sans danger nous amuse. Mais qu'un voyageur, croyant la saison propice pour traverser les montagnes et s'imaginant connaître la route qu'il doit parcourir, s'enfonce dans les Alpes, suive les détours de leurs vallons inclinés. Il marche, et les sites deviennent plus sauvages, les rochers plus menaçants, les gorges plus étroites, les forêts plus sombres; il marche, et la solitude augmente autour de lui, les traces de culture, les dernières habitations disparaissent peu à peu ; il marche, et l'air se raréfie, la chaleur diminue, le vent traîne sur les bois des nappes de brouillard, les torrents, plus agités en parcourant un sol plus abrupte, se chargent d'écume et prennent une voix plus majestueuse. Enfin le soleil, depuis longtemps caché derrière les cimes des montagnes, quitte notre hémisphère : l'ombre enveloppe le voyageur au moment où il pénètre dans la région des nues, où leur voile humide lui dérobe la lumière des étoiles. Que faire? il s'est trompé de route évidemment, il n'a pas atteint le gîte où il comptait passer la nuit et ne sait plus quelle direction choisir. Un précipice longe le chemin qu'il suit, un gouffre de deux ou trois mille pieds peut-être : les légions de pins échelonnées sur ses pentes frémissent dans les courants d'air froid qui descendent des glaciers; mille notes lugubres s'exhalent de ces profondeurs. Bientôt le sol gèle et craque sous les pas de l'étranger : une nouvelle angoisse émeut son cœur; l'ours, le loup habitent les hautes montagnes où les confine la civilisation. Ne sera-t-il pas bientôt réduit à se défendre contre leurs dents avides? Encore si le plus faible rayon de lune éclairait le brouillard, dessinait vaguement les formes et permettait de se tenir sur ses gardes! Mais cette nuit, cette nuit impénétrable, ces murmures sinistres, ce froid qui augmente, cette route inconnue où chaque pas peut conduire à la mort! La fausse idée, le faux espoir du voyageur ne sont pas plaisants comme ceux du maladroit Gilpin. La position, l'erreur des deux individus ont une grande analogie; seulement le péril en change l'effet, et la situation de l'un nous frappe de terreur, quand celle de l'autre excite notre hilarité.

Les affections de l'homme ne doivent pas être moins sagement conduites, moins bien réglées que son intelligence. Toute déviation inoffensive des lois du sentiment et de la passion produit le phénomène moral désigné par le nom de comique. Un jeune homme épris d'une vieille femme, un vieillard épris d'une jeune fille, un amour insensé qui empêche de voir la sottise, les habitudes grossières, les défauts matériels et les vices de la personne qu'on aime, un attachement déraisonnable pour un être indigne de confiance et d'amitié, l'admiration d'un sot pour un mauvais auteur ou un mauvais artiste, l'enthousiasme qui honore la célébrité, quelle qu'en soit la source, plutôt que le mérite, l'ambition des incapables, bref, tout sentiment, toute passion que rien ne justifie, qui s'éloignent de leur but ou sont mal placés, provoquent le rire et tombent dans le domaine de la comédie. Bien mieux, il est indispensable que nos affections soient vraies : aussitôt que la feinte, la ruse, la prétention les imitent ou les altèrent, elles deviennent odieuses ou ridicules. Arnolphe élevant Agnès qu'il a prise toute petite, qu'il aime d'un amour sénile et prépare à l'honneur d'être sa femme, égaye toute la salle et n'obtient la pitié de personne, quand il lui arrive des mésaventures. L'amitié, le dévouement, la confiance d'Orgon pour Tartufe rendent comique l'opiniâtre bourgeois. Les démonstrations, les cajoleries hypocrites de Béline, l'amour trompeur qu'elle témoigne au Malade imaginaire, divertissent le public : cette affectation enlève aux deux personnages tout caractère sérieux; à l'un parce qu'il se laisse abuser, à l'autre parce qu'elle n'éprouve point les sentiments qu'elle affiche. Y a-t-il rien de plus triste, de plus digne d'intérêt qu'un homme attaqué dans les sources mêmes de son existence, affligé d'un mal interne, qui peut s'aggraver d'heure en heure et menace perpétuellement ses jours? Eh bien! si le trouble des organes n'est pas réel, si l'individu s'effraye sans motif, le ridicule naît sur-le-champ de son erreur. Tant il est vrai que nulle affection, nulle émotion ne doit s'écarter de sa route, ni sortir des limites que lui trace la nature. La peur et l'inquiétude ont aussi leurs lois : on ne peut craindre mal à propos sans tomber dans le ridicule et donner prise au sarcasme.

Il est bien entendu que ces aberrations du sentiment ne seraient plus comiques, si elles occasionnaient une vive douleur corporelle ou un chagrin profond, si elles mettaient en péril la fortune, le bonheur ou la vie de quelqu'un. Nous l'avons déjà fait observer : le rire ne s'accommode point du voisinage des passions fortes. La pitié, la colère, l'indignation, la terreur le dissipent ou l'empêchent de naître. Et comme cette restriction s'applique à toute les formes du ridicule, nous ne la répéterons plus, pour ne pas fatiguer le lecteur. Le comique exige une entière liberté d'esprit et une absence complète d'émotion : il faut que l'entendement se fasse un jeu des difformités, des erreurs, des sottises, des folles passions qu'il voit circuler autour de lui. L'émotion le gagne-t-elle, la douleur vient-elle éveiller sa sympathie, la gaîté disparaît. L'homme qui tout à l'heure semblait ridicule, maintenant qu'il souffre, maintenant qu'il est en péril, excite la compassion. Qu'un coup de feu atteigne l'individu le plus grotesque, au milieu d'un discours emphatique et puéril : sa chute, sa pâleur, le sang répandu sur ses habits changeront aussitôt les dispositions à son égard; on oubliera son extravagance et on le plaindra.

Si c'est une obligation pour l'homme d'être beau, intelligent, de bien placer ses affections et de ne pas s'émouvoir mal à propos, c'est pour lui une obligation plus rigoureuse encore de ne pas violer les principes de la morale. Toutes les fois que dans des circonstances graves il offense les lois de la justice et de la vertu, il se rend odieux, méprisable; toutes les fois que, dans des circonstances peu graves il commet des fautes analogues, il devient ridicule. Les péchés véniels sont une abondante source de comique. Le mensonge, le vol, la supercherie, les traits de cupidité, d'avarice, de présomption, d'envie et d'égoïsme, en abaissant l'homme, font de lui un personnage plus ou moins grotesque. Les valets fripons de Molière qui cumulent tous les vices, provoquent sans cesse le rire. Scapin, Robert Macaire, Bertrand, Mercadet, Lazarille de Tormes, sont des types très-amusants. La vanité du bourgeois gentilhomme, la ladrerie d'Harpagon, la suffisance de la comtesse d'Escarbagnas, l'égoïsme ingénu des enfants et des rustres, éveillent la gaîté. Il n'est pas un vice, pas un genre de délit contre la morale, qui ne donne naissance à une forme du comique.

Il semblerait que nous devons avoir énuméré toutes les conditions de l'idéal, toutes les exigences de la nature. N'avons-nous pas fait le compte de tous les mérites, de toutes les vertus que peut posséder notre espèce, qui sont isolément assez rares et qu'on voit encore moins souvent réunis? Qu'oserait-on demander de plus à de si débiles créatures? Faut-il qu'elles s'élèvent jusqu'au rang des dieux? Il faut au moins qu'elles atteignent une perfection absolue qui les en rapproche beaucoup. Nous n'avons effectivement désigné que le quart de leurs obligations : celles qui nous restent à signaler ne sont pas moins formelles, pas moins rigides que les autres.

Premièrement, il ne suffit pas que notre organisation soit régulière, que chacune de nos facultés procède comme le veulent la raison et la nature ; il est encore indispensable que nous maintenions entre elles un juste équilibre. Les instincts physiques, l'entendement, les passions et le sentiment moral doivent demeurer dans leurs domaines respectifs, et ne pas empiéter sur les domaines voisins. L'homme est une espèce de gouvernement constitutionnel, qui exige la pondération des pouvoirs. Dès qu'elle n'a plus lieu, le ridicule se manifeste.

Les instincts l'emportent-ils sur les facultés de l'esprit, sur les affections et les sentiments, sur les avis de la conscience, ils produisent immédiatement des scènes comiques. L'instinct de la conservation, par exemple, lorsqu'il domine l'intelligence, les affections, le sentiment moral, égaye toujours le public. Le rôle du Poltron a un succès infaillible dans toutes les pièces et dans tous les pays du monde. La gourmandise, l'ivrognerie, la paresse, le grossier amour des sens, dérident l'auditoire d'une manière aussi certaine. Sancho Pança nous offre réunis ces penchants vulgaires, et nous les montre en action. Nulle idée, nul sentiment, nul principe moral ne le gêne dans l'accomplissement de ses désirs et de ses fonctions naturelles ; il laisse même aller sous lui en se cramponnant à son maître, pendant que celui-ci rêve de glorieuses aventures au milieu des montagnes Noires ; les extravagantes illusions du chevalier, le parfum des brises nocturnes et des plantes sauvages ne l'empêchent point de sentir les effets que la peur a produits sur son fidèle écuyer.

Est-ce, au contraire, l'intelligence qui domine et paralyse soit les instincts, soit les affections ou le sentiment moral, le comique naît aussitôt de cette combinaison défectueuse. Les distractions des penseurs en offrent un exemple. Quelques-uns des traits que raconte La Bruyère, sans les attribuer à une excessive préoccupation, pourraient néanmoins avoir cette cause. « Si Ménalque marche dans les places, il se sent tout d'un coup rudement frapper à l'estomac ou au visage ; il ne soupçonne point ce que ce peut être, jusqu'à ce qu'ouvrant les yeux et se réveillant, il se trouve ou devant un limon de charrette, ou derrière un long ais de menuiserie que porte un ouvrier sur ses épaules. On l'a vu une fois heurter du front contre celui d'un aveugle, s'embarrasser dans ses jambes et tomber avec lui, chacun de son côté, à la renverse. » Un homme auquel la méditation ferait ainsi oublier le soin de sa personne, quels que fussent d'ailleurs son génie et sa renommée, divertirait les spectateurs à ses dépens : il renouvellerait l'histoire de l'astrologue tombé dans un puits. Le comique ne serait pas moins vif, si sa préoccupation l'égarait en matière de sentiment et de morale. « Ménalque se marie le matin, l'oublie le soir et découche la nuit de ses noces : quelques années après, il perd sa femme, elle meurt entre ses bras, il assiste à ses obsèques, et le lendemain, quand on vient lui dire qu'on a servi, il demande si sa femme est prête et si elle est avertie. » Voilà pour le sentiment : voici pour les convenances morales. « Il se trouve par hasard avec une jeune veuve, il lui parle de son défunt mari, lui demande comment il est mort. Cette femme à qui ce discours renouvelle ses douleurs, pleure, sanglote, et ne laisse pas de reprendre tous les détails de la maladie de son époux, qu'elle conduit depuis la veille de sa fièvre qu'il se portait bien, jusqu'à l'agonie. — Madame, lui demande Ménalque qui l'avait apparemment écoutée avec attention, n'aviez-vous que celui-là ? » Au surplus, Don Quichotte est le type de ces individus bizarres qui, sous l'influence de leurs idées, oublient leurs besoins, méconnaissent le témoignage de leurs sens, brisent avec toutes leurs affections et négligent même leurs devoirs.

L'amour, l'ambition, la haine, la colère et l'esprit de parti peuvent amener des effets semblables. Un amoureux que son exaltation empêche de boire et de manger, de vaquer à ses affaires, qu'elle rend gauche et distrait ; l'homme furieux qui déraisonne, qui ne se possède plus et se répand en invectives; l'ambitieux, l'énergumène dominés par leurs passions politiques, perdant toute clairvoyance et ne jugeant les choses que du haut de leurs opinions exclusives; l'avide spéculateur, dont les opinions changent, au contraire, suivant ses intérêts, désopilent la rate de ceux qui ne partagent point leurs préventions et illusions. Un sentiment bon ou mauvais les tient asservis, et rompt chez eux l'équilibre des facultés humaines.

L'amour de la justice et de la vérité, chose étrange, peut lui-même devenir comique. Si, dans les circonstances graves, en face du péril et quand il s'agit de soutenir une noble cause, il est glorieux de ne prendre pour guide que sa conscience, de se laisser emporter par son courage, si c'est là une des formes du sublime, dans des cas moins importants et des situations moins dramatiques, on s'expose au ridicule en étant trop ferme sur ses principes, en repoussant toute concession, en ne voulant jamais ni taire, ni amoindrir, ni voiler la vérité. C'est là le travers d'Alceste. Il s'emporte contre toutes les actions qui blessent tant soit peu la morale, qui ne témoignent point d'une parfaite droiture, et voudrait, pour vivre avec les hommes, qu'ils fussent des modèles de vertu. Cet excès de rigueur lui échauffe constamment la bile, lui fait perdre la modération et l'entraîne à de comiques fureurs. Dès la première scène, on l'entend s'écrier :

> Je ne trouve partout que lâche flatterie,
> Qu'injustice, intérêt, trahison, fourberie;
> Je n'y puis plus tenir, j'enrage; et mon dessein
> Est de rompre en visière à tout le genre humain.

Ce qui provoque la sage réponse de Philinte :

> Mon Dieu ! des mœurs du temps mettons-nous moins en peine,
> Et faisons un peu grâce à la nature humaine;
> Ne l'examinons point dans la grande rigueur,
> Et voyons ses défauts avec quelque douceur.
> Il faut, parmi le monde, une vertu traitable :
> A force de sagesse on peut être blâmable;
> La parfaite raison fuit toute extrémité
> Et veut que l'on soit sage avec sobriété.
> Cette grande roideur des vertus des vieux âges
> Heurte trop notre siècle et les communs usages;
> Elle veut au mortel trop de perfection :
> Il faut fléchir au temps sans obstination;
> Et c'est une folie, à nulle autre seconde,
> De vouloir se mêler de corriger le monde.

Ces beaux vers expliquent tellement bien le genre de ridicule dont nous parlons en ce moment, qu'il serait superflu d'y rien ajouter. La droiture ingénue des enfants, des étourdis, des hommes trop sincères, engendre une autre espèce de comique. Suivant les lois de la nature et de la justice, ils disent à tout propos des vérités ou font des actions qui blessent les principes, les habitudes factices du monde social. Ils révèlent les secrets que l'on tient le plus à environner d'ombre, l'âge d'une femme sur le retour, la pauvreté d'un orgueilleux, la basse origine d'un faux noble, les emprunts d'un auteur, les infortunes conjugales d'un mari, les sottises et les faiblesses d'un magistrat. Tous les déguisements tombent devant ces indiscrétions naïves : les fautes, les vices, les prétentions, les plaies cachées apparaissent dans tout leur jour. Contrariant les instincts, les passions, les idées reçues, ne ménageant aucune erreur, aucune folie, aucune susceptibilité, cette brusque franchise excite un rire général.

Les huit formes comiques, dont nous venons de faire l'analyse et la description, embrassent tout le domaine du comique de caractère. Le comique de situation a également huit formes, car le monde moral nous offre dans ses lois et ses combinaisons la même symétrie, la même régularité que le monde physique. C'est un spectacle admirable pour ceux qui aiment ce genre d'études et se livrent à ces contemplations. Malheureusement le goût en est peu répandu.

Le comique de situation a une double origine : il est produit par un désaccord de l'homme avec le monde extérieur ou par un désaccord de l'homme avec ses semblables.

Le monde extérieur comme nos semblables peuvent contrarier nos instincts, nos idées, nos sentiments, nos facultés morales. Voilà les huit formes du comique de situation, prenant leur source dans huit espèces d'antagonismes. Considérons-les maintenant en détail.

Tous les obstacles, tous les accidents qui nous empêchent de satisfaire nos besoins ou gênent quelqu'une de nos fonctions naturelles, nous mettent sur-le-champ dans une position comique. Un homme altéré qui ne trouve point de breuvage ; un homme affamé qui ne trouve point de nourriture ; un homme amoureux qui ne trouve pas de femme ; un homme que presse une nécessité impérieuse et qui est obligé de se contraindre, font tous une plaisante figure. Vous suivez une charmante personne que vous avez rencontrée dans la rue ; elle semble agréer vos muets hommages, et vous brûlez de savoir où elle demeure ; tout d'un coup, elle traverse un pont qui n'est pas libre, vous cherchez sur vous de quoi payer le passage, rien ! vous avez oublié votre bourse ! L'aimable fille s'éloigne en souriant d'un air moqueur, et vous demeurez la bouche béante, les yeux effarés, en voyant fuir vos espérances. Votre mésaventure égayera tout le monde. Une autre fois, vous sortez en grande tenue, vous allez rendre une visite solennelle, mais une pluie subite vous inonde, et il n'est personne que votre désappointement ne réjouisse : il divertira encore plus, si l'on sait que vous avez l'eau en horreur. Toute cause externe et sans intelligence qui contrarie nos instincts, produit donc un effet comique.

Le résultat est le même, si l'antagonisme porte sur nos idées, au lieu de tenir en échec nos tendances et nos besoins corporels. Les faiseurs de projets, qui voient l'avenir en beau et espèrent toujours monts et merveilles, prêtent à rire chaque fois qu'un accident vient terminer leurs songes. Un politique opiniâtre annonce que telle complication se dénouera de telle manière, il indique même l'époque où doit avoir lieu la péripétie et il semble autorisé à parler de la sorte ; mais une circonstance imprévue amène une solution toute différente : chacun se moque du faux prophète. Un voleur attaque un individu qui suit une grande route : contre son attente, cet individu, plus fort que lui, le terrasse, lui garrotte les mains et les pieds, le jette sur sa voiture et le livre aux gendarmes. Le pauvre brigand n'est-il pas ridicule ? Il croyait prendre et il a été pris : un fait exceptionnel a déjoué ses bonnes intentions, il ne pensait pas trouver son maître.

Une passion, un sentiment contrariés par des obstacles matériels, par des événements fortuits, mettent aussi l'homme dans une position comique. Une jeune fille a donné rendez-vous à son amant : elle doit, la nuit prochaine, laisser la porte de la maison entr'ouverte, et elle tient parole. Un voisin, qui remarque cette porte entrebâillée, s'imagine qu'elle l'est par suite d'un oubli et la ferme. Le galant arrive dans les ténèbres, le manteau sur le nez, le cœur palpitant de joie et d'espérance. Il pousse la porte, la porte résiste : qu'est-il survenu ? serait-il joué, dupé, trahi ? un rival préféré occuperait-il sa place ? Le malheureux se dépite et se désole. La jeune fille, de son côté, maudit sa lenteur, le croit infidèle et s'irrite de lui avoir accordé une faveur à laquelle il n'attachait aucun prix. Un accident leur cause à tous deux un chagrin comique. Un avare décoiffé par un coup de vent qui jette son chapeau dans la rivière ; un orgueilleux qui tombe et déchire son habit en entrant dans un salon où il croyait produire de l'effet, amusent également le spectateur. Le désaccord de leurs sentiments avec les circonstances et le monde extérieur leur donne un aspect ridicule.

Il est encore nécessaire à la dignité de l'homme que des obstacles matériels, des forces mécaniques ne l'empêchent pas d'accomplir sa volonté, de faire son devoir. L'obstacle peut même se trouver dans la conformation de ses organes, dont les vices et les qualités appartiennent à la nature physique. Tout maladroit excite le rire, parce que sa maladresse l'éloigne de son but : il vise le centre d'une cible et ses coups vont frapper bien loin de là ; il veut sauter un fossé plein d'eau et tombe au milieu ; il répand sur lui son potage dans sa précipitation à l'avaler. Ses intentions échouent durant leur trajet vers la fin qu'il se propose. La conséquence est la même, si l'insuccès vient d'une cause tout à fait extérieure. Odon part pour la chasse : il compte bien ne pas perdre ses peines et veut absolument rapporter du gibier. Mais une chance fatale le poursuit tout le jour : ou il n'aperçoit rien, ni lièvre, ni caille, ni perdrix, ou les bêtes avisées partent trop tôt, bien avant qu'il soit à portée de fusil. Odon peste, s'obstine, se harasse ; mais enfin il est obligé de retourner au château, le carnier vide ; il conte ses mésaventures et on le raille. Le sénateur Bird vient de voter une loi contre les esclaves, contre ceux qui leur donnent asile ou facilitent leur évasion : il souhaite qu'on l'exécute strictement *pour le bien public*, et à l'occasion il la ferait exécuter lui-même. Mais voilà justement qu'une pauvre fugitive entre chez lui, pâle, exténuée, avec un petit garçon, les pieds saignants, les habits en lambeaux. C'est une esclave, et il s'émeut ; c'est une esclave, et il recommande lui-même qu'on lui donne des soins, un nouveau costume, aussi bien qu'à son enfant ; c'est une esclave, et, attendri jusqu'aux larmes, il finit par la conduire lui-même, durant une nuit sombre et dans sa propre voiture, chez son ami Van Trompe, qui habite une ferme isolée, loin de toutes les routes, et qui d'ailleurs saurait la défendre, avec sept fils d'une taille colossale, non moins braves que lui : ce législateur enfreignant une loi qu'il a votée, parcourant des chemins détestables et périlleux pour agir contre ses intentions premières, offre un exemple très-juste du comique de la deuxième espèce, produit par l'antagonisme des circonstances, des lois physiques, des objets extérieurs avec la volonté humaine, qu'ils contrarient, annulent et oppriment.

Nous devons appeler ici l'attention du lecteur sur l'exigence vraiment singulière de la nature, qui nous impose l'obligation de faire prévaloir sans cesse notre volonté, sous peine de ridicule. Un être si faible, si variable, si peu clairvoyant, mis en demeure de toujours atteindre son but, de vaincre tous les obstacles! N'est-ce pas pousser trop loin la rigueur? n'est-ce pas placer tellement haut l'idéal que nous ne puissions plus l'atteindre? Quoi que l'on pense de cette condition tyrannique, elle était nécessaire pour que l'idéal conservât son caractère absolu : la perfection n'admet pas de moyen terme.

Aussi à tant de prescriptions rigoureuses en ajoute-t-elle une autre, qui ne l'est pas moins. Non-seulement nous devons maintenir le bon accord entre nous et le monde extérieur, mais il faut que l'harmonie règne entre nous et nos semblables. Dès que la moindre disconvenance se manifeste, elle produit des scènes bouffonnes qui amusent à nos dépens. La comédie n'ayant pas de ressource plus abondante, ni plus souvent exploitée, quelques mots nous suffiront pour classer les effets ridicules produits par les dissensions humaines. Sur ce terrain connu, le lecteur sera bientôt orienté.

Que des individus passagèrement réunis ou destinés à vivre ensemble, le mari et la femme, l'amant et sa maîtresse, des amis, des connaissances, diffèrent de goûts, de caprices et d'instincts, le comique naît aussitôt de leur discorde. L'un aime un plat que l'autre abhorre, dont il ne peut même souffrir l'odeur ; le premier veut manger chaud, le second manger froid ; celui-ci désire que l'on dresse la table en plein air, celui-là qu'elle reste dans la maison ; Pierre affectionne un vin qui déplaît à Paul ou à Pauline. Observations, réponses, traits moqueurs, entêtement, dépit, fête changée en disgrâce; épisode comique. Si l'opposition, la lutte change d'objet, elle ne change point de caractère. Que le mari soit actif, remuant, la femme lourde, paresseuse, indolente ; que le premier veuille toujours sortir, se promener, la seconde rester immobile chez elle ; spectacles, lecture, demeure, habillements, quel que soit le principe de mésintelligence, elle a pour effet certain de récréer les tiers. Trois voyageurs, qui font route ensemble, atteignent un carrefour d'où partent trois chemins : lequel faut-il prendre? chacun d'eux ouvre un avis différent et s'obstine; ils se séparent, suivent trois routes divergentes, et le contraste de leurs opinions, de leurs déterminations produit une scène comique. L'harmonie est tellement nécessaire entre les hommes, qu'on doit même la trouver dans leur conformation et leur aspect. Un couple très-disproportionné pour la taille, la grosseur, l'âge, le teint, les traits de la figure, met ceux qui le voient dans une disposition joviale. Peu importent les sexes. Le long et maigre Don Quichotte, l'épais et court Sancho font rire par leurs discordances physiques.

Lorsque le contraste a lieu sur le terrain des idées, des opinions, entre les facultés intellectuelles, les spectateurs ne perdent pas moins vite leur sérieux. Des individus que leurs principes politiques mettent toujours en opposition, de sorte que quand l'un ouvre la bouche pour raconter un fait, pour émettre un jugement, on est sûr que l'autre dira juste le contraire, sont une source perpétuelle de comique. Quelles que soient les dissidences de pensées, elles renferment un élément grotesque : les arts, la littérature, la philosophie, la religion, le commerce, la beauté des femmes, tout ce qui donne prise à la dispute, donne prise au ridicule, dès que les passions tragiques sont absentes. Les quiproquos, surtout lorsqu'ils durent un peu longtemps, n'amusent pas moins. Ebert, ministre du saint Évangile, est assis avec quelques paroissiens près d'un railway ; il leur a expliqué les effets de la vapeur et croit qu'ils les comprennent désormais aussi bien que lui. En ce moment, on voit apparaître une locomotive. — Eh bien ! mes amis, ajoute le pasteur, vous savez maintenant ce qui fait avancer cette lourde machine et ce qui lui communique sa force.— C'est égal, répond un des villageois, vous avez beau dire, monsieur le curé, il y a un cheval dedans.

Le désaccord, l'inégalité de ces deux intelligences provoque un rire soudain ; l'étonnement du curé, la bêtise de son auditeur, excitent une joie très-vive. Les explications du ministre ont bien profité à ses paroissiens !

Les incompatibilités d'humeur, de sentiments, d'affections, dérident aussi les gens les plus graves, qu'elles naissent de la différence ou de la similitude des caractères. Une trop grande conformité de natures peut rendre très-difficile la vie en commun. Des individus acariâtres, pointilleux, colères, jaloux, chicaneurs, sont bientôt fatigués les uns des autres. La ressemblance de leurs passions amène entre eux de divertissants conflits. Les tendances opposées font naître également la discorde et son résultat infaillible, le comique. Les gens gais et les gens moroses, les esprits audacieux et les esprits timides, les avares et les dissipateurs, les libertins et les personnes pudibondes ne s'accommodent guère ensemble : or, tous leurs débats, toutes leurs luttes ont un aspect ridicule. Un amour très-vif d'un côté, une répugnance non moins vive de l'autre, une ambition toujours en haleine, un goût prononcé pour le repos, les antipathies de diverse nature donnent aussi lieu à des altercations, à des scènes plaisantes. L'idéal de la vie humaine exige que nous soyons perpétuellement d'accord avec nos semblables.

Notre volonté n'est point exempte de cette loi. Aussitôt que des volontés se trouvent en opposition, leur dissidence produit un effet comique. Éraste est venu aux Tuileries pour y attendre Orphise : il souhaite, il veut s'entretenir avec sa belle maîtresse ; elle tarde malheureusement pour lui, et une légion de fâcheux qui se succèdent, ou lui font craindre de ne pas être seul, ou viennent rompre son entretien et le séparent de la jeune personne, ou l'empêchent de le renouer. L'un lui chante un air dont il est l'auteur et danse un pas de son invention ; l'autre le prie de vouloir bien lui servir sur-le-champ de second dans un duel ; un autre encore se plaint à lui d'un coup funeste, qui lui est survenu au jeu, et tâche de le retenir afin de lui montrer cette combinaison déplorable ; puis Orante et Climène le choisissent pour juge d'un débat galant qui s'est élevé entre eux ; Caritidès, Ormin, lui demandent son appui près du roi... Bref, une suite de personnages ayant tous des volontés qui contrarient la sienne, le mettent sur les charbons et finissent par l'exaspérer. Sganarelle a demandé la main de Dorimène, ne sachant pas que c'est une coquette et une délurée ; mais quand il prévoit le sort qu'elle lui réserve, il change d'intention et ne veut plus l'épouser. Cela ne fait point le compte du père, qui envoie son fils parler au prétendu. Alcidas déclare à Sganarelle qu'il deviendra le mari de sa sœur ou qu'ils se couperont la gorge ensemble. Sganarelle n'accepte ni l'une ni l'autre proposition. Alcidas lui donne des coups de canne et lui présente derechef les épées.

SGANARELLE.

Encore !

ALCIDAS.

Monsieur, je ne contrains personne ; mais il faut que vous vous battiez, ou que vous épousiez ma sœur.

SGANARELLE.

Monsieur, je ne puis faire ni l'un ni l'autre, je vous assure.

ALCIDAS.

Assurément ?

SGANARELLE.

Assurément.

ALCIDAS.

Avec votre permission donc.....
(Alcidas lui donne encore des coups de bâton.)

SGANARELLE.

Ah! ah! ah!

ALCIDAS.

Monsieur, j'ai tous les regrets du monde d'être obligé d'en user ainsi avec vous; mais je ne cesserai point, s'il vous plaît, que vous n'ayez promis de vous battre, ou d'épouser ma sœur. (Alcidas lève le bâton.)

SGANARELLE.

Eh bien! j'épouserai, j'épouserai.

L'antagonisme de ces deux hommes, la lutte de leurs volontés, dont l'une finit par subjuguer l'autre, produisent une scène très-gaie. Telle est la dernière forme du comique de situation et du comique en général. Le premier, comme on l'a vu, se distingue du comique de caractère en ce qu'il ne prend pas sa source dans notre organisation, dans le jeu de nos facultés, mais dans un rapport défectueux. L'un est subjectif, l'autre est objectif.

Cette loi impérieuse de l'idéal s'applique non-seulement à l'homme et à ses actions, mais à toutes ses œuvres, à toutes les circonstances de sa vie. Chaque fois qu'il manque son but, soit par défaut de vigueur corporelle ou intellectuelle, soit par défaut de clairvoyance, il devient ridicule et fait un acte, met au jour une production plus ou moins burlesques. La galerie ne lui épargne point les sarcasmes. Le littérateur a dans la pensée un type de perfection littéraire, au moyen duquel il apprécie les travaux des auteurs morts ou vivants : ce qui s'éloigne de son modèle absolu lui paraît comique et provoque son hilarité. Le public à son tour consulte un exemplaire intellectuel, qui gouverne son jugement. L'homme du monde se forme sur l'élégance des principes arrêtés, qu'il lui semble grotesque de ne pas suivre : l'artiste procède de même pour son art et l'ouvrier pour son industrie. Quand ils voient qu'on n'a pas tenu compte de leurs idées, par ignorance, par maladresse, par n'importe quel autre motif, ils se mettent à rire, car leurs idées sont dans leur opinion les types du vrai et du beau, types dont tout le monde doit reconnaître la suprématie.

Les nations, comme les individus, ont un idéal, qui leur sert de criterium et de mesure. On remarque entre elles, à cet égard, des différences très-prononcées. Selon les races, les climats, la forme du terrain, les traditions, les principes religieux, les peuples conçoivent des notions particulières touchant l'art et la littérature, la décence et la beauté des costumes, les mœurs, les convenances et les détails de la vie. Négligez ces petites lois d'étiquette, vous leur paraîtrez comique. Observez-les, au contraire, dans un pays voisin, où les coutumes ne sont pas les mêmes, vous ferez rire de vous. L'idéal a changé, vous êtes contraint de changer avec lui.

Ainsi donc l'homme n'atteint la perfection absolue, que lui impose la nature, et n'évite le ridicule, n'échappe aux sarcasmes des plaisants, que sous de nombreuses et très-pénibles conditions. Il faut que son corps et son intelligence soient bien constitués, que ses organes et ses facultés spirituelles fonctionnent régulièrement ; il doit maintenir l'équilibre entre ses instincts et ses diverses aptitudes, se préserver de tout conflit avec le monde extérieur et de tout désaccord avec ses semblables ; il doit même se conformer aux opinions générales du peuple qui l'environne. Or, s'il réalise ce programme, non-seulement la moquerie ne peut l'effleurer, mais il parvient en même temps à la sagesse, à la vertu et au bonheur. Toutes ses passions, toutes ses idées, tous ses actes, tous ses rapports, sont gouvernés par les lois de la justice, de la prudence et de la raison : ils forment le plus harmonieux ensemble. L'humiliation, la tristesse et la souffrance ne lui arrivent d'aucune partie de son être, d'aucun point de l'horizon : il est digne, il est calme, il est heureux. Le comique, chose merveilleuse, renferme donc une théorie négative, mais complète, de l'homme et de la vie humaine. Pendant que l'admiration, l'amour du beau, les penchants affectueux de notre cœur et la voix de notre conscience nous attirent directement vers le bien, le ridicule nous y pousse d'une façon indirecte, en nous éloignant du mal. Comme les chiens autour des troupeaux, il circule autour de nous, afin de nous relancer dès que nous abandonnons notre voie et mettons le pied sur un sol défendu. Il nous ramène ainsi dans les limites providentielles que nous n'aurions pas dû quitter. Cette surveillance est d'autant plus utile que tout le monde a le sentiment et la crainte du ridicule. On se préserve donc par vanité d'une foule d'actions blâmables ; on diminue ses chances d'infortune et l'on se rapproche du bonheur, pour ne pas exciter la raillerie. La nature ne pouvait montrer plus de sollicitude maternelle envers nous. Elle a imaginé un moyen de nous conduire à la sagesse et à la félicité, sans que nous comprenions où elle nous mène ; elle a placé une lampe éternellement secourable dans l'ombre de nos passions et de nos extravagances ; elle a mis des leçons infaillibles dans notre rire, et des avertissements délicats dans les accès de notre gaîté la plus folle.

C'est là ce qui explique le mystérieux phénomène du rire et la joie non moins mystérieuse qui l'accompagne. On ne s'est jamais étonné de cet effet bizarre, énigmatique, absurde en apparence, qui devait causer l'étonnement le plus profond. Le rire nous l'avons vu, a pour cause la perception d'un défaut, une erreur, une sottise débitées devant nous, la prédominance illégitime d'une faculté sur les autres, la situation embarrassante d'un homme en désaccord avec le monde extérieur ou avec ses semblables. Or, chacune de ces choses est laide et mauvaise; elles devraient donc produire un sentiment désagréable. Que le beau, que le bon fassent plaisir, rien de plus naturel; que l'harmonie et la concorde nous charment, nous réjouissent, cela est tout simple; mais que la difformité, le vice, l'erreur, l'ineptie, la grossièreté, l'ignorance, la faiblesse, la discorde et la lutte, nous causent une joie très-vive, cette joie semble inopportune, incompréhensible. On ne voit pas qu'une odeur nauséabonde, qu'un mets corrompu ou mal apprêté, délectent personne. Comment des imperfections d'une autre nature excitent-elles notre gaîté? C'est la répugnance et la tristesse qu'elles devraient faire naître. Quoi! parce qu'un individu sera mal proportionné, chauve et laid, parce qu'il bredouillera, parce qu'il débitera des niaiseries, commettra sans cesse des méprises, recevra une averse, tombera dans un fossé, mentira maladroitement et sera battu par sa femme, nous pousserons des éclats de rire et nous éprouverons un contentement si extraordinaire que nous aurions peine à l'échanger contre n'importe quel plaisir moral ou matériel! N'est-ce pas une contradiction à dérouter l'intelligence la plus forte?

Aussi notre plaisir ne naît-il point des vices mêmes que nous remarquons dans les objets. Ces vices ne sont pour nous qu'une occasion et un stimulant : la joie vient d'une autre source, plus profonde, plus rationnelle et plus pure. Le comique a cette analogie avec le sublime, que ni l'un ni l'autre ne tirent leur puissance, leur efficacité du dehors : ils l'empruntent à un phénomène, à une disposition particulière de notre esprit. Le sublime n'est pas une qualité des choses; mais il y a des objets grands, des actions magnanimes, qui éveillent en nous le sentiment de l'infini, dans lequel seul réside le sublime. Or, tout objet, toute vue, toute action, étant bornés, ne contiennent pas l'infini. De même, les conformations irrégulières, la sottise, le manque d'équilibre entre les facultés, les situations désagréables, malencontreuses, les divergences d'humeur et de sentiment, les luttes d'opinion ne renferment pas le comique. Ce sont des vices d'organisation, des rapports défectueux, pas autre chose. L'effet comique se produit dans l'intelligence du spectateur, sans lequel ces déviations resteraient simplement des erreurs de la nature, des extravagances et des fautes de l'homme.

De même que la grandeur et la force, atteignant les dernières limites perceptibles pour nos organes, éveillent en nous l'idée de l'infini et produisent le sublime, les choses défectueuses éveillent en nous, par contraste, l'idée de la perfection absolue qui doit être la règle de la vie humaine, et le comique se trouve produit. C'est donc un phénomène subjectif. Si on l'analyse, on voit qu'il est composé de trois éléments divers : le sentiment de l'idéal qui en forme la base, la partie la plus considérable ; un dédain manifeste pour les vices, les défauts du corps et de l'esprit, les aberrations et les sottises qui le réveillent ; un secret contentement de nous-mêmes qui n'avons ou ne croyons avoir aucune de ces imperfections, qui pensons ne pas commettre de folies ni dire d'absurdités pareilles, et qui en sommes sûrs pour le moment, puisque nous restons muets, immobiles, dans notre rôle de spectateurs et d'auditeurs. Ce triple effet, produit en nous, constitue le sentiment comique. Or nous avons vu quelle importante mission la nature lui a confiée : moniteur vigilant, il cherche à nous préserver de toutes les fautes et de toutes les sottises. Il était donc nécessaire qu'il fût accompagné d'un plaisir très-vif, une loi générale voulant que chaque fonction, chaque sentiment, chaque phénomène utiles à la conservation ou à la reproduction des êtres animés, leur causent une jouissance morale ou matérielle qui sert de stimulant et de récompense. La joie unie au sentiment comique s'exprime par le rire : elle est si agréable que beaucoup de personnes la mettent au-dessus de toutes les autres, qu'elle exerce même une influence favorable sur la santé. Pour le rire, il appartient en propre à l'espèce humaine, comme l'avait déjà signalé Aristote, sans en indiquer le motif : les animaux pleurent quelquefois, l'homme seul a le don du rire. Les considérations précédentes expliquent nettement pourquoi. Les animaux ne concevant point l'idéal, n'étant susceptibles d'éprouver ni dédain ni orgueil, ne peuvent non plus éprouver le sentiment comique. Or, si l'on supprime une cause, ses effets disparaissent avec elle.

Nous avons semblé jusqu'à présent perdre de vue le théâtre de Regnard et le caractère spécial de son talent, que nous avons promis d'étudier. Mais en définissant le comique, en montrant d'où naît le rire, nous avons fort avancé notre tâche : on nous entendra maintenant à demi-mot. Rien de triste comme ces vagues observations qui ne portent sur aucune base; généralement aussi fastidieuses qu'inutiles, elles ressemblent beaucoup à la phrase suivante dont on pourrait en faire le type : Cette pièce a trois actes; si elle en avait cinq, elle serait plus longue; si elle n'en avait que deux, elle serait plus courte. Remarque aussi vraie que curieuse et instructive!

Le comique résultant d'un contraste avec l'idéal, on concevra sans peine qu'il admette plusieurs degrés. Si l'idéal est en lui-même unique et absolu, il varie dans les intelligences, suivant leur force et leur délicatesse. Les esprits supérieurs en atteignent les hautes sphères : l'héroïsme, la sagesse et la vertu n'ont rien qui dépasse leur portée, qui ne soit l'objet habituel de leurs contemplations; pour les formes, ils ont un sentiment exquis du beau et rêvent des populations dignes de figurer sur les toiles des grands maîtres. Tout ce qui s'éloigne de la perfection absolue les blesse donc immédiatement ou les fait rire, selon la gravité des cas. Ils ont de nobles, de majestueuses colères, s'ils s'abandonnent à leurs émotions; ils arrivent au comique le plus élevé, s'ils peignent les fautes et les travers des hommes. Les intelligences de second ordre habitent une région moyenne : comme leur idéal ne franchit point une certaine limite, les ridicules qui la dépassent leur échappent; leurs œuvres s'égayent en conséquence d'un genre inférieur de comique. Viennent enfin les âmes basses ou simplement vulgaires, qui ne sont accessibles qu'à une espèce de comique grossier : les défauts corporels, la prédominance, les contrariétés, les luttes des instincts forment presque tout leur domaine.

Si l'on me demande quel rang occupe l'auteur des *Folies amoureuses* dans cette classification des intelligences et des talents comiques, j'avouerai qu'il ne me semble pas placé très-haut. Par moments il s'élève jusqu'à la seconde zone, mais d'ordinaire il siège sur le dernier gradin. C'était un viveur, plus préoccupé du jeu, de la bonne chère, des jolies femmes et des vins savoureux que des lois du monde moral. On ne trouvait point en lui la noble tristesse des grands poètes comiques; l'œil toujours fixé sur l'idéal qui leur sert à mesurer la folie humaine, le spectacle du monde ne peut guère les réjouir : ils observent, ils comprennent trop bien les vices, pour ne pas tomber sans cesse dans l'affliction et la mélancolie. Regnard était d'une autre humeur. Quand une aimable fille lui souriait, quand un vin généreux scintillait dans son verre, il ne se souciait point du reste. Le plaisir et la gaîté lui paraissaient l'unique but de la vie. Le ciel est beau, la table est dressée, des mets succulents parfument la pièce, amusons-nous ! Voilà le meilleur système de conduite ! Regnard n'eût pas écrit, comme Molière, à La Mothe le Vayer, qui venait de perdre son fils, la lettre de condoléance terminée par cette phrase : « Si je n'ai pas trouvé d'assez fortes raisons pour affranchir votre tendresse des leçons de la philosophie, et pour vous obliger à pleurer sans contrainte, il faut en accuser le peu d'éloquence d'un homme qui ne saurait persuader ce qu'il sait si bien faire. »

Regnard s'en est donc tenu généralement au comique de troisième ordre et au comique de situation. Le comique de caractère, le plus difficile de tous, parce qu'il exige que l'on crée et fasse vivre un personnage, après avoir recueilli çà et là les éléments qui doivent le composer, cette forme suprême de son art, l'auteur du *Légataire universel* n'y a, pour ainsi dire, pas touché. *Démocrite, le Distrait* et *le Joueur* sont les seules pièces où il ait essayé de la mettre en œuvre. Or, Démocrite, ce philosophe railleur qui voyait si bien les petitesses, les vices, l'absurdité des hommes, pouvait devenir un personnage aussi frappant, aussi original que le Misanthrope ou Timon d'Athènes : Regnard n'a pas su lui donner le relief, la vigueur et l'intérêt dramatique de ces puissantes figures. Le Distrait lui a été suggéré par la description de La Bruyère, qui lui a fourni ses meilleures scènes ; la distraction d'ailleurs n'est pas un de ces grands désordres moraux, dont l'importance se communique à l'image qu'on en trace. Le Joueur, quoique bien dessiné, ne produit pas sur le spectateur l'énergique effet, n'a pas la vérité saisissante, qui donnent à un caractère la valeur d'un type : il n'est pas devenu la personnification du jeu, comme Tartufe de l'hypocrisie, Turcaret et Jourdain du parvenu prétentieux, Harpagon de l'avarice, Philinte de la sagesse mondaine et Orgon de la crédulité. Il ne nous apparaît pas non plus dans cette variété de situations où l'auteur pouvait le mettre : nous ne le voyons aux prises qu'avec l'amour et sa folle passion pour les cartes. Il y avait moyen de lui susciter une foule d'embarras, de le montrer sous une foule d'aspects divers ; les relations sociales que trouble un pareil vice sont nombreuses, et il fallait en faire usage. La pièce serait devenue plus intéressante, le portrait eût gagné, comme une tête à laquelle le peintre ajoute ces détails de modelé, de couleur et d'expression, qui la rapprochent de la vie.

Regnard a encore le défaut de tomber trop souvent dans le burlesque et le grotesque ; le burlesque, exagération grossière du comique moral ; le grotesque, exagération du comique matériel. Tout son théâtre italien ne se compose que de vraies farces, dont la plupart ne méritent point qu'on les lise. On ne connaît en général que cinq ou six pièces de Regnard, et c'est d'après ces travaux d'élite qu'on le juge. Mais pour se former une opinion vraie de son talent et de son caractère, il faut le suivre jusque dans les recoins de son œuvre. Jamais personne n'a tant fait usage des ressources les plus triviales. La faim, la soif, les coups, la luxure éhontée, les pots de chambre, l'envie d'aller aux latrines y figurent sans cesse. Ce dernier moyen plaisait particulièrement à Regnard. Ses poésies contiennent un sonnet où il décrit un magnifique jardin : la chute en est jolie, délicate, admirable.

> Dans le charmant réduit de tant d'aimables lieux,
> Moins faits pour les mortels qu'ils ne sont pour les dieux,
> Qu'il est doux à loisir de pousser une selle !

Ce goût du comique nauséabond salit et macule même ses grandes pièces, où il reparaît souvent. Ainsi, dans le *Légataire universel*, quand arrivent Mme Argante et sa fille, Géronte dit à Lisette :

> Ne va pas leur parler, je te prie,
> Ni de mon lavement, ni de ma léthargie.
>   **LISETTE.**
> Elles ont toutes deux bon nez ; dans un moment
> Elles le sentiront de reste assurément.

Le vieillard reçoit les dames, mais se trouve bientôt forcé de les quitter.

> GÉRONTE, bas, à Lisette.
> Lisette, le remède agit à certain point.....
>   LISETTE.
> Et dussiez vous crever, ne le témoignez point.
>   ÉRASTE.
> Mon oncle, qu'avez-vous ? vous changez de visage.
>   GÉRONTE.
> Mon neveu, je n'y puis résister d'avantage.
> Ah ! ah !... Madame, il faut que je vous dise adieu ;
> Certain besoin pressant m'appelle en certain lieu.

La grossièreté de Regnard fut pour beaucoup, j'ose le dire, dans les succès qu'il obtint de son vivant et contribue à ceux qu'il obtient encore. Il y a parmi les spectateurs, comme parmi les poètes, différentes classes d'esprits. Tous ne sont pas capables de percevoir tous les genres de ridicule. Les chefs-d'œuvre de Molière ennuient les masses, que divertissent les seringues acharnées à la poursuite d'un niais. Le haut comique des Femmes savantes et du Misanthrope dépasse l'intelligence du peuple. Chaque homme ayant son idéal, d'après lequel il juge les autres individus, il ne rit que des choses contraires à cet idéal. S'il s'en est formé un très-bas, il ne s'amuse que de défauts vulgaires, que de triviales situations. Ce qui choque les âmes élevées ne le choque nullement; bien mieux, il approuve des platitudes, il admire des sottises, de même qu'il raille de nobles principes, des actions délicates et de généreux sentiments. L'esprit de Sterne ou d'Alfred de Musset ne convient pas à la tourbe humaine; l'ananas et le vin de Syracuse lui paraissent sans goût. Mais que, dans *le Divorce*, Arlequin brise son plat à barbe sur la tête de Sotinet, qui passe au travers, la multitude éclate de rire et ne peut modérer les transports de sa joie.

Si Regnard avait eu le cœur plus sensible, l'esprit plus juste et plus élevé, il n'aurait pas écrit son *Légataire universel*, ou il l'aurait conçu autrement. Géronte n'est pas un malade imaginaire comme Argan : il éprouve des douleurs réelles, des douleurs affreuses; ce pauvre corps, miné par l'âge et par les infirmités, semble toujours près de se dissoudre. Le vieillard tombe dans de longues syncopes où on le croit mort. Sa situation est triste, déplorable, et non comique : elle fait naître la pitié, mais ne provoque nullement le rire. Toutefois, ce malheureux auquel on doit des soins et des égards, qui annonce de bons sentiments, ne s'opiniâtre jamais et témoigne de l'affection à ceux qui l'entourent, est malmené par eux de la façon la plus rude et la plus grossière :

GÉRONTE.
Puisque je suis tranquille et qu'un conseil plus sage
Me guérit des vapeurs d'amour, de mariage,
Je veux mettre ordre au bien que j'ai reçu du ciel,
Et faire en ta faveur un legs universel
Par un bon testament,

dit-il à Éraste. Il ne se propose d'en distraire que deux sommes de vingt mille écus, pour un autre neveu qui habite la Normandie, et pour une nièce fixée dans le Maine. Or, voilà que cette seule clause lui suscite une véritable persécution. Eraste, s'il ne le moleste pas directement, le laisse traiter d'une manière infâme. On lui reproche sans cesse les maux qui devraient le faire plaindre, et on lui montre une dureté vraiment inexcusable. Parlant du mariage d'Eraste, Lisette lui dit avec son impertinence habituelle :

Il convient à monsieur de suivre cette envie,
Non à vous, qui devez renoncer à la vie.

GÉRONTE.

A la vie ! Et pourquoi ? Suis-je mort, s'il vous plaît ?

LISETTE.

Je ne sais pas, monsieur, au vrai ce qu'il en est;
Mais tout le monde croit, à votre air triste et sombre,
Qu'errant près du tombeau, vous n'êtes plus qu'une ombre,
Et que, pour des raisons qui vous font différer,
Vous ne vous êtes pas encor fait enterrer.

Que dites-vous de ces plaisanteries funèbres et impitoyables? Comme elles sont divertissantes ! Quel goût délicat ! On finit par tant rudoyer le brave homme qu'il tombe sans connaissance. Sa léthargie n'inspire au meilleur des neveux et à ses dignes acolytes que l'idée de faire un faux testament. Tant que dure sa syncope, image de la mort, personne ne le veille, ne s'occupe de lui ; le pauvre diable s'en tire comme il peut. Il donne aussitôt des marques d'intérêt et d'affection à Eraste, puis confirme le testament frauduleux dicté par Crispin. J'avoue que j'aimerais mieux le voir expulser les franches canailles qui le tourmentent, le volent et l'insultent. Il y a un moment où leurs outrages vont si loin, que Géronte s'emporte et dit dans un accès de juste indignation à Crispin, qui se fait passer pour son neveu :

Savez-vous, mon neveu, qui tenez ce langage,
Que, si de mes deux bras j'avais encor l'usage,
Je vous ferais sortir par la fenêtre ?

CRISPIN.
                      Moi !

GÉRONTE.
Oui, vous ; et, dans l'instant, sortez.

De quel côté se porte l'intérêt ? Ces molestations perpétuelles, dirigées contre un vieillard sans défense, ne paraissent-elles point souverainement lâches ? Tout cela est déplorable : on ne joue pas ainsi avec la mort : l'homme, créature éphémère, attache trop de prix au peu de jours que lui octroie la nature, pour accorder la moindre sympathie à ceux qui ne respectent ni l'âge ni la faiblesse, ni la douleur, qui ne se laissent même pas attendrir par les symptômes d'une fin prochaine.

Jusqu'ici nous n'avons fait que blâmer Regnard, et l'on pourrait s'imaginer que nous ne lui trouvons aucun mérite. Telle n'est pas notre opinion. Mais chaque homme a son genre de talent. Il existe en littérature comme en peinture, des dessinateurs et des coloristes. Regnard n'est pas un auteur qui compose bien, ni qui dessine correctement : les défauts de sa manière sur ces deux points ont été l'objet de notre critique. L'invention, l'harmonie, les grandes lignes, les idées supérieures lui manquent. Il possédait en récompense une extrême facilité d'exécution, ce qui donne toujours du charme à une œuvre d'art; une verve continue de détails étincelle dans la plupart de ses pièces, où l'on admire d'ailleurs les vrais caractères du style comique. Jamais d'attendrissement inopportun : ses personnages sont constamment gais, ridicules ou moqueurs. Cette jovialité se communique à l'auditoire. Enfin, qualité suprême, l'auteur du *Retour imprévu* tenait de la nature les dons rares et précieux qu'exige l'art d'écrire. Il était maître de son langage : l'expression lui venait juste, vive, abondante, originale. Nous citerions de lui, au besoin, une foule de vers excellents, purs, vigoureux, légers et souples; mais le lecteur les remarquera aussi bien que nous. Le seul défaut que l'on trouve dans cette élocution nette, brillante et rapide, c'est une négligence qui sent parfois un peu trop l'homme riche, travaillant à son aise et craignant la fatigue.

Les qualités de Regnard lui ont permis de soutenir la dure épreuve du temps, comme la soutiennent les métaux et les marbres : ses pièces avaient la consistance nécessaire pour ne pas tomber en poudre au bout de quelques années. On les joue encore, on les réimprime : on les jouera et on les réimprimera, selon toute apparence, tant que notre idiome n'aura pas cessé d'exister.

Je ne veux point terminer ce travail sans dire quelques mots d'un problème accessoire, qui a embarrassé bien des critiques. On a remarqué avec étonnement que des hommes pleins d'esprit, comme Voltaire, si habiles à faire rire, quand ils parlent en leur nom, deviennent maladroits, maussades et ennuyeux, quand ils abordent la scène comique. Cette métamorphose semble inexplicable. Elle tient pourtant à une cause très-simple, quoique très-profonde. Le talent du poète comique est objectif, le talent du satirique ou de l'homme d'esprit est subjectif; le premier observe et peint les ridicules que lui offre la nature, le second crée le ridicule par l'expression. Le poète comique fait rire au moyen des caractères, des situations divertissantes où il place ses personnages; le style lui sert bien moins que le fond des choses, que l'art de reproduire en un tableau fidèle les vices, les erreurs, les folies des hommes; il est telle scène dans laquelle les mots les plus simples, un oui, un non, mettent tout le public en gaîté. L'auteur s'efface et disparaît derrière les acteurs. L'homme l'esprit, le satirique est toujours présent : sa diction fourmille d'artifices de pensée ou de langage. Comme il parle seul, les formes variées de son discours doivent exprimer tous les ridicules vrais ou imaginaires que fronde sa raillerie. Ce qu'il y a de plus étrange, c'est qu'il donne à ses locutions un air faux ou absurde, et même débite de complètes absurdités, pour faire naître dans l'esprit de l'auditeur des idées contraires, justement comme les scènes comiques éveillent par opposition le souvenir de l'idéal. — « C'était un grand roi, dit un poète ; nul ne savait mieux que lui préparer des lavements pour ses chiens malades. » — Prise au pied la lettre et en elle-même, cette phrase ne contient qu'une sottise : elle nous représente comme une signe de grandeur royale, l'habileté d'un monarque à faire bouillir un clystère. Mais il est évident que l'auteur se proposait une fin toute différente : il voulait nous donner de ce prince l'idée la plus mesquine, et le rabaisser en nous montrant ses futiles occupations. Il atteint son but par une voie indirecte, mais plus certaine ; la tournure absurde, comique de sa phrase excite en nous un rire dédaigneux, que l'énonciation pure et simple du fait n'eût pas provoqué. C'est là une méthode générale des écrivains spirituels, ils disent une chose pour appeler l'attention sur une autre ; ils bouleversent en apparence toute la nature, et ne cherchent qu'à réveiller le sentiment de l'ordre ; ils violent les lois éternelles de la logique, afin d'en mieux montrer l'importance ; ils parlent légèrement des crimes, afin de provoquer plus sûrement notre indignation ; de même que le poète comique, ils nous donnent sans cesse des avis détournés. Ils enfreignent même, pour obtenir ce résultat, les principes habituels de la littérature ; ils appliquent des mots pompeux à des choses frivoles, triviales et basses, puis rabaissent les grandes choses par des termes communs, par des expressions populaires.

On voit la différence du talent comique et de l'esprit : celui-là dessine des caractères, invente des situations, fait agir des personnages ; il doit à cette méthode ses principales ressources, et la diction n'a pour lui qu'une valeur accessoire ; elle n'est qu'un moyen de mettre en jeu des ressorts plus efficaces. Pour le satirique, pour l'homme d'esprit, le langage est tout : comme il parle seul et parle directement au lecteur, il est contraint de produire tous ses effets par l'habileté de son élocution. Aussi ne se préoccupe-t-il que de cet instrument, et lorsqu'il veut aborder la scène, dont il ignore, dont il ne comprend même pas le mécanisme, il faut nécessairement qu'il échoue. Il compte sur ses ruses de style, sur sa tactique oratoire, sur la finesse, la variété de ses expressions, et s'étonne de ne point réussir; il ne manque en effet à son œuvre que le plan, l'organisme, la vie! L'art de dire, au théâtre, fournit seulement l'épiderme : il ne saurait donner la charpente osseuse, les viscères, le cœur et les poumons, tout ce qui rend l'existence possible et tout ce qui l'entretient.

Je me proposais de passer en revue les définitions assez nombreuses du comique publiées jusqu'ici. Elles auraient fait sentir la nécessité de mon investigation philosophique et auraient aussi, j'ose le dire, montré l'importance des résultats auxquels je suis parvenu. Mais je m'aperçois que je discours depuis longtemps. Je me bornerai donc à en rapporter quelques-unes, qui permettront de juger les autres par induction. Poinsinet de Sivry est l'auteur français qui a le plus nettement abordé le problème. Voici comment sa théorie se trouve exposée en même temps qu'appréciée dans l'ouvrage de Roy. « Caché sous le voile de l'anonyme, l'écrivain met en scène trois célèbres interlocuteurs, Destouches, Fontenelle et Montesquieu, et fait successivement soutenir à chacun d'eux un système tout différent sur ce qu'il appelle *principe* ou *cause morale du rire*. Destouches opine pour *la joie raisonnée*, Fontenelle imagine que c'est *la folie*, et l'illustre auteur de l'*Esprit des Lois*, jugeant en dernier ressort, soutient que ce ne peut être que *l'orgueil*. D'où l'on voit que Poinsinet, seul discoureur réel sur cette matière, se décide hautement pour ce dernier système et voudrait nous persuader que nous rions en effet par vanité. Il serait, je crois, difficile de pousser plus loin l'abus du raisonnement et de soutenir avec plus d'esprit une plus méchante cause. » La cause n'est pas si mauvaise que Roy veut bien le dire : le comique nous procure indubitablement une satisfaction d'amour-propre, comme l'a démontré mon analyse; mais ce n'est qu'un des trois sentiments toujours associés qu'il éveille, et ce n'est pas le plus important. La théorie de Poinsinet pèche seulement par étroitesse : elle n'explique pas, ne signale même pas d'ailleurs les causes objectives du rire. Jean-Paul, mettant le comique en opposition avec le sublime, qui consiste dans la grandeur absolue, dans l'infiniment grand, fait consister le premier dans *l'infiniment petit*. Pour Flœgel, il résulte d'un contraste excessif. Schütze, ayant écrit un ouvrage spécial sur cette matière, a voulu être plus profond; je crains bien qu'on ne le trouve seulement plus obscur. Il a imprimé en grosses lettres la définition suivante : « Le comique est une aperception ou une conception, qui éveille par moments la sourde conscience que la nature se joue sereinement de l'homme, quand il croit agir en toute liberté, de sorte que son indépendance restreinte est tournée en dérision par rapport à une liberté supérieure. En d'autres termes : le comique est la révélation que la nature se fait un jeu de l'homme, au moyen et dans l'exercice même de sa liberté. Subjectivement, c'est une idée ; objectivement, c'est la manifestation du jeu par lequel la nature se divertit aux dépens de l'homme. Le rire exprime la joie que cause cette découverte [1]. » Comprenne qui pourra. Parmi les disciples de Kant, on voit dans le comique l'effet d'une attente ou d'un espoir subitement déjoués (*die plœtzliche Auflœsung einer Erwartung in ein Nichts*). Bref, si l'on veut prendre la peine de lire tous les ouvrages dont la nomenclature est jointe à cet essai, on n'y trouvera rien de satisfaisant, de clair et d'utile. Deux phrases d'Aristote ont seules une importance réelle : nous les citerons pour conclure : — « La comédie fait les hommes plus mauvais qu'ils ne sont, dit-il dans sa *Poétique*, et la tragédie les fait meilleurs. — La comédie, ajoute-t-il plus loin, est l'imitation du mauvais ; non du mauvais pris dans toute son étendue, mais de celui qui cause la honte et constitue le ridicule. Car le ridicule est un vice, une difformité, qui ne cause ni douleur ni destruction : un visage contourné et grimaçant est ridicule, et ne cause point de douleur [2]. » Aristote, ce profond génie, entrevoyait la solution ; mais ses paroles sont tombées sur la pierre et non point germé.

Nous avons groupé en tableau toutes les formes du comique, nous devrions dire toutes les formes du drame plaisant ou sérieux ; car, avec une simple modification, les seize formes de la comédie produisent les seize formes de la terreur et les seize formes attendrissantes de la tragédie. Le théâtre a donc quarante-huit lois fondamentales, qui produisent dans la pratique une variété infinie de combinaisons.

Alfred MICHIELS.

26 août 1853.

---

[1] *Versuch einer Theorie des Komischen*, von Schütze, page 23 ; Leipsig, 1817, un volume in-12. Nous avons traduit ce passage avec une fidélité scrupuleuse.

[2] *Poétique*, chapitres II et V.

...MIQUES ET TRAGIQUES.

LAIDEUR OU IMPERFECTION.

PHYSIQUE.		INTELLECTUELLE.	
DÉVIATION DES LOIS ORGANIQUES DU CORPS HUMAIN.		**DÉVIATION** DES LOIS ORGANIQUES DE L'ESPRIT HUMAIN.	
Attendrissante, lorsqu'elle fait souffrir l'individu chez lequel on la remarque. Ex. : Un boiteux, un cul de jatte, qui se traînent péniblement, un borgne, un aveugle.	**Comique,** lorsqu'elle ne fait pas souffrir l'individu qui en est affligé. Ex. : Un bossu, un bredouilleur, un homme avec un nez ou un menton monstrueux, etc.	**Attendrissante,** lorsqu'elle fait souffrir l'individu chez lequel on la remarque. Ex. : Folie momentanée, erreur funeste, illusion que doit dissiper la douleur, etc.	**Comique,** quand elle ne fait pas souffrir l'individu chez qui on l'observe. Ex. : Quiproquos, absurdités, coq-à-l'âne, balourdises des niais, Jocrisse, Bertrand, Pourceaugnac, etc.
Terrible, quand elle met les jours de l'individu en péril ou menace ceux d'autrui. Ex. : Un malade qui porte sur son visage les signes d'une mort prochaine : les sorcières de Macbeth, les Furies, Han d'Islande, etc.	**Comique,** quand elle ne met pas les jours de l'individu en péril et ne menace pas ceux d'autrui. Mêmes exemples que ci-dessus, les deux négations nécessaires au comique ne produisant qu'une seule forme.	**Terrible,** quand elle met les jours de l'individu en péril ou menace ceux d'autrui. Ex. : Transports de la fièvre chaude, erreur dangereuse, faux raisonnement qui doit avoir la mort pour conséquence, etc.	**Comique,** quand elle ne met pas les jours de l'individu en péril et ne menace pas ceux d'autrui. Mêmes exemples que ci-dessus.

AFFECTIVE.		MORALE.	
DÉVIATION DES LOIS DU SENTIMENT ET DE LA PASSION.		**DÉVIATION** DES LOIS RÉGULATRICES DE LA VOLONTÉ.	
Attendrissante, lorsqu'elle fait souffrir l'individu chez qui elle a lieu. Ex. : Amour mal placé, ambition juste, mais irréalisable, amitié pour un être indigne, etc.	**Comique,** quand elle ne fait pas souffrir l'individu chez qui on l'observe. Ex. : Amour d'un vieillard pour une jeune fille, prétentions grotesques, attachements absurdes, etc.	**Attendrissante,** quand elle fait souffrir l'individu chez qui elle a lieu. Ex. : Faute commise et regrettée, qui entraîne le malheur du coupable, etc.	**Comique,** quand elle ne fait pas souffrir l'individu chez qui elle a lieu. Ex. : Mensonges maladroits, ruses déjouées, fraudes légères, traits de cupidité, d'avarice, coquins pris dans leurs propres pièges, etc.
Terrible, quand elle met les jours de l'individu en péril ou menace ceux d'autrui. Ex. : Jalousie féroce ou pouvant causer la mort du sujet, ambition impitoyable, haine furieuse, etc.	**Comique,** quand elle ne met pas les jours de l'individu en péril et ne menace pas ceux d'autrui. Mêmes exemples que ci-dessus.	**Terrible,** quand elle met les jours de l'individu en péril ou menace ceux d'autrui. Ex. : Tous les grands crimes qui exposent à la fois le coupable et la victime choisie par lui.	**Comique,** quand elle ne met pas les jours de l'individu en péril et ne menace pas ceux d'autrui. Mêmes exemples que ci-dessus.

RUPTURE DE L'ÉQUILIBRE ENTRE LES FACULTÉS HUMAINES.			
PHYSIQUE.		**INTELLECTUELLE.**	
PRÉDOMINANCE DES INSTINCTS PHYSIQUES.		PRÉDOMINANCE DES FACULTÉS INTELLECTUELLES.	
Attendrissante, lorsqu'elle fait souffrir l'individu chez lequel on la voit se produire. Ex. : Gloutonnerie, luxure, ivrognerie, effroi, causant des accidents funestes.	**Comique,** lorsqu'elle ne fait pas souffrir l'individu chez lequel on la remarque. Ex. : Poltronnerie, gourmandise, grossier amour, Sancho Pança.	**Attendrissante,** lorsqu'elle fait souffrir l'individu chez qui elle a lieu. Ex. : Amour excessif de l'étude produisant des maladies, convictions menant à des sacrifices, distractions funestes, etc.	**Comique,** lorsqu'elle ne fait pas souffrir l'individu chez qui elle a lieu. Ex. : Distractions, oublis des penseurs, enthousiasme disproportionné des hommes systématiques, illusions de l'esprit de parti, Don Quichotte, etc.
Terrible, quand elle met les jours de l'individu en péril ou menace ceux d'autrui. Ex. : Anthropophagie, viol, congestions cérébrales causées par des indigestions, luttes acharnées de gens ivres, etc.	**Comique,** lorsqu'elle ne met pas les jours de l'individu en péril et ne menace pas ceux d'autrui. Mêmes exemples que ci-dessus, les deux négations nécessaires au comique ne produisant qu'une seule forme.	**Terrible,** quand elle met les jours de l'individu en péril ou menace ceux d'autrui. Ex. : Fanatisme, soif du martyre, expériences dangereuses des savants, Bernard de Palissy brûlant ses derniers meubles, etc.	**Comique,** lorsqu'elle ne met pas les jours de l'individu en péril et ne menace point ceux d'autrui. Mêmes exemples que ci-dessus.
AFFECTIVE.		**MORALE.**	
PRÉDOMINANCE DU SENTIMENT ET DE LA PASSION.		PRÉDOMINANCE DE LA VOLONTÉ ET DU SENTIMENT MORAL.	
Attendrissante, lorsqu'elle fait souffrir l'individu chez lequel on la remarque. Ex. : Amour, amitié, ambition, juste haine, qui compromettent la fortune et le bonheur de l'individu, etc.	**Comique,** lorsqu'elle ne fait pas souffrir l'individu chez qui elle a lieu. Ex. : Amoureux qui perd le boire et le manger, que sa passion rend gauche et distrait, rêves d'un marchand cupide, haine qui déraisonne, désespoir d'Harpagon, quand il a perdu sa cassette, etc.	**Attendrissante,** lorsqu'elle fait souffrir l'individu chez lequel on la voit se produire. Ex. : Tous les sacrifices accomplis dans un but moral.	**Comique,** lorsqu'elle ne fait pas souffrir l'individu chez lequel on l'observe. Ex. : Franchise des enfants et des hommes brusques, opiniâtreté d'Alceste, vertu sans modération.
Terrible, lorsqu'elle met les jours de l'individu en péril ou menace ceux d'autrui. Ex. : Amour, amitié, ambition, colère violente, haine furieuse, qui poussent au meurtre ou compromettent la vie du sujet.	**Comique,** lorsqu'elle ne met pas les jours de l'individu en péril et ne menace pas ceux d'autrui. Mêmes exemples que ci-dessus.	**Terrible,** quand elle met les jours de l'individu en péril ou menace ceux d'autrui. Ex. : Timoléon tuant son frère, Brutus faisant exécuter ses fils, Caton se déchirant les entrailles, etc.	**Comique,** lorsqu'elle ne met pas les jours de l'individu en péril et ne menace pas ceux d'autrui. Mêmes exemples que ci-dessus.

DÉSACCORD DE L'HOMME AVEC LE MONDE EXTÉRIEUR.

PHYSIQUE.		INTELLECTUEL.	
INSTINCTS PHYSIQUES CONTRARIÉS.		**FACULTÉS INTELLECTUELLES CONTRARIÉES.**	
Antagonisme attendrissant, lorsqu'il fait souffrir l'individu. Ex. : Soif, faim, chasteté forcée, chaleurs excessives, froids violents, qui ont pour résultat la douleur.	**Antagonisme comique,** lorsqu'il ne fait pas souffrir l'individu. Ex. : Faim, soif, amour peu violents tenus en échec par des accidents imprévus, pluie subite qui arrose un dandy, toutes sortes d'accidents désagréables.	**Antagonisme attendrissant,** lorsqu'il fait souffrir l'individu. Ex. : Événements fortuits en opposition avec des raisonnements justes, des convictions honorables, et entraînant des suites funestes, etc.	**Antagonisme comique,** lorsqu'il ne fait pas souffrir l'individu. Ex. : Attente trompée, espoir déjoué, projets de plaisir avortés ; tous les accidents qui ne compromettent point de graves intérêts, etc.
Terrible, quand il met la vie du sujet en péril ou le pousse à menacer les jours d'autrui. Ex. : Soif, faim, chasteté forcée, froids violents, chaleurs excessives pouvant causer la mort, avalanches, tempêtes, naufrage de la Méduse.	**Comique,** lorsqu'il ne met pas la vie du sujet en péril et ne le pousse point à menacer les jours d'autrui. Mêmes exemples que ci-dessus, les deux négations nécessaires au comique ne produisant qu'une seule forme.	**Terrible,** quand il met la vie du sujet en péril ou le pousse à menacer les jours d'autrui. Ex. : Tous les accidents qui arrivent contre notre attente et peuvent déterminer la mort, ou nous faire sacrifier l'existence d'autrui à notre conservation.	**Comique,** lorsqu'il ne met pas la vie du sujet en péril et ne le pousse point à menacer les jours d'autrui. Mêmes exemples que ci-dessus.
AFFECTIF.		**MORAL.**	
SENTIMENTS, PASSIONS CONTRARIÉS.		**VOLONTÉ, SENTIMENT MORAL CONTRARIÉS.**	
Antagonisme attendrissant, lorsqu'il fait souffrir l'individu. Ex. : Toutes les fois que les obstacles extérieurs, que les accidents contrarient les affections des hommes, au point de leur causer une vive douleur.	**Antagonisme comique,** lorsqu'il ne fait pas souffrir l'individu. Ex. : Amoureux arrivant trop tard à un rendez-vous, ou arrêté en route pour faire la chaîne, démarche cupide arrêtée par une pluie, par une visite inattendue.	**Antagonisme attendrissant,** lorsqu'il fait souffrir l'individu. Ex. : Bonnes intentions, projets longtemps mûris, accomplissement d'un devoir auxquels s'opposent des accidents, des obstacles extérieurs, etc.	**Antagonisme comique,** lorsqu'il ne fait pas souffrir l'individu. Ex. : Volonté, projets contrariés par des obstacles et des événements imprévus, sans conséquences graves ; intentions affectueuses trompées, scènes de famille, etc.
Terrible, quand il met la vie du sujet en péril ou le pousse à menacer les jours d'autrui. Ex. : Amoureux pauvre ou laid, que sa laideur, sa pauvreté empêche de réussir, jette dans le désespoir ou mène au crime ; accidents qui font manquer un mariage et produisent les mêmes effets.	**Comique,** lorsqu'il ne met pas la vie du sujet en péril et ne le pousse point à menacer les jours d'autrui. Mêmes exemples que ci-dessus.	**Terrible,** quand il met la vie du sujet en péril ou le pousse à menacer les jours d'autrui. Ex. : Bonnes intentions, projets longtemps mûris, accomplissement d'un devoir, qui peuvent entraîner la mort par suite d'accidents, d'obstacles extérieurs : Virginie se livrant à la tempête pour ne point paraître nue.	**Comique,** lorsqu'il ne met pas la vie du sujet en péril et ne le pousse point à menacer les jours d'autrui. Mêmes exemples que ci-dessus.

DÉSACCORD DE L'HOMME AVEC SES SEMBLABLES.

PHYSIQUE.

DÉSACCORD
DES INSTINCTS PHYSIQUES.

Attendrissant,
lorsqu'il fait souffrir les individus.
Ex. : Époux, qui diffèrent dans tous leurs goûts matériels et qui s'affectent de cette opposition.

Terrible,
quand il met l'existence des individus en péril ou les pousse à une lutte mortelle.
Ex. : Dissidences des goûts physiques conduisant au désespoir, combats des naufragés, des assiégés, pour la nourriture et la boisson.

Comique,
en l'absence de la douleur.
Ex. : Époux, amis, compagnons de route, qui, sans prendre fort à cœur cette opposition, ne peuvent s'entendre ni pour le boire, ni pour le manger, ni pour le coucher, ni pour la promenade, etc.

Comique,
en l'absence de tout péril, de toute passion menaçante.
Mêmes exemples que ci-dessus, les deux négations nécessaires au comique, ne produisant qu'une seule forme.

INTELLECTUEL.

DÉSACCORD
DES FACULTÉS INTELLECTUELLES.

Attendrissant,
lorsqu'il fait souffrir les individus.
Ex. : Toutes les différences d'opinion qui deviennent des causes de mutuelle douleur.

Terrible,
quand il met l'existence des individus en péril ou les pousse à une lutte mortelle.
Ex. : Toutes les différences d'opinion qui peuvent produire le désespoir, faire commettre des crimes ou recourir aux armes, guerres de religion, luttes politiques.

Comique,
en l'absence de la douleur.
Ex. : Altercations sans nombre produites par la différence des idées, dans des circonstances peu graves, quiproquos, erreurs mutuelles, etc.

Comique,
en l'absence de tout péril, de toute passion menaçante.
Mêmes exemples que ci-dessus.

AFFECTIF.

DÉSACCORD
DES SENTIMENTS ET DE LA PASSION.

Attendrissant,
lorsqu'il fait souffrir les individus.
Ex. : Gens qui aiment sans être aimés, ou sont aimés sans qu'ils aiment, amitié à laquelle on ne répond pas, enfants qui n'aiment point leur père et réciproquement, etc.

Terrible,
quand il met l'existence des individus en péril ou les pousse à une lutte mortelle.
Ex. : Affection sans retour jetant dans le désespoir ou conduisant au crime, antipathies instinctives engendrant des haines mortelles.

Comique,
en l'absence de la douleur.
Ex. : Toutes les dissidences naissant d'une incompatibilité d'humeur, de sentiments, d'affections, dans des cas peu graves.

Comique,
en l'absence de tout péril, de toute passion menaçante.
Mêmes exemples que ci-dessus.

MORAL.

DÉSACCORD
DE LA VOLONTÉ ET DU SENTIMENT MORAL.

Attendrissant,
lorsqu'il fait souffrir les individus.
Ex. : Antagonisme produit par une différence de projets, d'intentions, de principes religieux ou moraux, et amenant la douleur.

Terrible,
quand il met l'existence des individus en péril ou les pousse à une lutte mortelle.
Ex. : Différences d'intentions, de volontés, de principes religieux ou moraux, menant au désespoir, au suicide ou au crime.

Comique,
en l'absence de la douleur.
Ex. : Individus qui ne peuvent s'entendre sur ce qu'ils doivent faire, dont les volontés, les projets se contrarient dans des circonstances peu graves.

Comique,
en l'absence de tout péril, de toute passion menaçante.
Mêmes exemples que ci-dessus.

BIBLIOGRAPHIE

DES OUVRAGES

CONCERNANT LE RIRE ET LE COMIQUE.

Poétique d'Aristote, chapitres II et V.
Cicéron, de Oratore, livre II.
Quintilien, de l'Institution de l'orateur, livre VI, chapitre III.
Traité du Ris, contenant son essance, ses causes et mervelheux eflais, curieusement recerchés, raisonnés et observés; par M. Laurent Joubert, conselier et médecin ordinaire du Roy, et du Roy de Navarre, premier Docteur regeant, Chancelier et Juge de l'Université an medecine de Mompelier. Item, La cause morale du ris de Democrite, expliquee et temognee par Hippocras. Plus un dialogue sur la Cacographie Françoise, avec des Annotacions sur l'orthographie de M. Joubert; Paris, 1579, in-12.
De Somniis ac Synesi per somnia; de Risu ac Ridiculis; de Synaugiâ Platonicâ; par Celsius Mancinius; Ferrare, 1591, in-4°; Francfort, 1598, in-8°.
De Risu, ejusque causis et effectis, dilucidè ac philosophicè tractatis, libri II; par Antoine Laurent Politien; Francfort, 1603, in 4°.
Tractatus de Risu, par Elpidius Berrelarius; Florence, 1603, in-4°.
Opuscula de Voluptate et Dolore, de Risu et Fletu, de Somno et Vigiliâ, de Fame et Siti, par Nicander Jossius; Francfort, 1603, in-8°.
Physiologia Crepitûs ventris et Risûs, cum Ritu depositionis scholasticæ, par Rodolphus Goclenius; Francfort, 1607, in-12.
Eryci Puteani Democritus, sive de Risu dissertatio saturnalis. Louvain, 1612, in-12, 22 pages.
Dissertatio de Risu, par Schmid; Jéna, 1630.
De naturali et præternaturali Risu, par Léonard Simon; Messine, 1656, in-4°.
De Risu oratorio et urbano, par Morojagio, Italien.
Dissertatio de risu sardonico, par George Francus; Heidelberg, 1683.
De Risu et Fletu, par Marcus Mappus; Strasbourg, 1684, thèse de 36 pages in-4°.
Réflexions sur le Ridicule et sur les moyens de l'éviter, par l'abbé de

Bellegarde; Paris, 1696, un volume in-12. En 1699 parut une quatrième édition, dans le même format, avec de nouveaux développements.

De ludicra Dictione, in quo tota jocandi ratio ex veterum scriptis affirmatur, par Frank Vavassor, jésuite; Leipsick, 1722, seconde édition.

Dissertatio de Risu, par Kaisin; Lyon, 1733.

Dissertatio inauguralis physico-medica de Risu, par J. S. F. Lupichius; Bâle, 1738, in-4°, 22 pages.

Dissertatio de Risu a splene, par J. Zacharie Platner; Leipsick, 1738, 16 pages in-4°.

Dissertatio de Risûs commodo et incommodo in œconomiâ vitali, par Albert; Halle, 1746.

Harlequin, oder Vertheidigung des Groteske-Komischen, von Mœser, 1761, in-8°.

Traité des causes physiques et morales du Rire, relativement à l'art de l'exciter, par Poinsinet de Sivri; Amsterdam, 1768, in-12 de 134 pages.

Geschichte der komischen Litteratur, von Karl Friedrich Flœgel; Liegnitz et Leipsick, 1784, 4 vol. in-8°.

Vorschule der Aesthetik, von Jean Paul Richter; Baireuth 1804, sechstes programm.

Du Rire, article publié par M. de Senancour, dans le Mercure de France, n° 141, 8 février 1812.

Traité médico-philosophique sur le Rire, par Denis Prudent Roy, docteur en médécine; Paris 1814, in-8°.

Versuch einer Theorie des Komischen, von St-Schutze; Leipsick 1817, in-12.

Vorlesungen ueber die Aesthetik, von Georg Wilhem Friedrich Hegel, herausgegeben von Hotho; Berlin, 1837, 3 vol. in-8°.

Gaspard Dornavius, dans son *Amphitheatrum Sapientiæ Socraticæ joco-seriæ*; Home, dans ses *Principes de Critique*, chapitre 7; Alexandre Gerard, dans son *Essai sur le goût*, 1re partie, sixième paragraphe; James Beattie, dans le second volume de ses *nouveaux Essais philosophiques*; Le Batteux, dans sa *Théorie des Belles-Lettres*; Joseph Priestley, dans ses *Leçons de Rhétorique et de Critique* (1762); Mendelshon, dans la seconde partie de ses *Écrits philosophiques*; Lessing, dans sa *Dramaturgie* et dans son *Laocoon*; Riedel, dans sa *Théorie des Beaux-Arts et des Belles-Lettres*; Bouterwek, dans son *Esthétique* (Gœttingue, 1806); le professeur Meiner, dans son *Traité succinct de psychologie* (Gœttingue et Gotha, 1773); Sulzer, dans sa *Théorie générale des Beaux-Arts* (Biel, 1777); Eschenburg, dans son *Essai d'une théorie et d'une bibliographie des Belles-Lettres*; Feder, dans son *Traité de la volonté humaine*, première partie (Gœttingue et Lemgo, 1779, in-8°); Jovianus Poutanus, dans la seconde partie de ses œuvres en prose (Bâle, 1538, in-4°), ont aussi parlé accessoirement du rire et du comique.

NOTICE SUR REGNARD

PAR M. BEUCHOT.

REGNARD (JEAN-FRANÇOIS), poëte comique, naquit à Paris, le 8 février 1655, d'un marchand, bourgeois de Paris, demeurant sous les piliers des Halles. Il perdit son père après avoir achevé ses exercices académiques; et le premier usage qu'il fit de sa liberté fut d'aller en Italie. Ce voyage doit dater de 1676 ou 1677; il fut très-heureux. Regnard joua beaucoup, et gros jeu. Ses gains furent si considérables que les frais de son voyage payés, il lui resta dix mille écus. Il en avait eu quarante mille à la mort de son père; ce qui faisait une assez belle fortune pour le temps. Retourné en Italie, en 1678, il s'y passionna pour une Provençale qu'il avait rencontrée à Bologne : cette dame, revenant en France avec son mari, décida Regnard à les accompagner. De Civita-Vecchia, ils faisaient voile pour Toulon, lorsque, le 4 octobre, 1678, à la vue de Nice, leur vaisseau fut attaqué par deux corsaires barbaresques, et pris après trois heures de combat. Les pirates étaient d'Alger : la prise y fut emmenée. Regnard fut vendu quinze cents liv., la Provençale mille liv. Menés à Constantinople par leur nouveau patron, ils y subirent, pendant environ deux ans, une captivité assez rigoureuse : on raconte, cependant, que le talent du captif pour faire la cuisine lui gagna les bonnes grâces de son maître; ce qui lui valut sa liberté, et celle de sa maîtresse, moyennant une somme de douze mille francs, que sa famille avait envoyée. Regnard rapporta en France la chaîne qu'il avait traînée dans son esclavage, et la conserva toujours dans son cabinet. Il ne resta pas longtemps en France; car, le 26 avril 1681, il partit pour la Flandre, alla en Hollande, en Danemark, en Suède, en Laponie. Il avait pour compagnons de voyage deux compatriotes nommés Fercourt et Corberon, qui avaient voyagé en Asie. Arrivés à l'église appelée Iukas-jerfvi [1], au-delà de Tornéo, les voyageurs y laissèrent ces quatre vers gravés sur un morceau de bois, sous la date du 18 août 1681 :

> *Gallia nos genuit : vidit nos Africa : Gangem*
> *Hausimus, Europamque oculis lustravimus omnem :*
> *Casibus et variis acti terrâque marique,*
> *Hic tandem stetimus nobis ubi defuit orbis.*

[1] Regnard a écrit *Chuscades*.

Ils continuèrent leur route, s'embarquèrent sur le Torneostræsk (lac du Tornéo), et s'avancèrent de sept ou huit lieues près d'une montagne qui surpassait toutes les autres en hauteur. Après l'avoir gravie, disent-ils, pendant quatre heures, ils se trouvèrent au sommet d'où ils aperçurent toute l'étendue de la Laponie, et la mer Septentrionale. Ils y laissèrent gravés sur une pierre leurs quatre vers latins, avec la date du 22 août. En voici la traduction par Laharpe :

> Nés Français, éprouvés par cent périls divers,
> Le Gange nous a vus monter jusqu'à ses sources ;
> L'Afrique affronter ses déserts ;
> L'Europe parcourir ses climats et ses mers :
> Voici le terme de nos courses,
> Et nous nous arrêtons où finit l'univers.

La montagne où Regnard et ses camarades s'arrêtèrent, n'est pourtant que sous le 68e degré 30 minutes de latitude nord, d'où ils n'ont pu même voir le cap Nord, qui est par le 71e degré 10 minutes. Regnard a donc parlé en poète, et non en géographe, quand il dit être allé jusqu'aux extrémités du monde. De retour à Stockholm, le 27 septembre, ils en partirent le 3 octobre 1681 [1], se rendirent à Dantzig, et quittèrent cette ville le 29, pour visiter la Pologne. Ils étaient dans ce pays le 25 novembre (jour de la Sainte-Catherine) ; et lorsqu'ils furent rendus à Vienne, l'empereur était à la diète d'Oedembourg pour les affaires de Hongrie. Regnard dit qu'il entra dans la capitale de l'Autriche le *vingt septembre*. L'empereur arriva deux jours après à Vienne ; « et, ajoute-t-il, nous revînmes avec lui de Hongrie. » Le voyage de Hongrie avait été de courte durée. Il paraît que Regnard ne séjournait pas longtemps dans ses voyages. Il ne dit pas en quelle année il revint en France. Si, comme nous le présumons, au lieu du *vingt septembre*, il faut lire *vingt décembre* (1681), pour la date de son arrivée à Vienne, on peut croire qu'il était de retour au commencement de 1682. Dans le cas où la date du *vingt septembre* serait exacte, elle ne pourrait se reporter au-delà de 1682. Dans ce qu'il dit de Vienne, il ne parle que du siége de 1529 ; et l'on sait qu'en juillet 1683, cette ville soutint, de la part des Turcs, un second siége, que Regnard ne mentionne pas, par la raison qu'il est postérieur à son voyage. Dans le premier cas, l'absence de Regnard aura duré huit ou neuf mois ; dans le second, dix-huit ou dix-neuf ; et non, *plus de trois années*, comme le disent Niceron, le Moréri, de 1759, etc., induits en erreur par la fausse date du départ de Stockholm. L'auteur lui-même, dans la *Provençale*, où

---

[1] Toutes les éditions de Regnard, publiées jusqu'à ce jour, portent 1683 pour date de son départ de Stockholm ; mais ce ne peut être qu'une faute, car 1° Regnard ne demeura pas deux ans à Stockholm ; 2° une ou deux pages plus loin, il dit qu'il y eut trois ans le lendemain qu'il avait été pris par les corsaires, ce qui, si l'on adoptait 1683, pour départ de Suède, porterait sa capture à 1680. Mais si sa captivité avait commencé en octobre 1680, comment aurait-il pu, après les aventures qui lui arrivèrent, repartir le 26 avril 1681, date qu'il a mise au commencement de son grand voyage ? Il n'y aurait pas sept mois d'une époque à l'autre. Tous les biographes mettent sa capture à 1678 ; et cette date coïncide avec le départ de Stockholm, en 1681 ; 3° si d'ailleurs il était parti de Stockholm, le 3 octobre 1683, ce ne serait que plus tard encore qu'il aurait paru à Vienne ; et, par le texte même de son voyage, nous prouvons qu'il y passa avant juillet 1683.

les choses sont dénaturées ou exagérées, dit que son voyage avait duré deux ans. Fixé à Paris, Regnard y acheta une charge de trésorier de France, au bureau des finances de Paris. Sa maison, située au bout de la rue de Richelieu, devint le rendez-vous des amateurs de la bonne chère et des plaisirs. Les princes de Condé et de Conti furent plusieurs fois au nombre de ses convives. Dès l'âge de douze ans, il avait fait des vers : on a de lui quelques poésies imprimées sans date, à la réserve de deux ou trois, et qui sont les moins importantes. Son *Épître à M. le marquis de...* est le même sujet que la satire IV de Boileau, qui avait été publiée en 1664, lorsque Regnard n'avait que neuf ans. Non content de refaire Boileau, il l'a quelquefois copié ; et c'est peut-être à cela qu'est due l'inimitié qui régna entre ces deux auteurs. Boileau ayant publié sa satire contre les femmes (1694), Regnard composa la *Satire contre les maris* ; et, quelque temps après, le *Tombeau de M. Boileau Despréaux*, autre satire. Les deux poètes se raccommodèrent pourtant bientôt ; et ce fut à Boileau que Regnard dédia ses *Ménechmes*. Si ces poésies formaient tout le bagage littéraire de l'auteur, il serait oublié depuis longtemps ; mais Regnard a travaillé pour le Théâtre-Italien, de 1688 jusqu'à 1696, et pour le Théâtre-Français, de 1694 à 1708 : à ce dernier théâtre, il a pris la première place après Molière. Boileau qui, dans son Épître X, en 1695, avait accolé Regnard à Sanlecque et Bellocq, retrancha ces trois noms en 1698, depuis leur réconciliation, et il disait que Regnard n'était pas médiocrement plaisant. Voltaire pensait que celui qui ne se plaît point aux comédies de Regnard, n'est pas digne d'admirer Molière. Ces deux grands suffrages assurent la gloire de cet auteur. « Ce n'est, dit Laharpe, ni la
» raison supérieure, ni l'excellente morale, ni l'esprit d'observation, ni
» l'éloquence de style, qu'on admire dans le *Misanthrope*, dans le *Tar-*
» *tufe*, dans les *Femmes savantes* : ses situations sont moins fortes ; mais
» elles sont comiques ; et ce qui le caractérise surtout, c'est une gaîté
» soutenue, qui lui est particulière, un fonds inépuisable de saillies, de
» traits plaisants : il ne fait pas souvent penser, mais il fait toujours
» rire. » Outre sa maison de Paris, Regnard possédait la terre de Grillon près de Dourdan : il y passait la belle saison, avec d'autant plus d'agrément, qu'amateur de la chasse, il avait acquis les charges de lieutenant des eaux et forêts, et des chasses de la forêt de Dourdan : il se fit même recevoir bailli au siège royal de Dourdan. Il avait beaucoup embelli sa terre ; et dans les séjours qu'il y faisait, il écrivit la relation de ses voyages et la plupart de ses comédies. Ce fut aussi là qu'il mourut : Voltaire prétend que ce fut de chagrin ; et l'on a cru pouvoir le répéter après lui. Il paraît que ce fut tout simplement d'une indigestion, à la suite de laquelle il eut l'imprudence de prendre une médecine trop forte, ou d'aller à la chasse le jour même qu'il l'avait prise. Son extrait mortuaire, transcrit par M. Beffara, dans sa *Lettre à M. Crapelet*, porte qu'il a été inhumé, le 5 septembre 1709, au milieu de la chapelle de la Vierge de la paroisse de Saint-Germain à Dourdan. Voici la liste de ses ouvrages : I. Au Théâtre-Italien, le *Divorce* comédie en trois actes et en prose, 1688 [1] ; — la *Descente de Mezzetin aux enfers*, comédie en trois actes et en prose, avec des scènes italiennes, 1689 ; — l'*Homme à bonnes fortunes*, comédie

---

[1] Voyez GHÉRARDI, XVII, 277, 278.

en trois actes et en prose, avec des scènes italiennes, 1690 ; — la *Critique de l'Homme à bonnes fortunes*, en un acte, 1690 ; — les *Filles errantes*, ou les *Intrigues des Hôtelleries*, en trois actes et en prose, 1690 ; — la *Coquette ou l'Académie des dames*, en trois actes et en prose, 1691 ; — (avec Dufresny) les *Chinois*, en quatre actes et un prologue, 1692 ; — (avec le même) la *Baguette de Vulcain*, en un acte, dont le commencement est en prose et la fin en vers, 1693 ; — (avec le même) l'*Augmentation de la Baguette de Vulcain*, en un acte, dont le commencement est en prose et la fin en vers, 1693 ; — la *Naissance d'Amadis*, en un acte, 1694 ; — (avec le même) la *Foire Saint-Germain*, en trois actes, contenant une *Parodie d'Acis et Galathée*, et *Lucrèce*, tragédie burlesque; 1695 : le succès fut tel que Dancourt composa, sous le même titre, pour le Théâtre-Français, une pièce qui tomba ; la *Suite de la foire Saint-Germain* ou les *Momies d'Égypte*, en un acte, 1696. II. Au Théâtre-Français, la *Sérénade*, comédie en un acte et en prose, représentée le 3 juillet 1694 ; — *Attendez-moi sous l'orme*, comédie en un acte et en prose. On n'est pas d'accord sur la date de cette comédie ; quelques personnes la croient de Dufresny : il est probable qu'elle est des deux auteurs, alors amis ; — le *Bal*, ou le *Bourgeois de Falaise*, comédie en un acte et en vers, jouée le 14 juin 1696 ; — le *Joueur*, comédie en cinq actes et en vers, représentée le 19 décembre 1696, sans contredit le chef-d'œuvre de Regnard, qui avait été joueur. On a prétendu qu'il avait volé cette pièce à Dufresny ; il existe une épigramme de Gacon qui prononce que

> Regnard a l'avantage
> D'avoir été le bon larron.

Gacon prétendait même avoir travaillé à la pièce, pendant un voyage à Grillon, où Regnard, dit-il, l'enfermait jusqu'à ce qu'il eût mis en vers la prose dont on lui donnait le canevas [1]. Ainsi c'est pour s'en faire honneur que Gacon conteste à Regnard jusqu'à sa versification. Malheureusement pour cette prétention, on reconnaît dans cette pièce le style des autres comédies de Regnard; et, quant à l'accusation d'avoir dérobé le sujet à Dufresny : « Il faut, dit Voltaire, se connaître peu au génie des auteurs pour « penser que Regnard ait dérobé cette pièce à Dufresny ; » — le *Distrait*, comédie en cinq actes et en vers, jouée le 2 décembre 1697 ; — *Démocrite amoureux*, comédie en cinq actes et en vers, jouée le 12 janvier 1700 ; — le *Retour imprévu*, comédie en un acte et en prose, jouée le 11 février 1700 ; — les *Folies amoureuses*, comédie en trois actes et en vers, précédée d'un prologue en vers libres, et suivie d'un divertissement intitulé : *Mariage de la Folie*; le tout joué le 15 janvier 1704 ; — les *Ménechmes*, ou les *Jumeaux*, comédie en cinq actes et en vers, jouée le 4 décembre 1705, pièce que l'auteur a imitée de Plaute, mais en maître ; — le *Légataire universel*, comédie en cinq actes et en vers, jouée le 9 janvier 1708. Quoique les détails soient pleins de gaîté, d'un comique, il est vrai, quelquefois burlesque, l'invention du sujet n'appartient point à Regnard, mais aux Jésuites [2] ; — la *Critique du Légataire*, comédie en un

---

[1] Voyez les *Récréations littéraires* de Cizeron Rival, p. 192.

[2] Voyez une note à la suite des *Jammabos* de Folbert, reproduite depuis longtemps en tête du *Légataire*.

acte et en prose, jouée le 19 février 1708. III. Quatre autres pièces : les *Souhaits*, comédie en un acte et en vers libres, non représentée ; — les *Vendanges* ou le *Bailli d'Anières*, comédie en un acte et en vers, représentée pour la première fois, cent quatorze ans après la mort de l'auteur, sur le théâtre de la Porte Saint-Martin, le 15 mars 1823 : elle n'a pas eu de succès ; — *Sapor*, tragédie en cinq actes, non représentée, et dont la lecture est insoutenable ; — le *Carnaval de Venise*, en trois actes, joué à l'Opéra, au mois de mai 1699. IV. Quelques poésies : la versification en est négligée, prosaïque, incorrecte ; *réserve* y est mis pour rimer à *grève*, et *énormes* à *cornes* ; mais il y a des traits heureux, des morceaux agréables et faciles. V. *Voyages en Flandre, Hollande, Danemark, Suède, Laponie, Pologne, Allemagne*, imprimés pour la première fois, en 1731, sur un manuscrit défectueux, ou plutôt sur des notes informes, sans aucun soin de la part des éditeurs. La plupart des noms propres sont estropiés ; quelques-uns sont en blanc, les dates fautives ou non indiquées, les répétitions fatigantes : ce qui concerne la Laponie, quoique présentant les mêmes imperfections, a encore de l'intérêt ; mais c'est le seul morceau qui en ait. L'auteur raconte qu'en Danemark les nobles pouvaient tuer un bourgeois ou un paysan, en mettant un écu sur le corps du défunt ; et que Frédéric III, ne voulant pas leur ôter ce privilége, ordonna que quand un bourgeois ou un paysan tuerait un noble, il serait tenu de mettre deux écus sur son cadavre. VI. La *Provençale*, historiette publiée aussi en 1731 : c'est une partie des aventures de Regnard en Italie, et jusqu'à son retour d'esclavage ; mais comme il a tu quelques faits et embelli les autres, cet opuscule doit être rangé au nombre des contes ou romans ; et c'est trop légèrement, ce nous semble, que beaucoup de biographes ont vu dans le récit des aventures de Zelmis le récit des aventures de Regnard, et ont rapporté comme des circonstances de sa vie ce qui n'est qu'un jeu de son imagination. VII. *Voyage en Normandie*, en prose et en vers, bien inférieur au Voyage trop vanté de Chapelle et Bachaumont. Les quatorze couplets qui coupent la prose de Regnard, sont tous de la même mesure ; et l'uniformité est le moindre de leurs défauts. VIII. *Voyage de Chaumont*, en quarante couplets. Tous ces ouvrages de Regnard sont imprimés, mais non dans toutes les éditions de ses OEuvres. Ainsi que cela se pratiquait alors, les premières éditions des *OEuvres de Regnard* étaient tout simplement la réunion des pièces imprimées isolément, et chacune avec sa date : on faisait seulement les frais des frontispices pour les volumes. Les éditions de 1708, 1714 et 1729, chacune en 2 tomes in-12, ne comprenaient encore que les pièces jouées au Théâtre-Français, quoique celles que Regnard avait données au Théâtre-Italien, fussent, depuis 1700, imprimées dans la collection de Ghérardi. Ces pièces ne se trouvent même pas dans l'édition de 1731, 5 vol. in-12, où l'on imprima pour la première fois les *Voyages* et la *Provençale*. Il existe une contrefaçon de ces cinq volumes, dans laquelle le texte, déjà très-mauvais, des Voyages, est encore étrangement défiguré : l'édition de 1736, 3 vol. in-12, ne contient rien de plus. Celle de 1750, 4 vol. petit in-12, est la première qui contienne le *Carnaval de Venise*, opéra imprimé isolément dès 1669, in-4°, et dans le *Recueil général des Opéras*, 17 vol. in-12. C'est l'abbé de la Porte qui a dirigé l'édition de 1770, 4 vol. in-12. Ch. G. Th. Garnier donna les éditions, avec des remarques, de 1789-90, et de 1790, 6 vol. in-8°, dont les deux derniers contiennent les pièces du Théâtre-Italien ; le travail de Garnier laisse beaucoup, pour ne pas dire tout, à désirer. C'est la contrefaçon de 1731 que Garnier a prise pour copie ; et on lui doit rendre la justice qu'il a fidèlement reproduit toutes ses incorrections, qu'il n'avait sans doute pas aperçues ; car il n'en a corrigé ni même signalé aucune. Les éditions de 1810, 6 vol. in-8°, P. Didot, aîné 1820, 4 vol. in-8° (sans le Théâtre-Italien), et Hautcœur, 1820, 6 vol. in-8°, sont de simples réimpressions de l'édition de Garnier. Cette même année, 1820, vit paraître l'édition en 6 vol. in-8° publiée par M. Lequien, qui, tout en prenant l'édition de Garnier pour base de son travail, a collationné le texte des comédies sur les éditions originales, et a fait des corrections importantes. M. Crapelet, qui a donné en 1822 une édition de Destouches et de Regnard, tirée à cent exemplaires, a fait, sur les mêmes formes, une édition du Regnard, en 6 vol. in-8°, sous le millésime de 1823. C'est peut-être la première fois que l'on a eu recours à l'édition originale de 1731. Mais on n'a pas rempli les blancs, ni rectifié les noms. Ce qui manque encore à une édition de Regnard, c'est un commentaire, sinon critique et grammaticale, du moins historique. Mais nous sommes déjà si éloignés des temps de l'auteur, qu'il sera impossible de remplir tous les noms laissés en blanc, et d'obtenir tous les renseignements qui rendent parfaits les travaux de ce genre. Aux exemplaires de 1823, des éditions de Regnard, est jointe une *Lettre de M. Beffara*, contenant des *Recherches sur les époques de la naissance et de la mort de J. F. Regnard*, qui paraissent enfin bien établies. Regnard a eu, comme nos meilleurs auteurs comiques, le privilége de ne pas être de l'Académie française. On serait tenté de croire qu'ils étaient aussi frappés par le préjugé de la société contre les comédiens. L'Institut a été moins rigoureux que l'Académie. Molière fut loué dans l'Académie cent après sa mort. Il y a plus longtemps que Regnard est mort, et son Éloge n'a encore été proposé par aucune société savante. Cet auteur a place dans les *Mémoires de Niceron*, tome XXI. M. Picard lui a consacré un très-bon morceau littéraire dans la *Galerie française*, tome III, livraison première. Le 10 floréal an VIII (30 avril 1800), on représenta, sur le théâtre des Troubadours, *Regnard à Alger*, vaudeville en deux actes, par MM. G. Duval, Armand Gouffé, Chazet, Dupaty, Cadet-Gassicourt, Creuzé, etc., non imprimé. M. Febvé a fait jouer sur le théâtre du Vaudeville, le 13 février 1808, et imprimer la même année, *Regnard et Dufresny à Grillon*, ou la *Satire contre les maris*, vaudeville en un acte, qualifié *Fait historique*, quoique les anachronismes n'y soient pas épargnés. Enfin, le 7 août 1815, on a joué sur le même théâtre une comédie-vaudeville de MM. Georges Duval et Rochefort, intitulée : *Regnard esclave à Alger*, non imprimée.

RECHERCHES

SUR LES ÉPOQUES DE LA NAISSANCE ET DE LA MORT

DE

JEAN-FRANÇOIS REGNARD,

PAR M. BEFFARA,

auteur de la DISSERTATION SUR MOLIÈRE.

1823.

LETTRE à M. CRAPELET, imprimeur, sur les époques de la naissance et de la mort de Jean-François REGNARD, poète comique.

Paris, le 30 décembre 1822.

MONSIEUR,

J'ai fait imprimer, en janvier 1821, in-8°, une Dissertation sur Jean-Baptiste Poquelin Molière. Elle peut servir à réformer beaucoup d'erreurs commises par Grimarest, Voltaire et d'autres auteurs, et faire connaître des choses qu'on ignorait sur Molière et sur sa famille.

Le bien qu'on a dit de cet ouvrage m'a déterminé à faire des recherches sur les époques de la naissance et de la mort de Jean-François Renard, ou Regnard, le deuxième de nos plus célèbres auteurs comiques.

Cette époque de sa naissance a été inconnue jusqu'à présent, et les anciens auteurs ont commis des erreurs sur celle de sa mort.

Mes recherches m'ont donné des éclaircissements sur ces deux points. Voici d'abord son acte de décès que M. le maire de Dourdan m'a envoyé :

« Extrait du registre des actes de baptêmes, mariages et sépultures
» qui ont eu lieu dans la paroisse Saint-Germain de Dourdan, pendant
» l'année 1709.

---

[1] Imprimées dans le tome VI de l'édition des *OEuvres de Regnard*, in-8°, 1822, faites par M. Crapelet.
Il n'a été imprimé séparément que 125 exemplaires pour la Direction de la librairie, et pour l'auteur et le commerce.

« L'an de grâce 1709, le cinq septembre, a été inhumé, au milieu de
» la chapelle de la Vierge de cette église, le corps de maître Jean-
» François Regnard, après avoir reçu le dernier sacrement de l'Église,
» ci-devant conseiller du roi, trésorier de France à Paris, et depuis
» lieutenant des eaux et forêts en la maîtrise de Dourdan, capitaine du
» château dudit lieu, et pourvu par le roi de la charge de bailli au
» siége royal de Dourdan, âgé de soixante-deux ans ; en présence de
» monsieur maître Charles Marcadé, conseiller du roi, maître ordinaire
» en sa chambre des comptes, à Paris, neveu du défunt; de M. Pierre
» Vidye, conseiller du roi, son lieutenant général civil criminel et de
» police ès-siéges royaux de Dourdan, et de M. Michau, conseiller du
» roi, lieutenant de la maîtrise audit Dourdan, qui ont tous signé avec
» nous, prieur curé de Saint-Germain dudit Dourdan. Ainsi signez au
» registre, MARCADÉ, VIDYE, MICHAU et TITON, avec paraphes.
» Pour copie conforme. Dourdan, ce 1ᵉʳ juin 1821. »

La lettre d'envoi est signée de M. Moulin, maire. Cette copie contient en marge ce qui suit :

« En marge du registre est écrit :

« Enterrement de M. Regnard, né à Paris en 1647. »

Et à la table est porté ce qui suit :

« Jean-François Regnard, garçon, fameux poète. »

C'est sans doute la mention de l'âge de soixante-deux ans qui a fait porter, en marge de l'acte, qu'il était né en 1647.

L'auteur de l'Avertissement sur la vie et les ouvrages de Regnard, imprimé dans ses OEuvres, plusieurs Dictionnaires biographiques et de Théâtre le font naître en 1647, 1654, 1656 et 1657.

Les uns disent qu'il était d'une bonne, d'une honnête famille de Paris; d'autres annoncent que son père était marchand épicier à la Halle.

Regnard n'est pas né en 1647, et ne pouvait avoir soixante-deux ans lors de sa mort, et c'est lui-même qui nous en fournit la preuve.

Dans son Voyage de Flandre et de Hollande, il dit : « Nous partîmes
» de Paris le 26 avril 1681 par le carrosse de Bruxelles..... Nous nous
» trouvâmes dans le carrosse tous jeunes gens, dont le plus âgé n'avait
» pas vingt-huit ans. Il y avait cinq Hollandais. »

Si Regnard était le plus âgé, et s'il avait alors de vingt-sept à vingt-huit ans, il serait né en 1653 ou 1654.

S'il était un peu moins âgé, et s'il avait vingt-cinq ou vingt-six ans, il serait né en 1655 ou 1656.

C'est peut-être d'après cet âge que des auteurs l'ont fait naître en 1656 et 1657.

Le quartier dans lequel on a annoncé que Regnard était né (la Halle) étant connu, il ne s'agissait, pour trouver son acte de naissance, que de faire des recherches dans les registres des baptêmes et mariages de la paroisse de Saint-Eustache, dont la Halle dépendait, et de quelques autres paroisses voisines, registres déposés aux archives de l'état civil du département de la Seine. Je me suis occupé de ces recherches, et elles m'ont procuré une assez grande quantité d'actes de baptêmes et de mariages de personnes portant le nom Regnard ou Renard.

Dans le nombre de ces actes, il y en a plusieurs de naissances d'enfants de Pierre Renard, marchand de salines, et de Marthe Gellée sa femme, sous les piliers des Halles, et d'enfants de frères de cette Marthe Gellée.

L'acte de mariage de Pierre Renard et de Marthe Gellée a été cherché sur les registres de Saint-Eustache depuis 1634 jusqu'à 1645, et ne s'y est pas trouvé.

Voici la note des actes de naissances et d'autres actes pris des registres de Saint-Eustache :

1er. Dimanche 11 février 1646, fut baptisé Pierre, fils de honorable homme Pierre Renard, marchand de salines, à Paris, et de Marthe Gellée sa femme, demeurant sous les piliers des Halles; la marraine Nicole Gellée, femme d'honorable homme Pierre Levier, aussi marchand de salines;

2e. Le mardi 4 juin 1647, fut baptisée Marie, fille d'honorable homme Pierre Regnart, marchand de salines, à Paris, et de Marthe Gellée sa femme, demeurant sous les piliers des Halles; la marraine Marie Regnart, fille de défunt honorable homme Jean Regnart, vivant, marchand à Auxerre;

3e. Du mercredi 13 avril 1650, fut baptisé Pierre, fils d'honorable homme Pierre Renard, marchand de salines, à Paris, et de Marthe Gellée sa femme, demeurant sous les piliers des Halles; la marraine Anne Duperroy, femme d'honorable homme Charles Gellée, marchand de salines;

4e. Du mercredi 15 mars 1651, fut baptisée Marie, fille d'honorable homme Pierre Renard, marchand de salines, à Paris, et de Marthe Gellée sa femme, demeurant sous les piliers des Halles; parrain, honorable homme Pierre Levier, aussi marchand de salines.

Les 20, 23 mai 1651, furent fiancés et mariés à Saint-Eustache Michel Gellée, marchand, et Marie de Faye, en présence de Charles Gellée, frère; Pierre Renard, beau-frère. (Ces deux Gellée étaient les frères de Marthe, femme Renard.)

Le samedi 5 avril 1653, baptême de Marie-Marthe, fille d'honorable homme Michel Gellée, marchand de salines, et de Marie de Faye sa femme, demeurant sous les piliers des Halles; la marraine, Marthe Gellée, femme d'honorable homme Pierre Renard, aussi marchand de salines.

Le dimanche 12 juillet 1654, fut baptisée Marguerite, fille d'honorable homme Michel Gellée, marchand de salines, bourgeois de Paris, et de Marie de Faye sa femme, demeurant sous les piliers des Halles; le parrain, honorable homme Pierre Renard, aussi marchand de salines, bourgeois de Paris;

5e. Du lundi 8 février 1655, fut baptisé *Jean-François*, fils d'honorable homme Pierre Renard, marchand bourgeois de Paris, et de Marthe Gellée sa femme, demeurant sous les piliers des Halles; le parrain, honorable homme Pierre Carru, aussi marchand à Paris; la marraine, damoiselle Anne Poan, femme de noble homme Fremin Leclerc, secrétaire de chez la reine.

Du jeudi 16 novembre 1656, fut baptisé Michel, fils d'honorable homme Michel Gellée, marchand de salines, bourgeois de Paris, et de Marie de Faye sa femme, demeurant sous les piliers des Halles; la marraine Anne Renard, fille d'honorable homme Pierre Renard, marchand bourgeois de Paris.

18 juin 1657, convoi de cent, service complet, assistance de M. le curé, quatre porteurs, pour défunt M. Renard, vivant, marchand bourgeois de Paris, demeurant sous les piliers des Halles, inhumé dans l'église de Saint-Eustache. (Le convoi coûta 143 liv. 1 s.)

Du lundi 6 mai 1658, fut baptisé Simon, fils de Michel Gellée et de Marie de Faye, demeurant sous les piliers des Halles; la marraine Jeanne Renard, fille de défunt Pierre Renard, vivant, aussi marchand bourgeois de Paris.

(Ce mot vivant indique qu'il était déjà mort.)

Les naissances d'Anne et de Jeanne Renard, marraines, les 16 novembre 1656, et 6 mai 1658, sont inconnues.

Étaient-elles deux des premiers enfants de Pierre Renard et de Marthe Gellée, baptisées sur une autre paroisse que Saint-Eustache, ou deux enfants d'un autre Pierre Renard que l'on qualifie de marchand bourgeois de Paris, et non de marchand de salines, lequel pouvait être le père du premier?

Ces actes, et d'autres actes de baptêmes d'enfants de Michel Gellée, et d'un autre Gellée (Charles), aussi marchand de salines, sous les piliers des Halles, prouvent, par les mots d'honorable homme qu'on y a employés, que ces familles jouissaient d'une grande considération dans leurs commerces.

Dans tous les actes que j'ai extraits en assez grande quantité, contenant les mariages et les baptêmes des individus portant le nom de Regnard, ou de Renard, sur les registres des paroisses de Saint-Eustache, Saint-Germain-l'Auxerrois, et autres paroisses voisines de la Halle, on ne trouve qu'un Jean-François Renard, baptisé le 8 février 1655, à Saint-Eustache.

En comparant cette date avec ce qu'a dit Regnard dans son Voyage de Flandre et de Hollande, « Nous partîmes de Paris le 26 avril 1681 ; » nous nous trouvâmes tous jeunes gens, dont le plus âgé n'avait pas » vingt-huit ans, » il paraît démontré que l'extrait de baptême du 8 février 1655 est bien réellement le sien.

Mais deux choses pourraient peut-être donner de l'incertitude sur l'identité de ce personnage.

1° On a dit dans l'Avertissement sur la vie et les ouvrages de Regnard, imprimé dans ses Œuvres, « que son père était mort comme il finissait » ses exercices à l'Académie. »

Cette mort serait donc arrivée lorsque Regnard avait dix-huit ou vingt ans, c'est-à-dire vers 1673, ou 1675.

On a vu plus haut qu'un Renard (sans prénom), vivant, marchand bourgeois de Paris, demeurant sous les piliers des Halles, avait été inhumé dans l'église Saint-Eustache, le 18 juin 1657.

Ce décès ne pourrait-il pas faire objecter que si ce Renard était Pierre, père du Jean-François baptisé le 8 février 1655, ce dernier ne serait pas l'auteur, puisque son père ne serait mort que lorsqu'il avait dix-huit ou vingt ans (1673 ou 1675), que par conséquent cet acte ne pourrait s'appliquer au poète Regnard?

Mais j'ai déjà dit que dans un très-grand nombre d'actes, je n'en avais trouvé qu'un au nom de Jean-François, 8 février 1655, sur un des registres de Saint-Eustache, dont la Halle dépendait, registres qu'il fallait seuls consulter.

Je répondrai à l'objection, que si c'était Pierre Regnard, père du poète, qui fût décédé en 1657, il y aurait une erreur dans l'Avertissement, où l'on dit qu'il était mort comme Regnard finissait ses exercices à l'Académie; que ce fut peut-être plutôt Marthe Gellée sa mère qui mourut à cette époque, étant veuve depuis 1657, et qu'au lieu du père, on aurait dû dire la mère dans l'Avertissement.

Ou si l'on n'était pas satisfait de cette raison, ne pourrait-on pas croire que le Renard inhumé le 18 juin 1657 sans prénom, et sous la qualification de marchand bourgeois de Paris, était le père de Pierre Renard, marié à Marthe Gellée, aïeul de Jean-François, ou un frère, ou autre parent de ce Pierre, dont je parlerai plus loin?

2° On voit dans les actes de baptêmes de Michel Gellée (16 novembre 1656), et de Simon Gellée (6 mai 1658), qu'ils eurent pour marraines, Anne Renard, fille de Pierre Renard, marchand bourgeois de Paris, et Jeanne Renard, fille de défunt Pierre Renard, vivant, marchand bourgeois de Paris.

On voudrait peut-être en conclure que Pierre, père de Jean-François, était celui inhumé le 18 juin 1657, sans prénom. Mais ne pourrait-on pas croire aussi que les deux Anne et Jeanne Renard étaient filles du père de Pierre Renard, marié à Marthe Gellée, lequel portait aussi le prénom de Pierre, et était qualifié de marchand bourgeois de Paris, et non marchand de salines; et que par conséquent elles étaient tantes et non sœurs de Jean-François, avec d'autant plus de raison qu'on n'a point trouvé d'actes de naissance qui constatent qu'elles étaient filles de Pierre Renard et de Marthe Gellée?

Ne pourrait-on pas croire encore que ce dernier Renard avait un frère ou un autre parent plus éloigné qui se nommait aussi Pierre, et était marchand bourgeois de Paris; que Anne et Jeanne étaient ses filles, et que ce fut ce Pierre qu'on inhuma le 18 juin 1657?

Un acte porté sur le registre des sépultures de Saint-Eustache, à la date du 28 juin 1676, contient ce qui suit :

« Défunt Jean Regnard, bourgeois de Paris, apporté de la paroisse de
» Brye-sur-Marne, du logis de M. Tonnellier, vicaire de la paroisse de
» Saint-Eustache, décédé le 27 du présent mois, a été inhumé dans
» notre église. »

Un registre des convois de la même paroisse, à la même date du 28 juin, donne la note suivante :

« Réception du chœur et vêpres pour défunt Jean Regnard, bourgeois
» de Paris, apporté de la paroisse de Brye-sur-Marne, décédé dans le
» logis de M. le Tonnellier, son oncle, vicaire de la paroisse de Saint-
» Eustache, a été inhumé dans notre église, *gratis*. »

En marge des actes de décès sur les registres, sont les noms et prénoms des personnes mortes; et ce qu'il y a de singulier, on a mis, d'une autre écriture et non par renvoi, en marge de l'article du décès, les noms *Pierre Regnard*, au lieu de ceux de *Jean Regnard* portés dans cet acte.

On devrait s'en rapporter au prénom *Jean* mis dans le corps de l'acte et de la note, et croire qu'on a commis une faute en portant le prénom de Pierre en marge.

Mais n'avait-on pas commis aussi une erreur en insérant dans les acte et note du 28 juin 1676, le prénom Jean au lieu de celui de Pierre; et le Regnard, Pierre et non Jean, ne serait-il pas le père de Jean-François, d'autant mieux que cette époque de 1676 pouvait être celle où Regnard avait fini ses exercices à l'Académie, et où même il était déjà en Italie?

J'ai fait faire des recherches sur les registres de la commune de Brie-sur-Marne, pour avoir l'extrait de mort de Jean Regnard (27 juin 1676); mais il ne s'y est pas trouvé.

En dernière analyse, j'ajouterai que l'acte du 18 juin 1657 ne prouve point d'une manière évidente que le Pierre Regnard, inhumé, fût le mari de Marthe Gellée; qu'il pouvait être aussi bien son père, son frère, ou un autre parent; qu'on peut donc croire, avec l'auteur de l'Avertissement, que Pierre, père de Jean-François, ne mourut point en 1657, mais plus tard, soit en 1676, si on peut lui appliquer l'acte et la note du 28 juin, ou dans une autre année.

En admettant les raisons que j'ai données ci-dessus, il paraît démontré que l'acte de baptême du 8 février 1655 est bien réellement celui du poète Regnard; qu'il naquit à la Halle, c'est-à-dire sous les piliers des Halles; que son père avait été marchand de salines, commerce auquel était joint celui de l'épicerie; que le Renard inhumé sans prénom, le 18 juin 1657, n'était point son père, mais son aïeul, ou son oncle, ou un parent plus éloigné.

Si je n'avais pas autant multiplié mes recherches, si je les avais cessées aussitôt que j'ai eu trouvé l'acte de naissance de Jean-François, du 8 février 1655, et celui de Anne, du 16 novembre 1656, je n'aurais pas eu connaissance des actes de décès de Renard, sans prénom, du 18 juin 1657, de baptême de Simon Gellée (6 mai 1658), dont Jeanne fut marraine, et de ceux du 28 juin 1676. Je n'ai pas dû cacher ces actes; mais je suis fermement persuadé que la date du 8 février 1655 est bien celle du baptême de Jean-François Renard ou Regnard, d'autant mieux qu'elle coïncide parfaitement avec ce qu'il a dit lui-même dans la note de son départ de Paris, le 26 avril 1681.

Il en résulte qu'il n'avait point soixante-deux ans lors de sa mort, mais seulement cinquante-quatre ans, six mois, vingt-sept jours.

Grimarest et Voltaire, dans les Vies de Molière, ont prétendu qu'il était né sous les piliers des Halles.

Il serait bien singulier que nos deux plus grands poètes comiques fussent nés dans cet endroit; l'un d'un tapissier, l'autre d'un marchand de salines, épicier; tous deux qualifiés d'honorables hommes dans beaucoup d'actes de l'état civil. Mais je crois avoir démontré, dans ma *Dissertation sur J. B. Poquelin Molière*, que ses père et mère demeuraient rue Saint-Honoré, et non sous les piliers des Halles, et que Molière n'y est pas né.

J'ai l'honneur d'être, etc.

L.-F. BEFFARA,
ex-commissaire de police de Paris, rue St-Lazare, 12.

NOTICE SUR REGNARD.

Jean-François Regnard, le meilleur de nos poètes comiques après Molière, naquit à Paris, l'an 1656. Fils unique et héritier d'un bien considérable, il reçut une éducation proportionnée à sa fortune. Il était grand, bien fait, et de fort bonne mine. Son père étant mort comme il finissait ses exercices à l'académie, il se trouva en jouissance d'un revenu qui le mit en état de figurer dans le grand monde : cependant le goût de voyager l'emporta sur les plaisirs que son opulence pouvait lui procurer dans sa patrie.

De tous les pays qui excitaient la curiosité de Regnard, l'Italie lui parut mériter la préférence. Ce voyage fut des plus heureux ; car s'étant trouvé dans le cas de jouer, et de jouer très-gros jeu, la fortune lui fut si favorable, qu'il rapporta à Paris, tous les frais de son voyage compris, plus de dix mille écus.

Cette somme, jointe à la succession de son père, qui montait à quarante mille écus, aurait dû fixer Regnard à Paris ; mais le souvenir flatteur des plaisirs qu'il avait goûtés en Italie l'y appela une seconde fois.

Étant à Bologne, il devint amoureux d'une dame provençale, qu'il n'a fait connaître que sous le nom d'Elvire, et le mari de cette dame que sous celui de de Prade. Quoi qu'il en soit, après diverses aventures, cette dame lui proposa de revenir en France ; et Regnard, trop épris des charmes de sa maîtresse pour lui refuser sa demande, saisit la première occasion qui se présenta, et s'embarqua avec la dame provençale et son mari à Civita-Vecchia, sur une frégate anglaise, qui faisait route pour Toulon. Après quelques jours de navigation, cette frégate fut attaquée par deux vaisseaux algériens; et après un combat de trois heures, dans lequel le capitaine anglais perdit la vie, le reste de l'équipage fut obligé de se rendre au pouvoir des corsaires, qui conduisirent leur prise à Alger. Ce malheur arriva le 4 octobre 1678.

Regnard, à peine arrivé à Alger, y fut vendu quinze cents livres, et la belle Provençale mille livres. Comme il avait toujours aimé la bonne chère et qu'il était grand faiseur de ragoûts, son habileté en ce genre lui procura l'emploi de cuisinier chez son maître Achmet-Talem; et bientôt ses manières prévenantes, son enjouement et sa bonne mine, le firent aimer des femmes de cet Algérien. Mais Achmet-Talem, homme cruel et jaloux, ayant découvert ses intrigues, le livra à la justice pour être puni selon la rigueur des lois, qui ordonnent qu'un chrétien, trouvé en flagrant délit avec une mahométane, expie son crime par le feu, ou se fasse mahométan. Le consul de la nation française, qui avait reçu depuis peu de jours une somme considérable pour racheter Regnard, ayant appris le malheur qui lui était arrivé, interposa son autorité et alla trouver Achmet-Talem, qui d'abord ne voulut rien écouter. Mais le consul, ne se rebutant pas, lui représenta que rien n'était plus trompeur que les apparences; que, quand même la chose serait vraie, il y aurait peu de gloire à lui de faire périr son esclave; que d'ailleurs, en le perdant, il perdait une somme considérable qu'il avait à lui donner pour sa rançon. Cette dernière raison fut plus forte que les autres : Achmet-Talem se laissa gagner. Il retira Regnard des mains du divan, en avouant qu'il l'avait accusé sur un simple soupçon, et que son crime n'était confirmé par aucune preuve; et il le remit en liberté, après avoir reçu le prix dont il était convenu avec le consul [1].

Voilà comment Regnard raconte ses aventures d'Alger, dans son petit roman intitulé *la Provençale*, où il ne fait aucune mention de son voyage de Constantinople. On ignore les raisons qui

---

[1] Voyez LA PROVENÇALE, dans ce volume.

ont pu l'obliger à garder le silence sur son séjour en cette ville ; mais voici la vérité du fait. Au bout de quelque temps de séjour à Alger, son maître Achmet-Talem, ayant affaire pour son commerce avec les ministres de la Porte-Ottomane, l'emmena avec sa Provençale à Constantinople, où ils essuyèrent, pendant plus de deux ans, une captivité très-rigoureuse. Enfin Regnard ayant trouvé le moyen de faire savoir sa triste situation à sa famille, on lui envoya douze mille livres, qui servirent à payer sa rançon, celle de sa Provençale, et celle de son valet de chambre ; et ils repassèrent tous les trois en France, sur un vaisseau français qui les mena heureusement à Marseille. Regnard, ayant ainsi recouvré sa liberté, revint aussitôt à Paris, portant avec lui la chaîne dont il avait été chargé pendant son esclavage, et qu'il a toujours conservée avec soin dans son cabinet, pour se rappeler incessamment la mémoire de cette disgrâce. Mais il ne fut pas guéri pour cela de sa passion pour les voyages.

En recouvrant sa liberté et celle de sa belle maîtresse, Regnard reçut la nouvelle de la mort de de Prade, qui était resté à Alger ; de sorte que rien ne s'opposait plus à son bonheur, que les scrupules d'Elvire, qui par bienséance demanda quelque temps pour marquer le deuil de son époux. Tout amoureux qu'était Regnard, il ne put s'opposer à ce que souhaitait la belle Provençale ; et pour mettre ordre à ses affaires, il revint à Paris avec Elvire, pour attendre cet heureux moment, où il devait être récompensé de toutes les disgrâces qu'il avait éprouvées pour cette belle personne. Mais le sort en décida autrement : ce mari, qui depuis huit mois était au rang des morts, reparut tout à coup, accompagné de deux religieux mathurins qui l'avaient racheté à Alger, et qui le présentèrent à son épouse. Le retour de de Prade fut célébré par une nouvelle noce. Regnard, pénétré, comme on peut le penser, de cet événement, ne voulut point être présent à cette cruelle cérémonie : il quitta Paris pour la troisième fois, dans le dessein de n'y revenir que lorsqu'il serait guéri de son amour.

Il partit de nouveau de Paris le 26 avril 1681, et s'en alla en Flandre et en Hollande, puis en Danemarck et en Suede. Étant à la cour de Suède, le roi l'engagea à voir la Laponie, et lui offrit toutes les commodités nécessaires pour y aller. Regnard, à la sollicitation de ce prince, entreprit ce voyage, et partit pour cette grande entreprise. Il s'embarqua à Stockholm, pour passer à Torno, le mercredi 23 juillet de la même année, avec deux gentilshommes français, les sieurs de Fercourt et de Corberon. Il parcourut toute la Laponie. Il arriva à Torno, qui est la dernière ville du monde du côté du nord, située à l'extrémité du golfe de Bothnie. Il remonta le fleuve qui porte le même nom que cette ville, et dont la source n'est pas éloignée du cap du Nord. Il pénétra jusqu'à la mer Glaciale, et l'on peut dire qu'il ne s'arrêta qu'où la terre lui manqua. Enfin, il arriva le 22 août suivant à la montagne de Metawara, où il fut obligé de terminer sa course. Et ce fut au haut de cette montagne qu'il grava sur un rocher, en quatre vers latins, pour lui et ses camarades, cette inscription :

> Gallia nos genuit, vidit nos Africa, Gangem
> Hausimus, Europamque oculis lustravimus omnem,
> Casibus et variis acti terrâque marique,
> Hic tandem stetimus, nobis ubi defuit orbis.
>   DE FERCOURT, DE CORBERON, REGNARD.
> Anno 1681, die 22 Augusti.

Voici la traduction qu'en donne le voyageur La Motraye (tome 2, page 360, édition in-folio. La Haye, 1727). Il la vit en 1718, plus de trente-six ans après le passage des trois voyageurs français.

« La France nous a donné la naissance. Nous avons vu l'Afrique » et le Gange, parcouru toute l'Europe. Nous avons eu diffé- » rentes aventures, tant par mer que par terre; et nous nous » sommes arrêtés en cet endroit, où le monde nous a manqué. »

Après cette expédition, Regnard revint à Stockholm, et rendit compte au roi de tout ce qu'il avait vu de remarquable en Laponie, des mœurs, de la religion et des usages singuliers de ses habitants. Il ne demeura que fort peu de temps à Stockholm, il en partit le 3 octobre 1681. Il traversa la mer Baltique, et vint débarquer à Dantzick, d'où il passa en Pologne, de là en Hongrie, et ensuite en Allemagne; et enfin, après deux ans d'absence, il revint en France le 4 décembre 1683, entièrement guéri de son amour et de sa passion pour le jeu et pour les voyages.

Pour lors il fixa son séjour à Paris, où la fortune lui permit de passer sa vie avec beaucoup d'agréments. Il acheta une charge de trésorier de France au bureau des finances de Paris, qu'il a exercée pendant vingt ans ; et il ne songea plus qu'aux plaisirs de la bonne chère, et à bien recevoir chez lui ce qu'il y avait en France de plus grand, de plus distingué et de plus aimable.

Le description qu'il fait, dans son Épître à M***, de la maison qu'il avait à Paris, au bout de la rue de Richelieu, au bas de Montmartre, et les noms illustres des personnes qui lui ont fait l'honneur de l'y venir voir, ne laissent aucun lieu de douter de cette vérité.

> Au bout de cette rue, où ce grand cardinal,
> Ce prêtre conquérant, ce prélat amiral, etc.

Regnard acheta aussi les charges de lieutenant des eaux et forêts et des chasses de la forêt de Dourdan. Il acquit, peu de temps après, la terre de Grillon, située près de Dourdan à onze lieues de Paris, où il passait le temps de la belle saison, et où il chassait le cerf et le chevreuil. Quelques années avant sa mort, il se fit recevoir grand-bailli de la province de Hurepoix au comté de Dourdan ; et il est mort revêtu de cette charge. Il n'épargna rien pour embellir son château et sa terre de Grillon, et il profita, avec un art infini, de tous les avantages dont la nature avait pourvu si libéralement ce beau lieu ; de sorte qu'il en fit un séjour enchanté. Pour donner une idée de la vie agréable que Regnard passait à Grillon avec ses amis, il suffit de lire le *Mariage de la Folie*, divertissement, pour la comédie des *Folies amoureuses*, que l'auteur semble avoir composé dans cette intention, en s'y désignant sous le nom de Clitandre [1].

C'est dans cette agréable retraite que Regnard écrivit la relation de ses voyages, et qu'il composa la plupart de ses comédies. Il y mourut le jeudi 5 septembre 1710, âgé de 54 ans, sans avoir été marié, fort regretté de tous ses amis, des gens de lettres, et particulièrement des amateurs de la scène française.

---

[1] Voyez l'avertissement qui précède les FOLIES AMOUREUSES, dans ce volume.

Regnard mourut sans avoir été malade, et par sa seule imprudence. Il n'avait point de foi aux médecins : il était fort replet et grand mangeur. Un jour qu'il se sentit incommodé de quelque reste d'indigestion, il lui prit envie de se purger de sa propre ordonnance, mais d'une façon fort extravagante. Il était à Grillon, où il avait passé toute la belle saison à faire une chère très-délicate : il demanda à un de ses paysans quelles étaient les drogues dont il composait les médecines qu'il donnait à ses chevaux ; le paysan les lui nomma : Regnard sur-le-champ les envoya acheter à Dourdan, s'en fit une médecine et l'avala le lendemain : mais deux heures après qu'il l'eut prise, il sentit dans l'estomac des douleurs si aiguës, qu'il ne put demeurer au lit. Il fut obligé de se lever et de se promener à grands pas dans sa chambre, pour tâcher de faire descendre sa médecine qui l'étouffait. Ses valets montèrent à ce bruit, jugeant qu'il se trouvait mal ; mais à peine furent-ils entrés, que son oppression redoubla. Il tomba dans leurs bras, sans connaissance et sans voix, et il fut suffoqué sans pouvoir recevoir le moindre secours.

On ne convient pas de toutes les circonstances de sa mort. Il est bien vrai qu'il mourut d'une médecine prise mal à propos, et à la suite d'une indigestion ; mais, dit-on, d'une médecine ordinaire, dont il ne serait point mort, s'il n'avait point eu l'imprudence d'aller à la chasse le même jour qu'il l'avait prise, de s'y échauffer extrêmement, et de boire un grand verre d'eau à la glace à son retour, ce qui causa une révolution si subite et si violente dans son corps, qu'il en mourut le lendemain sans qu'on pût le secourir.

La petite terre de Grillon fut vendue par ses héritiers après sa mort. Elle a appartenu depuis à M. de Magny, fils du célèbre M. Foucault, intendant de Caen, et grand antiquaire. La maison n'est pas grande ; mais elle est dans un joli vallon et très-agréablement située : elle est précisément au bord d'un ruisseau, et tout entourée de bois par derrière. C'est la demeure du monde la plus propre pour un poète.

Les comédies qu'il a données au théâtre français, sont *la Sérénade, le Joueur, le Bal, le Distrait, Démocrite, les Folies amoureuses, les Ménechmes, le Retour imprévu, le Légataire* et *la*

Critique du Légataire, et *Attendez-moi sous l'Orme*, que quelques-uns ont attribuée à Dufresny. Celles qui furent jouées au théâtre italien sont, *le Divorce*, *la Descente de Mezzetin aux Enfers*, *Arlequin Homme à bonnes fortunes*, *la Critique de cette pièce*, *les Filles errantes*, *la Coquette*, *la naissance d'Amadis*. Il a composé avec Dufresny *les Chinois*, *la Baguette de Vulcain*, *la Foire Saint-Germain* et *les Momies d'Egypte*. Il a de plus donné à l'opéra *le Carnaval de Venise*. On connaît encore de lui trois pièces qui n'ont pas été représentées; savoir : *les Vendanges*, *les Souhaits*, et la tragédie de *Sapor*.

On voit par ce dernier titre, disent les auteurs des *Anecdotes Dramatiques*, que Regnard entreprit de chausser le cothurne, et de joindre aux jeux de Thalie les fureurs de Melpomène; mais il sentit que la route de Corneille lui était moins familière que celle de Molière. On en juge de même par la lecture de la tragédie de *Sapor*, qui ne mérite pas même qu'on en relève les défauts. Heureusement pour l'auteur, la pièce n'a jamais paru au théâtre. Celui de l'opéra était plus analogue à son génie; il y fit jouer le *Carnaval de Venise*. Tous les spectacles que cette ville offre aux étrangers pendant ce temps de divertissements sont ici réunis. Comédie, opéra, concerts, jeux, danses, combats, mascarades; tout cela se trouve lié à une petite intrigue amoureuse, amusante et bien écrite. Regnard peut également compter sur le suffrage de ses lecteurs pour son genre de comique, qui le rend, en quelque sorte, l'émule du prince de notre comédie. Molière et Regnard sont, dans ce genre, ce que sont Corneille et Racine pour le tragique français; personne n'a porté plus loin que notre poète le genre de l'imitation. Fier de son talent, il eut la noble émulation et l'heureuse hardiesse de prendre pour modèle un homme inimitable, de courir avec lui la même carrière, et de prétendre partager ses lauriers comme il partageait ses travaux. Quelle que soit la distance qui se trouve entre ces deux poètes, la postérité placera toujours Regnard après Molière, et lui conservera la gloire d'avoir parfaitement imité un homme qui aurait pu servir de modèle à toute l'antiquité. « Qui ne se plaît pas avec Regnard, » dit Voltaire, n'est pas digne d'admirer Molière. » Au reste, je ne prétends point le restreindre au talent médiocre d'une imitation servile; quelque admirable qu'il soit quand il marche sur les pas du premier maître de l'art, il ne l'est pas moins quand il suit les sentiers qu'il ose lui même se tracer. Combien d'idées, de traits, d'incidents nouveaux embellissent ses poëmes! Il conduit bien une intrigue, expose clairement le sujet; le nœud se forme sans contrainte; l'action prend une marche régulière; chaque incident lui donne un nouveau degré de chaleur; l'intérêt croît jusqu'à un dénouement heureux, tiré du fond même de la pièce. Ce n'est point d'après des idées qui ne sont que dans son imagination, qu'il forme ses caractères et trace ses portraits; il les cherche parmi les vices, les défauts et les ridicules les plus accrédités; il avait sous les yeux les originaux qu'il copiait; c'étaient leurs mœurs, leur ton, leur langage qu'il peignait d'après nature. Son esprit gai ne prenait des hommes que ce qu'il avaient de plus propre à fournir d'heureuses plaisanteries. Sa comédie du *Joueur* peut être comparée aux meilleures pièces de Molière, qui n'aurait pas même désavoué *le Distrait*, *Démocrite*, *les Ménechmes*, *le Légataire universel*, et plusieurs scènes des petites pièces. On pourrait, peut-être, lui reprocher d'avoir trop grossi les traits; de mettre souvent en récit ce qui vient de se passer sur la scène ; d'avoir peu soigné sa versification, qui, à force de vouloir être aisée et naturelle, devient quelquefois négligée, traînante et prosaïque.

VOYAGE

DE

FLANDRE ET DE HOLLANDE

COMMENCÉ LE 26 AVRIL 1681.

Nous partîmes de Paris le 26 avril 1681, par le carrosse de Bruxelles. Je fus coucher à Senlis, où se devait rendre M. de Fercourt, qui était parti de Paris trois jours auparavant. Nous nous trouvâmes dans un carrosse tous jeunes gens, dont le plus âgé n'avait pas vingt-huit ans. Il y avait cinq Hollandais, du nombre desquels était M. de Wasenau, capitaine des gardes du prince d'Orange. Il se trouva aussi parmi nous un petit abbé espagnol qui allait prendre possession d'une chanoinie à Bruxelles. Ce petit prêtre, bossu par devant et par derrière, nous servit de divertissement pendant tout le chemin. Nous allâmes le lendemain dîner à Pont, et coucher à Gournai, où était la maison de M. le président Amelot. Le château est entouré d'eau, et le jardin est coupé de différents ruisseaux qui en forment l'agrément. Nous en partîmes d'assez grand matin pour aller coucher à Péronne : cette ville est nommée la Pucelle, à cause de sa fidélité inébranlable, et que, malgré tous les troubles, elle s'est conservée dans la soumission qu'elle devait à son roi. Elle est d'une petite étendue, mais extrêmement forte du côté où on y entre, à cause des marais qui rendent son approche difficile, et qui forment quantité de fossés très-larges et fort profonds, qui font mille détours avant que d'arriver à la ville. La rivière de Somme l'arrose, et la défend de ce même côté ; ce qui fait qu'elle est presque inaccessible. Ces fossés produisent d'excellentes carpes, qui sont renommées par toute la France ; et des canards en quantité, dont les pâtés ne sont pas moins estimés. De Péronne à Cambrai on compte sept lieues. Dans le chemin nous fûmes pris du mauvais temps avec tant de violence, que nos chevaux, effrayés et aveuglés des éclairs continuels, qui formaient un jour malgré l'obscurité des ténèbres, renversèrent le carrosse dans un fossé fort profond, où nous devions tous finir nos jours de cette chute violente; mais le hasard voulut que pas un de nous ne fût blessé : nous en fûmes quittes pour quantité d'eau qui passa dessus nous ; et après que l'on nous eut pêchés et retirés de ce carrosse, faits comme des gens qui sortent d'un bourbier où ils ont enfoncé jusqu'aux oreilles, nous fûmes obligés de faire une lieue et demie à pied, qui restait jusqu'à Cambrai, où nous fîmes une entrée aussi sale et aussi crottée qu'il est aisé de s'imaginer.

Cette ville ne devait pas faire tout le bruit qu'elle faisait dans la France, elle n'était redoutable que par le mal que ses garnisons faisaient à nos paysans ; et je me suis étonné des désordres qu'elle a causés avant que le plus grand des rois l'eût réduite en son obéissance. En effet, Cambrai de lui-même n'est rien, il n'y a que la citadelle qui soit en état de se défendre, et la ville n'était forte que par la sûreté que lui donnait cette citadelle ; mais les travaux qu'on y fait présentement font connaître qu'on ne la veut pas rendre sitôt, et que les Espagnols, qui se faisaient si forts de cette place, et qui disaient que si le roi de France voulait prendre Cambrai, il fallait qu'il en fît faire un ; on connaît, dis-je, qu'ils lui ont donné le dernier adieu. Cette citadelle, si renommée par tout le monde, fut commencée par Charles-Quint, et a été augmentée de plusieurs fortifications qui la rendent une pièce très-considérable. Ses murailles sont d'une hauteur surprenante, et cela vient de la grande profondeur que l'on a donnée aux fossés, qui n'a pas apporté d'avantage à ses murailles, qui sont presque toutes déracinées. Nous fûmes conduits partout par un officier qui prit plaisir à nous faire tout voir, et nous montra la brèche par où les Espagnols sont sortis. La ville n'a rien de remarquable que le clocher de la cathédrale, qui est bâti à jour avec une délicatesse surprenante. Nous logeâmes au Corbeau, et fûmes assez mal, à cause de la quantité de carrosses qui y étaient.

On ne compte pas davantage de Cambrai à Valenciennes que de Péronne à Cambrai. Cette ville est située sur l'Escaut, et l'on y travaille de manière à la rendre une ville imprenable. Nous y remarquâmes avec soin le lieu par où elle avait été prise, et la porte par où les mousquetaires y étaient entrés. Cette porte est faite comme une porte de cave à barreaux, et faisait la communication avec une esplanade : elle n'avait point été ouverte depuis plus de vingt ans, et elle ne le fut que pour porter le corps du major, qui avait été blessé à une attaque qui se faisait de ce côté. Les mousquetaires, pour qui elle n'avait pas été ouverte, poursuivirent les ennemis, et trouvant cette entrée, continuèrent leur pointe ; et malgré une grêle de balles, ils poussèrent jusqu'à une autre porte, de laquelle on ne put abattre la herse, qui n'avait point servi depuis fort longtemps, et se rendirent maîtres de la ville. Nous passâmes dans la forteresse ; et comme nous avions une espèce de prêtre avec nous, on nous donna deux soldats pour nous conduire. L'on sait qu'il n'y a que le cœur des prêtres qui soit espagnol en ce pays ; et afin de leur ôter tout moyen de rien entreprendre, on les veille d'une manière particulière. Nous remarquâmes que toutes les femmes étaient belles en ce pays. De Valenciennes pour aller à Mons, on va dîner à Reverain, lieu recommandable, tant par le séjour que nos armées y ont fait, que parce que c'est le lieu qui sépare les terres d'Espagne d'avec celles de France. Nous arrivâmes d'assez bonne heure à la ville, et nous eûmes le temps de la considérer.

Mons est la ville capitale du Hainaut, et la première qui reconnaisse de ce côté la domination espagnole, jusqu'à ce qu'il plaise à la France de lui faire sentir son joug. Elle peut passer pour une des plus fortes des Pays-Bas, à cause de sa situation qui se trouve au milieu des marais. Les bourgeois la gardent, et nous leur vîmes monter la garde dans la grande place, qui est très-belle. Le prince d'Aremberg, duc d'Arscot, de la meilleure maison des Pays-Bas, grand d'Espagne, en est gouverneur. Ce qui me plut davantage dans Mons, et ce qui est assez particulier, ce fut le collége royal des chanoinesses, fondé par une....., qui établit cette communauté pour y recevoir des filles de qualité, qui y demeurent jusqu'à ce qu'elles en sortent pour se marier. Ces filles font le service avec une grâce particulière. Elles ont un habit qui leur est propre pour aller à l'église le matin, et un autre le soir pour aller à la ville et dans toutes les compagnies, où elles sont parfaitement bien reçues, à cause de leur galanterie dont elles font profession. Nous montâmes sur la grande tour, d'où nous aperçûmes toute la ville, et où nous vîmes un très-beau carillon, dont tous les Hollandais et les Flamands sont fort curieux.

De Mons nous fûmes coucher à Notre-Dame de Halle. Ce lieu

de dévotion a été, comme tous les autres, fort maltraité des armées qui ont campé aux environs ; et l'on n'a eu aucun égard à la dévotion que tous les Flamands ont à cette église dédiée à la Vierge. Nous vîmes, au sortir de Mons, le lieu où s'était donnée la bataille fameuse de Saint-Denys, la veille que la paix fut publiée dans l'armée, et le prince d'Orange en ayant les articles signés sur lui. Nous étions avec un officier qui s'y était trouvé, et qui nous montra les postes et les lieux qu'occupaient les deux armées. Cette bataille porte aussi le nom de Cassiau, à cause d'un petit village qui est tout contre cette abbaye, qui a imposé le nom à cette journée.

Nous arrivâmes enfin à Bruxelles, la seconde ville du Brabant. Elle est très-agréable et très-peuplée, à cause de la demeure ordinaire que les gouverneurs des Pays-Bas y font, et la quantité des gens de qualité qui suivent la cour ; c'est pour cela qu'elle est appelée la Noble. Le palais du gouverneur est le plus somptueux bâtiment de la ville, tant à cause de sa grandeur que par un grand parc qui sert de promenade à tous les habitants, et réjouit la vue par la quantité de fontaines qu'on y voit. Le prince de Parme en est présentement gouverneur : il a mis la milice sur un très-bon pied, et l'a rétablie par les grandes levées qu'il a faites sur le peuple, qui n'en était pas trop content. L'hôtel-de-ville est un bâtiment assez curieux : il fut fait par un Italien, qui se pendit de dépit d'avoir manqué à mettre la tour au milieu, comme son épitaphe le fait connaître ; et cet homme fit par avance de lui ce qu'aurait fait un bourreau. Il ne méritait pas moins qu'une corde, pour avoir manqué à un point où des gens qui n'auraient pas les moindres connaissances de l'architecture ne manqueraient pas. Les églises de Bruxelles, comme toutes celles des Pays-Bas, sont très-belles et fort bien entretenues. Nous vîmes dans la collégiale, du nom de Saint-Gudule, les trois hosties miraculeuses, sur lesquelles on dit qu'on voit quelques gouttes de sang. Nous allâmes voir la communauté des béguines, qui est un ordre particulier en ce pays. Elles sont vêtues de blanc dans l'église, et vont par les rues avec un long manteau noir, qui leur descend du sommet de la tête, et leur tombe sur les talons. Elles portent aussi sur le front une petite huppe, qui forme un habillement assez galant ; et on trouve des filles sous cet habit dévot, que j'aimerais mieux que beaucoup d'autres avec l'or et les diamants qui les environnent : elles étaient pour lors au nombre de huit cents dans le béguinage... Le cours à la mode est chez eux ce que le cours est chez nous. C'est là que se trouvent toutes les dames et les cavaliers, avec cette différence néanmoins que toutes les dames sont d'un côté et les hommes de l'autre. Nous demeurâmes trois jours à Bruxelles avec bien du plaisir; et après avoir vu tout ce qu'il y avait à voir dans la ville, nous en partîmes le 16 mai par le canal qui va à Anvers, et qui ne nous conduisit que jusqu'à [1]....., où nous descendîmes du bateau pour prendre des chariots qui nous devaient conduire à Malines, que nous voulions voir avant que d'arriver à Anvers.

Malines est appelée la Jolie, et non sans raison ; car il semble plutôt que ce soit une ville peinte que réelle, tant les rues en sont propres et bien pavées, et les bâtiments bien proportionnés. C'est en ce parlement, le premier du Pays-Bas, où sont renvoyés tous les procès qui en appellent en ce lieu, ce qui rend cette ville fort recommandable. Cette province est démembrée du reste des Pays-Bas, et c'est un marquisat séparé. Tout le commun peuple travaille, comme par toute la Flandre, à faire des dentelles blanches qu'on appelle de ce nom; et le béguinage, qui est le plus grand et le plus considérable de tous, n'est entretenu que par ce travail que les béguines exercent, et dans lequel elles excellent. Ces béguines sont des filles ou femmes dévotes, qui se retirent dans ce lieu autant de temps qu'elles veulent. Elles y ont chacune une petite maison séparée, où elles sont visitées de leurs parents. Il y en a même quelques-unes qui prennent des pensionnaires. Le lieu s'appelle Béguinage, et les portes s'en ferment tous les soirs de bonne heure. Il y a à Malines une tour qui est fort estimée pour la hauteur, de laquelle on découvre extrêmement loin. De Malines, où nous dînâmes, nous fûmes coucher à Anvers sur des chariots de poste, établis pour partir tous les jours à certaine heure, et par le chemin le plus beau et le plus agréable que j'aie jamais fait.

Anvers, la première et la plus grande ville du Brabant, et à qui on pourrait donner des titres encore plus superbes, surpasse toutes les autres villes que j'ai vues, à l'exception de Naples, Rome, Venise, non-seulement par la magnificence de ses bâtiments, par la pompe de ses églises, et par la largeur de ses rues spacieuses, mais aussi par les manières de ses habitants, dont les plus polis tâchent à se conformer à nos manières françaises, et par les ha-

---

[1] Themst est le lieu où la barque s'arrête pour les passagers qui vont à Malines.

bits, et par la langue, qu'ils font gloire de posséder en perfection. La première chose que nous admirâmes en y entrant, ce fut la beauté de ces superbes remparts, qui, tout couverts de grands arbres, forment une promenade la plus agréable du monde. Ils sont revêtus partout de pierre de taille, et arrosés d'un fossé d'eau vive qui court tout autour de la ville, et qui sert autant à l'embellir qu'à la défendre. La cathédrale est fort bien bâtie, et le clocher, ouvrage des Anglais, est d'une délicatesse surprenante, mais qui pourrait peut-être quelque jour lui être funeste. On y voit des peintures admirables, et entre autres, une descente de croix de Rubens, qui peut passer pour une pièce achevée.

L'église des Jésuites ne cède en magnificence à pas une de toutes celles que j'ai vues en Italie, et est d'autant plus superbe, que le marbre dont elle est bâtie y a été apporté de fort loin et avec une grande dépense. Toute la voûte est ornée de cadres de la main des plus excellents maîtres. Il est aisé de juger de la magnificence de cette église, quand on dira que le seul balustre de marbre qui ferme le maître-autel, coûte plus de quarante mille livres. Je ne crois pas aussi qu'on puisse jamais voir un ouvrage plus achevé. Le marbre est manié si délicatement, qu'il semble qu'il ait quitté sa dureté naturelle pour prendre la forme qu'on lui a voulu donner, et se fléchir comme de la cire, suivant la volonté de l'ouvrier. La citadelle, renommée par toute l'Europe pour sa régularité, est à cinq bastions : elle est plus grande, plus forte, et incomparablement mieux faite que celle de Cambrai. Son esplanade est tout à fait spacieuse et d'une grande étendue, mieux entendue en cela que celle de Cambrai, de laquelle on peut approcher d'assez près étant toujours couvert ; ce qui en a beaucoup facilité la prise. Nous y fûmes conduits par M. de Verprost, et menés dans tous les endroits par un officier, qui ne voulut pas permettre que nous allassions sur les bastions. Nous vîmes l'endroit par où les Hollandais voulurent la surprendre, lorsqu'ils firent de nuit une descente dans la rivière, et essayèrent de passer le fossé avec de petits bateaux que chaque homme pouvait porter sur son épaule ; mais la sentinelle, ayant entendu du bruit, donna l'alarme ; ce qui fit que les Hollandais, ayant manqué leur coup, se retirèrent et laissèrent tous les bateaux et les instruments, qu'on garde encore dans la citadelle, et qu'on nous fit voir comme des marques et des monuments de la victoire.

Nous nous embarquâmes à Anvers pour Rotterdam. Nous laissâmes la Zélande à gauche, et passâmes à la vue de Berg-op-Zoom, qui appartient à M. le comte d'Auvergne. Nous fûmes trois jours à notre navigation, et passâmes à la Brille. Cette place a fait bien de la division pendant les troubles de Hollande, qui arrivèrent il y a environ cent ans.

Du temps de Philippe II, fils de Charles-Quint, les dix-sept provinces étaient gouvernées par [1]....., sœur de Charles-Quint, et par conséquent tante de l'empereur, qui en était maître, et qui a voulu lever sur ces peuples certains droits nouveaux, et introduire parmi eux l'inquisition. Les Hollandais s'opposèrent à ces nouvelles déclarations ; et le prince d'Orange, soutenu du comte de Horn, et de [2]..... à la tête de la populace, firent des remontrances à la gouvernante, et lui proposèrent deux cents articles, sur lesquels ils voulaient qu'on leur donnât satisfaction. Cette femme, surprise de ce tumulte, se retourna vers un des premiers de son conseil, qui lui dit, comme en se moquant, qu'elle ne devait point se mettre en peine de ces gens qui n'étaient que des gueux : ce qui ayant été rapporté à ce peuple mutiné, il en devint si courroucé, qu'ils formèrent entre eux un parti, qui depuis a été appelé le parti des gueux. La gouvernante cependant étant retournée en Espagne, et connaissant le naturel remuant des peuples des dix-sept provinces, ne voulut pas s'y faire voir, qu'elle ne les contentât sur une partie des articles qu'ils demandaient ; ce qui fit que Philippe II envoya le duc d'Albe, qui depuis a tant fait de carnage, et a été cause de l'entière rébellion de ces provinces. On dit qu'il a fait mourir par la main du bourreau plus de dix-huit mille personnes. Il ne fut pas plus tôt à Bruxelles, qu'il y convoqua les Etats. Le comte de Horn, ne voulant point paraître chef de la sédition, y alla ; mais le prince d'Orange, craignant les Espagnols dont il se défiait, sortit des Etats pour ne point s'y trouver ; et le comte de Horn rencontrant le prince d'Orange qui s'absentait : *Adieu*, lui dit-il, *prince sans terres ;* à quoi le prince répondit : *Adieu, comte sans tête*, comme en effet cela se trouva vrai ; et ayant été arrêté aux Etats, on lui fit sauter la tête avec une quantité presque innombrable de gens qu'on croyait suivre son parti, ou qui étaient suspects ; étant un crime de lèse-majesté parmi les Espagnols d'être seulement suspect à son prince. Le prince d'Orange voyant, par la mort du comte de Horn et de

---

[1] Marie, veuve de Louis II, roi de Hongrie, nommée en 1531 après la mort de Marguerite d'Autriche sa tante.

[2] Le comte d'Egmont.

ses adhérents, qu'il avait très-bien fait de se sauver, voulut encore songer à son salut ; et appuyant la faction des mécontents, il se mit à leur tête ; et après plusieurs combats, où il eut toujours du dessous, il prit enfin la Brille, d'où le duc d'Albe prétendit le chasser ; mais n'en ayant pu venir à bout, il donna occasion à ces tableaux qu'on a faits de lui, dans lesquels il est dépeint par dérision avec des lunettes sur le nez, parce que Brille en hollandais signifie lunettes. La Hollande se divise en sept provinces-unies, qui sont la Gueldre, la Hollande, la Zélande, Utrecht, la Frise, l'Over-Issel, et Groningue.

Nous arrivâmes à minuit à Rotterdam, et nous fûmes obligés de passer par dessus les murailles pour entrer dans la ville, dont les portes étaient fermées. Cette ville est la seconde de tout le pays ; et il est aisé de juger de sa richesse par la quantité de vaisseaux qu'on y voit aborder de tous les pays, et qui emplissent le canal de la ville, qui est extrêmement large. Cette ville est remarquable par l'étendue de son commerce et par la beauté de ses maisons, qui ont toutes la propreté qu'on remarque dans toutes les villes de Hollande. L'on voit au milieu d'une grande place la statue d'Érasme, qui était natif de cette ville, et qui a assez bien mérité de la république pour avoir une statue en bronze sur le pont qui est au milieu de la grande place. Nous partîmes de Rotterdam sur les deux heures après midi par les barques, qui sont d'une commodité admirable par toute la Hollande. Elles partent en différentes heures, et à une demi-heure l'une de l'autre ; ce qui fait qu'à toutes les demi-heures du jour et de la nuit il part de ces commodités qui vont en cent endroits différents, et qui sont si ponctuelles, que le cheval est attelé à la barque lorsque l'heure est prête à sonner, et qu'à peine elle a frappé que le cheval marche. Nous passâmes à Delft, petite ville à deux lieues de La Haye, où nous vîmes le frère d'un de nos amis que nous avions laissé esclave en Alger. Nous entrâmes dans le principal temple de la ville, où nous vîmes le tombeau du fameux amiral Tromp. Nous arrivâmes le soir à La Haye, le plus beau et le premier village du monde. C'est le lieu où le prince d'Orange fait sa résidence ordinaire. Il n'y était pas pour lors, et il était allé à une chasse générale qui se faisait en Allemagne sur les terres de......, avec le.....

Le prince d'Orange s'appelle Guillaume III de Nassau. Ces dernières guerres ont servi à le rendre recommandable dans la Hollande, et à le faire déclarer stathouder, capitaine-général des armées des provinces-unies des Pays-Bas, et grand amiral. Les États lui accordent pour cela une pension de cent mille francs, et font la dépense de toute sa maison. Quelques remuants lui ont voulu mettre en tête de se faire déclarer souverain dans la Hollande, pendant qu'il était maître absolu de toutes les troupes; mais les plus politiques lui ont fait connaître premièrement la difficulté de son dessein, et entendre ensuite que quand il serait assez heureux pour le mettre en exécution, il ne pourrait jamais se maintenir dans cette souveraineté, la Hollande étant un pays qui périrait bientôt si elle était gouvernée par un particulier, et si elle cessait d'être république, à cause des grands frais qu'il faut renouveler continuellement pour la conservation du pays, et des grandes levées qu'un prince serait obligé de faire sur ses sujets, que des républicains, qui se repaissent du titre spécieux de liberté, donnent avec plaisir, n'ayant tous pour but que la même chose, ce qui fait qu'il n'y a point de pays plus vexé d'impôts et de subsides que la Hollande; et ces peuples se flattent que, comme ce sont eux qui se les imposent, ils sont libres de se les ôter quand ils veulent. Ce conseil, le plus sûr et le plus politique, fut suivi du prince d'Orange, qui s'en trouva bien.

Les États de Hollande se tiennent à La Haye, ce qui contribue beaucoup à sa magnificence. Les maisons des particuliers sont très-belles, mais le palais du prince n'a rien de remarquable; au contraire, il est étonnant de voir qu'il soit si mal logé, et qu'il y ait des bourgeois qui habitent des maisons plus superbes. Nous y vîmes les chambres des États, dont il y en a une assez belle, et que M. Del... disait qu'il entreprendrait de faire dorer pour deux mille écus, quoique, par la supputation de tout le monde, il y dût entrer pour plus de dix mille écus d'or; mais il dit qu'il entendait qu'on le lui fournît. M. Davaux y était pour lors ambassadeur. Nous le vîmes en deuil à cause de la mort récente de M. le chevalier de Mesme son beau-frère, que j'ai vu à Rome, et qui avait été tué depuis peu d'un coup de pierre.

On voit, en sortant du château, une porte qui est proche le logis de monsieur...... le lieu où se fit le massacre du pensionnaire de With, qui fut tué[1] par la populace au commencement de la guerre; tout cela par les menées du prince d'Orange, à cause qu'il avait été fait depuis peu un édit par lequel il était

---

[1] Le 20 août 1672.

défendu de reconnaître le prince d'Orange pour souverain, que le peuple voulait reconnaître tel.

Le prince Guillaume de Nassau, qui était à la tête des mécontents lorsqu'ils secouèrent le joug espagnol, se comporta si généreusement dans toute cette rébellion, qu'après avoir forcé l'Espagnol par la paix à reconnaître les Hollandais et leur république pour souverains, ils se trouvèrent obligés de récompenser sa vaillance, en lui donnant le titre de protecteur des États. Ce titre est dévolu à ses successeurs. Mais le conseil des provinces, et particulièrement les de With, qui faisaient une faction particulière, et qui en entraînèrent d'autres avec eux, firent cet édit perpétuel par lequel ils déclaraient qu'on ne pourrait jamais proposer le prince d'Orange pour souverain, et le firent même signer au prince d'Orange d'aujourd'hui, encore jeune. La guerre de France est arrivée sur ces entrefaites; et le peuple, appréhendant la domination des Français, et croyant que, s'ils avaient le prince d'Orange à la tête de leurs armées, ils feraient des merveilles, le proposèrent : mais étant arrêtés par cet édit perpétuel, ils éclatèrent contre de With, général des troupes, et le firent arrêter, l'accusant du crime de trahison, et d'avoir voulu perdre l'État; mais n'ayant point trouvé de sujet pour le faire mourir, on se contenta de le bannir pour contenter le peuple et la faction du prince d'Orange. Son frère, le pensionnaire à La Haye pour les affaires de la province de Hollande, demanda permission de le voir; mais en voulant entrer dans la prison, le peuple mutiné, souffrant impatiemment la vue d'un homme qui s'opposait à ses menées, se rua dessus lui, et l'assassina cruellement sur la place, et le traînèrent un peu plus loin où ils le pendirent. Chacun accourut à ce spectacle, et le peuple était si animé, qu'il le coupa en pièces, dont chacun prit des morceaux de chair, qui se vendaient quelques jours après fort cher à ceux qui n'avaient pas eu le plaisir d'assister à cette boucherie. Le peuple, qui est une bête féroce qui se porte toujours dans les extrémités parce qu'il agit sans raison, qui est timide par excès ou impétueux dans l'extrémité, n'est pas à se repentir de cette action. Il reconnaît que cet édit était fait pour son utilité; et la mort du pensionnaire a été le premier échec qui ait été donné à la république.

Les Province-Unies doivent, après le ciel, leur liberté aux princes d'Orange, qui ont tant fait qu'ils ont obligé le roi d'Espagne à signer leur liberté et à les reconnaître pour peuples libres, indépendants de tout autre, ce qui est une circonstance fort remarquable. Guillaume I*er* cimenta de son sang les fondements de cette république. Maurice et Henri, ses fils, en accrurent la splendeur par le gain de plusieurs batailles. Guillaume II égala les autres, mourut fort jeune, et laissa pour successeur de ses vertus, Guillaume III du nom, prince d'Orange d'à présent, fils de Guillaume II et de Marie Stuart, fille aînée de Charles I*er*, roi d'Angleterre, qui eut la tête coupée. Ce prince l'eut à la trente-six ou trente-septième année de son âge, et a épousé la fille du duc d'Yorck [1]. Il ne vint au monde qu'après la mort de son père, et il perdit à onze ans la princesse royale sa mère, qui mourut à Londres de la petite-vérole, de même que le feu prince Guillaume son mari.

Tout le monde sait que la Hollande est un État purement républicain ; mais il faut dire quelque chose de plus particulier de son gouvernement.

Chaque ville est gouvernée par un magistrat, des bourgmestres et des conseillers, et un bailli dans les causes criminelles, qui exerce sa charge autant de temps qu'il plaît au conseil, et qui juge absolument, dans les affaires criminelles, de la sentence des bourgmestres. Au-dessus d'une certaine somme, on appelle à la cour de la province, ou chaque ville envoie un conseiller.

Les députés des villes composent les états de la province, et les députés des provinces font les états généraux, établis pour les alliances, pour les traités, pour les levées des deniers, et pour ce qui regarde le bien de la république. Ces provinces sont aussi fortes l'une que l'autre : il est vrai que la province d'Amsterdam emporte ordinairement la balance, et fait tourner les choses du côté qu'elle veut. Cette ville seule passe pour une province. Il est aisé de conclure que la souveraineté ne réside point dans les états généraux, qui ne sont rien autre chose que les envoyés des villes pour proposer dans le conseil les choses qu'elles veulent représenter.

La Haye est le lieu où la noblesse de Hollande fait résidence ; il n'y en a guère de plus agréable dans le monde. Un grand bois de haute futaie, bordé de magnifiques palais d'un côté ; et de l'autre, de vastes et agréables prairies qui l'entourent,

---

[1] Cette phrase, dont la construction n'est pas très-claire, est conforme à la première édition. On l'a refaite ainsi dans les éditions suivantes : *Guillaume II eut, la trente-six ou trente-septième année de son âge, Guillaume III, qui a épousé la fille du duc d'Yorck.*

rendent son aspect un des plus riants de l'Europe. On voit devant le château un étang revêtu de pierre de taille ; de hauts arbres qui le bordent servent à embellir le palais du prince. On va de La Haye à la mer en moins d'un quart d'heure, par un chemin très-agréable. Nous vîmes en y allant un chariot à voiles que le prince d'Orange a fait faire, et nous entrâmes dans un lieu où l'on court la bague sur des chevaux de bois. Nous allâmes voir une maison du prince d'Orange à quelques lieues de La Haye, appelée Osnadin ; c'est là où il passe une partie de l'année, et où il entretient quantité de bêtes extraordinaires. Nous y vîmes des vaches de Calicut très-particulières avec une bosse sur le dos, et quantité de cerfs.

Nous partîmes de La Haye et fûmes dîner à Leyden, qu'on appelle *Lugdunum Batavorum*, recommandable par son université, par son anatomie, et par la propreté de ses bâtiments ; plus agréable à mon goût que pas une ville de Hollande. Nous y vîmes quantité de choses curieuses, entre autres un hippopotame, ou vache de mer, que les Hollandais ont rapporté des Indes. On voit dans le cabinet anatomique plus de choses que n'en peut contenir un gros volume.

De Leyden nous allâmes à Amsterdam, et vîmes en passant Harlem, où nous remarquâmes une grande église : nous arrivâmes le soir à Amsterdam. Cette ville des villes, si renommée dans tout l'univers, peut passer pour un chef-d'œuvre : les maisons y sont magnifiques, les rues spacieuses, les canaux extrêmement larges, bordés de grands arbres, qui venant à mêler leur verdure avec la diversité des couleurs dont les maisons sont peintes, forment l'aspect du monde le plus charmant. Cette ville paraît double : on la voit dans les eaux ; et la réverbération des palais qu'on voit dans les canaux fait de ces lieux un séjour enchanté. L'hôtel-de-ville est sur le Dam : cet ouvrage pourrait passer pour un des plus beaux de l'Europe, si l'architecte n'avait manqué dès le commencement, et eût fait quelque distinction de la porte avec les fenêtres, qu'il faut chercher de tous côtés, et qu'il faut bien souvent demander. Nous montâmes en haut, où nous vîmes quantité d'armes et un très-beau carillon. Nous découvrîmes Utrecht du clocher. Ce fut le lieu où le roi borna ses conquêtes. Le Spineus est une aussi plaisante invention que je sache : c'est là où l'on renferme toutes les filles de mauvaise vie, que l'on condamne pour un certain temps, et où elles travaillent. Il n'y a peut-être pas de lieu, après Paris, où le libertinage soit plus grand qu'à Amsterdam : mais ce qu'il y a de particulier, c'est qu'il y a de certains lieux où demeurent les accoupleuses, qui gardent chez elles un certain nombre de filles. On fait entrer le cavalier dans une chambre qui communique à plusieurs autres petites chambres dont vous payez les portes, et au-dessus le portrait et le prix de la personne qu'elle renferme ; c'est à vous à choisir : on ne fait point sortir l'original que vous n'ayez payé le prix de la taxe : tant pis pour vous si la copie a été flattée.

Le Raspeus est un autre lieu pour les mauvais garnements, et pour les enfants dont les pères ne sauraient venir à bout : on les emploie à scier du brésil. Il y a dans la grande église d'Amsterdam une chaîne d'un prix infini pour la délicatesse de son travail. On permet à Amsterdam, et par toute la Hollande, toutes sortes de religions, excepté la catholique : c'est un point de leur plus fine politique ; et ils savent bien que ce serait un grand échec à leur liberté si les catholiques y étaient soufferts, qui pourraient ensuite se rendre les maîtres. On y voit des luthériens, des calvinistes, des Arméniens, des nestoriens, des anabaptistes et des juifs qui y sont plus puissants qu'en autre endroit de la terre. Leur synagogue est incomparablement plus belle que celle de Venise, et ils y sont beaucoup plus puissants. La maison des Indes, qui est hors de la ville, marque bien qu'elle appartient aux plus riches négociants de l'Europe. On y bâtissait un très-beau vaisseau qui devait, un mois après, faire le voyage des Indes. Nous allâmes voir les vaisseaux de guerre, qui n'ont rien de beau, et je n'en vis pas un qui approchât de la beauté de nos vaisseaux. Ils ne veulent point de galerie à la poupe comme nous ; ils croient que cela retarde la course du vaisseau : mais, bien loin d'y apporter aucun défaut, je trouve que cela est d'une utilité pour les officiers, et d'un grand ornement au vaisseau. Nous logeâmes à Amsterdam chez Cellier, à la place royale, dans le Kalverstraat. Nous connûmes M. de Resvic, des premières familles de Hollande, et qui a fait une très-belle dépense à ces dernières guerres. Il nous fit voir mademoiselle Hornia sa maîtresse, héritière de très-grands biens, catholique comme lui. Nous les vîmes ensemble à l'Opéra, à *l'Enlèvement d'Hélène*. Nous apprîmes à la comédie que tout l'argent qu'on y donne allait aux pauvres, et que la ville entretenait les comédiens, à qui elle donne une certaine pension.

Je partis d'Amsterdam le 25 mai 1681, et nous arrivâmes à

Enchuyse le soir même, où, sans nous arrêter qu'autant de temps qu'il faut pour manger, nous remarquâmes que cette ville portait trois harengs pour ses armes, à cause de la pêche considérable qui s'y fait de ce poisson. Nous frétâmes la nuit une barque à Vorkum, où nous arrivâmes le lendemain matin. Cette province s'appelle Nord-Hollande, et je ne crois pas qu'au reste de la terre il se puisse trouver de plus jolies femmes. Les paysannes ont une beauté qui ne le cède point aux anciennes Romaines, et qui donne de l'amour à la première vue. Nous arrivâmes à Leuvarden, capitale de Frise, ville très-jolie, qui reconnaît le prince de Nassau pour son gouverneur, n'ayant point voulu donner sa voix élective pour le prince d'Orange. Ce prince peut avoir vingt-cinq ou vingt-six ans : il perdit son père il y a environ dix-huit ans, à la septième année de son âge. Ce prince mourut par un accident funeste : un pistolet qui se lâcha malheureusement, ôta en même temps un grand homme à l'Europe, et un généreux gouverneur à la Frise. Il laissa une illustre veuve par sa beauté, par sa naissance, et par son mérite, Arbertine d'Orange, fille du prince Henri et d'Amélie de Solmes. Ce prince vécut sept ou huit jours après cet accident ; et les Frisons, en reconnaissance des bons services que leur avait rendus le père, offrirent d'abord le gouvernement au fils, qui était en très-bas âge, et à qui ils ne donnèrent point d'autre gouverneur que la princesse sa mère.

Nous quittâmes Leuvarden ; et, ayant marché toute la nuit, nous arrivâmes à la pointe du jour à Groningue, ville fort bien située, et qui s'est rendue recommandable dans les dernières guerres, par le siége qu'elle soutint contre l'évêque de Munster, qui s'y trouva en personne avec vingt-quatre mille hommes. Mais ses bonnes fortifications et la vigueur de ses habitants obligèrent les assiégeants à lever le piquet après six semaines de siége, pendant lequel ils perdirent beaucoup de monde. De Groningue nous passâmes à Oldembourg, qui appartient présentement au roi de Danemarck. Cette ville a donné le nom à tout le comté. Il y a deux ans que cette ville fut consumée par le feu du ciel. On recommence à la rebâtir, et le roi de Danemarck y fait faire quelques fortifications. On y voit une corne d'abondance, qui a donné lieu de faire le conte d'une femme qui, sortant de terre, se présenta au comte d'Oldembourg avec ce cornet à la main, plein d'une liqueur qu'il ne connaissait pas. Ce prince était pour lors à la chasse, éloigné des siens, et extrêmement altéré. Mais, ne connaissant point cette liqueur, et voyant une femme extraordinaire, il n'en voulut point tâter, et la répandit sur la croupe de son cheval. La force de ce breuvage emporta tout le poil aux endroits où il avait touché.

Il n'y avait que deux jours que le roi était parti d'Oldembourg pour Copenhague. Le même jour, nous nous trouvâmes au soir à Brême, république qui est environnée des terres de Suède et de Danemarck. La ville est fort jolie, mais de si peu d'étendue, qu'à peine les remparts sont de ses terres. De Brême nous ne vîmes rien de recommandable jusqu'à Hambourg, où nous arrivâmes après cinq jours et cinq nuits de marche continuelle avec des chariots de poste. De Hambourg à Amsterdam, on compte soixante milles, qui valent cent trente lieues de France.

Hambourg est une ville anséatique, libre et impériale, qui, par sa bonne milice et ses fortifications régulières, est en état de ne point appréhender quantité de princes qui envient fort ce morceau, et particulièrement le roi de Danemarck, à qui elle siérait parfaitement bien. Ce prince la bloqua pendant ces dernières guerres avec vingt-cinq mille hommes; mais ayant vu les troupes auxiliaires qui lui venaient de toutes parts, il ne put rien entreprendre davantage. Il a cédé depuis peu, pendant son vivant, toutes les prétentions qu'il pouvait avoir sur cette ville, moyennant la somme de deux cent mille écus. Elle est gouvernée par quatre bourgmestres et dix-huit conseillers. Les femmes y sont très-belles; elles se couvrent le visage à l'espagnole. On professe la religion luthérienne dans cette ville, où on voit la cave du pin de cent ans. Les opéras n'y sont pas mal représentés; j'y ai trouvé celui d'Alceste très-beau.

Tout le pays est très-bon et très-fertile en pâturages. Les chariots sont d'une commodité admirable; les chevaux en sont excellents, et courent continuellement.

DU DANEMARCK.

De Hambourg nous partîmes pour Copenhague, éloignée de Hambourg d'environ cent vingt lieues. Nous vîmes à Pennenberg, à trois milles de la ville, la reine-mère de Danemarck, qui allait aux eaux de Pyrmont avec le prince George son fils, et cadet du roi. De Pennenberg à Issoe, Rensburg, Flensburg, Assen, Niébury, Castor, Rochild. Cette ville était autrefois la demeure des rois de Danemarck. On y voit encore leur sépulture. Celle de Christian Ier est belle. Nous y vîmes le modèle de sa statue, et à peine y puis-je atteindre.

La reine-mère est de la maison de Lunébourg. Elle allait au camp trouver la jeune reine, avec laquelle elle ne s'accommode pas bien; et ne reçoit point la visite des ambassadeurs, parce qu'ils visitent la jeune reine devant elle.

Toutes ces villes sont assez jolies : les femmes y portent toutes sortes de paniers d'un osier très-fin sur la tête. A Assen je perdis une valise.

Frédéric III a été le premier roi sous lequel le royaume soit devenu héréditaire. Il fut aidé des bourgeois de Copenhague, qui ne pouvaient souffrir la tyrannie de la noblesse ; ils le favorisèrent dans son entreprise, et le récompensèrent de ses services. Les bourgeois et les paysans étaient si maltraités des nobles, qu'ils pouvaient tuer une personne en mettant un écu sur le corps du défunt. Frédéric ne voulut point leur ôter ce privilége ; mais il ordonna que quand un bourgeois ou un paysan tuerait un noble, il en mettrait deux.

Le cercueil qui enferme le corps de Frédéric III, dernier roi de Danemarck, et père du régnant, est très-riche, couvert de quantité d'ouvrages d'argent.

Copenhague est située sur la mer Baltique fort avantageusement.

Elle est frontière du côté de la province de Schonen, et a soutenu le siége fort vigoureusement pendant deux ans contre le grand Gustave-Adolphe, père de la reine Christine, que nous avions vue à Rome. Les clochers de Sainte-Marie portent les marques de ce siège.

Le Louvre est un bâtiment fort commun, couvert de cuivre, qui fut autrefois la demeure des évêques, quand les rois tenaient leur cour à Rochild. L'écurie est belle et très-longue, fort bien remplie de chevaux ; et le manége qui est auprès est une pièce assez curieuse. Ce fut où l'on fit le carrousel, quand la reine de Suède sortit de Copenhague.

Il n'y a donc rien de considérable à voir en cette ville pour les bâtiments, si vous exceptez le palais de la reine-mère, le jardin du roi, et celui du duc de *Guldenleu ;* c'est ainsi que s'appellent tous les premiers bâtards des rois de Danemarck, et qui veut dire *Lion doré ;* et quand le roi régnant a un Guldenleu, celui du défunt prend le titre de Haute excellence.

Nous fûmes quatre jours et quatre nuits à faire cent vingt lieues, et nous arrivâmes à Copenhague le jeudi à porte ouvrante, où nous logeâmes au Krants.

Le roi Frédéric III était archevêque de Brême, et fut élu roi par le décès de son aîné. Il eut six enfants : deux garçons et quatre filles ; le roi Christian, le prince George. L'aînée des filles, Anne-Sophie, a été mariée au duc de Saxe, George III ; une autre, au duc de Holstein ; la troisième, Sophie-Amélie, à Guillaume Palatin du Rhin, frère de madame d'Orléans ; et la quatrième, la plus jeune, Ulrique-Éléonore, au roi de Suède.

Le roi Christian V, à présent régnant, a cinq enfants : trois garçons ; le prince Frédéric, âgé de onze ans, le prince Christian, de six ; et le prince Charles, d'un : deux filles ; la première s'appelle Sophie, et l'autre.....

La tour de l'observatoire, sur laquelle un carrosse peut monter, est une pièce fort curieuse. Elle fut bâtie par Frédéric II. Du haut de la tour on découvre toute la ville, qui ne nous parut pas fort grande, mais presque de tous côtés environnée d'eau. On y voit un globe céleste de cuivre, fait de la main de Tycho-Brahé, mathématicien fameux, originaire du pays.

La bourse est un fort beau bâtiment qui fait face au Louvre. Son clocher est d'une manière assez particulière ; quatre lézards, dont les queues s'élèvent en l'air, en forment la flèche. C'est la où se vendent toutes les curiosités, comme au palais.

On voit dans le port les vaisseaux du roi au nombre de cinquante ou soixante, dont l'amiral est de cent pièces de canon. Les rois de Danemarck n'ont jamais mis plus de vaisseaux en mer; et la dernière bataille qu'ils remportèrent sur les Suédois leur a acquis un renom éternel.

L'arsenal est garni de quantité de très-belles pièces de canon : il y en a même d'acier fort poli, qui ont été faites en Moscovie. On voit au-dessus une salle pleine d'armes pour soixante mille hommes ; un chariot qui va de lui-même, et un autre dans les roues duquel il y a une horloge qui sonne d'heure en heure par le mouvement des roues. Toutes les dépouilles que les Danois remportèrent, ces dernières guerres, sur les Suédois s'y voient, avec tout l'équipage des dix-sept vaisseaux qu'ils prirent pour une seule fois.

Le cabinet du roi est au-dessus de la bibliothèque. Ce sont plusieurs chambres remplies de curiosités; entre autres une queue de cheval, qui est la marque d'autorité, et que les bachas mettent devant leurs tentes lorsqu'ils sont à l'armée ; le Grand-Seigneur, trois, et le visir, deux. Nous y vîmes une belle mandragore femelle ; les pantoufles d'une fille qui fut *taponata* sans en rien sentir ; l'ongle qu'on dit être de Nabuchodonosor ; et un des enfants de cette comtesse de Flandre qui en mit au monde autant que de jours en l'an.

Le roi est un prince assez bien fait, qui se plaît à tous les exercices, comme la chasse et monter à cheval. Il est âgé de trente-quatre ans, et a épousé Charlotte-Amélie, landgrave de Hesse.

Il n'y a point de langue plus propre à demander l'aumône que la danoise : il semble toujours qu'ils pleurent.

Les royaumes de Danemarck et de Norwége appartiennent au même maître. Ils regardent au levant le royaume de Suède, au couchant l'Angleterre ; au nord ils ont la mer Glaciale, et au midi l'Allemagne, à laquelle ils sont attachés vers l'isthme par le duché de Holstein ; cette partie est présentement appelée Jutlande, que les anciens connaissaient sous le nom de Chersonèse Cimbrique, entre l'Océan et la mer Baltique.

Le Danemarck est un pays très-gras et très-abondant, consistant en quantité d'îles, dont les plus renommées sont Zéland, Falster, Langeland, Laland et Fune, renommée par cette dernière victoire qui sauva le royaume de sa perte totale, lorsque les Danois, secondés des Hollandais, défirent Charles-Gustave dans cette île, lequel avait tenu deux ans Copenhague assiégée. Le roi de Danemarck est encore maître de l'île d'Islande, qu'on croit être l'*ultima Thule* connue des anciens. Cette île, malgré les neiges qui la couvrent, ne laisse pas d'avoir des montagnes brûlantes qui vomissent les feux et les flammes de leur sein, et auxquelles les poètes comparent le sein de leur maîtresse. Il y a des lacs fumants qui convertissent en pierre tout ce qu'on y jette, et plusieurs autres merveilles qui rendent cette île recommandable. La Norwége s'étend tout le long de la côte de la mer, jusqu'au château de Wardhus, qui est par-delà le cap du Nord, en approchant du côté de la mer Blanche, sur laquelle est Archangel, port de mer de Moscovie. Cette étendue de terre lui a été laissée par le traité de paix fait entre Frédéric III et Charles-Gustave, défunts rois de Suède et de Danemarck. La Groënlande lui appartient aussi; mais cette terre n'est habitable que trois mois de l'année, que l'on choisit pour la pêche de la baleine.

La Suède a été jointe à ces deux royaumes plusieurs fois, par les alliances qui se faisaient des princes ou des princesses de ces nations. Mais la Suède en a été entièrement séparée sous Gustave Ier du nom, chef de la famille de Vasa, qui s'en fit couronner roi l'an 1528, et y introduisit la religion luthérienne, dans le même temps que Christian III lui donnait entrée dans le Danemarck. Ce royaume a toujours été électif, aussi bien que la Suède; mais Frédéric III, après avoir soutenu quantité de guerres contre ses voisins, et avoir sauvé l'État par sa valeur et par sa vigilance, fit déclarer le royaume successif et héréditaire.

Frédéric III du nom, fils de Christian IV, qui régna plus de soixante ans, et d'Anne-Catherine, sœur de Jean-Sigismond, électeur de Brandebourg, est père du roi d'à présent, Christian V. Il fut archevêque de Brême avant qu'il parvînt à la couronne par la mort de son père et de son aîné qui le devança d'un an, et épousa, l'an 1643, Sophie-Amélie, fille de George, duc de Brunswick et Lunébourg, et d'Anne-Eléonore, fille de Louis, landgrave de Hesse, chef de la branche de Darmstadt. La dernière réunion de ces royaumes arriva en 1397, par le mariage de Haquin, fils de Magnus V, roi de Suède, et d'Inselburge, héritière de Norwége, avec Marguerite, fille aînée de Waldemar IV, roi de Danemarck.

La dernière séparation arriva, comme j'ai dit, en l'an 1528, au sujet de la tyrannie que Christian II exerçait contre les Suédois. Il obligea ceux de Stockholm de lui donner des otages, et ne les en traitait pas moins cruellement. Gustave de Vasa, qui était un des otages, se sauva en Suède, et se fit chef de ce peuple opprimé, qui l'élut roi, et secoua la domination du roi de Danemarck.

Nous apprimes en Danemarck ce que c'était qu'un virschat. M. l'ambassadeur prit lui-même la peine de nous en informer, et de nous dire que ces divertissements se faisaient ordinairement l'hiver, pendant lequel temps le roi, voulant se divertir, ordonne un virschat dans toute sa cour, et se met lui-même de la partie.

Toute la cour paraît en différents métiers, avec des habits conformes à l'art que chacun professe, et que le sort lui a donné. Le roi de Danemarck y parut la dernière fois en charbonnier; et on nous dit que rien n'était si plaisant que cette sorte de mascarade. Elle ne se pratique pas seulement en Danemarck, mais aussi en Suède, et par toute l'Allemagne.

Il est à remarquer que la justice est parfaitement bien administrée en Danemarck, et qu'il se tient tous les ans une chambre établie pour juger en dernier ressort tous les procès du royaume, et qui ne finit point qu'elle ne les ait tous terminés.

La garde du roi de Danemarck est de drabans à pied et à cheval, habillés de bleu doublé de jaune, et une grande casaque de même. Le roi a toujours quarante mille hommes, que les provinces lui entretiennent en paix et en guerre; et les plus riches en fournissent deux, l'un de cavalerie et l'autre d'infanterie.

DE LA SUÈDE.

GÉNÉALOGIE DES ROIS DE SUÈDE DEPUIS GUSTAVE Ier.

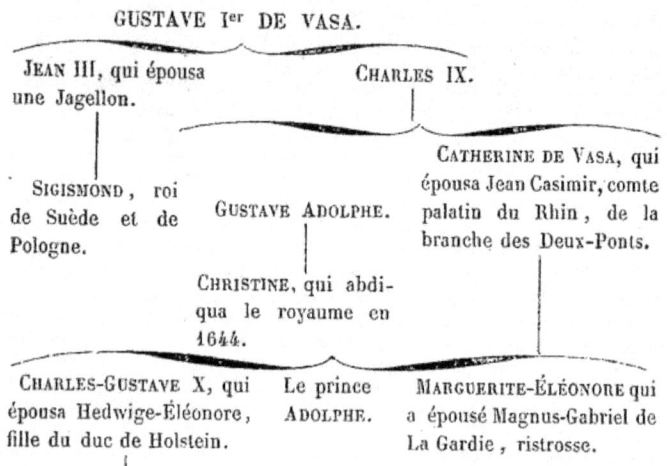

Charles XI, à présent régnant, a épousé Ulrique Éléonore, sœur du roi de Danemarck, de qui il a eu une fille pour premier enfant, en juillet 1681.

Ce que nous appelons présentement Suède, était autrefois appelé Scandie ou Scandinavie, qui n'est pour ainsi dire qu'une presqu'île, qui s'étend entre l'Océan, la mer Baltique, et le golfe Bothnique.

Cette province n'est pas des plus fertiles partout. La Laponie est la stérilité même ; et ce peuple, que j'ai eu la curiosité d'aller voir au bout du monde, est entièrement abandonné de la nourriture du corps et de l'âme, n'ayant ni le pain matériel, ni l'évangélique. Mais la Gothie et Ostrogothie sont des pays qu'on peut comparer à la France pour leur fertilité ; et la terre y est si bonne, qu'elle donne en trois mois ce qu'elle produit en neuf en d'autres endroits. Les autres lieux, où l'on force la nature pour l'obliger à nourrir les habitants, sont la Schonen, la Schanmolande, l'Angermanie, la Finlande ; et c'est dans ces lieux où la nature, refusant la fertilité des plaines, accorde l'abondance des forêts, que les habitants brûlent l'hiver pour semer l'été prochain du grain sur les cendres, qui y vient en perfection, et en moins de temps que partout ailleurs.

Les Suédois sont naturellement braves gens ; et sans parler des Goths et des Vandales, qui, franchissant les Alpes et les Pyrénées, se rendirent maîtres de l'Italie et de l'Espagne, considérons de nos jours un Gustave-Adolphe, l'honneur des conquérants, suivi de très-peu de Suédois, qui passa victorieux toute l'Allemagne comme un éclair, et qui fit ressentir à tous les princes la valeur de ses armes. Voyons un Charles-Gustave, dernier roi de ce pays, qui réduisit les Danois, ses plus fiers ennemis, à se retirer dans leur ville capitale, qui leur restait seule de tout le royaume, où il les assiégea pendant deux ans ; qui, après plusieurs batailles, vint finir ses jours à Gottenbourg, d'une fièvre, à l'âge de trente-sept ans, le 12 février 1660.

Ce prince, qui n'a jamais fait que des merveilles, obligea aussi le ciel à le seconder et à le secourir, et à faire des miracles pour lui. Il affermit les eaux du Belt pour lui donner occasion d'entreprendre une action héroïque. Charles X fit passer toutes ses troupes sur une mer glacée de deux lieues de large, avec tout le canon, et y campa plusieurs jours avec une intrepidité de cœur qui surprenait tous les autres, et qui lui était naturelle. Si ce prince était grand guerrier, il ne fut pas moins politique ; et il le fit bien voir pendant le gouvernement de la reine Christine, qui, s'amusant à consulter quantité de savants, qu'elle faisait venir de toutes parts, et qui ne lui apprenaient pas l'art de régner, lui donna occasion de captiver l'esprit de tous les sénateurs, rebutés du gouvernement de cette reine, qu'ils obligèrent à abdiquer le royaume entre ses mains.

Le grand Gustave Adolphe n'a-t-il pas montré le chemin à ce digne successeur ? et après avoir mené une vie toute héroïque et toute guerrière, il la finit dans le champ de la victoire, et au milieu de ses armées, d'un coup de mousquet, qui ôta à l'Europe son plus grand conquérant.

La reine Christine a été un digne rejeton de ce grand prince : cette princesse avait l'âme toute royale, et a épuisé toutes les louanges des grands hommes. Elle aurait régné plus longtemps, si elle eût été plus maîtresse d'elle-même; et la jalousie qu'elle excita parmi les sénateurs, qui voyaient impatiemment les dernières faveurs qu'elle accordait au *ristrosse*, dont elle eut des enfants, lui ôta la couronne de dessus la tête. Elle changea de religion, à la persuasion d'un ambassadeur d'Espagne, qui lui promit qu'elle épouserait le roi son maître, si elle voulait se faire catholique. Elle est demeurée à Rome presque tout le temps qu'elle a quitté le sceptre, où elle s'entretenait de dix mille écus de pension, que le pape lui donnait tous les ans, jusqu'à ce que le roi de France l'ait fait rentrer dans tous ses biens. Elle s'était réservé les îles fertiles d'Aland et de Gotland, qui sont sur la mer Baltique; mais elle les a échangées depuis peu contre le territoire de Norcopin en Ostrogothie.

Charles XI, à présent régnant, est fils de Charles-Gustave, comte palatin, de la maison de Deux-Ponts, et de Hedwige-Éléonore, fille puînée du duc de Holstein. C'est un prince qui ne dément point la générosité de ses ancêtres, et son port fier et royal fait assez voir qu'il est du sang des illustres Gustave. Les inclinations de ce prince sont toutes martiales; et n'ayant plus d'ennemis à combattre, sa plus grande occupation est d'aller à la chasse aux ours. Cette chasse se fait mieux en hiver qu'en été; et lorsque quelque paysan a découvert leurs passages, par les traces qui sont imprimées dans la neige, il en donne avis au grand-veneur, qui y conduit le roi. L'ours est un animal intrépide; il ne fuit point à l'aspect de l'homme, mais il passe son chemin sans se détourner. Quand on l'aperçoit assez proche, il faut descendre de cheval, et l'attendre jusqu'à ce qu'il soit fort près de vous, et vous le faites lever sur ses pattes de derrière, par un coup de sifflet que vous donnez : c'est le temps qu'il faut prendre pour le tirer, et il est fort dangereux de ne le pas blesser mortellement; car il vient de furie se jeter sur le chasseur, et l'embrassant des pattes de devant, il l'étouffe ordinairement; c'est pourquoi il faut avoir encore un pistolet pour lui lâcher à bout portant, et un épieu pour la dernière extrémité. Nous en vîmes un à Stockholm, que le roi avait tué lui-même, en secourant son vavori Vaqmester, qui en était presque étouffé. Cet animal est couché trois ou quatre mois de l'année, et ne prend pour lors aucune nourriture qu'en suçant sa patte. Le roi a toujours autour de lui trois ou quatre petits ours, à qui on coupe les dents et les ongles tous les mois.

J'ai connu à Copenhague M. de Martangis, ambassadeur, qui me fit mille amitiés. Je jouai plusieurs fois avec lui. Il me mena chez madame la comtesse de Rantzau, dont le mari a été ambassadeur en France; j'y soupai avec les belles dames de Revinsleau et Grabe, deux sœurs, dont la dernière peut passer pour un chef-d'œuvre de beauté. J'y vis aussi madame de Ratelan, et M. du Boineau, Rochelois, capitaine de vaisseau de roi, qui avait quitté le service à cause de la religion.

Je partis de Copenhague pour Stockholm le premier juillet. Nous vîmes Frédérisbourg, le lieu de plaisance du roi, qu'on peut appeler *le Versailles du Danemarck.* La chapelle en est magnifique; la chaire et le tabernacle, et quantité d'autres figures, sont d'argent massif ; mais ce qui me parut de plus curieux fut un orgue d'ivoire qu'on dit avoir coûté quatre-vingt mille écus de sculpture. L'oratoire du roi, qui est derrière la chapelle, et d'où il entend le service, est un lieu où on n'a rien épargné pour le rendre magnifique. On nous mena par tous les appartements du château, et nous n'y remarquâmes rien de beau que la grande salle qui est au haut, dont on peut admirer le lambris : la variété des couleurs forme un aspect magnifique, et contente admirablement la vue.

De Frédérisbourg nous vînmes coucher à Elseneur, où est le détroit du Sund ; c'est là que tous les vaisseaux paient au roi de Danemarck. Les vaisseaux suédois sont exempts de payer aucun tribut; ce qui fait que la plupart des vaisseaux prennent bannière suédoise, qui est de bleu avec une croix jaune. Ce passage est gardé d'un bon château ; mais je ne crois pas qu'il soit bien difficile d'y passer sans rien payer. Nous couchâmes là chez l'agent du roi de France, qui est Irlandais. Nous passâmes le lendemain à Helsimbourg avec un vent contraire. Cette ville a soutenu dans ces dernières guerres assez longtemps contre les efforts des Danois : il y périt plus de six mille hommes en huit jours de temps. Ils la prirent enfin ; mais ils l'ont rendue comme toutes les autres places qu'ils avaient prises à la couronne de Suède.

Nous vîmes en passant Ryga, Engelholm, la Holm, Halmstad, ville fortifiée et recommandable par la dernière bataille que le roi de Suède y donna. Ce fut là le premier combat qu'il soutint, et la première victoire qu'il remporta, aidé de M. de Feuquières, lieutenant-général des armées du roi, et ambassadeur auprès de Suède. Ce fut dans cette même bataille que ce jeune roi se laissant emporter à son courage, et se croyant suivi de son régiment de drabans, qui sont ses gardes, avec lesquels il se croit invincible, s'avança seul au milieu de l'armée ennemie, cherchant partout le roi de Danemarck, et l'appelant à haute voix; et ne le trouvant point, il se mit à la tête d'un régiment ennemi qu'il trouva sans capitaine, faisant le commandement en allemand, comme toutes les nations du Nord, et le conduisit au milieu de son armée, où il fut haché en pièces.

De Halmstad nous allâmes à Jénycopin, dont la situation sur le bord du Veser, lac qui a huit lieues d'étendue, est admirable. On va ensuite à Grenna, Norcopin, Lincopin, Nycopin, Vellit; et nous arrivâmes à Stockholm le lundi à onze heures du soir, ayant été six jours à marcher continuellement, et le jour et la nuit, par des rochers et des bois de pins et d'espiéras, qui forment la plus belle vue du monde. Nous fîmes ce chemin dans un chariot que nous achetâmes quatre écus à Drasé; et nous remarquâmes les maisons des paysans, qui sont faites à la moscovite, avec des arbres entrelacés. Ces gens ont quelque chose de sauvage; l'air et la situation du pays leur inspirent cette manière.

Le mille de Suède a 6,600 toises; et celui de France, 2,600.

Stockholm est une ville que sa situation particulière rend admirable. Elle se trouve située presque au milieu de la mer Baltique, au commencement du golfe Bothnique. Son abord est assez difficile, à cause de la quantité de rochers qui l'environnent; mais du moment que les vaisseaux sont une fois dans le port, ils sont plus en sûreté qu'en aucun endroit du monde : ils y demeurent sans ancre, et s'approchent jusque dans les maisons. Stockholm est la ville de la mer Baltique du plus grand commerce; et comme cette mer n'est navigable que six mois de l'année, rien de plus superbe que la quantité des vaisseaux qui se voient dans son port, depuis le mois d'avril jusqu'au mois d'octobre.

Sitôt que nous fûmes arrivés à Stockholm, nous allâmes saluer M. de Feuquières, lieutenant-général des armées du roi, qui y était ambassadeur depuis dix ans. Il nous reçut avec tout l'accueil possible, et nous mena le lendemain baiser la main du roi. Ce prince, âgé de vingt-cinq ans, est fils de . . . ., prince de Holstein, entre les mains duquel la reine Christine, fille d'Adolphe, dernier roi de la maison de Vasa, laissa la couronne de Suède, lorsqu'elle voulut se défaire du gouvernement, et changer de religion.

Son humeur est toute martiale; les exercices de la guerre et de la chasse lui sont familiers; et il n'a pas de plus grand plaisir que celui qu'il prend dans ces travaux. Nous eûmes l'honneur de l'entretenir pendant près d'une heure, et le plaisir de le contempler tout à notre aise. Il est d'une taille bien proportionnée : son port est fier, et tout en est royal. Il épousa, il y a environ un an..... fille de Frédéric III, et sœur du roi de Danemarck à présent régnant. Ces deux personnes royales ont toujours eu entre elles un rapport et une sympathie extraordinaire, qu'il était aisé de voir. La nature les avait de tout temps formées l'une pour l'autre.

Le prince ne rencontrait jamais personne qui pût lui donner des nouvelles de la princesse, qu'il n'en demandât d'assez particulières pour faire connaître qu'il y avait toujours dans ses demandes plus d'amour que de curiosité; et la princesse s'enquérait toujours si exactement du prince, qu'on remarquait aisément qu'elle aimait moins des nouvelles du prince que le prince même.

L'on fit, pendant notre séjour à Stockholm, de grandes réjouissances pour la naissance d'une princesse. Nous fûmes présents à la cérémonie de son baptême. Il y eut table ouverte; et le roi, pour marquer sa joie, entreprit de soûler toute la cour, et se fit lui-même plus gaillard qu'à l'ordinaire. Il les excitait lui-même, en leur disant qu'*un cavalier n'était pas brave, lorsqu'il ne suivait pas son roi*. Il parlait le peu de français qu'il savait à tout le monde ; et je remarquai que c'était le seul de sa cour qui le parlait le moins. Tous les cavaliers suédois se font une gloire particulière de bien parler notre langue. Le compte de Stembok, grand maréchal du royaume, le *ristrosse* ou vice-roi, comte de la Gardie, le grand trésorier Steint-Bielke, le comte Cunismar, tous ces gens-là parlent aussi bien français que des Français mêmes. L'envoyé d'Angleterre fit des merveilles dans cette débauche, c'est-à-dire qu'il se soûla le premier. L'envoyé de Danemarck, qui avait tenu la princesse au nom du roi son maître, le suivit de bien près, et ne raisonna guère. Après lui toute la compagnie n'en fit pas moins. Les dames furent aussi de la partie; les deux belles-filles du *ristrosse* tenaient les bouts du poêle qui couvrait l'enfant. Elles s'y firent distinguer par-dessus toutes les autres dames par leur beauté et leur bonne grâce. Nous allâmes quelques jours après chez le comte de la Gardie, à Carsbéry, palais assez régulier, et que sa situation au milieu des rochers et sur le bord du lac, rend un des plus beaux de la Suède. Le roi de

Suède l'a voulu acheter pour en faire présent à la reine. Le maître de cette maison, qui est assurément un des grands seigneurs du royaume, a été depuis quatre mois fort maltraité de la réduction, comme quantité d'autres. Il a perdu plus de quatre-vingt mille écus par cette réunion de biens au domaine.

Les bâtiments de Stockholm sont assez somptueux : l'on peut remarquer entre autres la maison de la noblesse, le palais du *ristrosse*, celui du grand trésorier, et quantité d'autres. Je devrais avoir parlé du Louvre avant tous les autres édifices; mais s'il est vrai qu'il est le premier de la ville, à cause de la personne qui l'habite, on peut dire que ce n'est que par là, et par la quantité de son logement, qu'il est recommandable. Il y a quelques salles qui sont meublées assez magnifiquement; mais elles ne sont point disposées pour faire un palais, et on ne sait de quelle figure elles sont.

Nous vîmes pendant notre séjour une exécution de deux valets, qui s'étaient trouvés à l'assassinat d'un gentilhomme que leurs maîtres avaient fait. Ils n'étaient pas les plus coupables, mais ils furent les plus malheureux. Nous admirâmes la constance et l'intrépidité de ce gens allant au supplice. Ils ne semblaient point émus, et parlaient indifféremment avec toutes les personnes qu'ils rencontraient. L'un d'eux était marié; et sa femme le soutenait d'une main, et le ministre de l'autre.

Nous connûmes à Stockholm M. de Feuquières, ambassadeur; M. de La Piquetière, homme savant et fort curieux; M. Le Vasseur, secrétaire de l'ambassade, fils d'un avocat, rue Quincampoix; M. de La Chenêts, et le P. Archange, carme et aumônier de M..... Là nous vîmes M. Bart, corsaire, qui demeurait à Stockholm pour le recouvrement des deniers d'une vente qu'il avait faite au roi de quelques prises sur les Danois et Lubéquois, déclarées bonnes.

A l'auberge, chez Virchal, Normand, MM. de Saint-Leu, La Neuville, Grand-Maison, écuyer de M. le comte Charles Ocstiern, Coiffard, chirurgien, et.....

La mine de Coperbéryt est ce qu'il y a de plus curieux en Suède, et qui fait toute la richesse du pays. Quoiqu'il s'y trouve beaucoup de mines, celle-là a toujours été la plus estimée ; et on ne se souvient point du temps qu'elle a été ouverte : elle est à quatre journées de Stockholm. On découvre cette ville longtemps avant que d'y être, par la fumée qui en sort de toutes parts, et qui la fait plutôt paraître la boutique de Vulcain que la demeure des hommes. On ne voit de tous côtés que fourneaux, que feux, que charbon, que soufre et que cyclopes, qui achèvent de perfectionner ce tableau infernal. Mais descendons dans cet abîme pour en mieux concevoir l'horreur. On nous conduisit d'abord dans une chambre où nous changeâmes d'habits, et prîmes chacun un bâton ferré pour nous soutenir dans les endroits les plus dangereux. De là nous entrâmes dans la mine par une bouche d'une longueur et d'une profondeur épouvantable, qui empêchaient de voir les gens qui travaillaient dans le fond, dont les uns élevaient des pierres, d'autres faisaient sauter des terres; quelques-uns détachaient le roc du roc par des feux apprêtés pour cela; enfin tous avaient leur emploi différent. Nous descendîmes dans ce fond par quantité de degrés qui y conduisaient; et nous commençâmes alors à connaître que nous n'avions encore rien fait, et que ce n'était là qu'une préparation à de plus grands travaux. En effet, nos guides allumèrent alors des flambeaux de bois de sapin, qui perçaient à peine les épaisses ténèbres qui régnaient dans ces lieux souterrains, et ne donnaient de jour qu'autant qu'il en fallait pour distinguer tous les objets affreux qui se présentaient à la vue. L'odeur du soufre vous étouffe, la fumée vous aveugle, le chaud vous tue : joignez à cela le bruit des marteaux qui retentissent dans ces cavernes, la vue de ces spectres nus comme la main et noirs comme des démons; et vous avouerez avec moi qu'il n'y a rien qui donne une plus forte idée de l'enfer, que ce tableau vivant, peint des plus sombres et des plus noires peintures qu'on se puisse imaginer.

Nous descendîmes plus de deux lieues dans terre par des chemins épouvantables, tantôt sur des échelles tremblantes, tantôt sur des planches légères, et toujours dans de continuelles appréhensions. Nous aperçûmes dans notre chemin quantité de pompes et des machines assez curieuses pour élever les eaux; mais nous ne pûmes les examiner, à cause de l'extrême fatigue dans laquelle nous nous trouvions : nous aperçûmes seulement quantité de ces malheureux qui travaillaient à ces pompes. Nous allâmes jusqu'au fond avec beaucoup de peine; mais quand il fallut remonter, *superasque evadere ad auras*, ce fut avec des peines incomparables que nous regagnâmes la première hauteur, où il fallut nous jeter contre terre pour reprendre un peu d'haleine, que le soufre nous avait coupée. Nous arrivâmes, par le secours de quelques gens qui nous prirent par-dessous les bras, à la bouche de la mine. Ce fut là que nous commençâmes à respirer avec autant de plaisir que ferait une âme qui sortirait du purgatoire; et nous commencions à reprendre un peu de vigueur, quand un objet pitoyable se présenta devant nous. On reportait en haut un pauvre malheureux qui venait d'être écrasé d'une pierre qui était tombée sur lui. Cela arrive tous les jours; et les pierres les plus petites, venant à tomber d'une hauteur extraordinaire, font le même effet que les plus grosses. Il y a toujours sept ou huit cents hommes qui travaillent dans cet abîme : ils gagnent seize sous par jour ; et il y a presque autant de piqueurs, qui ont une hache à la main pour marque de commandement. Je ne sais si l'on doit avoir plus de compassion du sort de ces malheureux, ou de l'aveuglement des hommes qui, pour entretenir leur luxe et assouvir leur avarice, déchirent les entrailles de la terre, confondent les éléments, et renversent toute la nature. Boëce avait bien raison de dire, en se plaignant des mœurs de son temps :

>Heu! primus quis fuit ille
>Auri qui pondera tecti
>Gemmasque latere volentes,
>Pretiosa pericula fodit?

En effet, y a-t-il rien de plus inhumain que d'exposer tant de gens dans de si précieux périls? Pline dit que les Romains, qui avaient plus besoin d'hommes que d'or, ne voulaient point permettre qu'on ouvrît des mines qu'on avait découvertes en Italie, pour ne pas exposer la vie de leurs peuples; et les malheureux qui ont mérité la mort ne peuvent être plus rigoureusement punis qu'en les laissant vivre pour être obligés de creuser tous les jours leurs tombeaux. On trouve dans cette mine du soufre vif, du vitriol bleu et vert, et des octaèdres ; ce sont des pierres taillées naturellement en forme pyramidale de l'un et l'autre côté.

De Coperbéryt nous vînmes à une mine d'argent qu'on voit à Salbéryt, petite ville à deux journées de Stockholm, dont l'aspect est un des plus riants qui soit en ce lieu. Nous allâmes le lendemain à la mine, qui en est distante d'un quart de mille. Cette mine a trois larges bouches, dans lesquelles on ne voit point de fond. La moitié d'un tonneau soutenue d'un câble sert d'escalier pour descendre dans cet abîme, qui monte et qui descend par une même machine assez curieuse, que l'eau fait tourner de l'un et de l'autre côté. La grandeur du peril où on est se conçoit aisément, quand on se voit ainsi descendre, n'ayant qu'un pied dans cette machine, et qu'on connaît que la vie dépend de la force ou de la faiblesse d'un câble. Un satellite noir comme un démon, tenant à la main une torche de poix et de résine, descend avec vous, et chante pitoyablement un air dont le chant lugubre semble être fait exprès pour cette descente infernale. Quand nous fûmes vers le milieu, nous fûmes saisis d'un grand froid, qui, joint aux torrents qui tombaient sur nous de toutes parts, nous fit sortir du profond assoupissement dans lequel nous semblions être en descendant dans ces lieux souterrains. Nous arrivâmes enfin, après une demi-heure de marche, au fond de ce premier gouffre ; là nos craintes commencèrent à se dissiper : nous ne vîmes plus rien d'affreux ; au contraire, tout brillait dans ces régions profondes. Nous descendîmes encore fort avant sous terre, sur des échelles extrêmement hautes, pour arriver dans un salon qui est dans l'enceinte de cette caverne, soutenu de plusieurs colonnes du précieux métal dont tout était revêtu. Quatre galeries spacieuses y viennent aboutir ; et la lueur des feux qui brillaient de toutes parts, et qui venaient à frapper sur l'argent des voûtes, et sur un clair ruisseau qui coulait à côté, ne servait pas tant à éclairer les travaillants qu'à rendre ce séjour plus magnifique que le palais de Pluton, qu'on nous met au centre de la terre, où le dieu des richesses a déployé tous ses trésors. On voit sans cesse dans ces galeries des gens de toutes les nations, qui recherchent avec tant de peine ce qui fait le plaisir des autres hommes. Les uns tirent des chariots, les autres roulent des pierres, et d'autres arrachent le roc du roc. C'est une ville sous une autre ville : là il y a des maisons, des cabarets, des écuries et des chevaux ; et ce qu'il y a de plus admirable, c'est un moulin qui tourne continuellement dans le fond de ce gouffre, et qui sert à élever les eaux qui sont dans la mine. On remonte dans la même machine pour aller voir les différentes opérations pour faire l'argent.

On appelle stuf les premières pierres qu'on tire de la mine, lesquelles on fait sécher dans un fourneau qui brûle lentement, et qui sépare l'antimoine, l'arsenic et le soufre, d'avec la pierre, le plomb et l'argent, qui restent ensemble. Cette première opération est suivie d'une autre, et ces pierres séchées sont jetées dans des trous pour y être pilées et réduites en limon, par le moyen de quantité de gros marteaux que l'eau fait agir : cette boue est délayée dans une eau qui coule incessamment sur une grosse toile mise en glacis, qui, emportant tout ce qu'il y a de terrestre et de grossier, retient le plomb et l'argent dans le fond, d'où on le tire pour le jeter pour la troisième fois dans des fourneaux qui séparent l'argent d'avec le plomb qui sort en écume.

Les Espagnols du Potosi ne s'arrêtent plus à toutes les différentes fontes pour purifier l'argent et le rendre malléable, depuis qu'ils ont trouvé la manière de l'affiner avec le vif-argent, qui est l'ennemi mortel de tous les autres métaux, qu'il détruit, excepté l'or et l'argent, qu'il sépare de tout ce qu'ils ont de terrestre pour s'unir entièrement à eux. On trouve du mercure dans cette mine; et ce métal, quoique quelques-uns ne lui donnent pas ce nom, parce qu'il n'est pas malléable, est peut-être un des plus rares effets de la nature; car étant liquide et coulant de lui-même, et la chose du monde la plus pesante, il se convertit en la plus légère, et se résout en fumée qui, venant à rencontrer un corps dur ou une région froide, s'épaissit aussitôt, et reprend sa première forme sans pouvoir jamais être détruit.

La personne qui nous conduisit dans la mine, et qui en était intendant, nous fit voir ensuite chez lui quantité de pierres curieuses qu'il avait ramassées de toutes parts. Il nous fit voir un gros morceau de cette pierre ductile qui blanchit dans le feu loin de se consumer, et dont les Romains se servaient pour brûler les corps de leurs défunts. Il nous assura qu'il l'avait trouvée dans cette même mine, et nous fit présent à chacun d'un petit morceau, que, par grâce spéciale, il détacha.

Nous partîmes le même jour de cette petite ville pour aller à Upsal, où nous arrivâmes le lendemain d'assez bonne heure. Cette ville est la plus considérable de toute la Suède, pour son académie et pour sa situation ; c'est là où tous ceux qui veulent embrasser l'état ecclésiastique vont étudier ; et la politique de ce royaume défend aux nobles d'entrer dans cet état, afin de maintenir toujours le nombre des gentilshommes qui peuvent servir plus utilement ailleurs.

Nous vîmes la bibliothèque, qui n'a rien de considérable que le *Codex Argenteus*, manuscrit écrit en lettres gothiques d'argent, par un évêque nommé *Ulphila*, qui demeurait dans la Mésie. Ce livre fut trouvé dans le sac de Prague, et enlevé par le comte de Conismarck, qui en fit présent à la reine Christine.

La suite d'Upsal se peut voir dans la relation qui est à la suite de mon voyage de Laponie, parce qu'en revenant je fis ce chemin.

Nous vîmes aussi à Stockholm un envoyé du kan des Petits-Tartares, autrement Tartares de Crimée ou Précopites, qui habitent l'ancienne Chersonèse Taurique, et le pays qui s'étend entre le Borystene et le Tanaïs. Le prince donne des récompenses qui ne lui coûtent guère ; et des lettres d'envoyé aux princes chrétiens sont ses grâces les plus spéciales. J'étais présent quand il eut audience. Le roi était dans un fauteuil au milieu de sa cour. Celui-ci fit sa harangue mal, sans même regarder le roi : il lui présenta cinq ou six lettres pliées en long, et enveloppées dans du taffetas. L'une était du kan ; l'autre, de la femme d'un de ses frères ; et une du grand ministre. Il offrit quelques chevaux tartares assez mal faits, mais d'une vigueur inconcevable. Le roi fit répondre qu'il les acceptait s'ils venaient de leurs seigneurs, ce qu'ils assurèrent, et baisèrent la main du roi en la mettant sur leur tête : cinq ou six gueux étaient à sa suite, et jamais on ne vit rien de plus misérable.

Nota. Les villes de Brême, de Hambourg, et de Lubeck, qui sont villes impériales, avec le duc de Meckelbourg, de Holstein-de-Sel, de Lunebourg, Hanover, généralement toute la maison de Brunswick, forment la Basse-Saxe, qui sont le cercle que l'on appelle le cercle de la Basse-Saxe, et ont voix dans toutes les diètes de l'Empire.

Luther est enterré à Wittemberg. Il se pêche quantité de sardines depuis cette île jusqu'à Brême, et un capitaine de vaisseau chargea quantité d'œufs de cabillauds pour servir à cette pêche, dont le poisson est fort friand.

Un tonneau en fait de marine, signifie deux milliers pesant.

Le *Grand-Louis* tire six brasses d'eau.

Un canon de trente-six livres de balle pèse six milliers, et le millier de fonte coûte mille livres.

Il faut remarquer à la chasse de l'ours, qu'elle se fait aussi en Pologne de plusieurs manières. Comme il n'y a rien de si délicat que les pattes d'ours, qu'on sert à la table des rois, il n'y a point aussi de chasse à laquelle les gentilshommes prennent plus de plaisir. Il est dangereux de manquer son coup, car l'ours frappé retourne sur le chasseur, et l'étouffe des pattes de devant. Il nous fut dit, par un gouverneur d'une province de la Prusse, qu'il n'y avait pas quinze jours qu'un de ses parents avait eu le bras rompu à la chasse d'un ours, et le cou tordu, dont il mourut. Les paysans les chassent autrement : ils savent l'endroit où ils vont les attaquer avec un couteau à la main. Lorsque l'ours vient à eux, ils leur mettent dans la gueule la main gauche entortillée de beaucoup de linges, et de l'autre les éventrent. L'autre façon n'est pas si périlleuse. L'ours est extrêmement friand du miel que les abeilles font dans des troncs d'arbres ; il monte, attiré par l'odeur de la proie, au sommet des arbres les plus élevés. Les paysans mettent de l'eau-de-vie parmi ce miel ; et l'ours, qui trouve cette nourriture agréable, en prend tant que la force du brandevin l'enivre et le fait tomber, où le paysan alors le trouve étendu sans force, et n'a pas grand'peine à s'en rendre le maître.

L'électeur de Brandebourg s'appelle..... Il a un fils âgé de quinze ans, qu'on appelle Kurtprince. Il est de la religion calviniste. L'ambre se trouve sur ses terres dans la Prusse ducale ; car la royale appartient au roi de Pologne. Elle lui rapporte plus de vingt-cinq mille écus par mois. Il afferme la pêche de l'ambre soixante ou quatre-vingt mille écus. Il y a des gardes à cheval qui gardent la côte. Lorsque le vent est grand, c'est alors qu'on le trouve en plus grande abondance. Il est mou avant qu'il soit sorti de la mer, et l'on peut y imprimer un cachet. Il y en a plusieurs morceaux dans lesquels on trouve des mouches. Cette pêche s'étend depuis Dantzick jusqu'à Memel.

L'élan est un animal plus haut qu'un cheval, et d'un poil tirant sur le blanc. Il porte un bois comme un daim, et a le pied de même fort long. Il a la lèvre de dessous pendante, et a une bosse sur le cou comme un chameau. Il se bat contre les chiens qui le poursuivent, des pieds de devant, dans lesquels il a une grande force.

Le fils de l'électeur de Brandebourg a épousé depuis un an la fille du prince Bogeslas de Ratzevil, duc de Sutck et de Kopil de Bitze, et de Dubniki, de l'illustre famille des Ratzevil, descendus des anciens princes de Lithuanie, et depuis plus de trois siècles princes de l'Empire. Il était fils du prince Janallius, de la branche noire, que son mauvais destin porta à se rendre chef de parti contre son roi, mais qui rentra bientôt en grâce ; et d'Élisabeth-Sophie, fille de Jean-George, électeur de Brandebourg, mariée depuis à Jules-Henri, duc de Saxe-Lawembourg : il était gouverneur de la Prusse ducale.

Cette jeune princesse a toujours été élevée à la cour de Brandebourg : le..... lui a fait la cour, et a dépensé beaucoup d'argent auprès d'elle ; mais l'électeur n'a pas voulu laisser sortir plus de huit cent mille livres de rente hors de ses États. Les Polonais en murmurent tous les jours, parce qu'il y avait un traité que cette princesse n'épouserait qu'un Polonais. Celui qui lui faisait la cour a perdu l'esprit de dépit.

Le père du grand-duc de Moscovie s'appelait Frédéric-Alexandre; et celui d'à présent, Alexandre-Michaël, ou Michaël Fédérowits, Michel, fils de Pierre.

Le prince de Transilvanie s'appelle Apaty, paie quatre-vingt mille écus de tribut au Turc, n'aime qu'à boire. Requili gouverne l'État, Téléchi est général des rebelles. La capitale de Transilvanie est Cujuar ou Albejule.

M. Acakias a été résident auprès de ce prince, pour entretenir la faction des rebelles.

Les armes de l'église sont deux clefs couronnées d'une tiare; celles de l'empire, un aigle à deux têtes; celles de France, trois fleurs de lis; celles d'Espagne, deux châteaux et deux lions écartelés; de Portugal, cinq écussons chargés de besants, qui représentent les deniers dont Notre-Seigneur fut vendu. L'Angleterre a trois léopards; la Suède, trois couronnes; le Danemarck, trois lions; la Pologne, un aigle ses ailes ouvertes; la Moscovie, un cavalier armé, tenant la lance en arrêt, et un dragon à ses pieds; et celles du Grand-Turc, un croissant.

Le pape se dit Innocent XI, par la grâce de Dieu, évêque, serviteur des serviteurs de Dieu : l'empereur, Ignace Léopold III, par la grâce de Dieu, empereur des Romains, roi de Hongrie, de Bohême, de Croatie, de Dalmatie, et d'Esclavonie; archiduc d'Autriche; duc de Bourgogne, de Stirie, de Carinthie, et de Carniole; comte de Tirol : le roi de France, Louis XIV, par la grâce de Dieu, roi de France et de Navarre : le roi d'Espagne, Charles II, par la grâce de Dieu, roi des Espagnes et des Indes, de Castille, de Léon, d'Aragon, de Grenade, de Séville, de Tolède, de Cordoue, de Murcie, de Jaen, de Majorque et Minorque, de Sardaigne et de Corse, d'Algezire, de Gibraltar, des îles Canaries, îles de Terre-Ferme, de la mer Océane; archiduc d'Autriche, duc de Bourgogne, de Lothier, de Brabant, de Milan, de Limbourg, de Luxembourg et de Gueldres, et comte de Hapsbourg, de Flandre, d'Artois, de Bourgogne, du Tirol, de Barcelone, de Hainaut, de Hollande, de Zélande, de Namur, de Burgau; marquis du Saint-Empire; seigneur de Frise, de Salins, du Milanès, des cités, villes et pays d'Utrecht, d'Over-Issel, de Groningue; seigneur de Biscaye, de Molins; duc d'Athènes et Néopatrie; marquis d'Oristant et de Gasiano : le roi d'Angleterre, Charles II, par la grâce de Dieu, roi de la Grande-Bretagne et d'Irlande : le roi de Danemarck, de Norwége, des Goths et des Vandales : le roi de Suède, Charles XI, par la grâce de Dieu, roi de Suède, de Danemarck, de Norwége, des Goths et des Vandales : le duc de Moscovie, par la grâce de Dieu, grand-seigneur, czar et grand-duc, conservateur de toutes les Russies; prince d'Uladimir, Moscou, Novogorod; czar de Casan, czar d'Astracan, czar de Sibérie; seigneur de Plescou; grand-duc de Tuerschi, Jugreschi, Périnschi, Varschi, Palgarschi, et seigneur et grand-duc de Novogorod aux Pays-Bas; commandeur de Roosanchi, Rostochi, Gerelapschi, Beloserschi, Udorschi, Obdorschi, Condinel, et par tout le nord; seigneur d'Iverie; czar de Karlalinsely et Igrusinschi; prince des pays de Kabardinschi, Cyrcaschi et Jorschi; seigneur et dominateur de plusieurs autres seigneuries : le roi de Pologne, Jean III, par la grâce de Dieu, roi de Pologne; grand-duc de Lithuanie, de Russie, de Prusse et Mazovie, Samogitie, Livonie, Smolensco, et de Cernicovie.

Le grand-seigneur, Mahomet IV, se dit légitime distributeur des couronnes de l'univers, maître incommutable de mille divers peuples, nations et générations qui reposent à l'ombre et sous le sacré bois de notre lance; destiné libérateur de ceux qui gémissent et sont encore sous le joug de l'oppression infidèle, et qui n'attendent avec impatience que l'heure et le bonheur de notre domination; propriétaire des célestes cités de la Mecque et de Médine; gardien perpétuel de Jérusalem la sainte et de son sépulcre; empereur de Constantinople et de Trébizonde; roi de Hongrie en Europe, de Memphis en Afrique, et de Bagdad en Asie, ensemble de soixante et dix autres royaumes effectifs; roi de la mer Méditerranée, des mers Blanche, Noire et Rouge, Hellespontique, Méotique et Archipélagique; grand-amiral de l'Océan, et possesseur des plus célèbres promontoires, caps, côtes, golfes, fleuves et rivières du monde; prince en Géorgie; absolu en Barbarie, Tartarie, Cosatie, et en mille autres régions; commandant à la Porte-de-Fer, villes adjacentes et lieux circonvoisins; fidèle refuge et parfait asile des autres empereurs, rois, princes, républiques et seigneuries; redouté ou chéri partout; souverain du cœur de la terre, unique favori du ciel, et son divin porte-enseigne, etc.

L'empereur a épousé une des filles de Philippe IV, roi d'Espagne; le roi de France, la fille aînée d'une autre femme du même Philippe; le roi d'Espagne, la fille de M. le duc d'Orléans; le roi de Portugal, la fille du duc de Nemours; le roi de Suède, la fille du roi de Danemarck. Le roi de Danemarck a épousé Charlotte-Amélie, landgrave de Hesse; le grand-duc de Moscovie, la fille d'un marchand de son Etat. Le grand-seigneur n'épouse point;

mais la première qui met au monde un enfant mâle, est la sultane.

RÉFLEXIONS.

Il est ordinaire aux voyageurs qui passent les mers de faire naître des orages ; et tout ce qui n'est point calme est pour eux une tempête continuelle, qui brise leurs vaisseaux contre le firmament, et tantôt les jette jusque dans les enfers : ce sont les manières de parler de quelques-uns. Pour moi, sans amplifier les choses, je vous dirai que la mer Baltique est célèbre en naufrages, et qu'il est rare d'y passer pendant l'automne, car elle n'est point navigable l'hiver, sans y être pris du mauvais temps. Nous avons été obligés de relâcher en cinq ou six endroits ; et ce passage, qu'on fait ordinairement en trois ou quatre jours, nous a retenus.

Ces disgrâces ont servi à quelque chose, et le temps que nous sommes demeurés à l'ancre n'a pas été le plus mal employé de ma vie. J'allais tous les jours passer quelques heures sur des rochers escarpés, où la hauteur des précipices et la vue de la mer n'entretenaient pas mal mes rêveries. Ce fut dans ces conversations intérieures que je m'ouvris tout entier à moi-même, et que j'allais chercher dans les replis de mon cœur les sentiments les plus cachés et les déguisements les plus secrets, pour me mettre la vérité devant les yeux, sans fard, telle qu'elle était en effet. Je jetai d'abord la vue sur les agitations de ma vie passée, les desseins sans exécution, les résolutions sans suite, et les entreprises sans succès. Je considérai l'état de ma vie présente, les voyages vagabonds, les changements de lieux, la diversité des objets, et les mouvements continuels dont j'étais agité. Je me reconnus tout entier dans l'un et dans l'autre de ces états, où l'inconstance avait plus de part que toute autre chose, sans que l'amour-propre vînt flatter le moindre trait qui empêchât de me reconnaître dans cette peinture. Je jugeai sainement de toutes choses. Je conçus que tout cela était directement opposé à la société de la vie, qui consiste uniquement dans le repos, et que cette tranquillité d'âme si heureuse se trouve dans une douce profession, qui nous arrête comme l'ancre fait un vaisseau retenu au milieu de la tempête. Tous ces desseins vagues, ces vues qui s'étendent sur l'avenir, les chimères, les imaginations de fortune, sont des fantômes qui nous abusent, que nous prenons plaisir de nous former, et avec lesquels notre esprit nous joue. Tous les obstacles que l'ambition fait naître, loin de nous arrêter, doivent nous faire défier de nous-mêmes, et nous faire appréhender davantage.

Vous savez, monsieur, comme moi, que le choix d'un état est ce qu'il y a de plus difficile dans la vie ; c'est ce qui fait qu'il y a tant de gens qui n'en embrassent aucun, et qui, demeurant dans une indolence continuelle, ne vivent pas comme ils voudraient, mais comme ils ont commencé, soit par la crainte des fâcheux événements, soit par l'amour de la mollesse et la fuite du travail, ou pour quelques autres raisons.

Il y en a d'autres qu'un échec ne fixe pas entièrement ; et se laissant toujours emporter à cette légèreté qui leur est naturelle, pour être dans le port, ils n'en sont pas plus en repos : ce sont de nouveaux desseins qui les agitent, et de nouvelles idées de fortune qui les tourmentent. Ces gens ne changent que pour le plaisir de changer, et par une légèreté naturelle ; ce qu'ils ont quitté leur plaît toujours infiniment davantage que ce qu'ils ont pris. Toute la vie de ces personnes est une continuelle agitation ; et si on les voit quelquefois se fixer sur la fin de leurs jours, ce n'est pas la haine du changement qui les retient, mais la lenteur de la vieillesse, incapable de mouvement, qui les empêche de rien entreprendre : semblables à ces gens inquiets qui ne peuvent dormir, et qui, à force de se tourner, trouvent enfin le repos que la lassitude leur procure.

Je ne sais lequel de ces deux états est le plus à plaindre, mais je sais qu'ils sont tous deux extrêmement fâcheux. De là viennent ces dérèglements de l'âme, ces passions immodérées qui font qu'on souhaite plus qu'on ne peut ou qu'on n'ose entreprendre ; qu'on craint tout, qu'on espère tout, et qu'on cherche ailleurs un bonheur qu'on ne peut trouver que chez soi. De là viennent ces ennuis, ces dégoûts de soi-même, ces impatiences de son oisiveté, ces plaintes qu'on fait de ce qu'on a rien à faire. Tout déplaît, la compagnie est à charge, la solitude est affreuse, la lumière fait peine, les ténèbres affligent, l'agitation lasse, le repos endort, le monde est odieux, et l'on devient enfin insupportable à soi-même. Il n'y a rien que ces sortes de personnes ne veuillent ; et la prévention qu'ils ont d'eux-mêmes les pousse à tout entreprendre. L'ambition leur fait tout trouver possible ; mais le courage leur manque, et leur irrésolution les arrête. L'élèvement des autres, qu'ils ont continuellement devant les yeux, sert tantôt à entretenir leurs vagues desseins, et à fomenter leur ambition, et tantôt à les exposer en proie à la jalousie. Ils souffrent impatiemment la fortune des autres ; ils souhaitent leur abaissement, parce qu'ils n'ont pu s'élever ; et la destruction de leur fortune, parce qu'ils désespèrent d'en faire une pareille.

Ces gens accusent continuellement la cruauté de leur mauvaise fortune, se plaignant toujours de la dureté du siècle et de la dépravation du genre humain : ils entreprennent des voyages de long cours ; ils s'arrachent de leur patrie, et cherchent des climats qu'un autre soleil échauffe. Tantôt ils se commettent à l'inclémence de la mer, et tantôt rebutés, ou de son calme, ou de ses orages, ils se remettent sur terre. Aujourd'hui la mollesse de l'Italie leur plaît, et ils n'y sont pas plus tôt, qu'ils regrettent la France avec tous ses plaisirs. Sortons de la ville, dira l'un, la vertu y est opprimée, le vice et le luxe y règnent, et je ne saurais plus y supporter le bruit. Retournons à la ville, dira-t-il bientôt après ; je languis dans la solitude : l'homme n'est pas né pour vivre avec les bêtes, et il y a trop longtemps que je n'entends plus ce doux fracas qui se trouve dans la confusion de la ville. Un voyage n'est pas plus tôt fini qu'il en entreprend un autre. Ainsi, se fuyant toujours lui-même, il ne peut s'éviter ; il porte toujours avec lui son inconstance ; et la source de son mal est dans lui-même, sans qu'il la connaisse.

VOYAGE

DE LAPONIE.

Les voyages ont leurs travaux comme leurs plaisirs ; mais les fatigues qui se trouvent dans cet exercice, loin de nous rebuter, accroissent ordinairement l'envie de voyager. Cette passion, irritée par les peines, nous engage insensiblement à aller plus loin que nous ne voudrions ; et l'on sort souvent de chez soi pour n'aller qu'en Hollande, qu'on se trouve, je ne sais comment jusqu'au bout du monde. La même chose m'est arrivée, monsieur. J'appris à Amsterdam que la cour de Danemarck était à Oldembourg, qui n'en est qu'à trois journées : j'eusse témoigné beaucoup de mépris pour cette cour, et bien peu de curiosité, si je n'eusse été la voir.

Je partis donc pour Oldembourg ; mais ce hasard, qui me voulait conduire plus loin, en avait fait partir le roi deux jours avant que j'y arrivasse. On me dit que je le trouverais encore à Altona, qui est à une portée de mousquet de Hambourg. Je crus être obligé d'honneur à poursuivre mon dessein, et à faire encore deux ou trois jours de marche pour voir ce que je souhaitais. De plus, Hambourg est une ville anséatique fameuse pour le commerce qu'elle entretient avec toute la terre, et recommandable par ses fortifications et son gouvernement. J'y devais rencontrer la cour de Danemarck ; je n'y vis cependant qu'une partie de ce que je voulais voir. Je n'y trouvai que la reine-mère et le prince George son fils, qui allaient aux eaux de Pyrmont. Je vis Hambourg, dont je fus fort content ; mais après avoir tant fait de chemin pour voir le roi, je crus devoir l'aller chercher dans la ville capitale, où je devais infailliblement le trouver. J'entrepris le voyage de Copenhague. M. l'ambassadeur me présenta au roi ; j'eus l'honneur de lui baiser la main, et de l'entretenir quelque temps. Le séjour que je fis à Copenhague me fut infiniment agréable, et j'y trouvai les dames si spirituelles et si bien faites, que j'aurais eu bien de la peine à les quitter, si on ne m'eût assuré que j'en trouverais en Suède d'aussi aimables. L'extrême envie que j'avais de voir aussi le roi de Suède m'engagea à partir pour Stockholm. Nous eûmes l'honneur de saluer le roi, et de l'entretenir pendant une heure entière. Ayant connu que nous voyagions pour notre curiosité, il nous dit que la Laponie méritait d'être vue par les curieux, tant par sa situation que pour les habitants, qui y vivent d'une manière tout à fait inconnue au reste des Européens, et commanda même au comte Sleint-Bielk, grand trésorier, de nous donner toutes les recommandations nécessaires, si nous voulions faire ce voyage. Le moyen, monsieur, de résister au conseil d'un roi, et d'un grand roi comme celui de Suède! Ne peut-on pas avec son aveu entreprendre toutes choses? et peut-on être malheureux dans une entreprise qu'il a lui-même conseillée, et dont il a souhaité le succès? Les avis des rois sont des commandements : cela fut cause qu'après avoir mis ordre à toutes choses, nous mîmes à la voile pour *Torno* le mercredi 23 juillet 1681, sur le midi, après avoir salué M. Sleint-Bielk, grand trésorier, qui, suivant l'ordre qu'il avait reçu du roi son maître, nous donna des recommandations pour les gouverneurs des provinces par où nous devions passer.

Nous fûmes portés d'un sud-ouest jusqu'à Vacsol, où l'on visite les vaisseaux. Nous admirâmes, en y allant, la bizarre situation de Stockholm. Il est presque incroyable qu'on ait choisi un lieu comme celui où l'on voit cette ville, pour en faire la capitale d'un royaume aussi grand que celui de Suède. On dit que les fondateurs de cette ville, cherchant un lieu pour la faire, jetèrent un bâton dans la mer, dans le dessein de la bâtir au lieu où il s'arrêterait : ce bâton s'arrêta où l'on voit présentement cette ville, qui n'a rien d'affreux que sa situation ; car les bâtiments en sont fort superbes, et les habitants fort civils.

Nous vîmes la petite île d'Aland, à quarante mille de Stockholm : cette île est très-fertile, et sert de retraite aux élans, qui y passent de Livonie et de Carélie, lorsque l'hiver leur a fait un passage sur les glaces. Cet animal est de la hauteur d'un cheval, et d'un poil tirant sur le blanc ; il porte un bois comme un daim, et a le pied de même fort long ; mais il le surpasse en légèreté et en force, dont il se sert contre les loups, avec lesquels il se bat souvent. La peau de cet animal appartient au roi ; et les paysans sont obligés, sous peine de la vie, de la porter au gouverneur.

En quittant cette île, nous perdîmes la terre de vue, et ne la revîmes que le vendredi matin à la hauteur d'Hernen ou Hernesante, éloignée de Stockholm de cent milles, qui valent trois cents lieues de France ; et le vent demeurant toujours extrêmement violent, nous ne fûmes pas longtemps à découvrir les îles de Ulfen, Schagen et Goben ; en sorte que le samedi matin nous trouvâmes que nous avions laissé l'Angermanie, et que nous étions à la hauteur de *Urna*, première ville de Laponie, qui prend son nom du fleuve qui l'arrose. Cette ville donne son nom à toute la province qu'on appelle *Urna Lapmark*. Elle se trouve au trente-huitième degré de longitude, et au soixante-cinquième onze minutes de latitude, éloignée de Stockolm de cent cinquante milles, faisant environ quatre cent cinquante lieues françaises.

Nous découvrîmes le samedi les îles de *Quercken;* et le vent, continuant toujours sud-sud-ouest, nous fit voir sur le midi la petite île de *Ratan;* et sur les quatre heures du même jour, nous nous trouvâmes à la hauteur du cap de *Burockluben*.

Quand nous eûmes passé ce petit cap, nous perdîmes la terre de vue ; et le dimanche matin, le vent s'étant tenu au sud toute la nuit, nous nous trouvâmes à la hauteur de *Malhurn*, petite île à huit milles de *Torno*. Il en sortit des pêcheurs dans une petite barque aussi mince que j'en aie vu de ma vie, dont les planches étaient cousues ensemble à la mode des Russes. Ils nous apportèrent du *strumelin*, et nous leur donnâmes du biscuit et de l'eau-de-vie, avec quoi ils s'en retournèrent bien contents.

Le vent demeurant toujours extrêmement favorable, nous arrivâmes à une lieue de *Torno*, où nous mouillâmes l'ancre.

Il est assez difficile de croire qu'on ait pu faire un aussi long chemin que celui que nous fîmes en quatre jours de temps. On compte de Stockholm à *Torno* deux cents milles de Suède par mer, qui valent six cents lieues de France, et nous fîmes tout ce chemin avec un vent de sud-sud-ouest si favorable et si violent, qu'étant partis le mercredi à midi de Stockholm, nous arrivâmes à la même heure le dimanche suivant, sans avoir été obligés de changer les voiles pendant tout le voyage.

Torno est situé à l'extrémité du golfe Bothnique, au quarante-deuxième degré vingt-sept minutes de longitude, et au soixante-sept de latitude. C'est la dernière ville du monde du côté du nord ;

le reste jusqu'au cap n'étant habité que par des Lapons, gens sauvages qui n'ont aucune demeure fixe.

C'est en ce lieu où se tiennent les foires de ces nations septentrionales pendant l'hiver, lorsque la mer est assez glacée pour y venir en traîneau. C'est pendant ce temps qu'on y voit de toutes sortes de nations du Nord, de Russes, de Moscovites, de Finlandais et de Lapons de tous les trois royaumes, qui viennent ensemble sur des neiges et sur des glaces, dont la commodité est si grande, qu'on peut facilement, par le moyen des traîneaux, aller en un jour de Finlande en Laponie, et traverser sur les glaces le sein Bothnique, quoiqu'il ait dans les moindres endroits trente ou quarante milles de Suède. Le trafic de cette ville est en poissons, qu'ils envoient fort loin ; et la rivière de *Torne* est si fertile en saumons et en brochets, qu'elle peut en fournir à tous les habitants de la mer Baltique. Ils salent les uns pour les transporter, et fument les autres dans des *basses-touches* qui sont faites comme des bains. Quoique cette ville ne soit proprement qu'un amas de cabanes de bois, elle ne laisse pas de payer tous les ans deux mille *dalles* de cuivre, qui font environ mille livres de notre monnaie.

Nous logeâmes chez le patron de la barque qui nous avait amenés de Stockholm. Nous ne trouvâmes pas sa femme chez lui ; elle était allée à une foire qui se faisait à dix ou douze lieues de là, pour troquer du sel et de la farine contre des peaux de rennes, de petits-gris et autres ; car tout le commerce de ce pays se fait ordinairement en troc ; et les Russes et les Lapons ne font guère de marchés autrement.

Nous allâmes le jour suivant, lundi, pour voir *Joannes Tornœus*, homme docte, qui a tourné en lapon tous les psaumes de David, et qui a écrit leur histoire. C'était un prêtre de la campagne : il était mort depuis trois jours, et nous le trouvâmes étendu dans son cercueil avec des habits conformes à sa profession, et qu'on lui avait fait faire exprès : il était fort regretté dans le pays, et avait voyagé dans une bonne partie de l'Europe.

Sa femme était d'un autre côté, couchée sur son lit, qui témoignait, par ses soupirs et par ses pleurs, le regret qu'elle avait de perdre un tel mari. Quantité d'autres femmes ses amies environnaient le lit et répondaient par leurs gémissements à la douleur de la veuve.

Mais ce qui consolait un peu, dans une si grande affliction et une tristesse si générale, c'était la quantité de grands pots d'argent faits à l'antique, pleins, les uns de vins de France, d'autres de vins d'Espagne, et d'autres d'eau-de-vie, qu'on avait soin de ne pas laisser longtemps vides. Nous tâtâmes de tout ; et la veuve interrompait souvent ses soupirs pour nous presser de boire; elle nous fit même apporter du tabac, dont nous ne voulûmes pas prendre. On nous conduisit ensuite au temple dont le défunt était pasteur, où nous ne vîmes rien de remarquable ; et prenant congé de la veuve, il fallut encore boire à la mémoire du défunt, et faire, monsieur, ce qui s'appelle *libare manibus*.

Nous allâmes ensuite chez une personne qui était en notre compagnie : la mère nous reçut avec toute l'affection possible; et ces gens, qui n'avaient jamais vu de Français, ne savaient comment nous témoigner la joie qu'ils avaient de nous voir en leur pays.

Le mardi, on nous apporta quantité de fourrures à acheter, de grandes couvertures fourrées de peaux de lièvre blanc, qu'on voulait donner pour un écu. On nous montra aussi des habits de Lapons, faits de peaux de jeunes rennes, avec tout l'équipage, les bottes, les gants, les souliers, la ceinture et le bonnet. Nous allâmes le même jour à la chasse autour de la maison : nous trouvâmes quantité de bécasses sauvages, et autres animaux inconnus en nos pays, et nous nous étonnâmes que les habitants que nous rencontrions dans le chemin ne nous fuyaient pas moins que le gibier.

Le mercredi, nous reçûmes visite des bourgmestres de la ville et du bailli, qui nous firent offre de service en tout ce qui serait en leur pouvoir. Ils nous vinrent prendre après le dîner dans leurs barques, et nous menèrent chez le prêtre de la ville, gendre du défunt *Tornæus*.

Ce fut là où nous vîmes pour la première fois un traîneau lapon, dont nous admirâmes la structure. Cette machine, qu'ils appellent *pulea*, est faite comme un petit canot, élevée sur le devant pour fendre la neige avec plus de facilité. La proue n'est faite que d'une seule planche, et le corps est composé de plusieurs morceaux de bois qui sont cousus ensemble avec de gros fil de renne, sans qu'il y entre un seul clou, et qui se réunissent sur le devant à un morceau de bois assez fort, qui règne tout du long par-dessus, et qui, excédant le reste de l'ouvrage, fait le même effet que la quille d'un vaisseau. C'est sur ce morceau de bois que le traîneau glisse ; et comme il n'est large que de quatre bons doigts, cette machine roule continuellement de côté et d'autre : on se met dedans jusqu'à la moitié du corps comme dans un cercueil; et l'on vous y lie, en sorte que vous êtes entièrement immobile, et l'on vous laisse seulement l'usage des mains, afin que d'une vous puissiez conduire le renne, et de l'autre vous soutenir lorsque vous êtes en danger de tomber. Il faut tenir son corps dans l'équilibre; ce qui fait qu'à moins d'être accoutumé à cette manière de courir, on est souvent en danger de la vie, et principalement lorsque le traîneau descend des rochers les plus escarpés, sur lesquels vous courez d'une si horrible vitesse, qu'il est impossible de se figurer la promptitude de ce mouvement, à moins de l'avoir expérimenté. Nous soupâmes ce même soir en public avec le bourgmestre; tous les habitants y coururent en foule pour nous voir manger. Nous arrêtâmes ce même soir notre départ pour le lendemain, et prîmes un truchement.

Le jeudi, dernier juillet, nous partîmes de *Torno* dans un petit bateau finlandais, fait exprès pour aller dans ce pays : sa longueur peut être de douze pieds et sa largeur de trois. Il ne se peut rien voir de si bien travaillé ni de si léger, en sorte que deux ou trois hommes peuvent porter facilement ce bâtiment, lorsqu'ils sont obligés de passer les cataractes de ce fleuve, qui sont si impétueuses, qu'elles roulent des pierres d'une grosseur extraordinaire. Nous fûmes obligés d'aller à pied presque tout le reste de la journée, à cause des torrents qui tombaient des montagnes, et d'un vent impétueux qui faisait entrer l'eau dans le bateau avec une telle abondance, que si l'on n'eût été extrêmement prompt à la vider, il eût été bientôt rempli. Nous allâmes le long de la rivière toujours chassant; nous tuâmes quelques pièces de gibier, et nous admirâmes la quantité de canards, d'oies, de courlis et de plusieurs autres oiseaux que nous rencontrâmes à chaque pas. Nous ne fîmes pas ce jour-là tout le chemin que nous avions déterminé de faire, à cause d'une pluie violente qui nous surprit et nous obligea de passer la nuit dans une maison de paysan, à une lieue et demie de *Torno*.

Nous marchâmes tout le vendredi sans nous reposer, et nous fûmes depuis quatre heures du matin jusqu'à la nuit à faire trois milles; si l'on peut appeler la nuit un temps où l'on voit toujours le soleil, sans que l'on puisse faire aucune distinction du jour au lendemain.

Nous fîmes plus de la moitié du chemin à pied, à cause des torrents effroyables qu'il fallut surmonter. Nous fûmes même obligés de porter notre bateau pendant quelque espace de chemin, et nous eûmes le plaisir de voir en même temps descendre deux petites barques au milieu de ces cataractes. L'oiseau le plus vite et le plus léger ne peut aller de cette impétuosité; et la vue ne peut suivre la course de ces bâtiments qui se dérobent aux yeux, et s'enfoncent tantôt dans les vagues, où ils semblent ensevelis, et tantôt se relèvent d'une hauteur surprenante. Pendant cette course rapide, le pilote est debout, et emploie toute son industrie à éviter des pierres d'une grosseur extraordinaire, et passer au milieu des rochers, qui ne laissent justement que la largeur du bateau, et qui briseraient ces petites chaloupes en mille pièces si elles y touchaient le moins du monde.

Nous tuâmes ce jour-là dans les bois deux faisandeaux, trois canards et deux cercelles, sans nous éloigner de notre chemin, pendant lequel nous fûmes extrêmement incommodés des moucherons, qui sont la peste de ce pays, et qui nous firent désespérer. Les Lapons n'ont point d'autre remède contre ces maudits animaux que d'emplir de fumée le lieu où ils demeurent; et nous remarquâmes sur le chemin, que, pour garantir leur bétail de ces bêtes importunes, ils allument un grand feu dans les endroits où paissent leurs vaches (que nous trouvâmes toutes blanches), à la fumée duquel elles se mettent, et chassent ainsi les moucherons, qui n'y sauraient durer.

Nous fîmes la même chose, et nous nous enfumâmes lorsque nous fûmes arrivés chez un Allemand qui est depuis trente ans dans le pays, et qui reçoit le tribut des Lapons pour le roi de Suède. Il nous dit que ce peuple était obligé de se trouver en un certain lieu qu'on lui assigne l'année précédente, pour apporter ce qu'il doit, et qu'on prenait ordinairement le temps de l'hiver, à cause de la commodité qu'il donne aux Lapons de venir sur les glaces par le moyen de leurs rennes. Le tribut qu'ils paient est peu de chose, et c'est une politique du roi de Suède, qui, pour tenir toujours ces peuples tributaires à sa couronne, ne les charge que d'un médiocre impôt, de peur que les Lapons, qui n'ont point de demeure fixe, et à qui toute l'étendue de la Laponie sert de maison, n'aillent sur les terres d'un autre pour éviter les vexations du prince de qui ils seraient trop surchargés. Il y a pourtant de ces peuples qui paient plusieurs tributs à différents États, et quelquefois un Lapon sera tributaire du roi de Suède, de celui du Danemarck et du grand-duc de Moscovie. Ils paieront au premier, parce qu'ils demeurent sur ses États; à l'autre, parce qu'il leur permet de pêcher du côté de la Norwége, qui lui appartient, et au troisième, à cause qu'ils peuvent aller chasser sur ses terres.

Il ne nous arriva rien d'extraordinaire pendant tout le chemin que nous fîmes le samedi ; mais sitôt que nous fûmes arrivés chez un paysan, nous nous étonnâmes de trouver tout le monde dans le bain. Ces lieux, qu'ils appellent *basses-touches* ou *bains*, sont faits de bois, comme toutes leurs maisons. On voit au milieu de ce bain un gros amas de pierres, sans qu'ils aient observé aucun ordre en le faisant, que d'y laisser un trou au milieu, dans lequel ils allument du feu. Ces pierres étant une fois échauffées, communiquent la chaleur à tout le lieu ; mais ce chaud s'augmente extrêmement lorsque l'on vient à jeter de l'eau dessus les cailloux, qui, renvoyant une fumée étouffante, font que l'air qu'on respire dans ces bains est tout de feu. Ce qui nous surprit beaucoup, fut, qu'étant entrés dans ce bain, nous y trouvâmes ensemble filles et garçons, mères et fils, frères et sœurs, sans que ces femmes nues eussent peine à supporter la vue des personnes qu'elles ne connaissaient point. Mais nous nous étonnâmes davantage de voir de jeunes filles frapper d'une branche des hommes et des garçons nus. Je crus d'abord que la nature, affaiblie par de grandes sueurs, avait besoin de cet artifice pour faire voir qu'il lui restait encore quelque signe de vie ; mais on me détrompa bientôt, et je sus que cela se faisait afin que ces coups réitérés, ouvrant les pores, aidassent à faire faire de grandes évacuations. J'eus de la peine ensuite à concevoir comment ces gens sortant nus de ces bains tout de feu, allaient se jeter dans une rivière extrêmement froide, qui était à quelques pas de la maison, et je conçus qu'il fallait que ces gens fussent d'un fort tempérament, pour pouvoir résister aux efforts que ce prompt changement du chaud au froid pouvait causer.

Vous n'auriez jamais cru, monsieur, que les Bothniens, gens extrêmement sauvages, eussent imité les Romains dans leur luxe et dans leurs plaisirs. Mais vous vous en étonnerez encore davantage, quand je vous aurai dit que ces mêmes gens, qui ont des bains chez eux comme les empereurs, n'ont pas de pain à manger. Ils vivent d'un peu de lait et se nourrissent de la plus tendre écorce qui se trouve au sommet des pins. Ils la prennent lorsque l'arbre jette sa sève, et après l'avoir exposée quelque temps au soleil, ils la mettent dans de grands paniers sous terre, sur laquelle ils allument du feu, qui lui donne une couleur et un goût assez agréable. Voilà, monsieur, quelle est pendant toute l'année la nourriture de ces gens, qui cherchent avec soin les délices du bain, et qui peuvent se passer de pain.

Nous fûmes assez heureux à la chasse le dimanche : nous rapportâmes quantité de gibier ; mais nous ne vîmes rien qui mérite d'être écrit, qu'une paire de ces longues planches de bois de sapin, avec lesquelles les Lapons courent d'une si extraordinaire vitesse, qu'il n'est point d'animal, si prompt qu'il puisse être, qu'ils n'attrapent facilement, lorsque la neige est assez dure pour les soutenir.

Ces planches, extrêmement épaisses, sont de la longueur de deux aunes et larges d'un demi-pied ; elles sont relevées en pointe sur le devant et percées au milieu dans l'épaisseur, qui est assez considérable en cet endroit, pour pouvoir y passer un cuir qui tient les pieds fermes et immobiles. Le Lapon qui est dessus tient un long bâton à la main, où d'un côté est attaché un rond de bois, afin qu'il n'entre pas dans la neige, et de l'autre un fer pointu. Il se sert de ce bâton pour se donner le premier mouvement, pour se soutenir en courant, pour se conduire dans sa course et pour s'arrêter quand il veut ; c'est aussi avec cette arme qu'il perce les bêtes qu'il poursuit, lorsqu'il en est assez près.

Il est assez difficile de se figurer la vitesse de ces gens, qui peuvent avec ces instruments surpasser la course des bêtes les plus vites ; mais il est impossible de concevoir comment ils peuvent se soutenir en descendant les fonds les plus précipités, et comment ils peuvent monter les montagnes les plus escarpées. C'est pourtant, monsieur, ce qu'ils font avec une adresse qui surpasse l'imagination, et qui est si naturelle aux gens de ce pays, que les femmes ne sont pas moins adroites que les hommes à se servir de ces planches. Elles vont visiter leurs parents et entreprennent de cette manière les voyages les plus difficiles et les plus longs.

Le lundi ne fut remarquable que par la quantité de gibier que nous vîmes et que nous tuâmes ; nous avions ce jour-là plus de vingt pièces dans notre dépense : il est vrai que nous achetâmes cinq ou six canards de quelques paysans qui venaient de les prendre. Ces gens n'ont point d'autres armes pour aller à la chasse que l'arc ou l'arbalète. Ils se servent de l'arc contre les plus grandes bêtes, comme les ours, les loups et les rennes sauvages, et lorsqu'ils veulent prendre des animaux moins considérables, ils emploient l'arbalète, qui ne diffère des nôtres que par sa grandeur. Les habitants de ce pays sont si adroits à se servir des armes, qu'ils sont sûrs de frapper le but d'aussi loin qu'ils le peuvent voir. L'oiseau le plus petit ne leur échappe pas, et il s'en trouve même quelques-uns qui donneront dans la tête d'une aiguille. Les flèches dont ils se servent sont différentes : les unes sont armées de fer ou d'os de poisson, et les autres sont rondes, de la figure d'une boule coupée par la moitié. Ils se servent des premières pour l'arc, lorsqu'ils vont aux grandes chasses ; et des autres pour l'arbalète, quand ils rencontrent des animaux qu'ils peuvent tuer sans leur faire une plaie si dangereuse. Ils emploient ces mêmes flèches rondes contre les petits-gris, les martres et les hermines, afin de conserver les peaux entières ; et, parce qu'il est difficile qu'il n'y reste la marque que le coup a laissée, les plus habiles ne manquent jamais de les toucher où ils veulent, et les frappent ordinairement à la tête, qui est l'endroit de la peau le moins estimé.

Nous arrivâmes le mardi à Kones, et nous y restâmes le mercredi pour nous reposer et voir travailler aux forges de fer et de cuivre qui sont en ce lieu. Nous admirâmes les manières de fondre ces métaux et de préparer le cuivre avant qu'on en puisse faire des pelotes, qui font la monnaie du pays, lorsqu'elle est marquée du coin du prince. Ce qui nous étonna le plus, ce fut de voir un de ces forgerons approcher de la fournaise, et prendre avec sa main du cuivre que la violence du feu avait fondu comme de l'eau, et le tenir ainsi quelque temps. Rien n'est plus affreux que ces demeures ; les torrents qui tombent des montagnes, les rochers et les bois qui les environnent, la noirceur et l'air sauvage des forgerons, tout contribue à former l'horreur de ce lieu. Ces solitudes affreuses ne laissent pas d'avoir leur agrément, et de plaire quelquefois autant que les lieux les plus magnifiques ; et ce fut au milieu de ces rochers que je laissai couler ces vers, d'une veine qui avait été longtemps stérile :

> Tranquilles et sombres forêts,
> Où le soleil ne luit jamais,
> Qu'au travers de mille feuillages,
> Que vous avez pour moi d'attraits !
> Et qu'il est doux, sous vos ombrages,
> De pouvoir respirer en paix !

> Que j'aime à voir vos chênes verts,
> Presque aussi vieux que l'univers,
> Qui, malgré la nature émue,
> Et ses plus cruels aquilons,
> Sont aussi sûrs près de la nue,
> Que les épis dans les sillons !

> Et vous, impétueux torrents,
> Qui, sur les roches murmurants,

Roulez vos eaux avec contrainte,
Que le bruit que vous excitez
Cause de respect et de crainte
A tous ceux que vous arrêtez !

Quelquefois vos rapides eaux,
Venant arroser les roseaux,
Forment des étangs pacifiques,
Où les plongeons et les canards,
Et tous les oiseaux aquatiques,
Viennent fondre de toutes parts.

D'un côté l'on voit des poissons
Qui, sans craindre les hameçons,
Quittent leurs demeures profondes ;
Et pour prendre un plaisir nouveau,
Las de folâtrer dans les ondes,
S'élancent et sautent sur l'eau.

Tous ces édifices détruits,
Et ces respectables débris
Qu'on voit sur cette roche obscure,
Sont plus beaux que les bâtiments
Où l'or, l'azur, et la peinture,
Forment les moindres ornements.

Le temps y laisse quelques trous
Pour la demeure des hiboux ;
Et les bêtes d'un cri funeste,
Les oiseaux sacrés à la nuit,
Dans l'horreur de cette retraite,
Trouvent toujours un sûr réduit.

Nous partîmes le jeudi de ces forges, pour aller à d'autres qui en sont éloignées de dix-huit milles de Suède, qui valent environ cinquante lieues de France. Nous nous servîmes toujours de la même voie, n'y en ayant point d'autres dans le pays, et continuâmes notre chemin au nord sur la rivière. Nous apprîmes qu'elle changeait de nom, et que les habitants l'appelaient *Wilnama Suanda*. Nous passâmes toute la nuit sur l'eau, et nous arrivâmes le lendemain, vendredi, dans une pauvre cabane de paysan, dans laquelle nous ne trouvâmes personne. Toute la famille, qui consistait en cinq ou six personnes, était dehors ; une partie était dans les bois, et l'autre était allée à la pêche du brochet. Ce poisson, qu'ils sèchent, leur sert de nourriture toute l'année : ils ne le prennent point avec des rêts, comme on fait les autres ; mais, en allumant du feu sur la proue de leur petite barque, ils attirent le poisson à la lueur de cette flamme, et le harponnent avec un long bâton armé de fer, de la manière qu'on nous représente un trident. Ils en prennent en quantité et d'une grosseur extraordinaire, et la nature, comme une bonne mère, leur refusant la fertilité de la terre, leur accorde l'abondance des eaux.

Plus l'on avance dans le pays, et plus la misère est extrême. On ne connaît plus l'usage du blé : les os de poisson, broyés avec l'écorce des arbres, leur servent de pain, et, malgré cette méchante nourriture, ces pauvres gens vivent dans une santé parfaite. Ne connaissant point de médecins, il ne faut pas s'étonner s'ils ignorent aussi les maladies, et s'ils vont jusqu'à une vieillesse si avancée, qu'ils passent ordinairement cent ans, et quelques-uns cent cinquante.

Nous ne fîmes le samedi que fort peu de chemin, étant restés tout le jour dans une petite maison, qui est la dernière qui se rencontre dans le pays. Nous eûmes différents plaisirs pendant le temps que nous séjournâmes dans cette cabane. Le premier fut de nous occuper tous à différents exercices aussitôt que nous fûmes arrivés. L'un coupait un arbre sec dans le bois prochain, et le traînait avec peine au lieu destiné ; l'autre, après avoir tiré le feu d'un caillou, soufflait de tous ses poumons pour l'allumer ; quelques-uns étaient occupés à accommoder un agneau qu'ils venaient de tuer, et d'autres, plus prévoyants, laissant ces petits soins pour en prendre de plus importants, allaient chercher sur un étang voisin, tout couvert de poisson, quelque chose pour le lendemain. Ce plaisir fut suivi d'un autre ; car sitôt qu'on se fut levé de table, on fut d'avis, à cause des nécessités pressantes, d'ordonner une chasse générale. Tout le monde se prépara pour cela, et ayant pris deux petites barques avec deux paysans avec nous, nous nous abandonnâmes sur la rivière à notre bonne fortune. Nous fîmes la chasse la plus plaisante du monde et la plus particulière. Il est inouï qu'on se soit jamais servi en France de bâtons pour chasser ; mais il n'en est pas de même dans ce pays : le gibier y est si abondant, qu'on se sert de fouet et même de bâton pour le tuer. Les oiseaux que nous prîmes davantage, ce fut des plongeons, et nous admirions l'adresse de nos gens à les attraper. Ils les suivaient partout où ils les voyaient, et lorsqu'ils les apercevaient nageant entre deux eaux, ils lançaient leur bâton et leur écrasaient la tête dans le fond de l'eau avec tant d'adresse, qu'il est difficile de se figurer la promptitude avec laquelle ils font cette action. Pour nous, qui n'étions point fait à ces sortes de chasses, et de qui les yeux n'étaient pas assez fins pour percer jusque dans le fond de la rivière, nous frappions au hasard dans les endroits où nous voyions qu'ils frappaient ; et sans autres armes que des bâtons, nous fîmes tant, qu'en moins de deux heures nous nous vîmes plus de vingt ou vingt-cinq pièces de gibier. Nous retournâmes à notre petite habitation, fort contents d'avoir vu cette chasse, et encore plus de rapporter avec nous de quoi vivre pendant quelque temps. Une bonne fortune, comme une mauvaise, vient rarement seule ; et quelques paysans ayant appris la nouvelle de notre arrivée, qui s'était répandue bien loin dans le pays, en partie par curiosité de nous voir, et en partie pour avoir de notre argent, nous apportèrent un mouton que nous achetâmes cinq ou six sous, et qui accrut nos provisions de telle sorte que nous nous crûmes assez munis pour entreprendre trois jours de marche, pendant lesquels nous ne devions trouver aucune maison. Nous partîmes donc le dimanche du matin, c'est-à-dire à dix heures ; car le soin que nous avions de nous reposer faisait que nous ne nous mettions guère en chemin devant ce temps.

Nous nous étonnâmes que, quoique nous fussions si avant dans le Nord, nous ne laissions pas de rencontrer quantité d'hirondelles ; et ayant demandé aux gens du pays qui nous conduisaient ce qu'elles devenaient l'hiver, et si elles passaient dans les pays chauds, ils nous assurèrent qu'elles se mettaient en pelotons, et s'enfonçaient dans la bourbe qui est au fond des lacs ; qu'elles attendaient là que le soleil, reprenant sa vigueur, allât dans le fond ces marais leur rendre la vie que le froid leur avait ôtée. La même chose m'avait été dite à Copenhague par M. l'ambassadeur, et à Stockholm par quelques personnes ; mais j'avais toujours eu beaucoup de peine à croire que des animaux pussent vivre plus de six mois ensevelis dans la terre, sans aucune nourriture. C'est pourtant la vérité ; et cela m'a été confirmé par tant de gens, que je ne saurais plus en douter. Nous logeâmes ce jour-là à *Coctuanda*, où commence la Laponie ; et le lendemain lundi, après avoir fait quatre milles, nous vînmes camper sur le bord de la rivière, où il fallut coucher *sub dio*, et où nous fîmes des feux épouvantables, pour nous garantir de l'importunité des moucherons. Nous fîmes un grand retranchement rond, de quantité de gros arbres secs, et de plus petits pour les allumer : nous nous mîmes au milieu, et fîmes le plus beau feu que j'aie vu de ma vie. On aurait pu assurément charger un de ces grands bateaux qui viennent à Paris, du bois que nous consumâmes, et il s'en fallut peu que nous ne mîmes le feu à toute la forêt. Nous demeurâmes au milieu de ces feux toute la nuit, et nous nous mîmes en chemin le lendemain matin, mardi, pour aller aux mines de cuivre, qui n'étaient plus éloignées que de deux lieues. Nous prîmes notre chemin à l'ouest, sur une petite rivière nommée *Longasiochi*, qui formait de temps en temps des paysages les plus agréables que j'aie jamais vus; et après avoir été souvent obligés de porter notre bateau, faute d'eau, nous arrivâmes à *Swapavara* ou *Suppawahara*, où sont les mines de cuivre. Ce lieu est éloigné d'une lieue de la rivière, et il fallut faire tout ce chemin à pied.

Nous fûmes extrêmement réjouis à notre arrivée, d'apprendre qu'il y avait un Français dans ce lieu. Vous voyez, monsieur, qu'il n'y a point d'endroit, si reculé qu'il puisse être, où les Français ne se fassent jour. Il y avait près de trente ans qu'il travaillait aux mines; il est vrai qu'il avait plus la mine d'un sauvage que d'un homme : il ne laissa pas de nous servir beaucoup, quoiqu'il eût presque oublié sa langue; et il nous assura que depuis qu'il était en ce lieu, bien loin d'y avoir vu des Français, il n'y était venu aucun étranger plus voisin qu'un Italien, qui passa il y a environ quatorze ans, et dont on n'a plus entendu parler depuis. Nous fîmes tout doucement que cet homme reprit un peu sa langue naturelle, et nous apprîmes de lui bien des choses que nous eussions eu de la peine à savoir d'un autre que d'un Français.

Ces mines de *Swapavara* sont à trente milles de *Torno*, et quinze milles de *Konges* (il faut toujours prendre trois lieues de France pour un mille de Suède). Elles furent ouvertes il y a environ vingt-sept ans, par un Lapon nommé..... à qui l'on a fait une petite rente de quatre écus, et de deux tonneaux de farine; il est aussi exempt de toute contribution. Ces mines ont été autrefois mieux entretenues qu'elles ne sont; il y avait toujours cent hommes qui y travaillaient; mais présentement à peine en voit-on dix ou douze. Le cuivre qui s'y trouve est pourtant le meilleur qui soit en toute la Suède; mais le pays est si désert et si épouvantable, qu'il y a peu de personnes qui y puissent rester. Il n'y a que les Lapons qui demeurent pendant l'hiver autour des mines; et l'été ils sont obligés d'abandonner le pays, à cause du chaud et des moucherons que les Suédois appellent *alcaneras*, qui sont pires mille fois que toutes les plaies d'Égypte. Ils se retirent dans les montagnes proche de la mer occidentale, pour avoir la commodité de pêcher, et pour trouver plus facilement de la nourriture à leurs rennes, qui ne vivent que d'une petite mousse blanche et tendre, qui se trouve l'été sur les monts Sellices, qui séparent la Norwége de la Laponie, dans les pays les plus septentrionaux.

Nous allâmes le lendemain mercredi voir les mines, qui étaient éloignées d'une bonne demi-lieue de notre cabane. Nous admirâmes les travaux et les abîmes ouverts qui pénétraient jusqu'au centre de la terre, pour aller chercher, près des enfers, de la matière au luxe et à la vanité. La plupart de ces trous étaient pleins de glaçons ; et il y en avait qui étaient revêtus, depuis le bas jusqu'en haut, d'un mur de glace si épais, que les pierres les plus grosses, que nous prenions plaisir à jeter contre, loin d'y faire quelque brèche, ne laissaient pas même la marque où elles avaient touché ; et lorsqu'elles tombaient dans le fond, on les voyait rebondir et rouler sans faire la moindre ouverture à la glace. Nous étions pourtant alors dans les plus fortes chaleurs de la canicule ; mais ce qu'on appelle ici un été violent peut passer en France pour un très-rude hiver.

Toute la roche ne fournit pas partout le métal ; il faut chercher les veines, et lorsqu'on en a trouvé quelqu'une, on la suit avec autant de soin qu'on a eu de peine à la découvrir. On se sert pour cela, ou du feu pour amollir le rocher, ou de la poudre pour le faire sauter. Cette dernière manière est beaucoup plus pénible ; mais elle fait incomparablement plus d'effet. Nous prîmes des pierres de toutes les couleurs, de jaunes, de bleues, de vertes, de violettes ; et ces dernières nous parurent les plus pleines de métal, et les meilleures.

Nous fîmes l'épreuve de quantité de pierres d'aimant, que nous trouvâmes sur la roche ; mais elles avaient perdu presque toute leur force par le feu qu'on avait fait au-dessus et au-dessous : ce qui fit que nous ne voulûmes point nous en charger, et que nous différâmes d'en prendre à la mine de fer à notre retour. Après avoir considéré toutes les machines et les pompes qui servent à élever l'eau, nous contemplâmes à loisir toutes les montagnes couvertes de neiges qui nous environnaient. C'est sur ces roches que les Lapons habitent l'hiver ; il les possèdent en propre depuis la division de la Laponie, qui fut faite du temps de Gustave-Adolphe, père de la reine Christine. Ces terres et ces montagnes leur appartiennent, sans que d'autres puissent s'y établir ; et pour marque de leur propriété, ils ont leurs noms écrits sur quelques pierres ou sur quelques endroits de la montagne qu'ils ont eue en propriété, ou qu'ils ont habitée : tels sont les rochers de *Lupawara, Kerquerol, Kilavara, Lung, Dondere*, ou *roche du Ton-*

nerre, qui ont donné le nom aux familles des Lapons qui y habitent, et qu'on ne connaît dans le pays que par les surnoms qu'ils ont pris de ces roches. Ces montagnes ont quelquefois sept ou huit lieues d'étendue ; et quoiqu'ils demeurent toujours sur la même roche, ils ne laissent pas de changer fort souvent de place, lorsque la nécessité le demande, et que les rennes ont consommé toute la mousse qui était autour de leur habitation. Quoique certains Lapons aient pendant l'hiver certaines terres fixes, il y en a beaucoup davantage qui courent toujours, et desquels on ne saurait trouver l'habitation ; ils sont tantôt dans les bois, et tantôt proche des lacs, selon qu'ils ont besoin de pêcher ou de chasser ; et on ne les voit que lorsqu'ils viennent l'hiver aux foires, pour troquer leurs peaux contre autre chose dont ils ont besoin, et pour apporter le tribut qu'ils paient au roi de Suède, dont ils pourraient facilement s'exempter, s'ils ne voulaient pas se trouver à ces foires. Mais la nécessité qu'ils ont de fer, d'acier, de corde, de couteaux, et autres, les oblige à venir en ces endroits, où ils trouvent ce qu'ils ont besoin. Le tribut qu'ils paient est d'ailleurs fort peu de chose. Les plus riches d'entre eux, quand ils auraient mille ou douze cents rennes, comme il s'en rencontre quelques-uns, ne paient ordinairement que deux ou trois écus tout au plus.

Après que nous nous fûmes amplement informés de toutes ces choses, nous reprîmes le chemin de notre cabane, et nous vîmes en passant les forges où l'on donne la première fonte au cuivre. C'est là qu'on sépare ce qu'il y a de plus grossier, lorsqu'il a été assez longtemps dans le creuset pour pousser dehors toutes ses impuretés : avant que de trouver le cuivre qui est au fond, on lève plusieurs feuilles qu'ils appellent *rosettes*, dans lesquelles il n'y a que la moitié de cuivre, et qu'on remet ensuite au fourneau pour en ôter tout ce qu'il y a de terrestre : c'est la première façon qu'on lui donne là ; mais il faut à *Konges* qu'il passe encore trois fois au feu pour le purifier tout à fait, et le rendre en état de prendre sous le marteau la forme qu'on lui veut donner.

Le jeudi, le prêtre des Lapons arriva avec quatre de sa nation, pour se trouver le lendemain à un des jours de prières établies par toute la Suède, pour remercier Dieu des victoires que les Suédois ont remportées ces jours-là.

Ce furent les premiers Lapons que nous vîmes, et dont la vue nous réjouit tout à fait. Ils venaient troquer du poisson pour du tabac. Nous les considérâmes depuis la tête jusqu'aux pieds. Ces hommes sont faits tout autrement que les autres. La hauteur des plus grands n'excède pas trois coudées ; et je ne vois pas de figure plus propre à faire rire. Ils ont la tête grosse, le visage large et plat, le nez écrasé, les yeux petits, la bouche large, et une barbe épaisse qui leur pend sur l'estomac. Tous leurs membres sont proportionnés à la petitesse du corps : les jambes sont déliées, les bras longs ; et toute cette petite machine semble remuer par ressorts. Leur habit d'hiver est d'une peau de renne, faite comme un sac, descendant sur les genoux, et retroussée sur les hanches d'une ceinture de cuir ornée de petites plaques d'argent : les souliers, les bottes et les gants sont de même ; ce qui a donné lieu à plusieurs historiens de dire qu'il y avait des hommes vers le Nord, velus comme des bêtes, et qui ne se servaient point d'autres habits que de ceux que la nature leur avait donnés. Ils ont toujours une bourse des parties de renne qui leur pend sur l'estomac, dans laquelle ils mettent une cuillère. Ils changent cet habillement l'été, et en prennent un plus léger, qui est ordinairement de la peau des oiseaux qu'ils écorchent, pour se garantir des moucherons. Ils ne laissent pas d'avoir par-dessus un sac de grosse toile, ou d'un drap gris-blanc, qu'ils mettent sur leur chair ; car l'usage du linge leur est tout à fait inconnu.

Ils couvrent leur tête d'un bonnet qui est ordinairement fait de la peau d'un oiseau gros comme un canard, qu'ils appellent *loom*, qui veut dire en leur langue *boiteux*, à cause que cet oiseau ne saurait marcher : ils le tournent d'une manière que la tête de l'oiseau excède un peu le front, et que les ailes leur tombent sur les oreilles.

Voilà, monsieur, la description de ce petit animal qu'on appelle Lapon ; et l'on peut dire qu'il n'y en a point, après le singe, qui approche plus de l'homme. Nous les interrogeâmes sur plusieurs choses dont nous voulions nous informer, et nous leur demandâmes particulièrement l'endroit où nous pouvions trouver de leurs camarades. Ces gens nous instruisirent sur tout, et nous dirent que les Lapons commençaient à descendre des montagnes qui sont vers la mer Glaciale, d'où le chaud et les mouches les avaient chassés, et se répandaient vers le *Tornotracs*, d'où le fleuve *Torno* prend sa source, pour y pêcher quelque temps, jusqu'à ce qu'ils pussent, vers la Saint-Barthélemi, se rapprocher tout à fait des montagnes de *Swapavara*, *Kilavan*, et les autres où le froid commençait à se faire sentir, pour y passer le reste de l'hiver. Il nous assurèrent que nous ne manquerions pas d'en trouver là des plus riches ; et que pendant sept ou huit jours que nous serions à y aller, les Lapons emploieraient ce temps pour y venir. Ils ajoutèrent que pour eux ils étaient demeurés pendant tout l'été aux environs de la mine et des lacs qui sont autour, ayant trouvé assez de nourriture pour quinze ou vingt rennes qu'ils avaient chacun, et étant trop pauvres pour entreprendre un voyage de quinze jours, pour lequel il fallait prendre des provisions qu'ils n'étaient pas en pouvoir de faire, à cause qu'ils ne pouvaient vivre éloignés des étangs qui leur fournissaient chaque jour de quoi vivre.

Le vendredi, 15 août, il fit un grand froid, et il neigea sur les montagnes voisines. Nous eûmes une longue conversation avec le prêtre, lorsqu'il eut fini les deux sermons qu'il fit ce jour-là, l'un en finlandais, et l'autre en lapon. Il parlait, heureusement pour nous, assez bon latin, et nous l'interrogeâmes sur toutes les choses qu'il pouvait le mieux connaître, comme sur le baptême, le mariage, et les enterrements. Il nous dit, au sujet du premier, que tous les Lapons étaient chrétiens et baptisés, mais que la plupart ne l'étaient que pour la forme seulement, et qu'ils retenaient tant de choses de leurs anciennes superstitions, qu'on pouvait dire qu'ils n'avaient que le nom de chrétiens, et que leur cœur était encore païen.

Les Lapons portent leurs enfants au prêtre pour baptiser, quelque temps après qu'ils sont nés : si c'est en hiver, ils les portent avec eux dans leurs traîneaux ; et si c'est en été, ils les mettent sur des rennes, dans leurs berceaux pleins de mousse, qui sont faits d'écorce de bouleau, et d'une manière toute particulière. Ils font ordinairement présent au prêtre d'une paire de gants, bordés en de certains endroits de la plume de *loom*, qui est violette, marquetée de blanc, et d'une très-belle couleur. Sitôt que l'enfant est baptisé, le père lui fait ordinairement présent d'une renne femelle, et tout ce qui provient de cette renne qu'ils appellent *pannikcis*, soit en lait, fromage, et autres denrées, appartient en propre à la fille ; et c'est ce qui fait sa richesse lorsqu'elle se marie. Il y en a qui font encore présent à leurs enfants d'une renne lorsqu'ils aperçoivent sa première dent ; et toutes les rennes qui viennent de celle-là, sont marquées d'une marque particulière, afin qu'elles puissent être distinguées des autres. Ils changent le nom de baptême aux enfants lorsqu'ils ne sont pas heureux ; et le premier jour de leurs noces, comme tous les autres, ils couchent dans la même cabane, et caressent leurs femmes devant tout le monde.

Il nous dit, touchant le mariage, que les Lapons mariaient leurs filles assez tard, quoiqu'elles ne manquassent pas de partis, lorsqu'elles étaient connues dans le pays pour avoir quantité de rennes provenues de celles que leur père leur a données à leur naissance et à leur première dent; car c'est là tout ce qu'elles emportent avec elles; et le gendre, bien loin de recevoir quelque chose de son beau-père, est obligé d'acheter la fille par des présents. Il commence ordinairement au mois d'avril à faire l'amour comme les oiseaux.

Lorsque l'amant a jeté les yeux sur quelque fille qu'il veut avoir en mariage, il faut qu'il fasse état d'apporter quantité d'eau-de-vie, lorsqu'il vient faire la demande avec son père ou son plus proche parent. On ne fait point l'amour autrement en ce pays, et on ne conclut jamais de mariage qu'après avoir vidé plusieurs bouteilles d'eau-de-vie, et fumé quantité de tabac. Plus un homme est amoureux, et plus il apporte de brandevin, et il ne peut par d'autres marques témoigner plus fortement sa passion. Ils donnent un nom particulier à cette eau-de-vie que l'amant apporte aux accords, et ils l'appellent la bonne arrivée du vin, ou *soubbouvin, le vin des amants*. C'est une coutume chez les Lapons d'accorder leurs filles longtemps avant que de les marier : ils font cela afin que l'amoureux fasse durer ses présents; et s'il veut venir à bout de son entreprise, il faut qu'il ne cesse point d'arroser son amour de ce breuvage si chéri. Enfin lorsqu'il a fait les choses honnêtement pendant un an ou deux, quelquefois on conclut le mariage.

Les Lapons avaient autrefois une manière de marier toute particulière, lorsqu'ils étaient encore tout à fait ensevelis dans les ténèbres du paganisme, et qui ne laisse pas encore d'être observée de quelques-uns. On ne menait point les parties devant le prêtre; mais les parents les mariaient chez eux, sans autre cérémonie que par l'excussion du feu qu'ils tiraient d'un caillou. Ils croient qu'il n'y a point de figure plus mystérieuse, et plus propre pour nous représenter le mariage; car comme la pierre renferme en elle-même une source de feu qui ne paraît que lorsqu'on l'approche du fer, de même, disent-ils, il se trouve un principe de vie caché dans l'un et l'autre sexe, qui ne se fait voir que lorsqu'ils sont unis.

Je crois, monsieur, que vous ne trouverez pas que ce soit fort mal raisonné pour des Lapons; et il y a bien des gens, et plus subtilisés, qui auraient de la peine à donner une comparaison plus juste. Mais je ne sais si vous jugerez que le raisonnement suivant soit de la même force.

J'ai déjà dit que lorsqu'une fille est connue dans le pays pour avoir quantité de rennes, elle ne manque point de partis ; mais je ne vous avais pas dit, monsieur, que cette quantité de bien était tout ce qu'ils demandaient dans une fille, sans se mettre en peine si elle était avantagée de la nature, ou non ; si elle avait de l'esprit, ou si elle n'en avait point, et même si elle était encore pucelle, ou si quelque autre avant lui avait reçu des témoignages de sa tendresse. Mais ce que vous admirerez davantage, et qui ma surpris le premier, c'est que ces gens, bien loin de se faire un monstre de cette virginité, croient que c'est un sujet parmi eux de rechercher de ces filles avec autant d'empressement, que, toutes pauvres qu'elles sont bien souvent, ils les préfèrent à des riches qui seraient encore pucelles, ou qui passeraient du moins pour telles parmi eux. Il faut pourtant faire cette distinction, monsieur, qu'il faut que ces filles dont nous parlons aient accordé cette faveur à des étrangers qui vont l'hiver faire marchandise, et non pas à des Lapons ; et c'est de là qu'ils infèrent que, puisqu'un homme qu'ils croient plus riche, et de meilleur goût qu'eux, a bien voulu donner des marques de son amour à une fille de leur nation, il faut qu'elle ait un mérite secret qu'ils ne connaissent pas, et dont ils doivent se bien trouver dans la suite. Ils sont si friands de ces sortes de morceaux, que lorsqu'ils viennent quelquefois pendant l'hiver à la ville de *Torno*, et qu'ils trouvent une fille grosse, non-seulement ils oublient leurs intérêts, en voulant la prendre sans bien, mais même, lorsqu'elle fait ses couches, ils l'achètent des parents autant que leurs facultés le leur peuvent permettre.

Je connais bien des personnes, monsieur, qui seraient assez charitables pour faire ainsi la fortune de quantité de pauvres filles, et qui ne demanderaient pas mieux que de leur procurer, sans qu'il leur en coûtât beaucoup de peine, des partis avantageux. Si cette mode pouvait venir en France, on ne verrait pas tant de filles demeurer si longtemps dans le célibat. Les pères de qui les bourses sont nouées d'un triple nœud n'en seraient pas si empêchés, et elles auraient toujours un moyen tout prêt de sortir de la captivité où elles sont. Mais je ne crois pas, monsieur, quoi que puissent faire les papas, qu'elle s'y introduise sitôt : on est trop infatué de ce mot d'*honneur*, on s'en est fait un fantôme qu'il est présentement trop malaisé de détruire.

Comme les Lapons ignorent naturellement presque toutes les maladies, ils n'ont point voulu s'en faire d'eux-mêmes, comme nous. La jalousie et la crainte du cocuage ne les troublent point. Ces maux, qui possèdent tant de personnes parmi nous, sont inconnus chez eux ; et je ne crois pas même qu'il y ait un mot dans leur langue pour exprimer celui de *cocu;* et l'on peut dire plaisamment avec cet Espagnol, en parlant des siècles passés, et de celui dans lequel nous vivons :

> Passò lo de oro
> Passo lo de plata,
> Passo lo de hierro.
> Vive lo de cuerno.

Et tandis que ces gens-là font revivre le siècle d'or, nous nous en faisons un de *cornes.* En effet, monsieur, vous allez voir parmi eux ce que je crois qu'on voyait du temps de Saturne, c'est-à-dire une communauté de biens qui vous surprendra. Vous avez vu les Lapons ce que nous, nous appelons *cocus*, devant le sacrement ; et vous allez voir qu'ils ne le sont pas moins après.

Quand le mariage est consommé, le mari n'emmène pas sa femme, mais il demeure un an avec son beau-père, au bout duquel temps il va établir sa famille où bon lui semble, et emporte avec lui tout ce qui appartient à sa femme. Les présents même qu'il a faits à son beau-père, au temps des accords, lui sont rendus, et les parents reconnaissent ceux qui leur ont été faits, par quelques rennes, suivant leur pouvoir.

Je vous ai remarqué, monsieur, que les étrangers ont en ce pays un grand privilége, qui est d'honorer les filles de leur approche. Ils en ont un autre qui n'est pas moins considérable, qui est de partager avec les Lapons leurs lits et leurs femmes. Quand un étranger vient dans leurs cabanes, ils le reçoivent le mieux qu'ils peuvent, et pensent le régaler parfaitement, s'ils ont un verre d'eau-de-vie à lui donner ; mais après le repas, quand la personne qu'ils reçoivent est de considération, et qu'ils veulent lui faire chère entière, ils font venir leurs femmes et leurs filles, et tiennent à grand honneur que vous agissiez avec elles comme ils feraient eux-mêmes : pour les femmes et les filles, elles ne font aucune difficulté de vous accorder tout ce que vous pouvez souhaiter, et croient que vous leur faites autant d'honneur qu'à leurs maris ou à leurs pères.

Comme cette manière d'agir me surprit étrangement, et n'ayant pu jusqu'à présent l'éprouver moi-même, je m'en suis informé le plus exactement qu'il m'a été possible ; et parmi quantité d'histoires de cette nature, je vous en dirai donc ce qu'on m'a assuré être véritable.

Ce Français que nous trouvâmes aux mines de *Swapavara*, homme simple, et que je ne crois pas capable de controuver une histoire, nous assura que pour faire plaisir à quantité de Lapons, il les avait soulagés du devoir conjugal ; et pour nous faire voir combien ces gens lui avaient fait d'instances pour le faire condescendre à prendre cette peine, il nous dit qu'un jour, après avoir bu quelques verres d'eau-de-vie avec un Lapon, il fut sollicité par cet homme de coucher avec sa femme, qui était là présente, avec toute sa famille ; et que, sur le refus qu'il lui en fit, s'excusant du mieux qu'il pouvait, le Lapon, ne trouvant pas ses excuses valables, prit sa femme et le Français, et les ayant jetés tous deux sur le lit, sortit de la chambre et ferma la porte à la clef, conjurant le Français, par tout ce qu'il put alléguer de plus fort, qu'il lui plût faire en sa place comme il faisait lui-même.

L'histoire qui arriva à *Joannes Tornæus*, prêtre des Lapons, dont j'ai déjà parlé, n'est pas moins remarquable. Elle nous fut dite par ce même prêtre qui avait été longtemps son vicaire dans la Laponie, et qui avait vécu sous lui près de quinze ans : il la tenait de lui-même. Un Lapon, nous dit-il, des plus riches et des plus considérés qui fussent dans la Laponie de *Torno*, eut envie que son lit fût honoré de son pasteur ; il ne crut point de meilleur moyen pour multiplier les troupeaux et pour attirer la bénédiction du ciel sur toute sa famille : il le pria plusieurs fois de lui vouloir faire cet honneur ; mais le pasteur, par conscience ou autrement, n'en voulut rien faire, et lui représentait toujours que ce n'était pas le plus sûr moyen pour s'attirer un Dieu propice. Le Lapon n'entrait point dans tout ce que le pasteur lui pouvait dire, et un jour qu'il le rencontra seul, il le conjura à genoux, et par tout ce qu'il avait de plus saint parmi les dieux qu'il adorait, de ne pas lui refuser la grâce qu'il lui demandait ; et ajoutant les promesses aux prières, il lui présenta six écus, s'offrit de les lui donner, s'il voulait s'abaisser jusqu'à coucher avec sa femme. Le bon pasteur songea quelque temps s'il pouvait le faire en conscience ; et ne voulant pas refuser ce pauvre homme, il trouva qu'il valait encore mieux le faire cocu et gagner son argent, que de le désespérer.

Si cette aventure ne nous avait pas été racontée par le même prêtre qui était alors son disciple, et qui était présent, je ne pourrais jamais la croire ; mais il nous l'assura d'une manière si forte, que je ne puis en douter, connaissant d'ailleurs le naturel du pays.

Cette bonne volonté que les Lapons ont pour leurs femmes ne s'étend pas seulement à l'égard de leurs pasteurs, mais aussi sur tous les étrangers, suivant ce qu'on en a dit, et comme nous voulons le prouver.

Je ne vous dis rien, monsieur, d'une fille à qui le bailli de Laponie, qui est celui qui reçoit le tribut pour le roi, avait fait un enfant. Un Lapon l'acheta, pour en faire sa femme, de celui qui l'avait déshonorée, sans autre raison que parce qu'elle avait su captiver les inclinations d'un étranger. Toutes ces choses sont si fréquentes en ce pays, que pour peu qu'on vive parmi les Lapons, on ne manque pas d'en être bientôt convaincu par sa propre expérience.

Ils lavent leurs enfants dans un chaudron, tous les jours trois fois, jusqu'à ce qu'ils aient un an ; et après, trois fois par semaine. Ils ont peu d'enfants, et il ne s'en trouve presque jamais six dans une famille. Lorsqu'ils viennent au monde, ils les lavent dans de la neige jusqu'à ce qu'ils ne puissent plus respirer, et pour lors il les jettent dans un bain d'eau chaude ; je crois qu'ils font cela pour les endurcir au froid. Sitôt que la mère est délivrée, elle boit un grand coup d'huile de baleine, et croit que cela lui est d'un secours considérable. Il est aisé de connaître dans le berceau de quel sexe est l'enfant. Si c'est un garçon, ils suspendent au-dessus de sa tête un arc, des flèches, ou une lance, pour leur apprendre, même dans le berceau, ce qu'ils doivent faire le reste de leur vie, et leur faire connaître qu'ils doivent se rendre adroits dans leur exercice. Sur le berceau des filles on voit des ailes de *lagopos*, qu'ils appellent *rippa*, avec les pieds et le bec, pour leur insinuer dès l'enfance la propreté et l'agilité. Quand les femmes sont grosses, on frappe le tambour pour savoir ce qu'elles auront. Elles aiment mieux des filles, parce qu'elles reçoivent des présents en les mariant, et qu'on est obligé d'acheter les femmes.

Les maladies, comme j'ai déjà remarqué, sont presque toutes inconnues aux Lapons ; et, s'il leur en arrive quelqu'une, la nature est assez forte pour les guérir d'elle-même ; et sans l'aide de médecins ils recouvrent bientôt la santé. Ils usent pourtant de quelques remèdes, comme de la *racine de mousse*, qu'ils nomment *jeest*, ou ce qu'on appelle *angélique pierreuse*. La résine qui coule des sapins leur fait des emplâtres, et le fromage de renne est leur onguent divin. Ils s'en servent diversement : ils ont du fiel de loup qu'ils délaient dans du brandevin avec de la poudre à canon. Lorsque le froid leur a gelé quelque partie du corps, ils étendent le fromage coupé par tranches sur la partie malade ; et ils en reçoivent du soulagement. La seconde manière d'employer le fromage pour les maux extérieurs, ou intérieurs, est de faire entrer un fer rouge dans le fromage, qui distille par cette ardeur une espèce d'huile, de laquelle ils se frottent à l'endroit où ils souffrent, et le remède est toujours suivi d'un succès et d'un effet merveilleux. Il conforte la poitrine, emporte la toux, et est bon pour toute les contusions ; mais la manière la plus ordinaire pour les plaies plus dangereuses, c'est le feu. Ils s'appliquent un charbon tout rouge sur la blessure, et le laissent le plus longtemps qu'ils peuvent, afin qu'il puisse consumer tout ce qu'il y a d'impur dans le mal. Cette coutume est celle des Turcs ; ils ne trouvent point de remède plus souverain.

Ceux qui sont assez heureux en France et en d'autres lieux pour arriver à une extrême vieillesse, sont obligés de souffrir quantité d'incommodités qu'elle traîne avec elle ; mais les Lapons en sont entièrement exempts, et ils ne ressentent pour toute infirmité, dans cet état, qu'un peu de diminution de leur vigueur ordinaire. On ne saurait même distinguer les vieillards d'avec les jeunes, et on voit rarement de tête blanche en ce pays : ils retiennent toujours leur même poil, qui est ordinairement roux. Mais ce qui est remarquable, c'est qu'on rencontre peu de vieillards qui ne soient aveugles. Leurs vues déjà affaiblies par le défaut de la nature, ne peuvent plus supporter ni l'éclat de la neige, dont la terre est presque toujours couverte, ni la fumée continuelle causée par le feu qui est toujours allumé au milieu de leur cabane, et qui les aveugle sur la fin de leurs jours.

Lorsqu'ils sont malades, ils ont coutume de jouer du tambour dont je parlerai ci-après, pour connaître si la maladie doit les conduire à la mort ; et lorsqu'ils croient être persuadés du succès fâcheux, et que le malade commence à tirer à la fin, ils se mettent autour de son lit ; et pour faciliter à son âme le passage à l'autre monde, ils font avaler à l'agonisant ce qu'ils peuvent d'eau-de-vie, en boivent autant qu'ils en ont, pour se consoler de la perte qu'ils font de leur ami, et pour s'exciter à pleurer. Il n'est pas plus tôt mort qu'ils abandonnent la maison, et la détruisent même, de crainte que ce qui reste de l'âme du défunt, que les anciens appelaient mânes, ne leur fasse du mal. Leur cercueil est fait d'un arbre creusé, ou bien de leur traîneau, dans lequel ils mettent ce que le défunt avait de plus cher, comme son arc, ses flèches, sa lance, afin que si un jour il entre en vie, il puisse exercer sa même profession. Il y en a même de ceux qui ne sont que cavalièrement chrétiens, qui confondent le christianisme avec leurs anciennes superstitions ; et, entendant dire à leurs pasteurs que nous devons un jour ressusciter, mettent dans le cercueil du défunt une hache, un caillou et un fer pour faire du feu (les Lapons ne voyagent point sans cet équipage), afin que lorsque le défunt ressuscitera, il puisse abattre les arbres, aplanir les rochers, et brûler tous les obstacles qui pourraient se rencontrer sur le chemin du ciel. Vous voyez, monsieur, que, malgré leurs erreurs, ces gens y tendent de tout leur pouvoir ; ils y veulent arriver de gré ou de force, et l'on peut dire, *his per ferrum et ignes ad cœlos grassari constitutum*, et qu'ils prétendent par le fer et par le feu emporter le royaume des cieux.

Ils n'enterrent pas toujours les défunts dans les cimetières, mais bien souvent dans les forêts ou dans les cavernes. On arrose le lieu d'eau-de-vie ; tous les assistants en boivent, et trois jours après l'enterrement on tue le renne qui a conduit le mort au lieu de sa sépulture, et on en fait un festin à tous ceux qui ont été présents. On ne jette point les os, mais on les garde avec soin pour les enterrer au côté du défunt. C'est dans ce repas qu'on boit le *paligavin*, c'est-à-dire *l'eau-de-vie bienheureuse*, parce qu'on la boit en l'honneur d'une personne qu'ils croient bienheureuse.

Les successions se font à peu près comme en Suède : la veuve prend la moitié ; et si le défunt a laissé un garçon et une fille, le garçon prend les deux tiers du bien, et laisse l'autre à sa sœur.

Nous étions au plus fort de cette conversation, quand on nous vint avertir qu'on apercevait sur le haut de la montagne des Lapons qui venaient avec des rennes. Nous allâmes au-devant d'eux pour avoir le plaisir de contempler leur équipage et leur marche ; mais nous ne rencontrâmes que trois ou quatre personnes qui apportaient sur des rennes des poissons secs pour vendre à *Swapavara*. Il y a longtemps, monsieur, que je vous parle de *rennes*, sans vous avoir fait la description de cet animal, dont on nous a tant parlé autrefois. Il est juste que je satisfasse présentement votre curiosité, comme je contentai pour lors la mienne.

Rheen est un mot suédois dont on a appelé cet animal, soit à cause de sa propreté, soit à cause de sa légèreté : car *rhen* signifie *net*, et *renna* veut dire *courir* en cette langue. Les Romains n'avaient aucune connaissance de cet animal, et les Latins récents l'appellent *rangifer*. Je ne puis vous en dire d'autre raison, sinon que je crois que les Suédois ont pu avoir autrefois appelé cette bête *rangi*, auquel mot on aurait ajouté *fera*, comme qui dirait *bête nommée rangi*. Comme je ne voudrais pas dire que le bois de ces animaux, qui s'étend en forme de grands rameaux, ait donné lieu de les appeler ainsi, puisqu'on aurait aussitôt dit *ramifer* que *rangifer* : quoi qu'il en soit, il est constant, monsieur, que bien que cette bête soit presque semblable à un cerf, elle ne laisse pas de différer en quelque chose. Le renne est plus grand que le cerf ; la tête est assez semblable, mais le bois est tout différent ; il est élevé fort haut, et se courbe vers le milieu, faisant une forme de cercle sur la tête ; il est velu depuis le bas jusqu'en haut, de la couleur de la peau, et est plein de sang partout ; en sorte qu'en le pressant fort avec la main, on s'aperçoit par l'action de l'animal, qu'il sent de la douleur dans cette partie. Mais ce qu'il a de particulier, et qu'on ne voit en aucun autre animal, c'est la quantité de bois dont la nature l'a pourvu pour se défendre contre les bêtes sauvages. Les cerfs n'ont que deux bois, d'où sortent quantité de dagues ; mais les rennes en ont une autre sur le milieu du front, qui fait le même effet que celle qu'on peint sur la tête des licornes, et deux autres qui s'étendant sur ses yeux tombent sur sa bouche. Toutes ces branches néanmoins sortent de la même racine, mais elles prennent des routes et des figures différentes ; ce qui leur embarrasse tellement la tête, qu'ils ont de la peine à paître, et qu'ils aiment mieux arracher les boutons des arbres, qu'ils peuvent prendre avec moins de difficultés.

La couleur de leur poil est plus noire que celle du cerf, particulièrement quand ils sont jeunes, et pour lors ils sont presque noirs comme les rennes sauvages, qui sont toujours plus forts, plus grands et plus noirs que les domestiques.

Quoiqu'ils n'aient pas les jambes si menues que le cerf, ils ne laissent pas de le dépasser en légèreté. Leur pied est extrêmement fendu et presque rond ; mais ce qui est de remarquable dans cet animal, c'est que tous ses os, et particulièrement les articles des pieds, craquent comme si on remuait des noix, et font un cliquetis si fort, qu'on entend cet animal presque d'aussi loin qu'on le voit. L'on remarque aussi dans les rennes, que, quoiqu'ils aient le pied fendu, ils ne ruminent point, et qu'ils n'ont point de fiel, mais une petite marque noire dans le foie, sans aucune amertume.

Au reste, quoique cette bête soit d'une nature sauvage, les Lapons ont si bien trouvé le moyen de les apprivoiser, et de les rendre domestiques, qu'il n'y a personne dans le pays qui n'en ait des troupeaux comme de moutons. On ne laisse pas d'en trouver dans les bois grande quantité de sauvages, et c'est à ceux-là que les Lapons font une chasse cruelle, tant pour avoir leur peau, qui est beaucoup plus estimée que celle des rennes domestiques, que pour la chair, qui est beaucoup plus délicate. Il y a même de ces animaux qui sont à demi-sauvages et domestiques, et les Lapons laissent aller dans les bois leurs rennes femelles, dans le temps que ces animaux sont en chaleur ; et ceux qui proviennent de cette conjonction ont un nom particulier ; et ils les appellent *kattaigiar*, et ils deviennent beaucoup plus grands et plus forts que les autres, et plus propres pour le traîneau.

La Laponie ne nourrit point d'autres animaux domestiques que les rennes ; mais on trouve dans ces bêtes seules autant de commodités qu'on en rencontre dans toutes celles que nous nourrissons. Ils ne jettent rien de cet animal ; ils emploient le poil, la peau, la chair, les os, la moelle, le sang et les nerfs, et ils mettent tout en usage.

La peau leur sert pour se garantir des injures de l'air. En hiver ils s'en servent avec le poil, et en été ils ont des peaux dont ils l'ont fait tomber. La chair de cet animal est pleine de suc, grasse et extrêmement nourrissante ; et les Lapons ne mangent point d'autre viande que celle de renne. Les os leur sont d'une utilité merveilleuse pour faire des arbalètes et des arcs, pour armer leurs flèches, pour faire des cuillères, et pour orner tous les ouvrages qu'ils veulent faire. La langue et la moelle des os est ce qu'ils ont de plus délicat parmi eux ; et les amants portent de ces mets à leurs maîtresses, comme les plus exquis, qu'ils accompagnent ordinairement de chair d'ours et de castor. Ils boivent souvent le sang ; mais ils le conservent plus ordinairement dans la vessie de cet animal, qu'ils exposent au froid, et le laissent condenser et prendre un corps en cet état ; et lorsqu'ils veulent faire du potage, ils en coupent ce qu'ils ont de besoin, et le font bouillir avec du poisson. Ils n'ont point d'autres fils que ceux qu'ils tirent des nerfs, qu'ils filent sur la joue de ces animaux. Ils se servent des plus fins pour faire leurs habits, et ils emploient les plus gros pour coudre ensemble les planches de leurs barques. Ces animaux ne fournissent pas seulement aux Lapons de quoi se vêtir et de quoi manger, ils leur donnent aussi de quoi boire. Le lait de renne est le seul breuvage qu'ils aient; et parce qu'il est extrêmement gras et tout à fait épais, ils sont obligés d'y mêler presque la moitié d'eau. Ils ne tirent de ce lait que demi-setier par jour des meilleures rennes, qui ne donnent même du lait que lorsqu'elles ont un veau. Ils en font des fromages très-nourrissants, et les pauvres gens qui n'ont pas le moyen de tuer leurs rennes pour manger, ne se servent point d'autre nourriture. Ces fromages sont gras et d'une odeur assez forte, mais ils sont fades, comme étant faits et mangés sans sel.

La plus grande commodité qu'on retire des rennes, c'est pour faire voyage et pour porter les fardeaux. Nous avions tant de fois entendu parler avec étonnement de la manière dont les Lapons se servent de ces animaux pour marcher, que nous voulûmes dans le moment satisfaire notre curiosité, et voir ce que c'est qu'un renne attelé à un traîneau. Nous fîmes dans le moment venir une de ces machines, que les Lapons appellent *pulaha*, et que nous nommons traîneau, dont j'ai fait la description ci-devant. Nous y fîmes attacher le renne sur le devant, de la distance que sont ordinairement les chevaux, à ce morceau de bois dont j'ai parlé, qu'ils appellent *jocolaps*. Il n'a pour collier qu'un morceau de peau où le poil est resté, d'où descend vers le poitrail un trait qui lui passe sous le ventre entre les jambes, et va s'attacher à un trou qui est sur le devant du traîneau. Le Lapon n'a pour guide qu'une seule corde attachée à la racine du bois de l'animal, qu'il jette diversement sur le dos de la bête, tantôt d'un côté et tantôt d'un autre, et lui fait connaître le chemin en la tirant du côté qu'elle doit tourner.

Nous allâmes ce jour-là, pour la première fois, dans ces traîneaux avec un plaisir incroyable; et c'est dans cette voiture que l'on fait en peu de temps un chemin considérable. On avance avec plus ou moins de diligence, suivant que le renne est plus ou moins vite et vigoureux. Les Lapons en nourrissent exprès de bâtards, qui sont produits d'un mâle sauvage et d'une femelle domestique, comme je vous ai déjà dit; et ceux-là sont beaucoup plus vites ques les autres, et plus propres pour le voyage. Zieglerus dit qu'un renne peut en un jour changer trois fois d'horizon, c'est-à-dire joindre trois fois le signe qu'on aura découvert le plus éloigné. Cet espace de chemin, quoique très-considérable et fort bien exprimé, ne donne pas bien à connaître la diligence que peut faire un renne. Les Lapons la désignent mieux, en disant qu'on peut faire vingt milles de Suède, ou cinquante lieues, en ne comptant que deux lieues et demie de France pour un mille de Suède. Les milles de Suède sont de 6,600 toises, et les lieues de France de 2,600 toises; cependant ordinairement le mille de Suède passe pour trois lieues de France. Cette supputation satisfait plus que l'autre. Mais comme on étend le jour autant qu'on veut, et que les Lapons ne distinguent point si c'est le jour naturel de vingt-quatre heures, ou la journée que fait un voyageur, il est plus à propos, pour donner à comprendre ce qu'un renne peut faire par heure, au moins autant que je l'ai remarqué par la supputation qui précède, et par ma propre expérience, de dire qu'un bon renne entier, comme sont ceux qui se rencontrent dans la Laponie *Kimi Lapmarch*, qui sont renommés pour les plus vites et les plus vigoureux, peut faire par heure, étant poussé, six lieues de France; encore faut-il pour cela que la neige soit fort unie et fort gelée : il est vrai qu'il ne peut pas résister longtemps à ce travail, et il faut qu'il se repose après sept ou huit heures de fatigue. Ceux qu'on veut ménager davantage, ne feront pas tant de chemin, mais dureront aussi plus longtemps. Ils résisteront au travail pendant douze ou treize heures, au bout desquelles il est nécessaire qu'ils se reposent un jour ou deux, si l'on ne veut pas qu'ils crèvent au traîneau.

Ce chemin, comme vous voyez, monsieur, est très-considérable, et s'il y avait des postes de rennes établies en France, il ne serait pas bien difficile d'aller de Paris à Lyon en moins de vingt-six heures. La diligence serait belle; mais quoiqu'il semble que cette manière de voyager soit fort commode, on en serait beaucoup plus fatigué. Les sauts qu'il faut faire, les fossés qu'il faut franchir, les pierres sur lesquelles il faut passer, et le travail continuel nécessaire pour s'empêcher de verser, et pour se relever quand on est tombé, ferait qu'on aimerait beaucoup mieux aller plus doucement, et essuyer moins de risques.

Quoique ces animaux se laissent assez facilement conduire, il s'en trouve néanmoins beaucoup de rétifs, et qui sont presque indomptables; en sorte que, lorsque vous les poussez trop vite, ou que vous voulez leur faire faire plus de chemin qu'ils ne veulent, ils ne manquent pas de se retourner, et, se dressant sur leurs pieds de derrière, ils viennent fondre avec une telle furie sur celui qui est dans le traîneau, qui ne peut ni se défendre, ni sortir, à cause des liens qui l'embarrassent, qu'ils lui cassent souvent la tête et le tuent quelquefois avec leurs pieds de devant, desquels ils sont si forts, qu'ils n'ont point d'autres armes pour se défendre contre les loups. Les Lapons, pour se parer des insultes de ces animaux, n'ont point d'autre remède que de se tourner contre terre, et de se couvrir de leur traîneau, jusqu'à ce que leur colère soit un peu apaisée.

Ils ont encore une autre sorte de traîneau, beaucoup plus grand, et fait d'une autre manière, qu'ils appellent *racdakeris*. Ils s'en servent pour aller quérir leurs bois et pour transporter leurs biens, lorsqu'ils changent d'habitation.

Voilà, monsieur, la manière dont les Lapons voyagent l'hiver, lorsque la neige couvre entièrement toute la terre, et que le froid a fait une croûte glissante par-dessus. L'été, il faut qu'ils aillent à pied, car les rennes ne sont pas assez forts pour les porter, et ils ne les attellent point à des chariots, dont l'usage leur est tout à fait inconnu, à cause de l'âpreté des chemins : ils ne laissent pas de porter des fardeaux, et les Lapons prennent une forte écorce de bouleau, qu'ils courbent en forme d'arc, et mettent sur la largeur ce qu'ils ont à porter, qui n'excède pas de chaque côté le poids de quarante livres. C'est de cette manière qu'ils portent pendant l'été leurs enfants baptiser, et qu'ils suivent derrière.

La nourriture la plus ordinaire des rennes est d'une petite mousse blanche extrêmement fine, qui croît en abondance par toute la Laponie, et lorsque la terre est toute couverte de neige, la nature donne à ces animaux un instinct pour connaître sous la neige l'endroit où elle peut être, et aussitôt ils la découvrent en faisant un grand trou dans la neige avec les pieds de devant, et ils font cela d'une vitesse incroyable : mais quand le froid a si fort endurci la neige, qu'elle est aussi dure que la glace même, les rennes mangent pour lors une certaine mousse faite comme une toile d'arraignée, qui pend des pins, et que les Lapons appellent *luat*.

Je pense déjà avoir dit que les rennes n'ont de lait que lorsqu'elles ont un veau, qui tette pendant trois mois, et sitôt que le veau est mort, elles n'ont plus de lait. Ils leur mettent des cocons de pin, lorsqu'ils veulent qu'ils mangent ; et quand ils tettent et qu'ils piquent leur mère, elle leur donne des coups de cornes.

L'on dit de ces animaux qu'on leur parle à l'oreille, si l'on veut qu'ils aillent d'un côté ou d'un autre ; cela est entièrement faux : ils vont presque toujours avec un conducteur qui en conduit six après lui ; et s'il arrive que quelqu'un veuille faire voyage en quelque endroit, s'il peut trouver un renne de renvoi qui soit du pays où il veut aller, il n'aura besoin d'aucun guide, et le renne le mènera à l'endroit où il veut aller, quoiqu'il n'y ait aucun chemin tracé, et que la distance soit de plus de quarante lieues.

Le samedi, nous nous mîmes en chemin pour aller à pied au logis du prêtre, qui était éloigné de cinq milles, pour prendre ensuite notre chemin au nord-ouest, et aller à *Tornotresch* [1], où nous devions trouver les Lapons que nous cherchions. Nous ne fûmes pas plus tôt hors de *Swapavara*, que nous trouvâmes de quoi souper : nous tuâmes trois ou quatre oiseaux qu'on appelle en ce pays *fœlripa* ou *oiseau de montagne*, et que les Grecs appelaient *lagopos* ou *pied-velu*. Il est de la grosseur d'une poule, et, pendant l'été, a le plumage du faisan, mais tirant plus sur le brun, et est distingué en certains endroits de marques blanchâtres. L'hiver il est tout blanc. Le mâle imite, en volant, le bruit d'un homme qui rirait de toute sa force. Il se repose rarement sur les arbres. Au reste, je ne sais point de gibier dont le goût soit si agréable. Il a ensemble, et la délicatesse du faisan, et la finesse de la perdrix : on en trouve en quantité sur les montagnes de ce pays.

A deux milles de *Swapavara* nous rencontrâmes la barque des Lapons à qui nous avions parlé le jour précédent, et qui devaient nous conduire à *Tornotresch*. Ils avaient pêché toute la nuit, et nous apportâmes des truites saumonées fort excellentes, qu'ils appellent en ce pays *œrlax*. De là, continuant notre chemin par eau, nous vînmes camper sur une petite hauteur. Nous passâmes la nuit au milieu des bois, dont nous nous trouvâmes bien ; car le froid fut extrêmement violent, et nous fûmes obligés de faire un si beau feu pour nous garantir des bêtes, et particulièrement des ours, que ce jour-là nous mîmes le feu à la forêt : on oublia de l'éteindre en partant, et il prit avec tant de violence, excité par une horrible tempête qui s'éleva, que, revenant quinze jours après, nous le trouvâmes encore allumé en certains endroits de la forêt, où il avait brûlé avec bien du succès ; mais cela ne faisait mal à personne, et les incendiaires ne sont point punis en ce pays.

Nous ne fîmes qu'un demi-mille le dimanche, à cause des torrents et d'un vent impétueux qui nous terrassaient à tous moments ; et, pendant le temps que nous fûmes à faire ce chemin à pied, nous n'avancions pas quatre pas sans voir ou sans entendre

---

[1] Voir page 81.

tomber des pins d'une grosseur extrême, qui causaient, en tombant, un bruit épouvantable qui retentissait par toute la forêt. Cette tempête, qui dura tout le jour et la nuit, nous obligea de rester, et de passer cette nuit, comme nous avions fait la précédente, avec d'aussi grands feux, mais plus de précaution, pour ne pas porter l'incendie partout où nous passions; ce qui faisait dire à nos bateliers qu'il ne faudrait que quatre Français pour brûler en huit jours tout le pays.

Le lendemain lundi, las d'être exposés à la bise sans avancer, nous ne laissâmes pas, malgré la tempête qui durait encore, de nous mettre en chemin sur un lac qui paraissait une mer agitée, tant les vagues étaient hautes; et, après quatre ou cinq heures de travail pour faire trois quarts de mille, nous arrivâmes à l'église des Lapons, où demeurait le prêtre.

Cette église s'appelle *Chucasdes* [1], et c'est le lieu où se tient la foire des Lapons pendant l'hiver, où ils viennent troquer les peaux de rennes, d'hermines, de martres, et de petits-gris, contre de l'eau-de-vie, du tabac, du *waldmar*, qui est une espèce de gros drap dont ils se couvrent, et duquel ils entourent leurs cabanes. Les marchands de *Torno* et du pays voisin ne manquent pas de s'y trouver pendant ce temps, qui dure depuis la conversion de saint Paul, en janvier, jusqu'au deuxième de février. Le bailli des Lapons, suivi d'un juge, s'y rendent en personne, l'un pour recevoir les tributs qu'ils donnent au roi de Suède, et l'autre pour terminer les différends qui pourraient être parmi eux, et punir les coupables et les fripons, quoiqu'il s'en rencontre rarement; car ils vivent entre eux dans une grande confiance, sans qu'on ait entendu jamais parler de voleurs, qui auraient pourtant de quoi faire facilement leurs affaires, les cabanes pleines de plusieurs choses restant toutes ouvertes, lorsqu'ils vont l'été en Norwége, où ils demeurent trois ou quatre mois. Ils laissent au milieu des bois, sur le sommet d'un arbre qu'ils ont coupé, toutes les munitions nécessaires; et on entend rarement parler qu'ils aient été volés. Le pasteur, comme vous pouvez croire, monsieur, ne s'éloigne pas dans ce temps; et c'est pour lors qu'il reçoit les dîmes de peaux de rennes, de fromage, de gants, de souliers, et autres choses, suivant le pouvoir de ceux qui lui font des présents.

Les Lapons les plus chrétiens ne se contentent pas de donner

[1] Iukariervi.

à leurs pasteurs, ils font aussi des offrandes à l'église. Nous avons vu quantité de peaux de petits-gris qui pendaient devant l'autel; et quand ils veulent détourner quelque maladie qui afflige leurs troupeaux, ou demander à Dieu leur prospérité, ils portent des peaux de rennes à l'église, et les étendent sur le chemin qui conduit à l'autel, par où il faut nécessairement que le prêtre passe; et ils croient ainsi s'attirer la bénédiction du ciel. Les prêtres ont beaucoup d'affaires pendant ce temps; car, comme la plupart ne viennent que cette fois à l'église pendant toute l'année, il faut faire pendant huit ou quinze jours tout ce qu'on ferait ailleurs en une année. C'est dans ce temps que la plus grande partie fait baptiser les enfants, qu'ils enterrent les corps de ceux qui sont morts pendant l'été; car lorsqu'il meurt quelqu'un dans le temps qu'ils sont vers la mer Occidentale, ou dans quelque autre endroit de la Laponie, comme ils ne sauraient apporter les corps, à cause de la difficulté des chemins, et qu'ils n'ont point de commodité pour les transporter, ils les enterrent sur le lieu où ils sont morts, dans quelque caverne ou sous quelques pierres, pour les déterrer l'hiver, lorsque la neige leur donne la commodité de les porter à l'église. D'autres, pour éviter que les corps ne se corrompent, les mettent dans le fond de l'eau, dans leur cercueil, qui est, comme j'ai dit, d'un arbre creux ou de leur traîneau, et ne les tirent point que pour les porter au cimetière. Ils font aussi leurs mariages pendant la foire : comme tous leurs amis sont présents à cette action, ils la diffèrent ordinairement jusqu'à ce temps, pour la rendre plus solennelle, et se divertir davantage.

Les marchandises que les Lapons apportent à ces foires, sont des rennes et des peaux de ces animaux, ils y débitent aussi des peaux de renards, noires, rouges, et blanches; de loutres, *gulonum*, de martres, de castors, d'hermines, de loups, de petits-gris, et d'ours; des habits de Lapons, des bottes, des gants, et des souliers; de toutes sortes de poissons secs; et des fromages de renne.

Ils changent cela contre de l'eau-de-vie, de gros draps, de l'argent, du cuivre, du fer, du soufre, des aiguilles, des couteaux, et des peaux de bœufs, qui leur sont apportés par les Moscovites. Leurs marchandises ont toujours le même prix : un renne ordinaire se donne pour la valeur de deux écus; quatre peaux vont pour un renne; un *limber* de petits-gris, composé de quarante peaux, est estimé la valeur d'un écu; une peau de martre autant; celle d'ours se donne pour autant; et trois peaux blanches de renard ne coûtent pas davantage. Le prix des marchandises est limité de même : une demi-aune de drap est estimée un écu ; une peinte d'eau-de-vie autant ; une livre de tabac vaut le même prix ; et quand on veut acheter des choses qui coûtent moins, le marché se fait avec une, deux ou trois peaux de petit-gris, suivant que la chose est estimée.

Tous ces marchés ne se font plus avec la même franchise qu'ils se faisaient autrefois ; et comme les Lapons, qui agissaient avec fidélité, se sont vus trompés, la crainte qu'ils ont de l'être encore les met sur leurs gardes à tel point, qu'ils se trompent plutôt eux-mêmes que d'être trompés.

Il n'y a rien qui fasse mieux voir le peu de christianisme qu'ont la plupart des Lapons, que la répugnance qu'ils ont d'aller à l'église pour entendre le prêtre, et pour assister à l'office. Il faut que le bailli ait soin de les y faire aller par force, en envoyant des gens dans leurs cabanes pour voir s'ils y sont. Il y en a qui, pour s'exempter d'y aller, lui donnent de l'argent ; quelques-uns croient pouvoir se dispenser d'assister à la prédication, en disant qu'ils y étaient l'année passée ; et d'autres s'imaginent avoir une excuse légitime de s'absenter, en disant qu'ils sont d'une autre église à laquelle ils ont été. Cela fait voir clairement qu'ils ne sont chrétiens que par force, et qu'ils n'en donnent des marques que lorsqu'on les contraint de le faire.

Nous fûmes occupés le reste de ce jour, et toute la matinée du mardi, à graver sur une pierre des monuments éternels, qui devaient faire connaître à la postérité que trois Français n'avaient cessé de voyager qu'où la terre leur avait manqué, et que, malgré les malheurs qu'ils avaient essuyés, et qui auraient rebuté beaucoup d'autres qu'eux, ils étaient venus planter leur colonne au bout du monde, et que la matière avait plutôt manqué à leurs travaux que le courage à les souffrir. L'inscription était telle [1] :

> Gallia nos genuit, vidit nos Africa ; Gangem
> Hausimus, Europamque oculis lustravimus omnem :
> Casibus et variis acti terrâque marique,
> Hîc tandem stetimus, nobis ubi defuit orbis.
>
> DE FERCOURT, DE CORBERON, REGNARD.
>
> 18 Augusti 1681.

[1] Les quatre vers latins composés par Regnard ont été inscrits sur les registres de l'église de Iukarieivi. Regnard ouvre la liste des curieux qui ont visité les régions boréales et parmi lesquels on voit figurer, sous le nom de Muller, le duc d'Orléans, ci-devant général Égalité.

Nous gravâmes ces vers sur la pierre et sur le bois; et quoique le lieu où nous étions ne fût pas le véritable endroit pour les mettre, nous y laissâmes pourtant ceux que nous avions gravés sur le bois, qui furent mis dans l'église au-dessus de l'autel. Nous portâmes les autres avec nous pour les mettre au bout du lac de *Tornotresch* [1], d'où l'on voit la mer Glaciale, et où finit l'univers.

Lorsque les Lapons qui devaient nous conduire et nous montrer le chemin furent arrivés de chez eux, où ils étaient allés pour prendre quelques petites provisions, consistant en sept ou huit fromage de rennes et quelques poissons secs, nous partîmes de chez les prêtres sur les cinq heures du soir, et vînmes nous reposer à un torrent impétueux qu'ils appellent *Vaccho*, où nous arrivâmes à une heure après minuit. Nous eûmes le plaisir, tout le long du chemin, de voir le coucher et l'aurore du soleil en même temps. Le soleil se coucha ce jour-là à onze heures, et se leva à deux, sans qu'on cessât de voir aussi clair qu'en plein midi. Mais lorsque les jours sont les plus longs, c'est-à-dire trois semaines devant la Saint-Jean, et trois semaines après, on le voit continuellement pendant tout ce temps, sans qu'au plus bas de sa course il touche la pointe des plus hautes montagnes. On est aussi, pendant les plus courts jours de l'hiver, deux mois entiers sans le voir, et l'on monte à la Chandeleur sur le sommet des montagnes pour le regarder poindre pendant un moment. La nuit n'est pourtant pas continuelle; et sur le midi il paraît un petit crépuscule qui dure environ deux heures. Les Lapons, aidés de cette lumière et de la réverbération de la neige, dont la terre est toute couverte, prennent ce temps pour aller à la chasse et à la pêche, qu'ils ne finissent point, quoique les rivières et les lacs soient gelés partout, et en quelques endroits de la hauteur d'une pique : mais ils font des trous dans la glace, d'espace en espace, et poussent, par le moyen d'une perche qui va dessous cette glace, leurs filets de trou en trou, et les retirent de même. Mais ce qu'il y a de plus surprenant, c'est que bien souvent ils rapportent dans des filets des hirondelles qui se tiennent avec leurs pattes à quelque petit morceau de bois. Elles sont comme mortes lorsqu'on les tire de l'eau, et n'ont aucun signe de vie; mais lorsqu'on les approche du feu, et qu'elles commencent à sentir la chaleur, elles remuent un peu, puis secouent leurs ailes, et commencent à voler comme elles font en été. Cette particu-

---

[1] Torneoträsk (lac du Tornéo).

larité m'a été confirmée par tous ceux à qui je l'ai demandée.

Nous nous mîmes le mercredi matin en chemin, et après avoir passé de l'autre côté du torrent, nous fîmes une petite lieue à pied. Nous rencontrâmes dans notre chemin la cabane d'un Lapon, faite de feuilles et de gazon : toutes ses hardes étaient derrière sa cabane sur des planches, qui consistaient en quelques peaux de renne, quelques outils pour travailler, et plusieurs filets qui pendaient sur une perche. Après avoir tout examiné, nous poursuivîmes notre route à l'ouest, dans les bois, sans suivre aucun chemin. Nous trouvâmes dans le milieu un magasin de Lapon, construit sur quatre arbres qui faisaient un espace carré. Tout cet édifice, couvert de quelques planches, était appuyé sur ces quatre morceaux de bois, qui sont ordinairement de sapin, dont les Lapons ôtent l'écorce, afin que particulièrement les loups et les ours ne puissent monter sur ces arbres, qu'ils frottent de graisse et d'huile de poisson. C'est dans ce magasin que les Lapons ont toutes leurs richesses, qui consistent en poisson sec ou chair de renne. Ces garde-manger sont au milieu des bois, à deux ou trois lieues de l'endroit où le Lapon a son habitation : le même en aura quelquefois deux ou trois en différents endroits. C'est pourquoi, comme ils sont exposés continuellement à la fureur des bêtes, ils emploient toute leur adresse pour rendre leurs efforts vains; mais il arrive bien souvent, quoi qu'ils puissent faire, que les ours détruisent tout le travail d'un Lapon, et mangent en un jour tout ce qu'il aura amassé pendant une année entière, ainsi qu'il arriva à un certain que nous trouvâmes sur le lac de *Tornotresch*, et que nous rencontrâmes à notre retour, fort désolé de ce que les ours avaient détruit son magasin, et dévoré tout ce qui était dedans.

Ils ont encore une autre sorte de réservoir qu'ils appellent *nalla*, qui est pourtant comme les autres au milieu des bois, mais qui n'est que sur un seul pivot. Ils coupent un arbre de la hauteur de six ou sept pieds, et mettent sur le tronc deux morceaux de bois en croix, sur lesquels ils établissent ce petit édifice, qui fait le même effet que le colombier, et qu'ils couvrent de planches. Ils n'ont d'autre échelle pour monter à ce réservoir qu'un tronc d'arbre dans lequel ils creusent comme des espèces de degrés.

Après avoir encore marché environ une demi-heure, nous arrivâmes sur le bord du lac, où nous trouvâmes un petit Lapon, extrêmement vieux, avec son fils qui allait à la pêche. Nous l'interrogeâmes sur quantité de choses, et particulièrement sur son âge, qu'il ne savait pas; ignorance ordinaire aux Lapons, qui presque tous n'ont pas même le souvenir de l'année dans laquelle ils vivent, et qui ne connaissent les temps que par la succession de l'hiver à l'été. Nous lui donnâmes du tabac et de l'eau-de-vie; et il nous dit que, nous ayant aperçus de sa cabane, il s'était sauvé dans le bois, d'où il pouvait pourtant nous voir; et qu'ayant reconnu que nous ne lui avions fait aucun dommage, et que nous n'avions emporté aucune chose, il s'était hasardé à sortir de son fort pour vaquer à son travail. Le bon traitement que nous fîmes à ce pauvre homme en tabac et en eau-de-vie, qui est le plus grand régal qu'on puisse faire aux Lapons, fit qu'il nous promit de nous mener chez lui à notre retour, et qu'il nous ferait voir ses rennes au nombre de soixante-dix ou quatre-vingts, et tout son petit ménage.

Nous passâmes outre, et allâmes passer la nuit dans la cabane d'un Lapon qui était à l'endroit où le lac commence à former le fleuve. Il y a longtemps, monsieur, que je vous parle des maisons des Lapons, sans vous en avoir fait la description; il faut contenter votre curiosité.

Les Lapons n'ont aucune demeure fixe, mais ils vont d'un lieu à un autre, emportant avec eux tout ce qu'ils ont. Ce changement de place se fait, ou pour la commodité de la pêche dont ils vivent, ou pour la nourriture de leurs rennes, qu'ils cherchent ailleurs lorsqu'elle est consommée dans l'endroit où ils vivaient. Ils se mettent ordinairement pendant l'été sur le bord des lacs, à l'endroit où sont les torrents; et l'hiver ils s'enfoncent davantage dans les bois, aux endroits où ils croient trouver de quoi chasser. Ils n'ont pas de peine à déménager promptement; en un quart d'heure ils ont plié toute leur maison, et chargent tous leurs ustensiles sur des rennes, qui leur sont d'un merveilleux secours; ils en ont en cette occasion cinq ou six sur lesquels ils mettent dessus tout leur bagage, comme nous faisons sur nos chevaux, et les enfants qui ne sauraient marcher.

Ces rennes vont les uns après les autres; le second est attaché d'une longue courroie au col du premier; et le troisième est lié au second, ainsi du reste. Le père de famille marche derrière les rennes, et précède tout le reste de son troupeau, qui le suit, comme on voit les moutons suivre le berger. Quand on est arrivé en un lieu propre pour demeurer, l'on décharge les bêtes, et l'on commence à bâtir la maison. Ils élèvent quatre perches qui font le soutien de tout leur bâtiment. Ces bâtons sont percés à l'extrémité d'en haut, et joints ensemble d'un autre sur lequel sont appuyées quantité d'autres perches qui forment tout l'édifice, et font le même effet que ferait une cloche. Toutes ces perches servent à soutenir une grosse toile qu'ils appellent *waldmar*, qui fait ensemble, et les murailles, et le fort de la maison. Les plus riches emploient une double couverture pour se mieux garantir des pluies et des vents, et les pauvres se servent de gazon. Le feu est au milieu de la cabane, et la fumée sort par un trou qu'ils laissent pour cela au sommet. Ce feu est continuellement allumé pendant l'hiver et pendant l'été; ce qui fait que la plupart des Lapons perdent la vue lorsqu'ils arrivent sur l'âge. La crémaillère pend du haut du toit sur le feu : quelques-unes sont faites de fer; mais la plupart sont d'une branche de bouleau, au bout de laquelle il y a un crochet. On voit toujours un chaudron qui pend sur le feu, et particulièrement l'hiver lorsqu'ils font fondre la neige; et lorsque quelqu'un veut boire, il prend de la neige dans une grande cuillère, et l'arrose de cette eau bouillante, jusqu'à ce qu'elle soit entièrement fondue. Le plancher de leur cabane est fait de branches de bouleau ou de pin, qu'ils jettent en confusion pour leur servir de lit. Voilà, monsieur, quelles sont les habitations des Lapons. Là sont les vieux comme les jeunes, les hommes et les femmes, les pères et les enfants. Ils couchent tous ensemble sur des peaux de renne, tout nus, ce qui occasionne bien souvent des désordres fort dangereux. La porte de la cabane est extrêmement étroite, et si basse qu'il y faut entrer à genoux; ils la tournent ordinairement au midi, afin d'être moins exposés au vent du nord.

Il y a encore une autre sorte de cabane qui est fixe, et qu'ils font de figure hexagone, avec des pins qu'ils emboîtent les uns sur les autres, et dont les fentes [1] sont bouchées de mousse. Celles-là appartiennent aux plus riches, que ne laissent pas de changer de demeure comme les autres, mais qui reviennent toujours au bout de quelque temps au même endroit, qui est ordinairement sur le bord des cataractes, qui apportent une grande commodité pour la pêche.

Ce fut dans une de ces cabanes que nous passâmes la nuit.

[1] Dans la première édition de ces voyages, qui est de 1731, et dans celle de 1750, on lit : *Et dont les* TENTES *sont bouchées de mousse.* Dans toutes les éditions faites depuis, on lit *trous* au lieu de *tentes.* En supposant une faute dans la première édition, j'ai cru devoir préférer le mot *fentes* au mot *trous.*

Elle n'était couverte que de branches entrelacées qui soutenaient de la mousse. Nous y rencontrâmes deux Lapons que nous saluâmes en leur donnant la main, et leur disant *pourist*, qui est la salutation laponne, qui veut dire *bien venu*. Ces pauvres gens nous saluèrent de même, et nous rendirent le salut par le mot de *pourist oni, soyez bien venu aussi*. Ils accompagnèrent ces mots de leur révérence ordinaire, qu'ils font à la mode des Moscovites, en fléchissant les deux genoux. Nous ne manquâmes pas, pour faire connaissance, de leur donner de l'eau-de-vie, et de cinq ou six sortes; de manière qu'en ayant trop pris pour leur tête, et la cervelle commençant à leur tourner, un d'eux voulut faire le sorcier et prit son tambour. Comme cet article est le point de la superstition le plus essentiel, vous voulez bien, monsieur, que je vous parle de leur religion.

Tout le monde sait que les peuples les plus voisins du septentrion ont toujours été adonnés à l'idolâtrie et à la magie. Les Finlandais y ont excellé par-dessus tous les autres, et on les dirait aussi savants dans cet art diabolique, que s'ils avaient eu pour maître Zoroastre ou Circé. Les anciens les connaissaient pour tels; et un auteur danois [1], en parlant des Finlandais, desquels les Lapons sont sortis, disait : *Tunc Biarmenses arma artibus permutantes, carminibus in nimbos solvere cœlum, lætamque aeris faciem tristi imbrium aspergine confuderunt.* « Les Biarmiens, » employant leur art au défaut des armes, changent les temps se» reins en des tempêtes cruelles, et remplissent le ciel de nuages » par leurs enchantements. » Cela fait connaître que les Biarmiens, qui sont les Finlandais d'à présent, étaient aussi méchants soldats qu'ils étaient grands magiciens. Il en parle encore en un autre endroit en ces termes : *Sunt Finni ultimi septentrionis populi, vix quidem habitabilem orbis terrarum partem culturâ complent, acer iisdem telorum est usus, non alia gens promptiore jaculandi peritiâ fruitur; grandibus et latis sagittis dimicant, incantationum studiis incumbunt*, etc. « Les Finlandais sont, » dit-il, les derniers peuples qui habitent vers le septentrion; ils » vivent dans la partie du monde la moins habitable, et se servent » si bien de traits, qu'il n'y a point de nation plus adroite à tirer » de l'arc. Ils combattent avec des flèches fort longues et fort lar» ges, et s'étudient aux enchantements. » Si les Finlandais étaient autrefois si adonnés à la magie, les Lapons, qui en descendent, ne

---

[1] Dans l'édition de 1731 et dans celle de 1750, on lit : *Et* TACITE
. . . . . . *disait*, etc.

le sont pas moins aujourd'hui : ils ne sont chrétiens que par politique et par force. L'idolâtrie, qui est beaucoup plus palpable, et qui frappe plus les sens que le culte du vrai Dieu, ne saurait être arrachée de leur cœur. Les erreurs des Lapons se peuvent réduire à deux chefs : on peut rapporter au premier tout ce qu'ils ont de superstitieux et de païen, et au second, leurs enchantements et leur magie. Leur première superstition est d'observer ordinairement les jours malheureux, pendant lesquels ils ne veulent point aller chasser, et croient que leurs arcs se rompraient ces jours-là, qui sont les jours de Sainte-Catherine, Saint-Marc, et autres. Ils ont de la peine à se mettre en chemin le jour de Noël, qu'ils croient malheureux. La cause de cette superstition vient de ce qu'ils ont mal entendu ce qui se passa ce jour-là, quand les anges descendirent du ciel et épouvantèrent les pasteurs ; et ils croient que des esprits malins se promènent ce jour-là dans les airs, qui pourraient leur nuire. Ils sont encore assez superstitieux de croire qu'il reste quelque chose après la mort, appelé mânes, qu'ils appréhendent fort ; et lorsque quelqu'un meurt en dispute avec quelque autre, il faut qu'un tiers se transporte au lieu de la sépulture et qu'il fasse l'accord de pacification entre celui qui est vivant et celui qui est mort. C'est là proprement l'erreur des anciens païens qui appelaient mânes, *quasi qui maneant post obitum*. Tout cela n'est que superstition ; mais vous allez voir ce qu'ils ont d'impie, de païen et de magique.

Premièrement, ils mêlent indifféremment Jésus-Christ avec leurs faux dieux, et ils font un tout de Dieu et du diable, qu'ils croient pouvoir adorer suivant leur fantaisie. Ce mélange se remarque particulièrement sur leurs tambours, où ils mettent *Storiunchar* avec sa famille au-dessus de Jésus-Christ et de ses apôtres. Ils ont trois dieux principaux : le premier s'appelle *Thor* ou *dieu du tonnerre ;* le second, *Storiunchar ;* et le troisième, *Parjutte*, qui veut dire *le soleil*.

Ces trois dieux sont adorés des Lapons de *Lula* et de *Pitha* seulement ; car ceux de *Kimiet* et de *Torno*, parmi lesquels j'ai vécu, n'en connaissent qu'un, qu'ils appellent *Seyta*, et qui est le même chez eux que *Storiunchar* chez les autres. Ces dieux sont faits d'une pierre longue, sans autre figure que celle que la nature lui a donnée, et telles qu'ils les trouvent sur les bords des lacs ; en sorte que toute pierre faite d'une manière particulière, raboteuse, pleine de trous et de concavités, est pour eux un dieu ; et plus elle est extraordinaire, plus ils ont de vénération pour elle.

Thor est le premier des dieux; et c'est celui qu'ils croient maître du tonnerre et qu'ils arment d'un marteau. *Storiunchar* est le second, qui est le vicaire du premier; comme qui dirait *Thorjunchar, lieutenant de Thor*. Il préside à tous les animaux, aux oiseaux comme aux poissons; et comme c'est celui dont ils ont le plus besoin, c'est à lui aussi à qui ils font plus de sacrifices pour se le rendre favorable. Ils le mettent ordinairement sur le bord des lacs et dans les forêts, où il étend sa juridiction et fait voir son pouvoir. Le troisième dieu, qu'ils ont de commun avec quelques autres païens, est le soleil, pour lequel ils ont une grande vénération, à cause des grandes commodités qu'ils en reçoivent. C'est celui de tous les trois qu'ils ont, ce me semble, le plus de sujet d'adorer. Premièrement il chasse, à son approche, le froid qui les a tourmentés pendant plus de neuf mois; il découvre la terre et donne la nourriture à leurs rennes; il ramène un jour qui dure quelques mois, et dissipe les ténèbres dans lesquelles ils ont été ensevelis fort longtemps; ce qui fait qu'en son absence ils ont un grand respect pour le feu, qu'ils prennent pour une vive représentation du soleil, et qui fait en terre ce que l'autre fait dans les cieux.

Quoique chaque famille ait ses dieux particuliers, les Lapons ne laissent pas d'avoir des endroits généraux où ils en ont de communs. Je vous parlerai dans la suite d'un de ces lieux où j'ai été moi-même voir leurs autels; et c'est là qu'ils font ordinairement les sacrifices dans la manière suivante.

Lorsque les Lapons ont connu, par l'exploration du tambour, que leur dieu est altéré de sang, et qu'il demande une offrande, ils conduisent la victime, qui est un renne mâle, à l'endroit où est l'autel du dieu à qui ils veulent sacrifier, et ne permettent à aucune femme ou fille d'approcher de ce lieu, à qui il est aussi défendu de sacrifier : ils tuent la victime au pied de l'autel, en lui perçant le cœur d'un coup de couteau qu'ils lui enfoncent dans le côté; puis approchant de l'autel avec respect, ils prennent de la graisse de l'animal, et du sang le plus proche du cœur, dont ils frottent leur dieu avec révérence, en lui faisant des croix avec le même sang. On met derrière l'idole la corne des pieds, les os et les cornes; on pend d'un côté un fil rouge orné d'étain, et de l'autre les parties avec lesquelles l'animal augmente son espèce. Le sacrificateur emporte chez lui tout ce qui peut être mangé, et laisse seulement les cornes à son dieu. Mais quand il arrive que l'autel du dieu à qui ils veulent sacrifier est sur le sommet des montagnes inaccessibles où ils croient qu'il demeure, alors, comme ils ne peuvent le frotter du sang de la victime, ils prennent une petite pierre qu'ils trempent dedans, et la jettent au lieu où ils ne sauraient aller.

Ils n'offrent pas seulement des sacrifices aux dieux ; ils en font aussi aux mânes de leurs parents ou de leurs amis, pour les empêcher de leur faire du mal. La différence qu'ils apportent dans le sacrifice des mânes est que le fil qui est rouge à l'autre est noir à celui-ci, et qu'ils enterrent les restes des bêtes, comme sont les os et le bois, et ne les laissent pas découverts comme ils font sur les autels.

Voilà, monsieur, ce qu'ils ont de semblable avec les païens : voyons présentement ce qu'ils ont de particulier dans leur art magique. Quoi que les rois de Suède aient pu faire par leurs édits menaçants, et par le châtiment de quelques sorciers, ils n'ont pu abolir entièrement le commerce que les Lapons ont avec le diable ; ils ont fait seulement que le nombre en est plus petit, et que ceux qui le font encore n'osent le professer ouvertement.

Entre plusieurs enchantements dont ils sont capables, l'on dit qu'ils peuvent arrêter un vaisseau au milieu de sa course, et que le seul remède pour empêcher la force de ce charme est de répandre des purgations de femme, dont l'odeur est insupportable aux malins esprits. Ils peuvent aussi changer la face du ciel et le couvrir de nuages ; et ce qu'ils font le plus facilement, c'est de vendre le vent à ceux qui en ont besoin ; et ils ont pour cela un mouchoir qu'ils nouent en trois endroits différents, et qu'ils donnent à celui qui en a besoin. S'il dénoue le premier, il excite un vent doux et supportable ; s'il a besoin d'un plus fort, il dénoue le second ; et s'il vient à ouvrir le troisième, il excitera pour lors une tempête épouvantable. L'on dit que cette manière de vendre le vent est fort ordinaire dans ce pays, et que les moindres petits sorciers ont ce pouvoir, pourvu que le vent dont ils ont besoin commence un peu à souffler, et qu'il faille seulement l'exciter. Comme je n'ai rien vu de tout ce que je parle, je n'en dirai rien ; mais pour ce qui est du tambour, je vous en puis dire quelque chose de plus certain.

Cet instrument, avec lequel ils font tous leurs charmes, et qu'ils appellent *kannus*, est fait du tronc d'un pin et d'un bouleau qui croît en un certain endroit, et dont les veines doivent aller de l'orient au couchant. Ce *kannus* n'est fait que d'un seul morceau de bois creusé dans son épaisseur, en ovale, et dont le dessous est convexe, dans lequel ils font deux trous assez longs pour passer le doigt, et pour pouvoir le tenir plus ferme. Le dessus est couvert d'une peau de renne sur laquelle ils peignent en rouge quantité de figures, et dont l'on voit pendre plusieurs anneaux de cuivre et quelques morceaux d'os de renne. Ils peignent ordinairement les figures suivantes. Ils font premièrement, vers le milieu du tambour, une ligne qui va transversalement, au-dessus de laquelle ils mettent les dieux qu'ils ont en plus grande vénération, comme *Thor* avec ses valets, et *Seyta;* et ils en tirent une autre un peu plus bas comme l'autre, mais qui ne s'étend que jusqu'à la moitié du tambour : là l'on voit l'image de Jésus-Christ avec deux ou trois apôtres. Au-dessus de ces lignes sont représentés la lune, les étoiles et les oiseaux ; mais la place du soleil est au-dessous de ces mêmes lignes, sous lequel ils mettent les animaux, les ours, les serpents. Ils y représentent aussi quelquefois des lacs et des fleuves. Voilà, monsieur, quelle est la figure d'un tambour ; mais ils ne mettent pas sur tous la même chose, car il y en a où sont peints des troupeaux de rennes, pour savoir où ils les doivent trouver, quand il y en a quelqu'un de perdu. Il y a des figures qui font connaître le lieu où ils doivent aller pour la pêche, d'autres pour la chasse, quelques-unes pour savoir si les maladies dont ils sont atteints doivent être mortelles ou non ; ainsi de plusieurs autres choses dont ils sont en doute.

— Il faut deux choses pour se servir du tambour : l'indice, qui doit marquer la chose qu'ils désirent ; et le marteau pour frapper dessus le tambour, et pour mouvoir cet indice jusqu'à ce qu'il se soit arrêté fixe sur quelque figure. Cet indice est fait ordinairement d'un morceau de cuivre fait en forme de bossettes qu'on met au mors des chevaux, d'où pendent plusieurs autres petits anneaux de même métal. Le marteau est fait d'un seul os de renne, et représente la figure d'un grand T. Il y en a qui sont faits d'une autre forme ; mais ce sont là les manières les plus ordinaires. Ils ont cet instrument en telle vénération, qu'ils le tiennent toujours enveloppé dans une peau de renne, ou quelque autre chose ; et ils ne le font jamais entrer dans la maison par la porte ordinaire par où les femmes passent ; mais ils le prennent ou par-dessus le drap qui entoure leur cabane, ou par le trou qui donne passage à la fumée. Ils se servent ordinairement du tambour pour trois choses principales, pour la chasse et la pêche, pour les sacrifices, et pour savoir les choses qui se font dans les pays les plus éloignés ; et lorsqu'ils veulent connaître quelque chose de cet article, ils ont soin premièrement de bander la peau du tambour en l'approchant du feu ; puis se mettant à genoux avec tous ceux qui sont présents, il commence à frapper en rond sur son tambour ; et redoublant les coups avec les paroles qu'il prononce comme un possédé, son visage devient bleu, son crin se hérisse, et tombe enfin sur la face sans mouvement. Il reste en cet état autant de temps qu'il est possédé du diable, et qu'il en faut à son génie pour rapporter un signe qui fasse connaître qu'il a été au lieu où on l'a envoyé; puis revenant à lui-même, il dit ce que le diable lui a révélé, et montre la marque qui lui a été apportée.

Le second usage, qui est moins considérable, et qui n'est pas aussi violent, est pour connaître le succès des maladies, qu'ils apprennent par la fixation de l'indice, sur les figures heureuses ou malheureuses.

Le troisième, qui est le moindre de tous, leur montre de quel côté ils doivent tourner pour avoir une bonne chasse ; et lorsque l'indice, agité plusieurs fois, s'arrête à l'orient ou à l'occident, au midi ou au septentrion, ils infèrent de là qu'en suivant le côté qui leur est marqué, ils ne seront pas malheureux.

Ils ont encore un quatrième sujet pour lequel ils se servent du tambour, et connaissent si leurs dieux veulent des sacrifices, et de quelle nature ils les veulent. Si l'indice s'arrête sur la figure qui représente *Thor* ou *Séyta*, ils offrent à celui-là, et connaissent de même quelle victime lui plaît davantage.

Voilà, monsieur, de quel usage est ce tambour lapon si merveilleux, et dont nous ne connaissons pas l'usage en France. Pour moi, qui crois difficilement aux sorciers, et qui n'ai rien vu de ce que je vous écris, je démentirais volontiers l'opinion générale de tout le monde, et de tant d'habiles gens qui m'ont assuré que rien n'était plus vrai, que les Lapons pouvaient connaître les choses éloignées. *Jean Tornœus*, dont je vous ai parlé, prêtre de la province de *Torno*, homme extrêmement savant, et à la foi duquel je m'en rapporterais aisément, assure que cela lui est arrivé tant de fois, et que certains Lapons lui ont dit si souvent tout ce qui s'était passé dans son voyage, jusqu'aux moindres particularités, qu'il ne fait aucune difficulté de croire tout ce qu'on en dit. Les archives de Berge font foi d'une chose arrivée à un valet marchand, qui voulant savoir ce que son maître faisait en Allemagne, alla trouver un certain Lapon fort renommé, et ayant écrit la déposition du sorcier dans les livres de la ville, la chose se trouva véritable, et le marchand avoua que le maître un tel jour avait couché avec une fille. Comme le Lapon avait dit mille autres histoires de cette nature, qui m'ont été contées dans le pays par tant de gens dignes de foi, je vous avoue, monsieur, que je ne sais qu'en croire.

Que ce que je vous mande soit vrai ou faux, il est constant que les Lapons ont une aveugle croyance aux effets du tambour, dans laquelle ils s'affermissent tous les jours par les succès étranges qu'ils en voient arriver. S'ils n'avaient que cet instrument pour exercer leur art diabolique, cela ne ferait de mal qu'à eux-mêmes; mais ils ont encore un autre moyen pour porter le mal, la douleur, les maladies, et la mort même, à ceux qu'ils veulent affliger. Ils se servent pour cela d'une petite boule de la grosseur d'un œuf de pigeon, qu'ils envoient par tous les endroits du monde dans une certaine distance, suivant que leur pouvoir est étendu; et s'il arrive que cette boule enflammée rencontre quelqu'un par le chemin, soit un homme ou un animal, elle ne va pas plus loin, et fait le même effet sur celui qu'elle a frappé que sur la personne qu'elle devait frapper. Le Français qui nous servit d'interprète pendant notre voyage en Laponie, et qui avait demeuré trente ans à *Swapavara*, nous assura en avoir vu plusieurs fois passer autour de lui. Il nous dit qu'il était impossible de connaître la forme que cela pouvait avoir. Il nous assura seulement que cette boule volait d'une extrême vitesse, et laissait après soi une petite trace bleue qu'il était facile de distinguer. Il nous dit même qu'un jour passant sur la montagne, son chien, qui le suivait d'assez près, fut atteint d'un de ces *gans* (car c'est ainsi qu'ils appellent ces boules), dont il mourut sur-le-champ, quoiqu'il fût plein de vie un moment devant. Il chercha l'endroit par où son chien pouvait avoir été blessé, et vit un trou sous sa gorge, sans pouvoir trouver dans son corps ce qui l'avait frappé. Ils conservent ces *gans* dans des sacs de cuirs; et ceux qui sont les plus méchants ne laissent guère passer de jours qu'ils ne jettent quelqu'un de ces *gans* qu'ils laissent ravager dans l'air, lorsqu'ils n'ont personne à qui les jeter; et quand il arrive qu'un Lapon qui se mêle du métier est en colère contre quelque autre de la même profession, et lui veut faire du mal, son *gans* n'a aucun pouvoir, si l'autre est plus expert dans son art, et s'il est plus grand diable que lui. Tous les habitants du pays appréhendent extrêmement ces émissaires, et ceux qui sont connus pour avoir le pouvoir de les jeter, sont extrêmement respectés, et personne n'ose leur faire du mal. Voilà, monsieur, tout ce que j'ai pu apprendre de leur art magique par mon expérience, et par le récit qui m'en a été fait par tous les gens du pays, que je croyais extrêmement dignes de foi, et particulièrement par les prêtres, que j'ai consultés sur toutes ces choses.

Sitôt que notre Lapon eut la tête pleine d'eau-devie, il voulut contrefaire le sorcier ; il prit son tambour, et commençant à frapper dessus avec des agitations et des contorsions de possédé, nous lui demandâmes si nous avions encore père et mère. Il était assez difficile de parler juste sur cette matière : nous étions trois ; l'un avait son père et sa mère, et le troisième n'avait ni l'un ni l'autre. Notre sorcier nous dit tout cela, et se tira assez bien d'affaire. Quoique ceux avec qui nous étions, qui étaient des Finlandais et des Suédois, n'en eussent aucune connaissance qui nous pût faire soupçonner qu'ils auraient instruit le Lapon de tout ce qu'il devait dire. Comme il avait à faire à des gens qui ne se contentent pas de peu, et qui voulaient quelque chose de plus sensible et de plus particulier que ce qui pouvait arriver par un simple effet du hasard, nous lui dîmes que nous le croirions parfaitement sorcier, s'il pouvait envoyer son démon au logis de quelqu'un de nous, et rapporter un signe qui nous fît connaître qu'il y avait été. Je demandai les clefs du cabinet de ma mère, que je savais bien qu'il ne pouvait trouver que sur elle, ou sous son chevet, et je lui promis cinquante ducats s'il pouvait me les apporter. Comme le voyage était fort long, il fallut prendre trois ou quatre bons coups d'eau-de-vie, pour faire le chemin plus gaiement, et employer les charmes les plus forts et les plus puissants, pour appeler son esprit familier, et le persuader d'entreprendre le voyage et de revenir promptement. Notre sorcier se mit en quatre ; ses yeux se tournèrent, son visage changea de couleur, et sa barbe se hérissa de violence. Il pensa rompre son tambour, tant il frappait avec force, et il tomba enfin sur sa face, raide comme un bâton. Tous les Lapons qui étaient présents, empêchaient avec soin qu'on ne l'approchât en cet état, et éloignaient jusqu'aux mouches, et ne souffraient pas qu'elles se reposassent sur lui. Je vous assure que quand je vis toute cette cérémonie, je crus que j'allais voir tomber par le trou du dessus de la cabane ce que je lui avais demandé, et j'attendais que le charme fût fini pour lui en faire faire un autre, et le prier de me ménager un quart d'heure de conversation avec le diable, dans laquelle j'espérais savoir bien des choses. J'aurais appris si mademoiselle..... est encore pucelle, et ce qui se passe entre monsieur..... et madame..... Je lui aurais demandé si monsieur..... a dépucelé sa femme depuis trois ans qu'il est avec elle. Si le dernier enfant qu'a eu madame..... est de son mari ou non ; enfin, monsieur, j'aurais su bien des choses qu'il n'y a que le diable qui sache.

Notre Lapon resta comme mort pendant un bon quart d'heure, et revenant un peu à lui, il commença à nous regarder l'un après l'autre, avec des yeux hagards; et après nous avoir tous examinés l'un après l'autre, il m'adressa la parole, et me dit que son esprit ne pouvait agir suivant son intention, parce que j'étais plus grand sorcier que lui, et que mon génie était plus puissant, et que si je voulais commander à mon diable de ne rien entreprendre sur le sien, il me donnerait satisfaction.

Je vous avoue, monsieur, que je fus fort étonné d'avoir été sorcier si longtemps, et de n'en avoir rien su. Je fis ce que je pus pour mettre notre Lapon sur les voies. Je commandai à mon démon familier de ne point inquiéter le sien ; et avec tout cela, nous ne pûmes savoir autre chose de notre sorcier, qui se tira fort mal d'un pas si difficile, et qui sortit de dépit de la cabane, pour aller, comme je crois, noyer tous ses dieux et les diables qui l'avaient abandonné au besoin, et nous ne le revîmes plus.

Le jeudi matin nous continuâmes toujours notre chemin vers le lac de *Tornotrescht;* et à l'endroit où il commence à former le fleuve, on voit à la main gauche une petite île, qui est de tous côtés entourée de cataractes épouvantables, qui descendent avec une précipitation furieuse sur des rochers, où elles causent un bruit horrible. Là, il y a eu de tout temps un autel fameux, dédié à *Seyta*, où tous les Lapons de la province de *Torno* vont faire leurs sacrifices dans les nécessités les plus pressantes. Jean Tornœus, dont je vous ai parlé plusieurs fois, faisant mention de cet endroit, en parle en ces termes : *Eo loco ubi Tornotrescht ex se effudit fluvium in insula quadam in medio cataractæ Dara dictæ, reperiuntur Seytæ lapides, specie humanâ, collocati ordine. Primus altitudine viri proceri; post, quatuor alii paulò breviores, juxtà collocati; omnes quasi pileis quibusdam in capitibus suis ornati; et quoniam res est difficillima periculique plenissima, propter vim cataractæ indictam, navigium appellere, ideò Laponi pridem desierunt invisere locum istum, ut nunc explorari nequeant, utrùm, quomodove ulli fuerint in istam insulam.* « Au
» lieu, dit-il, où le lac de *Tornotresch* se répand en fleuve dans
» une certaine île, au milieu de la cataracte appelée *Dara*, on
» trouve des *Seyta* de pierre, de figure humaine, mis par ordre.
» Le premier est de la hauteur d'un grand homme, et quatre
» autres plus petits mis à ses côtés, tous ayant sur la tête une
» espèce de petit chapeau ; et parce qu'il est très-difficile et même
» dangereux d'approcher en bateau de cette île, à cause de la vio-

» lence de l'eau, les Lapons ont cessé la coutume, depuis long-
» temps, d'aller à cet autel, et ils ne peuvent s'imaginer comment
» on a pu adorer ces dieux, et de quelle manière ces pierres sont
» venues en cet endroit. » Nous approchâmes de cet autel, et
aperçûmes plutôt un grand monceau de cornes de rennes, que les
dieux qui étaient derrière. Le premier était le plus gros et le plus
grand de tous. Il n'avait aucune figure humaine, et je ne puis
dire à quoi il ressemblait; mais ce que je puis assurer, c'est qu'il
était très-gras et très-vilain, à cause du sang et de la graisse dont
il était frotté : celui-là s'appelait *Seyta;* sa femme, ses enfants et
ses valets, étaient rangés par ordre à son côté droit; mais toutes
ces pierres n'avaient aucune figure que celle que la nature donne
à celles qui sont exposées à la chute des eaux. Elles n'étaient pas
moins grasses que la première, mais beaucoup plus petites. Toutes
ces pierres, et particulièrement celle qui représentait *Seyta*, étaient
sur des branches de bouleau toutes récentes, et l'on voyait à côté
un amas de bâtons carrés, sur lesquels il y avait quelques caractères. On en remarquait un au milieu, beaucoup plus gros et plus
haut que les autres; et c'était, comme nous dirent nos Lapons, le
bourdon dont *Seyta* se servait pour faire voyage. Un peu derrière
tous ces dieux, il y en avait deux autres, gros et gras, et pleins
de sang, sous lesquels il y avait, comme sous les autres, quantité
de branches : ceux-ci étaient plus proches du fleuve, et nos Lapons nous dirent que ces dieux avaient été plusieurs fois jetés
dans l'eau, et qu'on les avait toujours retrouvés en leurs places.
Quelque temps après, je vis quelque chose de contraire à ce que
Tornæus avance : il dit, premièrement, que ce lieu n'est plus
fréquenté des Lapons, à cause de la difficulté qu'on a d'en approcher, et c'est ce qui fait qu'il est en plus grande vénération parmi
eux, parce que, disent-ils, les *Seyta* se plaisent dans des lieux
difficiles et même inaccessibles, comme on voit par les sacrifices
qu'ils font au pied des montagnes, où ils trempent la pierre dans
le sang de la victime, qu'ils jettent sur le sommet lorsqu'ils ne
peuvent y monter. Ce lieu est aussi fréquenté qu'auparavant,
comme nous assurèrent nos Lapons, et comme nous vîmes nous-
mêmes par les branches sur lesquelles ces pierres reposaient, où
l'on voyait encore quelques feuilles vertes qui y restaient, et par
le sang frais dont ces pierres étaient encore trempées. Pour ce qui
est des chapeaux que *Tornæus* dit qu'ils ont dessus leurs têtes,
ce n'est autre chose qu'une figure plate qui est au-dessus de la
pierre, et qui excède en cet endroit. Il n'y a pourtant que les

deux premiers, qui représentent *Seyta* et sa femme, qui aient cette marque, et les autres sont d'une pierre de figure longue, pleine de bosses et de trous, qui viennent finir en pointe, et représentent les enfants de *Seyta* et toute sa basse famille. Au reste, l'autel n'est fait que d'une seule roche, qui est couverte d'herbe et de mousse, comme le reste de l'île, avec cette différence, que le sang répandu, et que la quantité des bois et des os de rennes ont rendu la place plus foulée.

Quoi que nos Lapons pussent nous dire pour nous empêcher d'emporter de ces dieux, nous ne laissâmes pas de diminuer la famille de *Seyta*, et de prendre chacun un de ses enfants, malgré les menaces qu'ils nous faisaient de leur part, et les imprécations dont ils nous chargeaient, en nous assurant que notre voyage serait malheureux si nous excitions la colère de leur dieu. Si *Seyta* eût été moins gras et moins pesant, je l'aurais emporté avec ses enfants. Mais ayant voulu mettre la main dessus, je ne pus qu'à grand'peine le lever de terre. Les Lapons voyant cela, me comptèrent alors pour un homme perdu, et qui ne pouvait pas aller loin, sans être du moins foudroyé : car la marque la plus certaine parmi eux d'un dieu courroucé, c'est la pesanteur qu'on trouve dans l'idole ; au lieu que la facilité qu'on a en le levant fait connaître qu'il est propice, et prêt d'aller où l'on veut : c'est de cette manière aussi qu'ils connaissent s'il veut des sacrifices, ou non.

Aussitôt que nous eûmes quitté cette île, nous entrâmes dans le lac de *Tornotresch*. De ce lac sort le fleuve de *Torno* ; sa longueur s'étend environ quarante lieues de l'est à l'ouest, mais sa largeur n'est pas considérable. Il est gelé depuis le mois de septembre jusque après la Saint-Jean, et fournit aux Lapons une abondance de poissons presque inconcevable. Le sommet des montagnes, dont il est partout environné, se dérobe à la vue, tant il est élevé, et les neiges dont elles sont continuellement couvertes font qu'on ne saurait presque les distinguer d'avec les nues. Ces montagnes sont toutes découvertes, et ne portent point de bois ; il ne laisse pas d'y avoir beaucoup de bêtes et d'oiseaux, et particulièrement des *fiælripor*, qui se plaisent là plus qu'en tout autre endroit. C'est autour de ce lac que les Lapons viennent se répandre, quand ils reviennent de *Norwége*, où la chaleur et les mouches les ont relégués pour quelque temps ; et c'est là aux environs aussi où sont les richesses de la plupart. Ils n'ont point d'autre coffre-fort pour mettre leur argent et leurs richesses. Ils prennent un chaudron de cuivre qu'ils emplissent de ce qu'ils ont de plus précieux, et le portent dans l'endroit le plus secret et le plus reculé qu'ils peuvent s'imaginer. Là ils l'enterrent dans un trou assez profond, qu'ils font pour cela, et le couvrent d'herbe et de mousse, afin qu'il ne puisse être aperçu de personne. Tout cela se fait sans que le Lapon en donne aucune connaissance à sa femme ou à ses enfants, et il arrive souvent que les enfants perdent un trésor, pour être trop bien caché, lorsque le père meurt d'une mort inopinée, qui ne lui donne pas le temps de découvrir à quel endroit où sont ses richesses. Tous les Lapons généralement cachent aussi leurs biens, et on trouve souvent quantité de rixdales et de vaisselle d'argent, comme sont des bagues, des cuillères et des *demiseins*, qui n'ont point d'autre maître que celui qui les trouve, et qui ne se met pas en peine de le chercher quand il y en aurait. Nous avançâmes bien sept ou huit lieues dans le lac, proche une montagne qui surpassait toutes les autres en hauteur. Ce fut là où nous terminâmes notre course, et où nous plantâmes nos colonnes. Nous fûmes bien quatre heures à monter au sommet, par des chemins qui n'avaient encore été connus d'aucun mortel; et quand nous y fûmes arrivés, nous aperçûmes toute l'étendue de la Laponie, et la mer Septentrionale, jusqu'au cap du Nord, du côté qu'il tourne à l'ouest. Cela s'appelle, monsieur, se frotter à l'essieu du pôle, et être au bout du monde. Ce fut là que nous plantâmes l'inscription précédente, qui était sa véritable place ; mais qui ne sera, comme je crois, jamais lue que des ours.

> Gallia nos genuit, vidit nos Africa; Gangem
> Hausimus, Europamque oculis lustravimus omnem :
> Casibus et variis acti terrâque marique,
> Hîc tandem stetimus, nobis ubi defuit orbis.
>
> DE FERCOURT, DE CORBERON, REGNARD.

Anno 1681, die 22 Augusti.

Cette roche sera présentement connue dans monde par le nom de *Metavara*, que nous lui donnâmes. Ce mot est composé du mot latin *meta*, et d'un autre mot finlandais *vara*, qui veut dire *roche;* comme qui dirait la roche des limites. En effet, monsieur, ce fut là où nous nous arrêtâmes ; et je ne crois pas que nous allions jamais plus loin.

Pendant le temps que nous fûmes à monter et à descendre cette montagne, nos Lapons étaient allés chercher les habitations de leurs camarades. Ils ne revinrent qu'à une heure après minuit, et nous rapportèrent qu'ils avaient fait bien du chemin, et qu'ils n'avaient trouvé personne. Cette nouvelle nous affligea, mais elle ne nous abattit pas, car nous n'étions venus en cet endroit que pour voir les plus éloignés, et nous en avions laissé quantité derrière nous, que nous avions différé de voir à notre retour. Nous voulûmes employer notre première ardeur aux recherches les plus pénibles, de crainte que ce feu de curiosité venant à se ralentir, nous ne nous fussions contentés de voir les plus proches.

Nous résolûmes donc de retourner sur nos pas. En effet, dès le grand matin, le vent s'étant fait ouest, nous nous mîmes à la voile, et revînmes en un jour trouver ce petit vieillard lapon, dont je vous ai parlé, qui nous avait promis de nous mener chez lui à notre retour. Nous le rencontrâmes sur le fleuve, qui pêchait ; et nous fîmes tant, par notre tabac et notre eau-de-vie, que nous lui persuadâmes de nous mener chez lui, quoiqu'il tâchât pour lors de s'en défendre, et d'oublier la promesse qu'il nous avait faite. Il dit à un de nos conducteurs lapons, qui était son gendre, le lieu de sa demeure ; et ayant pris son chemin dans les bois avec un de nos interprètes, à qui nous défendîmes de le quitter, nous prîmes le nôtre en continuant notre route sur le fleuve. Nous arrivâmes au bout de deux heures à la hauteur de sa cabane, qui était encore fort éloignée ; et ayant mis pied à terre, et pris avec nous du tabac et une bouteille de brandevin, nous suivîmes notre Lapon, qui nous mena pendant toute la nuit dans des bois. Cet homme, qui ne savait pas précisément la demeure de son beau-père, qu'il avait changée depuis peu, était aussi embarrassé que nous. Tantôt il approchait l'oreille de terre pour entendre quelque bruit ; tantôt il examinait les traces des bêtes que nous rencontrions, pour connaître si les rennes qui avaient passé par là étaient sauvages ou privés. Il montait quelquefois comme un chat sur le sommet des pins pour découvrir la fumée, et criait toujours de toute sa force d'une voix effrayante, qui retentissait par tout le bois. Enfin, après avoir bien tourné, nous entendîmes un chien aboyer : jamais voix ne nous a paru si charmante que celle de ce chien, qui vint nous consoler dans les déserts. Nous tournâmes du côté où nous avions entendu le bruit, et, après avoir marché encore quelque temps, nous rencontrâmes un grand troupeau de rennes, et peu à peu nous arrivâmes à la cabane de notre Lapon, qui ne faisait que d'arriver comme nous.

Cette cabane était au milieu des bois, faite comme toutes les autres, et couverte de son *valdmar*. Elle était entourée de mousse pour nourrir environ quatre-vingts bêtes qu'il avait. Ces rennes font toute la richesse de ces gens. Il y en a qui en ont jusqu'à mille et douze cents. L'occupation des femmes est d'en avoir soin, et elles les lient et les traient dans de certaines heures. Elles les comptent tous les jours deux fois ; et lorsqu'il y en a quelqu'un d'égaré, le Lapon cherche dans les bois jusqu'à ce qu'il l'ait trouvé. On voit courir fort longtemps ces bêtes égarées, et suivent même pendant trois semaines leurs traces marquées dans la neige [1]. Les femmes, comme j'ai dit, ont un soin particulier des rennes et de leurs faons ; elles les veillent continuellement, et les gardent le jour et la nuit contre les loups et les bêtes sauvages. Le plus sûr moyen de les garder contre les loups, c'est de les lier à quelque arbre ; et cet animal qui est extrêmement défiant, et qui appréhende d'être pris, craint que ce ne soit une adresse, et qu'il n'y ait auprès de l'animal quelque piége dans lequel il pourrait tomber. Les loups de ce pays sont extrêmement forts, et tout gris ; ils sont presque tout blancs pendant l'hiver, et sont les plus mortels ennemis des rennes, qui se défendent contre eux des pieds de devant, lorsqu'ils ne le peuvent faire par la fuite. Il y a encore un animal gris brun, de la hauteur d'un chien, que les Suédois appellent *jært*, et les Latins *gulo*, qui fait aussi une guerre sanglante aux rennes. Cette bête monte sur les arbres les plus hauts, pour voir et n'être pas vue, et pour surprendre son ennemi. Lorsqu'il découvre un renne, soit sauvage, soit domestique, passant sous l'arbre sur lequel il est, il se jette sur son dos, en mettant ses pattes de derrière sur le cou, et celles de devant vers la queue, il s'étend et se roidit d'une telle violence, qu'il fend la renne sur le dos, et enfonce son museau, qui est extrêmement aigu, dans la bête, dont il boit tout le sang. La peau du *jært* est très-fine et très-belle ; on la compare même aux zibelines. Il y a aussi des oiseaux qui font des guerres cruelles aux rennes : entre tous les autres l'aigle est extrêmement friand de la chair de cet animal. Il y a quantité de ces aigles en ce pays, et d'une grosseur si surprenante, qu'ils enlèvent de leurs serres les faons des rennes de trois à quatre mois, et les portent dans leur nid au sommet des plus

---

[1] Cette leçon est conforme à la première édition, celle de 1731. Dans l'édition de 1750, on lit : *On voit courir fort longtemps ces bêtes égarées,* ET ELLES SUIVENT *même pendant trois semaines leurs traces marquées dans la neige.* Dans les éditions modernes, on lit : *On* LES *voit courir fort longtemps* APRÈS *ces bêtes égarées, et* SUIVRE *même pendant trois semaines leurs traces marquées dans la neige.*

hauts arbres. Cette particularité me parut d'abord ce que je crois qu'elle vous semblera, c'est-à-dire difficile à croire ; mais cela est si vrai, que la garde qui se fait aux jeunes rennes n'est que pour cela. Tous les Lapons m'ont assuré la même chose, et le Français qui était notre interprète en Laponie m'a assuré qu'il avait vu plusieurs exemples pareils, et qu'un jour, ayant suivi un aigle qui emportait le faon d'une de ces rennes jusqu'à son nid, il coupa l'arbre par le pied, et trouva que la moitié de la bête avait déjà servi de nourriture aux petits. Il prit ses aiglons et fit d'eux ce qu'ils avaient fait de son faon, c'est-à-dire, monsieur, qu'il les mangea. La chair en est assez bonne, mais noire et un peu fade. Les rennes portent neuf mois : quand les Lapons veulent sevrer leurs faons, ils leur mettent un caveçon de pin, dont les feuilles sont faites en pointe, et piquent extrêmement ; et quand le faon s'approche de sa mère pour prendre sa nourriture, ordinairement se sentant piquée, elle éloigne son faon avec son bois, et l'oblige à aller chercher à vivre ailleurs qu'auprès d'elle. Cette occupation n'est pas la seule qu'aient les femmes ; elles font les habits, les souliers et les bottes des Lapons. Elles tirent l'étain pour en revêtir le fil. Elles font cela avec les dents ; et, tenant un os de renne dans lequel il y a plusieurs trous de différentes grosseurs, elles passent leur étain dans le plus grand, puis dans un plus petit, jusqu'à ce qu'il soit en l'état qu'elles le souhaitent, et propre pour couvrir le fil de renne, dont elles ornent leurs habits et tout ce qu'elles travaillent. Ce fil se fait, comme je vous ai déjà dit, avec des nerfs de rennes pilés, qu'elles tirent par filets, et le filent ensuite sur leur joue, en le mouillant de temps en temps, et le tournant continuellement. Elles n'ont point d'autre manière pour faire le fil. Tous les harnais des rennes sont faits aussi par les femmes. Ces harnais sont faits de peaux de rennes. Le poitrail est orné de quantité de figures, faites avec du fil d'étain, d'où pendent plusieurs petites pièces de serge de toutes sortes de couleurs, qui font une espèce de frange. La sonnette est au milieu, et il n'y a rien qui donne la vigueur à cet animal et qui le réjouisse davantage que le bruit qu'il fait avec cette sonnette en courant.

Puisque j'ai commencé à vous parler des occupations des femmes dans ce pays, cela me donnera occasion de vous parler de l'emploi des hommes. Je vous dirai d'abord, parlant en général, que tous les habitants de ce pays sont naturellement lâches et paresseux, et qu'il n'y a que la faim et la nécessité qui les chasse de leur cabane et les oblige à travailler. Je dirais que ce vice commun peut provenir du climat, qui est si rude, qu'il ne permet pas facilement de s'exposer à l'air, si je ne les avais trouvés aussi fainéants pendant l'été qu'ils le sont pendant l'hiver. Mais enfin comme ils sont obligés de chercher toujours de quoi vivre, la chasse et la pêche font leur occupation presque continuelle. Ils chassent l'hiver et pêchent pendant l'été, et font eux-mêmes tous les instruments nécessaires pour l'un et pour l'autre de ces emplois. Ils se servent pour leurs barques du bois de sapin qu'ils cousent avec du fil de renne, et les rendent si légères, qu'un homme seul en peut facilement porter une sur son épaule. Ils ont besoin d'avoir quantité de ces barques, à cause des torrents qui se rencontrent souvent; et comme ils ne peuvent pas les monter, ils en ont d'un côté et d'un autre en plusieurs endroits. Ils les laissent sur le bord après les avoir tirées sur terre, et mettent dedans trois ou quatre grosses pierres, de crainte que le vent ne les enlève. Ce sont eux qui font leurs filets et les cordes pour les tenir. Ces filets sont de fil de chanvre, qu'ils achètent des marchands. Ils les frottent souvent d'une certaine colle rouge, qu'ils font avec de l'écaille de poisson séchée à l'air, afin de les rendre plus forts et moins sujets à la pourriture. Pour les cordes, il les fabriquent d'écorce de bouleau ou de racine de sapin. Elles sont extrêmement fortes lorsqu'elles sont dans l'eau. Les hommes s'occupent encore à faire les traîneaux de toutes les sortes, les uns pour porter leurs personnes (qu'ils appellent *pomes*), et les autres pour le bagage. Ces derniers sont nommés *racdakères*, et sont fermés comme des coffres. Ils font aussi les arcs et les flèches. Les arcs sont composés de deux morceaux de bois mis l'un dessus l'autre. Celui de dessous est de sapin brûlé, et l'autre de bouleau. Ces bois sont collés ensemble, et revêtus tout du long d'une écorce de bouleau très-mince, en sorte qu'on ne saurait voir ce qu'elle renferme. Leurs flèches sont différentes : les unes sont seulement de bois, fort grosses par le bout, et elles servent à tuer (ou, pour mieux dire, à assommer) les petits-gris, les hermines, les martres, et d'autres animaux dont on veut conserver la peau. Il y en a d'autres, armées d'os de renne, faites en forme de harpon, et hautes sur le bout : cette flèche est grosse et pesante. Celles-là servent contre les oiseaux, et ne peuvent sortir de la plaie quand elles y sont une fois entrées : elles empêchent aussi, par leur pesanteur, que l'oiseau ne puisse s'envoler, et emporter avec lui la flèche et l'espérance du chasseur. Les troisièmes sont ferrées en forme de lancette, et on les emploie contre les grosses bêtes, comme sont les ours, les rennes sauvages ; et toutes ces flèches se mettent dans un petit carquois fait d'écorce de bouleau, que le chasseur porte à sa ceinture. Au reste, les Lapons sont extrêmement adroits à se servir de l'arc, et ils font pratiquer à leurs enfants ce qu'autrefois plusieurs peuples belliqueux voulaient qu'ils sussent faire ; car ils ne leur donnent point à manger, qu'auparavant ils n'aient touché un but préparé, ou abattu quelque marque qui sera sur le sommet des pins les plus élevés.

Tous les ustensiles qui servent au ménage sont faits de la main des hommes. Les cuillères, d'os de renne, qu'ils ornent de figures, dans lesquelles ils mettent une certaine composition noire. Ils font des fermetures de sacs avec des os de renne, de petits paniers d'écorce et de jonc, et de ces planches dont ils se servent pour courir sur la neige, et avec lesquelles ils poursuivent et attrapent les bêtes les plus vites. La description de ces planches est ci-devant.

Mais ce qu'il y a de remarquable, c'est que les hommes font toujours la cuisine, et qu'ils accommodent tout ce qu'ils prennent, soit à la chasse, soit à la pêche : les femmes ne s'en mêlent jamais qu'en l'absence du mari.

Nous remarquâmes cela sitôt que nous fûmes arrivés : le Lapon fit cuire quelques *sichs* frais, qu'il avait pris ce jour-là. Ce poisson est un peu plus gros qu'un hareng, mais incomparablement meilleur ; et je n'ai jamais mangé de poisson plus délicieux. D'abord qu'il fut cuit, on dressa la table, faite de quelques écorces de bouleau cousues ensemble, qu'ils étendent à terre. Toute la famille se mit autour les jambes croisées à la manière des Turcs, et chacun prit sa part dans le chaudron, qu'il mettait ou dans son bonnet, ou dans un coin de son habit. Ils mangent fort avidement, et ne gardent rien pour le lendemain. Leur boisson est dans une grande écuelle de bois à côté d'eux, si c'est en été, et en hiver dans un chaudron sur le feu. Chacun en puise à son gré dans une grande cuillère de bois ; on boit à même, suivant sa soif. Le repas fini, ils se frappent dans la main en signe d'amitié. Les mets les plus ordinaires des pauvres sont des poissons, et ils jettent quelque écorce de pin broyé dans l'eau qui a servi à les faire cuire en forme de bouillie. Les riches mangent la chair des rennes qu'ils ont tués, à la Saint-Michel, lorsqu'ils sont gras. Ils ne laissent rien perdre de cet animal ; ils gardent même le sang dans sa vessie ; et lorsqu'il a pris un corps et s'est endurci, ils en coupent et en mettent dans l'eau qui reste après qu'ils ont fait cuire le poisson. La moelle des os de renne passe chez eux pour un manger très-exquis : la langue ne l'est pas moins ; et le membre d'un renne mâle est ce qu'ils trouvent de plus délicieux. Mais quoique la viande de renne soit fort estimée parmi eux, la chair d'ours l'est incomparablement davantage : ils en font des présents à leurs maîtresses, qu'ils accompagnent de celle de castor. Ils ont un ragoût pendant l'été dont j'ai tâté, et qui me pensa faire crever. Ils prennent de certains petits fruits noirs qui croissent dans les bois, de la grosseur d'une groseille, qu'ils appellent *crokberg*, qui veut dire *groseille de corbeau* ; ils mettent cela avec des œufs de poisson crus, et écrasent le tout ensemble, au grand mal au cœur de tous ceux qui les voient, et qui ne sont pas accoutumés à ces sortes de ragoûts, qui passent pourtant chez eux pour des confitures très-délicates. Le repas fini, les plus riches prennent pour dessert un petit morceau de tabac, qu'ils tirent de derrière leur oreille ; c'est là le lieu où ils le font sécher, et ils n'ont point d'autre boîte pour le conserver. Ils le mâchent d'abord ; et lorsqu'ils en ont tiré tout le suc, ils le remettent derrière l'oreille, où il prend un nouveau goût ; ils le remâchent encore une fois, et le replacent de même encore ; et lorsqu'il a perdu toute sa force, ils le fument. Il est étonnant de voir que ces gens se passent aisément de pain, et qu'ils aient tant de passion pour une petite herbe qui croît si loin d'eux.

Nous interrogeâmes notre Lapon sur quantité de choses. Nous lui demandâmes ce qu'il avait donné à sa femme en se mariant ; et il nous dit qu'il lui en avait bien coûté, pendant ses amours, deux livres de tabac, et quatre ou cinq pintes de brandevin ; qu'il avait fait présent à son beau-père d'une peau de renne, et que sa femme lui avait apporté cinq ou six rennes, qui avaient assez bien multiplié pendant plus de quarante ans qu'il y avait qu'il était marié. Notre conversation était arrosée de brandevin, que nous répandions de temps en temps dans le ventre du bonhomme et de sa femme ; et la récidive fut si fréquente, que l'un et l'autre s'en ressentit. Ils commencèrent à se faire des caresses à la lapone, aussi pressantes que vous pouvez vous les imaginer ; et leur tendresse alla si loin, qu'ils se mirent à pleurer tous deux, comme s'ils avaient perdu tous leurs rennes. La nuit se passa parmi ces mutuelles douceurs ; et nous remarquâmes pour lors, ce que je crois vous avoir déjà écrit, que toute la famille couche ensemble sur la même peau. Cette confusion règne toujours parmi les Lapons ; et un marié ne couche pas seulement avec sa femme le premier jour de ses noces, mais avec toute la famille généralement.

Nous fîmes le lendemain matin tuer chacun un renne qui nous coûta deux écus, pour en rapporter la peau en France. Si je m'en étais retourné tout droit, j'aurais essayé d'en conduire quelques-uns en vie : il y a bien des gens qui l'ont tenté inutilement ; et on en conduisit encore l'année passée trois ou quatre à *Dantzick*, où ils moururent, ne pouvant s'accoutumer en ces climats, qui sont trop chauds pour ces sortes d'animaux. Nous différâmes à les tuer lorsque nous serions chez le prêtre, où nous le pouvions faire plus commodément ; et après avoir pris deux ou trois de ces petits colliers qui servent à charger ces animaux, et d'autres pour les lier, nous nous remîmes en chemin, et fîmes passer le fleuve à nos rennes, et arrivâmes le même jour samedi chez le prêtre des Lapons, où nous avions demeuré en passant.

Au moment même que nous y fûmes arrivés, notre premier soin fut de tuer nos animaux. Les Lapons se servent de leur arc pour cela, et d'une flèche pareille à celle dont ils tuent les grosses bêtes. Nous eûmes le plaisir de voir l'adresse avec laquelle ils dressèrent leur coup, et nous nous étonnâmes qu'une grosse bête comme un renne mourait si vite d'une blessure qui ne paraissait pas considérable. Il est vrai que la flèche alla jusqu'à la moitié de la hampe ; mais j'aurais cru qu'il aurait fallu une plaie plus dangereuse pour le faire mourir sitôt.

Hæret lateri lethalis arundo.

Nous fîmes écorcher nos bêtes le mieux que nous pûmes. Les Lapons s'emparèrent du sang, et nous leur en donnâmes la moitié d'un. Il est difficile de s'imaginer que deux hommes seuls aient pu manger la moitié d'un gros cerf, sans pain, sans sel, et sans boire : c'est pourtant ce qui est très-véritable ; et nous avons vu cela avec un grand étonnement dans nos Lapons.

Nous remarquâmes que les rennes n'ont point de fiel, mais seulement une petite tache noire dans le foie. La viande de cet animal est très-bonne, et a assez du goût de celle du cerf, mais plus relevée. La langue est un manger très-délicat, et les Lapons estiment fort la moelle. Il devient gras à la Saint-Michel, comme un porc ; et c'est pour lors que les plus riches Lapons les tuent, pour en faire des provisions pendant le reste de l'année. Ils font sécher la chair au froid, qui fait le même effet que le feu, et qui la dessèche en sorte qu'on peut facilement la conserver. Leur saloir est un tronc [1] d'arbre creusé des mains de la nature, qu'ils ferment le mieux qu'ils peuvent, pour empêcher les ours de le ravager.

Nous demeurâmes quelques jours chez le prêtre, pour attendre un Lapon qui passait pour grand sorcier, et que nous avions envoyé chercher à quelques lieues de là par nos Lapons. Ils revinrent au bout de quelques jours, et firent tant pour gagner l'argent que nous leur avions promis s'ils l'amenaient, qu'au bout de trois jours nous les vîmes revenir avec notre sorcier, qu'ils avaient déterré dans le fond d'un bois. Nous voilà dans le même temps contents comme si nous tenions le diable par la queue, si je puis me servir de ce terme; et ce qui acheva de nous satisfaire, ce furent les promesses que notre enchanteur nous fit de nous dire bien des choses qui nous surprendraient. Nous nous mîmes aussitôt en chemin par les bois, par les rochers et par les marais. Où n'irait-on pas pour voir le diable ici-bas? Nous fîmes plus de cinq lieues, par des chemins épouvantables sur lesquels nous rencontrions quantité de bêtes et d'oiseaux qui ne nous étaient point connus, et particulièrement des petits-gris. Ces petits-gris sont ce que nous appelons *écureuils* en France, qui changent leur couleur rousse, lorsque l'hiver et les neiges leur en font prendre une grise. Plus ils sont avant vers le nord, et plus ils sont gris. Les Lapons leur font beaucoup la guerre pendant l'hiver, et leurs chiens sont si bien faits à cette chasse, qu'ils n'en laissèrent passer aucun sans l'apercevoir sur les arbres les plus élevés, et avertir par leurs aboiements les Lapons qui étaient avec nous. Nous en tuâmes quelques-uns à coups de fusil, car les Lapons n'avaient pas pour lors leurs flèches rondes avec lesquelles ils les assomment; et nous eûmes le plaisir de les voir écorcher avec une vitesse et une propreté surprenante. Ils commencent à faire la chasse au petit-gris vers la Saint-Michel, et tous les Lapons généralement s'occupent à cet emploi; ce qui fait qu'ils sont à grand marché, et qu'on en donne un *timbre* pour un écu : ce timbre est composé de quarante peaux. Mais il n'y a point de marchandise ou l'on puisse être plus trompé qu'à ces petits-gris et aux hermines, parce que vous achetez la marchandise sans la voir, et que la peau est retournée, en sorte que la fourrure est en dedans. Il n'y a point aussi de distinction à faire; toutes sont d'un même prix, et il faut prendre les méchantes comme les belles, qui ne coûtent pas plus

[1] Dans la première édition, on lit : Leur saloir est *d'un trou* d'arbre creusé des mains de la nature, qu'ils ferment le mieux qu'ils peuvent, pour empêcher les ours de *les* ravager.

les unes que les autres. Nous apprîmes avec nos Lapons une particularité surprenante touchant les petits-gris, et qui nous a été confirmée par notre expérience. On ne rencontre pas toujours de ces animaux dans une même quantité : ils changent bien souvent de pays, et l'on n'en trouvera pas un, en tout un hiver, où l'année précédente on en aura trouvé des milliers. Ces animaux changent de contrée : lorsqu'ils veulent aller en un autre endroit, et qu'il faut passer quelque lac ou quelque rivière qui se rencontrent à chaque pas dans la Laponie, ces petits animaux prennent une écorce de pin ou de bouleau, qu'ils tirent sur le bord de l'eau, sur laquelle ils se mettent, et s'abandonnent ainsi au gré du vent, élevant leurs queues en forme de voiles, jusqu'à ce que le vent se faisant un peu fort, et la vague élevée, elle renverse en même temps et le vaisseau et le pilote. Ce naufrage, qui est bien souvent de plus de trois ou quatre milles voiles, enrichit ordinairement quelques Lapons qui trouvent ces débris sur le rivage, et les font servir à leur usage ordinaire, pourvu que ces petits animaux n'aient pas été trop longtemps sur le sable. Il y en a quantité qui font une navigation heureuse, et qui arrivent à bon port, pourvu que le vent leur ait été favorable, et qu'il n'ait point causé de tempête sur l'eau, qui ne doit pas être bien violente pour engloutir tous ces petits bâtiments. Cette particularité pourrait passer pour un conte, si je ne la tenais par ma propre expérience.

Après avoir marché assez longtemps, nous arrivâmes à la cabane de notre Lapon, qui était environnée de quantité d'autres, qui appartenaient à ses camarades. Ce fut là que nous eûmes le plaisir d'apprendre ce que c'était que la Laponie et les Lapons. Nous demeurâmes trois ou quatre jours chez eux, à observer toutes leurs manières, et à nous informer de quantité de choses qu'on ne peut apprendre que d'eux-mêmes. Premièrement, notre sorcier voulut nous tenir sa promesse. Nous conçûmes quelque espérance d'apprendre une partie de ce nous voulions savoir, quand nous vîmes qu'il avait apporté avec lui son tambour, son marteau, et son indice, qu'il tira de son sein, qui leur sert de pochette. Il se mit en état, par ses conjurations, d'appeler le diable ; jamais possédé ne s'est mis en tant de figures différentes que notre magicien. Il se frappait la poitrine si rudement et si impitoyablement, que les meurtrissures noires dont elle était couverte faisaient bien voir qu'il y allait de bonne foi. Il ajouta à ces coups d'autres qui n'étaient pas moins rudes, qu'il se donnait de son marteau dans le visage ; en sorte que le sang ruisselait de toutes parts. Le crin lui hérissa, ses yeux se tournèrent, tout son visage devint bleu, il se laissa tomber plusieurs fois dans le feu, et il ne put jamais nous dire les choses que nous lui demandions. Il est vrai, qu'à moins d'être parfaitement sorcier, il eût été assez difficile de nous donner les marques que nous lui proposions. Je voulais avoir quelque preuve certaine de France en hiver, de la légation de son démon ; et c'était là l'écueil de tous les sorciers que nous avons consultés. Celui-ci, qui était connu pour habile homme, nous assura qu'il avait eu autrefois assez de pouvoir pour faire ce que nous voulions ; que son génie pourtant n'avait jamais été plus loin que Stockholm, et qu'il y en avait peu qui pussent aller plus loin ; mais que le diable commençait présentement à le quitter ; depuis qu'il avançait sur l'âge, et qu'il perdait ses dents. Cette particularité m'étonna ; je m'en informai plus particulièrement, et j'appris qu'elle était très-véritable, et que le pouvoir des plus savants sorciers diminuait à mesure que leurs dents tombaient ; et je conclus que, pour être bon sorcier, il fallait tenir le diable par les dents, et qu'on ne le prenait bien que par là. Notre homme, voyant que nous le poussions à bout par nos demandes, nous promit qu'avec de l'eau-de-vie, il nous dirait quelque chose de surprenant. Il la prit, et regarda plusieurs fois attentivement, après avoir fait quantité de figures et d'évocations. Mais il ne nous dit que des choses fort ordinaires, et qu'on pouvait aisément assurer sans être grand sorcier. Tout cela me fit tirer une conséquence, qui est très-véritable, que tous ces gens-là sont plus superstitieux que sorciers, et qu'ils croient facilement aux fables que l'on leur fait de leurs prédécesseurs, qu'on disait avoir grand commerce avec le diable. Il s'est pu faire, monsieur, qu'il y a eu véritablement quelques sorciers autrefois parmi eux, lorsque les Lapons étaient tous ensevelis dans les erreurs du paganisme ; mais présentement je crois qu'il serait difficile d'en trouver un qui sût bien son métier. Quand nous vîmes que nous ne pouvions rien tirer de notre Lapon, nous prîmes plaisir à l'enivrer, et cette absence de raison, qu'il souffrit pendant trois ou quatre jours, nous donna facilité de lui enlever tous ses instruments de magie : nous prîmes son tambour, son marteau, et son indice, qui était composé de quantité de bagues et de plusieurs morceaux de cuivre, qui représentaient quelques figures infernales, ou quelques caractères liés ensemble, avec une chaîne de même métal. Et lorsque deux ou trois jours après, nous fûmes sur le point de partir, il nous vint demander toutes ces dépouilles, et s'informait à chacun en particulier s'il ne les avait point vues. Nous lui dîmes, pour réponse, qu'il pouvait le savoir, et qu'il ne lui était pas difficile de connaître le recéleur, s'il était sorcier.

Nous quittâmes celui-ci pour aller chez d'autres apprendre et voir quelque chose de leurs manières. Nous entrâmes premièrement dans une cabane, où nous trouvâmes trois ou quatre femmes, dont il y en avait une toute nue, qui donnait à teter à un petit enfant, qui était aussi tout nu. Son berceau était au bout de la cabane, suspendu en l'air : ce berceau était fait d'un arbre creusé et plein d'une mousse fine, qui lui servait de linge, de matelas et de couverture ; deux petits cercles d'osier couvraient le dessus du berceau, sur lesquels était un méchant morceau de drap. Cette femme nue, après avoir lavé son enfant dans un chaudron plein d'eau chaude, le remit dans son berceau; et le chien, qui était dressé à bercer l'enfant, vint mettre ses deux pattes de devant sur le berceau, et donnait le même mouvement que donne une femme. L'habit des femmes n'est presque point différent de celui des hommes ; il est de même *valdmar*, et la ceinture est plus large : elle est garnie de lames d'étain qui tiennent toute sa largeur, et diffère de celle des hommes, en ce que celle-ci n'est marquée que de petites plaques de même métal, mises l'une après l'autre. A cette ceinture pend une gaîne garnie d'un couteau ; la gaîne est ornée de fils d'étain : on y voit aussi une bourse garnie de même, dans laquelle ils mettent un fusil pour faire du feu, et tout ce qu'ils ont de plus précieux ; c'est aussi là l'endroit où pendent leurs aiguilles, attachées à un morceau de cuir, et couvertes d'un morceau de cuivre qu'elles poussent par-dessus. Tous ces ajustements sont ornés, par en bas, de quantité d'anneaux aussi de cuivre, de plusieurs grosseurs, dont le bruit et le son les divertit extrêmement, et elles croient que ces ornements servent beaucoup à relever leur beauté naturelle. Mais peut-être, monsieur, qu'en parlant de beauté, vous aurez la curiosité de savoir s'il se trouve de jolies Lapones. A cela, je vous répondrai que la nature, qui se plaît à faire naître des mines d'argent et d'autre métal dans les pays septentrionaux les plus éloignés du soleil, se divertit aussi quelquefois à former des beautés qui sont supportables dans ces mêmes pays. Il est pourtant toujours vrai que ces sortes de personnes, qui surpassent les autres par leur beauté, sont toujours des beautés lapones, et qui ne peuvent passer pour telles que dans la Laponie. Mais parlant en général, il est constant que tous les Lapons et les Lapones sont extrêmement laids, et qu'ils ressemblent aux singes : on ne saurait leur donner une comparaison plus juste. Leur visage est carré ; les joues extrêmement élevées ; le reste du visage très-étroit, et la bouche se coupe depuis une oreille jusqu'à l'autre. Voilà, en peu de mots, la description de tous les Lapons. Leurs habits, comme j'ai dit, sont de *valdmar*. Le bonnet des hommes est fait d'ordinaire d'une peau de *loom*, comme je l'ai décrit ailleurs, ou bien de quelque autre oiseau écorché. La coiffure des femmes est d'un morceau de drap ; et les plus riches couvrent leur tête d'une peau de renard, de martre, ou de quelque autre bête. Elles ne se servent point de bas ; mais elles ont, seulement pendant l'hiver, une paire de bottes de cuir de renne, et mettent par-dessus des souliers qui sont semblables à ceux des hommes, c'est-à-dire d'un simple cuir qui entoure le pied, et qui s'élève en pointe sur le devant : on y laisse un trou pour les pouvoir mettre dans le pied, et ils les nouent, au-dessus de la cheville, d'une longue corde faite de laine qui fait cinq ou six tours ; et afin que leurs chaussures ne soient point lâches, et qu'ils aient plus de commodité pour marcher, ils emplissent leurs souliers de foin, qu'ils font bouillir tout exprès pour cela, et qui croît en abondance dans toute la Laponie. Leurs gants sont faits de peaux de renne, qu'ils distinguent en compartiments d'un autre cuir plus blanc, cousu et appliqué sur le gant. Ils sont faits comme des mitaines, sans distinction de doigts ; et les plus beaux sont garnis par en bas d'une peau de *loom*. Les femmes ont un ornement particulier, qu'ils appellent *kraca*, fait d'un morceau de drap rouge, ou d'une autre couleur, qui leur entoure le cou, comme un collet de jésuite, et vient descendre sur l'estomac, et finit en pointe. Ce drap est orné de ce qu'ils ont de plus précieux : le cou est plein de plusieurs plaques d'étain, mais le devant de l'estomac est garni de choses rares parmi eux. Les riches y mettent des boutons et des plaques d'argent, les plus belles qu'ils peuvent trouver ; et les pauvres se contentent d'y mettre de l'étain et du cuivre, suivant leurs facultés.

Nous nous informâmes encore chez ces gens-là de toutes les choses que nous avions apprises des autres, qu'ils nous confirmèrent toutes ; et ce qu'ils nous dirent de plus particulier, je l'ai porté à l'endroit où j'en ai parlé, que j'ai augmenté de ce qu'ils m'ont dit : mais nous voulûmes être instruits de tous les animaux à quatre pieds qui vivaient dans ce pays, et ils nous en apprirent les particularités suivantes :

Ils nous assurèrent premièrement qu'il régnait quelquefois dans leur pays des vents si impétueux, qu'ils enlevaient tout ce qu'ils rencontraient. Les maisons les plus fortes ne leur peuvent résister, et ils entraînent même si loin les troupeaux des bêtes, lorsqu'ils sont sur le sommet des montagnes, qu'on ne sait bien souvent ce qu'ils deviennent. Les ouragans font élever en été une telle quantité de sable qu'ils apportent du côté de la Norwége, qu'ils ôtent si fort l'usage de la vue qu'on ne saurait voir à deux pas de soi ; et l'hiver, ils font voler une telle abondance de neige, qu'elle ensevelit les cabanes et les troupeaux entiers. Les Lapons qui sont surpris en chemin de ces tempêtes n'ont point d'autre moyen, pour s'en garantir, que de renverser leur traîneau par-dessus eux, et de demeurer en cette posture tout le temps que dure l'orage : les autres se retirent dans les trous des montagnes, avec tout ce qu'ils peuvent emporter avec eux, et demeurent dans ces cavernes jusqu'à ce que la tempête, qui durera quelquefois huit ou quinze jours, soit tout à fait passée.

De tous les animaux de la Laponie, il n'y en a point de si commun que le renne, dont j'ai fait la description assez au long. La nature, comme une bonne mère, a pourvu à des pays aussi froids que sont ceux du septentrion, en leur donnant quantité d'animaux propres pour faire des fourrures, pour s'en servir contre les rigueurs excessives de l'hiver, qui dure presque toujours. Entre tous ceux dont les peaux sont estimées pour la chaleur, les ours et les loups tiennent le premier rang. Les premiers sont fort communs dans le septentrion ; les Lapons les appellent les *rois des forêts*. Quoiqu'ils soient presque tous d'une couleur rousse, il s'en rencontre néanmoins très-souvent de blancs; et il n'y a point d'animal à qui le Lapon fasse une guerre plus cruelle pour avoir sa peau et sa chair, qu'il estime par-dessus tout, à cause de sa délicatesse. J'en ai mangé quelquefois, mais je la trouve extrêmement fade. La chasse des ours est l'action la plus solennelle que fassent les Lapons. Rien n'est plus glorieux parmi eux que de tuer un ours, et ils en portent les marques dessus eux; en sorte qu'il est aisé de voir combien un Lapon aura tué d'ours en sa vie, par le poil qu'il en porte en différents endroits de son bonnet. Celui qui a fait la découverte de quelque ours va avertir tous ses compagnons ; et celui d'entre eux qu'ils croient le plus grand sorcier joue du tambour, pour apprendre si la chasse doit être heureuse, et par quel côté l'on doit attaquer la bête. Quand cette cérémonie est faite, on marche contre l'animal ; celui qui sait l'endroit va le premier, et mene les autres, jusqu'à ce qu'ils soient arrivés à la tanière de l'ours. Là, ils le surprennent le plus vite qu'ils peuvent; et avec des arcs, des flèches, des lances, des bâtons et des fusils, ils le tuent. Pendant qu'ils attaquent la bête, ils chantent tous une chanson en ces termes : *Kihelis pourra, Kihelis iiscada soubi jœlla jeitti.* Ils rendent grâce à l'ours qu'il ne leur fasse aucun mal, et qu'il ne rompe pas les lances et les armes dont ils se servent contre lui. Quand ils l'ont tué, ils le mettent dans un traîneau pour le porter à la cabane, et le renne qui a servi à le traîner est exempt pendant toute l'année du travail de ce traîneau; et l'on doit aussi faire en sorte qu'il s'abstienne d'approcher aucune femelle. L'on fait une cabane tout exprès pour faire cuire l'ours, qui ne sert qu'à cela, où tous les chasseurs se trouvent avec leurs femmes, et recommencent des chansons de joie et de remercîment à la bête, de ce qu'ils sont revenus sans accident. Lorsque la viande est cuite, on la divise entre les hommes et les femmes, qui ne peuvent manger des parties postérieures; mais on leur donne toujours des antérieures. Toute la journée se passe en divertissements; mais il faut remarquer que tous ceux qui ont aidé à prendre l'ours ne peuvent approcher de leurs femmes de trois jours, au bout desquels il faut qu'ils se baignent pour être purifiés. J'avais oublié de marquer que, lorsque l'ours est arrivé près de la cabane, on ne le fait pas entrer par la porte; mais on le coupe en morceaux, et on le jette par le trou qui fait passage à la fumée, afin que cela paraisse envoyé et descendu du ciel. Ils en font de même lorsqu'ils reviennent des autres chasses. Il n'y a rien qu'un Lapon estime plus que d'avoir assisté à la mort d'un ours, et il en fait gloire pendant toute sa vie. Une peau d'ours se vend ordinairement.....

Les loups sont presque tous gris-blancs : il s'en trouve de blancs; et les rennes n'ont point de plus mortels ennemis. Ils les évitent en fuyant; mais lorsqu'ils sont surpris par leur adversaires, ils se défendent contre eux des pieds de devant, dont ils sont extrêmement puissants, et de leurs bois, lorsqu'ils sont assez forts pour soutenir le choc; car les rennes changent tous les ans de bois, et lorsqu'il est nouveau, ils ne peuvent s'en servir. Pour empêcher que les loups n'attaquent les rennes, les Lapons les tiennent à quelque arbre, et il est fort rare qu'ils soient pour lors attaqués; car le loup, qui est un animal fort soupçonneux, appréhende qu'il n'y ait quelque piége tendu, et qu'on ne se serve de ce moyen pour l'y attirer. Une peau de loup peut valoir...... et il y a peu de personnes, même des grands seigneurs en Suède, qui n'en aient des habits fourrés ; et ils ne trouvent rien de meilleur contre le froid.

Les renards abondent dans toute la Laponie ; ils sont presque tous blancs, quoiqu'il s'en rencontre de la couleur ordinaire. Les blancs sont les moins estimés ; mais il s'en trouve quelquefois de noirs, et ceux-là sont les plus rares et les plus chers. Leurs peaux sont quelquefois vendues quarante ou cinquante écus ; et le poil en est si fin et si long, qu'il pend de quel côté l'on veut ; en sorte qu'en prenant la peau par la queue, le poil tombe du côté des oreilles, et se couche vers la tête. Tous les princes moscovites et les grands de ce pays, recherchent avec soin des fourrures de ces peaux, et après les zibelines, elles sont les plus estimées. Mais, puisque j'ai parlé de zibeline, il faut que je vous dise ce que j'en sais. Ce que nous appelons zibeline, on l'appelle ailleurs *zabel*. Cet animal est de la grosseur de la fouine, et diffère de la martre en ce qu'il est beaucoup plus petit, et qu'il a les poils plus longs et plus fins. Les véritables zibelines sont damassées de noir, et se prennent en Moscovie et en Tartarie : il s'en trouve peu en Laponie. Plus la couleur du poil est noire, et plus elle est recherchée ; et vaudra quelquefois soixante écus, quoique sa peau n'ait que quatre doigts de largeur. On en a vu de blanches ou grises, et le grand-duc de Moscovie en a fait présent, par ses ambassadeurs, au roi de Suède, comme de peaux extrêmement précieuses. Les martres approchent plus des zibelines que toutes les autres bêtes : elles imitent assez la finesse et la longueur du poil ; mais elles sont beaucoup plus grandes. J'en ai rencontré de la grosseur d'un chat ; et il y a peu de pays où elles soient plus fréquentes qu'en Laponie. Sa peau coûte une rixdale ; et celles qui ont le dessus de la gorge cendré sont plus estimées que celles qui l'ont blanc. Cet animal fait un grand carnage de petit-gris, dont il est extrêmement friand, et les attrape à la course sans grande difficulté ; il ne se nourrit pas seulement d'écureuils, il donne aussi la chasse aux oiseaux ; et montant sur le sommet des arbres, il attend qu'ils soient endormis pour se jeter dessus et les dévorer. S'ils sont assez forts pour s'envoler, ils s'abandonnent dans l'air avec la martre, qui a ses griffes aussi fortes et aussi pointues qu'aucun autre animal, et se tient dessus le dos de l'oiseau, et le mord en volant, jusqu'à ce qu'enfin il tombe mort. Cette chute est bien souvent aussi funeste à la martre qu'à l'oiseau ; et lorsqu'il s'est élevé bien haut dans l'air, la martre tombe bien souvent sur les rochers, où elle est brisée, et n'a pas un meilleur sort que l'autre.

J'ai parlé ailleurs des *jœrts* en suédois, et *gulones* en latin, au sujet des rennes qu'ils fendent en deux. Cet animal est de la grosseur d'un chien ; sa couleur est noire-brune, et on compare sa peau à celle des zibelines : elle est damassée et fort précieuse.

La quantité des poissons de la Laponie fait qu'on y rencontre aussi beaucoup de castors, que les Suédois appellent *baver*, et qui se plaisent fort dans ces lieux, où le bruit de ceux qui voyagent ne trouble point leur repos. Mais le véritable endroit pour les trouver, c'est dans la province de Kimi, et en Russelande. Les rognons de castors servent contre quantité de maladies. Tout le monde assure qu'il n'y a rien de plus souverain contre la peste ; que d'en prendre tous les matins, cela chasse le mauvais air, et entre dans les plus souveraines compositions. Olaüs, grand-prêtre de la province de Pitha, m'en a fait présent, à Torno, de la moitié d'un, et m'a assuré qu'il ne se servait point d'autre chose pour ses meilleurs remèdes. Il était fort habile en pharmacie. Il m'assura de plus qu'il tirait une huile de la queue du même animal, et qu'il n'y avait rien au monde de plus souverain.

Il se voit aussi un nombre considérable d'hermines en Laponie, que les Suédois appellent *lekat*. Cet animal est de la grosseur d'un gros rat, mais une fois aussi long. Il ne garde pas toujours sa couleur ; car l'été il est un peu roux, et l'hiver il change de poil, et devient aussi blanc que nous le voyons. Ils ont la queue aussi longue que le corps, qui finit en une petite pointe noire comme de l'encre ; en sorte qu'il est difficile de voir un animal qui soit et plus blanc et plus noir. Une peau d'hermine coûte quatre ou cinq sous. La chair de cet animal sent très-mauvais ; et il se nourrit de petits-gris et de rats de montagne. Ce petit animal, tout à fait inconnu ailleurs, et fort singulier, comme vous allez voir, se trouve quelquefois en si grande abondance, que la terre en est toute couverte. Les Lapons l'appellent *lemmucat*. Il est de la grosseur d'un rat, mais la couleur est plus rouge, marquée de noir ; et il semble qu'il tombe du ciel, parce qu'il ne paraît point que lorsqu'il a beaucoup plu. Ces bêtes ne fuient point à l'approche des voyageurs ; au contraire, elles courent à eux avec grand bruit ; et quand quelqu'un les attaque avec un bâton ou avec quelque autre arme, elles se tournent contre lui, et mordent le bâton, auquel elles demeurent attachées avec les dents, comme de petits chiens enragés. Elles se battent contre les chiens, qu'elles ne craignent pas, et sautent sur leur dos, et les mordent si vivement, qu'ils sont obligés de se rouler sur terre pour se défaire de ce petit ennemi. On dit même que ces animaux sont si belliqueux, qu'ils se font quelquefois la guerre entre eux, et que, lorsque les deux armées se trouvent dans les prés qu'ils ont choisis pour champ de bataille, ils s'y battent vigoureusement. Les Lapons, qui voient ces différends entre ces petites bêtes, tirent des conséquences de guerres plus sanglantes ailleurs, et augurent de là que la Suède doit bientôt porter les armes contre le Danois ou le Moscovite, qui sont ses plus grands ennemis. Comme ces animaux ont l'humeur martiale, ils ont aussi beaucoup d'ennemis qui en font des défaites considérables. Les rennes mangent tous ceux qu'ils peuvent attraper. Les chiens en font leur plus délicate nourriture; mais ils ne touchent point aux parties postérieures. Les renards en emplissent leurs tanières, et en font des magasins pour la nécessité; ce qui cause du dommage aux Lapons, qui s'aperçoivent bien lorsqu'ils ont de cette nourriture, qui fait qu'ils n'en cherchent pas ailleurs, et ne tombent pas dans les piéges qu'on leur tend. Il n'y a pas même jusqu'aux hermines qui ne s'en engraissent. Mais ce qui est admirable dans cet animal, c'est la connaissance qu'il a de sa destruction prochaine, prévoyant qu'il ne saurait vivre pendant l'hiver. On en prend une grande partie pendue au sommet des arbres, entre deux petites branches qui forment une fourche. Une autre, à qui ce genre de mort ne plaît pas, se précipite dans les lacs; ce qui fait qu'on en trouve souvent dans le corps des brochets, qu'ils ont nouvellement engloutis : et ceux qui ne veulent pas être homicides d'eux-mêmes [1], et qui attendent tranquillement leur destin, périssent dans la terre, lorsque les pluies, qui les ont fait naître, les font aussi mourir. On chasse grande quantité de lièvres, qui sont pour l'ordinaire tout blancs, et ne prennent leur couleur rousse que les deux mois les plus chauds de l'année.

Il n'y a guère moins d'oiseaux que de bêtes à quatre pieds en Laponie. Les aigles, les rois des oiseaux, s'y rencontrent en abondance. Il s'en trouve d'une grosseur si prodigieuse, qu'ils peuvent, comme j'ai déjà dit ailleurs, emporter les faons des rennes, lorsqu'ils sont jeunes, dans leurs nids, qu'ils font au sommet des plus hauts arbres; ce qui fait qu'il y a toujours quelqu'un pour les garder.

---

[1] Cette leçon est conforme aux premières éditions. Dans les éditions modernes, on a corrigé ainsi : *Et ceux qui ne veulent pas être* LES AUTEURS DE LEUR MORT, *et qui*, etc.

Je ne crois pas qu'il y ait de pays au monde plus abondant en canards, en cercelles, plongeons, cygnes, oies sauvages et autres oiseaux aquatiques, que celui-ci. La rivière en est partout si couverte, qu'on peut facilement les tuer à coups de bâton. Je ne sais pas de quoi nous eussions vécu pendant tout notre voyage, sans ces animaux, qui faisaient notre nourriture ordinaire; et nous en tuions quelquefois trente ou quarante pour un jour, sans nous arrêter un moment, et nous ne faisions cette chasse qu'en chemin faisant. Tous ces animaux sont passagers, et quittent ces pays pendant l'hiver pour en aller chercher de moins froids, où ils puissent trouver quelques ruisseaux qui ne soient point glacés; mais ils reviennent au mois de mai faire leurs œufs en telle abondance, que les déserts en sont tout couverts. Ils leur tendent des filets, et la peau des cygnes écorchés leur sert à faire des bonnets; les autres leur servent de nourriture. Il y a un oiseau fort commun en ce pays, qu'ils appellent *loom*, et qui leur fournit leurs plus beaux ornements de tête. Cet animal est d'un plumage violet et blanc, perlé d'une manière fort particulière. Il est de la grosseur d'une oie, et se prend quelquefois dans les filets que les pêcheurs mettent pour prendre du poisson, lorsque l'ardeur de la proie l'emporte trop, et qu'il poursuit quelque poisson sous l'eau. On garnit aussi de sa peau les extrémités des plus beaux gants. Les coqs de bruyère, les gélinotes, s'y trouvent en abondance. Mais il y a dans ce pays une certaine espèce d'oiseau que je n'ai point vu ailleurs, qu'ils appellent *snyeuripor*, et que les Grecs appelaient *lagopos*, de la grosseur d'une poule. Cet oiseau a pendant l'été son plumage gris de la couleur du faisan, et l'hiver, il est entièrement blanc, comme tous les animaux qui vivent en ce pays; et la nature ingénieuse les rend de la même couleur de la neige, afin qu'ils ne soient pas reconnus des chasseurs, qui les pourraient facilement apercevoir s'ils étaient d'une autre couleur que la neige, dont la terre est toute couverte. J'ai fait ailleurs la description de cet oiseau. Il est d'un goût plus excellent que la perdrix, et donne par ses cris une marque assurée qu'il doit bientôt tomber de la neige, comme il est aisé de voir par son nom, qui signifie *oiseau de neige*. Les Lapons leur tendent des filets sur cette neige, et forment une petite haie, au milieu de laquelle ils laissent un espace vide, où les lacets sont tendus, et par où ces oiseaux doivent passer.

Il est impossible de concevoir la quantité du poisson de la Laponie. Elle est partout coupée de fleuves, de lacs, et de ruisseaux;

et ces fleuves, ces lacs, et ces ruisseaux, sont si pleins de poissons, qu'un homme peut, en une demi-heure de temps, en prendre autant qu'il en peut porter avec une seule ligne. C'est aussi la seule nourriture des Lapons, ils n'ont point d'autre pain ; et ils n'en prennent pas seulement pour eux, ils en font tout leur commerce, et achètent ce qu'ils ont de besoin avec des poissons, ou avec des peaux de bêtes ; ce qui fait que la pêche est toute leur occupation : car, soit qu'ils veuillent manger, ou entretenir le luxe, qui ne laisse pas de régner dans ce pays, ils n'ont point d'autre moyen de le faire. Il est vrai que les riches ne pêchent jamais. Les pauvres pêchent pour eux, et ils leur donnent en échange, ou du tabac, ou de l'eau-de-vie, ou du fer, ou quelque autre chose de cette nature. Sans m'arrêter à parler de tous les poissons qui sont en ce pays, je dirai qu'il n'y en a point de plus abondant en saumons. Ils commencent à monter au mois de mai, et pour lors il est extrêmement gras, et beaucoup meilleur que lorsqu'il s'en retourne au mois de septembre. Il y a des années où dans le seul fleuve de Torno on en peut pêcher jusqu'à trois mille tonnes, qu'on porte à Stockholm et à tous les habitants de la mer Baltique et du golfe Bothnique. Les brochets ne se trouvent pas en moindre abondance que les saumons : ils les font sécher, et en portent des quantités inconcevables. J'ai décrit ailleurs la manière dont ils se servent pour le pêcher la nuit, à la lueur d'un grand feu qu'ils allument sur la proue de leurs barques. Les truites y sont assez communes ; mais il y a une sorte de poisson qui m'est inconnu, qu'ils appellent *siel ;* il est de la grosseur d'un hareng, et d'une grande délicatesse.

Après avoir demeuré quelques jours avec ces Lapons, et nous être instruits de tout ce que nous voulions savoir d'eux, nous reprîmes le chemin qui nous conduisait chez le prêtre ; et le même jour, mercredi 27 d'août, nous partîmes de chez lui, et vînmes coucher à *Cokluanda*, où commence la Bothnie, et où finit la Laponie. Mais, monsieur, je ne sais si vous n'aurez pas trouvé étrange que je vous aie tant parlé des Lapons, et que je ne vous aie rien dit de la Laponie ; je ne sais comment cela s'est fait, et je finis par où je devrais avoir commencé. Mais il vaut encore mieux en parler tard que de n'en rien dire du tout, et avant que d'en sortir, je vous en dirai ce que j'en sais.

On ne peut dire quel nom cette province a eu parmi les anciens géographes, puisqu'elle n'était pas connue, et que Tacite et Ptolomée ne connaissaient pas de province plus éloignée que la *Seri-*

sinie, que nous appelons présentement Bothnie, ou *Biarmie*, et qui s'étend à l'extrémité du golfe Bothnique. Ce que l'on sait aujourd'hui de la Laponie, c'est qu'elle se peut diviser en orientale et occidentale. Elle regarde l'occident du côté de l'Islande, et obéit au roi de Danemarck. Elle est orient du côté qu'elle confine à la mer Blanche, où est le port d'Archangel; et celle-là reconnaît le grand-duc de Moscovie pour son souverain. Il faut ajouter une troisième, qui est au milieu des deux, et qui est beaucoup plus grande que toutes les deux autres ensemble; et celle-là est sous la domination du roi de Suède, et se divise en cinq provinces différentes, qui ont toutes le nom de Laponie, et qu'on appelle *Uma Lapmarch*, *Pitha Lamarch*, *Lula Lapmarch*, *Torna Lapmarch*, et *Kimi Lapmarch*. Elles prennent leurs noms des fleuves qui les arrosent, et ces mêmes fleuves le donnent encore aux villes où ils passent, si on peut donner ce nom à un amas de quelques maisons faites d'arbres.

La province de *Torno Lapmarch*, qui est justement située au bout du golfe Bothnique, est la dernière du monde du côté du pole arctique, et s'étend jusqu'au cap du Nord. Charles IX, roi de Suède, jaloux de connaître la vérité et l'étendue de ses terres, envoya, en différents temps de l'année 1600, deux illustres mathématiciens, l'un appelé *Aaron Forsius*, Suédois, et l'autre *Jérôme Bircholto*, Allemand de nation. Ces gens firent le voyage avec toutes les provisions et les instruments nécessaires, et avec un heureux succès; et rapportèrent, à leur retour, qu'ils n'avaient trouvé aucun continent au septentrion au-delà du soixante et treizième degré d'élévation; mais une mer glaciale immense, et que le dernier promontoire qui avançait dans l'océan était *Nuchus*, ou *Norkap*, assez près du château *Wardhus*, qui appartient aux Danois. C'est dans cette Laponie que nous avons voyagé, et que nous avons remonté le fleuve qui l'arrose jusqu'à sa source.

Nous arrivâmes le lendemain à *Jacomus Mastung*, qui n'était distant du lieu où nous avions couché que de deux lieues : nous en fîmes trois ou quatre à pied pour y arriver, et nous ne perdîmes pas nos pas. Il y a dans ce lieu une mine de fer très-bonne, mais qui est abandonnée presque à cause du grand éloignement. Nous y allions pour y voir travailler aux forges, où, ne voyant rien de ce que nous souhaitions, nous fûmes plus heureux que nous n'espérions l'être. Nous allâmes dans la mine, d'où nous fîmes tirer des pierres d'aimant tout à fait bonnes. Nous admirâmes avec bien du plaisir les effets surprenants de cette pierre, lorsqu'elle est encore dans le lieu natal. Il fallut faire beaucoup de violence pour en tirer des pierres aussi considérables que celles que nous voulions avoir, et le marteau dont on se servait, qui était de la grosseur de la cuisse, demeurait si fixe en tombant sur le ciseau qui était dans la pierre, que celui qui frappait avait besoin de secours pour le retirer. Je voulus éprouver cela moi-même ; et ayant pris une grosse pince de fer, pareille à celles dont on se sert à remuer les corps les plus pesants, et que j'avais de la peine à soutenir, je l'approchai du ciseau, qui l'attira avec une violence extrême, et la soutenait avec une force inconcevable. Je mis une boussole que j'avais, au milieu du trou où était la mine, et l'aiguille tournait continuellement d'une vitesse incroyable. Nous prîmes les meilleures, et nous ne demeurâmes pas davantage en ce lieu. Nous allâmes retrouver nos barques, et vînmes coucher à *Tuna Hianda*, chez un de nos bateliers, qui nous fit voir ses lettres d'exemption de taille qu'il avait du roi, pour avoir trouvé cette mine de fer. Ce paysan s'appelait *Las Larszon, Laurentius à Laurentio*.

Le lendemain dimanche nous fîmes une assez bonne journée, et arrivâmes le soir à *Konges*, où nous avions demeuré un jour en passant. Nous achetâmes là des traîneaux, tout le harnais qui sert à atteler le renne. Il nous coûtèrent un ducat la pièce. Nous ne partîmes le lundi que sur le midi, à cause que nous fûmes obligés d'attendre les barques qu'il faut aller querir assez loin, et passer un long espace de chemin, pour éviter les cataractes qui sont extrêmement violentes en cet endroit. Nous couchâmes cette nuit-là à *Pello*, où nous eûmes le plaisir de voir, en arrivant, cette pêche du brochet dont je vous ai déjà parlé, et qui me parut merveilleuse. Il ne faut pas s'étonner si les habitants de ce pays cherchent tous les moyens possibles pour prendre du poisson : ils n'ont que cela pour subsister ; et la nature, qui donne bien souvent le remède aussitôt que le mal, refusant ses moissons à ces gens, leur donne des pêches plus abondantes qu'en aucun autre endroit. Nous vînmes le lendemain, premier de septembre, coucher chez le préfet des Lapons, Allemand de nation, dont j'ai déjà parlé, et le lendemain nous arrivâmes à Torno, après avoir passé plus de quarante cataractes. Ces cataractes sont des chutes d'eau très-impétueuses, et qui font en tombant un bruit épouvantable. Il y en a quelques-unes qui durent l'espace de deux ou trois lieues, et c'est un plaisir le plus grand du monde de voir descendre ces torrents avec une vitesse qui ne se peut concevoir, et faire trois ou quatre milles de Suède, qui valent douze lieues de France, en moins d'une heure. Plus la cataracte est forte, et plus il faut ramer avec vigueur pour soutenir sa barque contre les vagues : ce qui fait qu'étant poussé du torrent, et porté de la rame, vous faites un grand chemin en peu de temps.

Nous arrivâmes à Torno le mardi, et nous y vînmes à la bonne heure, pour voir les cérémonies des obsèques de *Joannes Tornæus*, dont je vous ai parlé auparavant, qui était mort depuis deux mois. C'est la mode en Suède de garder les corps des défunts fort longtemps. Ce temps se mesure suivant la qualité des personnes ; et plus la condition du défunt est relevée, et plus aussi les funérailles sont reculées. On donne ce temps pour disposer toutes choses pour ces actions, qui sont les plus solennelles qui se fassent en ce pays ; et si l'on dit que les Turcs dépensent leurs biens en noces, les Juifs en circoncisions, les Chrétiens en procès, on pourrait ajouter, les Suédois en funérailles. En effet, j'admirai la grande dépense qui se fit pour un homme qui n'était pas autrement considérable, et dans un pays barbare et si éloigné du reste du monde. On n'eut pas plus tôt appris notre arrivée, que le gendre du défunt travailla aussitôt à une harangue latine qu'il devait le lendemain prononcer devant nous, pour nous inviter aux obsèques de son beau-père. Il fut toute la nuit à y rêver, et oublia tout son discours lorsqu'il fut le matin devant nous. Si les révérences disent quelque chose, et sont les marques de l'éloquence, je puis assurer que notre harangueur surpassait le prince des orateurs ; mais je crois que ses inclinations servaient plus à cacher sa confusion qui paraissait sur son visage, qu'à rendre son discours fleuri. Comme nous savions le sujet de sa venue, nous devinâmes qu'il venait pour nous prier d'assister à la cérémonie ; car nous n'en pûmes rien apprendre par son discours : et quelque temps après, le bourgmestre de la ville, avec un officier qui était là en garnison, vinrent nous prendre dans la même chaloupe pour nous passer de l'autre côté de l'eau, et nous mener à la maison du défunt. Nous trouvâmes à notre arrivée toute la maison pleine de prêtres vêtus de longs manteaux noirs, et de chapeaux qui semblaient, par la hauteur de leur forme, servir de colonnes à quelque poutre de la maison. Le corps du défunt, mis dans un cercueil couvert de drap, était au milieu d'eux. Ils l'arrosaient des larmes qui dégouttaient de leurs barbes humides, dont les poils séparés formaient différents canaux, et distillaient cette triste humeur, qui servait d'eau bénite. Tous ces prêtres avaient quitté leurs paroisses, et

étaient venus de fort loin. Il y en avait quelques-uns éloignés de
plus de cent lieues ; et on nous assura que si cette cérémonie se
fût faite l'hiver, pendant lequel temps les chemins en ces pays
sont plus faciles, il n'y aurait eu aucun prêtre, à deux ou trois
cents lieues à la ronde, qui ne s'y fût trouvé, tant ces sortes de
cérémonies se font avec éclat. Le plus ancien de la compagnie fit
une oraison funèbre à tous les assistants ; et il fallait qu'il dît
quelque chose de bien triste, puisqu'il s'en fallut peu que son air
pitoyable ne nous excitât à pleurer nous-mêmes, qui n'entendions
rien à ce qu'il disait. Les femmes étaient dans une petite chambre, séparées des hommes, qui gémissaient d'une manière épouvantable, et entre autres la femme du défunt, qui interrompait,
par ses sanglots, le discours du prédicateur. Pendant que l'on prêchait dans cette salle, on en faisait autant dans l'église en finlandais ; et quand les deux discours furent finis, on se mit en chemin pour conduire le corps à l'église. Sept ou huit bourgeois le
chargèrent sur leurs épaules, et il n'y eut personne des plus apparents qui ne voulût y mettre la main ; et je me souvins pour lors
de ce que dit Virgile à l'entrée du cheval dans Troie, quand il dit
qu'il n'y avait ni jeune ni vieux qui ne voulût aider à tirer cette
machine dans leur ville : *Funemque manu contingere gaudent.*
Nous suivions le corps comme les plus apparents, et ceux qui
menaient le deuil ; et la veuve était ensuite, conduite par-dessous
les bras de deux de ses filles : l'une s'attristait beaucoup, et l'autre
ne paraissait pas émue. On mit le corps au milieu de l'église, en
chantant quelques psaumes ; et les femmes, en passant près du
défunt, se jetèrent sur le cercueil et l'embrassèrent pour la dernière fois. Ce fut pour lors que commença la grande et principale
oraison funèbre, récitée par Joannes Plantinus, prêtre d'Urna, qui
eut une canne d'argent pour sa peine. Je ne puis pas dire s'il
l'avait méritée ; mais je sais qu'il cria beaucoup, et que pour rendre tous les objets plus tristes, il s'était même rendu hideux, en
laissant ses cheveux sans ordre, et pleins de plusieurs bouts de paille
qu'il n'avait pas eu le temps d'ôter. Cet homme dit toute la vie
du défunt, dès le moment de sa naissance jusqu'au dernier soupir
de sa vie. Il cita les lieux et les maîtres qu'il avait servis, les provinces qu'il avait vues, et n'oublia pas la moindre action de sa vie.
C'est la mode en ce pays de faire une oraison funèbre aux laquais
et aux servantes, pourvu qu'ils aient un écu pour payer l'orateur.
Je me suis trouvé à Stockholm à l'enterrement d'une servante, où
la curiosité m'avait conduit. Celui qui faisait son oraison funèbre,

après avoir cité le lieu de sa naissance et ses parents, s'étendit sur les perfections de la défunte, et exagéra beaucoup qu'elle savait parfaitement bien faire la cuisine, distribuant les parties de son discours en autant de ragoûts qu'elle savait faire, et forma cette partie de son oraison, en disant qu'elle n'avait qu'un seul défaut, qui était de faire toujours trop salé ce qu'elle apprêtait, et qu'elle montrait par là l'amour qu'elle avait pour la prudence, dont le sel est le symbole, et son peu d'attache aux biens de ce monde, qu'elle jetait en profusion. Vous voyez par là, monsieur, qu'il y a peu de gens qui ne puissent donner matière de faire à leur mort une oraison funèbre, et un beau champ à un orateur d'exercer son éloquence. Mais celui-ci avait une plus belle carrière. *Joannes Tornœus* était un homme savant; il avait voyagé, et avait même été en France précepteur du comte Charles Oxenstiern. Quand l'oraison funèbre fut finie, on nous vint faire encore un compliment latin, pour demeurer au festin. Quoique nous n'entendissions pas davantage à ce second compliment qu'au premier, nous n'eûmes pas de peine à nous imaginer ce qu'il nous voulait dire : nos ventres ne nous disaient que trop ce que ce pouvait être ; et ils se plaignaient si haut qu'il était près de trois heures qu'ils n'avaient mangé, qu'il ne fut pas plus difficile à ces gens d'entendre leur langage qu'à nous le leur. On nous mena dans une grande salle, divisée en trois longues tables ; et c'était le lieu d'honneur. Il y en avait cinq ou six autres encore plus pleines que celle-ci, pour recevoir tous les gens qui s'y présentaient. Les préludes du repas furent de l'eau-de-vie de bière, et une autre liqueur qu'ils appellent *calchat*, faite avec de la bière, du vin, et du sucre, deux aussi méchantes boissons qui puissent entrer dans le corps humain. On servit ensuite les tables, et on nous fit asseoir au plus haut bout de la première table, avec les prêtres du premier ordre, tels qu'étaient le père prédicateur et autres. On commença le repas dans le silence, comme partout ailleurs, et comme le sujet le demandait : ce qui fit dire à Plantin, qui était à côté de moi, qu'ils appelaient les conviés *Nelli*. *N* signifie, *Neque vox, nec sermo egreditur ex ore eorum; loquebantur variis linguis; in omnem terram exivit sonus eorum.* Toutes ces paroles étaient tirées de l'Écriture, et je ne crois pas qu'on les puisse mieux faire venir qu'à cet endroit ; car on ne peut se figurer une image plus vive des noces de Cana, que le tableau que nous en vîmes représenter devant nos yeux, plus beau et plus naturel que celui de Paul Véronèse. Les tables étaient couvertes de viandes particulières, et, si je l'ose dire, antiques ; car il y avait pour le moins huit jours qu'elles étaient cuites. Des grands pots de différentes matières, faits la plupart comme ceux qu'on portait aux sacrifices anciens, paraient cette table, et faisaient par leur nombre une confusion semblable à celle que nous voyons aussi aux anciens banquets. Mais ce qui achevait cette peinture, c'était la mine vénérable de tous ces prêtres armés de barbe, et les habits finlandais de tous les conviés, qui sont aussi plaisants qu'on les puisse voir. Il y avait entre autres un petit vieillard avec de courts cheveux, une barbe épaisse, et chauve sur le devant de la tête. Je ne crois pas que l'idée la plus vive de quelque peintre que ce soit puisse mieux représenter la figure de saint Pierre. Cet homme avait une robe verte, doublée de jaune, sans façon, et faisant l'effet d'une draperie, retroussée d'une ceinture. Je ne me lassai point de contempler cet homme, qui était le frère du défunt. Pendant que je m'arrêtais à considérer cet homme, les autres avaient des occupations plus importantes, et buvaient en l'honneur du défunt et à la prospérité de sa famille, d'une manière surprenante. Les prêtres, comme les meilleurs amis, buvaient le plus vigoureusement ; et après avoir bu des santés particulières, on en vint aux rois et aux grands. On commença d'abord par la santé des belles filles, comme c'est la mode par toute la Suède, et de là on monta aux rois. Ces santés ne se boivent que dans des vases proportionnés par leur grandeur à la condition de ces personnes royales ; et pour m'exciter d'abord, on me porta la santé du roi de France, dans un pot qui surpassait autant tous les autres en hauteur, que ce grand prince surpasse les autres rois en puissance. C'eût été un crime de refuser cette santé. Je la bus, et vidai ce pot fort courageusement. Il n'y avait pas d'apparence, étant en Suède, d'avoir bu la santé du roi de France, et d'oublier celle du roi de Suède. On la but dans un vase qui n'était guère moins grand que l'autre ; et après avoir fait suivre plusieurs santés à celle-ci, tout le monde se tut pour faire la prière. Il arriva malheureusement dans ce temps, qu'un de notre compagnie dit un mot plaisant, et nous obligea à éclater de rire si longtemps, et d'une manière si haute, que toute l'assemblée, qui avait les yeux sur nous, en fut extrêmement scandalisée. Ce qui était de plus fâcheux, c'est que tout le monde avait été découvert pendant le repas à cause de nous, et qu'on avait emporté nos chapeaux, en sorte que nous n'avions rien pour cacher le ris dont nous n'étions pas les maîtres, et plus nous nous efforcions à l'étouffer, et plus il éclatait. Cela fit que ces prêtres, croyant que nous nous moquions de leur religion, sortirent de la salle et n'y voulurent plus rentrer. Nous fûmes avertis par un petit prêtre, qui était plus de nos amis que les autres, qu'ils avaient résolu de nous attaquer sur la religion. Nous évitâmes pourtant de parler avec eux sur cette matière, et nous les allâmes trouver dans un autre lieu où était passée l'assemblée pour fumer, tandis qu'on levait les tables. On apporta pour dessert des pipes et du tabac, et tous les prêtres burent et fumèrent jusqu'à ce qu'ils tombassent sous la table. Ce fut ainsi qu'on arrosa la tombe de Joannes Tornæus, et que la fête finit. Olaüs Graan, gendre du défunt, se traîna le mieux qu'il put pour nous conduire à notre bateau, le pot à la main; mais les jambes lui manquèrent : il s'en fallut peu qu'il ne tombât dans la rivière; et, par nécessité, deux hommes le ramenèrent par-dessous les bras.

Nous croyions que toute la cérémonie fût terminée, quand nous vîmes paraître le lendemain matin Olaüs Graan, suivi de quelques autres prêtres, qui nous venait prier de nous trouver au lendemain. Je vous assure, monsieur, que cela me surprit : je n'avais jamais entendu parler de lendemain qu'aux noces, et je ne croyais pas qu'il en fût de même aux enterrements. Il fallut se résoudre à y aller une seconde fois, et nous eûmes une conférence avec Olaüs Graan, pendant le bon intervalle qu'il souffrit entre l'ivresse passée et la future.

Cet Olaüs Graan, gendre du défunt, est prêtre de la province de Pitha, homme savant, ou se disant tel, géographe, chimiste, chirurgien, mathématicien, et se piquant surtout de savoir la langue française, qu'il parlait, comme vous pouvez juger par ce compliment qu'il nous fit : *La grande ciel* (nous répéta-t-il plusieurs fois) *conserve vous et votre applicabilité tout le temps que vous verrez vos gris cheveux*. Il nous montra deux médailles, l'une de la reine Christine, et l'autre était un sicle des Juifs, qui représente d'un côté la verge de Moïse, et de l'autre une coupe d'où sort une manière d'encens. Entre toutes les autres qualités, il prétendait avoir celle de posséder en perfection la pharmacie, et pour nous le prouver, il tira de plusieurs poches quantité de boîtes de toutes grandeurs, de confortatifs, et assez pour lever une boutique d'apothicaire. Il me donna un morceau de testicule de castor, et m'assura qu'il tirait une huile admirable de la queue de cet animal, qui servait à toutes sortes de maladies. Quand notre conversation fut finie, on nous reconduisit où nous avions été le jour précédent, où chacun, pour faire honneur au défunt, but épouvantablement, et ceux qui purent s'en retournerent chez eux.

Nous demeurâmes à Torne, à notre retour de Laponie, pendant huit jours. Le mercredi et le jeudi se passèrent à l'enterrement. Le vendredi, samedi et dimanche, ne furent remarquables que par les visites continuelles que nous reçûmes, où il fallait faire boire tout le monde. Le lundi, le bourgmestre nous donna à dîner, et le mardi, à la pointe du jour, le vent s'étant mis à l'ouest, nous fîmes voile. Le vent demeura assez bon tout le reste du jour. La nuit, il fut moins violent; mais le lendemain mercredi nous eûmes un calme. Le jeudi ne fut pas plus heureux, et nous demeurâmes immobiles comme des tours. Nous jetâmes plusieurs fois la sonde pour donner fond; mais n'en trouvant aucun, il fallut faire notre route dans des appréhensions continuelles d'aller échouer en terre. Le vendredi, le brouillard étant dissipé, nous fîmes un peu de chemin à la faveur d'un vent est et nord-est, et passâmes les petites îles de *Querken*. Mais le lendemain, le vent s'étant fait contraire, nous fûmes obligés de retourner sur nos pas, et de relâcher dans un port appelé *Ratan*. Nous y passâmes une partie de ce jour à chasser dans une île voisine, et le soir nous allâmes à l'église, éloignée d'une demi-lieue. Le prêtre nous y donna à souper; mais la crainte qu'il avait que des jeunes gens frais revenant de Lapmarck n'entreprissent quelque chose sur son honneur, il s'efforçait, afin que nous ne passassions pas la nuit chez lui, de nous faire entendre que le vent était bon, quoiqu'il fût fort contraire. Nous revînmes donc à notre barque toute la nuit, après avoir acheté un livre chez lui; et le dimanche matin, le major du régiment de cette province nous envoya querir dans sa chaloupe par deux soldats. Nous y allâmes, et nous trouvâmes tous ses officiers, avec un bon dîner, qui nous attendaient. Il fallut boire à la suédoise, c'est-à-dire vider les cannes d'un seul trait; et quand on en vint à la santé du roi, on apporta trois verres pleins sur une assiette, qui furent tous vidés. J'avoue que je n'avais pas encore expérimenté cette triplicité de verres, et que je fus fort étonné de voir qu'il ne suffisait pas de boire dans un seul. Il est encore de la cérémonie de renverser son verre sur l'assiette, pour faire voir la fidélité de celui qui boit. Nous nous en retournâmes à notre vaisseau, et le lendemain, sur les dix heures, nous allâmes voir de quel côté venait le vent. Il était est, et l'ignorance de notre capitaine et de notre pilote leur faisait croire qu'ils ne pouvaient sortir hors du port de ce vent. Je leur soutins le contraire, et je fis tant que je les résolus à se hasarder de sortir. Nous le fîmes heureusement, et sur le midi le vent se mit nord-est si fort, qu'ayant duré toute la nuit et le lundi suivant jusqu'à midi, nous fîmes pendant vingt-quatre heures plus de cent lieues. Mais le vent étant tombé tout d'un coup, nous demeurâmes à huit lieues d'Agbon, lieu où nous devions descendre pour aller par terre à Coperberyt. Nous ne le pûmes faire que le lendemain ; et, ayant trouvé heureusement à la côte de petites barques qui venaient de la foire d'Hernesautes, nous vînmes coucher à Withseval, petite ville sur le bord du golfe Bothnique, et le lendemain nous prîmes des chevaux de poste, et fîmes une très-rude journée, soit par la difficulté du chemin, ou soit qu'ayant été longtemps sans courir la poste, nous en ressentissions plus la fatigue. Nous nous égarâmes la nuit dans des bois ; et s'il est toujours fâcheux d'errer pendant les ténèbres, il l'est incomparablement davantage en Suède, dans un pays plein de précipices et de forêts sans fin, où l'on ne sait pas un mot de la langue, et où l'on ne trouve personne pour demander le chemin, quand on la saurait. Néanmoins, après avoir beaucoup avancé notre route par une pluie épouvantable, à la faveur d'une petite chandelle, plus agréable mille fois dans cette nuit obscure que le plus beau soleil dans un des plus charmants jours de l'été, nous arrivâmes à la poste ; et le vendredi suivant, étant fort rebutés de la journée précédente, nous ne fîmes que trois lieues, et couchâmes à Alta. Le samedi fut assez remarquable pour l'aventure qui nous arriva. Nous partîmes à six heures du matin pour faire quatre milles de Suède, qui font douze lieues de France, et, après avoir marché jusqu'à deux heures après midi, nous arrivâmes à une misérable cabane, que nous ne crûmes point être le lieu où nous devions prendre d'autres chevaux, qui l'était néanmoins ; et n'ayant trouvé personne à qui parler, nous poursuivîmes notre route par des chemins qu'il n'y a que ceux qui y ont été qui en puissent concevoir la difficulté. Nous croyions être fort proche de la poste, et nous marchâmes jusqu'à quatre heures au soir sans rencontrer une seule personne pour demander le chemin, ni le moindre toit pour nous mettre à couvert. Surcroît de malheur, la pluie vint en telle abondance, qu'il plut cette nuit-là pour trois mois qu'il y avait qu'il n'était pas tombé une seule goutte d'eau. L'espérance qui nous flattait que nous pourrions bien rencontrer quelque maison de paysan, faisait que, malgré la lassitude épouvantable dont nous étions accablés, nous ne laissions pas de marcher ; mais enfin la pluie vint si forte, et la nuit si noire, que nos chevaux rebutés, et qui n'avaient mangé non plus que nous depuis le matin, demeurèrent tout d'un coup, sans qu'il fût possible de les faire avancer davantage. Nous voilà donc tristement demeurés au milieu des bois, sans avoir quoi que ce soit au monde que le ventre des chevaux pour nous mettre à couvert, et on le pouvait faire sans danger; car les pauvres bêtes étaient si accablées, qu'elles passèrent la nuit sans remuer, et sans manger non plus que leurs maîtres. Toute notre consolation fut que nous fîmes un bon feu qui nous réchauffa un peu. Mais il n'y avait rien de si plaisant que de nous voir dans cet équipage, tous extrêmement tristes et défaits, comme des gens qui n'avaient mangé depuis vingt-quatre heures, et qui baissaient languissamment la tête pour recevoir la pluie qu'il plaisait au ciel faire tomber sur nous avec largesse. Ce qui acheva de rendre l'aventure plaisante, fut que le lendemain nous ne fûmes pas plus tôt à cheval à la pointe du jour, que nous découvrîmes à deux portées de mousquet une petite maison que nous avions tant cherchée, et dans laquelle nous allâmes boire un peu de lait. A quelque chose, comme on dit, malheur est bon; car cet égarement fut cause que nous arrivâmes le lendemain dimanche à Coperberyt, où nous ne fussions arrivés que le jour d'après. Nous découvrîmes cette ville par la fumée qui en sortait, et qui ressemblait plutôt à la boutique de Vulcain qu'à toute autre chose. On ne voit de tous côtés que fourneaux, que feux, que charbons, et cyclopes affreux. Il faut descendre dans cette ville par des trous. Pour vous en faire concevoir l'horreur, on nous mena premièrement dans une chambre pour y changer d'habit, où nous prîmes un bâton ferré pour nous soutenir dans les endroits dangereux. Nous descendîmes ensuite dans la mine, dont la bouche est d'une largeur et d'une profondeur surprenante. A peine voit-on les travailleurs, dont les uns élèvent des pierres, les autres font sauter des terres, d'autres font des feux pour détacher la mine, et chacun enfin a son emploi différent. Nous descendîmes dans ce fond par quantité de routes qui y conduisaient, et nous commençâmes pour lors à connaître que nous n'avions rien fait, et que ce n'était qu'une disposition à de plus grands travaux. Nos guides allumèrent leurs flambeaux, qui avaient bien de la peine à percer les ténèbres épaisses qui régnaient dans ces lieux souterrains. On ne voit de tous côtés, et à perte de vue, que des sujets d'horreur, à la faveur de certains feux sombres, qui ne donnent de lumière qu'autant qu'il en faut pour distinguer ces objets affreux; la fumée vous offusque, le soufre vous étouffe. Joignez à cela le bruit des marteaux et la vue de ces ombres, ces malheureux, qui sont tout nus, et noirs comme des démons, et vous avouerez avec moi qu'il n'y a rien qui représente mieux l'enfer que ce tableau vivant, peint des plus noires et des plus sombres peintures qu'on se puisse imaginer. Nous descendîmes plus de deux lieues dans terre par des chemins épouvantables, tantôt sur des échelles tremblantes, tantôt sur des planches légères, et toujours dans de continuelles appréhensions. Nous aperçûmes dans notre chemin quantité de pompes qui élevaient l'eau, et des machines assez curieuses, que nous n'eûmes pas le temps d'examiner. Nous vîmes seulement quantité de ces malheureux qui travaillaient à ces pompes. Nous pénétrâmes jusqu'au fond avec une peine terrible ; mais quand il fallut remonter, le soufre nous avait tellement suffoqués, que ce fut avec des travaux inconcevables que nous regagnâmes la première descente. Il fallut nous jeter à terre plusieurs fois, et les genoux nous manquant, on était obligé de nous porter sur les bras. Nous arrivâmes enfin, après d'épouvantables fatigues, à la bouche de la mine : ce fut là que nous commençâmes à respirer de la manière que ferait une âme qu'on tirerait du purgatoire. Un objet pitoyable se présenta pour lors à notre vue ; on reportait un de ces malheureux, qui venait d'être écrasé par la chute d'une petite pierre que la chute avait rendue dangereuse. Ces pauvres gens exposent leur vie à bon marché : on leur donne seize sous par jour ; et il y a environ six ou sept cents hommes qui travaillent continuellement à ces travaux. Je ne sais si l'on doit plus plaindre le sort des malheureux qui travaillent dans cet enfer, que l'avarice des hommes qui, pour entretenir leur luxe, déchirent les entrailles de la terre, confondent les éléments, et renversent toute la nature. Boëce avait bien raison de dire de son temps :

> Heu ! primus quis fuit ille,
> Auri qui pondera tecti,
> Gemmasque latere volentes,
> Pretiosa pericula fodit ?

Et Pline dit que les Romains, qui avaient plus besoin d'hommes que d'or, ne voulurent point permettre qu'on ouvrît des mines qu'on avait découvertes en Italie. Les Espagnols vont chercher en Guinée des malheureux qu'ils destinent à travailler à leur roc de Potosi ; et il y a des pays où l'on y envoie ceux qui ont mérité la mort, et qui creusent tous les jours leurs tombeaux. On trouve dans cette mine de Coperberyt du soufre vif, du vitriol bleu et vert, et des octaèdres ; ce sont des pierres curieuses, taillées naturellement en figure octogone. Nous partîmes le même jour pour aller à la mine d'argent qui est à Salsberyt : nous y arrivâmes le lendemain mardi. Son nom véritable est *Sala ;* son aspect est un de plus riants de la Suède. Le jour suivant nous allâmes à la mine, qui en est distante d'un quart de mille. Cette mine a trois larges bouches, comme des puits, dans lesquels on ne voit point de fond. La moitié d'un tonneau, soutenu d'un câble, sert d'escalier pour descendre dans cet abîme. L'eau fait aller cette machine d'une manière curieuse ; elle fait la roue, et tourne des deux côtés pour monter et pour descendre. La grandeur du péril se conçoit aisément : on est à moitié dans un tonneau, dans lequel on n'a qu'une jambe ; un satellite, noir comme un diable, le flambeau à la main, descend avec vous, et entonne tristement une chanson lugubre, qui est faite exprès pour cette descente. Cette manière d'aller est assez douce ; mais on ne laisse pas d'y être fort mal à son aise, quand on se voit au bout d'un câble, et qu'on connaît que sa vie dépend entièrement de sa force ou de sa faiblesse. Quand nous fûmes au milieu, nous commençâmes à sentir un grand froid, qui, joint aux torrents qui tombaient de toutes parts, nous fit sortir de la léthargie où nous étions. Nous arrivâmes enfin au fond de ce gouffre, après une demi-heure de marche ; là nos craintes commencèrent à se dissiper, nous ne vîmes plus rien d'affreux ; au contraire, tout brillait dans ces régions souterraines, et après être descendus encore fort avant, soutenus par des échelles extrêmement hautes, nous arrivâmes à un salon qui est dans le fond de la mine, soutenu de colonnes de ce précieux métal ; quatre galeries spacieuses y venaient aboutir ; et la lueur des feux qui brûlaient de toutes parts, et qui venaient frapper sur l'argent des voûtes et sur un clair ruisseau qui coulait à côté, ne servait pas tant à éclairer les travailleurs, qu'à rendre ce séjour plus magnifique qu'on ne peut dire, et semblable aux palais enchantés de Pluton, que les poètes ont mis au centre de la terre, où elle conserve ses trésors. On voit sans cesse dans ces galeries des gens de toutes les nations, qui recherchent avec tant de peine ce qui fait le plaisir des autres hommes. Les uns tirent des chariots, les autres roulent des pierres, les autres arrachent le roc du roc ; et tout le monde a son emploi. C'est une ville sous une autre ville : là il y a des cabarets, des maisons, des écuries, et des chevaux ; et ce qu'il y a de plus admirable, est un moulin à vent, qui va continuellement dans cette caverne, et qui sert à élever les eaux. On remonte avec la machine dans laquelle on est descendu, pour aller voir les différentes opérations pour faire l'argent. On appelle *stuf* les premières pierres qu'on tire de la mine, lesquelles on fait sécher sur un fourneau qui brûle lentement, et qui sépare l'antimoine, l'arsenic et le soufre d'avec la pierre, le plomb et l'argent qui restent ensemble. Cette première opération est suivie d'une seconde, et ces pierres sèches sont jetées dans des trous où elles sont pilées et réduites en boue par le moyen de gros marteaux que l'eau fait agir. Cette boue est délayée dans une eau qui coule incessamment sur une planche mise en glacis, et qui, emportant le plus grossier, laisse l'argent et le plomb dans le fond sur une toile. La troisième sépare l'argent d'avec le plomb, qui fond en écume; et la quatrième sert enfin à la perfection, et à le mettre en état de souffrir le marteau. On ne s'imagine pas qu'il y ait tant de dispositions pour avoir un métal qui n'est que l'excrément de la terre. Les Espagnols ne s'arrêtent point, au Potosi, à toutes ces différentes fontes pour purifier l'argent, depuis qu'ils ont trouvé la manière de l'épurer avec le vif-argent, qui, étant ennemi de tous les autres métaux, qu'il détruit, excepté l'or et l'argent, les sépare de tout ce qu'ils ont de grossier et de terrestre, pour s'unir entièrement à eux. On trouve du mercure dans cette mine, et ce métal, quoique quelques-uns ne lui donnent pas ce nom-là, parce qu'il n'est pas malléable, est peut-être un des plus rares effets de la nature; car étant liquide et coulant de lui-même, c'est la chose du monde la plus pesante; et il se convertit en la plus légère, et se résout en fumée, qui, venant à rencontrer un corps dur, ou une région froide, s'épaissit aussitôt, et reprend sa première forme, sans pouvoir jamais être détruit. La personne qui nous conduisit dans les mines, nous fit voir ensuite chez lui quantité de pierres curieuses qu'il avait ramassées de toutes parts; entre autres un gros morceau de cette pierre ductile, qui blanchit dans le feu loin de se consumer, et dont les Romains se servaient pour brûler les corps des défunts. Il l'a trouvée dans cette mine, et nous en fit présent à chacun d'un petit morceau. Nous partîmes le même jour de cette petite ville pour aller à Upsal, où nous arrivâmes le lendemain mercredi d'assez bonne heure.

Cette ville est la plus considérable de toute la Suède, pour son académie et sa situation : c'est là où on envoie étudier tous ceux qui veulent être de l'état ecclésiastique, dans lequel les nobles ne peuvent entrer; et c'est une politique de ce royaume, afin de ne pas diminuer le nombre des gentilhommes, qui servent ailleurs plus utilement. Nous vîmes la bibliothèque, qui n'a rien de considérable que le *Codex argenteus*, manuscrit, écrit en lettres gothiques d'argent, par un évêque nommé *Ulphila*, en Mésie, ou Asie mineure, trouvé dans le sac de Prague, et enlevé par le comte de Conismarck, qui en fit présent à la reine Christine. Nous allâmes ensuite dans l'église, où nous vîmes le tombeau de saint Éric, roi de Suède, qui eut la tête coupée. On nous donna sa tête et ses os à manier, qui sont tout entiers dans une caisse d'argent. On voit dans une grande chapelle derrière le chœur le mausolée de Gustave Ier et de ses deux femmes, dont il y en a une armée d'un fouet, à cause de sa cruauté. On nous montra dans la sacristie une ancienne idole, *Thor*, que les Suédois adoraient, et un très-beau calice, présent de la reine Christine. Il y a quantité de savants hommes, entre autres *Rudbekius*, médecin, qui a fait un livre très-curieux qu'il nous fit voir lui-même. Cet homme montre, par tout ce qu'il y a d'auteurs, comme Hérodote, Platon, Diodore Sicilien, que les dieux viennent de son pays. Il en donne des raisons fortes; il nous persuada, par le rapport qu'il y a dans sa langue à tous les noms des dieux. Hercule vient de *Her* et *Coule*, qui signifie *capitaine*. *Diana* vient du mot gothique *dia*, qui signifie *nourrice*. Il nous fit voir que les pommes Hespérides avaient été dans ce lieu, qui rendaient immortels ceux qui en avaient tâté. Il nous fit voir que cette immortalité venait de la science qui faisait vivre les hommes éternellement. Il nous montra un passage de Platon, qui, parlant aux Romains, leur dit qu'ils ont reçu leurs dieux de Grèce, et que les Grecs les ont pris des barbares. Il s'efforça de nous persuader que les colonnes d'Hercule avaient été en son pays, et quantité d'autres choses que vous croirez, si vous voulez.

Nous vîmes dans son cabinet quantité d'ouvrages de mécanique. Un des *bâtons ruténiques* pour connaître le cours du soleil, que les Suédois, à ce qu'il dit, ont connu avant les Égyptiens et les Chaldéens. Toutes les lettres runiques sont faites en forme de dragon, qu'il dit être le même qui gardait le jardin des Hespérides. Les lettres runiques, dont les Suédois se servaient, n'étaient que seize en nombre. *Ovenius* est encore un célèbre médecin. *Rédeleius* et *Loxenius* sont renommés; le premier, pour les antiquités, et l'autre pour le droit. *Columbus* pour l'histoire; et *Scheffer*, qui a écrit des Lapons, était fort estimé pour la logique. On voit dans la vieille ville d'Upsal quantité d'antiquités, comme les tombeaux des rois de Suède, et le temple de *Janus*

Quadri-Front, qui a donné lieu d'écrire à *Rudbekius*. Nous nous mîmes dans une petite barque qui partait pour Stockholm, pour de certaines raisons ; et le vent qui était bon s'étant changé, étant encore à la vue d'Upsal, nous marchâmes deux grands milles de Suède, qui valent cinq ou six lieues de France, et arrivâmes à la poste, où nous prîmes des chevaux qui nous conduisirent pendant toute la nuit jusqu'à Stockholm, où nous entrâmes à quatre heures du matin le samedi 27 septembre, où nous terminâmes enfin notre pénible voyage, le plus curieux qui fut jamais, que je ne voudrais pas n'avoir fait pour bien de l'argent, et que je ne voudrais pas recommencer pour beaucoup davantage.

VOYAGE

DE POLOGNE.

Nous partîmes de Stockholm le 3 octobre 1683 [1], pour aller trouver notre vaisseau aux Dalles, qui était parti deux jours devant nous. Nous fûmes escortés de tous nos bons amis jusqu'à une lieue de la ville : là, prenant congé d'eux, nous marchâmes une bonne partie de la nuit, et arrivâmes le lendemain [2] aux Dalles ; c'est le lieu où se paient les droits que le roi de Suède prend sur toutes les marchandises qui entrent ou qui sortent. C'est là où commencent les rochers dont Stockholm est environné, et dans lesquels il est assez difficile de marcher. Notre galiote n'y était pas encore, mais elle parut le lendemain sur le midi. Elle était de Stettin, qui appartient au roi de Suède, dans la Poméranie, et qui donna pendant ces dernières guerres tant d'exercice aux troupes de l'électeur de Brandebourg, qui demeurèrent neuf mois devant les murailles, qui n'étaient défendues que des seuls bourgeois. Elle a depuis été rendue au roi de Suède, comme toutes les autres places qu'il avait perdues, et que le roi de France lui a fait rendre. Nous partîmes le lendemain dimanche à la pointe du jour, poussés d'un assez bon vent, qui se changea bientôt après, et nous obligea d'aller relâcher à Landsor, proche du lieu d'où nous étions partis. Nous eûmes assez de peine à nous retirer entre deux rochers qui nous servirent d'abri ; car la tempête était extrêmement violente, et pensa cent fois nous briser contre les pierres dont

[1] Lisez 1681.
[2] Le dimanche devait être le 4 octobre. En 1681, le 1er octobre était un mercredi (V. le journal de Bayle à la suite de sa vie.) dès lors le samedi était le 4 ; en 1683, le 1er octobre était un jeudi et le dimanche 4.

cette mer est toute pleine. Le jour quatrième d'octobre est célèbre pour nous en malheurs ; il y avait trois ans que ce même jour, dédié à saint François, mon patron, nous fûmes pris des Turcs sur la Méditerranée, à la vue de Nice. Il est difficile d'oublier ces jours-là, lorsqu'ils se marquent dans notre mémoire avec des couleurs si vives et si fortes. Nous demeurâmes trois jours en cet endroit ; et le vent étant un peu moins mauvais, nous nous mîmes à la voile, et vînmes jusqu'à la vue de Wisby, capitale de l'île de Gotland. Cette île, qui est la plus fertile de toute la Suède, a été donnée en apanage à la reine Christine, qui l'a échangée depuis avec celle d'Oëland, contre la ville et seigneurie de Norcopin dans.... On voit un livre des ordonnances de Wisby, dont on s'est servi pour compiler les ordonnances du négoce de mer.

La fortune, qui semblait ne nous être favorable que pour nous mieux faire sentir les disgrâces, ne fut pas longtemps à nous faire sentir de ses caprices ordinaires : il s'éleva la nuit une tempête si horrible, qu'après avoir été pendant un fort long temps dans des horreurs continuelles, nous fûmes contraints, sitôt qu'il fut jour d'aller à toutes voiles relâcher encore une fois en Suède, à Westerwich, en la province de Smaland. Nous vîmes là deux choses dignes de pitié. La première fut la destruction générale de la ville, que les Danois avaient brûlée dans les dernières guerres, et qui était encore pleine de désolation : on commençait à la rebâtir. L'autre était plus récente, et nous fit encore davantage réfléchir sur le péril que nous avions couru : nous vîmes les tristes débris d'un vaisseau anglais qui venait de périr, chargé de sel, dont l'équipage avait eu bien de la peine à se sauver.

Nous demeurâmes dans ce misérable endroit pendant six jours, que le vent contraire nous empêchait de sortir : j'allai tous les jours passer quelques heures sur des rochers escarpés, où la hauteur des précipices et la vue de la mer n'entretenaient pas mal mes rêveries : j'en ai écrit quelques-unes dans le voyage de Suède. Nous sortîmes enfin à la voile, mais nous n'eûmes assez de bon temps que pour nous porter en pleine mer, et nous mettre hors d'état de nous relâcher en quelque endroit que ce fût. La tempête nous prit avec tant de violence, que notre capitaine, des plus ignorants qui fût à la mer, eut cinquante fois envie de se laisser échouer sur quelque banc de sable.

Nous demeurâmes dans des appréhensions continuelles pendant plus de huit jours, qu'un brouillard épais nous empêchait de distingner d'avec la nuit; et enfin nous arrivâmes à la vue du fanal de Dantzick, où notre capitaine vint sottement mouiller, et s'approcha de si près, que, deux heures après, le vent s'étant fait nord-ouest épouvantable, il s'en vint nous donner une des chaudes alarmes que nous aurons de notre vie. Il entra dans la chambre où nous dormions, en pleurant et criant comme un désespéré, et nous assurant notre perte prochaine, et qu'il n'y avait que Dieu qui nous pût délivrer du péril où nous étions. Il est fâcheux d'éveiller des gens qui dorment tranquillement, pour leur apprendre une nouvelle de cette nature; et il fut encore plus horrible, lorsqu'étant sortis sur le tillac, nous vîmes la mer en fureur, dont le bruit se mêlant avec celui que faisait le vent, ne nous présageait rien que de funeste; mais ce fut le comble de la désolation, lorsque le câble étant rompu nous vînmes échouer sur un banc de sable pendant la nuit la plus obscure. Il n'y a point de termes qui puisse exprimer le trouble d'un homme qui se trouve dans ce misérable état; pour moi, monsieur, je ne me ressouviens d'autre chose, sinon que, pendant tout le reste de la nuit, je commençai plus de cinq cents *Pater*, et n'en pus jamais achever aucun.

Enfin le jour vint, le plus agréable que j'aie jamais vu de ma vie, et ayant mis bannière ployée pour témoigner le péril dans lequel nous étions, on nous vint quérir avec des chaloupes, et on nous mit dans la ville.

Dantzick est situé sur la mer Baltique, à l'embouchure de la Vistule. Les plus grands vaisseaux viennent dans les rues qui sont faites en canaux; son entrée est défendue par une très-bonne citadelle qu'on appelle *Mund*. Elle est sous la protection du roi de Pologne; mais, quelque ostentation que ces messieurs fassent de leur liberté, il n'en ont que le nom, et leur protecteur peut bien passer pour le maître. Ils ont depuis quatre ans perdu quantité de leurs priviléges, à l'occasion d'un certain docteur *Strof*, qui excita comme une espèce de sédition. Le roi y vint, et pour châtier les rebelles, il leur fit payer quantité d'argent. Les bourgmestres lui rendirent une starostie, appelée *Poschi*, qui était engagée pour vingt mille ducats. Il ordonna de plus que tous les procès qui excéderaient la somme de mille livres ressortiraient à la cour à Varsovie.

Dantzick est appelé *Gedanum* en latin, et le mot allemand est dérivé du mot de *Dantzen*, qui signifie *danser*. La cause de cette étymologie vient que certains paysans s'assemblaient ordinairement au lieu où elle est bâtie, et ayant dessein d'y bâtir une ville, ils demandèrent cette place à un évêque à qui elle appartenait, lequel leur accorda autant de terre qu'ils en pourraient entourer en se tenant par la main, et faisant un rond en forme de danse.

Dantzick paie soixante mille écus ou environ au roi de Pologne : il a des commis aux portes pour partager les douanes. Le gouvernement de la ville est triple. Le premier Etat est de quatre bourgmestres, qui sont tirés des familles patrices, et de treize conseillers. Les bourgmestres président l'un après l'autre, d'année en année, et le sont toute leur vie, aussi bien que les conseillers. Le second est de vingt-quatre échevins, et le troisième de cent hommes.

Le trafic principal de cette ville est en blés qui descendent de Pologne sur la Vistule, de cire, d'acier et d'ambre, qui se pêche sur son rivage jusqu'à Memel. Il est vrai que cette pêche appartient au marquis de Brandebourg, qui l'afferme plus de soixante mille écus. Lorsque le vent est grand, c'est alors que la pêche est meilleure, et c'est pour lors aussi que les gardes que les fermiers entretiennent rôdent sur la côte avec plus d'exactitude ; et il est défendu sur peine de la vie d'en prendre le moindre morceau. Il est tendre quand il n'a pas pris l'air, et on y peut graver un cachet : il y a plusieurs morceaux dans lesquels on trouve des mouches. Je me suis étonné quand on m'a parlé du grand trafic qui se faisait de cette marchandise ; et comme je m'en étais peu servi, je croyais que les autres n'en cousumaient pas davantage que moi ; mais j'appris en même temps qu'un des grands trafics des Hollandais aux Indes était en ambre, où il s'en consume furieusement. Un grand seigneur indien brûlera quelquefois dans une magnificence pour plus de vingt mille écus d'ambre, et l'odeur n'en est seulement pas agréable : elle est aussi fort saine, et est bonne pour guérir les maux tête.

Ils trafiquent aussi en cendres, en miel et en litharge.

Les fortifications de la ville sont fort bien entretenues, et servent autant à l'embellissement qu'à la défense de la ville. La porte appelée *Hœdor* est d'une très-juste symétrie, et je n'en ai guère vu de mieux proportionnée. Nous remarquâmes dans la ville les rues, qui sont assez larges, mais embarrassées par de grands balcons qui en occupent la moitié. On voit au milieu de la grande place une fontaine qui représente un Neptune de bronze. Les maisons sont fort propres et bien meublées.

L'arsenal est assez grand, et garni de plusieurs belles pièces de canon ; mais la grande église est un vaisseau également admirable par l'élévation de la voûte comme par la charpente. Il y a un certain trou dans lequel les luthériens ont jeté tous les saints et tous les ornements qu'ils trouvèrent dans l'église catholique, qu'ils appellent *l'enfer*.

Les catholiques ont trois ou quatre églises servies par des jésuites, des jacobins, des carmes, et des carmélites ; et je ne fus jamais plus surpris que la première fois que j'entendis la messe. Lorsque le prêtre fut sur le point de lever Dieu, je fus plutôt instruit de l'action qu'il allait faire, par le cliquetis des soufflets que se donnaient les assistants, que par le bruit de la sonnette, qu'il était impossible d'entendre. Il y a peu de gens plus dévots en apparence que les Polonais ; ils sont très-religieux observateurs des jeûnes commandés par l'Eglise : ils ne mangent point de beurre les jours maigres ; mais seulement de l'huile de graine de lin. On ne peut avoir de viande les vendredis, et il y aurait du péril d'en manger en Massovie ; et un Polonais croirait faire une bonne action s'il tuait un homme en cet état.

Il y a de remarquable à Dantzick le moulin à trente roues, qui rend un ducat toutes les heures à la ville. Dans la grande église est un tableau merveilleux d'un peintre flamand, qui, allant à Rome, fut pris des corsaires turcs, et depuis repris des chrétiens. Il s'appelait Jean Du Chêne, d'Anvers ; et il a si bien représenté le jugement, qu'on ne peut rien s'imaginer de plus fort. Je n'ai jamais vu de peinture plus achevée : il est vrai que la justesse du dessin ne s'y trouve pas dans toute sa proportion. On dit qu'un électeur de Brandebourg en voulut donner cinquante mille écus. Nous montâmes au haut du clocher, d'où nous aperçûmes toute la ville, et la mer qui en est à une demi-lieue. Elle approche assez de la grandeur d'Orléans, mais les maisons y sont plus serrées, et il y a beaucoup plus de peuple.

Pour les dames, il leur faut rendre justice, je n'ai guère vu de pays où elles fussent plus généralement belles. Elles y sont toutes fort blanches et ont beaucoup d'agrément. Les femmes de messieurs Mathis sont des plus jolies, et particulièrement la jeune, qui peut passer pour une beauté achevée.

Nous remarquâmes la danse polonaise, qui est toute particulière. Les valets marchent devant, et les maîtres les suivent : ils ne font presque que marcher.

Il y a des bœufs en ce pays d'une grosseur et grandeur prodigieuse : ils viennent de la Podolie, qui appartient aux Turcs, ou de l'Ukraine, dont la meilleure partie leur appartient aussi. Cette province d'Ukraine est habitée par les Cosaques. Le pays est si bon, qu'il suffit d'y semer une fois pour trois ou quatre ans : ce qui tombe de l'épi en le coupant suffit pour semer les terres, et ceux qui veulent les ensemencer deux fois recueillent de même ; il y a peu de meilleurs pays : il est présentement habité par des Cosaques.

Nous apprîmes à Dantzick que M. de Béthune était fort aimé des Polonais, et extrêmement généreux. Dans l'élection du roi d'à présent, pas un général de Lithuanie s'opposait à sa promotion, et voulait le prince de Lorraine ou celui de Neubourg [1]. Le prince de Lorraine a épousé une princesse, Marie, douairière, reine de Pologne : mais il n'était pas porté par la France.

Le roi Michel Coribut Wesnowiscky fut élu roi comme par dépit de ce qu'on ne pouvait s'accorder avant que d'élire un roi [2]. Il recevait une pension de cinq mille livres de la reine pour son entretien. Il mourut fort à point, car les Polonais étaient délibérés à le déposséder. Ses funérailles furent faites avec celles du roi Casimir, qui mourut à Paris.

On a proposé plusieurs fois M. le Prince de Condé dans les diètes pour être roi ; mais les Polonais le craignent trop : ils appréhendent extrêmement qu'il ne voulût entreprendre quelque chose sur la liberté polonaise, dont ils sont extrêmement jaloux. Le comte de Saint-Paul mourut deux jours trop tôt, et n'eut pas le plaisir de se voir roi pendant sa vie. Il avait été reçu d'un commun consentement : mais le ciel en avait ordonné autrement. Les Polonais firent quelque difficulté pour couronner la reine, à cause que la douairière était encore vivante, et voulaient soulager l'Etat, qui ne pouvait entretenir deux reines ; mais le roi fit si bien qu'elle fut couronnée peu de temps après lui.

Les storosties sont des gouvernements de province ; le roi les donne aux gentilshommes et ne peut leur ôter.

Les villes envoient des députés aux diètes que le roi convoque quand il lui plaît ; et le moindre de ces gentilshommes et de ces envoyés peut rompre une diète : car il y a une loi en Pologne qui

---

[1] Cette leçon est conforme à l'édition de 1731. Dans les éditions faites depuis, on lit : Dans l'élection du roi d'à présent, pas un général de Lithuanie *ne s'opposait à sa promotion, mais les autres voulaient* le prince de Lorraine, ou celui de Neubourg.

[2] Cette leçon est conforme à l'édition de 1750 et à toutes les éditions modernes. Dans l'édition de 1731, on lit : *Avant que d'être roi.*

dit que les affaires s'y doivent faire *non pluralitate votorum, sed nemine contradicente*.

Les waivodies ou palatinats sont plus que les starosties : ils sont subdivisés en starosties.

La palatine de M. Vaubrenic, appelée *Boncoschi*, fut abusée par un gentilhomme polonais, qui l'abandonna, et fut reçue et menée en France par lui. Madame la marquise de Bressoi, sa tante, fut chassée de la cour et éloignée de la ville par les menées de la reine, qui appréhendait les engagements du roi, et qui sentait quelques atteintes de jalousie : l'histoire dit que c'était *Seinkamer*, dite la Wolget.

Nous vîmes, le jour que nous partîmes, le grand M. Evelius, professeur en astronomie, un des savants hommes du siècle, et qui reçoit des pensions de quantité de princes, et particulièrement du roi très-chrétien. Cet homme nous fit voir tous les ouvrages que le feu avait épargnés. Il nous raconta les larmes aux yeux, les pertes qu'il avait faites, il y avait deux ans, par un incendie terrible qui avait consumé plus de quarante maisons, et qui avait malheureusement commencé par la sienne.

Il y a près de cinquante ans que ce grand homme travaille et le jour et la nuit. La nuit il s'emploie à observer les astres sur le haut de la maison avec des lunettes de plus de cent quatre-vingts pieds de longueur, et le jour à réduire en écrit ce qu'il a remarqué pendant la nuit. Entre plusieurs choses extrêmement doctes dont il nous entretint, nous apprîmes qu'il était de l'opinion de Copernic, et il nous dit que c'était une chose tout à fait absurde de croire que le ciel tournât autour de la terre, par plusieurs démonstrations dont il nous convainquit. Il nous montra à ce sujet un globe terrestre et céleste, qui prouvait merveilleusement ce qu'il disait. Il nous dit pour une de ses meilleures raisons, qu'il remarquait toujours en un temps une même distance entre la terre et les étoiles fixes, qui sont attachées, aussi bien que le soleil, au firmament, et que dans un autre temps il s'en trouvait beaucoup plus éloigné : ce qui lui faisait connaître que le mouvement était dans la terre, et non dans les cieux. Et là-dessus, lui ayant dit que cette opinion était condamnée parmi nous comme hérétique, il nous dit que le Père.... confesseur de Sa Sainteté, lui avait écrit à ce sujet, et qu'il lui témoignait que l'Eglise condamnait cette opinion jusqu'à ce qu'elle fût prouvée ; mais que lorsque quelqu'un l'aurait éclaircie, il ne trouverait aucune difficulté à suivre l'opinion la plus probable. Dans les observations qu'il fit d'abord dans ce mouvement de la terre, et dans cette approche ou cet éloignement des étoiles, il crut s'être trompé, comme il nous dit, dans son calcul ; mais ayant pendant cinquante ans de suite remarqué la même chose, il ne faisait aucun doute de son opinion.

Il nous dit aussi avoir trouvé la libration de la lune, que personne avant lui n'avait connue, et nous assura que cette connaissance lui avait été d'un très-grand secours pour tous ses ouvrages, dont la quantité surpasse l'imagination. Il en a dédié presque à tous les princes de la terre, pleins de planches faites de sa propre main : il nous les fit toutes voir, et aussi quinze gros volumes, comme la Vie des saints, pleins de lettres que les plus savants de l'univers lui avaient écrites sur quantité d'opinions.

La lune est un corps rond, plein de bosses et de concavités : il l'a dessinée plusieurs fois, et a donné des noms particuliers aux montagnes et aux endroits remarquables qu'il y a observés ; il y a même remarqué des mers, non pas qu'il y ait de l'eau dans la lune, mais une certaine matière qui paraît tout de même que de l'eau. Il travaille présentement à faire un nouveau globe sphérique dans lequel il doit faire paraître toute la science qu'il s'est acquise pendant plus de cinquante ans : il y est aidé par le roi, à qui il prétend le dédier. Il nous montra les plus beaux instruments de géométrie que j'aie jamais vus, et un morceau d'ambre sur lequel il a imprimé lui-même un cachet, sortant de la mer, lorsqu'il était encore assez mou pour souffrir l'empreinte ; car du moment qu'il a eu de l'air, il demeure dur comme nous le voyons.

Le marquis de Brandebourg a fait présent d'une chaise d'ambre à l'empereur, qu'on dit être la plus chose belle du monde, et un miroir à M. le Dauphin, qui passe pour un chef-d'œuvre. Ce prince est sans difficulté le plus puissant de toute l'Allemagne. Son pays a plus de deux cents milles d'Allemagne d'étendue ; et la seule province de Prusse, dont il n'a qu'une partie, lui rapporte vingt-six mille écus par mois. Il fit un festin cet été dernier, lorsqu'il était à Pirmont, dans lequel il dépensa, à ce qu'on dit, cinquante mille écus : il s'y trouva quarante personnes royales, c'est-à-dire de familles royales ou souveraines. Les deux reines de Danemarck et le prince George s'y trouvèrent. Sa cour est plus splendide que pas une autre d'Allemagne ; et si la qualité de roi lui manque, le cœur, la cour, et les revenus d'un roi, ne lui manquent pas.

L'électeur de Brandebourg s'appelle Frédéric-Guillaume, grand chambellan de l'empire, et a épousé Louise Henriette, fille du prince d'Orange Frédéric-Henri. Il a un prince d'environ quinze ans, qu'on appelle *Court-Prince*; il est de la religion calviniste. Nous logeâmes à Dantzick chez Payen, *in Schyper Gulden Hans*. Nous y connûmes M. Macé, horloger, qui avait demeuré longtemps à Constantinople, et qui y acheta sa femme, qui est de Dantzick : l'histoire en est assez plaisante. Ce Polonais nommé.... qui a son frère référendaire, et qui avait été avec son père ambassadeur à la Porte.

Nous entretenions correspondance avec le Transylvain Michel Apaffi, et la France lui donnait beaucoup d'argent pour donner passage sur ses terres à soixante mille Français, et autant de Tartares, qui faisaient diversion des troupes de l'empereur, et que nous soudoyions dans ces dernières guerres. Le duc de Transylvanie est élu par les états du pays, et confirmé par le Turc, auquel il paie tribut. Il jure à son avénement qu'il maintiendra dans le pays l'exercice libre des cinq religions, qui sont, catholiques romains, grecs, luthériens, calvinistes et anabaptistes. Il reçoit tribut des princes de Moldavie et de Valachie.

Le défunt prince de Transylvanie s'appelait Ragotzki, du royaume de Hongrie; et son prédécesseur, Bethlem Gabor, qui épousa Catherine de Brandebourg.

Nous partîmes de Dantzick le mercredi 29 octobre pour Varsovie, dans une petite calèche couverte, pour vingt-quatre écus de la monnaie du pays, qui font environ vingt livres [1] de France. Nous passâmes en sortant par un très-grand faubourg, d'une lieue d'Allemagne de long, qu'on appelle Schotland. Le chemin est très-beau, et le pays très-bon, et les hôtelleries fort misérables; mais on ne s'aperçoit point de cette misère, parce que c'est la mode en Pologne de porter tout avec soi, et même son lit; car on ne trouve dans les hôtelleries que ce qu'on y porte. Cette manière a sa commodité et son incommodité; ce qu'il y a d'incommode est le long attirail qu'il faut traîner après soi; mais aussi il y a cela de commode, que l'on mange toujours quelque chose de bon, et que l'on est toujours couché dans son lit; ce qui est une grande commodité pour un voyageur qui est bien aise d'avoir la nuit le repos, après avoir fatigué tout le jour : cette seule pensée lui adoucit les difficultés du chemin.

[1] L'écu de Prusse valait environ quatre francs, je présume qu'au lieu de : « *environ vingt livres de France,* » on doit lire : *environ quatre-vingts livres de France.*

La raison pourquoi on ne trouve rien en Pologne, c'est que les gentilshommes viennent tout enlever chez le paysan, et le paient le plus souvent en coups de bâton. Tous les paysans sont nés esclaves, et la puissance des seigneurs est si grande, qu'elle s'étend même jusqu'au droit de vie et de mort ; et lorsqu'un gentilhomme a tué un de ses paysans, il en est quitte pour payer le... qui vaut environ sept francs de notre monnaie, et cela sert à le faire enterrer.

Les terres ne se vendent pas à l'argent, mais par la quantité de paysans qui demeurent dessus. Ils sont obligés de travailler cinq jours la semaine pour leur seigneur, et le sixième pour eux et pour leur famille, qui est misérable plus qu'on ne saurait dire. Il arrive bien souvent que les seigneurs ayant besoin d'argent, vendent la liberté à leurs vassaux pour une certaine somme d'argent ; mais sans cela, il ne lui est pas permis d'aller habiter ailleurs, et un paysan qui serait trouvé en fuite serait infailliblement massacré de son maître. Cette domination s'étend sur les femmes comme sur les hommes, et même un peu plus loin ; et si le paysan a une jolie fille, le gentilhomme ne manque pas de prendre le droit du seigneur.

Nous passâmes par Graudenz, assise sur la Vistule, le magasin des grains qui descendent sur cette rivière à Dantzick, à Culm, où nous entendîmes la messe le jour de la Toussaint, dans une fort belle église ; et à Thorn, ville d'un aspect fort agréable, et qui pour cela est appelée *die Schenste*, la jolie.

Thorn est une ville libre sous la protection du roi de Pologne, comme Dantzick, et elle est la capitale de la Prusse royale. Elle est presque dans le milieu du chemin de Dantzick à Varsovie. Le gouvernement est presque semblable à celui de Dantzick, excepté que les quatre bourgmestres s'y renouvellent tous les ans, quinze jours avant Pâques, au dimanche de *Judica*. Ces quatre bourgmestres sont élus ; mais le burgrave, qui est le chef, est nommé par le roi de Pologne. Nous allâmes voir la maison de ville, qui est assez magnifique ; et dans la salle des magistrats sont les portraits des rois de Pologne, depuis Casimir IV, qui régna quarante-cinq ans. A celui-ci succéda *Joannes Albertus*, qui tint le trône huit ans, et fut suivi d'Alexandre, qui vécut cinq ans dans la royauté, et Sigismond Ier y resta quarante et un ans après lui. On élut ensuite Sigismond Auguste, qui demeura roi pendant vingt-quatre ans ; mais son successeur Henri III, qui fut depuis roi de France, n'y fut que trois mois. Ce prince reçut deux couronnes, et avait pour devise, *Manet ultima cœlo;* et d'autres changèrent *cœlo* en *claustro*. Après lui vint Étienne, qui régna dix ans, et Sigismond III, roi de Suède et de Pologne, lui succéda. Le premier royaume lui fut enlevé par Charles IX, son oncle, pendant qu'il était en Pologne. Ce prince fut élu roi de Suède, et s'obligea dans son élection de venir passer chaque cinquième année à Stockholm; mais n'ayant pu tenir sa parole, à cause des guerres continuelles qu'il avait à soutenir contre les Turcs, les Tartares et les Moscovites, il délibéra d'y envoyer un sénat, composé de quarante jésuites, qui représenterait sa cour : ce sénat fut reçu magnifiquement à Dantzick, et s'embarqua pour Stockholm; mais la nouvelle en étant venue, le conseil s'assembla, où présidait Charles, oncle du roi, qui dissuada les Suédois de recevoir un gouvernement de prêtres, et le vaisseau étant à la rade, il alla avec une vingtaine de vaisseaux, sous prétexte de le recevoir, et ayant fait une salve un peu trop forte sur le vaisseau de la société, il le coula à fond, sans vouloir sauver aucun Jésuite, dont il se moquait en leur criant, *qu'ils fissent des miracles comme au Japon, et qu'ils marchassent sur les eaux.*

Sigismond perdit ainsi sa couronne de Suède, que son oncle recueillit; et sachant bien qu'il n'y a point de meilleur moyen pour fomenter une guerre sous le manteau de la religion, il chassa tous les prêtres, et introduisit en leur place les luthériens. Il soutint une guerre en 1604, contre son oncle, qui dura deux ans; mais le roi de Pologne ne put rien faire à cause de la diversion qu'il fallait faire contre les Tartares, qui le pressaient vivement d'un autre côté.

Cela n'a pas empêché que les rois de Pologne, depuis Sigismond III, n'aient joui du titre de rois de Suède jusqu'à Jean-Casimir, dans sa dernière pacification, qui se fit à Oliva, proche Dantzick, où il fut arrêté que Jean-Casimir, étant le dernier de sa branche, condescendrait à jouir seulement de ce titre durant sa vie envers tous les princes du monde, qui lui donneraient ce titre, à la réserve des Suédois.

Sigismond eut deux fils, qui tous deux succédèrent à la couronne : l'aîné était Uladislas IV, qui régna quinze ans. Ce fut sous son règne que se fit cette célèbre entrée des Polonais dans Paris, pour demander la princesse Marie pour leur reine. Uladislas étant mort, son frère Casimir fut élu en sa place, et épousa la veuve de son frère, et régna dix-neuf ans, au bout desquels il remit la couronne, et alla passer le reste de ses jours en France, où il est mort. A celui-ci succéda Michel Coribut Wesnowiscky. Ce prince était bon, mais trop ; et les gentilshommes le méprisèrent si fort qu'ils lui mirent en tête de se retirer dans un couvent, comme il aurait fait, si la mort n'avait prévenu ses desseins. La reine en était consentante, parce qu'elle devait épouser le comte de Saint-Paul, que la plupart souhaitaient pour succéder à la couronne. Ce fut sous lui que Sobieski, qui n'était pour lors que grand maréchal, gagna la fameuse bataille de Cochin en Ukraine, entre le Niester et le Prut. Les Turcs étaient campés et bien retranchés sous la forteresse ; et les Polonais, étant au nombre de près de quatre-vingt mille hommes, ayant passé le Niester le dimanche, se vinrent camper les jours suivants presque à la vue des Turcs. Le jeudi et le vendredi se passèrent en quelques escarmouches, et le soir de ce même jour, les Polonais chargèrent les ennemis. Cette attaque dura toute la nuit, et le samedi matin la défaite commença et ne dura que deux heures, pendant lesquelles on tua plus de trente-huit mille Turcs, sans faire quartier à pas un.

Ussain Bacha, qui commandait l'armée turque, eut bien de la peine à se sauver avec deux mille hommes, qui restèrent seuls de toute l'armée, composée de plus de quarante mille hommes, et qui évitèrent par la fuite d'avoir le même sort que leurs compagnons. Le butin fut grand, et on l'abandonna tout entier aux soldats, excepté la tente d'Ussain, qui fut gardée fort exactement et envoyée au roi. Il n'y avait rien de si superbe que cette tente : elle paraissait plutôt une ville qu'un pavillon de guerre, et tous les officiers y étaient logés. Ussain Bacha repassa la rivière avec près de six mille hommes, mais le pont tomba lorsque toute l'armée était dessus, et plus de quatre mille furent noyés, sans qu'il restât autre espoir à ceux qui évitaient la cruauté de l'eau, que d'être taillés en pièces par leurs ennemis.

Le roi Michel reçut cette nouvelle avec bien de la joie, et cela causa sa mort, qui arriva huit jours après. Il y eut de grandes factions après sa mort, comme il arrive toujours en Pologne en semblables occasions. Sobieski était pour lors grand maréchal et grand général, et fit jurer à toute l'armée, avant que de la quitter, qu'elle donnerait sa voix pour M. le Prince, quoiqu'il ne fût point aimé de la petite noblesse. M. de Beauvais fut envoyé de France ; et soit que ce ne soit pas l'intérêt de la France que M. le Prince devienne roi, ou qu'il trouvât trop de difficulté dans l'esprit de la noblesse, il fit, en plein sénat, la plus belle harangue qu'on ait jamais entendue, faisant connaître à la république que, soit en reconnaissance des services passés, soit dans l'espérance de ceux qu'elle devait recevoir dans la suite, rien ne lui était plus utile que l'élection de *Sobieski*, qui en effet fut élu roi, et couronné ensuite à Cracovie, sous le nom de Jean III.

La douairière du roi Michel a depuis épousé le prince de Lorraine, qui avait plus de part que pas un autre à la couronne de Pologne, si la brigue de France eût été moins forte, et s'il n'était pas tout à fait de ses intérêts d'éloigner ce prince du trône, qui, par cette nouvelle puissance, serait en état d'entreprendre contre la France pour le recouvrement de son duché.

Quoique la Pologne soit liée à la France d'amitié, sans avoir néanmoins beaucoup à démêler avec elle, il est plus de ses intérêts de se tenir bien avec l'empereur, dont elle appréhende l'accroissement en Hongrie. On a vu, il y a environ deux ans, que les Polonais n'ignoraient pas cette maxime, lorsque M. de Béthune était en cette cour pour fomenter la rébellion des Cosaques, à force d'hommes et d'argent. La reine fit arrêter des recrues que M. de Béthune faisait passer chez les rebelles, vers les montagnes de Hongrie, par le palatin de Russie, pour faire connaître par là que la Pologne n'avait aucune part à tout ce qui se faisait de ce côté-là, et que tout venait de la part de le France, qui, par le défaut d'argent, laissa débander les troupes que commandait M. de Guénégaut. Ces troupes étaient composées de quelques Français, de Tartares, et de la plus grande partie des rebelles, qui, voyant qu'il y avait près de deux ans qu'ils n'avaient reçu de paie, se mutinèrent contre les généraux, contre lesquels ils tirèrent, et les arrêtèrent prisonniers dans un village où ils voulaient les massacrer.

Cette action du palatin de Russie, faite par l'ordre de la reine, causa beaucoup d'altération dans l'esprit de M. de Béthune, qui fut un très-long temps sans aller à la cour, aussi bien que madame la marquise, qui ne se pouvait pas bien accorder avec la reine. M. de Béthune ne voulut pas moins de mal au palatin de Russie, petit général de la couronne, pour l'action qu'il avait faite, et lui fit même comme un défi, en lui disant que, s'ils étaient l'un et l'autre à la tête de cinq cents chevaux, on verrait qui l'emporterait ; cependant, ils se sont raccommodés ensemble, et le palatin a fait présent depuis d'un beau cheval turc à M. de Béthune.

M. de Béthune était fort aimé des Polonais ; il n'y a jamais eu d'homme qui ait mieux soutenu son caractère en Pologne que lui : il tenait toujours une table ouverte et avait plus de cent personnes avec lui. Il logeait au palais Casimir, bâti par la princesse Marie.

Les diètes se tiennent de trois en trois ans ; deux se tiennent à Varsovie et une à Grodno ou Wilna, les deux plus remarquables villes de Lithuanie. Cette province a tous les mêmes officiers comme la Pologne, et le général Spas est grand général de Lithuanie. Il se disait dans le pays qu'il pourrait bien arriver que les Lithuaniens en feraient un roi. Ils se voient méprisés des Polonais et du roi même, qui n'a pas pour eux les mêmes égards : on appréhende qu'ils ne se rendent aux Moscovites. Ils demandent la guerre dans toutes les diètes; mais eux, non plus que les Polonais, ne sont guère en état de la faire.

Quand la guerre est déclarée, vous voyez toute la petite noblesse monter à cheval et se rendre à l'armée : elle y demeure tant que leurs provisions durent, qui consistent en une centaine de petits fromages durs comme du bois, une tinette de beurre, et quelque autre chose de cette nature, et lorsque cela est consommé et qu'ils ont mangé l'argent de leurs chevaux, ils s'en retournent chez eux, et sont ainsi fort peu en état de continuer la guerre.

La dernière diète s'est tenue l'année passée, et fut rompue par un petit gentilhomme, qui fut d'avis contraire. Ce fut pendant ce temps qu'arriva l'affaire de messieurs les ambassadeurs, qui, revenant du château, furent insultés par quelques Polonais, qui avaient voulu prendre l'épée d'un page ; celui-ci mit l'épée à la main, et quelques gentilshommes des carosses ayant mis pied à terre, entre autres M. le marquis de Janson, apaisèrent tout. Les Polonais allèrent chercher du secours, et revinrent, avec près de trois cents personnes, fondre de nouveau sur les gens des ambassadeurs, avec des aubouches et des bardiches, en criant : *Zabi, zabi, fransleut; tue, tue*. Ceux-ci sortirent du carrosse et entrèrent chez le palatin de Russie, où ils se défendirent le mieux qu'ils purent contre cette multitude, que la présence des ambassadeurs ne pouvait arrêter, et qui n'empêcha pas que plusieurs des gentilshommes ne furent blessés, et quelques-uns demeurèrent comme morts sur la place.

Le roi vint le lendemain matin, *incognito*, chez messieurs les ambassadeurs, qui logeaient à Sainte-Croix, aux pères de la mission, pour pacifier les choses. Le palatin de Russie y vint aussi, et offrit tous ses gens aux ambassadeurs, pour en faire telle justice qu'il leur plairait. On envoya des envoyés de toutes parts à ces diètes : il y en avait de Perse, de Turquie et de Moscovie. Le Moscovite était conduit dans le carrosse du grand maréchal, attelé des chevaux du roi. Le Turc y était pour les limites qu'il fit planter, avec près de trente mille hommes, à sept lieues de Léopold, comme il voulut; car on n'est pas en état de lui rien contester : cela fit bien du tort à plusieurs personnes qui avaient des biens de ce côté-là, qu'on promit de récompenser d'ailleurs. Cette manière est assez bonne de planter des limites à la tête d'une armée.

La première charge de la couronne est celle de général, possédée par le prince Nitre, neveu du roi, quoique plus âgé.

La seconde est celle de grand maréchal, possédée par Lubomirsky.

Le palatin de Russie est petit général.

Le chevalier de Lubomirsky est grand enseigne.

Monsieur de Morstain, grand trésorier du royaume, sans être obligé à rendre compte : il est puissamment riche, quoiqu'il ait été très-mal à son aise il n'y a pas huit ans.

Toutes ces charges se vendent par les possesseurs; mais si elles viennent à vaquer par la mort, le roi en dispose.

L'archevêque de Gnesne, qui est aujourd'hui... est primat et premier prince du royaume, légat-né, et gouverne tout l'état pendant l'interrègne qui dure une année. La monnaie se frappe à son coin.

Il n'y a presque plus dans l'Europe que le royaume de Pologne qui soit électif. Le roi proposa dans la dernière diète de faire accepter son fils pour successeur; mais les Polonais dirent qu'ils ne le reconnaissaient que comme fils du grand maréchal, et non pas du roi, parce qu'il naquit lorsque le roi n'était encore que grand maréchal. Les troupes se lèvent et se paient aux dépens de la république, qui n'entretient pendant le temps de paix que cinq ou six mille hommes pour garder les frontières des incursions des Tartares. Ils ont quelques régiments de hussards, qui sont des gens armés d'une manière toute particulière. Il n'y a point de hussard qui ne coûte plus de deux mille livres à équiper. Ils ont de gros chevaux et portent une peau de tigre sur l'épaule, les flèches et le carquois derrière le dos, la cotte de mailles sur la tête, le sabre, les pistolets et la demi-lance. Les valets de ces gens précèdent l'escadron à cheval une lance à la main, et, ce qui est assez particulier, c'est qu'ils ont des ailes attachées au dos, et vont fondre dans l'occasion au milieu des ennemis, et épouvantent les chevaux des ennemis, qui ne sont pas accoutumés à ces visions, et font jour à leurs maîtres qui les suivent de près. La république a aussi quelques Tartares, qu'elle entretient en temps de paix, qui sont comme les Suisses, et se donnent à ceux qui les veulent soudoyer. Ce sont au reste les plus méchantes troupes du monde, et ils firent bien connaître que leurs chevaux étaient meilleurs qu'eux, lorsque apercevant les Suédois qui passaient la Vistule, ils aimèrent mieux les éviter que de les attendre, et abandonnèrent le roi Casimir, qui n'eut que le temps de faire monter la reine en carrosse, qui voyait de son château les Suédois qui passaient le fleuve et qui entrèrent dans Varsovie, et de l'autre les Polonais et les Tartares qui fuyaient plus vite que le vent. Ils ravagèrent toute la ville, conduits par Charles-Gustave, père du roi d'à présent, qui permit aux soldats qui voulaient emporter la belle colonne qui est à l'entrée de la porte de Varsovie, de le faire [1], s'ils pouvaient l'enlever sans la rompre.

Dans la dernière diète il fut résolu que l'on n'y allumerait point de chandelle, afin que l'on ne vît point ceux qui dormaient, parce qu'il arrivait bien souvent que comme les Polonais vont à la diète sur les trois ou quatre heures, en sortant de table, où ils ont bu plus que de raison, on prenait le temps, pour faire passer quelques articles, de les proposer lorsque ceux qu'on savait d'un sentiment contraire dormaient ; ce qui passait n'étant disputé de personne : c'est pourquoi ils ont voulu bannir la lumière de leur assemblée, pour y augmenter davantage la confusion, si elle peut être plus grande, et pour ne pas voir ceux qui dorment.

Varsovie est en Mazovie, capitale de la haute Pologne, et le lieu où se tiennent les diètes, de trois en trois ans. Cette ville est assise sur la Vistule, qui vient de Cracovie et qui apporte bien des commodités de Hongrie, et particulièrement du vin le plus excellent qu'on puisse boire. Il n'y a rien de remarquable que la statue de Sigismond III, mise par son fils Uladislas, qui est à l'entrée de la porte, sur une colonne de jaspe sur laquelle les Suédois tirèrent plusieurs coups de canon. La figure est dorée de plus d'un ducat d'épais. La ville est très-sale et très-petite, et ne consiste proprement qu'en sa grande place, au milieu de laquelle est la maison de ville, et autour quantité de boutiques d'Arméniens, fort richement garnies d'étoffes et de marchandises à la turque, comme arcs, flèches, carquois, sabres, tapis, couteaux et autres. Il y a une très-grande quantité d'églises et de couvents. Nous vîmes le palais Casimir, bâti par la reine défunte, et présentement si délaissé, que tout y fond. Nous y vîmes plusieurs de ces chaises

---

[1] Ces mots, *de le faire*, ne se trouvent point dans la première édition.

par le moyen desquelles on monte et on descend d'une chambre à l'autre. Ce fut de ce palais que la reine vit les Suédois passer la rivière qui en mouille les murs, et c'était là que demeurait M. de Béthune.

Nous allâmes rendre visite à M. Lubomirsky, grand maréchal, qui est un des plus riches princes de Pologne. Son père était généralissime, et eut de grandes jalousies contre Potosky, autre général, qu'ils assoupirent néanmoins par le mariage que fit Lubomirsky de son fils avec la fille de Potosky. Elle est morte, et ce prince a depuis épousé la fille du chambellan. Lubomirsky, père de celui-ci, prit les armes contre son roi et battit ses troupes plusieurs fois. Il était accusé de favoriser l'Autriche pour l'élection future, et d'appuyer ce grand parti de la confédération.

Ce seigneur nous fit voir toute sa maison avec une bonté particulière. Il l'a achetée depuis cinq ou six ans, et l'a eue à très-grand marché, elle s'appelle *Jesdoua*, et n'est qu'à une portée de canon de la ville. Ce prince fait travailler continuellement dans son jardin à des ermitages et à des bains qui seront très-beaux. Son palais est plein de quantité de beaux originaux, qu'il a amassés avec grand argent. Sa galerie est fort curieuse. Il nous fit voir une grande pièce qui lui était venue depuis peu d'Augsbourg, dans laquelle il y avait une horloge, un carillon, un mouvement perpétuel, et quantité d'autres choses : le tout était fait en forme d'un grand cabinet d'argent.

Il nous fit voir l'endroit où son grand-père avait remporté la première bataille contre les Turcs, à Choczim, où Osman était en personne, et où il demeura plusieurs milliers d'ennemis sur la place. Ce lieu est heureux pour les Polonais ; ils y ont remporté deux signalées victoires, et particulièrement la dernière, qui a beaucoup contribué à la paix.

Nous allâmes au château, qui n'a rien de beau que les chambres du sénat, et celle de marbre, où est dépeinte la prise de Smolensko par les Polonais sur les Moscovites, où il firent un grand carnage, et prirent deux fils du grand duc, qu'ils amenèrent prisonniers à Varsovie, où ils sont morts ; et on leur a fait bâtir une chapelle qu'on appelle encore la chapelle des Moscovites, qui est devant le lieu où nous logions. Il y a dans le château une très-belle tapisserie relevée d'or, qui fut apportée de France par le roi Henri. Une partie fut engagée aux habitants de Dantzick, par Casimir, pour subvenir aux nécessités de l'État.

Le palais de M. Morstain, grand trésorier du royaume, est le plus superbe de tous, tant par la belle entente du dessin, que par la richesse des meubles qui l'ornent. Ce seigneur nous reçut chez lui avec toute l'affabilité possible; il nous fit voir tous les appartements de son palais, et quantité de tableaux qui sont dans sa galerie. Nous saluâmes madame la trésorière, qui est Ecossaise, que nous trouvâmes avec le général de Béarn, qui a servi la France en Hongrie. Monsieur Morstain a acheté en France la terre de Montrouge, de M. le marquis de Vitry. Il prétend que son fils, qu'on appelle M. de Château-Vilain, et la reine en dérision, Petit-Vilain, demeure en France, et possède tous les biens qu'il y a achetés; et ce qui restera en Pologne sera pour une grande fille qu'il a prête à marier. Il nous pria de manger chez lui.

On voit aussi la maison du palatin de Lublin.

Le général Spas est grand général de Lithuanie : il s'opposait fort à l'élection de Sobieski, mais on le gagna à force d'argent.

Il est défendu de tirer le sabre pendant les diètes, sous de grosses peines, et de se battre en Pologne, à trois lieues loin, où est le roi et le grand maréchal.

M. de Beauvais ne proposa dans sa harangue que le prince de Neubourg pour être élu, et ne se souciait pas qui fût roi, pourvu que ce ne fût pas le prince de Lorraine. Les élections des rois se font dans la campagne, où on bâtit un cahute de planches. On a vu au couronnement du roi d'à présent ce qu'on n'avait jamais vu, et ce qu'on ne verra peut-être jamais, un roi suivre le corps de deux autres dans la sépulture du roi Michel et du roi Casimir. Le couronnement se fait à Cracovie.

Le roi Michel était un petit génie, il ne se plaisait qu'à avoir des images et des montres; et demandant une montre à la reine, il dit qu'il voudrait en faire des boutons à son justaucorps. Quand il fut élu roi, la reine lui faisait une pension de cinq mille livres, M. Sericant lui en prêtait un tiers.

Les Polonais sont extrêmement fiers, et se flattent beaucoup de leur noblesse, qui la plupart est obligée de labourer la terre, tant elle est misérable. Un petit noble porte son sabre en labourant la terre, et l'attache à quelque arbre; et si quelque passant ne le traitait pas de *Mouche-Panier*, et l'appelât seulement *Panier*, qui signifie comme maître, il lui ferait mauvais parti.

Au reste ils sont fort civils, et ont toujours les premiers la main au bonnet. Ils sont grands observateurs des jeûnes, et font des abstinences plus qu'on ne leur en commande. Quelques Polonais ne mangent point de viande le lundi et le mercredi; pour le vendredi, presque tous ne mangent point de beurre, et le samedi rien qui ait été bouilli, mais seulement rôti. Cette dévotion s'étend aussi sur les animaux ; et notre valet ayant donné quelque chose de gras à un chien un samedi, l'hôtesse voulait le maltraiter, croyant faire une action méritoire.

Les Polonais font des dépenses considérables en enterrements, et les diffèrent longtemps par magnificence. Il y a des grands seigneurs que l'on n'enterre que cinq ou six ans après leur mort, et sont en dépôt dans des chapelles ardentes qui coûtent beaucoup. Le jour de l'enterrement on fait entrer des hommes armés comme des anciens chevaliers, qui viennent comme à cheval dans l'église ; et viennent en courant rompre leur lance au pied du cercueil.

La maison des pères de la Mission, où les ambassadeurs logeaient, est assez étendue. Ils font bâtir une église qu'on appelle Saint-Croix ; mais elle demeure là jusqu'à ce que quelque honnête homme achève de ses deniers ce que les pères ont commencé. Ils furent établis avec des religieux de Sainte-Marie par la reine défunte ; ils se sont beaucoup agrandis, et l'évêque de Cracovie les établit présentement dans son diocèse. Le supérieur n'y était pas ; nous y vîmes le père Mumasan.

Les rebelles de Hongrie se sont révoltés au sujet de la religion, contre l'empereur, qui ne voulait pas leur permettre la liberté de conscience.

Michel Apaffi est prince de Transylvanie. Il jure à son avénement de maintenir quatre religions dans ses États. Le plus grand plaisir de ce prince est de boire ; et qui le peut faire est sûr de faire sa fortune. La capitale de Transylvanie est Cuisvar.

Le jeune prince, de six ou sept ans, est élevé dans les inclinations de son père, et porte toujours une bouteille à son côté en forme de bandoulière. M. Acakias a été résident fort longtemps en ce pays ; c'est présentement M. du Verdet. Le chevalier de Bourges, qui en venait avec M. Acakias, qui était resté malade à Léopold, nous assura que dans un repas qu'il avait fait au résident, il avait fait attacher les cheveux à un esclave, et ayant passé un bâton au travers, il avait pris plaisir, pour divertir la compagnie, de le faire brandiller pendant tout le repas. Il le fit ensuite courir tout nu pendant dix-huit lieues, à côté du carrosse de la princesse Telechi [1] : c'est le grand ministre de l'Etat, et par les mains de qui tout passe. Le prince n'ouvre pas seulement une

[1] Tekeli.

lettre et ne songe qu'à boire. Ce Telechi est l'homme le plus barbare qui soit au reste du monde; il y a plus de fers dans sa maison que dans Marseille. Telechi est le chef de l'armée et celui qui entretient les rebelles. Ce prince de Transylvanie rend quatre-vingt mille écus de tribut au Turc. Il a payé cette année double tribut, à cause que quelque Turc a été tué sur les terres du Transylvain.

Bethlem-Gabor fut le premier qui se rendit tributaire de la Porte pour dix faucons. Son successeur, Michel Basous, fut obligé de payer dix mille écus, et Ragotzki en paya vingt, et celui-ci quatre-vingts.

Nous fîmes le chemin de Javarow à Javarouf en six jours; il y a quarante lieues ou environ. Javarouf est le lieu le plus vilain, non-seulement de la Pologne, mais de tout le monde. La cour y demeurait cet hiver-là, à cause de la grossesse de la reine qui y devait faire ses couches. La cour s'arrête peu en un lieu : elle voyage continuellement et le plus agréablement du monde; car toute la Pologne est le plus beau pays de chasse que j'aie jamais vu, et ce voyage est une chasse continuelle. Nous eûmes l'honneur de saluer le roi, et de baiser la main à la reine, qui nous reçut avec la bonté qui est ordinaire à ce prince pour tout le monde, et particulièrement pour les étrangers. Il prit un plaisir singulier à nous faire réciter des particularités de notre voyage de Laponie, et ne cessait point de nous interroger. La reine n'était pas moins curieuse, et s'informait de toutes choses. Cette princesse est une des plus accomplies de l'Europe : elle a environ trente-huit ans; et la nature a pris plaisir de lui faire part de tous ses dons. Elle est la plus belle personne de la cour, la mieux faite, et la personne du monde la plus spirituelle : il suffit de la voir pour le connaître; mais on en est encore bien mieux persuadé lorsqu'on a eu l'honneur de l'entretenir. C'est elle qui a mis la couronne sur la tête du roi; et l'ambition, qui est le noble défaut des grandes âmes, était dans cette princesse au souverain degré. Ce fut elle qui inspira au roi de tâcher à monter sur le trône; et elle n'épargna pour cela ni argent ni promesses, et fit tant qu'elle en vint à bout, malgré les fortes brigues du prince de Lorraine : il est vrai que l'arrivée de M. de Beauvais ne servit pas peu. Il arriva la veille qu'on devait finir la diète, et proclamer le lendemain le prince de Lorraine roi. Il fit tant, dans le peu de temps qu'il avait, qu'il ménagea si bien les esprits qu'on prolongea la diète pour quelques jours, pendant lequel temps il eut le loisir d'agir aussi heureusement qu'il a fait.

La famille royale est la plus accomplie qui se puisse voir. Le prince aîné s'appelle *Louis-Henri-Jacob*. Le roi de France, la reine d'Angleterre et son grand-père, l'ont tenu sur les fonts. Ce prince est sur sa quatorzième année, et promet tout ce qu'on peut espérer d'un grand prince : il est bien fait, danse bien, et parle quatre langues comme sa naturelle; l'allemand, le latin, le français et le polonais. Il dit qu'il veut, pour satisfaire le roi, qui sait parfaitement ces langues, apprendre toutes les langues de l'Europe. La princesse, âgée de sept à huit ans, est très-jolie, et a été couronnée dans le ventre de sa mère. Le prince Alexandre, âgé de six ans [1], est le plus aimable prince qu'on puisse voir; il y a encore le prince Amour, âgé de trois ou quatre ans. La reine est présentement grosse, et a eu quatorze enfants, et ne laisse pas d'être aussi fraîche qu'une femme de vingt ans, et se porte parfaitement bien. J'ai eu l'honneur de tenir le jeu du roi à l'hombre, de jouer avec lui, et pour comble de faveur, de manger avec lui à sa table, monsieur l'ambassadeur étant à sa droite, et moi à sa gauche. Le grand écuyer y était avec le *staroillat* de..... Nous accompagnâmes ce jour-là le roi à la chasse. La Pologne est un pays fait exprès pour ce divertissement : le mot le fait assez entendre; car *Poln*, d'où il vient, signifie *campagne* en langue esclavone. Mais les chasses ne se font pas de même qu'en France. On fait une enceinte de filets qu'on borde de soldats pour faire sortir le gibier par l'ouverture qu'on a laissée. On fait entrer dans cette enceinte quantité de chiens et de piqueurs pour les appuyer, qui font sortir tout ce qu'il y a dedans. Chacun prend son poste, éloigné l'un de l'autre de deux portées de mousquet, et lorsqu'il paraît quelque chose, soit loup, renard, chevreuil, etc., on lâche tant de lévriers, qu'il faut que l'animal soit bien fin s'il les évite. Nous fîmes une très-grande chasse ce jour-là : en moins de quatre heures on prit plus de dix chevreuils, trois loups, cinq ou six renards, quantité de lièvres; mais ce qui rendit la chasse belle et sanglante, ce fut un sanglier de la grosseur d'un cheval, qu'on tua après qu'il eut tenu fort longtemps contre les chiens; il en tua quelques-uns et en estropia plusieurs, blessa des hommes et des chevaux; mais enfin on lui tira un coup d'arquebuse dont il mourut. On l'amena sur une charrette au roi, et tout le monde avoua qu'on n'avait jamais vu un si furieux animal. Il fallut un

---

[1] Mort à Rome le 19 novembre 1714, à 37 ans, peu de jours après avoir pris l'habit de capucin, était donc né en 1677.

chariot pour reporter tous les chiens estropiés, comme on reporte les blessés après un combat.

Nous vîmes à la cour M. le marquis de Vitri, ambassadeur extraordinaire, qui nous reçut avec une bonté particulière. Nous n'eûmes point, pendant tout le temps que nous fûmes à la cour, d'autre maison ni d'autre table que la sienne. Nous vîmes chez lui M. de Valalé, son écuyer; M. Noblet, qui partit pour France le lendemain que nous fûmes arrivés; MM. Pelissier et Devilles, secrétaires; M. le marquis d'Arquien, à qui la reine donne vingt mille livres par an; c'est le rendez-vous de tous les Français pour le plaisir et pour le jeu; M. le comte de Matigny son fils, qui est capitaine de dragons, et à qui la reine donne deux mille écus. Nous vîmes dans la maison de M. d'Arquien, M. d'Alerac, M. de Valalé, etc.

La reine a trois gentilshommes français, M. de Ryon, M. des Forges, et M. de Villars, qui a été exempt des Suisses de Monsieur. Il a fait une course en France.

Nous connûmes à la cour M. le grand écuyer, M. Jalonsky, vice-chancelier de la reine, homme d'esprit; M. Sarnosky, secrétaire du roi; M. Dalanty, Italien, secrétaire du roi; M. Dumon de l'Espine, valet de chambre.

C'est la coutume en Pologne de faire des présents aux jours de fêtes. La princesse Radzivil s'appelle Catherine [1]. Sa fête vint dans le temps que nous y étions; la reine lui fit un présent, et voulut qu'on dansât le soir à la cour.

Ces sortes de danses ne finissent jamais; et, depuis que l'on commence jusqu'à ce que l'on finisse, tout le monde danse ensemble, sans discontinuer, et le cavalier fournit avec la dame sans s'arrêter.

Ils ont une manière de danse à la russienne, qui est fort plaisante. M. le chevalier Lubomirsky, grand enseigne du royaume, la danse parfaitement bien.

On ne danse jamais davantage qu'aux mariages où le roi fait toute la dépense, pendant six ou sept jours que la femme ne demeure point chez son mari; et le jour qu'on lui met entre les mains il traite tout le monde.

Les Polonais sont fiers, se flattant beaucoup de leur noblesse, et employant tout ce qu'ils ont pour avoir un beau cheval, un habit propre, et un sabre magnifique. Ils sont assez bien faits;

---

[1] 26 novembre.

mais les femmes ne leur ressemblent pas : à peine en trouve-t-on à la cour deux qui soient supportables. Ils se plaisent dans la quantité de valets ; et les petits nobles qui n'ont pas de quoi vivre s'attachent auprès des grands.

Les femmes ne sortent guère, et vont embrasser la cuisse de leurs maris lorsqu'ils rentrent dans la maison. C'est la manière de saluer la plus ordinaire en Pologne, et on ne salue point les femmes de qualité autrement qu'en leur embrassant la cuisse. Il y en a de qui les embrassades sont un peu fortes, et qui sont bien aises de sentir ce qu'ils embrassent. Elles sont fort superbes en habits, et portent toutes de l'or et de l'argent. Leur habillement est un justaucorps d'homme sans être boutonné, et une jupe ; elles portent des bottes comme les hommes.

Il n'y a pas au monde un pays plus plat que la Pologne : nous l'avons presque traversée tout entière sans avoir trouvé une seule montagne ; ce qui fait que le pays étant plat, il y a peu de ruisseaux, qui ne peuvent y couler, ce qui rend l'eau fort rare ; mais en récompense ils font de très-bonne bière, et particulièrement celle de Varca, qui est renommée dans le pays pour la meilleure. Toutes ces grandes plaines sont semées de blé, et en fournissent à toute l'Europe.

Il n'y a point de place fortifiée dans la Pologne que Léopold, qui confine aux Turcs ; encore sont-ce des fortifications à la polonaise, que les Français détruiraient de leurs regards. C'est par cette raison qu'ils prétendent assurer leur liberté ; et n'ayant point de lieu pour se mettre à couvert, il faut qu'ils fassent des remparts de leurs corps. Ils sont sûrs de battre les Turcs quand ils voudront, comme ils ont toujours faits ; mais avec cela, ils ne laissent pas de perdre leur pays contre eux. Les Tartares sont les ennemis qu'ils redoutent davantage. Ce ne sont point des gens qui cherchent la gloire dans les combats ; ils ne demandent que le butin dont ils vivent. Leurs troupes ne sont point en ordre : ils viennent fondre sur le camp des ennemis, prennent tout ce qu'ils peuvent, et au premier coup de tambour, que le capitaine a à l'arçon de sa selle, ils se retirent, et reviennent un quart d'heure après d'un autre côté : en sorte qu'on les a toujours sur le dos, et par ce moyen ils désespèrent les ennemis, qu'ils molestent et arrêtent continuellement. Ils ont cela de particulier, qu'ils combattent en fuyant, et tirent des flèches par-dessus leurs têtes, qui vont retomber sur leurs ennemis. Ils font des courses fréquentes en Pologne, lorsqu'on ne leur paie pas les dix mille *cousuques* qu'on est obligé de leur fournir tous les ans, qui sont des robes faites de peau de mouton. Les Tartares, venant en course, feront de trente et quarante lieues en une nuit, mettant un petit sac plein de paille attaché à la tête de leurs chevaux, qui ne s'arrêtent point pour manger, et un morceau de viande qui cuit sous la selle; en sorte que n'étant point avertis de leurs marches, ils prennent tout ce qu'ils trouvent dans la campagne, hommes, femmes, enfants, qu'ils vont vendre ensuite à Constantinople, par la mer Noire : mais ils ont cela, qu'ils n'attaquent jamais les lieux qui sont enclos, et quarante mille Tartares n'attaqueront pas un méchant village, pourvu qu'il soit seulement fermé de planches, parce qu'ils appréhendent les embûches, et qu'ils ne veulent pas s'engager.

Les Polonais tâchent à ménager l'alliance des Tartares, et s'en servent, pourvu que ce ne soit pas contre le Turc, pour lequel ils se déclarent toujours, comme étant mahométans, et s'étant rendus tributaires du Grand-Seigneur, à la charge que si la race ottomane venait à manquer, le kam des Tartares succéderait à l'empire.

Le roi Casimir en avait plus de vingt mille quand les Suédois entrèrent en Pologne ; mais ils n'attendaient pas l'ennemi, et du moment qu'ils le savaient à dix lieues seulement près d'eux, ils fuyaient comme s'ils l'avaient eu à dos.

La république entretient toujours sur les frontières sept ou huit mille hommes de troupes réglées, pour empêcher les courses des Tartares. Le roi n'entretient point ces troupes-là, mais seulement les éduques, les semelles et les janissaires. Les premiers sont habillés de bleu, avec de gros boutons et plaques d'étain, et un bonnet de feutre en tête. Ils ont le fusil et la bardiche, qui est une arme faite de cette figure...., et qu'on dit être très-bonne. Les semelles sont d'autres soldats armés de même : mais tous les janissaires sont Turcs, habillés comme des janissaires, tels que j'en ai vu en Turquie. Il arriva pendant la dernière diète une chose assez particulière : une compagnie turque de la garnison de Caminiek, déserta tout entière, avec les armes, son drapeau, les caisses, et ses officiers, et vinrent offrir leurs services au roi de Pologne. Le roi agit pour lors en grand prince, et avec son intrépidité ordinaire ; car, malgré les sollicitations de la reine et de tout son conseil, qui lui persuadait de ne point prendre ces gens à son service, dans la conjoncture des affaires, où il y avait pour lors un ambassadeur turc à la cour, qui faisait appréhender, comme il y avait bien du vraisemblable, que ce ne fussent des espions (la suite a fait voir néanmoins qu'il était plus éclairé que tous les autres), il les a encore à présent, et leur donne double paie. Mais c'est une chose fort extraordinaire, de voir une compagnie tout entière déserter avec les officiers.

La plus belle milice des Polonais sont les hussards, les tavaches et les pansars, qui sont tous nobles. L'armure des hussards est quelque chose de singulier. Le roi a encore une compagnie d'environ cent reyters, qui le suivent partout.

Nous vîmes, à Vauroni, M. Acakias, qui revenait de Transylvanie, qui nous instruisit de ce pays, qu'il dit être distingué en Transylvains et en Saxons; que les premiers étaient les maîtres, et que les autres étaient comme les esclaves. Les Saxons sont des gens venus du pays de Saxe, et qui sont là comme les juifs, quoiqu'ils soient plus gens de bien que les autres. Les Transylvains voyagent sans donner un sou, en logeant chez les Saxons; et lorsqu'en chemin faisant les nobles Transylvains ont pris quelque gibier, ils envoient un de leurs valets au marché avec, et les maîtres demandent du gibier pour le repas. Le pauvre Saxon est obligé de l'aller acheter du valet de ces maîtres, et de le payer ce qu'ils veulent. Tout le monde presque parle latin dans ce pays.

La langue polonaise est esclavone, comme en Moscovie et Tartarie, et il y a autant de différence entre ces langues, qui n'ont pourtant qu'une même source, comme entre l'espagnol et l'italien, qui dérivent du latin. Les langues vivantes dont on se sert dans l'Europe, peuvent se réduire à deux, car je ne parle point des langues mortes, comme la grecque, l'hébraïque et la latine, et la langue arabique étant en Asie ce qu'est la latine en Europe, et avec cette langue on peut aller depuis le Bosphore jusqu'aux terres des Indiens les plus reculés. Il n'y a donc que deux langues matrices qui ont leurs dialectes; et ces langues sont la teutone et l'esclavone. L'esclavone est familière à Constantinople, et a pour principaux dialectes la russinique pour les Moscovites, la dalmatique pour les Transylvains et pour les Hongrois, la bohémienne et la polonaise, et quelques autres qui ont cours sur les Valaques, Moldaves et petits Tartares.

La teutone a trois principaux dialectes, le germanique, le saxon et le danois; et de ceux-ci sortent d'autres idiomes, comme l'anglais, le flamand, le suédois, etc. La langue grecque est morte, et moins corrompue que la latine, et se parle dans les îles de l'Archipel, dans l'Achaïe et dans la Morée. Il y a plusieurs autres petites langues matrices, qui ont fort peu d'étendue, comme l'albanaise en Epire et en Macédoine ; celle des Bulgares pour la Servie, la Bosnie et Bulgarie ; celle des Cosaques ou petits Tartares, le long des rives du Tanaïs ; celle des Finlandais et Lapons ; celle des Irlandais ; la biscaïenne et la bretonne.

Nous partîmes de la cour après avoir pris congé de Leurs Majestés, le vendredi, et fûmes conduits par le sieur de Valalé. Nous passâmes le lendemain par Jéroslans, qui donne le nom à un duché dont la moitié appartient à la reine. Nous vîmes quelques petites villes qui n'ont rien de remarquable. Nous fûmes, pendant le chemin, attaqués de trois voleurs [1]. Nous étions dans notre carrosse enfermés de toutes parts à cause du vent : notre cocher, à qui ils dirent d'arrêter, n'en voulut rien faire et nous fit signe de prendre nos pistolets, ce que nous fîmes promptement, et sortîmes du carrosse le pistolet à la main, et le valet avec un bon fusil, qui les coucha en joue. Quand ils virent cette disposition, ils demeurèrent tout court, et nous regardèrent sans oser approcher. Nous continuâmes notre chemin à pied, le pistolet à la main ; et comme il était tard, nous arrivâmes peu de temps après à l'hôtellerie, où ils envoyèrent deux de leurs compagnons, qui vinrent comme des passagers pour examiner notre contenance. Ils virent que nous apprêtions nos armes et que nous fûmes toute la nuit sur pied. Nous ne les connaissions point pour ce qu'ils étaient ; et comme il était déjà tard, nous n'avions pu les remarquer, à cause de l'obscurité. Ils sortirent deux heures devant le jour, et nous nous disposions à partir, quand le cocher nous dit qu'il les avait vus se joindre à quatre autres, aux environs de le maison, et qu'ils avaient gagné le bois qui était à cent pas de là. Nous ne jugeâmes pas à propos de partir qu'il ne fût jour : et nous attendions qu'il fît clair, quand nous entendîmes passer quatre chariots avec deux bœufs chacun. Nous nous servîmes de cette occasion pour passer dans le bois ; et comme il faisait clair de lune, nous fîmes prendre à tous les charretiers des bâtons blancs, qui paraissaient au clair de la lune comme si c'eût été des fusils. Nous passâmes ainsi sans qu'ils osassent nous attaquer, quoique nous entendissions siffler de tous côtés. On nous dit à la première ville que ce bois en était tout plein, et qu'il était difficile d'y passer sans être volé.

[1] Voici qui se trouve répété en d'autres termes page 162.

Nous arrivâmes à Cracovie le jeudi matin; nous eûmes de la peine à trouver à nous loger, car il n'y.a point d'hôtellerie. Nous trouvâmes un Italien qui nous mena chez lui. Cet homme nous étourdit d'abord de son grand bruit, comme tous ceux de sa nation; il ne nous parlait que par millions, et par son équipage, ses chevaux et sa calèche. Nous ne fûmes pas longtemps à reconnaître le pèlerin pour le plus fourbe qui fut jamais. Sitôt que nous nous mîmes à table, il alla emprunter trois cuillères de bois chez son hôte, et nous dit qu'il avait donné les siennes d'argent à blanchir. On parla de sortir après le dîner, et lui demandant s'il n'avait point d'épée, il nous dit qu'il était malheureusement tombé le jour d'auparavant, qu'il l'avait cassée en tombant, et l'avait donnée au fourbisseur. En considérant nos pistolets, il nous dit qu'il en avait une paire qu'il avait achetée à Amsterdam, qui tiraient deux coups, qui étaient chez l'armurier pour être nettoyés. Il nous avait dit qu'il nous mènerait dans sa calèche pour voir les mines; mais quand ce vint au fait et au prendre, il nous dit que sa calèche était peinte de frais, et qu'il y avait quatre de ses chevaux qui étaient boiteux. Mais ce qui fut de plus plaisant, c'est qu'il ne cessait pas de nous dire qu'il ne prétendait aucun argent pour le temps que nous logerions chez lui; et quand il fallut aller au marché, il vint nous demander un écu, disant qu'il avait changé tout son argent en lettres de change sur messieurs Pessalouki de Vienne. Il avait, disait-il, un procès qui lui importait, de dix mille francs, deux maisons dans la ville qui lui venaient de sa femme; et néanmoins il voulait s'en retourner avec nous le jour suivant, sans dessein de retourner jamais. Et lui demandant pourquoi il quittait un si beau bien et de si belles espérances ; *Oh!* dit-il, *cela ne m'embarrasse pas ; je ferai tout cela demain : je gagnerai mon procès, je vendrai mes maisons.* Nous reconnûmes fort bien toutes ses fourberies, mais nous voulûmes nous en divertir jusqu'au bout ; et pour pousser la raillerie plus loin, je lui demandai s'il voulait me donner des lettres de change pour Vienne, que je lui donnerais de l'argent. A cette proposition, la joie commença à éclater sur le visage de notre fourbe; il se mit en devoir de faire les plus belles lettres de change que le plus célèbre banquier fît jamais : mais, par malheur, il ne se trouva ni encre ni papier dans la maison. Je lui demandai ensuite à voir les chevaux. Mon coquin vit bien qu'il était pris pour dupe, et qu'il avait affaire à des gens aussi fins que lui. Je n'ai jamais vu un homme si consterné ; et nous prenions plaisir à nous servir des termes dont il usait ordinairement : *Italiani non sono miga crilloni;* et nous disions *France* au lieu d'*Italiani*. Nous lui remîmes en face une infinité de fourberies, de mensonges, de contrariétés, et nous eûmes le plaisir de confondre le plus grand fourbe du monde.

Cracovie est la première ville de la haute Pologne; infiniment plus belle, plus grande et plus marchande que Varsovie. Elle est située sur la Vistule, qui prend sa source assez près de là. Son académie est fort estimée ; elle fut fondée, il y a environ trois cents ans, par Casimir Ier, qui demanda des professeurs aux colléges de Sorbonne de Paris, qui furent les auteurs de cette haute réputation qu'elle s'est acquise. La pièce la plus recommandable de Cracovie est le château, situé sur une petite colline. Il est de grande étendue, mais sans forme ni sans aucune architecture. Ses chambres sont spacieuses, et ses plafonds superbement dorés, qui pourraient rendre ce séjour fort propre pour y loger un roi. On voit dans l'église du château les tombeaux des rois, qu'on n'enterre point qu'un autre ne soit élu. En enterra en même jour le roi Casimir et le roi Michel, quand le roi d'à présent fut couronné à Cracovie, où ils viennent tous prendre la couronne.

Le corps de saint Stanislas est dans une châsse d'argent au milieu de l'église, sous un balbaquin. Ce saint, qui fut tué par un roi de Pologne, est cause que les Polonais vont la tête rasée, et qu'ils ne mangent point de beurre le vendredi, et quelques-uns le samedi : cela leur fut imposé pour pénitence, par un pape, pendant cent ans, et cette coutume s'est tournée en loi ; car, bien que le temps de la pénitence soit expiré, ils ne laissent pas d'observer toujours ce jeûne et cette coutume de se raser la tête.

Il y a peu de villes, je ne dis pas en Pologne, mais dans toute l'Europe, où il y ait plus d'églises, de prêtres, et particulièrement de moines, qu'à Cracovie. Ils n'y sont pas moins riches et moins respectés qu'en Italie ; c'est ce qui fait qu'il y en a tant. Pour les églises, il faut rendre justice aux Polonais, et dire qu'ils sont extrêmement jaloux qu'elles soient belles et bien desservies. L'or y reluit de tous côtés ; et on s'étonnera de voir une église dorée jusqu'à la voûte, dans un méchant village où l'on n'aura pas pu trouver un morceau de pain. Les plus belles églises de Cracovie sont le Dôme, dédié à sainte Marie, qui est au milieu de la place; les Jésuites en ont aussi une très-belle, faite nouvellement à l'italienne; les Minimes et les Bernardins. La grande place est très-spacieuse, où les plus principales rues aboutissent, et particulièrement la grande, qui va rendre à Casimir, le séjour de tous les Juifs, qui ont là leur république, leur synagogue, et leur justice. Ces messieurs ne sont pas moins maltraités en Pologne qu'en Italie ou en Turquie, où ils sont l'excrément du genre humain, et l'éponge qu'on presse de temps en temps, et lors particulièrement que l'État est en danger. Quand ils ne seraient pas distingués par une marque particulière, en Italie par un chapeau jaune, en Allemagne par l'habit, en Turquie par le turban, en Pologne par la fraise, il serait impossible de ne les pas reconnaître à leur air excommunié et à leurs yeux hagards. Quelque riches qu'ils soient, ils ne sauraient sortir de cette vilenie dans laquelle ils sont nés, et qui fait horreur à ceux qui les ont vus, particulièrement en Pologne, dans les *carchemats* ou hôtelleries qu'ils tiennent dans toute la Russie noire, où ils sont trente ou quarante dans une petite chambre : les enfants sont nus comme la main, et les pères et mères ne sont qu'à moitié habillés. Je ne crois pas qu'il y ait au monde une nation plus féconde; on trouve dans une boîte pleine de paille, dans un même berceau, quatre ou cinq enfants de la même mère, qui paraissent comme de petits corbeaux dans un nid, tant ils sont noirs et hideux.

Le tribut que les Juifs de Cracovie rendent à la république est de vingt mille écus. Ils donnent outre cela tous les ans trois cents ducats au roi, deux cents à la reine, cent au prince, et quantité d'autres menues dépenses qu'ils sont obligés de faire tous les jours. Il y a quelques villes d'Allemagne où on ne les souffre point, et lorsque leurs affaires les y appellent, ils donnent un ducat pour la première nuit qu'ils couchent à la ville, deux pour la seconde, et trois pour la troisième.

Il en est de même à Varsovie, où ils n'ont point permission de demeurer que pendant les diètes; mais il n'y a sorte d'infamie qu'on ne leur fasse, et lorsqu'il s'en rencontre quelqu'un hors de ce temps, on lâche les écoliers dessus, qui ont droit sur leurs personnes; en sorte qu'il est aisé de s'imaginer s'ils passent bien leur temps entre les mains de ces messieurs.

Nous allâmes saluer M. le palatin de Cracovie, le premier du royaume, nommé Vicliposki, grand-chancelier de la couronne, et beau-frère du roi. Nous avions des lettres à lui rendre de la part de M. l'ambassadeur, et d'autres pour madame la grande-chancelière, de la part de la reine, et de M. le marquis d'Arquien, son père. Ce seigneur nous pria de manger chez lui : on y servit quantité de beaux poissons, car c'était un samedi, mais la plupart à l'huile ; sur quoi il faut remarquer que les Polonais ne trouvent point l'huile bonne si elle ne sent bien fort, et disent, lorsqu'elle est douce, comme nous la voulons, qu'elle ne sent rien. La table des grands de Pologne est servie confusément. Les plats sont sans ordre et sans symétrie, et on les sert couverts. L'écuyer est au bout de la table avec une grande cuillère, qui sert tout le monde : il ne faut pas manquer d'avoir son couteau et sa fourchette dans sa poche, car autrement on court risque de se servir de ses doigts. M. le grand-chancelier a une fort jolie fille d'environ treize ou quatorze ans, et deux garçons qui la suivent de près.

Ce seigneur eut la bonté de nous envoyer un carrosse pour aller aux mines de sel de Vicliska, qui sont à une bonne lieue de Cracovie. Ce fut là où nous allâmes admirer les effets de la nature dans ses différentes productions. On voit au milieu de la place de la ville un hangar sous lequel on n'est pas plus tôt entré qu'on aperçoit une grande roue que des chevaux font tourner, et qui sert à élever les pierres qu'on tire de la mine. Proche de cette roue est un trou carré de la largeur d'un très-grand puits, et revêtu de toutes parts de grosses pièces de bois enclavées les unes dans les autres. Ce fut par là que nous descendîmes dans cet abîme ; mais avant que de faire ce voyage, on nous revêtit d'une manière de surplis. On remua quantité de cordes et de sangles qu'on attacha au gros câble les unes sur les autres. Cinq ou six hommes se disposèrent pour descendre avec nous, et allumèrent quantité de lampes, et d'autres entourèrent la bouche du trou, et commencèrent à chanter l'endroit de la Passion où sont ces paroles, *Expiravit Jesus*, et continuèrent encore sur un ton plus effroyable le *De profundis*. J'avoue que pour lors tout mon sang se glaça : tous les préparatifs de cet enterrement vivant m'effrayèrent si fort, que j'eusse voulu être bien loin du lieu où je me trouvais ; mais les choses étaient trop avancées, il fallut s'enterrer tout vivant et descendre dans cette sépulture. Un de nos guides se mit au bout du câble, la lampe à la main ; je me mis ensuite sur ma sangle, au-dessus de sa tête ; un de ces fossoyeurs se mit au-dessus de moi ; mon camarade était au-dessus de celui-ci, et était surmonté d'un autre, la lampe à la main ; celui-ci d'un autre, en sorte que nous étions plus d'une douzaine les uns sur les autres, enfilés à ce câble comme des grains de chapelet, dans une posture qui n'était point du tout agréable ; car non-seulement on court le risque que le gros câble rompe, mais encore on appréhende que les cordes qui vous portent ne viennent à manquer, et que celles des autres qui tomberaient sur vous ne viennent à rompre.

Nous descendîmes bien cent toises de cette manière, et nous nous trouvâmes ensuite dans un lieu vaste et extrêmement élevé, au milieu duquel nous trouvâmes une chapelle où on dit bien souvent la messe. On nous conduisit de là dans des routes sans fin, d'où l'on avait arraché le sel, qu'on tire en grosses pierres que trois chevaux ont bien de la peine à traîner. Cette pierre est de couleur cendrée, et reluit comme des diamants. Elle n'est pas dure, et les petits morceaux qui sortent en la coupant se mettent dans des tonnes, et sont ainsi vendus. Cette pierre est infiniment plus salée que notre sel de gabelle, et devient blanc lorsqu'on le pile : mais il s'en fait d'une eau qu'on tire dans des outres du fond de la mine, lequel étant cuit, il devient le plus blanc et le plus beau qu'on puisse voir. Nous descendîmes de cette carrière dans une autre, car il y en a sept les unes sur les autres; et quand nous fûmes près de la dernière, nous trouvâmes un ruisseau d'eau douce, la meilleure que j'aie jamais bue. C'est une chose des plus curieuses que j'aie vues de ma vie, de voir sortir et couler une eau sur des pierres de sel, sans en prendre le goût. On trouve aussi d'autres ruisseaux, mais les eaux en sont tout à fait salées. Après avoir bien descendu l'espace de deux heures, nous arrivâmes à la dernière carrière où l'on travaillait. On abattit pour nous une pierre que cinquante chevaux n'auraient pas traînée, et un seul homme arracha cette pierre du rocher d'une manière fort aisée. Quand cette pierre est tombée, ils la coupent en morceaux ronds de la figure d'une tonne, afin ne la pouvoir rouler dans la carrière. Nous trouvâmes dans ce fond quantité d'hommes et de chevaux, qui travaillaient à élever l'eau par le moyen des roues qui sont faites pour cela.

On trouve dans cette mine du sel de différents prix, et des veines meilleures les unes que les autres. Le moindre s'appelle *ziclona*, le second *zibicoa*, et le meilleur de tous *ockavata*. Le premier se vend douze guldens de sckelons la tonne, qui pèse six cents livres, le second treize, et le dernier seize. Celui-là est semblable et transparent comme le cristal, et se coupe en petits carrés unis comme des glaces.

Nous fûmes près de quatre heures à marcher dans cette mine; et on nous assura qu'un homme ne pouvait pas aller en tous les endroits de la mine en quinze jours de temps, tant elle a d'étendue. On voit pendre, tout le long des voûtes de cette carrière, de l'eau de sel pétrifiée comme les glaçons qui pendent aux gouttières ; et lorsque cela a pris un corps dur assez pour être travaillé, on en fait des chapelets et d'autres petits ouvrages.

Nous remontâmes par le même escalier que nous étions descendus, et je fus encore plus incommodé en remontant qu'en descendant ; car la corde qui me portait n'étant pas bien attachée au câble, glissait de temps en temps, et me causait de grandes frayeurs ; et sans faire le fin, j'avoue que j'étais fort mal à mon aise, et je promis de ne plus retourner dans ces lieux souterrains. C'est assez d'avoir fait ce voyage une fois en sa vie.

Nous demeurâmes trois ou quatre jours, après lesquels nous partîmes pour Vienne. Nous passâmes par *Zator-Ozviensin*, et autres places de Pologne. En sortant de ce pays nous fûmes attaqués par trois voleurs [1], qui firent arrêter notre carrosse d'assez loin pour nous donner le temps de sortir le pistolet à la main ; et ayant vu notre contenance déterminée, ils s'arrêtèrent, et réservèrent à prendre mieux leur avantage. Le lendemain ils envoyèrent deux des leurs dans l'hôtellerie où nous passâmes la nuit, qui y vinrent comme des passagers, et le lendemain ils partirent deux heures avant le jour, et allèrent trouver leurs camarades, qui les attendaient à deux pas de la maison. La servante les vit se joindre à quatre autres, et prendre le chemin du bois voisin. Elle nous en avertit, et nous ne laissâmes point de partir à la faveur de la lune, avec quelques charretiers qui passèrent par bonheur par là. Nous passâmes tout le bois à pied, le pistolet à la main.

[1] Ceci a déjà été raconté page 156.

VOYAGE

D'ALLEMAGNE.

La première ville d'Allemagne que l'on rencontre en Silésie, est..., qui dépend d'un prince particulier, qu'on appelle le comte Balthazar. Nous vînmes de là à Olmutz, siége d'évêché. Le palais de l'évêque, qui est seigneur spirituel et temporel, est un des beaux édifices qui se voient en Allemagne. Nous remarquâmes que la principale occupation des écoliers est d'aller la nuit de rue en rue, chantant pour demander l'aumône. Cela est commun avec tous les étudiants d'Allemagne.

Nous arrivâmes à Vienne le 20 septembre [1] : une partie de la cour en était absente, et il n'y avait que celle de l'impératrice douairière, qui est de la maison de Tirol. L'empereur était à OEdembourg [2], où se tenait une diète, à laquelle tous les palatins et grands seigneurs de Hongrie se trouvèrent, tant pour terminer les affaires des rebelles, qui durent depuis plus de quinze ans, que pour assister au couronnement de l'impératrice reine de Hongrie [3]. L'empereur arriva deux jours après à Vienne, et nous

[1] Ce doit être le 20 décembre 1681 ou le 20 septembre 1682. Mais d'Avrigny dit que la diète d'OEdenbourg finit le 29 décembre 1680. L'art de vérifier les dates ne la fait commencer qu'en avril 1682. C'est aussi avril, mai 1681 qu'adopte l'historien de Tekeli, 1692, in-12 pages 114-116.

[2] OEdenburg est le nom allemand de *Sopron*, en latin *Sempronium*.

[3] La diète d'OEdenbourg, convoquée en février 1681, fut ajournée et commença le 28 avril 1681. Elle continua jusqu'à fin décembre. Le 30 décembre l'empereur signa 82 articles. La reine Éléonore fut couronnée le 9 décembre.

revînmes avec lui de Hongrie. Il devait passer tout l'hiver à Vienne, et de là à la diète de Ratisbonne.

Les Hongrois sont superbes et magnifiques en diamants. Le palatin de Hongrie, ou vice-roi, est le plus opulent : il a reçu depuis peu l'ordre de la Toison, du roi d'Espagne, vacante par la mort du président qui avait épousé la princesse de Holstein, où je me suis trouvé, et où tous les gens de qualité font le rendez-vous. Il avait administré longtemps les affaires de l'Empire, et depuis a été taxé et démis du ministériat. Abeley a pris sa place au gouvernement.

Les Hongrois ne sont pas grands, mais leur habit sert à les faire paraître de bonne mine, et les plumes de coq qu'ils portent sur la tête. Ils en portent autant qu'ils ont abattu de têtes de Turcs à l'armée. Leur pays est le plus abondant du monde en blés, en vins, en pâturages ; mais il est présentement ruiné : le vin de Tokai est estimé le meilleur.

Vienne est la capitale de l'Autriche, et le siége de l'Empire ; elle fut attaquée en.... [1] par le grand Soliman avec une armée de cent mille hommes, et fut obligé de lever le siége. Les armes du Turc, qui sont au-dessus de la tour de Saint-Étienne, font foi de leur belle résistance. Elles y ont été laissées, ou pour marque de cette action, ou par les articles de capitulation ainsi faits [2]. La ville de Vienne n'est pas grande, mais fort peuplée, malgré le ravage épouvantable que la peste y fit il y a deux ans [3], qui enleva plus de deux cent mille hommes. Les rues en sont belles, et particulièrement celles du quartier des Seigneurs. Les églises y sont magnifiques, et particulièrement celle des Jésuites, qui y ont trois couvents, et qui sont les maîtres à Vienne. Ils ont un droit très-considérable à percevoir sur ceux qui entrent dans Vienne après huit heures en été et six heures en hiver : il faut donner quatre sous, et c'est un monopole furieux. Tout le beau monde s'assemble dans l'église Saint-Michel et Sainte-Croix ; les cavaliers se mettent d'un côté, et les dames de l'autre. Nous y vîmes la sœur

---

[1] 1529, Soliman, arrivé le 26 septembre devant Vienne avec 250,000 hommes, donna vingt assauts en vingt jours, et se retira le 14 octobre après avoir perdu 80,000 hommes. Un second siége commencé le 14 ou 16 juillet 1683, fut levé le 2 septembre. Rocolles a écrit l'histoire de ces deux siéges.

[2] Ces armes (le croissant et l'étoile) ont été retirées en 1683. (Voir le *Moreri* de 1759 au mot Vienne.)

[3] Papon dit que la peste ravagea l'Autriche en 1679, ce qui porte à 1681 le passage de Regnard à Vienne.

de Montecuculli, la comtesse d'Arach......, et pour cavalier Nostiche Bouquin....

Les jours de régal sont chez l'empereur de certains jours de réjouissance, où tout le monde se trouve superbement paré. Les pierreries n'y manquent pas ; et je ne crois pas qu'il y ait un lieu dans le monde où il s'en trouve davantage. Ce sont les jours de naissance de l'empereur, ou des impératrices.

L'empereur est fils puîné de Ferdinand III. Son frère aîné mourut archiduc à l'âge de dix-huit ou vingt ans ; c'était un prince très-bien fait. L'empereur fut tiré des jésuites pour être mis en sa place ; mais il était plus né pour le couvent que pour la cour.

Ferdinand III eut trois femmes. La première s'appelait Marie, fille de Philippe III, roi d'Espagne, dont il eut trois garçons. Le premier, comme j'ai dit, mourut roi des Romains, le second est l'empereur d'aujourd'hui ; et le troisième est mort archevêque de Léopold [1].

La seconde femme de Ferdinand était de la maison d'Inspruck, qui mourut en couches fort jeune, et dont on voit le tombeau aux Dominicains.

La troisième, qui vit encore, et qu'on appelle l'impératrice Léonore, douairière, est de la maison de Mantoue, tante de la duchesse d'Yorck. Elle a deux filles : la première a épousé en premières noces Michel Coribut Wiénowieski, roi de Pologne, et a été depuis mariée au duc de Lorraine ; la seconde a épousé, il y a environ deux ans, le duc de Neubourg, beau-frère de l'empereur.

L'empereur s'appelle Léopold-Ignace, fils de Ferdinand III, et de Marie, fille de Philippe III, roi d'Espagne. Il naquit le 9 de juin 1640, et fut élevé à la dignité impériale en 1659. Il a eu trois femmes, comme son père. La première était infante d'Espagne, fille de Philippe IV, sœur unique de Charles II, aujourd'hui régnant, et sœur de père de la reine de France aujourd'hui régnante. Elle a eu une fille qu'on appelle l'archiduchesse, âgée de quatorze ou quinze ans, qui est boiteuse.

La seconde était de la maison d'Inspruck.

La troisième est de la maison de Neubourg. Il y a environ quatre ou cinq ans qu'il épousa cette princesse, dont il a un fils âgé de quatre ans, qu'on appelle l'archiduc.

---

[1] Dans les éditions modernes, on lit : Le troisième est mort *évêque de Passau et de Breslau*.

L'archiduchesse espérait bien épouser le roi d'Espagne, on dit même qu'on la salua reine à la cour pendant quelque temps. Il y avait toujours beaucoup de jalousie entre cette jeune archiduchesse et l'autre fille de l'impératrice douairière, qui a épousé le duc de Neubourg, comme ayant toutes deux les mêmes prétentions, et espérant l'une et l'autre épouser le roi d'Espagne ; et la vieille impératrice se trouva bien surprise, apprenant le mariage du roi d'Espagne avec Mademoiselle, parce qu'on l'avait flattée que, si elle faisait déclarer l'empereur contre la France, sa fille serait reine d'Espagne ; ce qu'elle fit avec succès, car elle a infiniment de l'esprit.

Cette princesse, voyant ses espérances frustrées de ce côté-là, chercha une couronne ailleurs, et tâcha à faire négocier son mariage avec le roi de Suède ; mais la princesse de Danemarck était trop avant gravée dans son cœur pour pouvoir en être chassée : ainsi ne voyant plus de têtes couronnées, elle fut obligée d'épouser le duc de Neubourg ; mais elle le traita avec des fiertés inconcevables.

L'archiduchesse d'aujourd'hui est nièce de cette princesse, et ont été souvent rivales. On ne voit point d'autre parti pour elle que le duc de Florence, la princesse de Saxe étant présentement mariée à l'électeur de Bavière.

L'empereur est archiduc d'Autriche, roi de Hongrie et de Bohême ; il a le seul archiduché du monde, et ses enfants en portent le titre. On fléchit les genoux devant lui ; et l'empereur même, faisant la révérence à l'autel, fléchit les deux genoux, sans néanmoins les porter à terre.

Le conseil de conscience de l'empereur est composé d'un capucin nommé le P. Emeric, évêque Vienne, et du P. Richard, jésuite, Lorrain.

L'empereur est fort dévot ; il ne se passe guère de jours qu'il n'aille dîner chez des moines ou des religieuses. Quand il marche, c'est sans bruit ; car il n'y a ni tambours ni trompettes. Ses gardes, appelés *Drabans*, au nombre de cent ou deux cents, la pertuisane en main, vêtus de noir, tous en manteau galonné de jaune, font une haie, au milieu de laquelle l'empereur passe dans son carrosse, qui est plutôt un coffre qu'autre chose. Il n'y a jamais personne à côté de lui, et l'impératrice se met dans l'autre fond.

Les chevaux sont harnachés avec des cordes, et le cocher est à cheval, depuis qu'il entendit sur son siége un secret qu'il alla révéler. Tous les cavaliers vont devant à cheval.

D'ALLEMAGNE.

Avant que l'empereur soit élevé à la dignité impériale, il faut qu'il ait été élu roi des Romains, et il ne peut avoir ce titre qu'à l'âge de quatorze ans. Les empereurs sont élus et couronnés à Francfort, mais la couronne est à Aix-la-Chapelle.

L'empereur aime fort la chasse; je me trouvai à une qu'il fit au retour d'OEdembourg, où on tua quatre-vingts ou quatre-vingt-dix sangliers à coups d'épée. Ceux qui sont près de l'empereur les tuent d'une loge qu'on lui prépare. On traite l'empereur de sacrée majesté. Il porte l'ordre de la Toison; mais il ne la donne point, et elle appartient seulement au roi d'Epagne.

Nous n'avons jamais d'ambassadeurs à Vienne, parce que l'Espagne aurait le pas, comme étant de la même maison. M. le marquis de Seleville était pour lors envoyé extraordinaire. Nous demeurâmes chez lui, et je jouai souvent avec la marquise; c'est une des plus spirituelles et vertueuses dames que j'aie connues. Nous y connûmes M. de Saint-Laurent, cousin de madame la marquise Pigorre. Le comte de Stirum nous donna plusieurs fois à manger.

Le comte de Staremberg est gouverneur de la ville; il voulut faire une affaire à messieurs de Marsillac et d'Alincour, parce qu'ils n'avaient pas dit leurs noms à la cour.

Vienne tire son nom d'une petite rivière qui passe entre le faubourg d'Isalu et la ville, laquelle venant à se déborder fait des ravages épouvantables. Le Danube y passe aussi [1]. C'est le plus grand fleuve de l'univers. Il prend sa source dans le.... et après avoir fait sept ou huit cents lieues de chemin, il va se jeter dans le Pont-Euxin par sept bouches. Son cours est contraire à tous les fleuves du monde; il va de l'occident à l'orient, et il n'y a que le Pô qui lui ressemble.

Le Louvre est un grand bâtiment carré, qui n'a rien de remarquable. Sa cour sert de manége. Les écuyers ont des degrés de bois pour monter à cheval.

---

[1] On lit, dans la première édition : *Le Danube en est éloigné d'une lieue.*

LA PROVENÇALE.

OEUVRE POSTHUME.

AVERTISSEMENT.

Cette historiette est le récit des principales aventures que M. Regnard a eues dans le voyage sur mer où il fut pris par les corsaires, et fait esclave en Alger. Il s'y est donné le nom de Zelmis : mais il me paraît qu'il n'a pas achevé le roman dans les formes, puisqu'il est mort garçon ; et que l'histoire dit qu'il alla retrouver sa Provençale après la mort de son mari, dans l'espérance de l'épouser. Il avait sans doute dessein de commencer l'histoire de sa vie par cette aventure, puisqu'il dit à la fin qu'à la première occasion il racontera ses voyages dans la Laponie, et dont il est parlé légèrement dans cette historiette, à laquelle il n'a pas donné la dernière main.

Dans la saison la plus agréable de l'année, Clorinde et Céliane, charmées de la douceur du temps, se proposèrent d'aller passer quelques jours à une terre d'Eurilas qui n'est qu'à trois lieues de Paris : elles y joignirent une amie communément appelée Mélinde, de qui la moindre qualité était d'être parfaitement belle ; et pour rendre la partie encore plus parfaite, elles en avertirent Cléomède, qui était depuis peu en affaire de cœur avec Mélinde. Cléomède était trop intéressé à embrasser une si favorable occasion, où l'amour et le plaisir l'invitaient, pour ne pas accepter avec joie le parti qu'on lui proposait : il le fit aussi ; et cette belle troupe arriva le lendemain chez Eurilas, où elle trouva Floride, Artemèse, Damon, et Lycandre, qui ne contribuèrent pas peu à former l'assemblée du monde la plus charmante.

Les divertissements qu'on prend à la campagne, la pêche, la chasse, le jeu, la promenade, étaient les plaisirs qui partageaient agréablement leurs journées. Un jour, que cette belle compagnie se trouva sous un berceau de chèvrefeuille, qui est au bout du canal, attendant en ce lieu que la chaleur du jour fût passée, on se mit à parler d'abord des agréments de la campagne, quand on sort tout d'un coup de l'embarras et du tumulte de la ville. Le discours ensuite tourna sur les voyages : chacun en parla selon son goût; les uns n'aimaient rien tant que la variété des villes et des pays, et les autres étaient pour les aventures qui arrivent presque toujours à ceux qui voyagent. Céliane, là-dessus, joignant à sa satisfaction particulière le plaisir qu'elle ferait à toute l'assemblée, pria Cléomède de faire le récit des dernières aventures de Zelmis, qu'elle n'avait jamais sues qu'imparfaitement. Zelmis était connu de cette belle assemblée; il était ou parent ou ami de tous ceux qui la composaient; ce qui fit que Cléomède, ne différant pas à les satisfaire, commença en ces termes :

Je suis assez ami de Zelmis, mesdames, pour me flatter qu'il ne m'a rien caché de tout ce qui lui est arrivé, et assez persuadé de sa bonne foi pour vous assurer qu'il n'entre rien de fabuleux dans ce que je vais vous dire; c'est ce qui me fait espérer que les événements singuliers que vous y trouverez vous plairont infiniment davantage, puisque, s'ils ne sont pas racontés avec toute la délicatesse possible, ils seront du moins soutenus de la vérité.

Zelmis, revenant d'Italie, s'embarqua un soir assez tard sur un bâtiment anglais qui passait de Gênes à Marseille. Le vaisseau commençait à faire route, et Zelmis, triste et rêveur, la tête appuyée de son bras, regardait fixement la mer, qui ne lui avait jamais paru si agréable : elle n'était point dans ce calme ennuyeux qui ne la distingue pas même des étangs les plus tranquilles; elle n'était pas aussi dans cette fureur qui la fait redouter; mais on la voyait dans l'état que tout le monde la souhaite, lorsqu'un vent modéré l'agite, et comme elle était quand elle forma la mère des Amours.

Il s'abandonnait aux rêveries qu'inspirent ces vagues légères qui, venant à se briser contre le vaisseau, y laissent, pour marque de leur fierté, cette écume dont on le voit environné. Il songeait à l'aimable Elvire, qu'il aimait infiniment, et qu'il quittait peut-être pour jamais. Ne pouvais-je, disait-il en se plaignant, trouver dans ma patrie, si pleine de belles personnes, un objet qui pût m'arrêter? Fallait-il passer les mers pour aimer, et me faire si loin un engagement auquel il faut renoncer sitôt? Mais, reprenait-il après quelques moments de silence, je n'y renoncerai jamais ; je vous aimerai toujours, belle Elvire; et quand vous m'auriez oublié, je me souviendrai toute ma vie que vous êtes la plus adorable personne du monde.

Il fut interrompu dans ces rêveries par une voix qui lui vint frapper les oreilles; la personne dont il parlait était à la fenêtre de la chambre du capitaine, et chantait tendrement un air provençal. Zelmis fut attentif à ce chant ; et quoique le bruit du vaisseau l'empêchât de distinguer une voix qui lui paraissait si douce : Voilà, dit-il néanmoins en lui-même, l'accent de ma chère Elvire ; mais, hélas ! ce n'est pas elle : elle est bien loin d'ici, et je ne la reverrai peut-être de ma vie. Zelmis, qui n'était point encore entré dans la chambre du capitaine, eut envie de connaître la personne qui avait tant de rapport à Elvire dans la voix. Il aperçut en y entrant une jeune dame d'une beauté extraordinaire : son esprit éclairait dans ses yeux, et ses yeux vifs et pleins d'amour portaient dans le fond des âmes tous les feux dont ils brillaient ; les grâces et les ris volaient autour de sa bouche, et toute sa personne n'était que charmes.

Je ne puis exprimer la surprise de Zelmis, quand il se trouva si inopinément dans le même lieu où était la personne qu'il adorait. Quel étonnement de se voir si près d'Elvire, quand il s'en croyait si éloigné ! A peine en crut-il à ses yeux ; mais ils avaient remarqué trop de charmes dans cette jeune personne pour s'y tromper. Zelmis n'avait des yeux que pour elle, et il ne connaissait dans le monde d'autres appas que les siens ; mais, en la reconnaissant, que de désordre ! que de trouble ! que d'agitation ! Quelle violence ne se fit-il point pour cacher en leur naissance tous les mouvements que cette rencontre imprévue lui causa, et que la présence d'un mari l'obligeait à étouffer! Quelle joie pour Elvire de retrouver Zelmis dans le temps qu'elle espérait moins de le revoir ! et quelle contrainte d'en cacher les transports à son mari ! Quel trouble pour ce mari qui reconnut Zelmis, que la jalousie lui avait trop bien fait remarquer, et qui se souvint alors de tout ce qui s'était passé à Boulogne, quand la passion de Zelmis pour Elvire commença !

Ce fut en effet ce lieu qui la vit naître; et ce fut là que Zelmis commença à goûter les charmes d'un amour naissant. On y fait pendant le carnaval des courses de chevaux et des tournois qui sont renommés par toute l'Italie, où la noblesse des environs ne manque point de se trouver. Rien n'est plus galant que ces fêtes; tous les cavaliers s'efforcent de s'y faire distinguer par leur magnificence et leur adresse; et la présence des dames n'y excite pas une médiocre émulation. Le tournoi ne fut jamais plus superbe que le jour que Zelmis le vit, et les hommes y empruntèrent la figure des dieux pour le rendre encore plus célèbre. Neptune y parut suivi de ses Tritons; on y remarqua le dieu de la guerre au milieu d'une troupe de combattants, qui s'était défait ce jour-là de sa fierté ordinaire pour plaire davantage aux dames. Pluton même s'y situait avec un équipage tout infernal, mais qui n'avait rien d'effrayant.

Zelmis s'arrêta davantage à considérer une jeune personne qu'il reconnut Provençale à sa parole, et qui se trouva sur le même amphithéâtre où il était, qu'à regarder ce qui se passait dans la carrière. C'était la charmante Elvire : la voir et l'aimer fut pour lui une même chose; et la fortune, qui le favorisa dans ce moment, lui fournit l'occasion fovorable de se faire connaître alors de cette jeune Provençale. Il y avait sur le même amphithéâtre quelques personnes, qui, en s'avançant pour voir avec trop de curiosité, empêchaient qu'Elvire ne vît commodément les cavaliers du Tournoi. Zelmis s'approcha de ces gens-là, et leur ayant fait remarquer qu'ils incommodaient une dame qui était derrière eux, il les pria honnêtement de s'écarter et de laisser la place libre.

Zelmis, comme vous savez, mesdames, est un cavalier qui plaît d'abord; c'est assez de le voir une fois pour le remarquer, et sa bonne mine est si avantageuse qu'il ne faut pas chercher avec soin des endroits dans sa personne pour le trouver aimable; il faut seulement se défendre de le trop aimer. Elvire le vit, elle le trouva bien fait, elle conçut de l'estime pour lui, et le remercia en des termes les plus obligeants du monde. Elle disait les choses avec un accent si tendre, et un air si aisé, qu'il semblait toujours qu'elle demandât le cœur, quelque indifférente chose qu'elle pût dire; cela acheva de perdre le cavalier. Quand la beauté de cette Provençale ne l'aurait pas charmé, ses paroles l'auraient rendu amoureux, et le je ne sais quoi, plus touchant mille fois encore que la beauté, le surprit; de sorte que sa passion naissante fut en ce moment-là au point où les plus fortes peuvent à peine arriver après beaucoup de temps. Elvire ne fut guère moins troublée de cette nouvelle vue; elle était inquiète d'avoir vu Zelmis, parce qu'il ne lui avait pas déplu; et elle le trouva aimable avant qu'elle sût qu'il l'aimait.

Zelmis ne fut pas longtemps à ressentir les effets de l'amour; il s'abandonna d'abord à cette rêverie si naturelle aux amants, qu'il trouvait agréable, en songeant qu'elle ne déplairait peut-être pas à sa nouvelle maîtresse, si elle la voyait et si elle en savait la cause. Il apprit qu'elle était arrivée depuis peu à Boulogne avec son mari, et qu'elle allait fort souvent chez la marquise Angelini, chez qui l'on faisait tous les jours des parties de jeu et de plaisir. Zelmis connaissait la marquise; tous les étrangers étaient fort bien venus chez elle; elle était de ces femmes qui font, pour ainsi dire, les honneurs de toute une ville. Il ne manqua pas de se trouver le lendemain chez elle : Elvire y vint aussi; mais elle y vint d'une beauté si achevée, que, quand Zelmis n'aurait pas commencé à l'aimer dès le jour précédent, il n'aurait retardé sa passion que de quelques heures : il se mit auprès d'elle pour jouer, et il lui dit cent choses agréables, sur lesquelles elle eut occasion de faire paraître son esprit.

Il ne fut pas difficile à Elvire de s'apercevoir de la passion de Zelmis; elle s'en aperçut même avec plaisir. Ses yeux qu'elle rencontrait toujours, ses absences pour le jeu, ses paroles qui ne s'adressaient qu'à elle, lui disaient assez ce qu'elle eût été fâchée de ne pas apprendre.

On quitta le jeu et l'on remit la partie au lendemain. Zelmis s'y rendit de bonne heure; mais comme il y vint dans une heure où il n'y avait encore que fort peu de personnes, il s'entretint quelque temps dans l'antichambre avec un cavalier qu'il ne connaissait point, et qu'il croyait Italien. Il était dans cette conversation quand la belle Provençale entra. Elle arrêta les yeux de tous ceux qui étaient présents, par son air et par sa bonne grâce : elle était d'un air qui faisait qu'on ne regardait qu'elle dans les lieux où elle se trouvait. Zelmis la salua; et la personne avec qui il était s'approchant de cette aimable dame, lui dit en souriant quelques paroles à l'oreille, auxquelles elle ne répondit que par un souris, et passa, sans s'arrêter, dans la chambre où étaient les dames.

Tout était faveur de la part d'Elvire; Zelmis souffrit impatiemment qu'un autre que lui en reçût, et s'approchant de ce prétendu rival : Que vous êtes heureux, monsieur, lui dit-il, de connaître particulièrement la personne qui vient de passer! quelle a de charmes! Vous l'aimez, monsieur, poursuivit-il, car il suffit de la voir pour en être charmé, et elle vous a reçu d'une manière à faire croire que vous ne lui êtes pas indifférent. Vous ne vous trompez pas, répondit l'inconnu ; je l'aime, je suis même assez heureux pour pouvoir me flatter d'en être aimé. Quel poison pour Zelmis que les paroles de cet inconnu! elles le jetèrent tout d'un coup dans un désordre qu'il n'est pas aisé de se figurer. Il se sentit jaloux presque aussitôt qu'amant, mais d'une jalousie si forte, qu'on ne pouvait bien la comparer qu'à son amour. Il entra dans la chambre où on se disposait à jouer ; mais il y entra avec un air si préoccupé, qu'on ne vit plus sur son visage et dans ses actions cet enjouement et cette liberté qui lui étaient si naturels. Il joua pourtant auprès d'Elvire, mais avec si peu d'attention, qu'on s'aperçut aisément qu'il songeait à tout autre chose. Ses yeux étaient presque toujours attachés sur la belle Provençale, et la peur qu'il avait qu'on s'en aperçût, lui vendait si cher le plaisir qu'il en recevait, qu'il ne le goûtait qu'en tremblant. Elvire craignait aussi de rencontrer les regards de Zelmis, parce qu'ils ne lui plaisaient que trop, et que son mari, qui l'observait continuellement, étudiait ses actions même les plus indifférentes.

Après que Zelmis eut été longtemps tourmenté des différents mouvements que causent la vue d'une maîtresse et la présence d'un rival, il connut enfin par le discours de toute la compagnie, et par les paroles et les manières d'Elvire même, que cet inconnu était son mari. Lorsqu'il en fut persuadé, ce fut un nouvel embarras qui acheva de le troubler. Il est vrai qu'il ne sentit plus dans ce moment une si cruelle jalousie ; mais aussi la honte d'avoir fait l'aveu de son amour à la personne à qui il devait le plus le cacher, quoiqu'il ne lui en eût pas beaucoup dit, le jeta dans une telle confusion, que, ne pouvant plus soutenir les regards d'Elvire et de son mari, il sortit dans le temps qu'elle se disposait à s'en aller, pour leur faire connaître que, puisque c'était elle seule qui l'attirait dans ce lieu, il n'y avait plus que faire quand elle n'y était pas.

Zelmis revint le lendemain chez la marquise ; mais il ne trouva pas ce qu'il y cherchait. Elvire n'y vint point ; son mari, qui ne pouvait souffrir que d'autres que lui trouvassent sa femme belle, ne lui voulut pas permettre de s'y rencontrer. Cet homme était extrêmement défiant ; les moindres apparences de galanterie lui donnaient d'étranges soupçons. Zelmis lui en avait trop appris, et quand il ne lui aurait rien dit, la défiance de lui-même et la connaissance du mérite de sa femme le portait assez à ne l'exposer dans le monde que lorsqu'il ne pouvait absolument l'éviter.

Zelmis connut bientôt la cause de ce désordre, il en fut dans une douleur inconcevable, et il quitta la compagnie pour aller rêver en secret à l'aimable Elvire, puisqu'il n'avait pas eu le plaisir de la voir. Il ne sortit le lendemain que pour aller regarder la maison où elle était renfermée, espérant que le hasard lui ferait peut-être trouver l'occasion de jouir de sa vue; mais ses espérances furent vaines. Il y vint le jour suivant avec aussi peu de succès : il apprit enfin quelques jours après qu'elle était partie pour Rome avec son mari, où elle allait solliciter un grand procès qu'elle avait pour une terre qui lui appartenait dans le comtat d'Avignon. Il se mit aussitôt en chemin pour le même lieu, et il se fit un plaisir en y allant de suivre Elvire, et de passer sur les mêmes routes qu'ils avaient vues quelque temps auparavant.

Zelmis ne fut pas plus tôt à Rome, qu'il s'informa avec soin d'Elvire : il se trouva à toutes les fêtes, et la chercha dans toutes les assemblées ; mais de Prade (c'est ainsi que s'appelait le mari de cette belle) avait pris un logis dans un quartier de Rome si peu fréquenté, que Zelmis n'en put apprendre aucune nouvelle.

Un jour que Zelmis se trouva sans être masqué à un bal que le marquis de Lienes, ambassadeur d'Espagne, donnait à la princesse de Radzivil, sœur du roi de Pologne, il y fut abordé d'un masque magnifique, qui, contrefaisant sa voix, lui fit quelques questions en italien, et lui demanda si, depuis qu'il était à Rome, il n'avait point fait quelque inclination. Zelmis répondit assez indifféremment, comme il faisait à tous ceux qui ne lui parlaient point d'Elvire. Mais cette personne masquée le pressant davantage: Les beautés romaines, continua-t-elle, n'ont-elles pas assez de charmes pour vous engager ? et n'en peut-on point trouver une qui égale celle que vous rencontrâtes à Boulogne ? Hé ! où est-elle ? s'écria Zelmis plein du trouble que ces dernières paroles lui causèrent. Est-elle à Rome ? est-elle ici ? la connaissez-vous ? apprenez-m'en des nouvelles. Vous aimez donc ? reprit le masque assez froidement, et ces transports amoureux font bien voir qu'une autre passion trouverait difficilement place dans votre cœur. Une autre passion ! reprit Zelmis. Qu'il est aisé de voir que vous me connaissez mal ! et que vous faites d'injure au mérite de la personne que j'aime ! Tous les cœurs du monde ensemble pourraient-ils l'aimer autant qu'elle est aimable ? et vous me demandez s'il y a encore place dans le mien pour un autre amour! Cependant son embarras croissait, et il examinait la personne qui lui parlait, avec des yeux si curieux, qu'il l'aurait à la fin reconnue, si l'approche d'un autre masque qui l'emmena n'eût fait cesser cette conversation. Zelmis la suivit encore autant qu'il put; mais, l'ayant perdue dans la presse, il lui fut impossible de la retrouver. Il sortit du bal avec l'inquiétude mortelle de n'avoir pu reconnaître la personne qu'il y avait vue. Il ne savait si ce n'était point la marquise Angelini, qui était depuis peu à Rome, ou quelque autre dame de sa connaissance. Il crut aussi avec plaisir que c'était Elvire, que son cœur, par mille secrets mouvements, avait reconnue plutôt que ses yeux; et dans cette créance, tantôt il se louait d'avoir fait connaître son amour à la personne qu'il aimait, sans qu'il lui en eût coûté la peine qu'on souffre ordinairement à faire de pareilles déclarations; tantôt il craignait d'avoir été trop indiscret, et d'avoir peut-être dit à un autre ce qu'il n'eût voulu dire qu'à Elvire. Il était enfin dans le cruel désespoir de n'en avoir aucunes nouvelles certaines, lorsque revenant quelques jours après de faire cortége au duc d'Estrées, ambassadeur de France, qui avait eu audience du pape ce jour-là, et se promenant avec quelques Français dans la belle salle du Carache, en attendant le dîner, il vit entrer la personne qu'il cherchait depuis si longtemps, et que ses affaires particulières avait appelée ce jour-là chez l'ambassadeur. Elvire reconnut d'abord Zelmis, avec un désordre qu'elle eut de la peine à cacher, et Zelmis aperçut Elvire avec un trouble que répandaient sur son visage les sentiments de son cœur. Ils furent quelque temps à choisir un moment favorable pour se parler, parce que tous ceux qui étaient dans la galerie étaient venus faire compliment à Elvire sur sa beauté. Mais Zelmis, prenant le temps qu'elle était un peu écartée de la compagnie : Quelle agréable aventure vous conduit ici, madame? lui dit-il en l'abordant. Qu'il y a longtemps que je vous cherche! et que je serais heureux si l'empressement que j'ai eu pour vous trouver avait fait ce que le hasard fait aujourd'hui! Je ne crois pas, repartit Elvire, que personne se soit jamais beaucoup mis en peine de me chercher, et si quelqu'un l'avait pu faire, je vous soupçonnerais moins que tout autre, puisque vous n'avez pas dû chercher ce que vous aviez trouvé. Hé! où vous ai-je donc trouvée? reprit Zelmis. Je ne vous ai jamais vue qu'à Boulogne, et je me veux mal d'avoir vécu si longtemps et de vous avoir connue si tard. Il est vrai que depuis ce moment-là vous m'avez toujours été présente dans le cœur :

mais enfin je me souviens pas d'avoir été assez heureux pour vous revoir. Et moi, repartit Elvire, je me souviens fort bien de vous avoir vu depuis ce temps-là. Serait-il possible, madame, interrompit Zelmis, que n'ayant des yeux que pour vous, ils m'eussent trompé dans l'occasion où j'en avais le plus de besoin? N'étiez-vous pas au bal chez l'ambassadeur d'Espagne? reprit la Provençale en souriant. N'y fûtes-vous pas abordé d'un masque? Ne vous dit-il rien, ce masque? Que vous semble-t-il de cette personne? la reconnûtes-vous? la prîtes-vous pour Elvire? Ah, madame! que me dites-vous? répliqua Zelmis plein de trouble et de confusion. Que je veux de mal à mes yeux de m'avoir trahi et de ne vous avoir pas reconnue! Il parlait encore quand monsieur l'ambassadeur parut, lequel ayant fait compliment à cette belle dame, passa dans une salle voisine pour se mettre à table. Zelmis bientôt après fut obligé de le suivre. Mais avant que de quitter l'aimable Provençale : J'ai donc été bien malheureux, madame, lui dit-il, de vous avoir rencontrée sans vous connaître, mais je le suis encore plus, aujourd'hui que je vous connais, de vous perdre sitôt, après vous avoir cherchée si longtemps. Il la conduisit ensuite à son carrosse, et apprit de Mélite, sa femme de chambre, qui était pour lors avec elle, la demeure de sa belle maîtresse.

Il y avait trop longtemps que Zelmis aspirait à voir Elvire, pour ne pas chercher toutes les occasions de se rencontrer avec elle. Il la vit le plus souvent qu'il lui fut possible ; et toutes les fois que ces deux personnes se trouvaient ensemble, c'était toujours avec ces émotions que fait naître l'amour à la vue de ce qu'on aime. Elvire commença dès lors à s'apercevoir que ce qu'elle croyait estime pour Zelmis était quelque chose de plus. Elle eût bien voulu que le mot de *bonté* eût été assez fort pour exprimer ce qu'elle sentait pour lui ; mais elle ne pouvait avec justice appeler cela d'un autre nom que d'*amour*. Elle eut de la confusion de s'être sitôt rendue ; elle en frémit ; mais voulant s'excuser à elle-même, elle en attribua plutôt la faute au mérite de Zelmis qu'à sa faiblesse. Elle employa pourtant tous ses soins à cacher sa défaite aux yeux de Zelmis ; elle ne lui parla plus qu'avec froideur pour l'empêcher de concevoir aucune espérance, et mêla dans toutes ses actions un air de sévérité. Mais Zelmis, qui a peut-être été aimé plus d'une fois, connut les véritables sentiments d'Elvire, malgré toutes ses feintes et ses déguisements : et pour peu qu'on eût eu de pénétration, il n'eût pas été difficile de s'en apercevoir. Il faut plus d'art à cacher l'amour où il est, qu'à le feindre où il n'est pas ; et l'on remarquait toujours dans les fausses rigueurs d'Elvire plus de contrainte que de naturel : quelque étude qu'elle apportât à détourner ses regards de l'endroit où il était, quand elle sortait de cette continuelle application, ses yeux, qui n'étaient pas toujours d'intelligence avec son cœur, cherchaient Zelmis de tous côtés, et étaient sans cesse inquiets jusqu'à ce qu'ils fussent arrêtés sur lui.

Zelmis était au comble de sa joie, lorsqu'il reçut des lettres de France qui lui apprirent que des affaires de la dernière importance l'y appelaient. Ces nouvelles le jetèrent dans un chagrin qu'il n'est pas aisé de se figurer. Il ne put se résoudre à quitter Elvire dans le temps qu'il avait le plus de raison à demeurer près d'elle, et il crut que ses affaires les plus importantes étaient celles de ses amours. Il était dans cette résolution quand de nouvelles lettres, beaucoup plus pressantes que les premières, l'avertirent de se rendre au plus tôt à Paris, s'il ne voulait pas ruiner entièrement sa fortune. Eh ! quelle fortune ? s'écria-t-il en les lisant. Puis-je en attendre autre part qu'auprès d'Elvire ? Avec elle ai-je rien à désirer ? et sans elle me reste-t-il quelque chose à espérer ? Eh bien ! je partirai, continuait-il, puisque tu le veux, cruel destin ! mais au moins auparavant que de partir je veux découvrir tout mon cœur à Elvire ; elle connaît l'excès de mon amour, elle verra la violence du sort qui m'arrache d'auprès d'elle et qui me force à la quitter : mais, que dis-je ? je ne la quitterai jamais.

Zelmis ne songea plus dès ce moment-là qu'à trouver l'occasion de voir sa belle Provençale. Il avertit Mélite de son départ et du désir extrême qu'il avait de parler à sa maîtresse. Mélite lui promit toutes sortes de secours ; elle le flatta quelques jours après de l'espérance de parler le lendemain à Elvire en l'absence de son mari, et ajouta même, soit que cela vînt d'elle ou de la connaissance qu'elle eut des sentiments de sa maîtresse, qu'elle n'en serait pas fâchée. Il n'en fallut pas davantage pour élever Zelmis au comble de la joie ; mais comme il ne faut rien pour flatter ou désespérer un amant, et que, suivant ses différents caprices, il s'afflige et se réjouit souvent de la même chose, il craignit aussi que cette facilité d'Elvire à le voir ne fût une marque de son indifférence et du peu de risque qu'elle courait en le voyant.

Il se trouva néanmoins le lendemain au lieu et à l'heure marquée par Mélite, qui ne manqua pas aussi à sa parole ; elle le conduisit, par un degré dérobé, à la chambre de sa maîtresse ; mais on ne peut dire les craintes et les irrésolutions de Zelmis quand il fut sur le point d'y entrer, résolu à aimer toujours Elvire en secret sans oser rien entreprendre qui lui pût déplaire. Il parut enfin, plein de cette timidité que donne l'amour, dans le lieu où était Elvire ; et en l'abordant d'un air plein de respect : Pardonnez, madame, lui dit-il en se jetant à ses genoux, pardonnez à un emportement dont vous êtes seule la cause, et à un crime que l'amour me fait commettre. Quand je ne vous dirais pas présentement que je vous aime, mes yeux et mes actions vous l'auraient pu faire connaître il y a déjà longtemps ; mais, quelque connaissance que vous ayez de cet amour, vous ne pouvez savoir jusqu'à quel point je vous aime : vous ne sauriez, madame, inspirer de médiocres passions ; et connaissant bien que je vous aime infiniment plus qu'on n'a coutume d'aimer, je suis au désespoir de ne pouvoir vous le dire que comme tout le monde le dit. Elvire, feignant que cette visite imprévue et ce discours de Zelmis la surprenait étrangement : Il n'est pas malaisé, monsieur, répondit-elle avec une feinte rigueur, de juger de la violence de votre amour par l'action hardie que vous venez d'entreprendre. Ah ! madame, repartit Zelmis, n'achevez point, je vous prie, de m'accabler : j'avoue que vous avez sujet de vous armer contre moi de tout votre courroux ; mais, quelle que puisse être votre indignation, je ne sais, madame, s'il est quelque chose de plus funeste pour moi que le mortel déplaisir de vous taire que je vous adore. Peut-être néanmoins que le respect qui m'a fait balancer si longtemps à vous faire une pareille déclaration, m'aurait encore retenu aujourd'hui, si la nécessité ne m'y contraignait. Je vous aime, et je pars. Ces paroles firent oublier à Elvire toute la rigueur avec laquelle elle avait commencé à lui parler. Vous partez, reprit-elle : eh ! que vous sert-il donc de m'aimer ? et que vous servirait-il qu'on eût quelque bonté pour vous, et peut-être quelque penchant à ne vous pas haïr ? Non, belle Elvire, répliqua Zelmis un peu rassuré par ces paroles, je ne demande point que vous m'aimiez ; je n'aspire point à un état si heureux : accordez-moi seulement la grâce de revenir dans peu auprès de vous sans vous déplaire ; et si vous voulez me permettre quelque chose de plus, souffrez que je vous aime tout le reste de ma vie. Aimez-moi, j'y consens, reprit Elvire, et croyez que je ne suis pas insensible à votre passion, et que je ressens quelque chagrin de votre absence. Ah ! madame, s'écria Zelmis les larmes aux yeux, connaissez-vous les peines d'une absence, vous qui ne savez pas ce que c'est qu'une passion ; vous, madame, qui ne devez aimer que vous-même, et qui portez toujours où vous êtes tout ce qu'il y a d'aimable au monde? Mais quelque bruit qui se fit à la porte obligea Zelmis à se retirer promptement, par le même degré qui l'avait conduit, où Mélite l'attendait. Il sortit tout charmé de ce qu'il venait d'entendre : il repassait dans son esprit toutes les paroles d'Elvire, il les examinait dans tous les sens avantageux qu'on leur pouvait donner : il craignait quelquefois de n'avoir pas dit de sa passion tout ce qu'il aurait dû dire ; quelquefois il appréhendait d'avoir paru trop hardi : enfin il demeurait toujours aussi mécontent de lui qu'il était satisfait de l'aimable Provençale. Elvire, de son côté, s'abandonna aux larmes et aux regrets quand elle ne vit plus Zelmis ; elle fit des plaintes à Mélite de l'avoir exposée à une vue si chère et si dangereuse. Car enfin, que veux-je faire? lui disait-elle. Veux-je aimer Zelmis? veux-je oublier mon devoir? Je sens que je ne puis le voir sans l'aimer, et je ne puis l'aimer sans crime. Je dois ma tendresse à mon époux, et j'appréhende que Zelmis ne me fasse oublier ce que je lui dois. Que je me veux de mal, continuait-elle, d'avoir paru si faible, et de ne l'avoir pas reçu avec les froideurs que je devais ! Mais il est parti, poursuivait-elle ; je ne le verrai plus, et je ne serai plus exposée aux dangereux combats que me livrent l'amour et le devoir.

Zelmis partit avec tout l'ennui que cause une cruelle séparation ; mais il n'alla pas loin : le chagrin et la fatigue du voyage l'arrêtèrent à Florence, où il fut attaqué d'une fièvre si violente, que ceux qui connaissaient la cause de son mal crurent que cette maladie en serait la fin. Il fut en peu de jours dans un extrême péril ; mais la nature, aidée des remèdes, eut en lui tant de force, que, contre l'opinion de tout le monde, il recouvra la santé au bout de quelques mois ; et cette maladie ne servit qu'à augmenter sa première vigueur. Tandis que Zelmis reprenait ses forces, Elvire ayant terminé heureusement ses affaires à Rome, revenait en France ; et la fortune la conduisit à Gênes dans le même temps que Zelmis y arriva. Ils s'embarquèrent, comme j'ai dit, sur ce vaisseau anglais ; et ce fut là que Zelmis reconnut l'aimable Provençale dont il se croyait bien éloigné.

On ne peut exprimer quels furent les sentiments de ces personnes, lorsqu'elles se trouvèrent ensemble. Que la vue de Zelmis ralluma de feux dans le cœur d'Elvire ! qu'elle y fit revivre d'ardeur ! Quand on aime, on doute souvent de ce qu'on croit le plus. Cette jeune personne ne pouvait se persuader que Zelmis, qu'elle croyait en France, se trouvât si près d'elle. Zelmis ne pouvait comprendre quel bonheur lui faisait retrouver Elvire. Ils eurent cent fois la bouche ouverte l'un et l'autre pour se témoigner leurs transports de joie; et la présence d'un mari leur faisait toujours dire tout autre chose qu'ils ne voulaient. Mais ils eurent beau se contraindre, de Prade, que la jalousie rendait pénétrant, s'en figurait toujours plus qu'il n'en voyait, et en voyait encore davantage qu'il n'en paraissait; les actions les plus ordinaires, les paroles les plus indifférentes d'Elvire et de Zelmis, qui n'auraient rien dit à tout autre, étaient pour le mari des preuves convaincantes de leur intelligence. Quand Zelmis jetait les yeux sur Elvire, de Prade entrait aussitôt dans des emportements terribles, dont à peine était-il le maître. Quand Zelmis les en retirait, il savait si bien qu'on était accoutumé à regarder sa femme quand on se trouvait avec elle, que qui ne la regardait pas y entendait du mystère.

La conversation ayant néanmoins duré jusque bien avant dans la nuit, le capitaine céda son lit à Elvire et à son mari, et il en donna un autre à Zelmis dans la même chambre. Je ne vous assurerai point, mesdames, si la joie qu'eut Zelmis de se sentir auprès de sa maîtresse, fut plus grande que le dépit qu'il eut de la savoir si proche de son mari. Ce qu'il y a de certain, est qu'il passa la nuit dans des agitations terribles. La joie d'avoir rencontré Elvire, la crainte de la perdre bientôt, le plaisir imaginaire de se trouver couché près d'elle, la jalousie qu'il sentit en la voyant entre les bras d'un autre; tout cela le mit dans des inquiétudes qui ne lui permirent pas de reposer un moment. La belle Provençale, de son côté, ne passa guère tranquillement la nuit; elle roulait dans son esprit cent pensées différentes. Quelle bizarrerie du sort! disait-elle. Je commence à jouir du repos que l'éloignement de Zelmis me fait goûter, je ne songe plus tant à lui, je tâche à l'oublier, je quitte Rome, où je crains qu'il ne revienne; et cependant je le retrouve, en le fuyant, plus aimable que jamais. Mais qui peut l'avoir retenu si longtemps en Italie, quand des affaires de la dernière importance l'appellent en France? Une passion nouvelle ne l'a-t-elle point arrêté? Ah! je suis trahie, se disait-elle en ce moment: Zelmis ne m'aime plus; l'ingrat m'a oubliée. Mais que me soucié-je de sa constance ou de sa légèreté? veux-je l'aimer? Non, il faut l'oublier pour jamais, et que son infidélité serve à mieux rompre des engagements que la raison et le devoir devraient déjà avoir brisés.

De Prade étant un homme tel que je vous l'ai dépeint, vous vous imaginerez aisément qu'il passa une aussi mauvaise nuit auprès de sa femme, qu'un autre y en aurait passé une agréable. Et quoique ces trois personnes eussent des intérêts bien différents, ils étaient tous néanmoins tourmentés de la même passion. De Prade était jaloux par tempérament, Elvire par amour, et Zelmis par occasion. Zelmis ne pouvait sans jalousie être témoin du bonheur d'un autre ; Elvire ne pouvait penser, sans être agitée de cette même passion, qu'une autre qu'elle eût pu engager Zelmis ; et de Prade, travaillé de pareils sentiments, souffrait avec dépit que Zelmis fût si proche de sa femme. Mais ce lui fut le jour suivant un mortel chagrin d'avoir sans cesse devant les yeux un objet aussi insupportable que lui paraissait Zelmis. Qu'il eût bien souhaité pour son repos être encore dans le port de Gênes ! mais il en était bien éloigné ; et le vaisseau avait déjà passé les îles de Corse et de Sardaigne, quand celui qui faisait le quart aperçut deux voiles qui portaient le cap sur le bâtiment anglais.

Il n'y a point de lieu où l'on vive avec plus de défiance que sur la mer : la rencontre d'un vaisseau n'est guère moins à craindre qu'un écueil. Zelmis, qui était auprès de la belle Provençale quand il apprit cette nouvelle, ne fit aucune réflexion au péril qui le menaçait ; et comme il ne connaissait d'autre malheur que celui de ne la pas voir, il crut qu'il n'avait rien à craindre tant qu'il serait avec elle. Le capitaine, qui n'était point amoureux comme lui, s'inquiétait davantage ; il appréhendait avec raison que les vaisseaux qu'on découvrait ne fussent les mêmes Turcs qui lui avaient donné la chasse tout le jour en revenant depuis peu d'Alep, et qui l'avaient obligé à relâcher à Malte. Il voulait, dans cette crainte, prendre terre à Nice ou à Ville-Franche, d'où il n'était pas beaucoup éloigné : mais le pilote, homme fier et ignorant, fut d'un avis contraire, et persista dans son dessein avec tant d'opiniâtreté, qu'on continua la route de Marseille. Cependant la nuit vint, et les vaisseaux qu'on avait aperçus suivirent si heureusement l'Anglais à la faveur de la lune, qu'ils se trouvèrent le lendemain à la pointe du jour à la portée du canon. Tout le monde fut extrêmement surpris à cette vue, et d'autant plus qu'il ne fut pas malaisé de reconnaître que ces vaisseaux étaient véritablement turcs, armés l'un et l'autre de quarante pièces de canon. Les plus timides alors se laissèrent saisir de crainte, les plus résolus coururent aux armes, et les plus expérimentés jugèrent que tout cela serait inutile. Zelmis fut de ceux qui connurent mieux la grandeur du péril : il ne s'en étonna point, il se proposa au contraire d'en sortir, ou de mourir les armes à la main pour défendre la liberté d'Elvire et la sienne ; et prenant le temps qu'elle était seule dans la chambre du capitaine : Dans le malheur qui nous menace, madame, lui dit-il avec assez de précipitation, je dois encore rendre grâces à la fortune de m'avoir si longtemps arrêté par une dangereuse maladie, pour me faire trouver dans ce moment auprès de vous, et y défendre votre liberté. Il n'est plus temps de vous dire que je vous aime : si je ne l'avais pas déjà fait voir par mes paroles, vous le connaîtriez aujourd'hui par mes actions. Mais enfin, madame, sur le point de vous perdre pour jamais, permettez-moi de vous dire, peut-être pour la dernière fois, qu'en quelque endroit du monde où la fortune ait destiné de me conduire, je n'y vivrai jamais que pour vous.

L'état des choses ne demandait pas un plus long discours ; et Zelmis, sans attendre de réponse, sortit aussitôt de la chambre pour faire tout disposer pour le combat. Tandis que tout le monde s'y employait, ces corsaires se divertissaient par le changement de leur pavillon : ils le firent d'abord de France, qu'ils relevèrent ensuite de celui d'Espagne ; ils ôtèrent celui-ci pour y mettre en sa place un hollandais, qui fut suivi d'un vénitien et d'un maltais; ils arborèrent enfin, après tous ces jeux, l'étendard de Barbarie coupé en flammes au croissant descendant, et accompagnèrent cette dernière cérémonie de la décharge de toute leur bordée. L'anglais leur répondit de même, et ces premiers coups furent suivis d'un bruit épouvantable d'artillerie. On ne distinguait plus la mer d'avec le ciel, tant l'épaisseur de la fumée les avait confondus ; et cette première attaque fut si rude, que les Turcs s'apercevant qu'en présentant le flanc ils étaient extrêmement incommodés du canon des Anglais, changèrent de bord, remontèrent assez haut pour les venir charger en poupe. Ils revinrent avec plus de chaleur. Ce fut pendant ce combat que la belle Provençale, ne pouvant plus retenir l'impétuosité de son courage, sortit de la chambre du capitaine, où l'on avait eu toutes les peines imaginables à l'arrêter, pour venir sur le tillac partager la gloire et le péril. Sa présence donna une nouvelle vigueur à tout le monde, et particulièrement à Zelmis, qui se signala par-dessus tous les autres. On n'attaqua jamais avec plus d'ardeur, et jamais on ne se défendit avec plus de courage. Le capitaine anglais, faisant le devoir d'un brave homme, fut coupé en deux par un boulet à deux têtes, qui blessa encore plusieurs personnes. Ce spectacle effrayant ne diminua rien de l'ardeur des combattants : au contraire, la résistance des chrétiens, qui voyaient couler leur sang, allait jusqu'à la fureur. Lorsque tous les officiers du vaisseau et la plupart des Anglais furent tués ou mis hors de combat, le peu de monde qui restait ne laissait pas de faire tout ce qu'on peut attendre de gens de cœur : mais le combat était trop inégal pour pouvoir empêcher les Turcs de venir à l'abordage. Zelmis courut aussitôt à l'endroit où était Elvire, et, secondé de quelques matelots, il soutint encore longtemps sur le pont l'effort de ces infidèles : mais enfin, accablé d'un nombre d'ennemis, il céda sans se rendre, et laissa les Turcs maîtres du vaisseau.

Mustapha, l'un des capitaines de ce vaisseau, vint le premier considérer ses captifs et son butin. Elvire lui paraissant charmante, il s'informa d'elle-même, en italien, qui elle était. Elvire lui répondit, sans s'étonner, qu'elle était Française, et que tout son regret était de n'avoir pu suivre ceux qui étaient morts dans le combat; qu'elle les estimait bien heureux d'avoir perdu la vie plutôt que la liberté. Elle dit cela d'un air qui n'était point de captive, sans larmes, sans soumission, sans prières; quoique, malgré sa fierté, sa grâce et sa douceur priassent assez pour elle. Mustapha estima son orgueil, il admira sa constance, et voulut qu'elle fût traitée tout le reste du voyage dans sa chambre, avec des manières très-honnêtes et qui n'avaient rien de turc.

Dispensez-moi, mesdames, je vous prie, de vous dire ici les sentiments de ces personnes infortunées, quand elles se virent dans un état aussi déplorable que celui où elles étaient tombées : il faudrait qu'eux-mêmes vous en fissent le récit; car qui n'a point senti de pareilles afflictions ne peut jamais bien les exprimer. Je ne m'étendrai point là-dessus, pour vous apprendre plus tôt que les Turcs, après avoir erré plus de deux mois en faisant le métier de pirates, résolurent enfin de prendre le chemin d'Alger, pour s'y rendre, s'ils pouvaient, au temps du *Bahiram*, qui est la Pâque de ces infidèles. Le vent fut si favorable, que huit jours après qu'ils eurent formé ce dessein, ils y rendirent le bord à l'entrée de la nuit, dans le temps qu'on allumait sur les mosquées les lampes qui brûlent pendant toutes les nuits du Ramazan.

Je ne suspendrais pas ici, mesdames, les sentiments de pitié que nous inspire l'état malheureux d'Elvire et de Zelmis, par une légère description d'Alger, si le démêlé que nous avons depuis peu avec ces pirates ne me faisait croire que vous ne serez pas fâchées d'apprendre quelque chose de particulier de cette ville.

Alger est la capitale d'un royaume de même nom, qui en a trois autres sous lui ; celui de Trémissen ou Telesin, celui de Bugie, et celui de Constantine. C'est presque la dernière place de la côte de Barbarie qui relève du Grand-Seigneur; les royaumes de Fez et de Maroc, faisant l'empire des chérifs, qui s'en sont emparés sous le prétexte de la religion, et qui, se disant de la race de Mahomet, ont pris comme tels le nom de chérifs, qui veut dire illustres ou sacrés.

Les géographes ne sont pas bien d'accord du nom ancien de cette ville ; mais ils avouent tous que les Sarrasins et les Arabes s'étant débordés en Afrique, et ne pouvant souffrir qu'il restât aucun monument qui publiât la grandeur de l'empire romain, lui ôtèrent son nom pour lui donner celui d'Algezair, qui signifie île en arabe, à cause qu'elle est voisine d'une petite île, sur laquelle on a bâti depuis une forteresse qui défend le port.

Alger est situé sur le penchant d'une colline que la mer mouille de ses flots du côté du nord. Ses maisons, bâties en amphithéâtre et terminées en terrasse, forment une vue très-agréable à ceux qui y abordent par mer. Si je ne craignais, mesdames, de retarder votre curiosité, je vous parlerais du gouvernement de cette ville ; je vous dirais qu'Ariden Barberousse, fameux corsaire, y régna autrefois avec souveraineté, conjointement avec son frère Chéridim ; que bien qu'elle soit tombée depuis sous la domination des Turcs, le Grand-Seigneur n'en est pas si absolument demeuré le maître, que la milice ne se soit réservé une espèce d'autorité souveraine : ce qu'on peut voir dans les traités et les déclarations, qui sont toujours conçus en ces termes : *Nous, grands et petits de la puissante et invincible milice d'Alger, avons résolu et arrêté que*, etc. Mais il vaut mieux vous apprendre le sort de nos captifs, et vous dire que la prière du matin étant finie, on conduisit les nouveaux esclaves devant le roi, qui a droit de prendre la huitième partie de tout le butin qui se fait. Ce prince, appelé Baba-Hassan, était doux, civil et généreux au-delà de tous ceux de sa nation. Il n'avait rien de barbare que le nom ; et la nature avait pris plaisir à former en Afrique un naturel aussi riche qu'elle eût pu faire en Europe. Il trouva Elvire, au moment qu'il la vit, telle que tout le monde la trouvait, c'est-à-dire pleine de charmes; il remarqua sur son visage les restes d'une beauté touchante, que les fatigues de la mer et les approches de la captivité n'avaient pu tout à fait effacer ; et ses beaux yeux, au travers de quelques larmes, jetèrent des feux qui passèrent jusqu'à son cœur. Baba-

Hassan s'approcha d'elle ; il la pria en des termes obligeants de ne se pas affliger : il lui dit que la servitude où elle était tombée serait si douce, que la liberté l'était moins. Il la fit conduire à l'instant par un officier à l'appartement de ses femmes, qui ne purent voir sans une jalousie extrême les charmes de cette jeune odalisque. Le malheureux Zelmis fut présent à ce triste spectacle ; il crut voir Elvire pour la dernière fois, en la voyant entrer dans un lieu d'où l'on sort difficilement : mais quelle que fût sa douleur, je ne sais s'il n'aima pas autant la voir entre les mains de Baba-Hassan qu'au pouvoir de son mari, qui fut acheté presque aussitôt d'un nommé Omar. Zelmis fut vendu comme les autres. Il tomba entre les mains d'Achmet Thalem, de la race de ces Maures appelés Tagarims, qui se répandirent sur la côte d'Afrique lorsqu'ils furent chassés d'Espagne. Cet Achmet était connu pour l'homme le plus cruel qui fût dans toute la Barbarie ; mais Zelmis sut vaincre sa cruauté, en lui promettant pour sa rançon tout ce qu'il souhaita de lui. Cette prompte composition lui donna bientôt la liberté d'aller par toute la ville et d'y exercer la profession de peintre, ayant passé pour tel sur le Batistan, lieu où se vendent les esclaves.

Zelmis n'eut pas plus tôt cette liberté, qu'il employa tous ses soins à savoir des nouvelles de la belle esclave. Avant qu'il en pût avoir de certaines, il apprit confusément que le roi avait beaucoup de bonne volonté pour sa nouvelle maîtresse, et qu'il faisait tout ce qui lui était possible pour gagner son cœur. Ce bruit paraissait encore plus vraisemblable à Zelmis qu'à tout autre ; il savait trop bien qu'on ne pouvait voir Elvire sans l'aimer, ainsi il n'eut pas de peine à y ajouter foi : mais il en fut entièrement persuadé par un eunuque, nommé Méhémet, qui avait soin du dehors du palais, et que Zelmis avait gagné avec quelques ducats que les Turcs avaient oublié de lui prendre. Cet homme lui apprit tout ce qui se passait dans le palais, et l'instruisit de la passion du roi pour Elvire, et de ses complaisances pour elle. Il l'avertit même qu'elle devait sortir dans quelques jours pour aller au bain, qui était vers la porte de la Casserie, et qu'il ne lui serait pas difficile de la voir.

Ces nouvelles donnèrent beaucoup à songer à Zelmis ; la passion du roi lui fit désespérer de revoir Elvire en liberté, et lui fit envisager le dernier des malheurs, qui était de la perdre pour jamais. Il crut que le soin que Baba-Hassan prenait d'envoyer sa captive au bain, était une marque certaine qu'étant las et rebuté des froideurs de son esclave, il voulait se servir de toute la puissance qu'il avait sur elle ; les Turcs prenant presque toujours la précaution d'envoyer leurs femmes au bain lorsqu'ils veulent les honorer de leurs caresses. Cette pensée le fit presque mourir de douleur : il ne laissa pas pourtant de se trouver tous les jours à la porte du bain pour y rencontrer Elvire. Elle en sortit un jour, et l'apercevant la première : Ah! monsieur, s'écria-t-elle, je suis perdue, secourez-moi. Qu'êtes-vous devenu? et que deviendrai-je? Hélas! nos puissances sont limitées, un grand bruit nous rend sourds, une grande lumière nous éblouit, une grande douleur nous rend insensibles. Zelmis en fut si fort accablé qu'il ne put répondre : il lui serra seulement les mains entre les siennes; mais il ne jouit pas longtemps de ce plaisir, car elle lui fut bientôt arrachée par les femmes qui l'accompagnaient. Il la suivit des yeux autant qu'il put ; mais, hélas! qu'il racheta cher cette vue! quels mouvements confus ne produisit-elle point en lui! De l'amour il passa à la jalousie, de la jalousie à la crainte, de la crainte à la joie, de la joie à la tristesse; ou, pour mieux dire, il sentit toutes ces passions en un même temps. Elvire sortait du bain, son visage n'était que charmes, ses beaux yeux noyés de pleurs brillaient encore davantage. Qui ne l'eût aimée en cet état? mais qui n'eût été jaloux en la voyant au pouvoir d'un homme qui était en droit de tout entreprendre? Quelle joie pour Zelmis de la voir si belle! quel déplaisir de la voir si affligée! Que mon malheur est grand! disait-il. Elvire, la belle Elvire, me demande du secours, et je ne puis que la plaindre. Je m'abandonne à la douleur, quand je devrais me livrer pour elle aux plus grands périls. Tantôt il plaignait son sort, tantôt il enviait celui de Baba-Hassan. Faut-il, reprenait-il, que tu tiennes en ton pouvoir la personne du monde la plus aimable? Faut-il que tu sois en droit de tout prétendre d'elle? Arracheras-tu par la violence ce que tu ne peux obtenir par la douceur? Arrête, barbare, arrête; respecte du moins la vertu et l'innocence de ta captive, si tu n'as pas de compassion pour son malheur.

Je m'aperçois, mesdames, que vous tremblez pour Elvire. Ce mot de Turc vous effraie, cette disposition de bain vous alarme : mais ne craignez rien, cette belle est en sûreté; et Baba-Hassan, qui possède toutes les qualités d'un parfait honnête homme, n'a pas moins de respect que de tendresse pour elle; et laissant à part le pouvoir de souverain, il essaie à se faire aimer pas toutes les voies dont un amant se sert pour y arriver.

Zelmis fut pourtant en proie aux plus funestes chagrins dont un cœur soit capable : la beauté d'Elvire, qui n'avait jamais été si éclatante, l'appréhension de cette jeune personne, conforme à la sienne, cette précaution de bain ; tout le faisait trembler. Mais Méhémet le jeta encore quelque temps après dans un nouvel embarras ; il le vint trouver un jour qu'il était employé à peindre la poupe d'un vaisseau qu'Achmet, son patron, faisait faire ; et sans l'instruire du sujet de sa venue, il lui dit que le roi le demandait. Cet ordre surprit extrêmement Zelmis ; il n'en pouvait deviner la cause ; et Méhémet ne lui en dit point la raison, quoiqu'il la sût. Zelmis le suivit au palais ; mais Méhémet ne le voulant pas laisser plus longtemps dans la crainte et dans l'erreur où il le voyait, le rassura en lui disant que le roi ayant appris qu'il était peintre, lui commandait de dessiner des fleurs sur des voiles qu'il lui donna. Zelmis apprit en les recevant que ce qu'il allait faire n'était pour d'autres personnes que pour Elvire, qui, voulant charmer ses ennuis et se divertir à broder, avait prié le roi que ce fût lui qui donnât les dessins de sa broderie.

La joie n'est jamais plus grande que lorsqu'elle est imprévue. Zelmis en sentit pour lors une si forte, qu'il ne songea plus aux malheurs de sa captivité. Il se flattait avec raison qu'Elvire songeait encore à lui, et il se faisait un si grand plaisir à faire quelque chose pour elle, qu'il s'estima même heureux d'être esclave en ce moment, puisque cet état lui donnait occasion de travailler pour la personne qu'il aimait le mieux. Il fit ce que le roi, ou plutôt ce qu'Elvire lui avait commandé, il ordonna les dessins, il les remplit de fleurs dont la couleur pâle avait quelque rapport à son amour ; ce n'était partout que pensées, que soucis, que violettes ; si l'on y voyait quelques boutons de roses, ils étaient presque étouffés sous les épines qui formaient une chaîne, dont deux cœurs, placés au milieu du mouchoir, étaient étroitement unis. Sitôt que Zelmis eut achevé son travail, il le porta chez le roi. Ce prince le trouva fort à son gré, et parfaitement bien entendu ; et Zelmis lui fit entendre que n'ayant pu marquer avec la plume les différentes couleurs dont les fleurs devaient être nuées, il était nécessaire qu'il parlât à la personne qui les devait broder, pour lui faire concevoir la manière dont elle les devait traiter. Baba-Hassan, qui ne savait rien de l'inclination de Zelmis pour la belle Provençale, et qui cherchait toutes les occasions de marquer sa complaisance à sa jeune esclave, ne fit aucune difficulté d'accorder à Zelmis ce qu'il lui demandait, et donna ordre à Méhémet de le conduire à l'heure même à l'appartement des femmes. Vous remarquerez, s'il vous plaît ici, mesdames, que, bien que l'on voie difficilement les femmes en Turquie, cette sévérité n'est pas si grande pour les esclaves que pour les Turcs; et vous verrez, par la suite de ce discours, qu'il est fort ordinaire que les chrétiens demeurent même dans la maison de leurs patronnes.

Zelmis entra en tremblant dans un lieu où il n'y avait que des femmes; il y trouva Elvire dans un état capable d'embraser les plus insensibles, et quoiqu'elle fût mêlée avec quantité d'autres personnes parfaitement belles, ses yeux la reconnurent aussi aisément parmi cette belle troupe, que son cœur la distinguait du reste des créatures. Elle était vêtue ce jour-là comme les femmes du pays, c'est-à-dire qu'elle était presque nue, sa gorge toute découverte inspirait mille feux, et ses beaux cheveux noirs, renoués d'une écharpe couleur de feu, tombaient sans ordre sur des épaules qui éblouissaient par leur blancheur. Zelmis n'en put soutenir l'éclat, et cette vue le mit tellement hors de lui, qu'il demeura quelque temps immobile, oubliant le sujet qui l'amenait auprès d'elle. Cette belle personne l'aperçut, et ne croyant pas voir ce qu'elle voyait : Est-ce vous, monsieur? s'écria-t-elle en se levant toute transportée de joie. Hé! que venez-vous m'apprendre? Peut-il y avoir encore au monde quelque disgrâce à m'arriver? Oui, madame, c'est moi, répliqua Zelmis; c'est une personne qui vous adore et qui a si vivement ressenti votre disgrâce, qu'il n'y a eu que la consolation de respirer le même air auprès de vous, et de se trouver dans le même état que vous, qui l'ait empêché d'en mourir de douleur. Oui, madame, je ne vis que parce que je vous aime, et si vous ne voulez pas que je cesse de vivre, permettez-moi de continuer de vous aimer. Zelmis, en disant ces paroles, lui fit voir les voiles qu'il portait, et faisant semblant de lui montrer avec la main la manière dont elle devait nuer les fleurs qui y étaient dessinées. C'est le roi, madame, continua-t-il, qui m'envoie ici, et c'est l'amour, comme vous voyez, qui m'y a ouvert un chemin de fleurs; mais, madame, rien ne m'a-t-il fermé celui que je me flattais d'avoir fait à votre cœur? Hé! dit Elvire, songez-vous à moi au milieu de vos fers? N'avez-vous pas assez de vos malheurs? Pourquoi tâchez-vous à vous en faire encore de nouveaux? Non, madame, répliqua Zelmis, il n'y a d'autre malheur dans la vie que d'être éloigné de vous, et d'autre bonheur que de vous aimer, s'il se peut, autant que vous êtes aimable; hors cela je ne connais dans le monde ni bien, ni mal, ni joie, ni tristesse, et tout le reste m'est indifférent. Mais, madame, qui ne plaindra votre sort? Vous êtes dans les fers, vous qui êtes née pour régner. Vous êtes captive, vous qui devez être toujours victorieuse. Toute ma mauvaise fortune ne vous est pas encore connue, reprit Elvire : ma captivité serait moins à plaindre si elle était moins heureuse, et si mon cruel sort ne m'avait pas mise entre les mains d'un homme qui m'aime éperdument, et qui fait tout pour se faire aimer. Je ne puis, par toutes sortes de raisons, répondre à ses tendresses; je l'évite, je le fuis, il s'en plaint; mais qui me répondra qu'enfin cet amour outragé ne se changera point en fureur ? Non, madame, interrompit Zelmis, ne craignez rien; vous portez sur votre visage des caractères qui inspirent en même temps et l'amour et le respect; et Baba-Hassan est trop bien payé de son amour du seul plaisir de vous aimer. Quelle plus grande faveur peuvent espérer ceux qui vous aiment? Pour moi, le ciel m'est témoin si je.... Hé ! de grâce, interrompit Elvire, changez ces sentiments d'amour en des mouvements de compassion et pour vous et pour moi. Moi, changer, madame ! moi, que je ne vous aime plus ! Hé ! voulez-vous m'arracher tout ce qui me reste au monde ? Je n'ai plus rien, je ne suis plus à moi-même, et ce n'est qu'en vous aimant que je peux me mettre au-dessus des coups de la fortune. Elle peut me rendre malheureux, mais elle ne pourra jamais faire que je ne vous aime pas. Il parlait encore quand Baba-Hassan entra; mais comme ils parlaient français, sa présence ne les empêcha point de dire encore tout ce qu'un amour malheureux peut inspirer de tendre. Elvire demanda des nouvelles de son mari, et Zelmis lui en ayant appris, se retira plus passionné que jamais.

Il sortit d'auprès de la belle Provençale pour être encore plus avec elle qu'il n'avait été. Il ne se crut pas tout à fait abandonné, puisqu'au milieu de ses disgrâces, le ciel avait fait pour lui ce qu'il n'eût osé même espérer. Ce petit rayon de fortune lui en fit entrevoir une plus grande, et il s'imagina que rien ne lui serait impossible quand il serait secondé par l'amour. Il avait remarqué, étant chez le roi, que la mer mouillait le pied des murs du palais, et que même le vaisseau où j'ai dit qu'il travaillait n'en était éloigné que de quelques pas. Cette disposition lui fit croire qu'il ne lui serait pas impossible de voir quelquefois Elvire. Dans cette pensée, il la fit avertir par Méhémet qu'il était tous les jours au pied de son appartement, et que, sous prétexte de vouloir prendre le frais sur la terrasse du palais, elle pourrait le voir, si sa vue ne lui déplaisait point. Elvire, avertie du voisinage de Zelmis, monta le lendemain sur cette terrasse, qui avançait sur la mer.

Elle n'y fut pas longtemps sans y être aperçue de Zelmis, qui n'avait d'autre plaisir que de regarder tout le jour le lieu où était sa belle maîtresse. Il jouit quelque temps de son bonheur, il la vit avec joie; mais cette joie était mêlée du déplaisir que lui causait l'état où il la voyait; et un autre que lui se fût peut-être contenté de la vue d'un objet qu'il aimait si tendrement, sans espérer rien davantage : mais ce n'était pas assez pour lui. Il savait que la fortune favorise les grandes entreprises, et il voulut que cette même fortune, qui avait eu pour lui des revers si funestes, eût aussi en échange des retours extraordinaires. Ce petit succès enfla si fort ses espérances, qu'il ne se proposa rien moins que d'enlever Elvire d'entre les mains des Barbares, et de la remettre en France. Il ne jugea rien de plus proportionné à son amour que cette entreprise hardie, et dès ce moment il disposa tout pour cette action. La difficulté était de faire savoir son dessein à la belle Provençale. Il ne voulait pas déclarer à Méhémet une affaire de cette importance, ni la confier au hasard d'une lettre. Cet obstacle l'arrêtait; mais comme l'amour est ingénieux, il ne fut pas longtemps à trouver le moyen d'attacher un billet à une flèche qu'il jeta sur la terrasse du palais, dans le temps qu'Elvire s'y promenait. Il était conçu en ces termes :

« On serait coupable, madame, de vous voir dans les fers sans
» essayer à vous en retirer. Quelque difficile qu'en soit l'entre-
» prise, elle ne l'est pas tant qu'elle paraît, et je ne trouve rien
» d'impossible au monde que de ne vous aimer pas. Nous vous at-
» tendrons jeudi au soir à l'entrée de la nuit, au pied de vos mu-
» railles : une pareille flèche que celle qui vous a porté ce billet,
» vous portera un fil au bout duquel sera attachée une corde à la fa-
» veur de laquelle vous descendrez. Les choses sont assez bien dis-
» posées pour faire espérer que l'entreprise réussira. Il y aurait trop
» d'injustice si vous étiez plus longtemps esclave : ce désordre et
» cette violence ne peuvent durer plus longtemps dans la nature;
» et on peut se flatter d'un heureux succès quand l'Amour est de la
» partie, et qu'on travaille de concert avec lui pour la plus aima-
» ble personne du monde. »

Ce billet fut le lendemain suivi d'une réponse attachée à une pierre qu'Elvire jeta de sa terrasse dans le vaisseau où Zelmis travaillait. Elle ne put avoir ni encre ni plume dans le palais; mais la vivacité de son esprit répara ce défaut : elle passa une partie de la nuit à piquer avec la pointe d'une aiguille, sur du papier, tous les caractères qui composaient cette lettre. Zelmis l'ayant mise sur un fond noir, lut fort distinctement. Elle était conçue en ces termes :

« Je ne sais si c'est l'espérance de la liberté, ou le désir de vous
» revoir, et mon époux, qui me fait trouver votre entreprise si
» agréable ; mais j'avoue que l'idée flatteuse que je m'en fais par
» avance me fait oublier les peines de ma captivité. Il est vrai
» que de mes maux l'esclavage n'est peut-être pas le pire ; j'aime,
» et c'est tout mon mal. Je ne sais qui m'arrache cette parole :
» mais n'en profitez point, Zelmis ; c'est de mon mari dont je
» veux parler. Qu'il soit avec vous, je vous en prie ; ou bien, si
» cela ne se peut, et que vous y veniez sans lui, n'y venez point
» avec tous vos charmes. Adieu. Je vous attends à l'heure que
» vous m'avez marquée. »

Cette lettre porta autant d'amoureux traits dans le cœur de Zelmis, qu'il y avait de piqûres qui la composaient. Qu'il eut de plaisir à la baiser et à la tremper de ses larmes! Qu'il sentit de joie à la relire cent fois, cette aimable lettre, où il trouvait tant de douceurs, tant de charmes, tant de rapport à son amour! Il interprétait en sa faveur les feintes d'Elvire, ses déguisements, ses peines d'avouer une chose qu'elle ne pouvait dissimuler ; et il ne songea plus dès lors qu'à la grande affaire qu'il allait entreprendre. Il s'assura encore mieux des gens qui devaient être de la partie : il les trouva tous dans les mêmes sentiments avec lesquels il les avait laissés, et il leur donna ordre de se rendre le jour marqué, deux heures avant qu'on fermât les portes de la ville, dans le vaisseau où ils savaient qu'il travaillait.

L'affaire fut si bien conduite, que le jeudi au soir il ne manqua personne de tous ceux qui devaient s'y rendre. La première chose qu'on fit, fut de se saisir du nègre qui gardait le vaisseau, de lui mettre un bâillon dans la bouche, et de le descendre à fond de cale. L'on n'eut pas de peine ensuite à rompre la chaîne qui tenait la chaloupe attachée ; et ayant pris les morceaux de bois et les voiles qui étaient les plus nécessaires, on fit approcher la barque des murailles avec le moins de bruit qu'il fut possible. Zelmis fit connaître son approche à la belle Provençale par quelques étincelles qu'il fit sortir d'un caillou, à quoi elle répondit avec une pierre qu'elle jeta dans la mer, et qui apprit à Zelmis qu'elle l'avait prévenu au rendez-vous. Il fut si heureux que la flèche à laquelle le fil dont je vous ai parlé était attaché, tomba du premier coup sur la terrasse où était Elvire ; et il était impossible qu'étant animé par ce dieu qui les sait si bien lancer, il n'adressât pas d'abord où ses yeux, ses pensées, et son cœur, visaient continuellement.

On ne peut exprimer quels furent les sentiments de Zelmis pendant le peu de temps qu'Elvire fut à se disposer pour descendre. On ne peut représenter ses transports, ses appréhensions, ses alarmes, ses frémissements : tout le fait espérer, tout le fait craindre : le péril le rend presque immobile ; les horreurs de la nuit l'épouvantent ; il frémit, il tremble, il espère, il craint.

Cependant Elvire descend, son approche dissipe les ténèbres ; elle chasse les craintes de Zelmis, elle relève ses espérances. Mais la joie en ce moment le transporte à un tel excès que ce n'est plus lui, ce n'est plus ce même Zelmis qui, un peu auparavant, animait l'un, et exhortait l'autre, disposait la voile, prenait le gouvernail. On ne sait plus ce que sont devenues ces ardeurs ; sans le secours de ceux qui étaient avec lui dans la chaloupe, il aurait oublié ce qu'il y venait faire. Il se crut déjà trop bien payé de ses peines par la seule joie de posséder Elvire : quoique l'obscurité de la nuit lui ôtât le plaisir de la voir aussi bien qu'il l'eût souhaité, il ne cessait néanmoins de la regarder avec tant d'opiniâtreté et d'application, qu'il ne s'aperçut pas que deux de ses gens s'étant mis sur la chaîne qui fermait le port, avaient déjà fait passer la barque par-dessus ; mais sitôt qu'il fut un peu revenu du profond assoupissement où cette joie inespérée l'avait mis : Est-ce vous, madame ? s'écria-t-il. N'est-ce point une illusion ! et la fortune, que nous trouvons présentement si propice, ne feint-elle point un visage riant pour se démentir bientôt ? Mais n'importe, qu'elle se déchaîne maintenant contre nous autant qu'elle le voudra, il n'est plus en son pouvoir de me causer une affliction pareille à la joie que je ressens. Vous êtes libre présentement, madame ; et quand vous n'auriez que peu de temps à l'être, le ciel m'a choisi pour être l'auteur de cette courte liberté. Je ne suis pas si libre que vous pensez, repartit Elvire en soupirant ; je laisse encore la moitié de moi-même dans les fers, et mon mari n'est pas avec moi. Hé ! de grâce, madame, reprit Zelmis, n'empoisonnez point une joie aussi pure que celle que nous pouvons goûter en ce moment. Ne soyez point ingénieuse à vous former de nouveaux sujets de peine. Laissez, madame, laissez au ciel le soin de votre mari ; il a fait naître des personnes pour vous arracher des mains de Baba-Hassan, il en suscitera d'autres pour tirer votre époux de la puissance des Barbares.

Cependant la barque vole vers les îles Majorque et Minorque.

Les vagues, quoique assez tranquilles, semblent s'abaisser encore pour la laisser passer avec plus de vitesse ; et les zéphyrs, secondés par les Amours, enflent les voiles avec tant de prospérité, que tout faisait espérer un heureux succès. La joie éclate sur le visage de tous ces illustres fugitifs, et ils avaient déjà fait plus de vingt milles quand le jour commença à paraître. Le brouillard, qui s'élève ordinairement le matin sur la mer, fut par malheur si épais ce jour-là, qu'ils ne purent apercevoir un petit brigantin, sous la proue duquel ils se trouvèrent inopinément. Ils le virent quand ils ne purent plus l'éviter : ils tâchèrent en vain de changer de route pour s'échapper à la faveur des ténèbres ; mais le brigantin, en les apercevant, fit force de rames sur eux ; et, comme il n'en était pas beaucoup éloigné, il ne fut pas longtemps à les joindre. Je ne veux point, mesdames, vous exprimer le désespoir de ces infortunés, quand ils reconnurent que ce brigantin était d'Alger, lequel y retournait après deux mois de course. On ne peut se représenter un si grand changement sans ressentir une partie des douleurs de ces malheureux. Combien de fois Zelmis fut-il sur le point de se jeter dans la mer pour finir ses malheurs avec sa vie. De quels yeux regarda-t-il Elvire ! Que ne lui dirent-ils point dans ce moment, ces yeux, ces mêmes yeux où la joie venait d'éclater, et dans lesquels alors la douleur était peinte ! Il n'exprima son affliction que par son silence et par quelques soupirs entrecoupés. Elvire parut la moins émue ; elle entra la première dans le brigantin ; Zelmis la suivit avec les autres : et le vent s'étant aussitôt mis au frais, ils se trouvèrent quelques heures ensuite à la vue d'Alger, et peu de temps après dans le port.

La nouvelle du retour de la belle esclave, dont l'évasion avait été déjà sue de tout le monde, ne fut pas longtemps à se répandre dans toute la ville ; l'on accourut de toutes parts pour la voir rentrer, et le capitaine du brigantin, appelé Turquille, la reconduisit au palais, comme en triomphe. Baba-Hassan ne s'emporta point à la vue de cette belle fugitive ; il la reçut au contraire avec des sentiments dont l'âme la mieux née puisse être capable. Si j'eusse cru, madame, lui dit-il, que votre condition vous eût paru si rude, je vous aurais évité, en vous rendant la liberté, les risques que vous avez courus pour la recouvrer ; mais je m'étais imaginé que l'amour que j'ai tâché de vous faire paraître en adoucirait les peines. Vous fuyez, cependant, madame ; mon amour n'a pu vous arrêter ; et je veux un mal mortel à Turquille de vous avoir remise entre mes mains, puisque vous y revenez apparemment avec les mêmes sentiments que vous aviez quand vous en êtes sortie. Bien loin de faire aller sur vos pas, je m'estimais heureux de n'avoir plus devant les yeux une personne si belle et si sévère ; et je suis au désespoir que votre vue, si contraire à mon repos, renoue des liens que votre éloignement aurait rompus. Je n'attendais pas moins de générosité de votre part, seigneur, répondit Elvire, et je suis confuse des bontés que vous avez pour votre captive ; mais permettez-moi de vous dire que plus ma captivité paraît douce, plus elle m'est insupportable. Vous m'aimez, seigneur, et ma loi, ma raison, mon devoir, tout me défend de vous aimer. Heureuse si le ciel, en m'ôtant la liberté, m'eût ôté en même temps les appas qui vous ont charmé ! Vous m'aimez, répéta-t-elle encore, et n'ai-je pas lieu d'appréhender que vous vous lassiez de mon indifférence, et que cette bonté insultée ne change enfin en un juste dépit dont vous ne serez peut-être plus le maître. Non, madame, interrompit Baba-Hassan, ne craignez rien des emportements de ma passion ; ce n'est point en amour qu'on se sert de son pouvoir ; et je serais de tous les hommes le plus malheureux, si, ne pouvant mériter votre estime, je m'attirais votre haine. Baba-Hassan se retira après ces paroles : Elvire rentra dans le palais ; et Zelmis retourna chez son patron, qui ne le reçut pas avec la même civilité que Baba-Hassan avait eue pour la belle Provençale ; il essuya au contraire tout ce que la colère, mêlée de vengeance et d'intérêt, peut faire ressentir d'emportements, et il fut resserré dans son logis avec beaucoup de rigueur. Il est vrai qu'il eut dans cette solitude la compagnie de quatre belles femmes, qui parlaient toutes fort bien espagnol ; mais il fut insensible à leurs appas. Il ne voyait rien quand il ne voyait point Elvire ; et cette compagnie, qui aurait été pour un autre un sujet de consolation, lui en fut un de mille occasions périlleuses.

L'amour, chez les Turcs, n'est point armé de traits ; il est couvert de fleurs : on ne sait ce que c'est que d'y mourir des cruautés d'une belle, et les dames ont le même scrupule en ce pays-là de faire languir un amant, que quelques-unes ont en celui-ci de le favoriser. Elles font toutes les avances : la loi de la nature est la première, qu'elles suivent préférablement à celle de Mahomet, parce qu'elles sont femmes avant que d'être turques ; et elles donnent de la tendresse et des faveurs en retour des services que les hommes leur rendent : enfin, on y est heureux avant qu'on y soit amant. Les quatre belles personnes avec qui Zelmis demeurait avaient naturellement un grand penchant à l'amour ;

et la nature, en leur donnant ce cœur tendre, ne leur avait pas refusé les avantages qui font aimer. Elles étaient toutes charmantes, et elles retenaient dans leur air quelque chose de cette fierté que nous remarquons dans ces statues grecques ou romaines. Leurs habillements et leurs manières inspiraient assez de tendresse : elles n'y étaient que trop portées, et Zelmis était le seul qui ne brûlait point au milieu de tant de feux. Il ne fut pas longtemps néanmoins à s'apercevoir de la disposition du cœur de ses belles maîtresses ; et il connut sans peine qu'elles souhaitaient de lui quelque chose de plus que les services ordinaires que rendent les domestiques.

Immona, la plus belle et la plus jeune de toutes, fut celle qui lui fit paraître le plus d'amour. Elle avait tout ce qui peut former une charmante personne, le front élevé, l'œil brillant, la bouche pleine de ces agréments qu'on ne peut exprimer : des cheveux noirs accompagnaient ce beau visage avec tant d'avantage, qu'il semblait qu'elle ne les eût reçus de la nature que pour cet effet seulement : ses manières étaient les plus engageantes du monde. Zelmis aurait sans doute mieux répondu à son amour s'il y eût eu place dans son cœur pour une autre passion. Cette belle Africaine fut charmée des qualités de son esclave ; elle fit tout ce qu'elle put pour s'en faire aimer : mille gestes amoureux, cent regards passionnés, une infinité de souris capables d'enflammer les plus glacés, étaient les armes ordinaires dont elle se servait pour abattre sa fierté ; mais il payait les emportements d'Immona de tant de froideurs, qu'on voyait aisément qu'il s'estimait malheureux de recevoir des douceurs d'une autre que d'Elvire, de qui les rigueurs lui auraient été cent fois plus agréables que toutes les faveurs des plus belles personnes du monde.

Immona ne fut pas la seule qui eut de la bonne volonté pour Zelmis : Fatma, qui ne lui cédait point en beauté, prétendit quelque part à son cœur ; et elle n'avait jusqu'alors dissimulé sa passion que pour mieux connaître les sentiments de sa rivale, qui lui avait fait confidence de son amour. En les connaissant, elle apprit aussi ceux de Zelmis ; et sachant qu'il rendait à sa passion une indifférence cruelle, elle s'imagina que le peu d'appas de sa rivale était cause de cette froideur ; et, dans cette vue, elle crut que le mépris que Zelmis faisait de son cœur était une marque certaine qu'il soupirait pour une autre ; et comme nous sommes naturellement portés à croire ce que nous souhaitons, elle se flatta avec plaisir d'avoir allumé cette passion. Elle ne songea plus, dans cette pensée, qu'à employer tous ses charmes, pour lui donner, si elle pouvait, autant d'ardeur qu'elle en avait pris. Ses paroles, ses manières, ses regards, tout était plein d'amour et d'artifice ; et elle en montra bientôt plus que Zelmis et Immona n'en voulaient savoir. Immona vit naître avec horreur l'amour de cette rivale ; elle ne l'étudia pas longtemps pour connaître les sentiments de son cœur. Ses soins, ses inquiétudes, l'indifférence de Zelmis pour elle, tout lui disait ce qu'elle eût bien voulu ne pas apprendre. Le dépit s'empare aussitôt de son âme : elle se déchaîne, elle s'abandonne à la rage; et avant que de faire éclater sa vengeance, elle exhala son dépit par ces paroles qu'elle adressa un jour à Zelmis : C'est donc une autre que moi qui t'a su charmer, ingrat? Ce n'était pas assez pour moi du mortel chagrin de ne l'avoir pu faire ; il fallait encore, pour accroître mes ennuis, que je visse une rivale en venir à bout : cette indifférence que je te croyais naturelle, ne s'étend pas sur tout le monde, et ce n'est que pour moi que tu gardes tes froideurs ! Ces paroles, dites d'un ton plein d'aigreur, épouvantèrent Zelmis ; et croyant la fléchir en lui faisant l'aveu de son amour : Ah! madame, lui dit-il avec un profond respect, il est vrai que j'aime, et que je suis épris de la plus belle passion dont un cœur soit capable ; je porte des fers si doux, que j'en mourrais s'ils étaient rompus. Vous avez plus de charmes qu'il n'en faut pour engager les plus insensibles, mais vous n'en avez pas assez pour me faire commettre des infidélités les plus criminelles. J'aurais pour vous, madame, des sentiments d'amour réciproques, si j'étais maître de mon cœur, et si l'amour ne s'y était pas rendu si absolu, qu'il est présentement impossible de l'en chasser. Va, ingrat, interrompit Immona avec des yeux enflammés de colère, tu m'en apprends trop, et tu cherches en vain à t'excuser ; tu ne m'aimes pas, et cela me suffit pour te trouver criminel. Va, et souviens-toi que, si je n'ai pu te plaire, je pourrai te persécuter.

Elle se retira en disant ces paroles, pleine de dépit et de rage; et, persuadée de l'amour de Zelmis pour Fatma, elle ne songea plus qu'à le perdre. Elle était dans cette funeste résolution, quand son amour combattit encore quelque temps les sentiments de sa vengeance. Rien ne détermine plus une femme à favoriser un amant, que la concurrence d'une rivale ; et comme il arrive souvent que ce qui devrait éteindre le feu le rend plus âpre, les froideurs de Zelmis ne servirent qu'à irriter davantage les ardeurs d'Immona. Cette femme, voyant qu'elle ne pouvait fondre les glaces de cet insensible, se résolut de faire un dernier effort, et d'arracher par force des faveurs de cet indifférent. Elle ne demandait pas tant le cœur de Zelmis, que Zelmis même. Et un jour qu'Achmet était allé à la mosquée, et que toutes les autres femmes étaient sorties, à la réserve d'une nègre, elle appela Zelmis dans sa chambre. Zelmis y monta sans savoir ce qu'elle souhaitait de lui. Il la trouva couchée demi-nue sur un magnifique tapis de Turquie : un de ses bras lui servait d'oreiller; et l'autre nonchalamment étendu, relevant l'extrémité d'une gaze noire qui lui servait de caffetan, laissait voir une partie du plus beau corps que la nature ait jamais pris plaisir de former. Qui n'eût été sensible à cette vue? A peine aussi Zelmis fut-il maître des transports qu'elle lui causa. Il était tellement hors de lui en voyant tant de beautés, qu'il demeura longtemps immobile à regarder cette belle personne, sans songer qu'elle ne l'appelait pas pour regarder seulement. Elle s'aperçut aisément de son trouble. Que te faut-il donc, ingrat? s'écria-t-elle d'un ton le plus passionné du monde. N'ai-je donc point assez de charmes, et ne comprends-tu pas encore l'excès de mon amour? Qu'attends-tu? que souhaites-tu? que crains-tu? Parle. Mais tu es immobile; ton silence te condamne; tu ne m'aimes point! Va, cruel, que le ciel, pour me venger, puisse un jour t'inspirer autant d'amour qu'il m'en a donné, pour te faire souffrir autant que je fais en ce moment! Que je suis malheureuse! continuait-elle après quelques moments de silence, pendant lesquels elle avait laissé couler quelques larmes; que je suis malheureuse d'avoir prodigué des faveurs à un ingrat qui en sait si mal user! Ces paroles étaient prononcées d'un ton de voix si touchant, que Zelmis en fut presque ébranlé; et peut-être que sa fidélité, qui n'avait jamais été exposée à une si rude épreuve, n'aurait pas tenu encore longtemps contre tant de charmes, si Achmet, qui revenait de la mosquée, et qui se fit entendre par sa voix, n'eût bien fait changer de situation à l'une et l'autre. Le trouble que Zelmis sentit pour lors ne se peut bien comparer qu'à celui d'Immona. Elle se désespérait, Zelmis ne savait quel parti prendre, quand, pour comble de malheur, Achmet, de qui l'on pouvait facilement entendre toutes les paroles, demanda où était Immona.

Ce coup de foudre acheva de les terrasser. Que faire dans cette extrémité? où se mettre? où se cacher? Le temps presse, les délibérations sont hors de saison; et déjà Achmet monte, quand Immona, conservant encore quelques restes de présence d'esprit, fit mettre Zelmis avec précipitation dans un de ces matelas qui servent de lit aux Turcs, et qui sont roulés pendant le jour à un coin de la chambre. Zelmis était dans cette violente situation, quand Achmet entra. Il remarqua le trouble d'Immona, sans en pouvoir deviner la cause. Il lui en demanda plusieurs fois le sujet, et elle se sauva toujours le mieux qu'elle put. Je ne vous dirai point, mesdames, si l'émotion que sentit Immona ajouta quelques nouveaux charmes à sa beauté ; mais il est certain qu'Achmet n'eut jamais plus de tendresse pour elle qu'en ce moment-là. Elle ne fut jamais à ses yeux ni plus belle, ni plus animée ; et il ne se sentit jamais ni plus amoureux, ni plus enflammé : il la caressa plus qu'à l'ordinaire. Le doux bruit des baisers dont il accablait Immona venait même jusqu'aux oreilles de Zelmis, qui avait des frayeurs mortelles que son maître ne le découvrît, quand Cid-Haly, père d'Achmet, entra tout d'un coup avec grand bruit dans le logis. Il appela son fils avec tant de précipitation, pour aller acheter des chrétiens nouvellement arrivés au port, qu'il fut obligé de le venir joindre dans le moment. Il est impossible de vous exprimer la joie que ce libérateur causa à Zelmis et à Immona, quelles grâces ils lui rendirent secrètement, pour être venu si à propos les tirer de l'abîme où ils étaient, et quels serments fit Zelmis de ne se trouver de ses jours dans une bonne fortune où il y avait tant à risquer.

L'amour si violent est voisin de la haine, et quand on a aimé avec emportement, il faut qu'on haïsse avec fureur. Immona outragée, et persuadée de l'amour de Zelmis pour Fatma, ne respire plus que rage et que fureur, et ne songe qu'à perdre Zelmis. Les moyens ne lui manquaient pas : elle avait sur son esclave un plein droit de vie et de mort, et elle en eût été quitte pour rendre à Achmet ce que Zelmis lui avait coûté ; mais comme cette violence aurait fait beaucoup d'éclat, elle s'abandonna à une vengeance plus cachée et plus conforme à sa haine. Elle voulut, par un plus illustre emportement, immoler deux victimes à l'amour, et sacrifier en même temps et Zelmis, et sa rivale. Elle n'a pas plus tôt formé ce dessein, qu'elle instruit Achmet des secrètes intelligences qui étaient entre Zelmis et Fatma ; et pour mieux assurer ce qu'elle avance, elle lui promet de l'en convaincre le lendemain de ses propres yeux. Elle donna tant de couleur de vérité à cette trahison, qu'Achmet donna dedans, et entra aussitôt dans une rage et dans un désir de vengeance si furieux, qu'il eut de la peine à en retenir les transports jusqu'au lendemain. Le jour venu, il ordonna secrètement à Kalisia et à Kamer, ses autres femmes, d'aller au lieu de la sépulture des Turcs, et d'emmener les nègres avec elles, en sorte qu'il ne restât dans le logis que les personnes nécessaires à cette tragédie, Fatma, Achmet, Zelmis, et Immona. Achmet fit semblant de sortir à l'heure ordinaire pour aller à la mosquée, et demeura dans une galerie qui était à côté de la porte. Immona resta en bas, et Fatma monta dans sa chambre, comme elle avait accoutumé. Toutes ces choses ainsi disposées, Immona commande à Zelmis de porter quelque chose sur la terrasse; et dans le temps qu'il est sur l'escalier, elle avertit Achmet de rentrer et de monter en haut, s'il voulait être témoin de tout ce qui se passait entre Zelmis et Fatma. On ne peut dire avec quels transports de colère Achmet monta pour surprendre Zelmis, qui, ne songeant à rien moins qu'au piége qu'on lui tendait, revenait tranquillement d'où Immona l'avait envoyé. Achmet le rencontra près de l'appartement de Fatma, devant lequel il fallait de nécessité passer pour aller à la terrasse; et il lui sembla même, tant il était préoccupé, les entendre parler ensemble. Il n'en fallait pas davantage, et c'en était même trop, pour convaincre un homme qui était déjà disposé à tout croire; et sans examiner davantage les choses, il se jeta sur Zelmis, les yeux étincelants de colère, et l'aurait percé de mille coups, s'il ne l'eût réservé à une plus célèbre vengeance. Fatma ne fut pas mieux traitée que Zelmis, et elle porta sur le visage des marques de l'emportement d'Achmet. Immona monta à ce bruit, faisant l'ignorante de tout ce qui se passait, et qui triomphait dans l'âme de l'heureux succès de sa fourberie. Elle interpose son crédit; elle feint de vouloir calmer le courroux d'Achmet; mais rien ne le peut apaiser. Il court dans le moment chercher des officiers pour conduire ces criminels en lieu de sûreté. Zelmis connut bientôt l'auteur de cette trahison. Il avait remarqué que, depuis ce qui s'était passé avec Immona, elle ne le regardait plus qu'avec des dédains mêlés de fureur, et qu'elle ne voyait plus Fatma sans faire éclater son ressentiment. Il vit bien que tout ce qui était arrivé n'était conduit que par ses artifices; et la regardant avec des yeux d'indignation : Tu triomphes, cruelle, lui dit-il; tu triomphes : tu immoles deux innocentes victimes à ta vengeance; mais tu ne profiteras point de ton crime : je te haïrai partout; et je suis assez vengé, puisque tu m'aimes, et que tu ne me reverras jamais. Il ne lui en put dire davantage. On le conduisit aussitôt au château de l'empereur, qui est hors de la ville, et Fatma fut menée aux prisons des femmes publiques. Zelmis vit avec horreur le péril où il était. Il savait les lois des Turcs, qui veulent qu'un chrétien trouvé avec une mahométane expie son crime par le feu, ou se fasse musulman. Il avait beau protester de son innocence; Achmet, qui avait juré la perte de son esclave, voulait l'immoler à son ressentiment. Il y était animé par Immona; en sorte que les affaires de Zelmis étaient pour lors en un très-fâcheux état.

Cependant le consul [1] de la nation française apprend tout ce qui se passe : il interpose son autorité; il va trouver Achmet, qui se rend d'abord implacable. Le consul ne se rebute point : il lui représente que rien n'est quelquefois plus faux que les apparences; que, quand la chose serait vraie, il aurait peu de gloire à faire paraître sa puissance contre son esclave, et lui fit connaître enfin, qu'en le perdant, il perdait en même temps une somme considérable qui était venue depuis peu pour son rachat. Cette raison fut beaucoup plus forte que toutes les autres; et comme il n'y a rien que les Turcs ne sacrifient à leur intérêt, Achmet se laissa un peu abattre. Quand les premières fougues de sa colère furent passées, il retira Zelmis des mains du divan; et il avoua devant les juges que ce n'était que sur un simple soupçon qu'il avait agi, et que le crime de son esclave n'était confirmé d'aucune preuve.

Il ne faut qu'un moment pour changer la face des affaires les plus désespérées, et la fortune ne se plaît que dans ces grands et soudains changements. Dans le temps que Zelmis est le plus accablé d'infortunes, c'est dans ce même temps-là qu'il est élevé au comble du bonheur, et qu'Achmet lui rend la liberté, après avoir reçu chez le consul le prix de sa rançon.

Il n'y avait pas deux heures que Zelmis était libre, et il se promenait dans une galerie avec le consul, tout plein de la joie que lui causait le nouvel état où il se trouvait. Il songeait à l'aimable Elvire dont il n'osait demander des nouvelles : il le voulut faire plusieurs fois; la crainte qu'il avait d'apprendre quelque chose de fâcheux lui faisait toujours dire autre chose qu'il ne souhaitait. Il était dans cette inquiétude, quand il vit tout d'un coup entrer une dame qu'il reconnut chrétienne par le voile dont elle avait la tête couverte. Le consul la voyant approcher : Voilà, dit-il à Zelmis, une dame qui ne vous est pas inconnue : elle n'a pas moins souffert que vous; mais enfin les maux de sa captivité sont finis aussi bien que les vôtres; je vous laisse avec elle, pour aller finir

---

[1] M. Dussault.

quelques affaires pressées. Zelmis ne reconnut point d'abord cette dame ; mais quelle surprise fut la sienne quand il vit l'aimable Provençale ! Les grandes passions ne se marquent point par des mouvements ordinaires : Zelmis ne s'emporta point aussi à des signes d'une joie commune ; mais ayant regardé quelque temps Elvire avec des yeux interdits : Pardonnez, madame, s'écria-t-il en se jetant à ses pieds, pardonnez à des transports dont je ne suis plus le maître. Ils ne purent alors retenir quelques larmes ; mais ces larmes n'étaient pas de celles que la joie seule d'avoir recouvré leur liberté leur faisait répandre ; elles étaient mêlées de cette douceur et de ce charme qui ne se trouve que dans l'amour. Zelmis cependant ne pouvait se rassasier de regarder Elvire : elle ne lui avait jamais paru si charmante ; et les larmes dont son beau visage était trempé lui causaient une certaine langueur, qui, se confondant avec cette vivacité que répand ordinairement la joie, formaient la beauté du monde la plus touchante. Zelmis, rompant enfin le silence : C'est donc vous, madame, que je vois, lui dit-il ; c'est vous ! Vous êtes libre ; et je n'ai en rien contribué à votre liberté ! Faut-il que je vous voie hors des fers avec quelque chagrin, puisque je n'ai pas eu la gloire de vous en tirer ! Ah ! monsieur, reprit la belle Provençale, je ne me souviens qu'en frémissant de ce que vous avez hasardé pour moi ; mon mari n'est plus, et la cause de sa mort ne vient sans doute que de ma fuite avec vous. Ces paroles, qui furent suivies d'un débordement de larmes, surprirent extrêmement Zelmis : il ne savait rien de la mort de de Prade ; et quoique la douleur d'Elvire l'affligeât au dernier point, il eut néanmoins de la peine à dissimuler la joie que cette nouvelle lui causait, puisque de Prade était le plus dangereux rival qu'il eût.

La perte d'un mari est quelque chose de si sensible, continua Elvire, après avoir donné quelques moments de trêve à sa douleur, qu'il est impossible de l'exprimer. S'il y a pourtant quelque chose qui puisse tempérer ce chagrin, c'est une joie pareille à celle que je ressens aujourd'hui : je vous vois, je suis libre, vous n'êtes plus dans les fers ; et vous pouvez juger de la joie que j'ai de votre liberté, puisque après celle de mon mari, pendant qu'il vivait, c'était ce que je souhaitais avec le plus d'ardeur. Vos intérêts et les siens m'étaient presque communs ; je les confondais même souvent ensemble, et je ne sais si je ne suis point criminelle d'en avoir fait si peu de distinction. Cette vertueuse personne rougit à ces paroles, et elle voulut en cachant son beau visage, dérober à

Zelmis le plaisir que lui causait cette aimable confusion, mais Zelmis relevant doucement le coin du voile dont elle se cachait : Ne m'empêchez pas, madame, lui dit-il, de vous admirer dans un état si charmant. Que vous devez me paraître divine avec cette rougeur ! Et comment peut-on entendre ces paroles engageantes de votre belle bouche, et ne pas expirer de plaisir à ces yeux ? C'est trop de joie pour un seul jour, madame, et mon cœur ne la peut contenir. Ils passèrent le reste de la journée dans un épanchement de cœur qu'on ne peut exprimer ; ils se dirent tout ce qu'un violent amour peut inspirer de plus tendre. Elvire apprit à Zelvire que son mari avait été emporté depuis trois mois de la peste, qui avait fait d'étranges ravages dans la ville. Elle lui dit ensuite que le roi, ne pouvant être heureux dans ses amours, avait fait connaître la pureté et la délicatesse de sa passion, en lui rendant la liberté par une générosité vraiment royale. Zelmis, de son côté, informa sa maîtresse de tout ce qui s'était passé depuis leur retour, des différents risques qu'il avait courus, l'impossibilité de lui faire savoir de ses nouvelles et de recevoir des siennes, et de la manière enfin dont il avait recouvré la liberté.

Ce fut pendant ce temps-là que la permission qu'avait Zelmis de voir la belle Provençale autant qu'il le souhaitait rendit son ardeur plus vive : il reconnut encore plus de charmes dans son esprit qu'il n'avait remarqué de perfections dans sa personne ; et quand quelquefois cette belle veuve, s'échappant à la joie, oubliait pour quelque temps l'idée de son mari, elle faisait éclater un enjouement si spirituel, que Zelmis n'aurait pu lui refuser son cœur, s'il n'en eût pas déjà été amoureux.

Enfin ce jour, cet heureux jour souhaité par tant de vœux, demandé avec tant de larmes, ce jour auquel Elvire et Zelmis devaient sortir d'Alger, arriva. Ils s'embarquèrent après avoir pris congé du consul ; et sitôt qu'ils furent dans le bord, on mit à la voile. Le vaisseau n'était pas encore sorti du port, que Zelmis, qui était resté sur le tillac pour voir appareiller, entra dans la chambre du capitaine, où était Elvire : il la trouva couchée sur un de ces petits lits qui sont sur les vaisseaux, désolée, et capable de percer de douleur les plus insensibles. Eh bien ! madame, lui dit-il en s'approchant de son lit, vous voulez donc toujours vous affliger : n'est-il pas temps enfin que ces larmes tarissent ? et ne pouvez-vous jouir du repos, après de si longues traverses ? Vous sortez des fers, vous rentrez dans votre patrie, les vents les plus favorables vous y portent ; et tout ce qui devrait vous élever au comble de la joie ne sert qu'à vous jeter dans un abîme de tristesse. Vous ne dites rien, madame, poursuivit Zelmis en levant le coin du mouchoir dont elle essuyait ses beaux yeux; regardez-moi du moins, je vous prie, et n'achevez pas de me désespérer par le mortel chagrin que me cause votre tristesse. Elvire ne répondit que par un soupir; et Zelmis, ne pouvant plus soutenir la présence de cette belle désolée, sortit de la chambre pour n'y pas rentrer sitôt : mais il ne fut pas longtemps à revenir près d'elle. Ses larmes étaient un peu essuyées, et comme elle avait passé, dans un moment, de la tristesse que lui causait le souvenir de la mort de son mari, à la joie que lui donnait la vue de Zelmis, elle le regarda avec des yeux tout brillants de bonté, et qui lui portèrent encore mille nouveaux feux dans l'âme. Non, mon cher Zelmis, lui dit-elle en le voyant; non, je ne veux plus m'affliger. Le ciel, en m'ôtant mon mari, vous a conservé : cela suffit pour me consoler; et vous me tenez lieu de tout. Zelmis ne put répondre à de si tendres paroles; mais se jetant à ses genoux, et prenant une de ses mains, il y attacha sa bouche toute de feu avec un si grand transport qu'il en demeura hors de lui. Il n'eut pas la force de se lever; mais regardant Elvire avec les yeux les plus passionnés du monde : J'ai eu assez de résolution, madame, lui dit-il, pour souffrir ma disgrâce, et je n'ai pas assez de force pour soutenir ma bonne fortune. Pardonnez-moi, belle Elvire; les joies immodérées agitent d'abord avec trop de violence, et ma joie suffirait à faire plusieurs heureux.

Pendant le temps que ces amants furent à repasser en France, ils ne se quittèrent presque pas d'un seul moment; ils ne rencontrèrent, en faisant leur route, qu'un vaisseau de Marseille, qui portait en Alger quelques religieux, lesquels y allaient racheter des captifs, y ayant été surpris d'un gros temps, qui ne servit qu'à les porter plus vite où ils voulaient aller. Ils arrivèrent enfin à la Cioutat, où on leur donna le lendemain des gardes de santé pour les conduire à Marseille, et y faire quarantaine au Lazaret.

Ce fut dans ce lieu-là qu'ils eurent tout le temps de se dire ce qu'ils sentaient l'un pour l'autre. Quel plaisir pour Zelmis de se voir avec Elvire! Plus de mari, plus de jaloux, plus de témoins. Quelle satisfaction pour Elvire de se voir continuellement avec Zelmis, après de si cruelles séparations! On ne se formera jamais qu'une imparfaite idée du bonheur de deux personnes que la fortune a conduites au comble du contentement par des ressorts si cachés et si extraordinaires. Non, madame, lui dit un jour Zelmis qu'il se trouva le plus passionné de sa vie, et qu'il devait le lendemain sortir du Lazaret, quand vous ne seriez pas la plus belle personne du monde, et que je serais assez malheureux pour ne vous pas aimer plus que toutes choses, j'y serais forcé malgré moi. Il y a quelque chose de si nouveau et de si engageant dans notre destinée, qu'il est impossible que nous ne soyons pas nés l'un pour l'autre. Nous nous sommes rencontrés en tant d'endroits, nous nous sommes vus ensemble en des états si différents, qu'il semblait que le hasard ne nous unissait que pour nous séparer, et ne nous éloignait que pour nous rejoindre. La première fois que je vous vis, je vous aimai; en vous revoyant je fus charmé : j'ai été dans les fers avec vous; je vous y ai adorée. Nous sommes libres présentement ensemble. Hé! que dois-je espérer, madame? s'écriait-il en embrassant ses genoux. Zelmis animait ces paroles d'un ton de voix si passionné qu'Elvire en fut émue; le feu sortait de ses beaux yeux, et tout son visage se couvrit d'une aimable rougeur. Elle n'eut pas la force de répondre, et Zelmis ne lui put rien dire davantage. Mais tout leur entretien, qui n'était alors qu'un langage muet, était plus éloquent mille fois que les plus tendres paroles : c'étaient les yeux, les larmes, les soupirs qui parlaient, et qui ne se faisaient que trop bien entendre; quand Zelmis prenant la parole : Vous ne dites rien, madame, lui dit-il. Hé! que dois-je juger de votre silence? Avez-vous de la confusion à avouer que vous m'aimez? ou appréhendez-vous de me désespérer en me disant que vous ne m'aimez pas? Parlez, madame, et ne me laissez pas plus longtemps en proie à tant de différentes pensées qui me tourmentent : ne souffrez pas qu'il y ait tant de désordre en un cœur où vous régnez si absolument. Que voulez-vous que je vous dise? reprit faiblement Elvire. Ce que je veux que vous me disiez! interrompit Zelmis, ce qu'on dit quand on aime, que rien ne pourra troubler un amour; qu'un prompt engagement unira votre sort au mien avec des nœuds qui dureront toujours : car enfin, madame, tant que votre mari a vécu, je vous ai aimée, sans intéresser votre austère vertu dans cet amour; présentement qu'il n'y a plus de devoir à écouter, il n'y a que l'amour à suivre. Vous ne vous souvenez donc plus, reprit Elvire, de ce que vous m'avez dit tant de fois, que vous ne demandiez pour prix de votre amour que la seule gloire de m'aimer? et vous me parlez présentement d'hymen! Cette pensée me fait frémir; le souvenir encore récent de mon mari n'en est pas toute la cause; je craindrais en possédant votre cœur de ne pas posséder votre estime. Vous vous êtes flatté, peut-être, que j'ai été susceptible de quelque tendresse pour vous dans le temps que je la devais toute à mon mari ; ne craindriez-vous point, avec une espèce de raison, qu'ayant pu succomber à une première faiblesse, je ne fusse encore capable d'une seconde lorsque je serais votre femme ? Ne trouveriez-vous pas dans cette vue trop de facilité à dégager avec plaisir un cœur à qui la possession aurait déjà ôté tout le goût de l'amour ? Je tremble quand je pense à cela : je ne connais que trop de quel prix il est, ce cœur ; je mourrais de douleur si je ne le possédais pas présentement tout entier : que deviendrais-je, hélas ! si je le perdais étant votre épouse ! Ah ! madame, que vous avez de tendresse ! s'écria Zelmis, et qu'une personne qui peut aimer aussi délicatement que vous est peu capable de faiblesse ! Non, madame, je serais toute ma vie si fort persuadé de votre fidélité, que si j'étais un jour assez heureux pour devenir votre époux, je crois que je vous verrais sans jalousie entre les bras d'un autre. Je croirais, madame, ou que vous l'auriez pris pour moi, ou que je vous aurais prise pour une autre, et je me défierais plus de la fidélité de mes yeux que de la vôtre. Mais, madame, ne vous faites point de ces vaines terreurs que mon amour ne peut prendre que pour d'honnêtes refus. Ne me pressez point tant, je vous prie, repartit Elvire, je sens que je ne vous pourrais rien refuser. Je vous dois tout par reconnaissance, et mon cœur même n'est pas exempt de cette obligation. Ah ! madame, que me dites-vous ? Ne m'aimez point plutôt, si vous ne m'aimez que par reconnaissance et parce que je vous aime : je veux tout devoir à votre inclination ; il faut que ce soit un penchant insurmontable qui vous entraîne à m'aimer malgré vous. Que vous êtes pressant, Zelmis ! reprit Elvire. On ne peut trouver d'accommodement avec vous, et vous n'êtes point content si on ne vous accorde tout ce que vous voulez. Dois-je songer à de nouveaux engagements sitôt après la mort de mon mari, et puis-je... Ah ! madame, interrompit Zelmis, puisque vous n'êtes plus que sur le temps, je suis heureux. Il viendra, madame, cet heureux jour ; ou je mourrai de joie par avance en l'attendant. Mais promettez-moi ce que vous me dites, et que cette belle main soit le gage précieux du bien que vous me faites espérer. Elvire, à ces paroles, laissa doucement tomber sa main, que Zelmis reçut dans les siennes, et qu'il essuya de ses baisers, après l'avoir trempée de ses larmes.

Ils étaient l'un et l'autre dans un contentement qu'on ne peut exprimer quand ils sortirent du Lazaret. Cette joie s'accrut le jour qu'Elvire arriva à Arles, où elle fut reçue de tous ses parents, qui étaient les premiers de la ville, avec des signes d'une joie extrême. On oublia aisément la mort de de Prade, pour ne songer qu'au plaisir que causait le retour d'Elvire : on ne parla que de divertissements et de parties de plaisir, où Zelmis était toujours invité. Il ne fut pas difficile de s'apercevoir bientôt de l'inclination qui était entre ces deux personnes : on la vit même avec joie ; leur passion fut celle de tout le monde ; leurs désirs furent suivis de ceux de tous les autres, et chacun approuva une union qu'il semblait que le ciel eût pris plaisir de former. Zelmis fut obligé d'aller à Paris pour mettre ordre à ses affaires ; il n'y demeura que le moins qu'il put ; mais il y fut assez pour trouver à son retour plusieurs rivaux, qui tâchèrent à profiter de son absence. Il n'y avait presque personne à qui les manières honnêtes et engageantes de cette belle veuve ne fissent concevoir beaucoup d'espérance ; mais ceux qui la connaissaient le mieux espéraient le moins, et jugeaient aisément que cet air libre était plutôt un effet de son tempérament que de l'inclination de son cœur.

Zelmis revint plus amoureux qu'il n'avait jamais été, il trouva aussi sa belle Provençale encore plus aimable qu'il ne l'avait laissée ; il ne s'aperçut d'aucun changement dans le cœur de sa belle maîtresse, il lui semblait au contraire que l'absence avait rendu son ardeur plus vive, et il ne lui fut pas difficile d'écarter par sa seule présence tous ceux qui auraient pu lui nuire.

Il attendait avec impatience le temps qui devait bientôt le rendre heureux ; il vivait cependant content de son sort, quand il fut accablé du plus cruel revers de fortune qu'on puisse éprouver. Zelmis était un jour chez sa belle veuve avec quelques-uns de ses amis, quand un laquais d'Elvire vint avertir sa maîtresse que deux religieux, qui venaient d'Alger, souhaitaient lui parler. On les fit monter, et ils entrèrent dans la salle où était la compagnie, suivis d'un homme qui était en fort misérable équipage. La surprise de tous ceux qui étaient présents fut grande à l'abord de ces gens qu'on ne connaissait point ; elle fut extrême quand on vit que cet homme si mal vêtu vint se jeter au cou d'Elvire ; mais elle fut telle qu'on ne la peut exprimer, lorsqu'on remarqua que cet inconnu, après s'être détaché de ses violents embrassements, était de Prade, qu'on croyait mort depuis plus de huit mois. Jamais on ne vit un moment pareil : tout le monde devint immobile. Elvire regardait de Prade sans rien dire. Zelmis considérait Elvire sans parler ; et de Prade jetait ses yeux tantôt sur sa femme, et tantôt sur Zelmis. Il regardait l'une avec joie et l'autre avec jalousie, et étudiait toujours dans leurs yeux les sentiments de leurs cœurs. Zelmis et Elvire, comme les deux plus intéressés dans cette aventure, en examinèrent plus soigneusement les apparences; mais cette recherche ne servit qu'à leur persuader ce qu'ils voyaient, et le témoignage des religieux acheva de les convaincre. Ils apprirent à la compagnie ce qui s'était passé dans le rachat de de Prade. Ils dirent que Baba-Hassan avait acheté de Prade d'Omar son patron, pour l'éloigner d'Alger, dans le temps qu'Elvire était encore sa captive, et pour faire courir plus facilement le bruit de sa mort, afin que la nouvelle en venant à Elvire, elle ne fît plus difficulté de se rendre à ses ardentes prières; qu'enfin n'ayant rien pu gagner sur le cœur de cette vertueuse esclave, et désespérant d'en jamais rien obtenir, il lui avait généreusement donné la liberté, et qu'elle n'avait pas plus tôt été partie, qu'il avait rappelé de Prade des montagnes où il l'avait envoyé avec l'armée qui était allée faire payer tribut aux Maures. Les religieux ajoutèrent encore que, s'étant trouvés au retour de de Prade dans Alger, où ils avaient racheté plusieurs captifs, Baba-Bassan avait absolument voulu qu'ils le rachetassent, s'imaginant bien que cet esclave qu'on croyait mort à son pays ne serait jamais racheté autrement.

Croyez-vous, mesdames, qu'il soit possible de représenter les différents effets que produisait cette aventure, et de vous en donner une idée assez forte? Les cœurs de tous ceux qui étaient présents se partagèrent alors, et tous les mouvements dont ils sont capables se firent sentir, et furent peints alors sur le visage de ceux qui composaient cette assemblée. La joie, la tristesse, l'étonnement, la crainte, le dépit, la jalousie, le désespoir, tout parut en ce moment; et il n'y eut presque personne qui ne fût agité de plus d'une passion. De Prade, appréhendant qu'il ne fût venu trop tard, était combattu de crainte, et ressentait de la joie et de la jalousie. Elvire était partagée entre la joie et la tristesse. La vue de son mari, réveillant dans son cœur un amour qui était déjà dans le cercueil, lui donnait quelque plaisir; et cette même vue, qui devait étouffer ou du moins partager les sentiments d'amour qu'elle avait pour Zelmis, mêlait cette joie d'amertume. Zelmis demeura interdit, désespéré, confus, accablé; et voulant s'en imposer à lui-même, il cherchait des raisons pour ne pas croire ce qu'il voyait. Mais il fallut enfin céder à la vérité; et quand il en fut entièrement persuadé, il s'approcha d'Elvire, après avoir été longtemps immobile, et n'ayant plus de ménagement à garder, il ne se soucia pas de dissimuler plus longtemps. Vous ne serez donc point à moi, lui dit-il d'une voix qui marquait assez le serrement de son cœur : vous ne serez point à moi ; et, pour comble de malheur, mon désespoir va m'entraîner en des lieux où je ne vous reverrai jamais, et où je vais finir les restes d'une vie pleine de disgrâces. Pour vous, madame, vivez heureuse : le ciel n'a pu voir vos larmes sans pitié, ni mon bonheur sans envie; il vous a rendu cet époux que vous pleuriez tant, et me prive du bien qui devait me rendre parfaitement heureux. Ce m'est encore assez de joie pour tout le reste de ma vie, de me souvenir que vous avez pu m'aimer un moment, pour me faire souffrir avec joie toute sorte de malheurs. Zelmis ne put rien dire davantage, et Elvire ne répondit que par des larmes. De Prade se figura avec plaisir que c'était la joie qui les lui faisait répandre; mais ceux qui connaissaient mieux la disposition de son cœur crurent qu'un sentiment contraire en pouvait bien être la cause. Zelmis enfin ne pouvant plus soutenir la présence de toutes ces personnes, dont chacune lui faisait sentir un supplice particulier, sortit d'auprès de sa belle Provençale, résolu de ne plus la voir.

Elvire, de son côté, était dans un étonnement qu'il n'est pas aisé de se figurer. Quelque joie qu'elle affectât de faire paraître, on voyait toujours au travers de cette feinte quelque altération qu'elle ne pouvait dissimuler ; et quand elle fut un peu revenue de cette grande surprise, et qu'elle put faire réflexion au bizarre état où elle se trouvait : Tu crois donc, cruelle fortune, disait-elle en elle-même, qu'on puisse changer aussi souvent que toi, et suivant tes différents caprices prendre différentes passions? et toi, sévère devoir, penses-tu pouvoir rentrer dans un cœur toutes les fois qu'il te plaira? Ne sais-tu pas quelle violence je me suis faite pour ne pas aimer Zelmis plus tôt que je l'ai dû? Puis-je ne le plus aimer quand j'ai pu une fois le faire sans crime? Non, je l'aimerai toujours : il n'est que trop aimable, et je ne suis que trop disposée à l'aimer. Je dois, il est vrai, toute ma tendresse à mon époux : si je la partage, je lui fais un larcin dont le devoir s'offense; le ciel me l'a rendu, je dois lui rendre mon cœur. Mais Zelmis n'est-il pas, pour ainsi dire, aussi mon époux? et après lui avoir donné la foi, quand je le pouvais, puis-je la lui ôter sans injustice? Il a le droit de prétendre à ce que je lui ai promis, et je ne lui ai rien promis que je n'aie été en droit de lui accorder. A quels malheurs ne suis-je point exposée ! Faut-il oublier mon mari? Dois-je ne plus aimer Zelmis? Mais aimons-les tous deux, puisque je l'ai pu : aimons de Prade par devoir, et Zelmis par inclination. Donnons la personne à l'un, et le cœur à l'autre;

que le premier rentre dans ses droits, que le second n'en sorte point ; et concilions enfin dans un même cœur deux amours que personne ne peut condamner.

Le retour de de Prade auprès d'Evire fut célébré par de nouvelles noces. Zelmis ne voulut point être présent à cette cruelle cérémonie, dont il aurait dû être le sujet : il ne trouvait d'autre consolation dans ses malheurs que de croire qu'il ne pouvait plus lui en arriver. Il partit, et, sans prendre de route certaine, il se trouva en Hollande : ce pays, qui est l'asile de tant de gens, n'en fut pas un pour lui ; il y porta son amour et son désespoir. Il demeura quelques mois à Amsterdam ; et y ayant appris que le roi de Danemarck était à Oldembourg, il entreprit ce voyage autant par chagrin que par curiosité : il y arriva un jour après le départ du roi, qui en était parti pour retourner en sa ville capitale : il le suivit, se laissant toujours entraîner à son chagrin, il passa par Hambourg, et ne le joignit qu'à Copenhague, où il eut l'honneur de le saluer et de lui baiser la main. Zelmis ne fut qu'un mois à la cour de Danemarck. Son inquiétude ne lui permettait pas de demeurer plus longtemps en un même lieu ; et, semblable à ces gens qui sont travaillés d'une longue insomnie, il cherchait son repos dans son agitation. Il passa le Sund et se rendit à Stockholm, dans le temps que toute la cour était en joie des premières couches de la reine. Zelmis reçut du roi de Suède le même honneur que lui avait fait le roi de Danemarck : il baisa la main à ce prince, qu'il eut l'honneur d'entretenir plus d'une heure sur ses voyages, et particulièrement sur son esclavage, que le roi écoutait avec beaucoup de plaisir, et que Zelmis ne pouvait réciter sans renouveler des maux qui s'aigrissaient encore par le souvenir. Le roi ayant ensuite proposé à Zelmis de faire un voyage de Laponie, qu'il disait avoir voulu faire autrefois, et qu'il trouvait fort digne de la curiosité d'un homme qui voulait voir quelque chose d'extraordinaire, et voyant qu'il ne s'en éloignait pas beaucoup, il ordonna à M. Stein-Bielke, grand-trésorier du royaume, seigneur d'un grand mérite, et qui lui servait de truchement auprès du roi, de lui donner des lettres nécessaires pour faciliter son voyage. Zelmis ne fut pas longtemps à se déterminer. Il lui importait peu où il allât, pourvu qu'il s'éloignât. Il se flattait même avec plaisir que les froids du Nord pourraient un peu ralentir ses ardeurs ; et dans cette espérance il partit pour cette grande entreprise. Ce voyage, mesdames, est si curieux et si plein de nouveautés, que si je n'appréhendais de vous ennuyer, je vous en ferais au

moins une légère description ; mais il vaut mieux réserver cela
pour une autre fois, et vous dire seulement ce qui suffit pour savoir la suite de toute l'aventure. Zelmis s'embarqua à Stockholm
avec deux gentilshommes français, poussés du même désir que
lui. Il passa jusqu'à Torno, qui est la dernière ville du monde du
côté du nord, située à l'extrémité du golfe de Bothnie. Il remonta
le fleuve qui porte le même nom que cette ville, et dont la source
n'est pas éloignée du cap du Nord ; il pénétra enfin jusqu'à la mer
Glaciale, et l'on peut dire qu'il ne s'arrêta qu'où l'univers lui
manqua. Il revint à Stockholm, et rendit un compte exact au roi
de ce pays et des manières de vivre extraordinaires de ses habitants. Il ne demeura que fort peu de temps à Stockholm à son retour de la Laponie ; et, cherchant ensuite une nouvelle matière à
ses travaux, il passa toute la mer Baltique, et vint débarquer à
Dantzick, d'où il passa en Pologne. Le roi, qui était un des princes
du monde les plus savants et les plus curieux, et qui sait si bien
joindre à ces qualités une vertu héroïque, prit un plaisir extrême
à faire réciter à Zelmis la manière dont les Lapons vivaient, et ce
qu'il y avait de rare dans le pays. Il ne se passa pas un jour
pendant tout le temps qu'il demeura à Javarow, où était alors la
cour de Pologne, que le roi ne l'envoyât quérir pour apprendre
de lui ce qu'il souhaitait. Il lui fit même l'honneur de le faire
manger avec lui à sa table, à côté de M. le marquis de Vitry,
qui était alors ambassadeur de France en cette cour. Tous ces
honneurs ne consolaient point Zelmis ; et étant toujours entraîné
de son inquiétude, il passa en Turquie, en Hongrie, en Allemagne.
Mais que lui servait de fuir loin, s'il ne pouvait se fuir lui-
même, et s'il était inséparable de son chagrin ? Il trouvait bien
d'autres lieux, mais il ne rencontrait point l'indifférence ; et il
n'aurait pas même voulu la trouver. Il revint enfin en France,
après deux ans d'absence, pour chercher du soulagement au lieu
même où il avait pris le mal. Vous l'avez vu, mesdames, depuis
peu à Paris, et il n'y a pas été longtemps que la fortune a commencé à se déclarer pour lui. Il a appris la nouvelle de la mort
de de Prade. Il est parti à l'instant ; il s'est rendu auprès d'Evire,
qui pleurait encore la perte de son mari. Elle n'a pas été fâchée
de le voir ; et il me mande dans une lettre que j'ai reçue de lui depuis peu de temps, que, quoique cette belle veuve dise partout
qu'elle veut passer le reste de sa vie dans un cloître, pour ne plus
être exposée à tant de revers, il espère néanmoins être un jour
heureux, pourvu que de Prade ne ressuscite pas une seconde fois.

VOYAGE

DE NORMANDIE.

LETTRE A ARTÉMISE.

Vous m'aviez ordonné, mademoiselle, en vous quittant, de vous faire un récit exact du voyage de Normandie, duquel vous ne pouviez être. Je satisfais à vos ordres si fidèlement, que je suis sûr qu'en le lisant vous croirez l'avoir fait, sans être sortie de Paris.

Les desseins médités longtemps avant l'exécution sont d'ordinaire sans effet; c'est ce qui a fait que proposer et assurer ce voyage a presque été pour nous la même chose. Nous partîmes un lundi, 26 septembre 1689. Admirez notre bonheur. Il y avait trois mois qu'il n'était tombé une goutte d'eau, le ciel en versa ce jour-là suffisamment pour toute une année; mais, pour nous consoler, nous séchâmes ces humides influences par un fonds de bonne humeur qui ne nous a jamais abandonnés. Vous le verrez par le couplet suivant et par les autres, sur l'air du branle de Metz.

> Pour quinze jours de campagne,
> Enfin nous voilà partis
> De la ville de Paris.
> Le bon Dieu nous accompagne!
> Surtout bon gîte, bon lit,
> Avec du vin de Champagne;
> Surtout bon gîte, bon lit,
> Belle hôtesse, bon appétit.

Pour l'appétit, il faut dire la vérité, il nous manquait pendant cinq ou six heures de la nuit; mais il faut bien prendre son mal en patience, on ne peut pas manger et dormir tout à la fois : tant que nos yeux étaient ouverts, nos dents faisaient également leur fonction, et c'était un charme d'entendre crier miséricorde à toutes les basses-cours où nous arrivions.

> A Triel, si j'ai mémoire,
> Autour d'un gigot assis,
> Comme moines bien appris,
> Las de manger, non de boire,
> Nous ne fîmes rien tous dix,
> En sortant du réfectoire,
> Nous ne fîmes rien tous dix
> Qu'un saut de la table au lit.

Les dames furent presque aussitôt levées que couchées. Vous vous imaginez peut-être que cette diligence à quitter le chevet fut une ardeur de novice, qui ne dura que peu de temps : vous vous trompez, et elles ont toujours été les premières en carrosse et à la table. Vous jugez bien que, comme on se levait matin, l'appétit se levait de même, et saluait toujours l'aurore par deux ou trois petits repas anticipés; car il est à remarquer que nous faisions autant de provisions dans notre carrosse pour faire quatre lieues que d'autres auraient fait en s'embarquant pour les Indes. Aussi aurait-il été difficile de ne nous pas trouver consommant nos provisions. Nous fîmes tant ce jour-là par nos déjeunés qu'enfin

> A Mantes fut la dînée,
> Où croît cet excellent vin.
> Que sur le clos célestin
> Tombe à jamais la rosée !
> Puissions-nous dans cinquante ans
> Boire pareille vinée !
> Puissions-nous dans cinquante ans
> Tous ensemble en faire autant !

Avant de quitter ce pays, vous voulez bien que je vous fasse part du déplorable état où sont ces pauvres Célestins : ils font vœu présentement de boire le vin qui croît dans leur clos; je n'en sais pas la raison : mais enfin, par obéissance et par mortification, ils avalent ce calice du mieux qu'ils peuvent; Dieu leur donne la patience nécessaire pour supporter de pareilles adversités !

Si j'étais bien sûr de votre discrétion, mademoiselle, je vous dirais des choses que vous n'avez pas encore entendues; mais les

filles sont comme les femmes, elles ne vont jamais sans leurs
langues; et je me suis étonné cent fois comment de si grandes
langues pouvaient tenir dans de si petites bouches : c'est pourquoi,

> De Vernon je me veux taire
> Pour le mauvais vin qu'on but;
> Chacun s'y coucha, mais chut;
> Car j'aime en tout le mystère.
> Je sais trop comme tout va,
> Le monde est fait de manière ;
> Je sais trop comme tout va,
> L'envie jamais ne mourra.

Vous qui vous escrimez de la rime, vous allez dire qu'il y a
un *e* de trop à ce dernier vers : je le sais aussi bien que vous ;
mais si on ne me donne cette licence et de pareilles, je quitte dès
à présent le métier de poëte de la troupe, que je fais à mon grand
regret, et aux dépens de mes ongles, qui sont déjà assez courts.
Je ne suis que trop rebuté de la profession ; et, sans les petits
profits que nous autres rimailleurs attrapons auprès des filles, qui
aiment ce genre d'écrire, il y aurait longtemps que j'aurais vendu
ma charge à bon marché. Mais, puisque nous voilà sur le chapitre des filles, vous saurez que nous en trouvâmes une charmante proche la chartreuse de Gaillon. Vous me direz que ce n'est
pas là un meuble de chartreuse ; mais ces jolis animaux-là se
trouvent partout.

> Au Pont-de-l'Arche et au Roule
> Le ciel exauça nos vœux,
> Et fit paraître à nos yeux
> Jeune hôtesse faite au moule :
> Elle portait devant soi
> Deux petits monts faits en boule ;
> Elle portait devant soi
> Un morceau digne d'un roi.

La Normandie, comme vous savez, est une terre fertile en
pommes. Le voisinage de la mer leur donne un orgueil et une
dureté qu'elles n'ont point ailleurs. Nos dames de Paris voudraient bien que leur terrain fût aussi bon ; mais on ne peut pas
tout avoir : à cela près, les femmes de Rouen sont, à ce que je
crois, faites comme à Paris ; ce qui nous fit dire :

> A Rouen laides et belles,
> Comme partout, l'on trouva,

> Les filles de l'opéra
> Sont, comme à Paris, cruelles.
> Enfin, rien n'est différent,
> Dans les jeux, dans les ruelles;
> Enfin, rien n'est différent,
> Hors qu'on parle mieux normand.

Il faut dire la vérité, cette langue-là est en grande vénération dans ce pays-ci; les habitans reçoivent tous en naissant des talents merveilleux pour l'apprendre : à quatre ans les enfants y parlent déjà normand comme de petits anges; on dirait qu'ils n'auraient fait autre chose toute leur vie. Les merles même et les perroquets n'y parlent point autrement. On m'a dit que cette langue-là était merveilleuse pour plaider; c'est ce qui fait qu'il n'y a guère de Normand qui n'ait vaillant sur pied plus de vingt procès, sans les espérances de ceux qu'il a déjà perdus.

Nous trouvâmes ici notre bon ami Fatouville. Vous ne sauriez croire les instances qu'il nous fit pour nous mener à sa terre de la Bataille, et le plaisir que sa conversation donna aux dames : elles voulurent à toute force qu'il en fût fait mention par les vers suivantes :

> Le seigneur de la Bataille,
> Qui charme dès qu'on l'entend,
> Malgré nous, malgré nos dents,
> Voulut nous faire ripaille;
> Mais le diable s'en mêla,
> On fit grâce à sa volaille;
> Mais le diable s'en mêla,
> A Caudebec on alla.

Vous croyez qu'en ce lieu-là on se couche pour dormir, comme à Paris : vous vous trompez; toute la nuit l'hôtellerie fut en rumeur pour fournir aux dames des rôties au vin. On en fait prendre aux perroquets qui ont perdu la parole; mais d'en donner à des dames usantes et jouissantes de leurs langues, c'est avoir envie de se lever comme on se couche : aussi cela ne manqua pas d'arriver.

> A cette maigre couchée
> On oublia de dormir :
> Que sert de s'en souvenir,
> Quand une femme éveillée,
> Pour aiguiser son caquet,
> Tout le long de la nuitée,
> Pour aiguiser son caquet,
> Mange soupe à perroquet?

Il ne fallait pas se lever de si bon matin pour aller dans la plus maudite hôtellerie qui soit, je crois, de Paris au Japon, et pour avaler un brouillard épais, que le soleil ne put percer que sur les deux heures. Un autre plus galant vous dirait que les yeux des dames, plus puissants que cet astre, dissipèrent d'abord cette noire vapeur; mais pour moi, qui suis plus sincère, je vous dirai franchement que les brouillards d'octobre sont fort difficiles à gouverner proche la mer, et de plus, que nos dames dormirent dans le carrosse *cahin, caha*, toute la matinée, et n'ouvrirent les yeux qu'à la Botte. A propos de Botte, vous voulez bien que je vous donne un petit avis :

> Passant, fuyez de la Botte
> Le séjour trop ennuyeux;
> Il est vrai que dans ces lieux
> La maîtresse n'est pas sotte;
> Mais sans pain, sans vin, sans feu,
> Dans un pays plein de crotte,
> Mais sans pain, sans vin, sans feu,
> L'amour n'a pas trop beau jeu.

Nous trouvions assez plaisant d'aller, comme bonnes personnes, toujours devant nous; et je crois que nous aurions été dix lieues par-delà le bout du monde, sans le malheur que vous allez apprendre.

> Après six jours de voyage
> Où tout allait à gogo,
> Nous allions jusqu'à Congo,
> Valets, chevaux et bagage;
> Mais au Havre on s'arrêta,
> Malgré ce vaste courage;
> Mais au Havre on s'arrêta,
> Car la terre nous manqua,

Voilà une plaisante excuse! m'allez-vous dire. Quand on a bien envie d'aller, au défaut de la terre, on prend la mer. Nous n'y manquâmes pas aussi; et les dames, dès le lendemain,

> D'une valeur plus qu'humaine
> Affrontèrent l'Océan.
> Mon Dieu! que le monde est grand
> Sur cette liquide plaine,
> Où l'on touche en un moment,
> Sur une vague incertaine,
> Où l'on touche en un moment,
> L'enfer et le firmament!

N'aurait-ce pas été un coup de bonne fortune pour les maris, si quelque honnête homme de corsaire eût mis la main sur la chaloupe? J'en connais quelques-uns qui n'auraient point regretté d'avoir donné de l'argent à leurs femmes pour aller voir la mer, si pareil cas leur arrivait. Pour moi, qui ai déjà tâté de ces messieurs les Turcs, gens fort incivils, j'en voulus courir le risque sur le rivage; et, considérant ces gros vaisseaux, et faisant réflexion qu'il n'y avait qu'une planche épaisse de deux doigts qui séparait de la mort ceux qui étaient dedans, je me mis à chanter :

> Qu'un autre avec des boussoles,
> Sur ces grands palais flottants,
> Bravant Neptune et les vents,
> Cherche l'or sous les deux poles;
> Mais pour moi je ne veux pas
> Servir de pâture aux soles;
> Mais pour moi je ne veux pas
> Leur faire un si bon repas.

Je vous avoue que je ne me consolerais jamais, si je me voyais ainsi pour mon plaisir; et j'aurais été encore plus fâché ce jour-là, car M. de Louvigni, intendant de la marine, nous envoya le soir six bouteilles d'un vin de Canarie si exquis, que, quand il l'aurait fait lui-même, je doute qu'il l'eût fait meilleur.

> Sus, ma muse, je te prie,
> Brûlons quatre grains d'encens
> A cet illustre intendant,
> Pour son vin de Canarie.
> Avec ce nectar, je croi
> La province bien munie;
> Avec ce nectar, je croi
> Qu'on sert dignement son roi.

Vous voyez qu'il fait bon nous faire du bien : pour cinq ou six bouteilles de vin, voilà un homme immortalisé. Après tout, je ne sais si les six meilleurs vers du monde valent seulement une pinte d'une pareille liqueur. Quoi qu'il en soit, il s'en contenta, et nous eussions bien souhaité que tous les hôtes de la route eussent été aussi raisonnables.

Le lendemain le gouverneur, pour nous recevoir, fit mettre la citadelle en armes. Nous visitâmes l'arsenal, ce terrible palais de Mars. Mon Dieu! que d'instruments pour abréger nos pauvres jours! Ce qui nous fit dire à tous :

Il faudrait être bien ivre,
D'aimer ces lieux de fracas,
Où, pour cent mille trépas,
On fond le fer et le cuivre.
Que de moyens pour mourir,
Lorsqu'il n'en est qu'un pour vivre !
Que de moyens pour mourir !
Je ne le saurais souffrir.

Voilà des sentiments bien héroïques ! me direz-vous. D'accord ; mais si vous saviez comme moi, mademoiselle, ce qu'il en coûte pour mettre un enfant au monde, vous auriez, plus que personne, horreur de ces lieux de destruction ; et en vérité, si vous étiez une personne bien raisonnable, vous vous marieriez au plus vite, afin de travailler comme il faut à la réparation du genre humain, lequel, pendant que toute l'Europe est en guerre, court le grand chemin de sa ruine totale. C'est à vous d'y penser, et de faire réflexion que vous passeriez mal votre temps, s'il n'y avait plus d'hommes au monde.

Vous croyez peut-être, mademoiselle, que parce que l'on vous a menée en vers au Havre, on vous ramènera par la même voiture ; c'est ce qui vous trompe : Pégase n'a pas accoutumé de faire avec moi de si longues traites. Je vous dirai donc en prose que nous revînmes à Rouen en très-peu de temps, ayant toujours vent derrière : cela n'est pas trop nécessaire en carrosse ; mais c'est pour vous dire que tout conspirait à seconder l'envie que j'ai d'être auprès de la plus aimable personne du monde.

VOYAGE

DE CHAUMONT.

Sur l'air : *Vive le Roi et Béchamel.*

(Parti de Paris, le 3 mai).

De Paris la grande ville,
    Il est parti,
Avec toute sa famille,
    Et ses amis,
Un lundi d'assez bon matin.
Vive du Vaulx et le bon vin,
    Et le bon vin !

Comme le but du voyage
    Autre n'était
Que mettre linotte en cage,
    Ainsi fut fait.
Y manquer n'eût pas été fin.
Vive, etc.

(A Brie, vin du pays).

La première hôtellerie,
    Quittant Paris,
Ce fut aux Trois-Rois, à Brie,
    Où l'on y fit
Mauvais repas, s'il m'en souvient.
Vive, etc.

(Guigne, on sait son nom).

En quittant cette demeure,
 Chemin faisant,
Nous vînmes de fort bonne heure,
 Toujours chantant,
A Guigne, dite la Catin.
Vive, etc.

(La Bretoche).

En passant à la Bretoche
 D'un mûr esprit,
D'un bon déjeuner de poche,
 L'on se munit,
Pour mieux de là gagner Provins.
Vive, etc.

(A Provins on ne savait que faire).

D'un vin meilleur que rhubarbe,
 L'on s'y remplit :
Notre comte y fit sa barbe,
 Il s'embellit :
Il semblait un vrai chérubin.
Vive, etc.

(A Nogent, logé à Jérusalem).

Entrant dans la bonne ville,
 Dite Nogent,
Jérusalem fut l'asile,
 Soleil couchant :
Bon séjour pour un pélerin.
Vive, etc.

(M. Perrin nous envoya de bon vin).

Plein d'esprit de pénitence,
 Dans ces saints lieux,
On mit sur sa conscience
 Du bon vin vieux,
Grâce au ciel et M. Perrin.
Vive, etc.

(Aux Pavillons, bon cuisinier).

Sus, ma muse, je t'appelle,
  Debout, allons,
Chantons la gloire immortelle
  Des Pavillons,
Où repose ce jus si fin.
Vive, etc.

Le salé, de bonne mine,
  Tout aussitôt
Fut mangé dans la cuisine;
  Et le grand broc
Ne durait ni vide, ni plein.
Vive, etc.

(Troyes).

Chez les Troyens, nuit venue,
  On s'arrêta :
J'eus grand'peur que dans la rue
  On ne gîtât :
Car nous marchions à trop grand train.
Vive, etc.

(Chanoine, au lieu de nous donner la collation, nous mena voir un moulin).

Chanoine ici nous fit boire,
  Comme canard :
Son vin, comme l'on peut croire,
  N'était bon ; car
Il nous mena boire au moulin.
Vive, etc.

(On envoya chercher des matelas chez tous les tapissiers de la ville).

Dieu ! pour coucher femme ou fille,
  Que peine on a !
Un tapissier de la ville
  Y renonça,
Avec vingt matelas de crin.
Vive, etc.

(A Troyes, bal donné).

Maint rebec à l'ancienne,
    A peu de frais
Fit sauter la gent troyenne,
    Le jour d'après :
On dansa jusqu'au lendemain.
Vive, etc.

(Les dames logèrent chez le curé).

Chez le curé de Vendœuvre
    On descendit ;
Il fit une très-bonne œuvre,
    Nous donnant lit :
Dieu le guérisse du farcin.
Vive, etc.

(Il avait cent gros muids de vin, et n'avait qu'un petit bréviaire).

Vingt rubis ont hypothèque
    Dessus son nez ;
Il fait sa bibliothèque
    De ses celliers :
Cent tonneaux font tout son latin.
Vive, etc.

(On logea à l'abbaye).

A Clervaux quatre grands drilles,
    Bien découplés,
Pour bien recevoir nos filles,
    Furent lâchés :
L'abbé même en personne y vint.
Vive, etc.

Dès qu'on eut mangé la soupe,
    De fort bon goût,
L'abbé prit sa large coupe,
    Et dit à tous :
Ainsi doit boire un bernardin.
Vive, etc.

(On ne pouvait écarter la populace).

Dedans Chaumont notre entrée
  Fit du fracas :
Les enfants de la contrée
  Suivaient nos pas :
On voulait sonner le tocsin.
Vive, etc.

(Petit-Jean, traiteur à Chaumont).

Que l'on vante la Galère,
  Rousseau, Lamy;
Petit-Jean fait autre chère;
  Et, près de lui,
Bergerac n'est qu'un assassin.
Vive, etc.

(On traita un officier de la ville, qui devait traiter).

Lieutenant fort magnifique,
  Et criminel,
Venu d'un cœur héroïque
  A notre hôtel,
Reçut repas, et n'en fit brin.
Vive, etc.

(Repas de religieuses, c'est tout dire).

Pour nous régaler, les nonnes
  Levèrent plats :
Dieu garde honnêtes personnes
  D'un tel repas!
Plutôt mourir de male-faim.
Vive, etc.

Quatre corbeaux diaboliques,
  En tourte mis,
D'autant de poulets étiques
  Furent suivis :
En deux mots voilà le festin.
Vive, etc.

Mais, ma muse si gentille,
    Tu causes trop ;
Sus, de Chaumont faisons Gille,
    Et, au grand trot,
Passons vite notre chemin.
Vive, etc.

(Il y a des forges en cet endroit).

On vit, arrivant à Fronde,
    Forges de fer ;
Lieu le plus propre du monde
    Pour Lucifer,
Et pour tout son peuple lutin.
Vive, etc.

(L'hôtesse a six filles).

A l'Étoile, dans Joinville,
    Près du château,
Six grands brins de belle fille,
    Friand morceau,
Y tenteraient un capucin.
Vive, etc.

(Hôtesse aigre et douce).

De toi, Saint-Dizier-sur-Marne,
    Parlons un peu ;
Ton hôtesse charlatane
    Me met en feu :
Pluton gratte son parchemin.
Vive, etc.

(A Vitry, mal logé à l'enseigne du Nouveau-Monde).

Viens, Vitry, que je te fronde :
    Quel maudit lieu !
De loger en l'autre monde,
    Sans dire adieu,
Me donnerait moins de chagrin.
Vive, etc.

(Il gela le matin et fit chaud le soir).

D'une inconstante maîtresse
 Ne suis surpris,
Ayant eu, plein de détresse,
 Près de Pongni,
Si chaud soir, et si froid matin.
Vive, etc.

(Châlons).

Sus, ranimons notre zèle,
 Chantons Châlons;
C'est ici que je t'appelle,
 Grand Apollon,
Souffle-moi ton esprit divin.
Vive, etc.

(M. le grand prévôt de Champagne, filleul du roi).

Grand prévôt, nul ne t'égale :
 Le grand Bourbon
Te donna l'âme royale,
 Te donnant nom,
Digne filleul d'un tel parrain.
Vive, etc.

(Repas magnifique chez lui).

Fin rôt, ragoût, nappe blanche,
 Bonne liqueur,
Tu donnas pour un dimanche :
 Mais le grand cœur
Fut encore un mets bien plus fin.
Vive, etc.

De la vineuse Champagne
 Sois tout l'honneur,
Et qu'à jamais t'accompagne
 Gloire et bonheur :
Le ciel te fasse un long destin !
Vive, etc.

(M. le grand prévôt avait eu soin de nous envoyer les relais).

De Châlons, droit comme un cierge,
   Un matin frais,
Nous allâmes vite à Bierge
   Prendre relais.
Mon Dieu, que relais fait grand bien!
Vive, etc.

(Étauge).

Passant, évitez Étauge,
   Et son château,
Les chevaux y sont à bauge,
   Bon foin, bonne eau :
Mais quel séjour pour un humain!
Vive, etc.

(Verrerie à Montmirel, et vin excellent).

A Montmirel il faut boire,
   Car on y fait
Ce vase qui fait la gloire
   De maint buffet,
Et qui rubis forme en son sein.
Vive, etc.

(Dîné détestable).

Hôtesse de la Bussière,
   Au lieu d'argent,
Tu baiseras mon derrière
   Assurément :
Tu n'as pas seulement de pain.
Vive, etc.

(Meaux).

Dans le courroux qui m'anime
   Étrillons Meaux;
Mais tout beau, ce nom-là rime
   Au cher du Vaulx :
Sans cela je ferais beau train.
Vive, etc.

(A l'Épée royale le jardin est au second étage).

 A Claye, chasses surprenantes,
  Tout fut bien fait :
 Les dames furent contentes :
  Mais en effet
Au grenier était le jardin.
Vive, etc.

 Muse, finis ton ouvrage,
  Et ta chanson :
 Voilà le charmant voyage
  Fait à Chaumont :
Devait-il jamais prendre fin ?
Vive du Vaulx, et le bon vin,
  Et le bon vin !

AVERTISSEMENT

SUR

LA SÉRÉNADE [1].

Cette comédie a été représentée, pour la première fois, le samedi 3 juillet 1694.

Voici la première pièce que Regnard a donnée au Théâtre-Français ; il avait travaillé jusqu'alors pour le Théâtre-Italien.

Un barbon amoureux et avare se trouve le rival de son fils, et devient la dupe des fourberies d'un valet intrigant et rusé : telle est la principale intrigue de cette comédie, intrigue qui n'offre rien de neuf ; aussi tout le mérite de *la Sérénade* consiste-t-il dans la vivacité du dialogue, et dans la manière dont les scènes sont liées. Cet ouvrage prouve que le sujet le plus ingrat est susceptible de plaire, lorsqu'il est traité par une main de maître.

Nous avons dit que Regnard n'avait travaillé jusqu'alors que pour le Théâtre-Italien. C'est sur cette scène qu'il a fait l'essai de ses talents ; et nous croyons qu'il lui doit cette gaîté qui caractérise principalement les ouvrages de notre poète. On prétend que *la Sérénade* était originairement destinée à ce théâtre, mais que des circonstances ayant déterminé Regnard à hasarder sa pièce sur la scène française, il se contenta d'y faire de légers changements.

Les rôles qu'il a le plus retouchés sont ceux de Champagne, de l'usurier Mathieu, et de madame Argante, qui n'existaient pas dans la pièce italienne : il a conservé le surplus des personnages, et n'a presque pas touché au dialogue ; il a changé son Arlequin en Scapin ; il a appelé Colombine, Marine ; Isabelle, Léonor, etc.

[1] La 1re édition est de 1695. L'intrigue de la Sérénade est presque entière dans le *Pseudolus* (de Plaute), acte IV, scène II. (*Lettre de Roi*, dans *Lettres de Quelques écrits de ce temps*, I, 292-93.)

On remarque en effet beaucoup de rapport entre les caractères de ces personnages et ceux des acteurs italiens qu'ils ont remplacés.

Le travestissement de Scapin en un fripier borgne et boiteux est une caricature italienne qui doit avoir été originairement destinée à ce théâtre, quoiqu'elle ait plu, et n'ait pas paru déplacée sur une scène plus noble.

Le dénoûment se ressent encore davantage de la manière italienne : c'était ainsi à peu près que finissaient la plupart des pièces de l'ancien théâtre italien. On sacrifiait la raison, et quelquefois le goût, à un jeu de théâtre plaisant et d'un comique chargé.

Les auteurs de l'Histoire du Théâtre-Français ont traité cette pièce avec rigueur. L'intrigue, disent-ils, en est misérable, et les personnages n'ont pas le sens commun ; le plan de la pièce est faible, et l'idée des plus communes : les moyens dont on se sert pour conduire l'intrigue à sa fin sont très-mal imaginés, et le dénoûment est du dernier ridicule. Ils ajoutent qu'on est forcé d'avouer que toutes les situations, les plaisanteries, et le comique de cette pièce, choquent également le naturel et la vraisemblance.

Ce jugement contient, à ce qu'il nous semble, une critique un peu trop sévère d'un ouvrage agréable, et auquel le public rend tous les jours la justice qu'il mérite, en le voyant avec plaisir. Ce n'est pas que nous ne soyons obligés de convenir que cette critique est juste à bien des égards ; mais il aurait été à désirer que les auteurs que nous citons eussent également applaudi à ce qui méritait de l'être. Nous aurons occasion de remarquer plus d'une fois qu'ils n'aimaient pas Regnard, que ce n'est qu'avec peine qu'ils lui donnent les éloges qu'ils ne peuvent lui refuser, et qu'ils s'en dédommagent bien vite par des critiques outrées, qui manifestent leur prévention contre ce poète.

Quoi qu'il en soit, *la Sérénade* a été très-bien reçue dans sa nouveauté, et a eu dix-sept représentations de suite. Depuis elle a été remise au théâtre très-souvent, et a toujours été vue avec un nouveau plaisir. Maintenant cette comédie est une de celles qu'on voit le plus souvent, et dont le public se lasse le moins, chose qui vaut mieux que tous les éloges, et qui répond à toutes les critiques.

LA SÉRÉNADE

COMÉDIE EN UN ACTE, ET EN PROSE,

AVEC UN DIVERTISSEMENT.

Représentée, pour la première fois, le samedi 3 juillet 1694.
Mise en opéra comique par madame Gay.

ACTEURS :

M. GRIFON, père de Valère.
VALÈRE, amant de Léonor.
Mme ARGANTE, mère de Léonor.
LÉONOR.
M. MATHIEU.
SCAPIN, valet de Valère.
MARINE, servante de Mme Argante.
CHAMPAGNE, valet de M. Mathieu.
MUSICIENS ET DANSEURS.

La scène est à Paris.

SCÈNE I.

M. MATHIEU, MARINE.

MARINE.

Je vous dis encore une fois que madame n'est pas au logis, et qu'il faut que vous reveniez, si vous voulez lui parler.

M. MATHIEU.

A la bonne heure, je reviendrai. Cependant, Marine, dis-lui que j'ai vendu un collier à la personne qui doit épouser mademoiselle sa fille.

MARINE.

Je voudrais, monsieur Mathieu, que vous fussiez étranglé par votre gorge, avec votre diantre de collier. C'est donc vous qui vous êtes mêlé de cette affaire? Ne devriez-vous pas songer que les mariages légitimes ne sont point de votre compétence? Un courtier d'usure, comme vous, ne doit s'intriguer que d'affaires de contrebande, et laisser les honnêtes filles en repos.

M. MATHIEU.

A Dieu ne plaise, ma pauvre Marine, qu'on voie jamais aucun vrai mariage de ma façon ! Je ne fais point faire de marché à vie; c'est un métier trop périlleux. Une fille est une marchandise qu'on ne saurait garantir, et l'on n'en a pas plus tôt fait l'emplette qu'on voudrait en être défait à moitié de perte.

MARINE.

Oui, mais ceux qui font des mariages ne s'embarrassent guère du succès; et quand ils ont reçu leur pot-de-vin, et que le poisson est dans la nasse, sauve qui peut. Vous connaissez du moins l'homme qu'on lui destine, puisque vous lui avez vendu un collier?

M. MATHIEU.

Je vais le lui livrer, et en recevoir de l'argent.

MARINE.

Ce n'est pas là ce que je demande. Quel homme est-ce?

M. MATHIEU.

C'est un fort honnête homme, fort riche, fort vieux et fort goutteux.

MARINE.

Que la peste te crève!

M. MATHIEU.

Sa figure n'est peut-être pas des plus ragoûtantes; mais, comme vous savez, entre l'utile et l'agréable, il n'y a pas à balancer.

MARINE.

Oui, pour des ladres comme vous, qui ne connaissent d'autre bonheur que celui d'amasser du bien, et de faire travailler leur argent à gros et très-gros intérêt : mais pour une jeune personne comme Léonor, qui cherche à passer ses jours dans le plaisir, vous trouverez bon, s'il vous plaît, vous et madame sa mère, qu'elle préfère l'agréable à l'utile ; et que moi, de mon côté, je fasse tout mon possible pour rompre un mariage aussi biscornu que celui-là.

M. MATHIEU.

Hélas! ma pauvre enfant, romps, casse, brise le mariage en mille pièces, je m'en soucie comme de cela. Je t'aiderai même, en cas de besoin, pourvu que tu me fasses payer de mes peines un peu grassement.

MARINE.

Un peu grassement! Eh! mort de ma vie, n'êtes-vous

pas déjà assez gras! Allez, vous devriez mourir de honte d'avoir une face qui a pour le moins deux aunes de tour.
M. MATHIEU.
Marine est toujours railleuse. Mais je ne songe pas que mon homme m'attend : il veut donner tantôt une sérénade à sa maîtresse. Musiciens et filles de chambre ont volontiers commerce ensemble ; n'y en a-t-il point quelqu'un de tes amis à qui tu voulusses faire gagner cet argent-là ?
MARINE.
Qu'il aille au diable, avec sa sérénade ! Je vais songer à lui donner l'aubade, moi.
M. MATHIEU.
Ce mariage te met de mauvaise humeur. Je voudrais bien rester plus longtemps avec toi, je ne m'y ennuie jamais.
MARINE.
Et moi, je m'y ennuie toujours.
M. MATHIEU.
Adieu.

SCÈNE II.

MARINE, seule.

Je prie le ciel qu'il te conduise, et que tu te puisses casser le cou. Il n'y aurait pas grand mal quand tous ces maquignons de mariages-là seraient au fond de la rivière avec une bonne pierre au cou. Que je plains le pauvre Valère ! il ne sait pas son malheur. J'ai une lettre à lui rendre de la part de sa maîtresse. Voici son valet à propos.

SCÈNE III.

SCAPIN, MARINE.

SCAPIN.
Bonjour, ma charmante.
MARINE.
Bonjour, mon adorable,
SCAPIN.
Comment se porte ta maîtresse ?
MARINE.
Mal.

SCAPIN.

Il y a toujours quelque chose à refaire aux filles.

MARINE.

Et ton maître?

SCAPIN.

Il se porterait assez bien, s'il avait un peu plus d'argent.

MARINE.

Je n'ai jamais connu un gentilhomme plus gueux que celui-là.

SCAPIN.

Monsieur Grifon son père est bien riche, mais il est bien ladre.

MARINE.

Nous nous en apercevons.

SCAPIN.

Tel que tu me vois, je sers mon maître sans gages, et *incognito*.

MARINE.

Comment, *incognito?*

SCAPIN.

Oui : monsieur Grifon ne sait pas que son fils a l'honneur d'être à moi ; il ne me connaît pas même. Je loge en ville, et je vis d'emprunt.

MARINE.

Tu fais souvent mauvaise chère.

SCAPIN.

Assez. Cela n'empêche pas que je ne nourrisse quelquefois mon maître quand il est mal avec son père.

MARINE.

Voilà un beau ménage!

SCAPIN.

Hé! dis-moi un peu....

MARINE.

Je n'ai rien à te dire. Tiens, rends cette lettre-là à ton maître.

SCAPIN.

Comme tu fais, Marine! Regarde-moi un peu.

MARINE.

Eh bien! que me veux-tu?

SCAPIN.

Vous plairait-il seulement, ô beauté léoparde! me dire le contenu de cette lettre?

SCÈNE III.

MARINE.
Je n'ai pas le temps.

SCAPIN.
Tu me romps si souvent la tête de ton babil, quand je te prie de ne dire mot.

MARINE.
J'aime à faire le contraire de ce qu'on souhaite.

SCAPIN.
Le beau naturel! Je te prie donc de te taire, Marine : c'est le moyen de te faire parler.

MARINE.
Je parlerai, s'il me plaît.

SCAPIN.
Et tant qu'il te plaira.

MARINE.
Et me tairai, si je veux.

SCAPIN.
Dis si tu peux, mon enfant; cela est difficile.

MARINE.
Mais voyez cet animal, qui veut m'empêcher de parler!

SCAPIN.
Je n'ai garde.

MARINE.
Voilà encore un plaisant visage, pour fermer la bouche à une femme !

SCAPIN.
Fort bien.

MARINE.
Ni toi, ni ton père, ni ta mère, ni toute ta peste de génération, ne me ferait rabattre une syllabe.

SCAPIN.
Qu'elle est agréable !

MARINE.
Quand on parle bien, on ne parle jamais trop.

SCAPIN.
Tu ne devrais pas parler souvent.

MARINE.
Va, va, quand je serai morte, je me tairai assez.

SCAPIN.
Jamais tant [1] que tu auras parlé.

---

[1] Edition de 1695. Dans quelques éditions modernes on lit *autant*.

MARINE.

Tu voudrais donc savoir le contenu de la lettre?

SCAPIN.

Moi? point du tout; je ne veux rien savoir.

MARINE et SCAPIN ensemble.

MARINE.	SCAPIN.
Oh! tu sauras pourtant, malgré que tu en aies, que ma maîtresse se marie aujourd'hui avec un homme qu'elle n'a jamais vu; que sa mère a terminé l'affaire; qu'elle prie Valère... Que la peste te crève! Adieu.	Oh! tu auras menti, et il ne sera pas dit que tu me feras entendre malgré moi. Je ne veux rien savoir; laisse-moi en repos; garde tes nouvelles pour un autre. Le diable puisse t'étrangler! Adieu.

SCÈNE IV.

SCAPIN, seul.

Par ma foi, c'est une charmante chose qu'une femme! Quelle docilité d'esprit! quelle complaisance! Voilà une des plus raisonnables que je connaisse. Mais je m'amuse ici, et je dois aller promptement porter cette lettre à mon maître; car il est diablement amoureux. Qui dit amoureux, dit impatient; et qui dit impatient, suppose un homme qui a plus tôt donné un coup de pied au cul que le bonjour. Mais le voilà.

SCÈNE V.

VALÈRE, SCAPIN.

VALÈRE.

Eh bien! Scapin, apprends-moi des nouvelles de Léonor. L'as-tu vue? que t'a dit Marine?

SCAPIN.

Marine? rien du tout. C'est une fille dont on ne saurait tirer une parole.

VALÈRE.

Marine ne t'a rien dit, elle [1] qui parle tant.

SCAPIN.

C'est justement ce qui fait qu'elle ne dit rien; mais tout

[1] Dans l'édition originale, on lit, ET elle qui parle tant.

SCÈNE V.

ce que j'ai pu comprendre de la volubilité de son discours, c'est qu'il faut renoncer à Léonor; et le pis que j'y trouve, c'est que nous n'avons pas un sou pour nous en consoler.

VALÈRE.

Quoi? que dis-tu? parle, explique-toi. Renoncer à Léonor?

SCAPIN.

Oui, monsieur.

VALÈRE.

Et Marine ne t'a point dit la cause de son refroidissement?

SCAPIN.

Non, monsieur.

VALÈRE.

Quoi! tu n'as pu pénétrer?...

SCAPIN.

Oh! monsieur, Marine est une fille impénétrable.

VALÈRE.

Que je suis malheureux!

SCAPIN.

Elle m'a seulement donné une petite lettre qui vous expliquera peut-être mieux la chose.

VALÈRE.

Eh! donne donc, maraud, donne donc.

(Il lit.)

« Si vous m'aimez autant que je vous aime, nous
» sommes les plus malheureuses personnes du monde.
» Ma mère prétend me marier à un homme que je ne
» connais point. Détournez le malheur qui nous menace;
» et soyez certain que je choisirai plutôt la mort que
» d'être jamais à d'autre qu'à vous. »

Scapin!

SCAPIN.

Monsieur?

VALÈRE.

Que dis-tu de cette lettre-là?

SCAPIN.

Je dis, monsieur, que ce n'est pas là une lettre de change.

LA SÉRÉNADE.

VALÈRE.

Et je me laisserai enlever Léonor! Non, non, Scapin; à quelque prix que ce soit, il faut empêcher...

SCAPIN.

Monsieur, le ciel m'a donné des talents merveilleux pour faire des mariages; et je puis dire, sans vanité, qu'il n'y a guère de jour qu'il ne m'en passe quelqu'un par les mains. J'en ai même ébauché plus de mille en ma vie qui n'ont jamais été achevés; mais j'aime trop la propagation de l'espèce, pour avoir le courage d'en rompre aucun.

VALÈRE.

Que tu fais mal à propos le mauvais plaisant! Il faut...

SCÈNE VI.

M. GRIFON, M. MATHIEU, VALÈRE, SCAPIN.

SCAPIN, bas.

Paix! voici votre père. Le vilain usurier qui nous vendit si cher l'argent l'année passée est avec lui.

VALÈRE, bas.

Vient-il lui demander ce que je lui dois?

SCAPIN, bas.

Il serait mal adressé. Écoutons.

(Valère et Scapin se retire au fond du théâtre.)

M. GRIFON, à M. Mathieu.

Je vous donnai, il y a huit jours, un sac de mille francs à faire valoir, dont j'ai votre billet, monsieur Mathieu.

M. MATHIEU.

Cela est vrai, monsieur Grifon.

SCAPIN, bas à Valère.

Le bonhomme négocie avec les usuriers aussi bien que nous; mais ce n'est pas de la même manière.

M. GRIFON.

Nous sommes convenus à trois mille huit cents livres; ce sont encore deux cents louis qu'il faut vous donner pour le collier, monsieur Mathieu.

M. MATHIEU.

Oui, monsieur Grifon.

SCAPIN, bas à Valère.

Cela nous accommoderait bien.

VALÈRE, bas.

Paix! tais-toi.

M. GRIFON.

Passez tantôt chez moi, ou envoyez-y quelqu'un de votre part, avec un billet de votre main; cela suffira : c'est de l'argent comptant, monsieur Mathieu.

M. MATHIEU.

Je n'en suis point en peine, et je vous laisse le collier, monsieur Grifon.

SCAPIN, à part.

Un collier de trois mille huit cents livres! Le friand morceau!

(M. Mathieu sort.)

SCÈNE VII.

M. GRIFFON, VALÈRE, SCAPIN.

M. GRIFON.

Ah! vous voilà, mon fils. Que faites-vous là? Y a-t-il longtemps que vous y êtes?

VALÈRE.

Je ne fais que d'arriver.

M. MATHIEU, montrant Scapin.

Qui est cet homme-là?

VALÈRE.

C'est, mon père...

M. GRIFON.

Quoi! c'est...

VALÈRE.

Un musicien de l'Opéra.

M. GRIFON.

Mauvaise connaissance qu'un musicien de l'Opéra! ils mènent les gens au cabaret, et il faut toujours payer pour eux.

SCAPIN, bas à Valère.

De quoi diantre vous avisez-vous de me faire musicien? J'aimerais mieux être toute autre chose.

VALÈRE, bas à Scapin.

Tais-toi.

M. GRIFON.

Oh çà! mon fils, j'ai une nouvelle à vous apprendre; la

présence du musicien ne gâtera rien, et peut-être pourra-t-il nous être utile.

SCAPIN, bas à Valère.

Votre imagination m'a fait musicien par hasard ; vous verrez qu'il faudra que je le devienne par nécessité.

M. GRIFON.

Je vais me marier.

VALÈRE.

Vous marier ! vous, mon père !

M. GRIFON.

Moi-même, en propre personne.

SCAPIN, à part.

Je ne m'attendais pas à celui-là.

M. GRIFON.

Que dit M. le musicien ?

SCAPIN.

Je ne puis que vous louer, monsieur, de former une entreprise si hardie. Vous avez eu le bonheur d'enterrer une première femme, vous hasardez d'en prendre une seconde ; le péril ne vous rebute point : cela est fier, cela est grand, cela est héroïque ; et, pour ma part, je n'ai garde de manquer d'applaudir à une résolution aussi généreuse que la vôtre.

M. GRIFON.

Voilà un joli garçon.

VALÈRE.

Ce que j'en ai dit, mon père, n'est que par l'intérêt que je prends à votre santé.

M. GRIFON.

Ne t'en mets point en peine ; ce sont mes affaires.

SCAPIN, à Valère.

Oui, monsieur, que monsieur votre père vous donne seulement une belle-mère bien faite, belle, jeune, et laissez-le faire ; vous serez ravi qu'il se soit remarié, sur ma parole.

M. GRIFON.

Oh ! je suis sûr qu'il en sera content. C'est une fille à qui il ne manque rien. Ce que je voudrais de vous maintenant, monsieur de l'Opéra, ce serait que vous m'aidassiez à donner une petite sérénade à ma maîtresse.

SCAPIN.

Une sérénade, dites-vous ? Vous ne pouvez mieux vous

SCÈNE VII.

adresser qu'à moi. Musique italienne, française ; je suis un homme à deux mains.

M. GRIFON.

Tout de bon ?

SCAPIN.

Demandez à monsieur votre fils. Je suis le premier homme du monde pour les sérénades : il m'en doit encore deux ou trois.

VALÈRE.

Oui, mon père.

SCAPIN.

Ce n'est pas pour me vanter, mais en cas de chanteurs, symphonistes, violistes, téorbistes, clavecinistes, opéra, opérateurs, opératrices, madelonistes, catinistes, margotistes, si difficiles qu'elles soient, j'ai tout cela dans ma manche.

M. GRIFON.

Je voudrais une sérénade à bon marché.

SCAPIN.

Je ménagerai votre bourse ; ne vous mettez pas en peine. Il ne nous faudra que trente-six violons, vingt hautbois, douze basses, six trompettes, vingt-quatre tambours, cinq orgues et un flageolet.

M. GRIFON.

Et fi donc ! voilà pour donner une sérénade à tout un royaume.

SCAPIN.

Pour les voix, nous prendrons seulement douze basses, huit concordants, six basses-tailles, autant de quintes, quatre hautes-contre, huit faussets, et douze dessus, moitié entiers et moitié hongres.

M. GRIFON.

Vous nommez là de quoi faire un régiment de musique.

SCAPIN.

Il ne faut pas moins de voix pour accompagner tous les instruments. Laissez-nous faire. Je veux qu'il y ait dans cette musique-là une espèce de petit charivari qui conviendra merveilleusement bien au sujet. Nous allons, monsieur votre fils et moi, donner maintenant les ordres pour...

M. GRIFON.

Attendez. On doit m'amener ma maîtresse ; je suis bien

aise que vous la voyiez, et que vous m'en disiez votre sentiment l'un et l'autre.

SCAPIN.

Prenez-la belle et jeune, au moins, surtout d'humeur complaisante ; tous vos amis vous conseilleront la même chose.

VALÈRE, bas à Scapin.

Allons-nous-en ; je me meurs d'inquiétude.

SCÈNE VIII.

M. GRIFON, VALÈRE, SCAPIN, Mme ARGANTE, LÉONOR, MARINE.

M. GRIFON.

Ne vous avais-je pas bien dit qu'on devait l'amener? Voilà la mère et la fille de chambre.

VALÈRE, bas à Scapin.

Que vois-je, Scapin ? C'est Léonor.

SCAPIN, à part.

Autre incident.

Mme ARGANTE.

Allons, ma fille, approchez, et saluez le mari que je vous ai destiné.

(Elle entend parler de M. Grifon.)

LÉONOR, croyant que c'est Valère.

Quoi ! madame, voilà la personne !...

Mme ARGANTE.

Qu'avez-vous donc, mademoiselle? est-ce que monsieur ne vous plaît pas ?

LÉONOR.

Je ne dis pas cela, madame, et je n'aurai jamais d'autres volontés que les vôtres.

VALÈRE, bas à Scapin.

Scapin, elle obéit à sa mère, je suis perdu.

MARINE, à part.

Il y a de l'erreur de calcul.

Mme ARGANTE.

Je suis ravie, ma fille, de vous voir des sentiments raisonnables, et j'ai toujours bien jugé que vous ne voudriez pas me désobéir.

SCÈNE VIII.

LÉONOR.

Vous désobéir! moi? j'aimerais mieux mourir que de faire quelque chose qui vous déplût.

M. GRIFON, à Scapin.

Voilà une fille bien née, n'est-il pas vrai?

SCAPIN, à part.

Il y a ici du *quiproquo*, sur ma parole.

LÉONOR.

Tout ce que j'ai à me reprocher, madame, c'est que mon obéissance ait si peu de mérite en cette occasion; et les choses sont dans un état à me permettre d'avouer, sans honte, que votre choix et mon inclination ont un parfait rapport ensemble.

M. GRIFON, à part.

Comme elle m'aime déjà! Cela n'est pas croyable.

LÉONOR.

Mais j'ai lieu de me plaindre. Est-ce à moi de parler comme je fais, quand vous êtes si peu sensible, Valère, aux bontés que ma mère a pour nous?

Mme ARGANTE.

Comment donc, Valère? A qui en avez-vous?

M. GRIFON.

Qu'est-ce que cela signifie?

SCAPIN, à part.

Nous approchons du dénoûment.

Mme ARGANTE.

Que voulez-vous dire avec votre Valère?

LÉONOR.

Ne m'avez-vous pas dit, madame, que vous aviez conclu mon[1] mariage?

Mme ARGANTE.

Qu'a de commun Valère avec votre mariage? C'est à monsieur Grifon, que voilà, que je vous marie.

M. GRIFON, à Léonor.

Oui, mignonne, c'est moi qui aurai l'honneur de[2]...

LÉONOR.

Vous, monsieur?

---

[1] Cette leçon est conforme à l'édition originale et à l'édition de 1728. Dans les éditions modernes, on lit *notre* au lieu de *mon*.

[2] Dans les anciennes éditions, on lit : *C'est moi qui aurai l'honneur QUE DE...*

Mme ARGANTE.

Je voudrais bien, pour voir, que vous ne le trouvassiez pas bon!

M. GRIFON.

Monsieur mon fils, par quelle aventure est-il mention de vous dans tout ceci?

VALÈRE.

Par une aventure fort naturelle, mon père.

M. GRIFON.

Comment une aventure fort naturelle?

MARINE.

Oui, monsieur; mademoiselle est fille, monsieur est garçon; elle est aimable, il est joli homme; ils ont fait connaissance, ils s'aiment, ils sont dans le goût de s'épouser : y a-t-il rien là que de fort naturel?

SCAPIN.

Il n'est point question de la nature là-dedans; c'est la raison et l'intérêt qui font aujourd'hui les mariages. Monsieur est le père, madame est la mère; la raison est de leur côté, la nature est une sotte, et vous aussi, ma mie.

Mme ARGANTE.

Il a raison.

LÉONOR.

Quoi! à l'âge que j'ai, ma mère, vous voudriez me faire épouser un homme comme monsieur? Vous n'y songez pas.

VALÈRE.

Quoi? à l'âge que vous avez, mon père, vous voudriez vous marier à une fille comme mademoiselle? Je crois que vous rêvez.

LÉONOR.

En vérité, ma mère, vous êtes trop raisonnable pour exiger de moi une chose aussi éloignée de [1] bon sens.

VALÈRE.

Sérieusement parlant, mon père, vous n'êtes point d'âge encore à radoter.

Mme ARGANTE.

Ouais! Et où sommes-nous donc? Allons, petite ridicule, qu'on donne tout à l'heure la main à monsieur.

VALÈRE.

Non pas, madame, s'il vous plaît.

---

[1] Cette leçon est conforme à l'original et à l'édition de 1728. Dans les éditions modernes, on lit, éloignée *du* bon sens.

SCÈNE VIII.

M. GRIFON.

Qu'est-ce à dire?

VALÈRE.

Avec votre permission, mon père, cela ne sera pas, je vous assure.

M. GRIFON.

Cela ne sera pas! Que dites-vous à cela, monsieur le musicien?

SCAPIN.

Vous avez là un grand garçon bien mal morigéné [1], monsieur.

M. GRIFON.

Pendard!

VALÈRE.

Que dirait-on dans le monde, si, en ma présence, je vous laissais faire une action aussi extravagante que celle-là?

M. GRIFON.

Quoi donc extravagante? Comment donc? A ton père malheureux!

MARINE.

A votre père!

SCAPIN.

A votre propre père!

VALÈRE.

Quand il serait mon père cent fois plus qu'il ne l'est encore, je ne souffrirai point que l'amour lui fasse tourner la cervelle jusqu'à ce point-là.

M. GRIFON.

Mais quelle comédie jouons-nous donc ici? Je vous demande pardon pour mon fils, madame.

Mme ARGANTE.

Cela n'est rien; j'ai bien des excuses à vous faire pour ma fille, monsieur.

MARINE.

Voilà des enfants bien obstinés. Mais aussi pourquoi vous exposer à vous marier, sans savoir si monsieur votre fils le voudra bien?

M. GRIFON.

S'il le voudra bien?

---

[1] Quoiqu'on lise *morigéné* dans les deux éditions que j'ai déjà citées, il est certain qu'il faut *morigéné*.

SCAPIN.

Monsieur, avec trois ou quatre cents pistoles ne pourrions-nous point le mettre à la raison?

M. GRIFON.

Je l'y mettrai bien sans cela.

Mme ARGANTE.

Et moi, je vous réponds de cette petite impertinente-là; elle vous épousera, ou je la mettrai dans un lieu d'où elle ne sortira de longtemps.

LÉONOR.

J'y demeurerai plutôt toute ma vie que d'épouser un homme que je n'aime point.

SCÈNE IX.

Mme ARGANTE, M. GRIFON, VALÈRE, SCAPIN.

M. GRIFON.

Elle s'en va, madame.

Mme ARGANTE.

Ne vous mettez pas en peine; je saurai la réduire; elle sera votre femme aujourd'hui, ou vous mourrez de mort subite.

SCÈNE X.

M. GRIFFON, VALÈRE, SCAPIN.

M. GRIFON.

De mort subite! Voilà à quoi vous m'exposez, monsieur le coquin. Laisse-moi faire, je veux l'épouser à ta barbe; je m'en vais dépenser tout mon bien pour m'en faire aimer; je lui donnerai des présents, des bijoux, des maisons, des contrats, des cadeaux, des festins, des sérénades; des sérénades, monsieur le musicien; et je lui ferai des enfants pour te faire enrager.

SCAPIN, à part.

Oh! pour celui-là, on vous en défie.

SCÈNE XI.

VALÈRE, SCAPIN.

VALÈRE.

Non, Scapin, il n'y a point d'extrémité où je ne me porte pour empêcher ce mariage-là.

SCÈNE XII.

SCAPIN.

Doucement, monsieur; nous abaisserons ces fumées d'amour. Il ne la tient pas encore. J'ai pris le soin d'une sérénade; il vient de négocier un certain collier : laissez-moi faire. Mais le diable est que nous n'avons point d'argent.

VALÈRE.

Ah! mon pauvre Scapin, cherche, imagine, invente des moyens pour en trouver; engage tout, vends tout, donne tout.

SCAPIN.

Hé! que diable engager? que vendre? Pour tout meuble et immeuble, vous n'avez que votre habit et le mien; encore le tailleur n'est-il pas payé.

VALÈRE.

Quoi! tu ne peux trouver?...

SCAPIN.

Depuis que je travaille pour vous, les ressorts de mon esprit emprunteur sont diablement usés...

VALÈRE.

Mais quoi!...

SCAPIN.

Laissez-moi un peu rêver tout seul. J'ai ma sérénade en tête; si je pouvais avoir seulement de quoi payer les musiciens dont je me veux servir...

VALÈRE.

A quoi bon?

SCAPIN.

J'ai besoin de me recueillir, vous dis-je; laissez-moi en repos, et allez fortifier Léonor dans le dessein de ne point épouser votre père.

VALÈRE, à part.

Il faut vouloir tout ce qu'il veut, j'ai besoin de lui.

SCÈNE XII.

SCAPIN, seul.

Ce n'est pas une petite affaire, pour un valet d'honneur, d'avoir à soutenir les intérêts d'un maître qui n'a point d'argent. On s'accoquine à servir ces gredins-là, je ne sais pourquoi; ils ne paient point de gages, ils querellent, ils rossent quelquefois ; on a plus d'esprit qu'eux, on les fait vivre, il faut avoir la peine d'inventer mille fourberies, dont ils ne sont tout au plus que de moitié ; et avec tout cela nous sommes les valets, et ils sont les maîtres. Cela n'est pas juste. Je prétends, à l'avenir, travailler pour mon compte ; ceci fini, je veux devenir maître à mon tour.

SCÈNE XIII.

CHAMPAGNE, SCAPIN.

SCAPIN.

Mais, que vois-je ?

CHAMPAGNE.

Hé ! c'est toi, mon pauvre Scapin !

SCAPIN.

Le beau Champagne en ce pays-ci !

CHAMPAGNE.

Il y a six mois que je suis revenu, mais je ne me montre que depuis quinze jours.

SCAPIN.

Pourquoi donc ?

CHAMPAGNE.

Par une espèce de scrupule. Une lettre de cachet du châtelet m'avait défendu de paraître à la ville, elle me prescrivait un temps pour voyager ; mes voyages sont finis, je reparais sur nouveaux frais.

SCAPIN.

Et que fais-tu à présent ? Je t'ai vu autrefois le plus adroit grison, et, soit dit entre nous, le plus hardi coquin qu'il y eût en France.

CHAMPAGNE.

J'ai quitté tout cela, mon ami. La justice aujourd'hui a l'esprit si mal tourné ; il n'y a plus rien à faire dans le commerce : elle prend toujours les choses du mauvais côté. J'ai renoncé aux vanités du monde, et je me suis jeté dans la réforme.

SCAPIN.

Toi, dans la réforme ?

CHAMPAGNE.

Oui, mon enfant. Il faut faire une fin. Je me suis retiré, je prête sur gages.

SCÈNE XIII.

SCAPIN.

La retraite est méritoire.

CHAMPAGNE.

Ma foi, il n'y a plus que ce métier-là pour faire quelque chose ; il n'y a rien de tel, quand on a de l'argent, que d'en [1] aider des particuliers dans leurs nécessités pressantes.

SCAPIN.

Voilà un motif fort charitable !

CHAMPAGNE.

Je me suis associé d'un [2] fort honnête homme, qui est, je pense, lui, associé d'un [3] autre fort honnête homme chez qui il m'envoie prendre deux mille huit cents livres.

SCAPIN, à part.

Deux mille huit cents livres ! Serions-nous assez heureux !... Cela serait admirable. (Haut.) Tu es associé avec monsieur Mathieu?

CHAMPAGNE.

Avec monsieur Mathieu ; mais je suis un peu subalterne, à la vérité. Nous demeurons ensemble ; il me loge fort haut, me meuble modestement, m'habille chaudement pour l'été, fraîchement pour l'hiver, me nourrit sobrement, ne me donne point de gages ; mais ce que je prends c'est pour moi.

SCAPIN.

Voilà une bonne condition ! Et, dis-moi, es-tu toujours aussi ivrogne qu'avant ta lettre de cachet?

CHAMPAGNE.

Je bois beaucoup de vin, mais je ne l'aime pas.

SCAPIN.

Tu vas donc recevoir deux mille huit cents livres?

CHAMPAGNE.

Deux mille huit cents livres.

SCAPIN.

Chez monsieur Grifon?

CHAMPAGNE.

C'est le nom de notre associé. Qui te l'a dit?

SCAPIN.

Pour le surplus d'un collier que monsieur Mathieu lui a vendu?

---

[1] Ce *que* n'est pas dans les anciennes éditions.
[2-3] Dans les éditions modernes, on lit : *avec un*.

CHAMPAGNE.

Je l'ai ouï dire ainsi.

SCAPIN.

Et tu as un billet de monsieur Mathieu, pour marque que tu ne viens pas à faux?

CHAMPAGNE.

Cela est comme tu le dis. Voilà le billet. Hé! d'où diantre sais-tu tout cela?

SCAPIN.

Je suis l'associé du fils de monsieur Grifon, moi.

CHAMPAGNE.

Quoi! tu te mêles aussi?...

SCAPIN.

Nous ne sommes associés que pour emprunter, nous autres. Le connais-tu, monsieur Grifon?

CHAMPAGNE.

Non.

SCAPIN.

Te connaît-il?

CHAMPAGNE.

Je ne crois pas.

SCAPIN, à part.

Tant mieux. (Haut.) Monsieur Grifon n'est pas au logis; et, en attendant qu'il vienne, nous pouvons aller renouveler connaissance au cabaret.

CHAMPAGNE.

De tout mon cœur : je ne refuse point des parties d'honneur.

SCAPIN.

Morbleu! j'enrage. Voilà un homme à qui j'ai affaire, mais ce ne sera que pour un moment. Va-t'en m'attendre ici-près, aux barreaux verts, et faire tirer bouteille.

SCÈNE XIV.

SCAPIN, seul.

Voilà un fripon que je friponnerai, sur ma parole, si je puis seulement attraper le billet.

SCÈNE XV.

M. GRIFON, MARINE, SCAPIN.

MARINE, à M. Grifon.

Je vous dis, monsieur, que vous aurez plus de peine que vous ne pensez à réduire cet esprit-là.

SCAPIN.

Ah! monsieur, je vous cherchais pour vous dire que dans peu votre sérénade sera en état.

M. GRIFON.

Bon. Voilà ma maison, et voilà celle de ma maîtresse.

SCAPIN, à part.

Tant mieux; cela est fort commode pour mon dessein.

SCÈNE XVI.

M. GRIFON, MARINE.

M. GRIFON.

Tu dis donc, Marine, que tu viens de la part de Léonor?

MARINE.

Oui, monsieur, pour vous faire des excuses de ce qui s'est passé à votre entrevue.

M. GRIFON.

Elle revient à elle, j'en suis bien aise.

MARINE.

Elle est au désespoir de n'avoir pu se contraindre devant madame sa mère : mais elle dit qu'elle vous hait trop pour se faire la moindre violence.

M. GRIFON.

Voilà un fort sot compliment. Je n'ai que faire de ces excuses-là.

MARINE.

Elle sait trop bien vivre pour manquer à la civilité. Elle m'a aussi chargée de vous prier de ne point presser madame sa mère sur votre mariage, et de lui donner du temps pour s'accoutumer à une figure aussi extraordinaire que la vôtre.

M. GRIFON.

Vous êtes une impertinente, ma mie; et je ne sais...

MARINE.

Je vous demande pardon, monsieur; je vous respecte trop

pour vous rien dire de mon chef qui vous déplaise. Ce sont les sentiments de ma maîtresse que je vous explique le plus clairement et le plus succinctement qu'il m'est possible.

M. GRIFON.

Je ne veux point savoir ses sentiments, tant qu'elle en aura d'aussi ridicules.

MARINE.

Il ne tiendra pas à moi qu'elle ne change; et, quelque aversion qu'elle ait pour vous, elle ne laissera pas de vous épouser si elle m'en veut croire. Vous n'avez que votre âge, votre air et votre visage contre vous : dans le fond, je gagerais que vous avez les meilleures manières du monde.

M. GRIFON, à part.

Voilà une insolente qui, à mon nez, me vient chanter pouille.

MARINE.

C'est votre physionomie lugubre qui l'a d'abord effarouchée : elle en reviendra peut-être, et vous aimera à la folie ; que sait-on ? Vous ne seriez pas le premier magot qui aurait épousé une jolie fille.

M. GRIFON, à part.

Malgré tout ce qu'elle me dit, je ne veux point me fâcher ; elle peut me rendre service. (Haut.) Tu me parais d'agréable humeur.

MARINE.

Je suis assez franche, comme vous voyez.

M. GRIFON.

C'est ce qui [1] me semble. Je veux être de tes amis; et, si le mariage se fait, ne te mets pas en peine. Dis-moi un peu, en confidence, quelle sorte de caractère est-ce que Léonor, et que faudrait-il que je fisse pour lui plaire?

MARINE.

Vous n'avez qu'à mourir, monsieur ; c'est le plus grand plaisir que vous lui puissiez faire.

M GRIFON.

Ce n'est pas là ce que je te demande. De quelle humeur est-elle?

MARINE.

Ah ! de l'humeur du monde la plus douce. Je ne lui connais qu'un petit défaut.

---

[1] Dans quelques éditions modernes, on lit : *C'est ce qu'il me semble.* Regnard a écrit, *C'est ce qui me semble.*

SCÈNE XVI.

M. GRIFON.

Quel est-il?

MARINE.

C'est, monsieur, que, quand elle s'est mis quelque chose en tête, et qu'on s'avise de la contredire, elle crie, elle peste, elle jure, elle bat, elle mord, elle égratigne, elle estropie même en cas de besoin ; mais, dans le fond, c'est une bonne enfant.

M. GRIFON.

Voilà une humeur bien douce vraiment! Et avec cela n'a-t-elle point quelque passion dominante?

MARINE.

Non, monsieur, rien ne la domine. Elle a du goût pour toutes les belles manières; elle vend, pour jouer, tout ce qu'elle a; elle met ses nippes en gage pour aller à l'opéra et à la comédie ; elle [1] court le bal sept fois la semaine seulement; elle fesse son vin de Champagne à merveille, et sur la fin du repas elle devient fort tendre.

M. GRIFON.

Tu crois donc qu'elle pourra m'aimer?

MARINE.

Oui, monsieur, sur la fin d'un repas; et je vais lui faire entendre que, pour un mari, vous valez cent fois mieux qu'un autre.

M. GRIFON.

Cela est vrai, au moins.

MARINE.

Assurément. Dans ce siècle-ci, quand un mari laisse faire à sa femme tout ce qu'elle veut, c'est un homme adorable; on ne peut pas lui demander autre chose.

M. GRIFON.

Ah! mon enfant, tu peux l'assurer de ma part que, si jamais elle est ma femme, je ne la contraindrai jamais en la moindre bagatelle.

MARINE.

Commencez donc par ne point trop presser les affaires. Je vais lui proposer vos conventions; et, comme il n'y a rien dans ces articles-là qui répugne à la coutume, je ne doute point qu'elle ne les accepte.

---

[1] Dans les éditions modernes, au lieu du pronom *elle*, on lit *et*.

SCÈNE XVII.

M. GRIFON, seul.

Cette fille-là a quelque chose de bon dans ses manières.

SCÈNE XVIII.

M. GRIFON, SCAPIN, déguisé, ayant un emplâtre sur l'œil.

M. GRIFON.

Ah! ah! voilà une plaisante figure d'homme!

SCAPIN.

Ne pourriez-vous point, monsieur, me faire le plaisir et l'honneur de m'enseigner le logis de monsieur Grifon?

M. GRIFON.

Que lui voulez-vous à monsieur Grifon?

SCAPIN.

Avoir l'avantage de lui rendre un petit billet que monsieur Mathieu m'a fait l'honneur de me donner, afin que ledit sieur Grifon me fasse la grâce de me compter deux mille huit cents livres, restant à payer pour un collier que ledit sieur Grifon a acheté dudit sieur Mathieu.

M. GRIFON.

C'est moi qui suis M. Grifon. Et où est le billet?

SCAPIN.

Le voilà, monsieur; je ne viens qu'à bonnes enseignes. Vous aurez, s'il vous plaît, la bonté de m'expédier.

M. GRIFON.

Oui, voilà l'écriture de monsieur Mathieu; mais je ne vous connais pas pour être à lui.

SCAPIN.

C'est une gloire que je ne mérite pas, monsieur; je suis seulement son compère, Isaac-Jérôme-Boisme Rousselet, maître marchand fripier ordinaire privilégié suivant la cour: si l'on peut vous y rendre quelque service, vous n'avez qu'à disposer de votre petit serviteur.

M. GRIFON.

Je vous suis obligé.

SCAPIN.

J'ai des amis en ce pays-là : mon frère est apprenti partisan chez le commis du secrétaire de l'intendant d'un homme d'affaires, et mon oncle est le sous-portier de l'hôtel des Fermes.

M. GRIFON.

Ces amis-là sont quelquefois plus utiles que d'autres.

SCAPIN.

Il est vrai, monsieur. J'ai autrefois, par leur moyen, tiré mon parrain des galères, et je sauvai l'année passée une amende honorable à monsieur Mathieu ; c'est ce qui fait qu'il a beaucoup de confiance en moi.

M. GRIFON, à part.

Voilà un garçon bien ingénu ; c'est dommage qu'il lui manque un œil.

SCAPIN.

J'abuse de votre loisir, monsieur, mais ce n'est pas ma faute ; avec deux mille huit cents livres, vous serez débarrassé de mes importunités, et je prendrai congé de vous quand il vous plaira.

M. GRIFON, à part.

Quel original ! (Haut.) Oui, oui, je vais vous apporter de l'argent, vous n'avez qu'à attendre.

SCÈNE XIX.

SCAPIN, seul.

Par ma foi, voilà qui ne va pas mal.

SCÈNE XX.

SCAPIN, VALÈRE, LÉONOR, MARINE.

SCAPIN.

Mais voici mon maître avec sa maîtresse : il ne me reconnaîtra pas.

LÉONOR.

Comptez, Valère, que rien ne peut me faire changer.

VALÈRE.

Ah ! charmante Léonor, que vous devez me paraître adorable avec de pareils sentiments !

SCAPIN.

Monsieur, je vous donne le bonjour. Y a-t-il longtemps que vous êtes en cette ville? Vos affaires vont-elles bien? Comment gouvernez-vous la joie avec cette[1] aimable enfant?

VALÈRE.

Que me veut cet ivrogne-là? Qui êtes-vous, mon ami?

SCAPIN.

Je suis un honnête garçon qui connaît vos besoins, et qui vient vous offrir deux cents pistoles que me va donner monsieur votre père.

(Il ôte son emplâtre.)

VALÈRE.

C'est toi, Scapin? Qui t'aurait reconnu?

SCAPIN.

Vous voyez, monsieur, ce qu'on fait pour vous.

MARINE.

Par ma foi, voilà un méchant borgne.

VALÈRE.

Et tu as trouvé le moyen de tirer deux cents pistoles de mon père?

SCAPIN.

Il va me les livrer. J'ai encore un collier à escamoter; mais j'aurais besoin tout à l'heure de quelques gens de main.

VALÈRE.

Tout à l'heure? Et où veux-tu que je les cherche à présent?

MARINE.

Monsieur, je suis à votre service. Pour la main, je l'ai aussi bonne que la langue.

SCAPIN.

Toi? mais serais-tu fille à travailler de nuit?

MARINE.

Pourquoi non? c'est dans ce temps-là que je triomphe. J'ai deux ou trois filles de mes amies qui ne m'abandonneront pas dans le besoin.

SCAPIN.

Bon, bon; il ne me faut pas de plus vaillants champions

---

[1] On lit *cet* dans l'édition originale.

pour mon dessein. Mais j'entends monsieur Grifon. Allez m'attendre au prochain détour ; je vous dirai dans un moment ce qu'il faudra faire[1].

SCÈNE XXI.

M. GRIFON ; SCAPIN, qui, voyant arriver M. Grifon, remet son emplâtre sur l'autre œil.

M. GRIFON.

Il y a deux cents louis neufs dans cette bourse : voyons si je ne me suis point trompé.

SCAPIN, prenant la bourse.

Vous êtes trop exact, et vous savez trop bien compter.

M. GRIFON.

Il n'importe, monsieur ; pour plus grande sûreté...

SCAPIN.

Je ne regarderai point après vous, monsieur ; le compère Mathieu me l'a défendu.

M. GRIFON.

Vous êtes le maître. Serviteur.

SCAPIN, à part.

Voilà de quoi payer la sérénade.

SCÈNE XXII.

M. GRIFON, seul.

[2] Monsieur Mathieu ne laisse point moisir l'argent entre les mains de ceux qui lui doivent. Je lui devais, me voilà

---

[1] C'est ici que finit cette scène dans les éditions faites du vivant de l'auteur. On a ajouté depuis :

VALÈRE.

Cependant si tu me disais de quelle manière....

SCAPIN.

Allez-vous-en.

VALÈRE.

Je pourrais peut-être....

SCAPIN.

Oh ! retirez-vous.

[2] Dans les éditions modernes, cette scène commence par ces mots, qui n'appartiennent point à Regnard : *Il me semble que mon borgne a changé son œil de l'autre côté.* On ne voit pas trop ce que l'auteur gagne à de pareilles additions.

quitte. Je ne sais ce que cela signifie; mais je n'ai point bonne opinion de mon mariage. Moi, qui n'ai jamais rien aimé, je m'avise de devenir amoureux à mon âge. O amour, amour! La nuit devient obscure, et le musicien devrait être ici.

SCÈNE XXIII.

M. GRIFON; CHAMPAGNE, ivre.

CHAMPAGNE chante.

Lera, lera, lera.

M. GRIFON.

J'entends quelqu'un qui chante : serait-ce lui?

CHAMPAGNE.

Par la sambleu, je suis bien nourri. Ce monsieur Scapin fait bien les choses, oui.

M. GRIFON.

Qui va là? Est-ce vous, monsieur le musicien?

CHAMPAGNE

Oui, à peu près ; c'est un ivrogne.

M. GRIFON.

Passez votre chemin, mon ami.

CHAMPAGNE.

Que je passe mon chemin?

M. GRIFON.

Oui.

CHAMPAGNE.

Oui, qui le pourrait.

M. GRIFON.

Quel maraud est-ce ci [1]?

CHAMPAGNE.

Maraud! Voilà quelqu'un qui me connaît. Je suis plus pesant que de coutume, et je ne sais si mes jambes pourront porter au logis tout le vin que j'ai bu.

M. GRIFON, à part.

Ne serait-ce point quelque émissaire de mon coquin de fils, qui viendrait ici pour troubler la fête? Je veux m'en éclaircir.

---

[1] Dans l'édition de 1790 et dans celle de 1810, on lit : *Quel maraud est ceci?* ce qu'on peut regarder comme une faute. Dans l'édition originale, et dans celle de 1728, on lit, *est-ce ici*?

SCÈNE XXIII.

CHAMPAGNE.

Holà! l'ami, qui parlez tout seul, suis-je loin de chez moi, par parenthèse?

M. GRIFON.

Où loges-tu?

CHAMPAGNE.

Hé! palsembleu, si je le savais, je ne le demanderais pas.

M. GRIFON.

Que cherches-tu dans ce quartier?

CHAMPAGNE.

Je ne sais, je ne m'en souviens pas. Je suis pourtant venu pour quelque chose. Ah!... monsieur Grifon, le connaissez-vous?

M. GRIFON, à part.

Je ne me trompais pas, c'est un fripon.

CHAMPAGNE.

Justement, un fripon, un vilain, un fesse-Mathieu.

M. GRIFON.

A qui penses-tu parler? C'est moi qui suis monsieur Grifon.

CHAMPAGNE.

Le diable emporte si je l'aurais deviné. Or donc, pour revenir à nos moutons, monsieur Mathieu, cet autre vilain, ce ladre...

M. GRIFON.

Ce pendard-là me fera perdre patience.

CHAMPAGNE.

Patience, oui, c'est bien dit, allons doucement. Ce monsieur Mathieu donc, comme de vilain à vilain il n'y a que la main, il est arrivé que, par la concomitance d'un collier..., enfin je ne me souviens pas bien de tout cela.

M. GRIFON.

Tu as oublié la leçon qu'on t'a faite. Combien te donne-t-on pour jouer le personnage que tu fais?

CHAMPAGNE.

Comme monsieur Mathieu est un vilain, je ne gagne pas grand'chose; mais je suis sobre.

M. GRIFON.

Il y paraît.

CHAMPAGNE.

Venons à l'explication. Vous êtes monsieur Grifon, je

suis monsieur Champagne : donnez-moi de l'argent au plus vite, car j'ai hâte.

M. GRIFON.

Que je te donne de l'argent?

CHAMPAGNE.

Oui, parbleu, de l'argent; je ne perds point le jugement, j'ai beau boire. Il me faut huit cent deux mille et quelques livres : j'ai le billet de monsieur Mathieu; vous allez voir, car je n'y vois goutte.

M. GRIFON, à part.

Voilà justement l'enclouure. (Haut.) Tu viens un peu trop tard pour m'attraper, mon pauvre ami : si tu as le billet de monsieur Mathieu, je t'en donnerai.

CHAMPAGNE.

Cela est fort judicieux et fort raisonnable; j'aime les gens d'esprit. Je ne le trouve point ce diable de billet.

M. GRIFON.

Cherche bien.

CHAMPAGNE.

Je ne trouve rien, la peste m'étouffe. Je l'avais pourtant avant que d'aller au cabaret.

M. GRIFON.

Trouve-le donc.

CHAMPAGNE.

Oh! vous en demandez trop: Quand on a bu, on ne peut pas retrouver sa maison, vous voulez que je retrouve un billet; il n'y a pas de raison à cela.

M. GRIFON.

Tu en as beaucoup, toi.

CHAMPAGNE.

Écoutez, ne nous brouillons point. J'étais de sang-froid quand je l'ai perdu, je le retrouverai quand je serai de sang-froid; cela est infaillible. Jusqu'au revoir.

M. GRIFON.

Il n'est pas si ivre qu'il paraît.

SCÈNE XXIV.

M. GRIFON, seul.

Monsieur mon fils choisit mal ses gens. Il est plus malaisé de m'attraper qu'on ne s'imagine. Quelque nuit qu'il fasse, je connais les fourbes d'une lieue.

SCÈNE XXV.

SCAPIN, M. GRIFON.

SCAPIN.

Allons, monsieur, de la joie. Vive l'amour et la musique. Je vous amène ici tout un opéra.

M. GRIFON.

Que voulez-vous faire de ces flambeaux?

SCAPIN.

Pour nous éclairer, monsieur : ma musique est une musique de conséquence; il faut voir clair à ce qu'on fait. Allons, messieurs de la symphonie.

SÉRÉNADE.

M. GRIFON, SCAPIN, PLUSIEURS SYMPHONISTES, DANSEURS, ET MUSICIENS.

UN VÉNITIEN chante.

Or che più belle
Splendon le stelle,
Il sonno sbandite ; amanti ;
Con suoni, con canti,
La cruda svegliate :
Fate, fate
Che veda suoi rigori,
E miei dolori.

UNE VÉNITIENNE.

Forse ch'il lungo piangere,
Potrà frangere
Sua crudeltà,
Ed un dì merce
La tua fè ritroverà.

UN VÉNITIEN.

Amanti.
Costanti
Soffrite le pene,
Portate catene,
Sperate merce ;
Fra dogli e martiri,
Fra pianti e sospiri,
Si prova la fè.
Amanti
Costanti,
Sperate merce.

UNE VÉNITIENNE.

Spero, spero ch'un dì l'amor
Darà pace al dolor :
Il mio fedel ardor.
Può ben far
Trionfar
Questo misero cuor.

SCAPIN.

Peut-être que l'italien ne vous plaît pas? Il faut vous servir à la française.

(Il va chercher six femmes déguisées avec des manteaux rouges, qui viennent en dansant, et font un spectacle. Léonor et Marine sont du nombre.)

SCAPIN.

Amis, tenez-vous tous prêts ;
La bête est dans nos filets.
Lorsqu'un vieux fou s'échappe
D'être amoureux sur ses vieux ans,
Il faut qu'il mette la nappe,
Et qu'on boive à ses dépens.

CHOEUR.

Il faut qu'il mette la nappe,
Et qu'on boive à ses dépens.

AIR.

Vive la jeunesse !
Vive le printemps !
C'est le temps
De la tendresse.
Fuyez d'ici, sombre vieillesse,
Car en amour les vieillards ne sont bons
Qu'à payer les violons.

UNE MUSICIENNE.

Un jour un vieux hibou
Se mit dans la cervelle
D'épouser une hirondelle
Jeune et belle
Dont l'amour l'avait rendu fou.
Il pria les oiseaux de chanter à la fête :
Tout s'enfuit en voyant une si laide bête ;
Il n'y resta que le coucou.

M. GRIFON.

Monsieur le musicien, voilà de vilaines paroles.

SCAPIN.

Pardonnez-moi, monsieur ; ce sont des paroles nouvelles

LA SÉRÉNADE.

Ils prennent mon chapeau, monsieur le musicien.

Sc. XIV.

A Paris, chez P. Dufart, Quai Voltaire, N°. 19.

qui furent faites à la noce de Vénus et de Vulcain. Mais allons au fait.

(Les violons jouent un air sur lequel les femmes de la sérénade dansent, et en dansant elles mettent le pistolet sous le nez de M. Grifon et de Scapin.)

M. GRIFON.

Miséricorde! des pistolets, monsieur le musicien!

SCAPIN.

Paix, paix, ne faisons point de bruit; nous ne sommes pas les plus forts.

M. GRIFON.

Ils prennent mon chapeau, monsieur le musicien.

SCAPIN.

Et paix, paix, ils prennent le mien, et je ne dis mot.

M. GRIFON.

Ils me déshabillent, monsieur le musicien.

SCAPIN.

Hé! comme vous criez! faut-il faire tant de bruit pour un méchant justaucorps?

M. GRIFON.

Ils fouillent dans mes poches, monsieur le musicien, et prennent ma bourse.

SCAPIN.

Ils fouillent aussi dans les miennes, mais il n'y a rien; ils seront bien attrapés.

M. GRIFON.

Ils me prennent un collier de quatre cents pistoles, monsieur le musicien.

(Léonor et Marine se retirent.)

SCAPIN.

Bon, bon, ils ne tueront personne.

M. GRIFON.

Ah! la maudite sérénade!

[1] SCÈNE XXVI.

VALÈRE, SCAPIN, M. GRIFON, LÉONOR, MARINE, DANSEURS.

VALÈRE.

Ah! mon père, comme vous voilà! et d'où venez-vous?

[1] Dans l'original, cette pièce n'est divisée qu'en dix-neuf scènes.

SCAPIN.

Nous venons de donner une sérénade.

M. GRIFON.

Ah! Valère, je suis mort : on vient de me voler un collier de quatre cents pistoles.

VALÈRE.

Ne vous alarmez point, mon père ; je vous amène vos voleurs.

(Léonor et Marine jettent leurs manteaux.)

M. GRIFON.

Miséricorde! Léonor! Marine!

MARINE.

Oui, monsieur, c'est nous qui avons fait le coup.

SCAPIN.

Ah! coquine, tu iras aux galères.

VALÈRE, à M. Grifon.

Si vous voulez consentir que j'épouse Léonor, je vous montrerai votre collier.

M. GRIFON.

Mon collier? Ah! je te promets que, si je le retrouve, je consens à tout.

VALÈRE, tirant le collier de sa poche.

Je n'irai pas loin.

M. GRIFON, voulant prendre le collier.

Ah! mon cher collier!

VALÈRE.

Ah! tout beau, s'il vous plaît, mon père : je vous ai dit que je vous le ferais voir, mais je ne vous ai pas dit que je vous le rendrais. Quand une fille se marie, elle a besoin d'un collier. En voilà un tout trouvé. (A Léonor.) Je vous prie, mademoiselle, de l'accepter pour l'amour de moi.

M. GRIFON.

Comment donc?

SCAPIN.

Vous voulez bien, monsieur, que je vous fasse aussi mes petites excuses, et que je vous dise que le borgne à qui vous avez tantôt donné deux cents louis, c'était moi; que je ne suis qu'une façon de musicien.

M. GRIFON.

Double pendard! Ah! je suis assassiné! Quelle maudite journée! Non, je ne veux jamais entendre parler, ni de fils,

SCÈNE XXVI.

ni de maîtresse, ni d'amour, ni de mariage, et je vous donne à tous les diables.

(Il sort.)

MARINE.

Tant mieux : voilà peut-être la première chose qu'il ait donnée de sa vie.

SCAPIN chante, et le chœur répète.

J'offre ici mon savoir-faire
A tous ceux qui n'ont point d'argent
Je crois que le nombre en est grand,
Et je n'aurai pas peu d'affaire.

Malgré toute ma ressource,
Gardez-vous d'un sexe enchanteur :
Non content de prendre le cœur,
Il en veut encore à la bourse.

FIN DE LA SÉRÉNADE.

AVERTISSEMENT

SUR

LE BAL.

Cette comédie a été représentée, pour la première fois, le jeudi 14 juin 1696, sous le titre du BOURGEOIS DE FALAISE. Elle a été imprimée sous ce même titre dans la première édition qui a été faite de cette pièce dans sa nouveauté. Depuis, l'auteur l'a nommée LE BAL. C'est sous ce titre qu'elle a reparu au théâtre, et qu'elle se trouve imprimée dans toutes les éditions des OEuvres de Regnard.

Le personnage de Sotencour est celui que l'auteur avait regardé comme le principal de sa pièce, et qui avait donné lieu à sa première dénomination ; mais ce bourgeois ridicule n'était qu'une mauvaise copie de Pourceaugnac, et comme la pièce n'avait réussi qu'à l'aide de deux personnages subalternes, *Mathieu Crochet* et le *gascon Fijac*, le poëte a cru devoir supprimer le premier titre, et a intitulé sa pièce LE BAL.

On peut en effet justement reprocher à Regnard l'invraisemblance et la faiblesse de l'intrigue de cette pièce. Ces défauts ne sont pas rachetés par un comique soutenu ; et s'il y a quelques scènes plaisantes, il y en a plusieurs autres qui sont froides et inutiles.

Sotencour, comme nous l'avons remarqué, n'a rien de saillant, et ne présente point un caractère d'un comique décidé. Il arrive du fond de la Normandie pour faire une description ridicule des appas de sa maîtresse, qu'il n'a jamais vue. On ne dit point que ce soit la fortune du beau-père qui le décide à ce mariage, de sorte qu'on ne sait ce qui l'a déterminé à venir de sa province chercher femme à Paris.

Le stratagème qu'on emploie pour le dégoûter de sa belle ne peut pas s'appeler un artifice ; et quoiqu'il soit l'ouvrage de trois fourbes adroits, on n'y voit qu'une ruse grossière dont on est étonné que le beau-père et le gendre futur soient les dupes.

La première supercherie du Gascon est tout à fait inutile, et ne sert en rien au dénoûment. Il était indifférent de prévenir Géronte contre Sotencour, et de le faire passer pour un joueur abîmé de dettes, puisqu'on se proposait d'enlever Léonor ; et dans le fait, cet enlèvement fait seul le dénoûment, et détermine seul Sotencour à renoncer à Léonor, et Géronte à la donner à Valère.

Malgré ces défauts, on reconnaît dans cette pièce le génie de Regnard. Il y a, comme nous l'avons remarqué, quelques scènes plaisantes, telles que celles de l'entrevue de Sotencour avec sa maîtresse, le bavardage ridicule de l'un et le silence méprisant de l'autre, que notre campagnard prend pour de la stupidité.

Cette situation comique, et qui a dû produire beaucoup d'effet au théâtre, a été imitée par Destouches, dans sa comédie du *Dépôt*.

Un marquis d'Esbignac, amoureux de la fille de Géronte, sans l'avoir vue, ou plutôt amoureux de sa fortune, dit au père, en présence de sa fille :

> Mais votre fille est belle,
> Si j'en crois le portrait que son frère fait d'elle.
>
> GÉRONTE, lui faisant apercevoir sa fille.
>
> Vous en pouvez juger.
>
> LE MARQUIS.
> C'est là l'original
> Du portrait ?
>
> GÉRONTE.
> Oui vraiment.
>
> LE MARQUIS.
> Elle n'est pas trop mal.

Et après une tirade de gasconnades extravagantes, auxquelles Angélique ne répond que par un silence méprisant, le marquis se retourne du côté du père, et lui dit :

> Est-ce que cette enfant ne parle pas encore ?
>
> GÉRONTE, en souriant.
> Oh ! que pardonnez-moi.
>
> LE MARQUIS.
> Jusqu'ici je l'ignore ;
> On la croirait muette.
>
> GÉRONTE.
> Elle vous parlera
> Quand il en sera temps.

LE MARQUIS.
Oh! quand il lui plaira,
Je ne suis point pressé.

La scène dans Regnard est plus originale. La bêtise de *Sotencour* et son bavardage contrastent mieux avec le silence de Léonor : elle ne répond point à une question sotte et malhonnête que lui fait le provincial ; et celui-ci, au lieu de s'apercevoir de sa sottise, impute à stupidité le silence de sa maîtresse.

Nous avons remarqué aussi dans cette pièce le rôle du Gascon, qui, quoique inutile, est très-plaisant. La scène où il demande à Sotencour ce qu'il prétend lui avoir gagné au jeu, quoique semblable à plusieurs autres scènes déjà au théâtre, entre autres à celle du marchand flamand de Pourceaugnac, est vivement dialoguée et d'un très-bon comique.

Cette pièce est la seule des comédies de Regnard que l'on ne joue plus; cependant elle a eu douze représentations dans sa nouveauté, et nous croyons que, malgré ses défauts, on la verrait encore avec plaisir sur notre scène.

LE BAL [1]

COMÉDIE EN UN ACTE ET EN VERS,

AVEC UN DIVERTISSEMENT.

Représentée, pour la première fois, le jeudi 14 juin 1696.

ACTEURS :

GÉRONTE, père de Léonor.
LÉONOR.
VALÈRE, amant de Léonor.
M. DE SOTENCOUR, bourgeois de Falaise.
LISETTE, servante de Léonor.
MERLIN, valet de Valère.
FIJAC, Gascon, sous le nom du baron d'Aubignac.
MATHIEU CROCHET, cousin de M. de Sotencour.
M. GRASSET, rôtisseur.
M. LA MONTAGNE, marchand de vin.
GILLETTE.
TROUPE DE MASQUES.

La scène est à Charonne.

SCÈNE I.

MERLIN, seul.

Me voici dans Charonne, et voilà le logis
Où l'amour nous conduit : gardons d'être surpris.
Il fait, ma foi, bien chaud, j'ai bien eu de la peine,
Je suis venu sans boire. Ouf ! je suis hors d'haleine.
Je risque dans ce lieu bien plus qu'au cabaret.
Monsieur Géronte a l'air d'un petit indiscret ;
S'il me voit, ce vieillard m'éconduira peut-être

---

[1] L'édition originale est de 1694 et est intitulée : *Le Bourgeois de Falaise*. Le privilége du roi est de 1693, et on lit au bas : achevé d'imprimer pour la première fois le 13 août 1690.
Tous les incidents étant amenés par des déguisements autorisés seulement dans ces sortes d'assemblées, l'auteur a bien fait de choisir ce titre. (Cailhava, *De l'art de la Comédie*, 1re édition, I, 100.)

Fort incivilement. D'ailleurs aussi mon maître
Est un autre brutal qui n'entend point raison,
Et veut être introduit ce soir dans la maison.
Entre ces deux écueils, je le donne au plus sage
A pouvoir se sauver ici de quelque orage.
Qu'on est fou! pour un autre aller risquer son dos!
Ah! qu'un grand philosophe a dit bien à propos
Qu'un bon valet était une pièce bien rare!
On dit que pour la noce ici tout se prépare.
Je veux, en tapinois, faire la guerre à l'œil.
Déjà la nuit commence à s'habiller de deuil.
Lisette dans ces lieux m'a promis de se rendre,
Pour savoir quel parti mon maître pourra prendre.
Mais j'entrevois quelqu'un.

SCÈNE II.

MERLIN, M. GRASSET, tenant un plat de rôt; M. LA MONTAGNE,
tenant un panier de bouteilles.

M. GRASSET, à Merlin.
Monsieur, voilà le rôt.
M. LA MONTAGNE, à Merlin.
Monsieur, voilà le vin.
MERLIN.
Vous venez à propos.
(A part.)
Ils me prennent sans doute ici pour l'économe :
Profitons de l'erreur, faisons le majordome.
M. GRASSET.
Voilà douze poulets à la pâte nourris;
Autant de pigeons gras, dont les culs sont farcis;
Poules de Caux, pluviers, une demi-douzaine
De râles de genêt, six lapins de garenne;
Deux jeunes marcassins, avec quatre faisans :
Le tout est couronné de soixante ortolans;
Et des perdrix, morbleu! d'un fumet admirable.
Sentez plutôt. Quel baume!
MERLIN.
Oui, je me donne au diable,
Ce gibier est charmant; et je le garantis
Bourgeois, et né natif en plaine Saint-Denis.

SCÈNE II.

M. GRASSET.

Monsieur!

MERLIN.

Oh! je connais vos tours. Qu'il vous souvienne
Qu'un jour, étant chez vous, par malheur la garenne
S'ouvrit, et qu'aussitôt on vit tous vos garçons
S'armer habilement de broches, de bâtons,
Et qu'ils eurent grand'peine, avec cet air si brave,
A faire rembûcher au fond de votre cave,
Et dans votre grenier, tous les lapins fuyards,
Qu'on voyait dans la rue abondamment épars.

M. GRASSET.

Je ne mérite pas, monsieur, un tel reproche.

MERLIN prend deux perdrix qu'il met dans sa poche.

Donnez-moi deux perdrix : allez coucher en broche,
Et souvenez-vous bien, vous et vos galopins,
De mieux, à l'avenir, enfermer vos lapins.

(A M. La Montagne.)

Entrez. Pour vous, monsieur, qui portez la vendange,
Vous ne valez pas mieux ; on ne perd rien au change.
C'est là tout mon vin?

M. LA MONTAGNE.

Tout ; on n'est pas un fripon.
Il faut être en ce monde, ou marchand, ou larron.

MERLIN, tirant une bouteille.

On est bien tous les deux. Voyons. Sans vous déplaire,
Cette bouteille-ci me paraît bien légère.
Vous êtes un fripon, un scélérat.

M. LA MONTAGNE.

Monsieur,
Vous me rendez confus.

MERLIN.

Un Arabe, un voleur.

M. LA MONTAGNE.

Vous avez des bontés!

MERLIN.

Sans parler de la colle,
Ni des ingrédients dont votre art nous désole...
Je vous y tiens : voilà, monsieur le gargotier,
Des bouteilles qui sont faites d'un triple osier.

Ah! monsieur le pendard!
(Il défait une bouteille couverte de trois ou quatre osiers, en sorte qu'il n'en demeure qu'un fort petit.)

M. LA MONTAGNE.

Mais ce n'est pas ma faute.
Le marchand...

MERLIN.

Se peut-il volerie aussi haute?
De l'or et des grandeurs, je n'en demande pas :
Juste ciel, seulement fais qu'avant mon trépas
Je puisse de mes yeux voir trois de ces corsaires,
Ornant superbement trois bois patibulaires,
Pour prix de leurs larcins, en public élevés,
Danser la sarabande à deux pieds des pavés.
Voilà les vœux ardents que fait pour votre avance
La plus sincère ami que vous ayez en France.
Adieu... Laissez-m'en deux, comme un échantillon,
Pour montrer qu'à bon droit vous passez pour fripon.
(Il les met dans ses poches, et en prend une troisième.)

M. LA MONTAGNE.

Vous avez pris mon vin!

M. GRASSET.

Qui me paiera ma viande?

MERLIN.

Je l'ai fait à dessein. Hippocrate commande
Et dit en quelque endroit, que, pour se bien porter,
Il se faut quelquefois dérober un souper.

SCÈNE III.

MERLIN, seul.

Si toute cette troupe, et celui qui l'envoie,
Était au fond de l'eau, que j'en aurais de joie!
Voilà la noce en branle.
(Il boit.)

SCÈNE IV.

LISETTE, MERLIN.

LISETTE.

Ah! Merlin, te voilà
La bouteille à la main! que diantre fais-tu là?

SCÈNE IV.

MERLIN. (Il boit.)
En t'attendant, tu vois que je me désennuie.
LISETTE.
Tout est perdu, Merlin; Léonor se marie.
Monsieur de Sotencour, pour nous faire enrager,
De Falaise à Paris vient par le messager :
Il arrive en ce jour [1], et, pour lui faire fête,
Hors ma maîtresse et moi, tout le monde s'apprête.
MERLIN. (Il boit.)
Que j'en ai de chagrin!
LISETTE.
Pour faire un plein régal,
Ce soir, avant la noce, on donne ici le bal.
MERLIN, vidant sa bouteille.
On donne ici le bal? L'affaire est donc finie?
LISETTE.
Autant vaut, mon enfant.
MERLIN.
Morbleu! j'entre en furie,
En songeant qu'un morceau si tendre et si friand
Doit tomber sous la main d'un maudit Bas-Normand,
Et de Falaise encor. Dis-moi : monsieur Géronte,
Père de Léonor, ne meurt-il point de honte?
LISETTE.
Ce Normand a, dit-il, plus de cent mille écus;
Et, pour faire un mari, c'est autant de vertus.
MERLIN.
Et que dit ta maîtresse?
LISETTE.
Elle se désespère,
S'arrache les cheveux.
MERLIN.
Autant en fait Valère.
A table, aux Entonnoirs, dans un grand embarras,
Le pauvre diable attend sa vie ou son trépas.
LISETTE.
Il peut donc maintenant, puisque l'affaire est faite,
Mourir quand il voudra.
MERLIN.
Quoi! ma pauvre Lisette,

[1] On lit, *aujourd'hui* dans l'édition originale.

Laisserons-nous crever un pauvre agonisant?
LISETTE.
N'as-tu point de remède à ce mal si pressant,
Quelque élixir heureux, quelque once d'émétique?
MERLIN.
Mais toi, ne peux-tu rien tirer de ta boutique?
J'ai fait le diable à quatre.
LISETTE.
Et j'ai fait le dragon,
Moi. J'attends même encore un mien parent gascon,
A qui j'ai fait le bec, et qui, ce soir, s'engage
A venir traverser ce maudit mariage.
MERLIN.
Et quel est ce Gascon que tu mets dans l'emploi?
LISETTE.
C'est un fourbe, un fripon, à peu près comme toi.
MERLIN.
Comme moi, des fripons! Fijac seul me ressemble.
LISETTE.
C'est lui.
MERLIN.
Je le verrai, nous agirons ensemble.
Si Valère pouvait seulement se montrer...
LISETTE.
Bon! cela ne se peut. Comment pouvoir entrer?
Tout le monde au logis vous connaît l'un et l'autre.
MERLIN.
Ne sais-tu pas encor quelle adresse est la nôtre?
On m'a dit que ce soir on doit danser, chanter.
LISETTE.
On me l'a dit ainsi.
MERLIN.
J'en saurai profiter.
Aide-nous seulement.
LISETTE.
Je suis prête à tout faire.
MERLIN.
Et moi je te promets que si, dans cette affaire,
Mon maître, plus heureux, épouse *incognito,*
Je pourrai t'épouser de même *ex abrupto.*
LISETTE.
Depuis que mon mari, par grâce singulière,

D'un surtout de sapin, que l'on appelle bière,
Dont on sort rarement, a voulu se munir,
J'ai fait vœu d'être veuve, et je le veux tenir.
MERLIN.
Oui-dà, l'état de veuve est une douce chose :
On a plusieurs amants, sans que personne en glose.
Et l'on fait justement, du soir jusqu'au matin,
Comme ces fins gourmets qui vont goûter le vin.
Sans acheter d'aucun, à chaque pièce on tâte :
On laisse celui-ci de peur qu'il ne se gâte;
On ne veut pas de l'un, parce qu'il est trop vert,
Celui-ci trop paillet, cet autre trop couvert;
D'un tel vin la couleur est malade et bizarre;
Cet autre, dans le chaud, peut tourner à la barre;
L'un est trop plat au goût, l'autre trop pétillant;
Et ce dernier enfin a trop peu de montant.
Ainsi, sans rien choisir, de tout on fait épreuve :
Et voilà justement comme fait une veuve.
LISETTE.
Une veuve a raison. J'aime mieux, prix pour prix,
Deux amants comme il faut, que cinquante maris.
Un époux est un vin difficile à revendre;
On peut en essayer, mais il n'en faut point prendre.
MERLIN.
Si tu voulais de moi faire un petit essai,
J'ai du montant de reste, et le vin assez gai.
Mais je m'arrête trop, et je laisse mon maître
Se distiller en pleurs, et s'enivrer peut-être.
Je te quitte et je vais arrêter ses transports.
Si Lisette est pour nous, nous sommes assez forts.

SCÈNE V.

LISETTE, seule.

Je veux à les servir, m'employer tout entière :
Ce monsieur Bas-Normand me choque la visière.

SCÈNE VI.

GILLETTE, LISETTE.
GILLETTE.
De la joie! Ah, Lisette! A la fin, dans la cour,

Arrive avec fracas monsieur de Sotencour :
Monsieur de Sotencour!
####### LISETTE.
Au diantre la bégueule,
Avec son Sotencour : voyez comme elle gueule!
####### GILLETTE.
Je l'ai vu de mes yeux, descendre de cheval :
Il amène un cousin, un grand original,
Qu'on avait mis en croupe ainsi qu'une valise.
Mais les voici tous deux.
####### LISETTE.
L'affaire est dans sa crise.

SCÈNE VII.

SOTENCOUR, MATHIEU CROCHET, en guêtres; UN VALET, qui porte une lanterne et un sac.

####### SOTENCOUR.
Trop heureuse maison, et vous, murs trop épais,
Qui cachez à mes yeux le plus beau des objets,
Qui, dans vos noirs détours, recélez Léonore,
Faites de votre pis, cachez-la mieux encore :
Mais bientôt, malgré vous, je verrai ses appas
Cap à cap, sans réserve, et du haut jusqu'en bas.
Je verrai son nez... son... Mais j'aperçois Lisette.
Maîtresse subalterne, adorable soubrette,
Tu me vois en ces lieux, en propre original,
Pour serrer le doux nœud du lien conjugal.
####### LISETTE, à part.
Le bourreau t'en fasse un, qui te serre la gorge,
Maudit provincial!
####### SOTENCOUR.
De plaisir je regorge,
En songeant... Ah! cousin, qu'elle a le nez joli,
Le minois égrillard, le cuir fin et poli!
Sur son blanc estomac deux globes se soutiennent,
Qui pourtant, à l'envi, sans cesse vont et viennent,
Et qui font que d'amour je suis presque enragé.
Pour le reste, cousin, quel heureux préjugé!
L'eau m'en vient à la bouche.

SCÈNE VII.

MATHIEU CROCHET, en Normand.

Est-elle brune ou blonde?

SOTENCOUR.

Oh! non, elle est bai-clair; ses cheveux sont en onde,
Et fort négligemment flottent à gros bouillons
Sur sa gorge d'albâtre et vont jusqu'aux talons.
Son teint est... tricolor : elle est, ma foi, charmante.
(A Lisette.)
La belle de me voir est bien impatiente?
Comment se porte-t-elle?

LISETTE.

Assez mal : elle dit
Qu'elle ne fait la nuit que tourner dans son lit.

SOTENCOUR.

Dans peu nous calmerons le tourment qu'elle endure,
Et nous l'empêcherons de tourner, je te jure.

LISETTE.

Sans cesse elle soupire.

SOTENCOUR.

Eh bien! cousin, tu vois :
Ai-je tort, quand je dis qu'elle est folle de moi?

LISETTE.

Tout est feinte, monsieur, souvent dans une fille :
Ne vous y fiez pas. L'une paraît gentille,
Pour savoir se servir d'une beauté d'emprunt,
Mettre un visage blanc sur un visage brun;
L'autre, de faux cheveux compose sa coiffure;
Cette autre de ses dents bâtit l'architecture;
Celle-ci doit sa taille à son patin trompeur,
Et l'autre ses tétons à l'art de son tailleur.
Des charmes apparents on est souvent la dupe,
Et rien n'est si trompeur qu'animal porte-jupe.

SOTENCOUR.

Léonor aurait-elle aucun de ces défauts?

LISETTE.

Je ne dis pas cela ; mais le monde est si faux.
Une fille toujours a quelque fer qui loche.

MATHIEU CROCHET.

Oh! cousin, n'allez pas acheter chat en poche.
Pour savoir si la belle est droite ou de travers,
Faites-la visiter avant par des experts.

SOTENCOUR.

Bon, bon : va, s'il fallait que cette marchandise
Fût sujette à visite avant que d'être prise,
Malgré tant d'acheteurs, je te jure, cousin,
Qu'elle demeurerait longtemps au magasin.
Mais je la vois paraître.

SCÈNE VIII.

GÉRONTE, LÉONOR, SOTENCOUR, MATHIEU CROCHET, LISETTE

GÉRONTE, à Sotencour.
          Ah! serviteur, mon gendre :
Soyez le bien-venu. Vous vous faites attendre :
Votre retardement allait m'inquiéter,
Et ma fille était prête à s'impatienter.

SOTENCOUR.

J'en suis persuadé. Mais vous aussi, madame,
D'impatients transports vous bourrelez mon âme :
Mon cœur, tout pantelant comme un cerf aux abois,
Par avance à vos pieds vient apporter son bois.
Vos beaux yeux désormais sont le nord ou le pole
Où de tous mes désirs tournera la boussole :
Vos appas, vos attraits... qui vous font tant d'honneur...
Vous ne répondez rien, doux objet de mon cœur?

GÉRONTE.

La joie et le plaisir...

SOTENCOUR.
          Je vous entends, beau-père;
Le plaisir de me voir la gonfle de manière
Qu'elle ne peut parler.

GÉRONTE.
Justement.

SOTENCOUR.
              Dans ce jour
Nous ne ferons plus qu'un, vous et moi Sotencour.

LISETTE, à part.
Ah! la belle union!

SOTENCOUR.
          Moi bien fait, vous gentille,
Nous allons mettre au monde une belle famille.

SCÈNE VIII.

Beau-père, on dit bien vrai : quant à moi, j'y souscris :
On a beau faire, il faut prendre femme à Paris,
L'on y taille en plein drap. Nos femmes de province
Ont l'abord repoussant, la mine plate et mince,
L'esprit sec et bouché, le regard de hibou,
L'entretien discourtois, et l'accueil loup-garou [1] :
Mais le sexe, à Paris, a la mine jolie,
L'air attractif, surtout la croupe rebondie :
Mais il est diablement sujet à caution.

MATHIEU CROCHET.
On dit qu'à forligner il a propension.

SOTENCOUR.
Je veux croire pourtant, malgré la destinée,
Que je pourrai toujours aller tête levée ;
Que, malgré votre nez, et cet air égrillard,
Mon front, entre vos mains, ne court point de hasard.
Voudriez-vous, mignonne, à la fleur de mon âge,
Mettre inhumainement mon honneur au pillage ?
Me réserveriez-vous pour un tel accident ?
Hem ! vous ne dites mot ?

LISETTE, à part.
Qui ne dit mot, consent.

SOTENCOUR.
Beau-père, jusqu'ici, s'il faut que je le dise,
La future n'a point encor dit de sottise ;
Peut-être qu'elle en pense : en tout cas, j'avertis
Qu'elle a l'entretien maigre, et le discours concis.

GÉRONTE.
Tant mieux pour une femme.

SOTENCOUR.
Oui, quand par retenue
Elle caquette peu : mais si c'est une grue...
Dans ma [2] famille, au moins, on ne voit point de sots.
Lui, par exemple, il a plus d'esprit qu'il n'est gros.

MATHIEU CROCHET.
Le cousin me connaît. Oh ! je ne suis pas cruche,
Tel que vous me voyez.

---

[1] Molière, *École des maris*, 1, 6, avait dit :
Il a le repart brusque et l'accueil loup-garou.

[2] L'édition originale et celle de 1728 portent : *Dans* LA *famille.*

SOTENCOUR.

Lui... c'est la coqueluche
Des filles de Falaise. Il étudie en droit,
Et sait tout son Cujas sur le bout de son doigt.

MATHIEU CROCHET.

Oh! quand on a du code acquis quelque teinture,
Près des femmes de reste on sait la procédure :
Nous autres du barreau, nous sommes des gaillards.

LISETTE.

Vous êtes avocat?

MATHIEU CROCHET.

Et de plus, maître ès-arts.

SOTENCOUR.

Très-altéré, beau-père, au moins ne vous déplaise :
On a soif volontiers, quand on vient de Falaise.
Allons tâter du vin.

GÉRONTE.

Allons, c'est fort bien dit.

SOTENCOUR.

Je me sens là-dedans un terrible appétit.

MATHIEU CROCHET.

Depuis trois jours je jeûne, afin d'être capable
De pouvoir dignement faire figure à table.

LISETTE.

Monsieur est prévoyant.

SOTENCOUR.

Vraiment, c'est fort bien fait.
Allons, suivez-moi donc, cousin Mathieu Crochet.
Bientôt nous reviendrons, ô beauté, mon idole !
Voir si vous n'avez point retrouvé la parole.

SCÈNE IX.

LÉONOR, LISETTE, regardant partir Mathieu Crochet.

LISETTE.

Voilà ce qui s'appelle un garçon fait au tour !

LÉONOR.

Lisette, que dis-tu de monsieur Sotencour?

LISETTE.

Et de Mathieu Crochet, qu'en dites-vous, madame ?

LÉONOR.

De monsieur Sotencour je deviendrais la femme !

A ne t'en point mentir, je suis au désespoir.
LISETTE.
Oh! qu'il ne vous tient pas encore en son pouvoir!
Valère n'est pas homme à quitter la partie;
Il faut qu'il vous épouse, ou j'y perdrai la vie.

SCÈNE X.

LÉONOR, LISETTE; MERLIN, en maître de musique, avec des porteurs d'instruments dans l'un desquels est Valère.

MERLIN, chante.

Pour attraper un rossignol,
Ré mi fa sol,
Je disais un jour à Nanette :
Il faut aller au bois; mais chut!
Mi fa sol ut.
Je me trouvai dans sa cachette ;
Le rossignol y vint aussi,
Mi ré ut si ;
Et sitôt qu'il fut sur la branche,
Prêt à chanter de son bon gré,
Sol fa mi ré,
Elle le prit de sa main blanche,
Et puis dans sa cage le mit,
La sol fa mi.

LISETTE.
Que cherchez-vous, monsieur, avec cet équipage?
MERLIN.
Vous voyez un Breton prêt à vous rendre hommage.
Depuis plus de vingt ans je rôde l'univers,
Où je fais admirer l'effet de mes concerts.
LISETTE.
Tant mieux pour vous, monsieur, j'en ai l'âme ravie ;
Mais nous ne sommes point en goût de symphonie :
Laissez-nous, s'il vous plaît, avec tous nos ennuis.
MERLIN.
Quand vous me connaîtrez... vous saurez qui je suis.
LISETTE.
Je le crois bien.
MERLIN.
Je suis un musicien rare,
Charmé de mon savoir, gueux, ivrogne, et bizarre.

LISETTE.
Pour la profession, voilà de grands talents!
MERLIN, à Léonor.
Voudriez-vous m'entendre?
LÉONOR.
Oh! je n'ai pas le temps.
De chagrins trop cuisants j'ai l'âme pénétrée.
MERLIN.
Tant mieux : je vous voudrais encor désespérée.
LISETTE.
Elle n'en est pas loin.
MERLIN.
C'est comme je la veux,
Pour donner à mon art un exercice heureux.
LÉONOR.
Pour des Bretons, monsieur, gardez votre science.
MERLIN.
J'ai tout ce qu'il vous faut autant qu'homme de France.
Tout Breton que je suis, je sais votre besoin.
LISETTE, à Léonor.
Ne le renvoyons pas, puisqu'il vient de si loin.
MERLIN.
Dans un concert d'hymen, lorsque quelqu'un discorde,
Je sais juste baisser ou hausser une corde;
Nul ne sait de l'amour mieux le diapason,
Ni mettre, comme moi, deux cœurs à l'unisson.
LISETTE.
Oh! vous aurez grand'peine, avec votre industrie,
A faire ici chanter deux amants en partie.
MERLIN.
J'ai dans cet étui-là, madame, un instrument
Qui calmerait bientôt vos maux assurément :
Il est doux, amoureux, insinuant et tendre;
Il va tout droit au cœur [1].
LISETTE.
Ne peut-on point l'entendre?
LÉONOR.
Ah! laisse-moi, Lisette, en proie à mon malheur.
LISETTE.
Madame, un air ou deux calment bien la douleur.

[1] Dans l'édition originale et dans celle de 1728, on lit : *Et qui va droit au cœur.*

SCÈNE X.

MERLIN.
Écoutez-le, de grâce, un seul moment sans peine ;
Et, s'il ne vous plaît pas, soudain je le rengaîne.
(Il ouvre l'étui dans lequel est Valère.)
Cet instrument, madame, est-il de votre goût ?

LÉONOR.
Que vois-je ? c'est Valère !

LISETTE.
Et Merlin !

MERLIN.
Point du tout.
Je suis un Bas-Breton.

VALÈRE.
Non, belle Léonore,
Je n'ai pu résister au feu qui me dévore ;
Et puisqu'on rompt les nœuds qui nous avaient liés,
Je viens, dans un moment, expirer à vos pieds.

LÉONOR.
A quoi m'exposez-vous ?

VALÈRE.
Pardonnez à mon zèle.

LÉONOR.
Mon père va venir.

LISETTE.
Je ferai sentinelle.

LÉONOR.
Mais que prétendez-vous ?

VALÈRE.
Vous prouver mon amour.
Pour détourner l'hymen qu'on veut faire en ce jour,
Souffrez que cet amour soit en droit de tout faire.

LISETTE.
Gare ! tout est perdu, j'aperçois votre père.

MERLIN, à Valère.
Rentrez vite.
(Valère rentre dans l'étui.)

LISETTE.
Non, non, ce n'est pas encor lui.

MERLIN.
Maugrebleu de la masque ! Allons rouvrir l'étui.
C'est Lisette, monsieur, qui cause ce vacarme.

(A Lisette.)

Fais mieux le guet au moins : une seconde alarme
Démonterait, morbleu, l'instrument pour toujours.

VALÈRE, sortant de l'étui.

Ah! madame, aujourd'hui secondez nos amours ;
Évitez d'un rival l'odieuse poursuite ;
Ce soir, pendant le bal, livrez-vous à la fuite [1].

LÉONOR.

Mais comment ?

VALÈRE.

De Merlin vous saurez pleinement...

LISETTE.

Vite, vite, rentrez, monsieur de l'instrument.
Ah! Merlin, pour le coup, c'est Géronte en personne.

VALÈRE.

Ah! madame...

MERLIN, à Valère.

Et rentrez.

(Valère rentre dans l'étui.)

LÉONOR, à Merlin.

A toi je m'abandonne.

(Elle sort).

SCÈNE XI.

GÉRONTE, SOTENCOUR, LISETTE, MERLIN ; VALÈRE, dans l'étui.

MERLIN, feignant d'être en colère.

Oui, vous êtes un sot en bécare, en bémol,
Par la clef d'F ut fa, C sol ut, G ré sol.
De la sorte insulter la musique bretonne !

SOTENCOUR.

Lisette, quelle est donc cette mine bouffonne ?

LISETTE.

C'est un musicien bas-breton !

SOTENCOUR.

Bas-breton !

---

[1] Dans l'édition originale et dans celle de 1728, on lit : *A sa suite*, au lieu de : *A la fuite* ; ce qui ne pourrait signifier qu'à la suite de Lisette, puisque c'est avec elle qu'elle quitte le bal.

SCÈNE XI.

Cet homme doit chanter sur un diable de ton ;
Je crois dès à présent sa musique enragée :
Jamais, de son pays, il n'est venu d'Orphée ;
Pour des doubles bidets, passe.

MERLIN.

Fat, animal,
Vil carabin d'orchestre, atome musical,
Par la mort...

SOTENCOUR, l'arrêtant.

Doucement.

MERLIN.

Tenez-moi, je vous prie ;
Si j'échappe une fois, je veux avoir sa vie.
Laissez...

(Il donne sur les doigts de Sotencour.)

SOTENCOUR.

Si je te tiens, je veux être empalé.

MERLIN, revenant.

Comment ! me soutenir que mon air est pillé !
Un air délicieux, que j'estime, que j'aime,
Et que j'ai pris plaisir à composer moi-même
Dans Quimper-Corentin.

GÉRONTE.

Il a tort.

LISETTE.

Entre nous,
Cela ne se dit point.

SOTENCOUR.

Là, là, consolez-vous,
Ce n'est pas un grand mal ; on ne voit point, en France,
Punir de ces larcins la fréquente licence.
Mais que vois-je ? est-ce à vous ce petit instrument ?

MERLIN.

Pour vous servir, monsieur.

SOTENCOUR.

J'en joue élégamment ;
Je vais vous régaler d'un petit air.

MERLIN, l'arrêtant.

De grâce,
Je ne puis m'arrêter... Il faut...

SOTENCOUR.

Sur cette basse.

Je veux que l'on m'entende un moment préluder.
MERLIN.
Vous seriez trop longtemps, monsieur, à l'accorder;
Et, de plus, mon valet a la clef dans sa poche.
SOTENCOUR.
Tous ces gens-là sont faits de croche et d'anicroche.
Je vous dis que je veux...
LISETTE.
Vous en jouerez fort mal;
L'instrument est breton.
MERLIN.
Et tant soit peu brutal :
Vous l'entendrez tantôt, je me ferai connaître;
Et vous verrez pour lors quel homme je puis être.
SOTENCOUR.
Quoi! vous voulez, monsieur, donner concert céans?
MERLIN.
Je cherche à me produire aux yeux d'habiles gens.
SOTENCOUR.
Vous venez tout à point. Ce soir je me marie,
De la noce et du bal souffrez que je vous prie.
MERLIN.
Volontiers : j'y prétends figurer comme il faut.
LISETTE, à Merlin.
Faites toujours porter votre instrument là-haut.
SOTENCOUR, à Merlin.
Allons, venez, monsieur; je m'en vais vous conduire :
Moi-même, dans le bal, je veux vous introduire.
MERLIN, en reportant son étui.
Et je m'introduirai de moi-même au soupé.
(A part.)
Ma foi, nous et l'étui, l'avons bien échappé.

SCÈNE XII.

SOTENCOUR, LISETTE.

SOTENCOUR.
Eh bien! que dirons-nous? Où donc est ta maîtresse?
Je vois qu'à me trouver la belle peu s'empresse.
Si nous ne nous cherchons jamais plus volontiers,
Je ne lui promets pas grand nombre d'héritiers.

LISETTE.
Bon, je sais des maris qui, pour éviter noise,
N'ont jamais approché leurs femmes d'une toise,
Et qui ne laissent pas d'avoir en leur maison
Un grand nombre d'enfants qui portent tous leur nom.

SOTENCOUR.
Je sais que Léonor aime un certain Valère,
Un fat, un freluquet, qui n'a l'heur de lui plaire
Que par son air pincé; mais c'est un petit fou,
Sans esprit, sans mérite, et qui n'a pas un sou :
On m'a dit seulement que sa langue babille.

LISETTE.
Eh! que faut-il de plus pour toucher une fille?

SOTENCOUR.
Oui!... Dis à Léonor, en termes clairs et nets,
Que je ne veux pas être époux *ad honores*.
Vois-tu, je ne suis pas de ces gens débonnaires
Qui font valoir leur femme en des mains étrangères ;
Et, mettant à profit un salutaire affront,
Lèvent, à petit bruit, un impôt sur leur front.

SCÈNE XIII.

LE BARON D'AUBIGNAC, Gascon; LISETTE, SOTENCOUR.

LE BARON.
Ah! monsieur, jé vous cherche. Eh! permettez dé grâce
Qué, sans plus différer, ici jé vous embrasse.

SOTENCOUR.
Pour la première fois, l'accueil est fraternel.

LE BARON.
N'est-cé pas vous, monsieur, qui vous nommez un tel?

SOTENCOUR.
Oui, je me nomme un tel ; mais j'ai, ne vous déplaise,
Encore un autre nom.

LE BARON.
Jé viens vous montrer l'aise
Qué j'ai d'avoir appris qué vous vous mariez.

SOTENCOUR.
Je ne mérite pas, monsieur, tant d'amitiés.

LE BARON.
Nul né prend plus qué moi dé part à cette affaire.

SOTENCOUR.

Et pourquoi, s'il vous plaît, peut-elle tant vous plaire?

LE BARON.

Pourquoi? cetté démande est bonne! Maintenant
Qué vous allez rouler déssus l'argent comptant,
Vous né ferez, jé crois, loyal comme vous êtes,
Nullé difficulté dé bien payer vos dettes.

SOTENCOUR.

Grâces au ciel, monsieur, je ne dois nul argent,
Et vais le front levé sans crainte du sergent.

LE BARON.

Cinq cents louis pour vous, c'est une vagatelle;
Allons, payez-les moi.

SOTENCOUR.

La demande est nouvelle!
Sotencour est mon nom, me connaissez-vous bien?

LE BARON.

Sotencour... Justement, c'est pour vous qué jé vien.

SOTENCOUR.

Je vous dois quelque chose?

LE BARON.

Eh donc, lé tour est drôle!
C'est cet argent, monsieur, qué sur votre parole,
Jé vous ai très-gagné, l'autre hiver, à trois dés.

SOTENCOUR.

A moi, monsieur?

LE BARON.

A vous.

SOTENCOUR.

Et, parbleu! vous rêvez:
Pour connaître vos gens, mettez mieux vos lunettes.

LE BARON.

Comment! chétif mortel, vous déniez vos dettes?
Vous né connaissez plus lé baron d'Aubignac,
Vicomté dé Dougnac, Croupignac, Foulignac,
Gentilhomme gascon, plus noblé qué personne,
D'uné race ancienne autant que la Garonne?

SOTENCOUR.

Quand elle le serait tout autant [1] que le Nil,

[1] Dans l'édition originale et dans celle de 1728, on lit:
Quand elle le serait *encor plus* que le Nil.

Votre propos, monsieur, n'est ni beau ni civil.
Je ne vous connais point, ni ne veux vous connaître.

LE BARON.

Il né mé connaît pas! lé scélérat! lé traître!
Né vous souvient-il plus dé cet hiver dernier,
Quand notré régiment fut chez vous en quartier,
Un jour dé carnaval, chez cetté conseillère
Qui m'adorait... Hé donc! vous mémorez l'affaire?

SOTENCOUR.

Pas plus qu'auparavant : je ne sais ce que c'est.

LE BARON, mettant la main à son épée.

Ah! jé vous en ferai souvenir, s'il vous plaît;
Car, cadédis, jé veux qué le diable mé scie...

LISETTE, l'arrêtant.

Ah! tout beau : dans ce lieu point de bruit, je vous prie;
Monsieur est honnête homme, et qui vous paiera bien.

SOTENCOUR.

Moi, payer! eh pourquoi, si je ne lui dois rien?

LE BARON.

Vous né mé devez rien?

LISETTE.

     Un Gascon n'est pas homme
A venir, sans sujet, demander une somme.

SOTENCOUR.

Un Gascon! un Gascon a grand besoin d'argent;
Et pourvu qu'il en trouve, il n'importe comment.
Jamais de son pays ne vint lettre de change;
Et, quoiqu'il mange peu, si faut-il bien qu'il mange.

LISETTE.

Donnez-lui seulement deux ou trois cents écus.

SOTENCOUR.

J'aimerais mieux cent fois vous voir tous deux pendus.

LE BARON, l'épée à la main.

C'est trop contre un faquin réténir ma colère.

LISETTE, au baron.

Hé! de grâce, monsieur!

LE BARON.

     Non, non, laissez-moi faire,
Qué jé le perce à jour.

SOTENCOUR crie.

    A l'aide! je suis mort.

SCÈNE XIV.

GÉRONTE, SOTENCOUR, LISETTE, LE BARON D'AUBIGNAC.

GÉRONTE.

Pour quel sujet, messieurs, criez-vous donc si fort?

LÉ BARON.

Un atomé bourgeois qui perd sur sa parole,
Et né veut pas payer!... Mais cé qui mé console,
Jé veux dévénir nul, ou j'en aurai raison.

GÉRONTE.

Que veut dire cela?

SOTENCOUR, à Géronte.

Monsieur, c'est un fripon,
Un Gascon affamé qui cherche à vous surprendre.

LE BARON, à Géronte, voulant percer Sotencour.

Rétirez-vous, monsieur.

GÉRONTE.

Ah! tout beau, c'est mon gendre.

LE BARON.

Cet homme est votré gendre?

GÉRONTE.

Il le sera dans peu.

LE BARON.

Tant mieux : vous mé paierez cé qu'il mé doit au jeu [1].
Jé fais arrêt sur vous, sur la fille et la dote [2].

GÉRONTE, à Sotencour.

Quoi! vous avez perdu?

SOTENCOUR.

Je vous dis qu'il radote.
Je ne sais...

LE BARON, à Géronte.

Nuit et jour il hanté les brélans;
Il doit encore au jeu plus dé vingt millé francs.

GÉRONTE.

Plus de vingt mille francs!

LE BARON.

Oui, monsieur.

---

[1] Dans l'édition originale, on lit :
   Vous me paierez ce qu'il me doit *du* jeu.

[2] *Dote* n'est écrit ainsi que pour rimer avec *radote*. On écrit   ot.

SOTENCOUR.
                              Je vous jure,
Foi de vrai Bas-Normand, que c'est une imposture ;
Que je ne comprends rien à ce maudit jargon,
Et ne sais, pour tout jeu, que l'oie et le toton.
               LE BARON.
Vous mé gâtez ici bien du temps en paroles.
Monsieur, jé veux toucher mes quatré cents pistoles,
Ou, cadédis, jé veux lé saigner à l'instant.
               GÉRONTE.
Si mon gendre vous doit...
               LE BARON.
                    S'il mé doit!
               GÉRONTE.
                              Je prétends
Que vous soyez payé ; mais, sans plus de colère,
Permettez qu'à demain nous remettions l'affaire.
Je marie aujourd'hui ma fille, et retiendrai
Sur sa dot cet argent, que je vous donnerai.
               LE BARON.
C'est parler comme il faut. Quand on est raisonnable,
Tout Gascon qué jé suis, jé suis doux et traitable.
Adieu. Jusqu'à démain. Mais souvenez-vous-en,
Qué j'ai votré parole, et grand besoin d'argent.

SCÈNE XV.

GÉRONTE, LISETTE, SOTENCOUR.

               GÉRONTE.
Vous êtes donc joueur?
               SOTENCOUR.
                    Que l'on me pilorie,
Si j'ai hanté ni vu ce Gascon de ma vie.
               GÉRONTE.
Mais pourquoi viendrait-il?...
               SOTENCOUR.
                         C'est un fourbe ; et, sans vous
J'allais vous le bourrer comme il faut.
               LISETTE.
                                   Entre nous,
Vous avez d'un joueur acquis la renommée ;

Et le feu, comme on dit, ne va point sans fumée.
SOTENCOUR.
Oh! quittons ce propos, et ne songeons qu'au bal.
J'aperçois le cousin; il n'est, ma foi, point mal.

SCÈNE XVI.

MATHIEU CROCHET, en habit de Cupidon; GÉRONTE, SOTENCOUR, LISETTE, LÉONOR, couverte d'une grande mante de taffetas, un masque à la main; UNE TROUPE DE DIFFÉRENTS MASQUES.

MATHIEU CROCHET.
Me voilà, mon cousin, dans mon habit de masque.
SOTENCOUR.
L'équipage est galant, et l'attirail fantasque.
Ma prétendue aussi n'est pas mal, sur ma foi;
Mon cœur, en la voyant, me dit je ne sais quoi.
LÉONOR.
Oh! qu'il ne vous dit pas tout ce que le mien pense!
LISETTE.
Le cousin est masqué mieux que personne en France;
Il est tout à manger: les femmes, dans le bal,
Le prendront pour l'Amour en propre original.
MATHIEU CROCHET.
N'est-il pas vrai?
SOTENCOUR.
   Parbleu, plus d'une curieuse
De l'aîné des Amours va tomber amoureuse,
Et voudra de plus près connaître le cousin.
MATHIEU CROCHET.
Qu'on s'y frotte... on verra.
LISETTE.
   O le petit lutin!
Qu'il va blesser de cœurs!

SCÈNE XVII.

MERLIN, GÉRONTE, LÉONOR, LISETTE, LE BARON D'AUBIGNAC, SOTENCOUR, MATHIEU CROCHET, ET TOUS LES MASQUES.

MERLIN.
  Monsieur, je viens vous dire

Que mon concert est prêt.

SOTENCOUR.

Çà, ne songeons qu'à rire.
Cousin, il faut ici remuer le gigot.

MATHIEU CROCHET.

Laissez-moi faire, allez, je ne suis pas un sot.
Je vais plus qu'on ne veut, quand on m'a mis en danse.
(A Merlin.)
Allons, ferme, monsieur, il est temps qu'on commence.
C'est à nous de danser et d'entamer le bal.

(Dans le mouvement qu'on fait pour commencer le bal, le baron, couvert d'une pareille mante que Léonor, prend sa place, et Sotencour danse avec lui. Léonor et Lisette sortent pendant leur danse.)

SOTENCOUR.

Qu'en dites-vous, beau-père? Eh! cela va-t-il mal?

SCÈNE XVIII.

GILLETTE, GÉRONTE, SOTENCOUR, MERLIN, LE BARON,
ET TOUS LES MASQUES.

GILLETTE.

Au secours! au secours! votre fille, on l'emporte,
Des carêmes-prenants lui font passer la porte.

GÉRONTE.

Que dis-tu là?

GILLETTE.

Je dis que quatre hommes, là-bas,
La font aller, monsieur, plus vite que le pas.

GÉRONTE.

Quoi! ma fille....

GILLETTE.

Oui, monsieur.

SOTENCOUR.

La plaisante nouvelle!
Tu rêves : tiens, voilà que je danse avec elle.

MERLIN.

Monsieur, laissez-la dire; elle a perdu l'esprit.

GILLETTE.

Non, vous dis-je.

SOTENCOUR.

On te dit que dessous cet habit

C'est Léonor.
GILLETTE.
Et non, je n'ai pas la berlue,
Je viens de la quitter à l'instant dans la rue
SOTENCOUR.
Au diable la pécore avec ses visions!
Il faut te détromper de tes opinions.
Tiens, voilà Léonor.

(Il ôte le masque à la prétendue Léonor, et on reconnaît le baron.)

LE BARON.
Serviteur.
SOTENCOUR.
C'est le diable.
LE BARON.
Prêt à vous emporter, mais pourtant fort traitable.
Vous mé dévez, cherchons quelque accommodement.
J'ai votré Léonor pour mon nantissement,
Et jé la fais conduire au château dé la Garde :
Dé l'argent, jé la rends; point d'argent, jé la garde.
GÉRONTE.
On m'enlève ma fille! au secours! au voleur!

SCÈNE XIX.

VALÈRE, GÉRONTE, SOTENCOUR, MATHIEU CROCHET,
MERLIN, LE BARON, ET TOUS LES MASQUES.

VALÈRE.
Monsieur, pour Léonor, n'ayez aucune peur;
Loin qu'on veuille lui faire aucune violence,
Contre un hymen injuste on a pris sa défense.
GÉRONTE.
Ah! Valère, c'est vous.
SOTENCOUR.
Quoi! Valère.... Comment!
Que veut dire ceci?
VALÈRE.
Que très-civilement
Je viens ici vous dire, en parlant à vous-même,
Que Léonor, pour vous, sent une haine extrême;
Qu'elle mourrait plutôt que....

SCÈNE XX.

SOTENCOUR.

Léonor me hait?

VALÈRE.

Si vous ne m'en croyez, croyez-en ce billet.

SOTENCOUR lit.

« Pour éviter l'hymen dont mon amour murmure,
» Et pour ne jamais voir votre sotte figure,
» J'irais au bout du monde, et plus loin même encor.
» On ne peut vous haïr plus que fait Léonor. »
En termes clairs et nets cette lettre s'explique,
Et le tour n'en est point trop amphibologique.
Oh bien ! la belle peut revenir sur ses pas ;
Elle aurait beau courir, je ne la suivrais pas.
Je vous cède les droits que j'ai sur l'accordée,
Et ne me charge point de fille hasardée.

GÉRONTE.

Oh ! ma fille est à vous.

SOTENCOUR.

Non, parbleu, par bonheur :
Je lui baise les mains et la rends de bon cœur.

GÉRONTE.

Vous me faites plaisir, monsieur, de me la rendre.

SOTENCOUR.

Oh ! vous ne manquerez, sur ma foi, pas de gendre,
Ni vos petits-enfants de père. Allons, Mathieu,
Retournons à Falaise.

MATHIEU CROCHET.

Adieu, messieurs, adieu.

MERLIN.

Place à Mathieu Crochet.

SCÈNE XX[1].

LÉONOR, GÉRONTE, VALÈRE, LISETTE, MERLIN,
LE BARON, et tous les masques.

LÉONOR.

A vos genoux, mon père....

GÉRONTE.

Oublions le passé, ma fille ; en cette affaire,

---

[1] Dans les anciennes éditions, cette pièce n'est divisée qu'en dix-huit scènes.

Je n'ai point prétendu forcer tes volontés.
LÉONOR.
Que ne vous dois-je point pour de telles bontés !
GÉRONTE.
Pour vous, dont je connais le bien et la famille,
Valère, je veux bien que vous ayez ma fille.
VALÈRE.
Monsieur...
GÉRONTE.
Nous vous devons assez en ce moment,
De nous avoir défait de ce couple normand.
MERLIN.
L'honnête homme, morbleu ! vive monsieur Géronte !
Ma foi, sans moi, la belle en avait pour son compte.
Puisque tout est d'accord maintenant entre vous,
Rions, chantons, dansons, et divertissons-nous.

(Tous les masques qui sont sur le théâtre font une espèce de bal ; et, après qu'on a dansé un passe-pied, le baron chante l'air gascon suivant.)

LE BARON.

Cadédis, vive la Garonne !
En valur on n'y craint personne ;
Les faquins y sont des héros :
Jé vous lé dis en quatré mots,
En amour, comme au jeu, jé vrille,
Et, comme un dé, j'escamote une fille.

(On reprend la danse, après laquelle Merlin chante un passe-pied breton.)

MERLIN.

Un jour de printemps,
Tout le long d'un verger,
Colin va chantant,
Pour ses maux soulager :
Ma bergère, laisse-moi,
La la la la, rela, rela :
Ma bergère, laisse-moi
Prendre un tendre baiser.

(Les masques se prennent par la main, et dansent en chantant :)

Ma bergère, laisse-moi
La la la la, etc.

SCÈNE XX.

MERLIN.

La belle, à l'instant,
Répond à son berger :
Tu veux, en chantant,
Un baiser dérober ?

UNE BERGÈRE.

Non, Colin, ne le prends pas.
La la la la, rela, rela :
Non, Colin, ne le prends pas,
Je vais te le donner.

LE CHOEUR.

Non, Colin, ne le prends pas.
La la la la, rela, rela :
Non, Colin, ne le prends pas,
Je vais te le donner.

(Tous les masques ayant formé une danse en rond, se retirent et Merlin chante au Parterre le couplet suivant :)

MERLIN.

Si mon air breton
A su vous divertir,
Messieurs, d'un haut ton
Daignez nous applaudir :
Mais s'il ne vous plaisait pas,
La la la la, rela, rela :
Mais s'il ne vous plaisait pas,
Dites-le-nous tout bas.

FIN DU BAL.

AVERTISSEMENT

SUR

LE JOUEUR.

Cette comédie a été représentée, pour la première fois, le mercredi 19 décembre 1696.

On regarde avec raison cette comédie comme le chef-d'œuvre de Regnard. C'est à cette pièce principalement qu'il doit le titre de meilleur de nos poètes comiques après Molière.

Nous n'entreprendrons pas de faire ici l'éloge d'un ouvrage qui réunit depuis longtemps les suffrages de tous les amateurs du théâtre, et nous croirions aussi mériter de justes reproches, si nous relevions de légers défauts, que les critiques du temps se sont permis de relever dans cette charmante comédie.

Il nous paraît plus à propos de dire ici quelque chose des démêlés que cette comédie a fait naître entre Regnard et Dufresny, et de la manière dont s'est formée et dont a été rompue la société de ces deux poètes.

Regnard a commencé à travailler pour le Théâtre-Italien. C'est aussi sur cette scène que Dufresny a fait l'essai de ses talents. Ces deux poètes étaient à peu près du même âge [1]. Cependant Regnard, quoique plus jeune, a débuté le premier dans la carrière dramatique. La première pièce qu'il a donnée au théâtre est *le Divorce*, joué par les comédiens italiens en 1688. Celle par où Dufresny a débuté est l'*Opéra de campagne*, représenté par les mêmes comédiens en 1692.

C'est dans cette même année que les deux poètes s'unirent d'amitié, et travaillèrent ensemble. Dufresny fut bien aise, en com-

---

[1] Regnard est né en 1656 et Dufresny en 1648.

mençant sa carrière, d'être appuyé par un poète couronné déjà par plus d'un succès.

Dès la même année, les deux poètes firent paraître ensemble la comédie des *Chinois*, donnée au Théâtre-Italien, et il paraît que depuis ce moment jusqu'à la rupture, Dufresny ne donna presque point de pièces où son ami n'eût quelque part. Celui-ci, au contraire, en fit paraître plusieurs qui n'appartenaient qu'à lui seul, telles que *la Naissance d'Amadis*, donnée en 1696 au Théâtre-Italien, *la Sérénade* et *le Bal*, données au Théâtre-Français en 1694 et 1696.

La situation de Regnard était bien différente de celle de Dufresny. L'un jouissait d'une fortune considérable, l'autre au contraire était très-mal à son aise. Tout le monde connaît l'anecdote de la blanchisseuse [1]. C'est peu après ce ridicule mariage que Dufresny fit la connaissance de Regnard.

Celui-ci fit tous ses efforts pour changer le sort de son ami. Non content de partager avec lui sa fortune et ses travaux, il lui servait de Mécène et le produisait auprès de tous ceux qui pouvaient lui être utiles.

Dufresny rend lui-même hommage à ces procédés de Regnard ; et l'on ne peut douter que ce ne soit de lui qu'il veut parler, lorsqu'il représente, dans la préface de la comédie du *Négligent*, un poète recommandé à Oronte.

> Monsieur, si j'ai l'honneur de votre connaissance,
>   J'en aurai l'obligation
>   A la recommandation
> De monsieur votre ami le trésorier de France.

---

[1] Les auteurs de la Bibliothèque française, dans l'extrait qu'ils ont donné du Diable boiteux de Le Sage, ajoutent : Voici un trait qui peint au naturel le génie d'un poète (Dufresny) qui est mort il n'y a pas longtemps. Tout Paris connaît cette aventure singulière, et Le Sage la conte ainsi, chapitre X du Diable boiteux, page 306 du premier volume, édition in-12 de 1726 : « J'y veux envoyer aussi (aux Petites-Maisons, dit le Diable) un vieux garçon de bonne famille, lequel n'a pas plutôt un ducat qu'il le dépense, et qui, ne pouvant se passer d'espèces, est capable de tout faire pour en avoir. Il y a quinze jours que sa blanchisseuse, à qui il devait trente pistoles, vint les lui demander, en disant qu'elle en avait besoin pour se marier à un valet de chambre qui la recherchait. Tu as donc d'autre argent? lui dit-il ; car où diable est le valet de chambre qui voudra devenir ton mari pour trente pistoles? Hé mais, répondit-elle, j'ai outre cela deux cents ducats. Deux cents ducats! répliqua-t-il avec émotion. Malepeste! tu n'as qu'à me les donner à moi, je t'épouse, et nous voilà quitte à quitte. Et la blanchisseuse est devenue sa femme. » *Bibliothèque française*, tom. IX, pag. 75 et 76.

On sait que Regnard avait acheté, en 1690, une charge de trésorier de France au bureau des finances de Paris, dont il est mort revêtu.

La rupture entre ces deux poètes a été aussi éclatante que leur amitié avait paru vive. C'est la pièce du JOUEUR qui l'a occasionnée, et leurs plaintes ont été réciproques.

On ne voit qu'avec peine la manière dont se sont traités respectivement deux auteurs qui ne pouvaient ne pas avoir de l'estime l'un pour l'autre.

Regnard, en faisant imprimer sa comédie, la fait précéder d'une préface injurieuse, dans laquelle il traite son adversaire avec beaucoup de mépris : il l'appelle plagiaire, et l'accuse d'avoir suscité contre lui une cabale composée des frondeurs les plus séditieux des spectacles.

Cette préface a été imprimée en 1697, et d'après les bruits qui se répandaient que Regnard avait volé à Dufresny cette comédie tout entière. Mais *le Chevalier joueur* que celui-ci fit paraître dans la même année, tel qu'il l'avait composé, détrompa bientôt le public; et le jugement qu'il porta des deux ouvrages ne fut pas favorable à Dufresny.

La querelle de Regnard et de Dufresny ne manqua pas d'occuper la littérature. Chacun avait ses partisans. Il nous est resté ces deux épigrammes du poète Gacon.

PREMIÈRE ÉPIGRAMME

Sur la pièce du JOUEUR, dont M. Rivière (Dufresny) prétend faussement que M. Regnard lui a volé l'intrigue et la pensée. Ce qu'il y a de vrai, c'est que M. Regnard en a seulement conféré quelquefois avec lui ; mais la pauvreté des pièces du sieur de Rivière a fait voir, si j'ose ainsi parler, qu'il n'est pas un auteur volable.

    Un jour Regnard et de Rivière,
En cherchant un sujet que l'on n'eût point traité,
Trouvèrent qu'un Joueur serait un caractère
    Qui plairait par sa nouveauté.
Regnard le fit en vers, et de Rivière en prose :
    Ainsi, pour dire au vrai la chose,
    Chacun vola son compagnon.
Mais quiconque aujourd'hui voit l'un et l'autre ouvrage,
    Dit que Regnard a l'avantage
    D'avoir été le bon larron.

SECONDE ÉPIGRAMME

Sur les deux JOUEURS, dont celui de M. Regnard fut bien reçu, et celui de Rivière fut à peine joué jusqu'au second acte.

Deux célèbres Joueurs, l'un riche et l'autre gueux,
Prétendaient en public donner leur caractère,

> Et prétendaient si fort à plaire,
> Qu'ils tenaient en suspens les esprits curieux ;
> Mais, dès que sur la scène on vit les comédies
> De ces deux écrivains rivaux,
> Chacun trouva que les copies
> Ressemblaient aux originaux.

On ne peut disconvenir que Dufresny ne soit traité un peu trop durement dans ces deux épigrammes, et que l'amitié que Regnard avait pour Gacon n'ait excité celui-ci à prendre avec trop d'aigreur la querelle de son ami. Les titres même de ses épigrammes contiennent des injures grossières et de mauvaise foi. *Le Chevalier joueur* de Dufresny n'a pas été interrompu à la fin du second acte. Les auteurs de l'Histoire du Théâtre-Français attestent que ce fait est démenti par les registres de la comédie.

Quoi qu'il en soit, Regnard a eu honte d'avoir maltraité Dufresny dans sa préface, et il l'a supprimée dans toutes les éditions de ses Œuvres qui ont été faites de son vivant.

On ne sait pourquoi, depuis la mort de Regnard, on a renouvelé une accusation dont on avait senti l'injustice pendant sa vie. On a imprimé dans plusieurs ouvrages, que le JOUEUR de Regnard appartenait presque en entier à Dufresny ; que Regnard n'y avait fait que de légers changements, et qu'après avoir abusé de la manière la plus indigne de la confiance de son ami, il s'était approprié l'ouvrage, et l'avait donné sous son nom.

On lit dans les Anecdotes dramatiques que ce n'est point à tort que Dufresny revendiquait le fond de cette comédie, qu'il prétendait que Regnard lui avait pris. Ce dernier abusa effectivement de la confiance que Dufresny lui témoigna, et pour accélérer sa pièce, il se servit de Gacon, à qui il en fit faire la plus grande partie ; ce fut à Grillon, où Regnard avait une maison de campagne qu'il aimait beaucoup. Il enfermait Gacon dans une chambre, d'où ce dernier n'avait la liberté de sortir qu'après avoir averti par la fenêtre combien il avait fait de vers sur la prose dont Regnard lui donnait le canevas. C'est de Gacon lui-même que l'on tient cette anecdote.

On est fâché de voir ainsi débiter et imprimer dans tous les recueils, sur les preuves les plus légères, des anecdotes qui attaquent l'honneur et les talents de nos auteurs les plus accrédités.

Si l'anecdote rapportée par les auteurs des Anecdotes dramatiques est vraie, Regnard a joué le rôle, non-seulement d'un malhonnête homme, mais d'un homme sans talents, et, comme s'expriment eux-mêmes les auteurs que l'on vient de citer, d'un poète de bas étage.

« Il n'a pas eu honte de donner sous son nom une pièce dont » Dufresny avait fait l'intrigue et imaginé les caractères, et dont » Gacon avait composé les vers. » Si Regnard n'était connu que par cette pièce, on pourrait l'accuser de ce procédé; mais il est incroyable dans un poète connu par des comédies charmantes, et qui, depuis celle dont on parle, en a produit qui ne sont pas indignes de la première.

On concevra encore plus difficilement qu'une manœuvre pareille ait abouti à produire un des chefs-d'œuvre de notre théâtre. On sait que Dufresny avait plus de talents pour produire des scènes détachées que pour bien conduire une comédie. Toutes ses pièces, dans lesquelles on trouve des caractères assez bien peints, un dialogue vif et aisé, et un comique pris dans la pensée, pèchent du côté de la conduite et de l'intrigue. Comment veut-on qu'une comédie, dont l'intrigue aurait appartenu à un auteur qui n'a su en faire que de faibles, et dont les vers auraient été l'ouvrage d'un des poètes les plus pitoyables de son temps, eût été l'une des plus parfaites et des plus agréables pièces de notre théâtre?

Et sur quel témoignage adopte-t-on un fait aussi déraisonnable? sur celui de Gacon lui-même, qui se donne pour avoir mis en vers la prose de Dufresny.

Nous croyons pouvoir, sans témérité, révoquer en doute cette anecdote purement injurieuse à un de nos poètes les plus estimables; et s'il est arrivé quelquefois que des hommes à talents se soient déshonorés par des actions basses, on ne doit admettre qu'avec peine ces faits honteux, qui ternissent la réputation des gens de lettres, et portent atteinte à la gloire de la littérature.

Au surplus, Dufresny lui-même nous a mis à portée de juger de la nature du larcin que lui a fait son associé. *Le Chevalier joueur* n'est autre chose que sa comédie telle qu'il l'avait composée lorsqu'il la confia à Regnard. Supposons que celui-ci y ait pris l'idée de sa comédie, la manière dont il a embelli ce sujet suffit seule pour le lui rendre propre.

On ne parle pas du succès si différent des deux pièces; mais on est persuadé que celle de Dufresny n'aurait été susceptible que d'un très-faible succès, quand même elle eût précédé celle de Regnard.

Nous allons mettre sous les yeux du lecteur les scènes des deux pièces qui ont le plus de ressemblance, celles que Dufresny accuse particulièrement Regnard de lui avoir volées.

La scène première du premier acte ressemble beaucoup aux deux premières scènes du JOUEUR : ce sont absolument les mêmes pensées. Voici celles de Dufresny :

NÉRINE.
Bonjour, Frontin : te voilà déjà levé?
FRONTIN.
Bonsoir, Nérine : je vais me coucher.
NÉRINE.
C'est-à-dire que ton maître a couché au lansquenet.
FRONTIN.
Je ne te dis pas cela.
NÉRINE.
Le chevalier est un jeune homme bien morigéné! Avoue qu'il est incommode de loger en même maison avec des femmes qui ont intérêt d'examiner notre conduite. Ma maîtresse lui avait défendu de jouer... Il se brouillera avec Angélique.
FRONTIN.
Que m'importe? En tout cas, s'il manque la jeune, la vieille ne le manquera pas... A la vérité, ton Dorante a plus de biens-fonds; mais les biens-fonds ont des bornes, et le casuel d'un joueur n'en a pas.
NÉRINE.
Dorante est un si honnête homme!
FRONTIN.
Dorante est honnête homme, mais mon maître est joli.
NÉRINE.
Un esprit solide et doux.
FRONTIN.
Vert et piquant, c'est ce qu'il faut pour réveiller le goût des femmes.
NÉRINE.
Dorante est un homme fait.
FRONTIN.
En cas d'amant, ce qui est à faire vaut mieux que ce qui est fait.
NÉRINE.
Un bon cœur, généreux et sincère.
FRONTIN.
Oh! mon maître ne se pique point de ces niaiseries-là; mais en récompense c'est le plus ensorcelant petit scélérat, un tour de scélératesse si galant que les femmes ont du plaisir à se laisser tromper par lui.
NÉRINE.
J'espère qu'Angélique reviendra de ce plaisir-là.
FRONTIN.
Elle n'en reviendra qu'après la noce.
NÉRINE.
Si je puis la rattraper dans quelque moment raisonnable...
FRONTIN.
Si mon maître peut la rattraper dans quelque moment déraisonnable... etc.

Voici comment Regnard rend les mêmes idées.

NÉRINE.
Que fait Valère ?
HECTOR.
Il dort.
NÉRINE.
Il faut que je le voie.
HECTOR.
Va, mon maître ne voit personne quand il dort...
NÉRINE.
Quand se lèvera-t-il ?
HECTOR.
Mais, avant qu'il se lève,
Il faudra qu'il se couche, et franchement... etc.
NÉRINE.
Angélique, entre nous, serait extravagante
De rejeter l'amour que pour elle a Dorante ;
Lui, c'est un homme d'ordre, et qui vit congrument.
HECTOR.
L'amour se plaît un peu dans le déréglement.
NÉRINE.
Un amant fait et mûr.
HECTOR.
Les filles, d'ordinaire,
Aiment mieux le fruit vert.

L'entrée du Joueur sur la scène est aussi à peu près la même dans les deux pièces. Dufresny ne fait paraître son Joueur qu'au second acte, et le fait parler ainsi :

LE CHEVALIER, donnant son manteau à Frontin.
Pourquoi m'ôtes-tu mon manteau, bourreau que tu es ?
FRONTIN.
C'est vous qui me le donnez.
LE CHEVALIER.
Ne vois-tu pas que je veux ressortir ?
FRONTIN.
Le sommeil vous serait plus utile que...
LE CHEVALIER.
Remets-moi mon manteau, raisonneur... Irai-je encore...
(Le chevalier se promène à grands pas, et Frontin le suit, voulant mettre son manteau sur ses épaules, etc.)

Que l'on consulte maintenant la scène quatrième du premier acte du JOUEUR, on retrouvera les mêmes idées ; mais quelle différence dans l'expression du caractère ! *Le Chevalier* est un bourru de sang-froid ; l'autre est véritablement un *joueur* emporté, à qui des revers de fortune ont troublé la raison.

Cette scène présente encore des traits de ressemblance très-frappants, et qui, s'ils étaient rapprochés, ne seraient pas à l'avantage de Dufresny.

Une idée charmante, qui appartient incontestablement à celui-ci, et qui ne se trouve point dans la pièce de Regnard, est le trait qui suit :

LE CHEVALIER.

Un fauteuil... (Il s'assied.) Je suis abîmé; j'en ai l'obligation à un homme, un homme, Frontin, un seul homme qui me suit partout.

FRONTIN.

Est-ce un de ces joueurs prudents qui ne donnent rien au hasard ?

LE CHEVALIER.

Non, je n'ai jamais joué contre lui.

FRONTIN.

Et comment vous a-t-il donc abîmé?

LE CHEVALIER.

Il a la rage de me porter malheur en s'appuyant sur le dos de ma chaise. C'est un écumeur de réjouissance qui a la face longue d'une toise : dès que je le vois, ma carte est prise.

Ce trait de caractère n'aurait pas échappé à Regnard; et s'il eût effectivement mis à contribution les idées de Dufresny, il n'aurait pas négligé celle-ci.

La scène du traité de Sénèque se trouve dans les deux poètes. Nous rapportons la manière dont elle est rendue par Dufresny; c'est à la fin de la troisième scène du deuxième acte.

LE CHEVALIER.

Je voudrais ne me point abandonner à mes réflexions; va me chercher un livre.

FRONTIN tire un papier.

Si vous voulez lire un petit ouvrage d'esprit... (Le Chevalier prend le papier.) qui court les rues; c'est sur la pauvreté. Je suis curieux de voir tout ce qui s'écrit sur la pauvreté, car il me revient sans cesse dans l'idée que nous mourrons tous deux sur un fumier.

LE CHEVALIER, regardant fixement le papier sans le lire.

Trois coupe-gorge de suite!

FRONTIN.

Il n'y a point de coupe-gorge là-dedans.

LE CHEVALIER.

Je ne saurais m'appliquer; lis.

FRONTIN reprend le papier, et lit.

Diogène, parlant du mépris des richesses, disait :

> De mille soins fâcheux la richesse est suivie ;
> Mais le philosophe indigent
> N'a qu'un seul soin dans la vie :
> C'est de chercher de l'argent.

Sur le mépris de la mort :

> Tel héros que l'on vante tant,
> Mourut sans en avoir envie ;
> Mais un brave joueur perd volontiers la vie,
> Quand il a perdu son argent.

Mais, monsieur, au lieu de m'écouter, vous méditez sur le portrait de votre maîtresse.

Si ceci n'est point une fade copie de la scène de Regnard, il faut convenir que la scène de Regnard enchérit beaucoup sur son modèle, ou plutôt qu'il a su convertir en une scène charmante et d'un excellent comique une tirade froide et insipide :

> Dans ses heureuses mains le cuivre devient or.

On ne peut disconvenir qu'on a peine à soutenir la lecture de cette scène, lorsqu'on vient de lire celle de Regnard.

On retrouve encore dans les deux poètes la scène du mémoire des dettes du Joueur, avec cette différence, que dans Regnard le valet présente au père de son maître un état véritable de ses dettes ; au lieu que dans Dufresny, Frontin, pour tirer de l'argent de la Comtesse, a fabriqué un mémoire de dettes supposées. Voici la scène de Dufresny ; c'est la cinquième du second acte.

FRONTIN persuade à la comtesse que le chevalier quitte Angélique pour s'attacher à elle.

Entre nous, madame, toute la solidité de ce jeune homme-là est pour vous ; il le dit bien lui-même dans ses moments de prudence. Je devrais, dit-il, me laisser entraîner au penchant vertueux que je me sens pour madame la comtesse.

LA COMTESSE.

Quoi ! il t'a parlé en ces termes ?

FRONTIN.

Tout au moins, madame, tout au moins. Oui, je crois qu'il reviendrait de son premier entêtement, s'il avait le temps de se reconnaître : or, afin qu'il ait le temps de se reconnaître, mon avis serait que vous lui fissiez tenir adroitement l'argent nécessaire pour se reconnaître.

LA COMTESSE.

Je t'ai déjà dit que je paierais moi-même.

FRONTIN.

Vous-même ! si ces dettes-là sont d'une espèce libertine, des dettes de garçon, une femme régulière ne doit point entrer dans un détail si déréglé.

LA COMTESSE.

Voyons le mémoire.

FRONTIN.

Lisons : Mémoire déréglé des dettes envenimées de M. le chevalier. Premièrement, à M. Frontin. Moi, c'est moi... Pour gages, profits et deniers prêtés à mon maître, dans ses mauvais jours, 500 livres.

SUR LE JOUEUR.

Pour cet article-ci, vous auriez raison de le payer par vos mains, de vous à moi, sans détour : aussi ma quittance est toute prête.

LA COMTESSE.

Nous verrons.

FRONTIN.

Plus, quatre-vingts louis d'or neufs pour une partie de paume ébauchée. Vous ne sauriez l'achever vous-même, madame; il faut qu'il mette argent sous corde; mais il vous rendra cela sous la galerie. Je lui sers de second; nous avons quatre jeux à un, quarante-cinq à rien, une chasse au pied, et notre bisque à prendre : vous gagnerez, à coup sûr.

Plus, 2,000 livres à quatre-vingt-treize quidams, pour nous avoir coiffés, chaussés, gantés, parfumés, rasés, médicamentés, voiturés, portés, alimentés, désaltérés, etc. Une dame prudente ne doit point paraître dans des paiements qui concernent l'entretien d'un joli homme.

Plus 600 livres pour du ratafia, eau-de-vie, pitrepite et autres liqueurs soldatesques que vous n'oseriez payer, de peur d'être soupçonnée d'avoir aidé à la consommation d'icelles.

Il y a encore un article, parole donnée, pour cent pistoles d'honneur à mademoiselle Mimi, lingère du palais. Vous verrez que c'est pour ses appointements; mais vous devez ignorer et payer la pauvre fille *incognito*, par mon ministère, si vous voulez.

LA COMTESSE.

Frontin, votre mémoire ridicule se monte à cinq ou six mille livres : vous ne m'aviez parlé que de deux mille.

FRONTIN.

Ne vous le disais-je pas? Donnez-moi deux mille livres, vous y gagnerez les deux tiers.

Nous bornerons là notre examen. Les scènes que nous venons de citer sont celles des deux pièces qui ont le plus de ressemblance : elles paraissent en quelque sorte calquées les unes sur les autres. Quel est celui qui les a produites le premier? c'est ce qu'on ne saurait décider. Les préjugés cependant sont favorables à Regnard; sa comédie a paru la première, et la manière originale dont il a rendu ses scènes semblerait prouver qu'elles lui sont propres [1].

D'ailleurs, comme on l'a dit plus haut, en accordant à Dufresny le mérite de l'invention, il faut avouer que Regnard a tellement embelli ses pensées, qu'il leur a en quelque sorte donné une nouvelle existence; et Dufresny, en faisant paraître son *Chevalier joueur* après la comédie de Regnard, a été la dupe de son amour-propre.

Il a mis le public à portée de faire un parallèle qui ne lui était

[1] Voltaire, dont le jugement doit faire autorité, a tranché la question par ces mots : « Il faut se connaître peu au talent et au génie des au- » teurs pour penser que Regnard ait dérobé cette pièce à Dufresny. »

nullement avantageux; et sa chute, comme s'expriment des auteurs du temps, n'a servi qu'à augmenter le triomphe de son adversaire.

Quelques années après (en 1709), Dufresny a donné une comédie intitulée : *la Joueuse*, dans laquelle il emploie la plupart des scènes de son *Chevalier joueur;* mais cette pièce n'eut point de succès.

Tant de désagréments ne le rebutèrent pas. Il mit en vers cette dernière comédie, et se proposait de la faire représenter de nouveau; mais il a été surpris par la mort avant l'exécution de son projet, et cette pièce en vers est une de celles qu'il fit brûler sous ses yeux quelques heures avant sa mort.

Le Joueur de Regnard est resté sur notre scène dont il fait un des plus beaux ornements. Cette comédie est une de celles que l'on donne le plus fréquemment, et que le public ne se lasse point de voir.

NOMS DES ACTEURS

QUI ONT JOUÉ DANS LA COMÉDIE DU JOUEUR, DANS SA NOUVEAUTÉ,
EN 1696.

Géronte, *le sieur Guérin* [1]. Valère, *le sieur Beaubourg* [2]. Angélique, Mlle *Dancourt* [3]. La comtesse, Mlle *Desbrosses* [4]. Dorante, *le sieur le Comte*. Le marquis, *le sieur Poisson* [5]. Nérine, Mlle *Beau-*

[1] Isaac-François Guérin d'Etriché a débuté au théâtre du Marais en 1673. Il est de ceux qui ont été conservés à la réunion des troupes en 1680. Il représentait dans la tragédie les rôles de confident, et dans la comédie les rôles à manteau. Il s'est retiré du théâtre en 1718. C'est lui qui avait épousé la veuve de Molière.

[2] Pierre Trochon, dit Beaubourg, a succédé à Baron, quand celui-ci se retira en 1691. Le personnage du Joueur était le rôle brillant de Beaubourg. Cet acteur a quitté le théâtre en 1718, et est mort en 1725.

[3] Cette actrice se nommait Thérèse Le Noir de La Thorillière, et avait épousé Dancourt, auteur et acteur. Elle était sœur du fameux La Thorillière qui a joué d'original le rôle d'Hector. Mademoiselle Dancourt a quitté le théâtre en 1720, et est morte cinq ans après.

[4] Jeanne de La Rue, femme de Jean-le-Blond Desbrosses, était, dit-on, une actrice inimitable dans les rôles de folle, de vieille coquette, etc. Elle a quitté le théâtre en 1718, et est morte en 1722.

[5] L'acteur dont il s'agit ici est Paul Poisson, fils de Raymond. Il a succédé à son père, et jouait les mêmes rôles. Paul Poisson s'est retiré du théâtre en 1711, y a remonté en 1715, et l'a quitté pour la dernière fois en 1724. Il est mort le 29 décembre 1735.

PRÉFACE DE L'AUTEUR.

val [1]. Madame la Ressource, Mlle Chanvallon [2]. Hector, *le sieur La Thorillière* [3]. M. Toutabas, *le sieur Desmares* [4].

[1] Jeanne Olivier Bourguignon, femme de Jean Pitel, dit Beauval. Cette actrice a été du nombre des comédiens conservés lors de la réunion des troupes en 1680. Elle réunisssait deux talents très-rares ; elle représentait avec un succès égal les reines dans les tragédies, et les soubrettes dans les comédies. Mademoiselle Beauval s'est retirée du théâtre en 1704, et est morte le 20 mars 1720, âgée de 73 ans.

[2] Judith Chabot de La Rinville, femme de Jean-Baptiste de Last, dit Chanvallon, a débuté en 1695, dans la tragédie ; ensuite elle a doublé Mlle Desbrosses, et l'a remplacée après sa retraite. Mlle de Chanvallon s'est elle-même retirée en 1722, et est morte en 1742.

[3] Ce charmant acteur, dont la mémoire sera toujours chère aux amateurs du théâtre, se nommait Pierre Le Noir, dit La Thorillière. Tout le monde sait qu'il a excellé dans les rôles de valet : celui d'Hector était un de ceux qui lui plaisaient le plus, et où son talent brillait avec le plus d'avantage. Cet inimitable comédien est mort en 1731.

[4] Nicolas Desmares, reçu dans la troupe du roi en 1685, excellait, dit-on, dans les rôles de paysans. Il s'est retiré du théâtre en 1712, et est mort en 1714.

PRÉFACE DE L'AUTEUR.

IMPRIMÉE EN TÊTE DE LA PREMIÈRE ÉDITION DE LA COMÉDIE DU JOUEUR, EN 1697 [1].

Cette comédie a eu beaucoup plus de succès que l'auteur et les acteurs n'avaient osé l'espérer. Il y avait contre elle une cabale très-forte, et d'autant plus à craindre qu'elle était composée des plus séditieux frondeurs des spectacles, et suscitée par les injustes plaintes d'un plagiaire qui produisait une autre pièce en prose sous le même titre, et qui la lisait tous les jours dans les cafés de Paris. Les personnes qui s'intéressent à la réussite de cette seconde comédie du *Joueur* ont publié d'abord que la première était très-mauvaise. La cour et la ville en ont jugé plus favorablement, et il serait à souhaiter pour eux que l'ouvrage qu'ils protégent eût une destinée aussi heureuse.

[1] Cette préface été supprimée dans les éditions données depuis, des OEuvres de Regnard.

LE JOUEUR

COMÉDIE EN CINQ ACTES, ET EN VERS.

Représentée, pour la première fois, le mercredi 19 décembre 1696.

ACTEURS :

GÉRONTE, père de Valère.
VALÈRE, amant d'Angélique.
ANGÉLIQUE, amante de Valère.
LA COMTESSE [1], sœur d'Angé-
   gélique.
DORANTE, oncle de Valère, et
   amant d'Angélique.
LE MARQUIS.
NÉRINE, suivante d'Angélique.

Mme LA RESSOURCE, revendeuse
   à la toilette.
HECTOR, valet de Valère.
M. TOUTABAS, maître de trictrac.
M. GALONIER, tailleur.
Mme ADAM, sellière.
UN LAQUAIS d'Angélique.
TROIS LAQUAIS du Marquis.

La scène est à Paris, dans un hôtel garni.

ACTE PREMIER.

SCÈNE I [2].

HECTOR, dans un fauteuil, près d'une toilette.

Il est, parbleu, grand jour. Déjà de leur ramage
Les coqs ont éveillé tout notre voisinage.
Que servir un joueur est un maudit métier !
Ne serai-je jamais laquais d'un sous-fermier ?
Je ronflerais mon soûl la grasse matinée,

---

[1] Le rôle de la comtesse et celui du marquis sont étrangers à la pièce.
[2] Cailhava, dans son ouvrage *De l'Art de la Comédie*, 1re édition, I, 157, trouve cette scène remplie de détails inutiles, et qu'il n'y a que les trois premiers vers et le dernier qui conviennent à la pièce.

ACTE I, SCÈNE II.

Et je m'enivrerais le long de la journée :
Je ferais mon chemin ; j'aurais un bon emploi ;
Je serais dans la suite un conseiller du roi,
Rat de cave ou commis ; et que sait-on ? peut-être
Je deviendrais un jour aussi gras que mon maître.
J'aurais un bon carrosse à ressorts bien liants ;
De ma rotondité j'emplirais le dedans :
Il n'est que ce métier pour brusquer la fortune ;
Et tel change de meuble et d'habit chaque lune,
Qui, Jasmin autrefois, d'un drap du Sceau[1] couvert,
Bornait sa garde-robe à son justaucorps vert.
Quelqu'un vient.

SCÈNE II.

NÉRINE, HECTOR.

HECTOR.
Si matin, Nérine, qui t'envoie ?
NÉRINE.
Que fait Valère ?
HECTOR.
Il dort.
NÉRINE.
Il faut que je le voie.
HECTOR.
Va, mon maître ne voit personne quand il dort.
NÉRINE.
Je veux lui parler.
HECTOR.
Paix ! ne parle pas si fort.
NÉRINE.
Oh ! j'entrerai, te dis-je.

---

[1] « On lit dans le Dictionnaire de Furetière : *Drap d'Usseau ;* c'est un drap manufacturé en un village de Languedoc, près de Carcassonne, d'où ce nom lui est venu.... Ménage écrit que c'est à cause du sceau du roi qu'on y mettait autrefois ; mais on l'écrit ainsi abusivement. » (Note de M. Beuchot, sur un passage de Voltaire où se trouve cette expression : *Qu'il propose aux Français de ne s'habiller que d'un bon drap du Sceau.*

Usseaux village de la vallée de Prugelas, frontière du Dauphiné, est la patrie d'Elie Saurin.

HECTOR.

Ici je suis de garde.
Et je ne puis t'ouvrir que la porte bâtarde.

NÉRINE.

Tes sots raisonnements sont pour moi superflus.

HECTOR.

Voudrais-tu voir mon maître *in naturalibus?*

NÉRINE.

Quand se lèvera-t-il?

HECTOR.

Mais, avant qu'il se lève,
Il faudra qu'il se couche; et franchement....

NÉRINE.

Achève.

HECTOR.

Je ne dis mot.

NÉRINE.

Oh! parle, ou de force, ou de gré.

HECTOR.

Mon maître, en ce moment, n'est pas encore rentré.

NÉRINE.

Il n'est pas rentré?

HECTOR.

Non. Il ne tardera guère :
Nous n'ouvrons pas matin. Il a plus d'une affaire,
Ce garçon-là.

NÉRINE.

J'entends. Autour d'un tapis vert,
Dans un maudit brelan, ton maître joue et perd;
Ou bien réduit à sec, d'une âme familière,
Peut-être il parle au ciel d'une étrange manière.
Par ordre très-exprès d'Angélique, aujourd'hui
Je viens pour rompre ici tout commerce avec lui.
Des serments les plus forts appuyant sa tendresse,
Tu sais qu'il a cent fois promis à ma maîtresse
De ne toucher jamais cornet, carte, ni dé,
Par quelque espoir de gain dont son cœur fût guidé.
Cependant...

HECTOR.

Je vois bien qu'un rival domestique
Consigne entre tes mains pour avoir Angélique.

ACTE I, SCÈNE II.

NÉRINE.

Et quand cela serait, n'aurais-je pas raison ?
Mon cœur ne peut souffrir de lâche trahison.
Angélique, entre nous, serait extravagante
De rejeter l'amour qu'a pour elle Dorante :
Lui, c'est un homme d'ordre, et qui vit congrument.

HECTOR.

L'amour se plaît un peu dans le déréglement.

NÉRINE.

Un amant fait et mûr.

HECTOR.

    Les filles d'ordinaire,
Aiment mieux le fruit vert.

NÉRINE.

     D'un fort bon caractère ;
Qui ne sut de ses jours ce que c'est que le jeu.

HECTOR.

Mais mon maître est aimé.

NÉRINE.

     Dont j'enrage. Morbleu !
Ne verrai-je jamais les femmes détrompées
De ces colifichets, de ces fades poupées,
Qui n'ont, pour imposer, qu'un grand air débraillé,
Un nez de tous côtés de tabac barbouillé,
Une lèvre qu'on mord pour rendre plus vermeille [1],
Un chapeau chiffonné qui tombe sur l'oreille,
Une longue steinkerque à replis tortueux,
Un haut-de-chausse bas prêt à tomber sous eux ;
Qui, faisant le gros dos, la main dans la ceinture,
Viennent, pour tout mérite, étaler leur figure ?

HECTOR.

C'est le goût d'à présent ; tes cris sont superflus,
Mon enfant.

NÉRINE.

   Je veux, moi, réformer cet abus.
Je ne souffrirai pas qu'on trompe ma maîtresse,
Et qu'on profite ainsi d'une tendre faiblesse ;

---

[1] Il faudrait
   pour *la* rendre plus vermeille,
 ou
   pour la rendre vermeille.

Qu'elle épouse un joueur, un petit brelandier,
Un franc dissipateur, et dont tout le métier
Est d'aller de cent lieux faire la découverte
Où de jeux et d'amour on tient boutique ouverte,
Et qui le conduiront tout droit à l'hôpital.
HECTOR.
Ton sermon me paraît un tant soit peu brutal.
Mais, tant que tu voudras, parle, prêche, tempête,
Ta maîtresse est coiffée.
NÉRINE.
              Et crois-tu, dans ta tête,
Que l'amour sur son cœur ait un si grand pouvoir?
Elle est fille d'esprit; peut-être dès ce soir
Dorante, par mes soins, l'épousera.
HECTOR.
              Tarare!
Elle est dans nos filets.
NÉRINE.
              Et moi je te déclare
Que je l'en tirerai dès aujourd'hui.
HECTOR.
              Bon! bon!
NÉRINE.
Que Dorante a pour lui Nérine et la raison.
HECTOR.
Et nous avons l'amour. Tu sais que d'ordinaire,
Quand l'amour veut parler, la raison doit se taire,
Dans les femmes, s'entend.
NÉRINE.
              Tu verras que chez nous,
Quand la raison agit, l'amour a le dessous.
Ton maître est un amant d'une espèce plaisante!
Son amour peut passer pour fièvre intermittente;
Son feu pour Angélique est un flux et reflux.
HECTOR.
Elle est, après le jeu, ce qu'il aime le plus.
NÉRINE.
Oui, c'est la passion qui seule le dévore :
Dès qu'il a de l'argent, son amour s'évapore.
HECTOR.
Mais en revanche aussi, quand il n'a pas un sou,

ACTE I, SCÈNE II.

Tu m'avoueras qu'il est amoureux comme un fou.
NÉRINE.
Oh! j'empêcherai bien...
HECTOR.
Nous ne te craignons guère ;
Et ta maîtresse, encor hier, promit à Valère,
De lui donner dans peu, pour prix de son amour,
Son portrait enrichi de brillants tout autour.
Nous l'attendons, ma chère, avec impatience :
Nous aimons les bijoux avec concupiscence.
NÉRINE.
Ce [1] portrait est tout prêt, mais ce n'est pas pour lui,
Et Dorante en sera possesseur aujourd'hui.
HECTOR.
A d'autres.
NÉRINE.
N'est-ce pas une honte à Valère,
Etant fils de famille, ayant encor son père,
Qu'il vive comme il fait, et que, comme un banni,
Depuis un an il loge en un hôtel garni ?
HECTOR.
Et vous y logez bien, et vous et votre clique.
NÉRINE.
Est-ce de même, dis ? Ma maîtresse Angélique,
Et la veuve sa sœur, ne sont dans ce pays
Que pour un temps, et n'ont point de père à Paris.
HECTOR.
Valère a déserté la maison paternelle,
Mais ce n'est point à lui qu'il faut faire querelle ;
Et si monsieur son père avait voulu sortir,
Nous y serions encore, à ne t'en point mentir,
Ces pères, bien souvent, sont obstinés en diable.
NÉRINE.
Il a tort, en effet, d'être si peu traitable !
Quoi qu'il en soit, enfin, je ne t'abuse pas,
Je fais la guerre ouverte, et je vais, de ce pas,
Dire ce que je vois, avertir ma maîtresse
Que Valère toujours est faux dans sa promesse ;
Qu'il ne sera jamais digne de ses amours ;

---

[1] *Le* dans l'édition originale, *ce* dans les éditions modernes.

Qu'il a joué, qu'il joue, et qu'il jouera toujours.
Adieu.

HECTOR.

Bonjour.

SCÈNE III.

HECTOR, seul.

Autant que je m'y puis connaître,
Cette Nérine-ci n'est pas trop pour mon maître.
A-t-elle grand tort? Non, c'est un panier percé.
Qui...

SCÈNE IV.

VALÈRE, HECTOR.

(Valère paraît en désordre, comme un homme qui a joué toute la nuit.)

HECTOR.
Mais je l'aperçois. Qu'il a l'air harassé!
On soupçonne aisément, à sa triste figure,
Qu'il cherche en vain quelqu'un qui prête à triple usure.

VALÈRE.
Quelle heure est-il?

HECTOR.
Il est... Je ne m'en souviens pas.

VALÈRE.
Tu ne t'en souviens pas?

HECTOR.
Non, monsieur.

VALÈRE.
Je suis las
De tes mauvais discours; et tes impertinences...

HECTOR, à part.
Ma foi, la vérité répond aux apparences.

VALÈRE.
Ma robe de chambre.
(A part.)
Euh!

HECTOR, à part.
Il jure entre ses dents.

ACTE I, SCÈNE VI.

VALÈRE.

Eh bien! me faudra-t-il attendre encor longtemps?

(Il se promène.)

HECTOR.

Eh! la voilà, monsieur.

(Il suit son maître, tenant sa robe de chambre toute déployée.)

VALÈRE, se promenant.

Une école maudite
Me coûte, en un moment, douze trous tout de suite.
Que je suis un grand chien! Parbleu, je te saurai,
Maudit jeu de trictrac, ou bien je ne pourrai.
Tu peux me faire perdre, ô fortune ennemie!
Mais me faire payer, parbleu, je t'en défie :
Car je n'ai pas un sou.

HECTOR, tenant toujours la robe.

Vous plairait-il, monsieur...

VALÈRE, se promenant.

Je me ris de tes coups, j'incague ta fureur.

HECTOR.

Votre robe de chambre est, monsieur, toute prête.

VALÈRE.

Va te coucher, maraud; ne me romps point la tête.
Va-t'en.

HECTOR.

Tant mieux.

SCÈNE V.

VALÈRE, se mettant dans un fauteuil.

Je veux dormir dans ce fauteuil.
Que je suis malheureux! Je ne puis fermer l'œil.
Je dois de tous côtés, sans espoir, sans ressource,
Et n'ai pas, grâce au ciel, un écu dans ma bourse.
Hector!... Que ce coquin est heureux de dormir!
Hector!

SCÈNE VI.

VALÈRE, HECTOR.

HECTOR, derrière le théâtre.

Monsieur?

VALÈRE.
Eh bien! bourreau, veux-tu venir?
(Hector entre à moitié déshabillé.)
N'es-tu pas las encor de dormir, misérable?
HECTOR.
Las de dormir! monsieur? Hé! je me donne au diable,
Je n'ai pas eu le temps d'ôter mon justaucorps.
VALÈRE.
Tu dormiras demain.
HECTOR, à part.
Il a le diable au corps.
VALÈRE.
Est-il venu quelqu'un?
HECTOR.
Il est, selon l'usage,
Venu maint créancier; de plus, un gros visage,
Un maître de tritrac qui ne m'est pas connu.
Le maître de musique est encore venu.
Ils reviendront bientôt.
VALÈRE.
Bon. Pour cette autre affaire,
M'as-tu déterré?...
HECTOR.
Qui? cette honnête usurière,
Qui nous prête, par heure, à vingt sous par écu?
VALÈRE.
Justement, elle-même.
HECTOR.
Oui, monsieur, j'ai tout vu.
Qu'on vend cher maintenant l'argent à la jeunesse!
Mais enfin, j'ai tant fait, avec un peu d'adresse,
Qu'elle m'a reconduit d'un air fort obligeant;
Et vous aurez, je crois, au plus tôt votre argent.
VALÈRE.
J'aurais les mille écus! O ciel! quel coup de grâce!
Hector, mon cher Hector, viens çà que je t'embrasse.
HECTOR.
Comme l'argent rend tendre!
VALÈRE.
Et tu crois qu'en effet,
Je n'ai, pour en avoir, qu'à donner mon billet?

ACTE I, SCÈNE VI.

HECTOR.
Qui le refuserait serait bien difficile :
Vous êtes aussi bon que banquier de la ville.
Pour la réduire au point où vous la souhaitez,
Il a fallu lever bien des difficultés :
Elle est d'accord de tout, du temps, des arrérages ;
Il ne faut maintenant que lui donner des gages.

VALÈRE.
Des gages !

HECTOR.
Oui, monsieur.

VALÈRE.
Mais y penses-tu bien ?
Où les prendrai-je, dis ?

HECTOR.
Ma foi, je n'en sais rien.
Pour nippes, nous n'avons qu'un grand fonds d'espérance
Sur les produits trompeurs d'une réjouissance[1] :
Et dans ce siècle-ci, messieurs les usuriers,
Sur de pareils effets prêtent peu volontiers.

VALÈRE.
Mais quel gage, dis-moi, veux-tu que je lui donne ?

HECTOR.
Elle viendra tantôt elle-même en personne,
Vous vous ajusterez ensemble en quatre mots.
Mais, monsieur, s'il vous plaît, pour changer de propos,
Aimeriez-vous toujours la charmante Angélique ?

VALÈRE.
Si je l'aime ? Ah ! ce doute et m'outrage et me pique.
Je l'adore.

HECTOR.
Tant pis : c'est un signe fâcheux.
Quand vous êtes sans fonds, vous êtes amoureux ;
Et quand l'argent renaît, votre tendresse expire.
Votre bourse est, monsieur, puisqu'il faut vous le dire,
Un thermomètre sûr, tantôt bas, tantôt haut,
Marquant de votre cœur ou le froid ou le chaud.

VALÈRE.
Ne crois pas que le jeu, quelque sort qu'il me donne,

---

[1] Au lansquenet, carte que celui qui donne tire après la sienne, et sur laquelle les coupeurs et autres peuvent mettre de l'argent.

Me fasse abandonner cette aimable personne.
HECTOR.
Oui, mais j'ai bien peur, moi, qu'on ne vous plante là.
VALÈRE.
Et sur quel fondement peux-tu juger cela?
HECTOR.
Nérine sort d'ici, qui m'a dit qu'Angélique
Pour Dorante votre oncle en ce moment s'explique;
Que vous jouez toujours, malgré tous vos serments,
Et qu'elle abjure enfin ses tendres sentiments.
VALÈRE.
Dieu! que me dis-tu là?
HECTOR.
Ce que je viens d'entendre.
VALÈRE.
Bon! cela ne se peut; on t'a voulu surprendre.
HECTOR.
Vous êtes assez riche en bonne opinion,
A ce qu'il me paraît.
VALÈRE.
Point. Sans présomption,
On sait ce que l'on vaut.
HECTOR.
Mais si, sans vouloir rire,
Tout allait comme j'ai l'honneur de vous le dire,
Et qu'Angélique enfin pût changer....
VALÈRE.
En ce cas,
Je prends le parti... Mais cela ne se peut pas.
HECTOR.
Si cela se pouvait, qu'une passion neuve?...
VALÈRE.
En ce cas, je pourrais rabattre sur la veuve,
La comtesse sa sœur.
HECTOR.
Ce dessein me plaît fort.
J'aime un amour fondé sur un bon coffre-fort.
Si vous vouliez un peu vous aider avec elle,
Cette veuve, je crois, ne serait point cruelle;
Ce serait une éponge à presser au besoin.
VALÈRE.
Cette éponge, entre nous, ne vaudrait pas ce soin.

HECTOR.
C'est, dans son caractère, une espèce parfaite,
Un ambigu nouveau de prude et de coquette,
Qui croit mettre les cœurs à contribution,
Et qui veut épouser; c'est là sa passion.
VALÈRE.
Épouser?
HECTOR.
Un marquis, de même caractère,
Grand épouseur aussi, la galope et la flaire.
VALÈRE.
Et quel est ce marquis?
HECTOR.
C'est, à vous parler net,
Un marquis de hasard fait par le lansquenet;
Fort brave, à ce qu'il dit, intrigant, plein d'affaires;
Qui croit de ses appas les femmes tributaires;
Qui gagne au jeu beaucoup, et qui, dit-on, jadis
Était valet de chambre avant d'être marquis.
Mais sauvons-nous, monsieur; j'aperçois votre père.

SCÈNE VII.

GÉRONTE, VALÈRE, HECTOR.

GÉRONTE.
Doucement; j'ai deux mots à vous dire, Valère.
(A Hector.)
Pour toi, j'ai quelques coups de canne à te prêter.
HECTOR.
Excusez-moi, monsieur, je ne puis m'arrêter.
GÉRONTE.
Demeure là, maraud.
HECTOR, à part.
Il n'est pas temps de rire.
GÉRONTE.
Pour la dernière fois, mon fils, je viens vous dire
Que votre train de vie est si fort scandaleux,
Que vous m'obligerez à quelque éclat fâcheux.
Je ne puis retenir ma bile davantage,
Et ne saurais souffrir votre libertinage.

Vous êtes pilier né de tous les lansquenets,
Qui sont, pour la jeunesse, autant de trébuchets.
Un bois plein de voleurs est un plus sûr passage ;
Dans ces lieux, jour et nuit, ce n'est que brigandage
Il faut opter des deux, être dupe ou fripon.
HECTOR.
Tous ces jeux de hasard n'attirent rien de bon.
J'aime les jeux galants où l'esprit se déploie.
(A Géronte.)
C'est, monsieur, par exemple, un joli jeu que l'oie.
GÉRONTE, à Hector.
Tais-toi.
(A Valère.)
Non, à présent le jeu n'est que fureur ;
On joue argent, bijoux, maisons, contrats, honneur.
Et c'est ce qu'une femme, en cette humeur à craindre,
Risque plus volontiers, et perd plus sans se plaindre.
HECTOR.
Oh ! nous ne risquons pas, monsieur, de tels bijoux.
GÉRONTE.
Votre conduite enfin m'enflamme de courroux ;
Je ne puis vous souffrir vivre de cette sorte :
Vous m'avez obligé de vous fermer ma porte ;
J'étais las, attendant chez moi votre retour,
Qu'on fît du jour la nuit, et de la nuit le jour.
HECTOR.
C'est bien fait. Ces joueurs qui courent la fortune,
Dans leurs déréglements ressemblent à la lune,
Se couchant le matin, et se levant le soir.
GÉRONTE.
Vous me poussez à bout ; mais je vous ferai voir
Que si vous ne changez de vie et de manière,
Je saurai me servir de mon pouvoir de père,
Et que de mon courroux vous sentirez l'effet.
HECTOR, à Valère.
Votre père a raison.
GÉRONTE.
Comme le voilà fait !
Débraillé, mal peigné, l'œil hagard ! A sa mine
On croirait qu'il viendrait, dans la forêt voisine,
De faire un mauvais coup.

ACTE I, SCÈNE VII.

HECTOR, à part.

On croirait vrai de lui :
Il a fait trente fois coupe-gorge aujourd'hui.

GÉRONTE.

Serez-vous bientôt las d'une telle conduite ?
Parlez, que dois-je enfin espérer dans la suite ?

VALÈRE.

Je reviens aujourd'hui de mon égarement,
Et ne veux plus jouer, mon père, absolument.

HECTOR, à part.

Voilà du fruit nouveau dont son fils le régale.

GÉRONTE.

Quand ils n'ont pas un sou, voilà de leur morale.

VALÈRE.

J'ai de l'argent encore ; et, pour vous contenter,
De mes dettes je veux aujourd'hui m'acquitter.

GÉRONTE.

S'il est ainsi, vraiment, j'en ai bien de la joie.

HECTOR, bas à Valère.

Vous acquitter, monsieur ! avec quelle monnoie ?

VALÈRE, bas à Hector.

Te tairas-tu ?

(Haut à son père.)

Mon oncle aspire dans ce jour
A m'ôter d'Angélique et la main et l'amour :
Vous savez que pour elle il a l'âme blessée,
Et qu'il veut m'enlever....

GÉRONTE.

Oui, je sais sa pensée,
Et je serai ravi de le voir confondu.

HECTOR, à Géronte.

Vous n'avez qu'à parler, c'est un homme tondu.

GÉRONTE.

Je voudrais bien déjà que l'affaire fût faite.
Angélique est fort riche, et point du tout coquette,
Maîtresse de son choix. Avec ce bon dessein,
Va te mettre en état de mériter sa main,
Payer tes créanciers...

VALÈRE.

J'y vais, j'y cours...

(Il va pour sortir, parle bas à Hector, et revient.)

Mon père....
GÉRONTE.

Hé! plaît-il?
VALÈRE.

Pour sortir entièrement d'affaire,
Il me manque environ quatre ou cinq mille francs.
Si vous vouliez, monsieur...
GÉRONTE.

Ah! ah! je vous entends.
Vous m'avez mille fois bercé de ces sornettes.
Non; comme vous pourrez, allez payer vos dettes.
VALÈRE.

Mais, mon père, croyez...
GÉRONTE.

A d'autres, s'il vous plaît.
VALÈRE.

Prêtez-moi mille écus.
HECTOR, à Géronte.

Nous paierons l'intérêt
Au denier un.
VALÈRE.

Monsieur...
GÉRONTE.

Je ne puis vous entendre.
VALÈRE.

Je ne veux point, mon père, aujourd'hui vous surprendre;
Et pour vous faire voir quels sont mes bons desseins,
Retenez cet argent, et payez par vos mains.
HECTOR.

Ah! parbleu, pour le coup, c'est être raisonnable.
GÉRONTE.

Et de combien encore êtes-vous redevable?
VALÈRE.

La somme n'y fait rien.
GÉRONTE.

La somme n'y fait rien?
HECTOR.

Non. Quand vous le verrez vivre en homme de bien,
Vous ne regretterez nullement la dépense;
Et nous ferons, monsieur, la chose en conscience.
GÉRONTE.

Écoutez : je veux bien faire un dernier effort;

Mais, après cela, si...
VALÈRE.
Modérez ce transport ;
Que sur mes sentiments votre âme se repose.
Je vais voir Angélique ; et mon cœur se propose
D'arrêter son courroux déjà prêt d'éclater.

SCÈNE VIII.

GÉRONTE, HECTOR.

HECTOR.
Je m'en vais travailler, moi, pour vous contenter,
A vous faire, en raisons claires et positives,
Le mémoire succinct de nos dettes passives,
Et que j'aurai l'honneur de vous montrer dans peu.

SCÈNE IX.

GÉRONTE, seul.

Mon frère en son amour n'aura pas trop beau jeu.
Non, quand ce ne serait que pour le contredire,
Je veux rompre l'hymen où son amour aspire ;
Et j'aurai deux plaisirs à la fois, si je puis,
De chagriner mon frère, et marier mon fils.

SCÈNE X.

M. TOUTABAS, GÉRONTE.

TOUTABAS.
Avec tous les respects d'un cœur vraiment sincère,
Je viens pour vous offrir mon petit ministère.
Je suis pour vous servir, gentilhomme auvergnac,
Docteur dans tous les jeux, et maître de trictrac :
Mon nom est Toutabas, vicomte de la Case,
Et votre serviteur, pour terminer ma phrase.
GÉRONTE, à part.
Un maître de trictrac ! Il me prend pour mon fils.
(Haut.)
Quoi ! vous montrez, monsieur, un tel art dans Paris ?

Et l'on ne vous a pas fait présent, en galère,
D'un brevet d'espalier?
TOUTABAS, à part.
A quel homme ai-je affaire?
(Haut.)
Comment! je vous soutiens que dans tous les états
On ne peut de mon art faire assez de cas;
Qu'un enfant de famille, et qu'on veut bien instruire,
Devrait savoir jouer avant que savoir lire.
GÉRONTE.
Monsieur le professeur, avecque vos raisons,
Il faudrait vous loger aux Petites-Maisons.
TOUTABAS.
De quoi sert, je vous prie, une foule inutile
De chanteurs, de danseurs, qui montrent par la ville?
Un jeune homme en est-il plus riche quand il sait
Chanter ré mi fa sol, ou danser un menuet?
Paiera-t-on des[1] marchands la cohorte pressante
Avec un vaudeville ou bien une courante?
Ne vaut-il pas bien mieux qu'un jeune cavalier
Dans mon art au plus tôt se fasse initier?
Qu'il sache, quand il perd, d'une âme non commune,
A force de savoir, rappeler la fortune?
Qu'il apprenne un métier qui, par de sûrs secrets,
En le divertissant, l'enrichisse à jamais?
GÉRONTE.
Vous êtes riche, à voir?
TOUTABAS.
Le jeu fait vivre à l'aise
Nombre d'honnêtes gens, fiacres, porteurs de chaise;
Mille usuriers fournis de ces obscurs brillants,
Qui vont de doigts en doigts tous les jours circulants;
Des Gascons à souper dans les brelans fidèles;
Des chevaliers sans ordre; et tant de demoiselles
Qui, sans le lansquenet et son produit caché,
De leur faible vertu feraient fort bon marché,
Et dont tous les hivers la cuisine se fonde
Sur l'impôt établi d'une infaillible ronde.
GÉRONTE.
S'il est quelque joueur qui vive de son gain,

---

[1] *De*, au lieu de *des*, dans l'édition originale.

ACTE I, SCÈNE X.

On en voit tous les jours mille mourir de faim,
Qui, forcés à garder une longue abstinence,
Pleurent d'avoir trop mis à la réjouissance [1].

TOUTABAS.

Et c'est de là que vient la beauté de mon art.
En suivant mes leçons, on court peu ce [2] hasard.
Je sais, quand il le faut, par un peu d'artifice,
D'un [3] sort injurieux corriger la malice ;
Je sais dans un trictrac, quand il faut un sonnez,
Glisser des dés heureux, ou chargés, ou pipés ;
Et quand mon plein est fait, gardant mes avantages,
J'en substitue aussi d'autres prudents et sages.
Qui, n'offrant à mon gré que des as à tous coups,
Me font en un instant enfiler douze trous.

GÉRONTE.

Et monsieur Toutabas, vous avez l'insolence
De venir dans ces lieux montrer votre science ?

TOUTABAS.

Oui, monsieur, s'il vous plaît.

GÉRONTE.

Et vous ne craignez pas
Que j'arme contre vous quatre paires de bras,
Qui le long de vos reins ?...

TOUTABAS.

Monsieur, point de colère ;
Je ne suis point ici venu pour vous déplaire.

GÉRONTE, le poussant.

Maître juré filou, sortez de la maison.

TOUTABAS.

Non, je n'en sors qu'après vous avoir fait leçon ?

GÉRONTE.

A moi, leçon ?

TOUTABAS.

Je veux, par mon savoir extrême,
Que vous escamotiez un dé comme moi-même.

GÉRONTE.

Je ne sais qui me tient, tant je suis animé,

---

[1] Voir page 317.

[2] *Ce* est conforme à l'original. On lit *de* dans les éditions modernes.

[3] *D'un* est conforme à l'édition originale et à celle de 1728. Dans les éditions modernes, on lit *du*.

Que quelques bons soufflets donnés à poing fermé...
Va-t'en.
(Il le prend par les épaules.)
TOUTABAS.
Puisqu'aujourd'hui votre humeur pétulante
Vous rend l'âme aux leçons un peu récalcitrante,
Je reviendrai demain pour la seconde fois.
GÉRONTE.
Reviens.
TOUTABAS.
Vous plairait-il de m'avancer le mois [1] ?
GÉRONTE, le poussant tout à fait dehors.
Sortiras-tu d'ici, vrai gibier de potence?

SCÈNE XI [2].

GÉRONTE, seul.

Je ne puis respirer, et j'en mourrai, je pense.
Heureusement mon fils n'a point vu ce fripon :
Il me prenait pour lui dans cette occasion.
Sachons ce qu'il a fait; et, sans plus de mystère,
Concluons son hymen, et finissons l'affaire.

FIN DU PREMIER ACTE.

ACTE SECOND.

SCÈNE I.

ANGÉLIQUE, NÉRINE.

ANGÉLIQUE.
Mon cœur serait bien lâche, après tant de serments,
D'avoir encor pour lui de tendres mouvements.
Nérine, c'en est fait, pour jamais je l'oublie;
Je ne veux ni l'aimer, ni le voir de ma vie;

---

[1] Dans les *Fâcheux*, III, 3, on lit :
Si vous vouliez me prêter deux pistoles.

[2] Dans l'édition originale, cet acte n'est divisé qu'en huit scènes.

ACTE II, SCÈNE I.

Je sens la liberté de retour dans mon cœur.
Ne me viens pas, au moins, parler en sa faveur.

NÉRINE

Moi, parler pour Valère ! Il faudrait être folle.
Que plutôt à jamais je perde la parole !

ANGÉLIQUE.

Ne viens point désormais, pour calmer mon dépit,
Rappeler à mes sens son air et son esprit ;
Car tu sais qu'il en a.

NÉRINE.

De l'esprit ! lui, madame !
Il est plus journalier mille fois qu'une femme :
Il rêve à tout moment ; et sa vivacité
Dépend presque toujours d'une carte ou d'un dé.

ANGÉLIQUE.

Mon cœur est maintenant certain de sa victoire.

NÉRINE.

Madame, croyez-moi, je connais le grimoire.
Souvent tous ces dépits sont des hoquets d'amour.

ANGÉLIQUE.

Non ; l'amour de mon cœur est banni sans retour.

NÉRINE.

Cet hôte dans un cœur a bientôt fait son gîte ;
Mais il se garde bien d'en déloger si vite.

ANGÉLIQUE.

Ne crains rien de mon cœur.

NÉRINE.

S'il venait à l'instant,
Avec cet air flatteur, soumis, insinuant,
Que vous lui connaissez ; que d'un ton pathétique,

(Elle se met à ses pieds.)

Il vous dît à vos pieds : « Non, charmante Angélique,
» Je ne veux opposer à tout votre courroux
» Qu'un seul mot : Je vous aime, et je n'aime que vous.
» Votre âme en ma faveur, n'est-elle point émue ?
» Vous ne me dites rien ! vous détournez la vue !

(Elle se relève.)

» Vous voulez donc ma mort ? il faut vous contenter. »
Peut-être en ce moment pour vous épouvanter,
Il se soufflettera d'une main mutinée,
Se donnera du front contre une cheminée,

S'arrachera de rage un toupet de cheveux
Qui ne sont pas à lui. Mais de ces airs fougueux
Ne vous étonnez pas; comptez qu'en sa colère
Il ne se fera pas grand mal.

ANGÉLIQUE.

    Laisse-moi faire.

NÉRINE.

Vous voilà, grâce au ciel, bien instruite sur tout;
Ne vous démentez point, tenez bon jusqu'au bout.

SCÈNE II.

LA COMTESSE, ANGÉLIQUE, NÉRINE.

LA COMTESSE.

On dit partout, ma sœur, qu'un peu moins prévenue,
Vous épousez Dorante.

ANGÉLIQUE.

    Oui, j'y suis résolue.

LA COMTESSE.

Mon cœur en est ravi. Valère est un vrai fou,
Qui jouerait votre bien jusques au dernier sou.

ANGÉLIQUE.

D'accord.

LA COMTESSE.

   J'aime à vous voir vaincre votre tendresse.
Cet amour, entre nous, était une faiblesse.
Il faut se dégager de ces attachements
Que la raison condamne et qui flattent nos sens.

ANGÉLIQUE.

Il est vrai.

LA COMTESSE.

   Rien n'est plus à craindre dans la vie,
Qu'un époux qui du jeu ressent la tyrannie.
J'aimerais mieux qu'il fût gueux, avaricieux,
Coquet, fâcheux, mal fait, brutal, capricieux,
Ivrogne, sans esprit, débauché, sot, colère,
Que d'être un emporté joueur comme est Valère.

ANGÉLIQUE.

Je sais que ce défaut est le plus grand de tous.

LA COMTESSE.

Vous ne voulez donc plus en faire votre époux?

ACTE II, SCÈNE II.

ANGÉLIQUE.
Moi? non : dans ce dessein nos humeurs sont conformes.
NÉRINE.
Il a, ma foi, reçu son congé dans les formes.
LA COMTESSE.
C'est bien fait. Puisqu'enfin vous renoncez à lui,
Je vais l'épouser, moi.
ANGÉLIQUE.
L'épouser?
LA COMTESSE.
Aujourd'hui.
ANGÉLIQUE.
Ce joueur, qu'à l'instant?...
LA COMTESSE.
Je saurai le réduire.
On sait sur les maris ce que l'on a d'empire.
ANGÉLIQUE.
Quoi! vous voulez, ma sœur, avec cet air si doux,
Ce maintien réservé, prendre un nouvel époux?
LA COMTESSE.
Et pourquoi non, ma sœur? Fais-je donc un grand crime
De rallumer les feux d'un amour légitime?
J'avais fait vœu de fuir tout autre engagement.
Pour garder du défunt le souvenir charmant,
Je portais son portrait; et cette vive image
Me soulageait un peu des chagrins du veuvage :
Mais qu'est-ce qu'un portrait quand on aime bien fort?
C'est un époux vivant qui console d'un mort.
NÉRINE.
Madame n'aime pas les maris en peinture.
LA COMTESSE.
Cela racquitte-t-il d'une perte aussi dure?
NÉRINE.
C'est irriter le mal, au lieu de l'adoucir.
ANGÉLIQUE.
Connaisseuse en maris, vous deviez mieux choisir.
Vous unir à Valère !
LA COMTESSE.
Oui, ma sœur, à lui-même.
ANGÉLIQUE.
Mais vous n'y pensez pas. Croyez-vous qu'il vous aime?

LA COMTESSE.

S'il m'aime, lui ! s'il m'aime ! Ah ! quel aveuglement !
On a certains attraits, un certain enjouement,
Que personne ne peut me disputer, je pense.

ANGÉLIQUE.

Après un si longtemps de pleine jouissance,
Vos attraits sont à vous sans contestation.

LA COMTESSE.

Et je puis en user à ma discrétion.

ANGÉLIQUE.

Sans doute. Et je vois bien qu'il n'est pas impossible
Que Valère pour vous ait eu le cœur sensible.
L'or est d'un grand secours pour acheter un cœur;
Ce métal, en amour, est un grand séducteur.

LA COMTESSE.

En vain vous m'insultez avec un tel langage ;
La modération fut toujours mon partage[1] :
Mais ce n'est point par l'or que brillent mes attraits ;
Et jamais, en aimant, je ne fis de faux frais.
Mes sentiments, ma sœur, sont différents des vôtres ;
Si je connais l'amour, ce n'est que dans les autres.
J'ai beau m'armer de fier, je vois de toutes parts
Mille cœurs amoureux suivre mes étendards :
Un conseiller de robe, un seigneur de finance,
Dorante, le marquis, briguent mon alliance;
Mais si d'un nouveau nœud je veux bien me lier,
Je prétends à Valère offrir un cœur entier.
Je fais profession d'une vertu sévère.

ANGÉLIQUE.

Qui peut vous assurer de l'amour de Valère?

LA COMTESSE.

Qui peut m'en assurer? mon mérite, je crois.

ANGÉLIQUE.

D'autres sur lui, ma sœur, auraient les mêmes droits.

LA COMTESSE.

Il n'eut jamais pour vous qu'une estime stérile,
Un petit feu léger, vagabond, volatile.
Quand on veut inspirer une solide amour,
Il faut avoir vécu, ma sœur, bien plus d'un jour;

---

[1] Voyez page 338.

ACTE II, SCÈNE IV.

Avoir un certain poids, une beauté formée
Par l'usage du monde, et des ans confirmée.
Vous n'en êtes pas là.
ANGÉLIQUE.
J'attendrai bien du temps.
NÉRINE.
Madame est prévoyante, elle a pris les devants.
Mais on vient.

SCÈNE III.

LA COMTESSE, ANGÉLIQUE, NÉRINE, UN LAQUAIS.

LE LAQUAIS, à la comtesse.
Le marquis, madame, est là qui monte.
LA COMTESSE.
Le marquis? Hé! non, non; il n'est pas sur mon compte.

SCÈNE IV.

LE MARQUIS, LA COMTESSE, ANGÉLIQUE, NÉRINE.

LE MARQUIS, se rajustant, à la comtesse.
Je suis tout en désordre : un maudit embarras
M'a fait quitter ma chaise à deux ou trois cents pas;
Et j'y serais encor dans des peines mortelles,
Si l'Amour, pour vous voir, ne m'eût prêté ses ailes.
LA COMTESSE.
Que monsieur le marquis est galant sans fadeur!
LE MARQUIS.
Oh! point du tout, je suis votre humble serviteur.
Mais, à vous parler net, sans que l'esprit fatigue,
Près du sexe je sais me démêler d'intrigue.
(Apercevant Angélique.)
Ah! juste ciel! quel est cet admirable objet!
LA COMTESSE.
C'est ma sœur.
LE MARQUIS.
Votre sœur! vraiment, c'est fort bien fait.
Je vous sais gré d'avoir une sœur aussi belle;
On la prendrait, parbleu, pour votre sœur jumelle.

LA COMTESSE.

Comme à tout ce qu'il dit il donne un joli tour!
Qu'il est sincère! on voit qu'il est homme de cour.

LE MARQUIS.

Homme de cour, moi! non. Ma foi, la cour m'ennuie;
L'esprit de ce pays n'est qu'en superficie;
Sitôt que vous voulez un peu l'approfondir,
Vous rencontrez le tuf. J'y pourrais m'agrandir;
J'ai de l'esprit, du cœur plus que seigneur de [1] France;
Je joue, et j'y ferais fort bonne contenance :
Mais je n'y vais jamais que par nécessité,
Et pour y rendre au roi quelque civilité.

NÉRINE.

Il vous est obligé, monsieur, de tant de peine.

LE MARQUIS.

Je n'y suis pas plus tôt, soudain je perds haleine.
Ces fades compliments sur de grands mots montés,
Ces protestations qui sont futilités,
Ces serrements de mains dont on vous estropie,
Ces grands embrassements dont un flatteur vous lie,
M'ôtent à tout moment la respiration :
On ne s'y dit bonjour que par convulsion.

ANGÉLIQUE, au marquis.

Les dames de la cour sont bien mieux votre affaire?

LE MARQUIS.

Point. Il faut être au moins gros fermier pour leur plaire :
Leur sotte vanité croit ne pouvoir trop haut
A des faveurs de cour mettre un injuste taux [2].
Moi, j'aime à pourchasser des beautés mitoyennes.
L'hiver, dans un fauteuil, avec des citoyennes,
Les pieds sur les chenets, étendus sans façons,
Je pousse la fleurette et conte mes raisons.
Là, toute la maison s'offre à me faire fête;
Valet, filles de chambre, enfants, tout est honnête :
L'époux même discret, quand il entend minuit,
Me laisse avec madame, et va coucher sans bruit.

---

[1] Cette leçon est conforme à l'édition originale, et à celle de 1728. Dans les autres éditions, on lit : *Plus que seigneur* en *France*.

[2] *Taux* ne peut pas rimer avec *haut*. Dans l'édition originale on a écrit : *tau;* dans celle de 1728 : *taut*.

Voilà comme je vis, quand parfois dans la ville
Je veux bien déroger...

NÉRINE.

La manière est facile;
Et ce commerce-là me paraît assez doux.

LE MARQUIS, à la comtesse.

C'est ainsi que je veux en user avec vous.
Je suis tout naturel, et j'aime la franchise;
Ma bouche ne dit rien que mon cœur n'autorise;
Et quand de mon amour je vous fais un aveu,
Madame, il est trop vrai que je suis tout en feu.

LA COMTESSE.

Fi donc, petit badin, un peu de retenue;
Vous me parlez, marquis, une langue inconnue :
Le mot d'amour me blesse et me fait trouver mal.

LE MARQUIS.

L'effet n'en serait pas peut-être si fatal.

NÉRINE.

Elle veut qu'en détours la chose s'enveloppe;
Et ce mot dit à cru lui cause une syncope.

ANGÉLIQUE.

Dans la bouche d'un autre il deviendrait plus doux.

LA COMTESSE.

Comment? Qu'est-ce? Plaît-il? Parlez; expliquez-vous.
Parlez donc, parlez donc. Apprenez, je vous prie,
Que mortel, quel[1] qu'il soit, ne me dit de ma vie
Un mot douteux qui pût effleurer mon honneur.

LE MARQUIS.

Croirait-on qu'une veuve aurait tant de pudeur?

ANGÉLIQUE.

Mais Valère vous aime, et souvent...

LE MARQUIS.

Qu'est-ce à dire,
Valère? Un autre ici conjointement soupire!
Ah! si je le savais, je lui ferais, morbleu!...
Où loge-t-il?

NÉRINE.

Ici.

---

[1] Dans l'édition originale on lit :

Que mortel, *tel* qu'il soit, ne me dit de ma vie
Un mot douteux qui *puisse* effleurer mon honneur.

LE MARQUIS fait semblant de s'en aller, et revient.
Nous nous verrons dans peu.
LA COMTESSE.
Mais quel droit avez-vous sur moi?
LE MARQUIS.
Quel droit, ma reine?
Le droit de bienséance avec celui d'aubaine.
Vous me convenez fort, et je vous conviens mieux.
Sur vous l'on sait assez que je jette les yeux.
LA COMTESSE.
Vous êtes fou, marquis, de parler de la sorte.
LE MARQUIS.
Je sais ce que je dis, ou le diable m'emporte.
LA COMTESSE.
Sommes-nous donc liés par quelque engagement?
LE MARQUIS.
Non pas autrement... mais...
LA COMTESSE.
Qu'est-ce à dire? Comment?...
Parlez.
LE MARQUIS.
Je ne sais point prendre en main des trompettes,
Pour publier partout les faveurs qu'on m'a faites.
ANGÉLIQUE.
Hé, ma sœur!
NÉRINE.
Des faveurs!
LE MARQUIS.
Suffit, je suis discret,
Et sais, quand il le faut, oublier un secret.
LA COMTESSE.
On ne connaît que trop ma retenue austère.
Il veut rire.
LE MARQUIS.
Ah! parbleu, je saurai de Valère
Quel est, en vous aimant, le but de ses désirs,
Et de quel droit il vient chasser sur mes plaisirs.

SCÈNE V.

ANGÉLIQUE, LA COMTESSE, LE MARQUIS, NÉRINE,
UN LAQUAIS.

LE LAQUAIS, rendant un billet au marquis.
Monsieur, c'est de la part de la grosse comtesse.
LE MARQUIS, le mettant dans sa poche.
Je le lirai tantôt.

(Le laquais sort.)

SCÈNE VI.

ANGÉLIQUE, LA COMTESSE, LE MARQUIS, NÉRINE,
UN SECOND LAQUAIS.

LE SECOND LAQUAIS.
Cette jeune duchesse
Vous attend à vingt pas pour vous mener au jeu.
LE MARQUIS.
Qu'elle attende.

(Le second laquais sort.)

SCÈNE VII.

ANGÉLIQUE, LA COMTESSE, LE MARQUIS, NÉRINE,
UN TROISIÈME LAQUAIS.

LE TROISIÈME LAQUAIS.
Monsieur...
LE MARQUIS.
Encore! Ah! palsambleu,
Il faut que de la ville enfin je me dérobe.
LE TROISIÈME LAQUAIS.
Je viens de voir, monsieur, cette femme de robe,
Qui dit que cette nuit son mari couche aux champs,
Et que ce soir, sans bruit...
LE MARQUIS.
Il suffit, je t'entends.
Tu prendras ce manteau, fait pour bonne fortune,
De couleur de muraille; et tantôt, sur la brune,
Va m'attendre en secret où tu fus avant-hier;
Là...

LE TROISIÈME LAQUAIS.
Je sais.
(Il sort.)

SCÈNE VIII.

ANGÉLIQUE, LA COMTESSE, LE MARQUIS, NÉRINE.

LE MARQUIS.
Il faudrait avoir un corps de fer
Pour résister à tout. J'ai de l'ouvrage à faire,
Comme vous le voyez; mais je m'en veux distraire.
(A la comtesse.)
Vous ferez désormais tous mes soins les plus doux.
LA COMTESSE.
Si mon cœur était libre, il pourrait être à vous.
LE MARQUIS.
Adieu, charmant objet; à regret je vous quitte.
C'est un pesant fardeau d'avoir un gros mérite.

SCÈNE IX.

LA COMTESSE, ANGÉLIQUE, NÉRINE.

NÉRINE, à la comtesse.
Cet homme-là vous aime épouvantablement.
ANGÉLIQUE, à la comtesse.
Je ne vous croyais pas un tel engagement.
LA COMTESSE.
Il est vif.
ANGÉLIQUE.
Il vous aime, et son ardeur est belle.
LA COMTESSE.
L'amour qu'il a pour moi lui tourne la cervelle :
Il ne m'a pourtant vue encore que deux fois.
NÉRINE.
Il en a donc bien fait la première...

SCÈNE X.

VALÈRE, LA COMTESSE, ANGÉLIQUE, NÉRINE.

NÉRINE.
Je crois

Voir Valère.
LA COMTESSE.
L'amour auprès de moi le guide.
NÉRINE.
Il tremble en approchant.
LA COMTESSE.
J'aime un amant timide,
(A Valère).
Cela marque un bon fond. Approchez, approchez ;
Ouvrez de votre cœur les sentiments cachés.
(A Angélique.)
Vous allez voir, ma sœur.
VALÈRE, à la comtesse.
Ah ! quel bonheur, madame,
Que vous me permettiez d'ouvrir toute mon âme ;
(A Angélique).
Et quel plaisir de dire, en des transports si doux,
Que mon cœur vous adore, et n'adore que vous !
LA COMTESSE.
L'amour le trouble. Eh quoi ! que faites-vous, Valère ?
VALÈRE.
Ce que vous-même ici m'avez permis de faire.
NÉRINE, à part.
Voici du quiproquo.
VALÈRE, à Angélique.
Que je serais heureux,
S'il vous plaisait encor de recevoir mes vœux !
LA COMTESSE, à Valère.
Vous vous méprenez.
VALÈRE, à la comtesse.
Non. Enfin, belle Angélique,
Entre mon oncle et moi que votre cœur s'explique ;
Le mien est tout à vous, et jamais dans un cœur...
LA COMTESSE.
Angélique !
VALÈRE.
On ne vit une plus noble ardeur.
LA COMTESSE.
Ce n'est donc pas pour moi que votre cœur soupire ?
VALÈRE.
Madame, en ce moment je n'ai rien à vous dire.

Regardez votre sœur, et jugez si ses yeux
Ont laissé dans mon cœur de place à d'autres feux.
LA COMTESSE.
Quoi ! d'aucun feu pour moi votre âme n'est éprise ?
VALÈRE.
Quelques civilités que l'usage autorise [1]...
LA COMTESSE.
Comment ?
ANGÉLIQUE.
Il ne faut pas avec sévérité
Exiger des amants trop de sincérité.
Ma sœur, tout doucement avalez la pilule.
LA COMTESSE.
Taisez-vous, s'il vous plaît, petite ridicule.
VALÈRE, à la comtesse.
Vous avez cent vertus, de l'esprit, de l'éclat ;
Vous êtes belle, riche, et...
LA COMTESSE.
Vous êtes un fat.
ANGÉLIQUE.
La modération, qui fut votre partage [2],
Vous ne la mettez pas, ma sœur, trop en usage.
LA COMTESSE.
Monsieur vaut-il le soin qu'on se mette en courroux ?
C'est un extravagant ; il est tout fait pour vous.

(Elle sort.)

SCÈNE XI.

VALÈRE, ANGÉLIQUE, NÉRINE.

NÉRINE, à part.
Elle connaît ses gens.
VALÈRE.
Oui, pour vous je soupire,
Et je voudrais avoir cent bouches pour le dire
NÉRINE, bas à Angélique.
Allons, madame, allons, ferme ; voici le choc :

---

[1] Molière, *Misanthrope*, I. 1, dit :
  Quelques dehors civils que l'usage demande.
[2] Voyez p. 330.

ACTE II, SCÈNE XI.

Point de faiblesse au moins, ayez un cœur de roc.

ANGÉLIQUE, bas à Nérine.

Ne m'abandonne point.

NÉRINE, bas à Angélique.

Non, non; laissez-moi faire.

VALÈRE.

Mais que me sert, hélas! que mon cœur vous préfère?

Que sert à mon amour un si sincère aveu?

Vous ne m'écoutez point, vous dédaignez mon feu.

De vos beaux yeux pourtant, cruelle, il est l'ouvrage.

Je sais qu'à vos beautés c'est faire un dur outrage

De nourrir dans mon cœur des désirs partagés;

Que la fureur du jeu se mêle où vous régnez;

Mais...

ANGÉLIQUE.

Cette passion est trop forte en votre âme

Pour croire que l'amour d'aucun feu vous enflamme.

Suivez, suivez l'ardeur de vos emportements;

Mon cœur n'en aura point de jaloux sentiments.

NÉRINE, bas à Angélique.

Optimè.

VALÈRE.

Désormais, plein de votre tendresse,

Nulle autre passion n'a rien qui m'intéresse :

Tout ce qui n'est point vous me paraît odieux.

ANGÉLIQUE, d'un ton plus tendre.

Non, ne vous présentez jamais devant mes yeux.

NÉRINE, bas à Angélique.

Vous mollissez.

VALÈRE.

Jamais! quelle rigueur extrême!

Jamais! Ah! que ce mot est cruel quand on aime!

Hé quoi! rien ne pourra fléchir votre courroux?

Vous voulez donc me voir mourir à vos genoux?

ANGÉLIQUE.

Je prends peu d'intérêt, monsieur, à votre vie.

NÉRINE, bas à Angélique.

Nous allons bientôt voir jouer la comédie.

VALÈRE.

Ma mort sera l'effet de mon cruel dépit.

NÉRINE, bas à Angélique.

Qu'un amant mort pour nous nous mettrait en crédit!

VALÈRE.

Vous le voulez? Eh bien! il faut vous satisfaire,
Cruelle! il faut mourir.
(Il veut tirer son épée.)

ANGÉLIQUE, l'arrêtant.

Que faites-vous, Valère?

NÉRINE, bas à Angélique.

Eh bien! ne voilà pas votre tendre maudit
Qui vous prend à la gorge! Euh!

ANGÉLIQUE, bas à Nérine.

Tu ne m'as pas dit,
Nérine, qu'il viendrait se percer à ma vue :
Et je tremble de peur quand une épée est nue.

NÉRINE, à part.

Que les amants sont sots!

VALÈRE.

Puisqu'un soin généreux
Vous intéresse encore aux jours d'un malheureux,
Non, ce n'est point assez de me rendre la vie;
Il faut que par l'amour, désarmée, attendrie,
Vous me rendiez encor ce cœur si précieux,
Ce cœur sans qui le jour me devient odieux.

ANGÉLIQUE, bas à Nérine.

Nérine, qu'en dis-tu?

NÉRINE, bas à Angélique.

Je dis qu'en la mêlée
Vous avez moins de cœur qu'une poule mouillée.

VALÈRE.

Madame, au nom des dieux, au nom de vos attraits...

ANGÉLIQUE.

Si vous me promettiez...

VALÈRE.

Oui, je vous le promets,
Que la fureur du jeu sortira de mon âme,
Et que j'aurai pour vous la plus ardente flamme...

NÉRINE, à part.

Pour faire des serments il est toujours tout prêt.

ANGÉLIQUE.

Il faut encore, ingrat, vouloir ce qu'il vous plaît.
Oui, je vous rends mon cœur.

VALÈRE, baisant la main d'Angélique.

Ah! quelle joie extrême!

ANGÉLIQUE.
Et pour vous faire voir à quel point je vous aime,
Je joins à ce présent celui de mon portrait.
(Elle lui donne son portrait enrichi de diamants.)
NÉRINE, à part.
Hélas! de mes sermons voilà quel est l'effet!
VALÈRE.
Quel excès de faveurs!
ANGÉLIQUE.
Gardez-le, je vous prie.
VALÈRE, le baisant.
Que je le garde, ô ciel! Le reste de ma vie...
Que dis-je? je prétends que ce portrait si beau
Sois mis avecque moi dans le même tombeau,
Et que même la mort jamais ne nous sépare.
NÉRINE, à part.
Que l'esprit d'une fille est changeant et bizarre!
ANGÉLIQUE.
Ne me trompez donc plus, Valère; et que mon cœur
Ne se repente point de sa facile ardeur.
VALÈRE.
Fiez-vous aux serments de mon âme amoureuse.
NÉRINE, à part.
Ah! que voilà pour l'oncle une époque fâcheuse!

SCÈNE XII.

VALÈRE, seul.

Est-il dans l'uivers de mortel plus heureux?
Elle me rend son cœur; elle comble mes vœux,
M'accable de faveurs...

SCÈNE XIII.

VALÈRE, HECTOR.

HECTOR.
Monsieur, je viens vous dire...
VALÈRE.
Je suis tout transporté. Vois, considère, admire:
Angélique m'a fait ce généreux présent.

HECTOR.

Que les brillants sont gros! Pour être plus content,
Je vous amène encore un lénitif de bourse,
Une usurière.

VALÈRE.

Et qui?

HECTOR.

Madame la Ressource.

SCÈNE XIV.

Mme LA RESSOURCE, VALÈRE, HECTOR.

VALÈRE, embrassant madame la Ressource.

Hé! bonjour, mon enfant : tu ne peux concevoir
Jusqu'où va dans mon cœur le plaisir de te voir.

Mme LA RESSOURCE.

Je vous suis obligée on ne peut davantage.

HECTOR.

Elle est jolie encor. Mais quel sombre équipage!
Vous voilà, sans mentir, aussi noire qu'un four.

VALÈRE.

Ne vois-tu pas, Hector, que c'est un deuil de cour?

Mme LA RESSOURCE.

Oh! monsieur, point du tout. Je suis une bourgeoise,
Qui sais me mesurer justement à ma toise.
J'en connais bien pourtant, qui ne me valent pas,
Qui se font teindre en noir du haut jusques en bas :
Mais pour moi, je n'ai point cette sotte manie ;
Et si mon pauvre époux était encore en vie...

(Elle pleure.)

VALÈRE.

Quoi! monsieur la Ressource est mort?

Mme LA RESSOURCE.

Subitement.

HECTOR, pleurant.

Subitement? Hélas! j'en suis fâché vraiment.

(Bas à Valère.)

Au fait.

VALÈRE.

J'aurais besoin, madame la Ressource,
De mille écus.

ACTE II, SCÈNE XIV.

Mme LA RESSOURCE.
Monsieur, disposez de ma bourse.
VALÈRE.
Je fais, bien entendu, mon billet au porteur.
HECTOR.
Et je veux l'endosser.
Mme LA RESSOURCE.
Avec les gens d'honneur
On ne perd jamais rien.
VALÈRE.
Je veux que tu le prennes.
Nous faisons ici-bas des routes incertaines;
Je pourrais bien mourir. Ce maraud m'avait dit
Que sur des gages sûrs tu prêtais à crédit.
Mme LA RESSOURCE.
Sur des gages, monsieur? c'est une médisance;
Je sais que ce serait blesser ma conscience.
Pour des nantissements qui valent bien leur prix,
De la vieille vaisselle au poinçon de Paris,
Des diamants usés, et qu'on ne saurait vendre,
Sans risquer mon honneur, je crois que j'en puis prendre.
VALÈRE.
Je n'ai pour te donner, vaisselle ni bijoux.
HECTOR.
Oh! parbleu, nous marchons sans crainte des filous.
Mme LA RESSOURCE.
Eh bien! nous attendrons, monsieur, qu'il vous en vienne.
VALÈRE.
Compte, ma pauvre enfant, que ma mort est certaine,
Si je n'ai dans ce jour mille écus.
Mme LA RESSOURCE.
Ah! monsieur!
Je voudrais les avoir; ce serait de grand cœur.
VALÈRE.
Ma charmante, mon cœur, ma reine, mon aimable,
Ma belle, ma mignonne, et ma toute adorable.
HECTOR, à genoux.
Par pitié.
Mme LA RESSOURCE.
Je ne puis.
HECTOR.
Ah! que nous sommes fous!

Tous ces gens-là, monsieur, ont des cœurs de cailloux;
Sans des nantissements il ne faut rien prétendre.
VALÈRE.
Dis-moi donc, si tu veux, où je les pourrai prendre.
HECTOR.
Attendez... Mais comment, avec un cœur d'airain,
Refuser un billet endossé de ma main?
VALÈRE.
Mais vois donc.
HECTOR.
Laissez-moi ; je cherche en ma boutique.
VALÈRE, bas à Hector.
Écoute... Nous avons le portrait d'Angélique.
Dans le temps difficile il faut un peu s'aider.
HECTOR, bas à Valère.
Ah! que dites-vous là? Vous devez le garder.
VALÈRE, bas à Hector.
D'accord : honnêtement je ne puis m'en défaire.
Mme LA RESSOURCE.
Adieu. Quelque autre fois nous finirons l'affaire.
VALÈRE, à madame la Ressource.
Attendez donc.
(Bas à Hector.)
Tu sais jusqu'où vont mes besoins.
N'ayant pas son portrait, l'en aimerai-je moins?
HECTOR, bas à Valère.
Fort bien. Mais voulez-vous que cette perfidie?...
VALÈRE, bas à Hector.
Il est vrai. J'ai tantôt cette grosse partie
De ces joueurs en fonds qui doivent s'assembler.
Mme LA RESSOURCE.
Adieu.
VALÈRE à Mme la Ressource.
Demeurez donc : où voulez-vous aller?
(Bas à Hector..)
Je ferai de l'argent; ou celui de mon père,
Quoi qu'il puisse arriver, nous tirera d'affaire.
HECTOR, bas à Valère.
Que peut dire Angélique alors qu'elle apprendra
Que de son cher portrait?...
VALÈRE, bas à Hector.
Et qui le lui dira?

ACTE II, SCÈNE XV.

Dans une heure au plus tard nous irons le reprendre.
    HECTOR, bas à Valère.
Dans une heure?
     VALÈRE, bas à Hector.
Oui, vraiment.
    HECTOR, bas à Valère.
      Je commence à me rendre.
    VALÈRE, bas à Hector.
Je me mettrais en gage en mon besoin urgent.
  HECTOR, bas à Valère, le considérant.
Sur cette nippe-là vous auriez peu d'argent.
    VALÈRE, bas à Hector.
On ne perd pas toujours, je gagnerai sans doute.
    HECTOR, bas à Valère.
Votre raisonnement met le mien en déroute.
Je sais que ce micmac ne vaut rien dans le fond.
    VALÈRE, bas à Hector.
Je m'en tirerai bien, Hector, je t'en répond.
 (A madame la Ressource, montrant le portrait d'Angélique.)
Peut-on, sur ce bijou, sans trop de complaisance?...
    Mme LA RESSOURCE.
Oui, je puis maintenant prêter en conscience ;
Je vois des diamants qui répondent du prêt,
Et qui peuvent porter un modeste intérêt.
Voilà les mille écus comptés dans cette bourse.
     VALÈRE.
Je vous suis obligé, madame la Ressource.
Au moins, ne manquez pas de revenir tantôt :
Je prétends retirer mon portrait au plus tôt.
    Mme LA RESSOURCE.
Volontiers. Nous aimons à changer de la sorte.
Plus notre argent fatigue, et plus il nous rapporte.
Adieu, messieurs. Je suis tout à vous à ce prix.
        (Elle sort.)
   HECTOR, à madame la Ressource.
Adieu, juif, le plus juif qui soit dans tout Paris.

SCÈNE XV [1].

VALÈRE, HECTOR.

HECTOR.
Vous faites là, monsieur, une action inique.

---

[1] Dans l'édition originale, cet acte n'est divisé qu'en neuf scènes.

VALÈRE.
Aux maux désespérés il faut de l'émétique ;
Et cet argent, offert par les mains de l'amour,
Me dit que la fortune est pour moi dans ce jour.

FIN DU SECOND ACTE.

ACTE TROISIÈME.

SCÈNE I.

DORANTE, NÉRINE.

DORANTE.
Quel est donc le sujet pourquoi ton cœur soupire?
NÉRINE.
Nous n'avons pas, monsieur, tous deux sujet de rire.
DORANTE.
Dis-moi donc, si tu veux, le sujet de tes pleurs.
NÉRINE.
Il faut aller, monsieur, chercher fortune ailleurs.
DORANTE.
Chercher fortune ailleurs ! As-tu fait quelque pièce
Qui t'aurait fait sitôt chasser de ta maîtresse?
NÉRINE, pleurant plus fort.
Non : c'est de votre sort dont j'ai compassion ;
Et c'est à vous d'aller chercher condition.
DORANTE.
Que dis-tu?
NÉRINE.
Qu'Angélique est une âme légère,
Et s'est mieux que jamais rengagée à Valère.
DORANTE.
Quoique pour mon amour ce coup soit assommant,
Je ne suis point surpris d'un pareil changement.
Je sais que cet amant tout entière l'occupe ;
De ses ardeurs pour moi je ne suis point la dupe ;

ACTE III, SCÈNE II.

Et lorsque de ses feux je sens quelque retour,
Je dois tout au dépit et rien à son amour.
Je ne veux point, Nérine, éclater en injures,
Ni rappeler ici ses serments, ses parjures :
Ainsi que mon amour, je calme mon courroux.

NÉRINE.

Si vous saviez, monsieur, ce que j'ai fait pour vous !

DORANTE.

Tiens, reçoit cette bague, et dis à ta maîtresse
Que, malgré ses dédains, elle aura ma tendresse,
Et que la voir heureuse est mon plus grand bonheur.

NÉRINE, prenant la bague en pleurant.

Ah ! ah ! je n'en puis plus ; vous me fendez le cœur.

SCÈNE II.

GÉRONTE, HECTOR, DORANTE, NÉRINE.

HECTOR, à Géronte.

Oui, monsieur, Angélique épousera Valère ;
Ils ont signé la paix.

GÉRONTE, à Hector.

Tant mieux.

(A Dorante.)

Bonjour, mon frère.
Qu'est-ce ? Eh bien ! qu'avez-vous ? Vous êtes tout changé !
Allons, gai. Vous a-t-on donné votre congé ?

DORANTE.

Vous êtes bien instruit des chagrins qu'on me donne !
On ne me verra point violenter personne ;
Et quand je perds un cœur qui cherche à s'éloigner,
Mon frère, je prétends moins perdre que gagner.

GÉRONTE.

Voilà les sentiments d'un héros de Cassandre[1].
Entre nous, vous aviez fort grand tort de prétendre
Que sur votre neveu vous puissiez l'emporter.

DORANTE.

Non ; je ne sus jamais jusque-là me flatter.
La jeunesse toujours eut des droits sur les belles ;
L'Amour est un enfant qui badine avec elles :

---

[1] *Cassandre* est un roman de La Calprenède.

Et quand, à certain âge, on veut se faire aimer,
C'est un soin indiscret qu'on devrait réprimer.
GÉRONTE.
Je suis, en vérité, ravi de vous entendre,
Et vous prenez la chose ainsi qu'il faut la prendre.
NÉRINE.
Si l'on m'en avait cru, tout n'en irait que mieux.
DORANTE.
Ma présence est assez inutile en ces lieux.
Je vais de mon amour tâcher à me défaire.
(Il sort.)

GÉRONTE.
Allez, consolez-vous ; c'est fort bien fait, mon frère.
Adieu.

SCÈNE III.

GÉRONTE, NÉRINE, HECTOR.

GÉRONTE.
Le pauvre enfant ! Son sort me fait pitié.
NÉRINE, s'en allant.
J'en ai le cœur saisi.
HECTOR.
Moi, j'en pleure à moitié.

Le pauvre homme !

SCÈNE IV [1].

GÉRONTE, HECTOR.

HECTOR, tirant un papier roulé avec plusieurs autres papiers.
Voilà, monsieur, un petit rôle
Des dettes de mon maître. Il vous tient sa parole,
Comme vous le voyez, et croit qu'en tout ceci
Vous voudrez bien, monsieur, tenir la vôtre aussi.
GÉRONTE.
Çà, voyons, expédie au plus tôt ton affaire.
HECTOR.
J'aurai fait en deux mots. L'honnête homme de père !

---

[1] On trouve une parodie de cette scène dans *le Corsaire* du 18 septembre 1843. Les interlocuteurs sont : un *Entrepreneur de vivres et d'enthousiasme*, et la *Liste civile* (de Louis-Philippe).

ACTE III, SCÈNE IV.

Ah! qu'à notre secours à propos vous venez!
Encore un jour plus tard, et nous étions ruinés.
          GÉRONTE.
Je le crois.
          HECTOR.
          N'allez pas sur les points vous débattre;
Foi d'honnête garçon, je n'en puis rien rabattre :
Les choses sont, monsieur, tout au plus juste prix;
De plus, je vous promets que je n'ai rien omis.
          GÉRONTE.
Finis donc.
          HECTOR.
          Il faut bien se mettre sur ses gardes.
« Mémoire juste et bref de nos dettes criardes,
» Que Mathurin Géronte aurait tantôt promis,
» Et promet maintenant de payer pour son fils. »
          GÉRONTE.
Que je les paie ou non, ce n'est pas ton affaire.
Lis toujours.
          HECTOR.
          C'est, monsieur, ce que je m'en vais faire.
« *Item*, doit à Richard cinq cents livres dix sous,
» Pour gages de cinq ans, frais, mises, loyaux coûts. »
          GÉRONTE.
Quel est ce Richard?
          HECTOR.
          Moi, fort à votre service.
Ce nom n'étant point fait du tout à la propice
D'un valet de joueur; mon maître [1], de nouveau,
M'a mis celui d'Hector, du valet de carreau.
          GÉRONTE.
Le beau nom! Il devait appeler Angélique
Pallas, du nom connu de la dame de pique.
          HECTOR.
« Secondement, il doit à Jérémie Aaron,

---

[1] Dans les éditions faites après la mort de l'auteur on a changé ainsi ces mots : *Mon maître, de nouveau*, etc., jusqu'à *dame de pique :*

          Je me suis de nouveau
  Donné celui d'Hector, du valet de carreau.
          GÉRONTE.
  Le beau nom!
          HECTOR.
          C'est un nom d'une nouvelle espèce,
  Qui part de mon esprit, fécond en gentillesse.

» Usurier de métier, juif de religion... »
GÉRONTE.
Tout beau, n'embrouillons point, s'il vous plaît, les affaires ;
Je ne veux point payer les dettes usuraires.
HECTOR.
Eh bien ! soit. « Plus, il doit à maints particuliers,
« Ou quidams, dont les noms, qualités et métiers
» Sont déduits[1] plus au long avecque les parties,
» Ès assignations, dont je tiens les copies,
» Dont tous lesdits quidams, ou du moins peu s'en faut,
» Ont obtenu déjà sentence par défaut,
» La somme de dix mille une livre, une obole,
» Pour l'avoir, sans relâche, un an, sur sa parole,
» Habillé, voituré, coiffé, chaussé, ganté,
» Alimenté, rasé, désaltéré, porté. »

GÉRONTE, faisant sauter les papiers que tient Hector.
Désaltéré, porté ! Que le diable t'emporte,
Et ton maudit mémoire écrit de telle sorte.

HECTOR, après avoir ramassé les papiers.
Si vous ne m'en croyez, demain, pour vous trouver,
J'enverrai les quidams tous à votre lever.
GÉRONTE.
La belle cour !
HECTOR.
« De plus, à Margot de la Plante[2],

[1] On trouve *déduits* dans l'édition originale, dans celle de 1728 et dans celle de 1750 ; et c'est probablement ainsi qu'a écrit Regnard. Dans les éditions modernes, on lit *décrits*.

[2] J'ai cru devoir conserver la leçon qui se trouve dans les éditions faites du vivant de l'auteur. Dans les éditions faites après sa mort, ces vers : *De plus à Margot de la Plante,* jusqu'à *un prix fait en hiver,* ont été remplacés par ceux-ci :

HECTOR.
« De plus, à madame une telle,
» Pour certaine maison que nous occupons d'elle,
» Sise vers le rempart, deux cent cinquante écus,
» Pour parfait payement de cinq quartiers échus. »
GÉRONTE.
Quelle est cette maison ?
HECTOR.
Monsieur, c'est un asile
Où nous nous retirons du fracas de la ville ;
Où mon maître, la nuit, pour noyer son chagrin,
Fait entrer sans payer quelques quartauts de vin.

On suit ordinairement l'ancien texte à la représentation.

» Personne de ses droits usante et jouissante,
» Est dû loyalement deux cent cinquante écus
» Pour ses appointements de deux quartiers échus. »
GÉRONTE.
Quelle est cette Margot?
HECTOR.
Monsieur... c'est une fille...
Chez laquelle mon maître... Elle est vraiment gentille.
GÉRONTE.
Deux cent cinquante écus !
HECTOR.
Ce n'est, ma foi, pas cher :
Demandez; c'est, monsieur, un prix fait en hiver.
GÉRONTE.
Et tu prétends, bourreau?...
HECTOR, tournant le rôle.
Monsieur, point d'invectives.
Voici le contenu de nos dettes actives :
Et vous allez bien voir que le compte suivant,
Payé fidèlement, se monte à presque autant.
GÉRONTE.
Voyons.
HECTOR.
« Premièrement, Isaac de la Serre... »
Il est connu de vous.
GÉRONTE.
Et de toute la terre :
C'est ce négociant, ce banquier si fameux.
HECTOR.
Nous ne vous donnons pas de ces effets verreux;
Cela sent comme baume. Or donc, ce de la Serre,
Si bien connu de vous et de toute la terre,
Ne nous doit rien.
GÉRONTE.
Comment !
HECTOR.
Mais un de ses parents,
Mort aux champs de Fleurus, nous doit dix mille francs.
GÉRONTE.
Voilà certainement un effet fort bizarre !
HECTOR.
Oh ! s'il n'était pas mort, c'était de l'or en barre.

« Plus, à mon maître est dû, du chevalier Fijac,
» Les droits hypothéqués sur un tour de trictrac. »
GÉRONTE.
Que dis-tu ?
HECTOR.
La partie est de deux cents pistoles ;
C'est une dupe ; il fait en un tour vingt écoles :
Il ne faut plus qu'un coup.
GÉRONTE, lui donnant un soufflet.
Tiens, maraud, le voilà,
Pour m'offrir un mémoire égal à celui-là.
Va porter cet argent à celui qui t'envoie.
HECTOR.
Il ne voudra jamais prendre cette monnoie.
GÉRONTE.
Impertinent maraud ! va, je t'apprendrai bien
Avecque ton trictrac...
HECTOR.
Il a dix trous à rien.

SCÈNE V.

HECTOR, seul.

Sa main est à frapper, non à donner, légère ;
Et mon maître a bien fait de faire ailleurs affaire.

SCÈNE VI.

VALÈRE, HECTOR.

(Valère entre en comptant beaucoup d'argent dans son chapeau.)

HECTOR, à part.
Mais le voici qui vient, poussé d'un heureux vent ;
Il a les yeux sereins et l'accueil avenant.
(Haut.)
Par votre ordre, monsieur, j'ai vu monsieur Géronte,
Qui de notre mémoire a fait fort peu de compte :
Sa monnoie est frappée avec un vilain coin,
Et de pareil argent nous n'avons pas besoin.
J'ai vu, chemin faisant, aussi monsieur Dorante :
Morbleu ! qu'il est fâché !

ACTE III, SCÈNE VI.

VALÈRE, comptant toujours.

Mille deux cent cinquante.

HECTOR, à part.

La flotte est arrivée avec les galions ;
Cela va diablement hausser nos actions.

(Haut.)

J'ai vu pareillement, par votre ordre, Angélique ;
Elle m'a dit...

VALÈRE, frappant du pied.

Morbleu ! ce dernier coup me pique ;
Sans les cruels revers de deux coups inouïs,
J'aurais encor gagné plus de deux cents louis.

HECTOR.

Cette fille, monsieur, de votre amour est folle.

VALÈRE, à part.

Damon m'en doit encor deux cents sur sa parole.

HECTOR, le tirant par la manche.

Monsieur, écoutez-moi ; calmez un peu vos sens ;
Je parle d'Angélique, et depuis fort longtemps.

VALÈRE, avec distraction.

Ah ! d'Angélique ? Eh bien ! comment suis-je avec elle ?

HECTOR.

On n'y peut être mieux. Ah ! monsieur, qu'elle est belle !
Et que j'ai de plaisir à vous voir raccroché !

VALÈRE, avec distraction.

A te dire le vrai, je n'en suis pas fâché.

HECTOR.

Comment ! quelle froideur s'empare de votre âme !
Quelle glace ! Tantôt vous étiez tout de flamme.
Ai-je tort quand je dis que l'argent de retour
Vous fait faire toujours banqueroute à l'amour ?
Vous vous sentez en fonds, *ergo* plus de maîtresse.

VALÈRE.

Ah ! juge mieux, Hector, de l'amour qui me presse.
J'aime autant que jamais ; mais sur ma passion
J'ai fait, en te quittant, quelque réflexion.
Je ne suis point du tout né pour le mariage :
Des parents, des enfants, une femme, un ménage,
Tout cela me fait peur. J'aime la liberté.

HECTOR.

Et le libertinage.

VALÈRE.

Hector, en vérité,
Il n'est point dans le monde un état plus aimable
Que celui d'un joueur : sa vie est agréable ;
Ses jours sont enchaînés par des plaisirs nouveaux ;
Comédie, opéra, bonne chère, cadeaux ;
Il traîne en tous les lieux la joie et l'abondance :
On voit régner sur lui l'air de magnificence ;
Tabatières, bijoux : sa poche est un trésor.
Sous ses heureuses mains le cuivre devient or.

HECTOR.

Et l'or devient à rien.

VALÈRE.

Chaque jour mille belles
Lui font la cour par lettre, et l'invitent chez elles :
La porte, à son aspect, s'ouvre à deux grands battants.
Là, vous trouvez toujours des gens divertissants ;
Des femmes qui jamais n'ont pu fermer la bouche,
Et qui, sur le prochain, vous tirent à cartouche ;
Des oisifs de métier, et qui toujours sur eux
Portent de tout Paris le lardon scandaleux ;
Des Lucrèces du temps, là, de ces filles veuves,
Qui veulent imposer et se donner pour neuves ;
De vieux seigneurs toujours prêts à vous cajoler ;
Des plaisants qui font rire avant que de parler.
Plus agréablement peut-on passer la vie ?

HECTOR.

D'accord. Mais quand on perd, tout cela vous ennuie.

VALÈRE.

Le jeu rassemble tout ; il unit à la fois
Le turbulent marquis, le paisible bourgeois.
La femme du banquier, dorée et triomphante,
Coupe orgueilleusement la duchesse indigente.
Là, sans distinction, on voit aller de pair
Le laquais d'un commis avec un duc et pair.
Et quoi qu'un sort jaloux nous ait fait d'injustices,
De sa naissance ainsi l'on venge les caprices.

HECTOR.

A ce qu'on peut juger de ce discours charmant,
Vous voilà donc en grâce avec l'argent comptant.
Tant mieux. Pour se conduire en bonne politique,

Il faudrait retirer le portrait d'Angélique.
####### VALÈRE.
Nous verrons.
####### HECTOR.
Vous savez...
####### VALÈRE.
Je dois jouer tantôt.
####### HECTOR.
Tirez-en mille écus.
####### VALÈRE.
Oh ! non, c'est un dépôt...
####### HECTOR.
Pour mettre quelque chose à l'abri des orages,
S'il vous plaisait du moins de me payer mes gages.
####### VALÈRE.
Quoi ! je te dois ?
####### HECTOR.
Depuis que je suis avec vous,
Je n'ai pas, en cinq ans, encor reçu cinq sous.
####### VALÈRE.
Mon père te paiera ; l'article est au mémoire.
####### HECTOR.
Votre père ? Ah ! monsieur, c'est une mer à boire.
Son argent n'a point cours, quoiqu'il soit bien de poids.
####### VALÈRE.
Va, j'examinerai ton compte une autre fois.
J'entends venir quelqu'un.
####### HECTOR.
Je vois votre sellière.
Elle a flairé l'argent.
####### VALÈRE, *mettant promptement son argent dans sa poche.*
Il faut nous en défaire.
####### HECTOR.
Et monsieur Galonier, votre honnête tailleur.
####### VALÈRE.
Quel contre-temps !

SCÈNE VII.

Mme ADAM, M. GALONIER, VALÈRE, HECTOR.

####### VALÈRE.
Je suis votre humble serviteur.

Bonjour, madame Adam. Quelle joie est la mienne !
Vous voir ! c'est du plus loin, parbleu, qu'il me souvienne.

Mme ADAM.

Je viens pourtant ici souvent faire ma cour ;
Mais vous jouez la nuit, et vous dormez le jour.

VALÈRE.

C'est pour cette calèche à velours à ramage ?

Mme ADAM.

Oui, s'il vous plaît.

VALÈRE.

Je suis fort content de l'ouvrage ;
Il faut vous la [1] payer...

(Bas à Hector.)

Songe par quel moyen
Tu pourras me tirer de ce triste entretien.

(Haut.)

Vous, monsieur Galonier, quel sujet vous amène ?

M. GALONIER.

Je viens vous demander...

HECTOR, à M. Galonier.

Vous prenez trop de peine.

M. GALONIER, à Valère.

Vous...

HECTOR, à M. Galonier.

Vous faites toujours mes habits trop étroits.

M. GALONIER, à Valère.

Si...

HECTOR, à M. Galonier.

Ma culotte s'use en deux ou trois endroits.

M. GALONIER, à Valère.

Je...

HECTOR, à M. Galonier.

Vous cousez si mal...

Mme ADAM.

Nous marions ma fille.

VALÈRE.

Quoi ! vous la mariez ? Elle est vive et gentille ;
Et son époux futur doit en être content.

---

[1] Dans l'édition originale et dans celles de 1728 et de 1750, on lit : *Il faut* LA *payer*. Dans la plupart des autres éditions, on lit : *Il faut* LE *payer*.

ACTE III, SCÈNE VII.

Mme ADAM.

Nous aurions grand besoin d'un peu d'argent comptant.

VALÈRE.

Je veux, madame Adam, mourir à votre vue,
Si j'ai...

Mme ADAM.

Depuis longtemps cette somme m'est due.

VALÈRE.

Que je sois en [1] maraud, déshonoré cent fois,
Si l'on m'a vu toucher un sou depuis six mois !

HECTOR.

Oui, nous avons tous deux, par pitié profonde,
Fait vœu de pauvreté : nous renonçons au monde.

M. GALONIER.

Que votre cœur pour moi se laisse un peu toucher !
Notre femme est, monsieur, sur le point d'accoucher.
Donnez-moi cent écus sur et tant moins des dettes.

HECTOR, à M. Galonier.

Et de quoi diable aussi, du métier dont vous êtes,
Vous avisez-vous là de faire des enfants ?
Faites-moi des habits.

M. GALONIER.

Seulement deux cents francs.

VALÈRE.

Et mais... si j'en avais... Comptez que dans la vie
Personne de payer n'eut jamais tant d'envie.
Demandez...

HECTOR.

S'il avait quelques deniers comptants,
Ne me paierait-il pas mes gages de cinq ans ?
Votre dette n'est pas meilleure que la mienne.

Mme ADAM.

Mais quand faudra-t-il donc, monsieur, que je revienne ?

VALÈRE.

Mais... quand il vous plaira... Dès demain; que sait-on ?

HECTOR.

Je vous avertirai quand il y fera bon.

---

[1] On lit ainsi dans l'édition originale et dans celles de 1728 et de 1750. Dans la plupart des autres éditions, on lit :

Que je sois *un* maraud, déshonoré cent fois, etc.

M. GALONIER.

Pour moi, je ne sors point d'ici qu'on ne m'en chasse.

HECTOR, à part.

Non, je ne vis jamais d'animal si tenace.

VALÈRE.

Écoutez, je vous dis un secret qui, je croi,
Vous plaira dans la suite autant et plus qu'à moi.
Je vais me marier tout à fait : et mon père
Avec mes créanciers doit me tirer d'affaire.

HECTOR.

Pour le coup...

Mme ADAM.

Il me faut de l'argent cependant.

HECTOR.

Cette raison vaut mieux que de l'argent comptant.
Montrez-nous les talons.

M. GALONIER.

Monsieur, ce mariage
Se fera-t-il bientôt?

HECTOR.

Tout au plus tôt. J'enrage.

Mme ADAM.

Sera-ce dans ce jour?

HECTOR.

Nous l'espérons. Adieu.
Sortez. Nous attendons la future en ce lieu :
Si l'on vous trouve ici, vous gâterez l'affaire.

Mme ADAM.

Vous me promettez donc?...

HECTOR.

Allez, laissez-moi faire.

Mme ADAM et M. GALONIER, ensemble.

Mais, monsieur...

HECTOR, les mettant dehors.

Que de bruit! Oh! parbleu, détalez.

SCÈNE VIII.

VALÈRE, HECTOR.

HECTOR, riant.

Voilà des créanciers assez bien régalés.

Vous devriez pourtant, en fonds comme vous êtes...
####### VALÈRE.
Rien ne porte malheur comme payer ses dettes.
####### HECTOR.
Ah! je ne dois donc plus m'étonner désormais
Si tant d'honnêtes gens ne les payent jamais.

SCÈNE IX.

LE MARQUIS, VALÈRE, HECTOR, TROIS LAQUAIS.

####### HECTOR.
Mais voici le marquis, ce héros de tendresse.
####### VALÈRE.
C'est là le soupirant?
####### HECTOR.
Oui, de notre comtesse.
####### LE MARQUIS, vers la coulisse.
Que ma chaise se tienne à deux cents pas d'ici.
Et vous, mes trois laquais, éloignez-vous aussi :
Je suis *incognito*.

(Les laquais sortent.)

SCÈNE X.

LE MARQUIS, VALÈRE, HECTOR.

####### HECTOR, à Valère.
Que prétend-il donc faire?
####### LE MARQUIS, à Valère.
N'est-ce pas vous, monsieur, qui vous nommez Valère?
####### VALÈRE.
Oui, monsieur; c'est ainsi qu'on m'a toujours nommé.
####### LE MARQUIS.
Jusques au fond du cœur j'en suis, parbleu, charmé.
Faites que ce valet à l'écart se retire.
####### VALÈRE, à Hector.
Va-t'en.
####### HECTOR.
Monsieur...
####### VALÈRE.
Va-t'en : faut-il te le redire?

SCÈNE XI.

LE MARQUIS, VALÈRE.

LE MARQUIS.

Savez-vous qui je suis ?

VALÈRE.

Je n'ai pas cet honneur.

LE MARQUIS, à part.

Courage ; allons, marquis, montre de la vigueur :
Il craint.

(Haut.)

Je suis pourtant fort connu dans la ville ;
Et, si vous l'ignorez, sachez que je faufile
Avec ducs, archiducs, princes, seigneurs, marquis,
Et tout ce que la cour offre de plus exquis ;
Petits-maîtres de robe à courte et longue queue.
J'évente les beautés et leurs plais d'une lieue.
Je m'érige aux repas en maître architriclin ;
Je suis le chansonnier et l'âme du festin.
Je suis parfait en tout. Ma valeur est connue ;
Je ne me bats jamais qu'aussitôt je ne tue :
De cent jolis combats je me suis démêlé ;
J'ai la botte trompeuse et le jeu très-brouillé.
Mes aïeux sont connus ; ma race est ancienne ;
Mon trisaïeul était vice-bailli du Maine.
J'ai le vol du chapon : ainsi, dès le berceau,
Vous voyez que je suis gentilhomme manceau.

VALÈRE.

On le voit à votre air.

LE MARQUIS.

J'ai, sur certaine femme
Jeté, sans y songer, quelque amoureuse flamme.
J'ai trouvé la matière assez sèche de soi ;
Mais la belle est tombée amoureuse de moi.
Vous le croyez sans peine : on est fait d'un modèle
A prétendre hypothèque, à fort bon droit, sur elle ;
Et vouloir faire obstacle à de telles amours,
C'est prétendre arrêter un torrent dans son cours.

VALÈRE.

Je ne crois pas, monsieur, qu'on fût si téméraire.

LE MARQUIS.
On m'assure pourtant que vous le voulez faire.

VALÈRE.
Moi?

LE MARQUIS.
Que, sans respecter ni rang, ni qualité,
Vous nourrissez dans l'âme une velléité
De me barrer son cœur.

VALÈRE.
C'est pure médisance;
Je sais ce qu'entre nous le sort mit de distance.

LE MARQUIS, bas.
Il tremble.
(Haut.)
Savez-vous, monsieur du lansquenet,
Que j'ai de quoi rabattre ici votre caquet?

VALÈRE.
Je le sais.

LE MARQUIS.
Vous croyez en votre humeur caustique,
En agir avec moi comme avec l'as de pique.

VALÈRE.
Moi, monsieur?

LE MARQUIS, bas.
Il me craint.
(Haut.)
Vous faites le plongeon,
Petit noble à nasarde, enté sur sauvageon.
(Valère enfonce son chapeau.)
(Bas.)
Je crois qu'il a du cœur.
(Haut.)
Je retiens ma colère :
Mais...

VALÈRE, mettant la main sur son épée.
Vous le voulez donc? Il faut vous satisfaire.

LE MARQUIS.
Bon! bon! je ris.

VALÈRE.
Vos ris ne sont point de mon goût,
Et vos airs insolents ne plaisent point du tout.
Vous êtes un faquin.

LE MARQUIS.
Cela vous plaît à dire.
VALÈRE.
Un fat, un malheureux.
LE MARQUIS.
Monsieur, vous voulez rire.
VALÈRE, mettant l'épée à la main.
Il faut voir sur-le-champ si les vice-baillis
Sont si francs du collier que vous l'avez promis.
LE MARQUIS.
Mais faut-il nous brouiller pour un sot point de gloire?
VALÈRE.
Oh! le vin est tiré, monsieur; il le faut boire.
LE MARQUIS, criant.
Ah! ah! je suis blessé.

SCÈNE XII.

LE MARQUIS, VALÈRE, HECTOR.

HECTOR, accourant.
Quels desseins emportés?...
LE MARQUIS, mettant l'épée à la main.
Ah! c'est trop endurer.
HECTOR, au marquis.
Ah! monsieur, arrêtez.
LE MARQUIS, à Hector.
Laissez-moi donc.
HECTOR, au marquis.
Tout beau!
VALÈRE, à Hector.
Cesse de le contraindre :
Va, c'est un malheureux qui n'est pas bien à craindre.
HECTOR, au marquis.
Quel sujet?...
LE MARQUIS, fièrement à Hector.
Votre maître a certains petits airs...
(Valère s'approche du marquis.)
(Le marquis effrayé, dit doucement.)
Et prend mal à propos les choses de travers.
On vient civilement pour s'éclaircir d'un doute,
Et monsieur prend la chèvre; il met tout en déroute,

Fait le petit mutin. Oh! cela n'est pas bien
HECTOR, au marquis.
Mais encor quel sujet?
LE MARQUIS, à Hector.
        Quel sujet? moins que rien.
L'amour de la comtesse auprès de lui m'appelle...
HECTOR, au marquis.
Ah! diable, c'est avoir une vieille querelle.
Quoi! vous osez, monsieur, d'un cœur ambitieux,
Sur notre patrimoine ainsi jeter les yeux!
Attaquer la comtesse, et nous le dire encore!
LE MARQUIS, à Hector.
Bon! je ne l'aime pas; c'est elle qui m'adore.
VALÈRE, au marquis.
Oh! vous pouvez l'aimer autant qu'il vous plaira;
C'est un bien que jamais on ne vous enviera :
Vous êtes en effet un amant digne d'elle :
Je vous cède les droits que j'ai sur cette belle.
HECTOR.
Oui, les droits sur le cœur; mais sur la bourse, non.
LE MARQUIS, à part, mettant son épée dans le fourreau.
Je le savais bien, moi, que j'en aurais raison;
Et voilà comme il faut se tirer d'une affaire.
HECTOR, au marquis.
N'auriez-vous point besoin d'un peu d'eau vulnéraire?
LE MARQUIS, à Valère.
Je suis ravi de voir que vous ayez[1] du cœur,
Et que le tout se soit passé dans la douceur.
Serviteur. Vous et moi, nous en valons deux autres.
Je suis de vos amis.
VALÈRE.
Je ne suis pas des vôtres.

SCÈNE XIII.

VALÈRE, HECTOR.

VALÈRE.
Voilà donc ce marquis, cet homme dangereux?

---

[1] C'est ainsi qu'on lit dans les premières éditions. Dans les éditions modernes on lit :
    Je suis ravi de voir que vous *avez* du cœur, etc.

HECTOR.

Oui, monsieur, le voilà.

VALÈRE.

C'est un grand malheureux.
Je crains que mes joueurs ne soient sortis du gîte;
Ils ont trop attendu; j'y retourne au plus vite.
J'ai dans le cœur, Hector, un bon pressentiment;
Et je dois aujourd'hui gagner, assurément.

HECTOR.

Votre cœur est, monsieur, toujours insatiable.
Ces inspirations viennent souvent du diable;
Je vous en avertis, c'est un futé matois.

VALÈRE.

Elles m'ont réussi déjà plus d'une fois.

HECTOR.

Tant va la cruche à l'eau...

VALÈRE.

Paix! Tu veux contredire:
A mon âge, crois-tu m'apprendre à me conduire?

HECTOR.

Vous ne me parlez point, monsieur, de votre amour.

VALÈRE.

Non.

SCÈNE XIV [1].

HECTOR, seul.

Il m'en parlera peut-être à son retour.

FIN DU TROISIÈME ACTE.

ACTE QUATRIÈME.

SCÈNE I.

ANGÉLIQUE, NÉRINE.

NÉRINE.

En vain vous m'opposez une indigne tendresse,
Je n'ai vu de mes jours avoir tant de mollesse.

[1] Dans l'édition originale, cet acte n'est divisé qu'en onze scènes.

ACTE IV, SCÈNE I.

Je ne puis sur ce point m'accorder avec vous.
Valère n'est point fait pour être votre époux;
Il ressent pour le jeu des fureurs nompareilles,
Et cet homme perdra quelque jour ses oreilles.

ANGÉLIQUE.
Le temps le guérira de cet aveuglement.

NÉRINE.
Le temps augmente encore un tel attachement.

ANGÉLIQUE.
Ne combats plus, Nérine, une ardeur qui m'enchante :
Tu prendrais pour l'éteindre une peine impuissante.
Il est des nœuds formés sous des astres malins,
Qu'on chérit malgré soi. Je cède à mes destins.
La raison, les conseils ne peuvent m'en distraire,
Je vois le bon parti; mais je prends le contraire [1].

NÉRINE.
Eh bien! madame, soit; contentez votre ardeur.
J'y consens. Acceptez pour époux un joueur,
Qui, pour porter au jeu son tribut volontaire,
Vous laissera manquer même du nécessaire,
Toujours triste ou fougueux, pestant contre le jeu,
Ou d'avoir perdu trop, ou bien gagné trop peu.
Quel charme qu'un époux qui, flattant sa manie,
Fait vingt mauvais marchés tous les jours de sa vie;
Prend pour argent comptant, d'un usurier fripon,
Des singes, des pavés, un chantier, du charbon;
Qu'on voit à chaque instant prêt à faire querelle
Aux bijoux de sa femme, ou bien à sa vaisselle,
Qui va, revient, retourne, et s'use à voyager
Chez l'usurier, bien plus qu'à donner à manger;
Quand, après quelque temps, d'intérêts surchargée,
Il la laisse où d'abord elle fut engagée,
Et prend, pour remplacer ses meubles écartés,
Des diamants du Temple, et des plats argentés;
Tant que, dans sa fureur n'ayant plus rien à vendre,
Empruntant tous les jours, et ne pouvant plus rendre,
Sa femme signe enfin, et voit en moins d'un an,
Ses terres en décret, et son lit à l'encan!

[1]   Video meliora proboque,
   Deteriora sequor.
              (OVIDE.)

ANGÉLIQUE.

Je ne veux point ici m'affliger par avance ;
L'événement souvent confond la prévoyance.
Il quittera le jeu.

NÉRINE.

Quiconque aime, aimera ;
Et quiconque a joué, toujours joue, et jouera.
Quelque [1] docteur l'a dit, ce n'est point menterie.
Et, si vous le voulez, contre vous je parie
Tout ce que je possède, et mes gages d'un an,
Qu'à l'heure que je parle il est dans un brelan.

SCÈNE II.

ANGÉLIQUE, NÉRINE, HECTOR.

NÉRINE.

Nous le saurons d'Hector qu'ici je vois paraître.

ANGÉLIQUE, à Hector.

Te voilà bien soufflant. En quels lieux est ton maître ?

HECTOR, embarrassé.

En quelque lieu qu'il soit, je réponds de son cœur ;
Il sent toujours pour vous la plus sincère ardeur.

NÉRINE.

Ce n'est point là, maraud, ce que l'on te demande.

HECTOR, voulant s'échapper.

Maraud ! Je vois qu'ici je suis de contrebande.

NÉRINE.

Non, demeure un moment.

HECTOR.

Le temps me presse. Adieu.

NÉRINE.

Tout doux ! N'est-il pas vrai qu'il est en quelque lieu
Où, courant le hasard...

HECTOR.

Parlez mieux, je vous prie.
Mon maître n'a hanté de tels lieux de sa vie.

ANGÉLIQUE, à Hector.

Tiens, voilà dix louis. Ne me mens pas ; dis-moi
S'il n'est pas vrai qu'il joue à présent.

[1] C'est ainsi qu'on lit dans l'édition originale, dans celle de 1728, et dans celle de 1750. Dans les éditions modernes, on lit, CERTAIN *docteur l'a dit*, etc.

ACTE IV, SCÈNE II.

HECTOR.

Oh! ma foi,
Il est bien revenu de cette folle rage,
Et n'aura pas de goût pour le jeu davantage.

ANGÉLIQUE.

Avec tes faux soupçons, Nérine, eh bien! tu vois.

HECTOR.

Il s'en donne aujourd'hui pour la dernière fois.

ANGÉLIQUE.

Il jouerait donc?

HECTOR.

Il joue, à dire vrai, madame;
Mais ce n'est proprement que par noblesse d'âme :
On voit qu'il se défait de son argent exprès,
Pour n'être plus touché que de vos seuls attraits.

NÉRINE, à Angélique.

Eh bien! ai-je raison?

HECTOR.

Son mauvais sort, vous dis-je,
Mieux que tous vos discours aujourd'hui le corrige.

ANGÉLIQUE.

Quoi!...

HECTOR.

N'admirez-vous pas cette fidélité?
Perdre exprès son argent pour n'être plus tenté!
Il sait que l'homme est faible, il se met en défense.
Pour moi, je suis charmé de ce trait de prudence.

ANGÉLIQUE.

Quoi! ton maître jouerait au mépris d'un serment?

HECTOR.

C'est la dernière fois, madame, absolument.
On le peut voir encor sur le champ de bataille;
Il frappe à droite, à gauche, et d'estoc et de taille,
Il se défend, madame, encor comme un lion.
Je l'ai vu, dans l'effort de la convulsion,
Maudissant les hasards d'un combat trop funeste :
De sa bourse expirante il ramassait le reste;
Et paraissait encor plus grand dans son malheur,
Il vendait cher son sang et sa vie au vainqueur.

NÉRINE [1].

Pourquoi l'as-tu quitté dans cette décadence?

---

[1] Les anciennes éditions portent ANGÉLIQUE au lieu de NÉRINE.

HECTOR.

Comme un aide-de-camp, je viens en diligence
Appeler du secours : il faut faire approcher
Notre corps de réserve, et je m'en vais chercher
Deux cents louis qu'il a laissés dans sa cassette.

NÉRINE.

Eh bien! madame, eh bien! êtes-vous satisfaite?

HECTOR.

Les partis sont aux mains ; à deux pas on se bat,
Et les moments sont chers en ce jour de combat.
Nous allons nous servir de nos armes dernières,
Et des troupes qu'au jeu l'on nomme auxiliaires.

SCÈNE III.

ANGÉLIQUE, NÉRINE.

NÉRINE.

Vous l'entendez, madame! Après cette action,
Pour Valère armez-vous de belle passion ;
Cédez à votre étoile; épousez-le. J'enrage
Lorsque j'entends tenir ce discours à votre âge.
Mais Dorante qui vient...

ANGÉLIQUE.

Ah ! sortons de ces lieux.
Je ne puis me résoudre à paraître à ses yeux.

SCÈNE IV.

DORANTE, ANGÉLIQUE, NÉRINE.

DORANTE, à Angélique qui sort.

Hé quoi! vous me fuyez? Daignez au moins m'apprendre...

SCÈNE V.

DORANTE, NÉRINE.

DORANTE.

Et toi, Nérine, aussi tu ne veux pas m'entendre?
Veux-tu de ta maîtresse imiter la rigueur?

NÉRINE.

Non, monsieur; je vous sers toujours avec vigueur.
Laissez-moi faire.

SCÈNE VI.

DORANTE, seul.

O ciel ! ce trait me désespère.
Je veux approfondir un si cruel mystère.
(Il va pour sortir.)

SCÈNE VII.

LA COMTESSE, DORANTE.

LA COMTESSE.
Où courez-vous, Dorante ?
          DORANTE, à part.
                O contre-temps fâcheux !
Cherchons à l'éviter.
          LA COMTESSE.
              Demeurez en ces lieux,
J'ai deux mots à vous dire ; et votre âme contente...
Mais non, retirez-vous ; un homme m'épouvante.
L'ombre d'un tête-à-tête, et dedans et dehors,
Me fait, même en été, frissonner tout le corps.
          DORANTE, allant pour sortir.
J'obéis...
          LA COMTESSE.
         Revenez. Quelque espoir qui vous guide,
Le respect à l'amour saura servir de bride,
N'est-il pas vrai ?
          DORANTE.
        Madame...
          LA COMTESSE.
                  En ce temps, les amants
Près du sexe d'abord sont si gesticulants...
Quoiqu'on soit vertueuse, il faut telle paraître ;
Et cela quelquefois coûte bien plus qu'à l'être.
          DORANTE.
Madame...
          LA COMTESSE.
           En vérité, j'ai le cœur douloureux
Qu'Angélique si mal reconnaisse vos feux :
Et si je n'avais pas une vertu sévère,

Qui me fait renfermer dans un veuvage austère,
Je pourrais bien... Mais non, je ne puis vous ouïr ;
Si vous continuez, je vais m'évanouir.

DORANTE.

Madame...

LA COMTESSE.

Vos discours, votre air soumis et tendre
Ne feront que m'aigrir, au lieu de me surprendre.
Bannissons la tendresse ; il faut la supprimer.
Je ne puis, en un mot, me résoudre d'aimer.

DORANTE.

Madame, en vérité, je n'en ai nulle envie,
Et veux bien, avec vous, n'en parler de ma vie.

LA COMTESSE.

Voilà, je vous l'avoue, un fort sot compliment.
Me trouvez-vous, monsieur, femme à manquer d'amant?
J'ai mille adorateurs qui briguent ma conquête ;
Et leur encens trop fort me fait mal à la tête.
Ah ! vous le prenez là sur un fort joli ton,
En vérité !

DORANTE.

Madame...

LA COMTESSE.

Et je vous trouve bon !

DORANTE.

Le respect...

LA COMTESSE.

Le respect est là mal en sa place ;
Et l'on ne me dit point pareille chose en face.
Si tous mes soupirants pouvaient me négliger,
Je ne vous prendrais pas pour m'en dédommager.
Du respect! du respect! Ah ! le plaisant visage!

DORANTE.

J'ai cru que vous pouviez l'inspirer à votre âge.
Mais monsieur le marquis, qui paraît en ces lieux,
Ne sera pas peut-être aussi respectueux.

SCÈNE VIII.

LA COMTESSE, seule.

Je suis au désespoir. Je n'ai vu de ma vie
Tant de relâchement dans la galanterie.

ACTE IV, SCÈNE IX

Le marquis vient; il faut m'assurer un parti;
Et je n'en prétends pas avoir le démenti.

SCÈNE IX.

LE MARQUIS, LA COMTESSE.

LE MARQUIS.
A mon bonheur enfin, madame, tout conspire :
Vous êtes tout à moi.
LA COMTESSE.
Que voulez-vous donc dire,
Marquis?
LE MARQUIS.
Que mon amour n'a plus de concurrent;
Que je suis et serai votre seul conquérant;
Que si vous ne battez au plus tôt la chamade,
Il faudra vous résoudre à souffrir l'escalade.
LA COMTESSE.
Moi! que l'on m'escalade!
LE MARQUIS.
Entre nous, sans façon,
A Valère de près j'ai serré le bouton :
Il m'a cédé les droits qu'il avait sur votre âme.
LA COMTESSE.
Hé! le petit poltron!
LE MARQUIS.
Oh! palsambleu, madame,
Il serait un Achille, un Pompée, un César,
Je vous le conduirais poings liés à mon char.
Il ne faut point avoir de mollesse en sa vie.
Je suis vert.
LA COMTESSE.
Dans le fond, j'en ai l'âme ravie.
Vous ne connaissez pas, marquis, tout votre mal;
Vous avez à combattre encor plus d'un rival.
LE MARQUIS.
Le don de votre cœur couvre un peu trop de gloire
Pour n'être que le prix d'une seule victoire.
Vous n'avez qu'à nommer...
LA COMTESSE.
Non, non, je ne veux pas

Vous exposer sans cesse à de nouveaux combats.
LE MARQUIS.
Est-ce ce financier de noblesse mineure,
Qui s'est fait, depuis peu, gentilhomme en une heure;
Qui bâtit un palais sur lequel on a mis
Dans un grand marbre noir, en or, l'hôtel Damis;
Lui qui voyait jadis imprimé sur sa porte,
Bureau du pied fourché, chair salée et chair morte;
Qui, dans mille portraits, expose ses aïeux,
Son père, son grand-père, et les place en tous lieux,
En sa maison de ville, en celle de campagne,
Les fait venir tout droit des comtes de Champagne,
Et de ceux de Poitou, d'autant que, pour certain,
L'un s'appelait Champagne et l'autre Poitevin?
LA COMTESSE.
A vos transports jaloux un autre se dérobe.
LE MARQUIS.
C'est donc ce sénateur, cet Adonis de robe,
Ce docteur en soupers, qui se tait au palais,
Et sait sur des ragoûts prononcer des arrêts;
Qui juge sans appel sur un vin de Champagne,
S'il est de Reims, du Clos, ou bien de la Montagne;
Qui, de livres de droit toujours débarrassé,
Porte cuisine en poche, et poivre concassé [1].
LA COMTESSE.
Non, marquis, c'est Dorante; et j'ai su m'en défaire.
LE MARQUIS.
Quoi! Dorante! cet homme à maintien débonnaire,
Ce croquant, qu'à l'instant je viens de voir sortir?
LA COMTESSE.
C'est lui-même.
LE MARQUIS.
    Eh! parbleu, vous deviez m'avertir;
Nous nous serions parlé sans sortir de la salle.

---

[1] Voltaire, qui, dans le chant XVII de *la Pucelle*, dit que :

> Notre ami Bonneau
> Suivait toujours l'usage antique et beau
> Très-sagement établi par nos pères
> D'avoir sur soi les choses nécessaires,
> Muscade, clou, poivre, girofle et sel;

ajoute en note : *C'est ce qu'on appelait autrefois cuisine de poche;* et cite le vers de Regnard sans nommer ni l'auteur, ni la pièce.

Je ne suis pas méchant : mais, sans bruit, sans scandale,
Sans lui donner le temps seulement de crier,
Pour lui votre fenêtre eût servi d'escalier.
LA COMTESSE.
Vous êtes turbulent. Si vous étiez plus sage,
On pourrait...
LE MARQUIS.
       La sagesse est tout mon apanage.
LA COMTESSE.
Quoiqu'un engagement m'ait toujours fait horreur,
On aurait avec vous quelque affaire de cœur.
LE MARQUIS.
Ah! parbleu, volontiers. Vous me chatouillez l'âme.
Par affaire de cœur, qu'entendez-vous, madame?
LA COMTESSE.
Ce que vous entendez vous-même assurément [1].
LE MARQUIS.
Est-ce pour mariage, ou bien pour autrement?
LA COMTESSE.
Quoi! vous prétendriez, si j'avais la faiblesse...
LE MARQUIS.
Ah! ma foi! l'on n'a plus tant de délicatesse;
On s'aime pour s'aimer tout autant que l'on peut :
Le mariage suit, et vient après, s'il veut.
LA COMTESSE.
Je prétends que l'hymen soit le but de l'affaire,
Et ne donne mon cœur que par-devant notaire.
Je veux un bon contrat sur de bon parchemin,
Et non pas un hymen qu'on rompt le lendemain.
LE MARQUIS.
Vous aimez chastement, je vous en félicite,
Et je me donne à vous avec tout mon mérite,

---

[1] Dans les éditions faites après la mort de l'auteur, au lieu de ce vers et des suivants, jusqu'à *notaire*, on lit :

LA COMTESSE.
Ce que vous entendez vous-même ; et je prétends
Qu'un hymen bien scellé....
LE MARQUIS.
       C'est comme je l'entends ;
Et ce n'est qu'en époux que je prétends vous plaire.
LA COMTESSE.
Je ne donne mon cœur que par-devant notaire.
Je veux, etc.

Quoique cent fois le jour on me mette à la main
Des partis à fixer un empereur romain.
LA COMTESSE.
Je crois que nos deux cœurs seront toujours fidèles.
LE MARQUIS.
Oh! parbleu, nous vivrons comme deux tourterelles.
Pour vous porter, madame, un cœur tout dégagé,
Je vais dans ce moment signifier congé
A des beautés sans nombre à qui mon cœur renonce;
Et vous aurez dans peu ma dernière réponse.
LA COMTESSE.
Adieu. Fasse le ciel, marquis, que dans ce jour
Un hymen soit le sceau d'un si parfait amour!

SCÈNE X.

LE MARQUIS, seul.

Eh bien! marquis, tu vois, tout rit à ton mérite;
Le rang, le cœur, le bien, tout pour toi sollicite :
Tu dois être content de toi par tout pays :
On le serait à moins. Allons, saute, marquis.
Quel bonheur est le tien! Le ciel, à ta naissance,
Répandit sur tes jours sa plus douce influence;
Tu fus, je crois, pétri par les mains de l'Amour.
N'es-tu pas fait à peindre? Est-il homme à la cour
Qui de la tête aux pieds porte meilleure mine,
Une jambe mieux faite, une taille plus fine?
Et pour l'esprit, parbleu, tu l'as des plus exquis :
Que te manque-t-il donc? Allons, saute, marquis.
La nature, le ciel, l'amour et la fortune
De tes prospérités font leur cause commune;
Tu soutiens ta valeur avec mille hauts faits;
Tu chantes, danses, ris, mieux qu'on ne fit jamais,
Les yeux à fleur de tête, et les dents assez belles.
Jamais en ton chemin trouvas-tu de cruelles [1]?
Près du sexe tu vins, tu vis, et tu vainquis [2];
Que ton sort est heureux! Allons, saute, marquis

---

[1] Jamais surintendant ne trouva de cruelles.
[2] *Veni, vidi, vici.*

SCÈNE XI.

LE MARQUIS, HECTOR.

HECTOR.
Attendez un moment. Quelle ardeur vous transporte ?
Hé quoi ! monsieur, tout seul vous sautez de la sorte !
LE MARQUIS.
C'est un pas de ballet que je veux repasser.
HECTOR.
Mon maître, qui me suit, vous le fera danser,
Monsieur, si vous voulez.
LE MARQUIS.
Que dis-tu là ? ton maître !
HECTOR.
Oui, monsieur, à l'instant vous l'allez voir paraître.
LE MARQUIS.
En ces lieux je ne puis plus longtemps m'arrêter ;
Pour cause, nous devons tous deux nous éviter.
Quand ma verve me prend, je ne suis plus traitable ;
Il est brutal, je suis emporté comme un diable ;
Il manque de respect pour les vice-baillis,
Et nous aurions du bruit. Allons, saute, marquis.

SCÈNE XII.

HECTOR, seul.

Allons, saute, marquis. Un tour de cette sorte
Est volé d'un Gascon, ou le diable m'emporte :
Il vient de la Garonne. Oh ! parbleu, dans ce temps
Je n'aurais jamais cru les marquis si prudents.
Je ris : et cependant mon maître à l'agonie
Cède en un lansquenet à son mauvais génie.

SCÈNE XIII.

VALÈRE, HECTOR.

HECTOR.
Le voici. Ses malheurs sur son front sont écrits :
Il a tout le visage et l'air d'un premier pris.
VALÈRE.
Non, l'enfer en courroux et toutes ses furies

N'ont jamais exercé de telles barbaries.
Je te loue, ô destin, de tes coups redoublés :
Je n'ai plus rien à perdre, et tes vœux sont comblés.
Pour assouvir encor la fureur qui t'anime,
Tu ne peux rien sur moi, cherche une autre victime.

HECTOR, à part.

Il est sec.

VALÈRE.

De serpents mon cœur est dévoré ;
Tout semble en un moment contre moi conjuré.

(Il prend Hector à la cravate.)

Parle. As-tu jamais vu le sort et son caprice
Accabler un mortel avec plus d'injustice,
Le mieux assassiner? Perdre tous les partis [1],
Vingt fois le coupe-gorge, et toujours premier pris !
Réponds-moi donc, bourreau.

HECTOR.

Mais, ce n'est pas ma faute.

VALÈRE.

As-tu vu de tes jours trahison aussi haute?
Sort cruel, ta malice a bien su triompher ;
Et tu ne me flattais que pour mieux m'étouffer.
Dans l'état où je suis, je puis tout entreprendre ;
Confus, désespéré, je suis prêt à me pendre.

HECTOR.

Heureusement pour vous, vous n'avez pas un sou
Dont vous puissiez, monsieur, acheter un licou.
Voudriez-vous souper?

VALÈRE.

Que la foudre t'écrase.

Ah! charmante Angélique, en l'ardeur qui m'embrase,
A vos seules bontés je veux avoir recours !
Je n'aimerai que vous ; m'aimeriez-vous toujours?
Mon cœur, dans les transports de sa fureur extrême,
N'est point si malheureux, puisque enfin il vous aime.

HECTOR, à part.

Notre bourse est à fond ; et, par un sort nouveau,
Notre amour recommence à revenir sur l'eau.

---

[1] Cette leçon est conforme à l'édition originale, à celle de 1728, et à celle de 1750. Dans toutes les éditions modernes, on lit *paris*; mais c'est une faute. On peut voir le dictionnaire de l'Académie, au mot *parti*.

LE JOUEUR.

De serpents mon cœur est dévoré;

Acte II, Sc. XIII.

A Paris, chez P. Dufart, Quai Voltaire, N.º 19.

ACTE IV, SCÈNE XIII.

VALÈRE.

Calmons le désespoir où la fureur me livre.
Approche ce fauteuil.

(Hector approche un fauteuil.)

(Valère, assis.)

Va me chercher un livre.

HECTOR.

Quel livre voulez-vous lire en votre chagrin ?

VALÈRE.

Celui qui te viendra le premier sous la main ;
Il m'importe peu ; prends dans ma bibliothèque.

HECTOR sort, et rentre tenant un livre.

Voilà Sénèque.

VALÈRE.

Lis.

HECTOR.

Que je lise Sénèque ?

VALÈRE.

Oui. Ne sais-tu pas lire ?

HECTOR.

Eh ! vous n'y pensez pas ;
Je n'ai lu de mes jours que dans des almanachs [1].

VALÈRE.

Ouvre, et lis au hasard.

HECTOR.

Je vais le mettre en pièces.

VALÈRE.

Lis donc.

HECTOR, lit.

« Chapitre VI. Du mépris des richesses.
» La fortune offre aux yeux des brillants mensongers ;
» Tous les biens d'ici-bas sont faux et passagers ;
» Leur possession trouble, et leur perte est légère :
» Le sage gagne assez quand il peut s'en défaire. »
Lorsque Sénèque fit ce chapitre éloquent,
Il avait, comme vous, perdu tout son argent.

---

[1] Dans la scène VIII de l'acte premier, Hector promet à Géronte

Le mémoire succinct de nos dettes passives,

il l'apporte et le lit dans la scène IV de l'acte troisième. Il déclare n'y avoir rien omis. Comment dit-il à présent n'avoir jamais lu que dans des almanachs ?

378   LE JOUEUR.

VALÈRE, se levant.

Vingt fois le premier pris ! Dans mon cœur il s'élève
Des mouvements de rage.

(Il s'assied.)

Allons, poursuis, achève.

HECTOR.

» L'or est comme une femme ; on n'y saurait toucher,
» Que le cœur, par amour, ne s'y laisse attacher.
» L'un et l'autre en ce temps, sitôt qu'on les manie,
» Sont deux grands rémoras pour la philosophie. »
N'ayant plus de maîtresse, et n'ayant pas un sou,
Nous philosopherons maintenant tout le soûl.

VALÈRE.

De mon sort désormais vous serez seule arbitre,
Adorable Angélique... Achève ton chapitre.

HECTOR.

» Que faut-il ?... »

VALÈRE.

Je bénis le sort et ses revers,
Puisqu'un heureux malheur me rengage en vos fers.
Finis donc.

HECTOR.

» Que faut-il à la nature humaine?
» Moins on a de richesse, et moins on a de peine.
» C'est posséder les biens que savoir s'en passer. »
Que ce mot est bien dit! et que c'est bien penser !
Ce Sénèque, monsieur, est un excellent homme.
Était-il de Paris ?

VALÈRE.

Non, il était de Rome.
Dix fois à carte triple être pris le premier [1] !

HECTOR.

Ah! monsieur, nous mourrons un jour sur un fumier.

VALÈRE.

Il faut que de mes maux enfin je me délivre :
J'ai cent moyens tout prêts pour m'empêcher de vivre,
La rivière, le feu, le poison, et le fer.

HECTOR.

Si vous vouliez, monsieur, chanter un petit air ;
Votre maître à chanter est ici : la musique

[1] Expressions du jeu de la Vendôme.

ACTE IV, SCÈNE XIV.

Peut-être calmerait cette humeur frénétique.
VALÈRE.
Que je chante !
HECTOR.
   Monsieur...
VALÈRE.
     Que je chante, bourreau !
Je veux me poignarder ; la vie est un fardeau
Qui pour moi désormais devient insupportable.
HECTOR.
Vous la trouviez pourtant tantôt bien agréable.
Qu'un joueur est heureux ! sa poche est un trésor ;
Sous ses heureuses mains le cuivre devient or,
Disiez-vous.
VALÈRE.
   Ah ! je sens redoubler ma colère.
HECTOR.
Monsieur, contraignez-vous, j'aperçois votre père.

SCÈNE XIV.

GÉRONTE, VALÈRE, HECTOR.

GÉRONTE.
Pour quel sujet, mon fils, criez-vous donc si fort ?
(A Hector.)
Est-ce toi, malheureux, qui causes ce transport ?
VALÈRE.
Non pas, monsieur.
HECTOR, à Géronte.
    Ce sont des vapeurs de morale
Qui nous vont à la tête, et que Sénèque exhale.
GÉRONTE.
Qu'est-ce à dire Sénèque ?
HECTOR.
     Oui, monsieur : maintenant
Que nous ne jouons plus, notre unique ascendant
C'est la philosophie, et voilà notre livre ;
C'est Sénèque.
GÉRONTE.
   Tant mieux : il apprend à bien vivre.
Son livre est admirable et plein d'instructions,
Et rend l'homme brutal maître des passions.

HECTOR.

Ah! si vous aviez lu son traité des richesses,
Et le mépris qu'on doit faire de ses maîtresses ;
Comme la femme ici n'est qu'un vrai rémora,
Et que, lorsqu'on y touche... on en demeure là...
Qu'on gagne quand on perd... que l'amour dans nos âmes...
Ah! que ce livre-là connaissait bien les femmes !

GÉRONTE.

Hector en peu de temps est devenu docteur.

HECTOR.

Oui, monsieur, je saurai tout Sénèque par cœur.

GÉRONTE, à Valère.

Je vous cherche en ces lieux avec impatience,
Pour vous dire, mon fils, que votre hymen s'avance.
Je quitte le notaire, et j'ai vu les parents,
Qui, d'une et d'autre part, me paraissent contents.
Vous avez vu, je crois, Angélique? et j'espère
Que son consentement...

VALÈRE.

Non, pas encor, mon père.
Certaine affaire m'a...

GÉRONTE.

Vraiment, pour un amant,
Vous faites voir, mon fils, bien peu d'empressement.
Courez-y : dites-lui que ma joie est extrême ;
Que, charmé de ce nœud, dans peu j'irai moi-même
Lui faire compliment, et l'embrasser...

HECTOR, à Géronte.

Tout doux !
Monsieur fera cela tout aussi bien que vous.

VALÈRE, à Géronte.

Pénétré des bontés de celui qui m'envoie,
Je vais de cet emploi m'acquitter avec joie.

SCÈNE XV.

GÉRONTE, HECTOR.

HECTOR.

Il vous plaira toujours d'être mémoratif
D'un papier que tantôt, d'un air rébarbatif,
Et même avec scandale...

GÉRONTE.
Oui-dà! laisse-moi faire.
Le mariage fait, nous verrons cette affaire.
HECTOR.
J'irai donc, sur ce pied, vous visiter demain.

SCÈNE XVI [1].

GÉRONTE, seul.

Grâces au ciel, mon fils est dans le bon chemin :
Par mes soins paternels il surmonte la pente
Où l'entraînait du jeu la passion ardente.
Ah! qu'un père est heureux, qui voit en un moment
Un cher fils revenir de son égarement!

FIN DU QUATRIÈME ACTE.

ACTE CINQUIÈME.

SCÈNE I.

DORANTE, ANGÉLIQUE, NÉRINE.

DORANTE.
Hé! madame, cessez d'éviter ma présence.
Je ne viens point, armé contre votre inconstance,
Faire éclater ici mes sentiments jaloux [2],
Ni par des mots piquants exhaler mon courroux.
Plus que vous ne pensez, mon cœur vous justifie.
Votre légèreté veut que je vous oublie :
Mais loin de condamner votre cœur inconstant,
Je suis assez vengé si j'en puis faire autant.
ANGÉLIQUE.
Que votre emportement en reproches éclate;

---

[1] Dans l'édition originale, cet acte n'est divisé qu'en onze scènes.
[2] Orosmane dans *Zaïre*, acte IV, scène II.
Vous ne m'entendrez point, amant faible et jaloux,
En reproches honteux.....

Je mérite les noms de volage, d'ingrate.
Mais enfin de l'amour l'impérieuse loi
A l'hymen que je crains m'entraîne malgré moi :
J'en prévois les dangers ; mais un sort tyrannique...
DORANTE.
Votre cœur est hardi, généreux, héroïque :
Vous voyez devant vous un abîme s'ouvrir,
Et vous ne laissez pas, madame, d'y courir.
NÉRINE.
Quand j'en devrais mourir, je ne puis plus me taire.
Je vous empêcherai de terminer l'affaire :
Ou si dans cet amour votre cœur engagé
Persiste en ses desseins, donnez-moi mon congé.
Je suis fille d'honneur ; je ne veux point qu'on dise
Que vous ayez sous moi fait pareille sottise.
Valère est un indigne ; et, malgré son serment,
Vous voyez tous les jours qu'il joue impunément.
ANGÉLIQUE.
En faveur de mon faible il faut lui faire grâce.
De la fureur du jeu veux-tu qu'il se défasse,
Hélas ! quand je ne puis me défaire aujourd'hui
Du lâche attachement que mon cœur a pour lui ?
DORANTE.
Ces feux sont trop charmants pour vouloir les éteindre.
Je ne suis point, madame, ici pour vous contraindre.
Mon neveu vous épouse ; et je viens seulement
Donner à votre hymen un plein consentement.

SCÈNE II.

Mme LA RESSOURCE, ANGÉLIQUE, DORANTE, NÉRINE.

NÉRINE.
Madame la Ressource ici ! Qu'y viens-tu faire !
Mme LA RESSOURCE.
Je cherche un cavalier pour finir une affaire...
On tâche, autant qu'on peut, dans son petit trafic,
A gagner ses dépens en servant le public.
ANGÉLIQUE.
Cette Nérine-là connaît toute la France.
NÉRINE.
Pour vivre, il faut avoir plus d'une connaissance.

ACTE V, SCÈNE III. 383

C'est une illustre au moins, et qui sait en secret
Couler adroitement un amoureux poulet :
Habile en tous métiers, intrigante parfaite ;
Qui prête, vend, revend, brocante, troque, achète,
Met à perfection un hymen ébauché,
Vend son argent bien cher, marie à bon marché.

Mme LA RESSOURCE.

Votre bonté pour moi toujours se renouvelle ;
Vous avez si bon cœur...

NÉRINE.

Il fait bon avec elle,
Je vous en avertis. En bijoux et brillants,
En poche elle a toujours plus de vingt mille francs.

DORANTE, à madame la Ressource.

Mais ne craignez-vous point qu'un soir dans le silence?..

NÉRINE.

Bon, bon! tous les filous sont de sa connaissance.

Mme LA RESSOURCE.

Nérine rit toujours.

NÉRINE, à madame la Ressource.

Montrez-nous votre écrin.

Mme LA RESSOURCE.

Volontiers. J'ai toujours quelque hasard[1] en main.
Regardez ce brillant ; je vais en faire affaire
Avec et par-devant un conseiller-notaire.
Pour certaine chanteuse on dit qu'il en tient là.

NÉRINE.

Le drôle veut passer quelque acte à l'opéra.

SCÈNE III.

LA COMTESSE, ANGÉLIQUE, DORANTE, NÉRINE,
Mme LA RESSOURCE.

NÉRINE.

Mais voici la comtesse.

Mme LA RESSOURCE.

On m'attend ; je vous quitte.

---

[1] Dans l'édition originale et dans celle de 1728, on lit :
Volontiers. J'ai toujours *quelques bijoux* en main.
Regardez ce *rubis*, etc.

NÉRINE.
Non, non ; sur vos bijoux j'ai des droits de visite.
LA COMTESSE, à Angélique.
Votre choix est-il fait? Peut-on enfin savoir
A qui vous prétendez vous marier ce soir ?
ANGÉLIQUE.
Oui, ma sœur, il est fait ; et ce choix doit vous plaire,
Puisque avant moi pour vous vous avez su le faire.
LA COMTESSE.
Apparemment, monsieur est ce mortel heureux,
Ce fidèle aspirant dont vous comblez les vœux ?
DORANTE.
A ce bonheur charmant je n'ose pas prétendre.
Si madame eût gardé son cœur pour le plus tendre,
Plus que tout autre amant j'aurais pu l'espérer.
LA COMTESSE.
La perte n'est pas grande, et se peut réparer.

SCÈNE IV.

LE MARQUIS, LA COMTESSE, ANGÉLIQUE, DORANTE, Mme LA RESSOURCE, NÉRINE.

LE MARQUIS, à la comtesse.
Charmé de vos beautés, je viens enfin, madame,
Ici mettre à vos pieds et mon corps et mon âme.
Vous serez, par ma foi, marquise cette fois ;
Et j'ai sur vous enfin laissé tomber mon choix.
Mme LA RESSOURCE, à part.
Cet homme m'est connu.
LA COMTESSE.
Monsieur, je suis ravie
De m'unir avec vous le reste de ma vie,
Vous êtes gentilhomme, et cela me suffit.
LE MARQUIS.
Je le suis du déluge.
Mme LA RESSOURCE, à part.
Oui, c'est lui qui le dit.
LE MARQUIS.
En faisant avec moi cette heureuse alliance,
Vous pourrez vous vanter que gentilhomme en France
Ne tirera de vous, si vous me l'ordonnez,

ACTE V, SCÈNE IV.

Des enfants de tout point mieux conditionnés.
Vous verrez si je mens.
(Apercevant madame la Ressource.)
Ah! vous voilà, madame.
(A la comtesse.)
Et que faites-vous donc ici de cette femme?

NÉRINE, au marquis.

Vous la connaissez?

LE MARQUIS.

Moi? je ne sais ce que c'est.

Mme LA RESSOURCE, au marquis.

Ah! je vous connais trop, moi, pour mon intérêt.
Quand vous résoudrez-vous, monsieur le gentilhomme
Fait du temps du déluge, à me payer ma somme,
Mes quatre cents écus prêtés depuis cinq ans?

LE MARQUIS.

Pour me les demander, vous prenez bien le temps.

Mme LA RESSOURCE.

Je veux, aux yeux de tous, vous en faire avanie,
A toute heure, en tous lieux.

LE MARQUIS.

Hé! vous rêvez, ma mie.

Mme LA RESSOURCE.

Voici le grand merci d'obliger des ingrats.
Après l'avoir tiré d'un aussi vilain pas...
Baste...

LA COMTESSE, à madame la Ressource.

Parlez, parlez.

Mme LA RESSOURCE.

Non, non; il est trop rude
D'aller de ses parents montrer la turpitude.

LA COMTESSE.

Comment donc?

LE MARQUIS, à part.

Ah! je grille.

Mme LA RESSOURCE.

Au Châtelet, sans moi,
On le verrait encor vivre aux dépens du roi.

NÉRINE.

Quoi! monsieur le marquis...

Mme LA RESSOURCE.

Lui, marquis! c'est l'Épine.

Je suis marquise donc, moi qui suis sa cousine?
Son père était huissier à verge dans le Mans.
LE MARQUIS.
Vous en avez menti.
(A part.)
Maugrebleu des parents!
Mme LA RESSOURCE.
Mon oncle n'était pas huissier? Qu'il t'en souvienne.
LE MARQUIS.
Son nom était connu dans le haut et bas Maine.
NÉRINE.
Votre père était donc un marquis exploitant?
ANGÉLIQUE.
Vous aviez là, ma sœur, un fort illustre amant.
Mme LA RESSOURCE.
C'est moi qui l'ai nourri quatre mois, sans reproche,
Quand il vint à Paris en guêtres par le coche.
LE MARQUIS.
D'accord, puisqu'on le sait, mon père était huissier,
Mais huissier à cheval; c'est comme chevalier.
Cela n'empêche pas que dans ce jour, madame,
Nous ne mettions à fin une si belle flamme :
Jamais ce feu pour vous ne fut si violent;
Et jamais tant d'appas...
LA COMTESSE.
Taisez-vous, insolent.
LE MARQUIS.
Insolent! moi qui dois honorer votre couche,
Et par qui vous devez quelque jour faire souche!
LA COMTESSE.
Sors d'ici, malheureux; porte ailleurs ton amour.
LE MARQUIS.
Oui! l'on agit de même avec les gens de cour!
On reconnaît si mal le rang et le mérite!
J'en suis, parbleu, ravi. Pour le coup je vous quitte.
J'ai, pour briller ailleurs, mille talents acquis;
Je vais m'en consoler [1]. Allons, saute, marquis.
(Il sort.)

---

[1] Dans l'édition originale et dans celle de 1728, au lieu de ces mots, *Je vais m'en consoler*, on lit : *Le ciel vous tienne en joie.*

SCÈNE V.

LA COMTESSE, ANGÉLIQUE, DORANTE, NÉRINE,
Mme LA RESSOURCE.

LA COMTESSE.
Je n'y puis plus tenir, ma sœur, et je vous laisse.
Avec qui vous voudrez, finissez de tendresse ;
Coupez, taillez, rognez, je m'en lave les mains.
Désormais, pour toujours, je renonce aux humains.

SCÈNE VI.

DORANTE, ANGÉLIQUE, NÉRINE, Mme LA RESSOURCE.

DORANTE.
Ils prennent leur parti.
Mme LA RESSOURCE.
La rencontre est plaisante !
Je l'ai démarquisé bien loin de son attente :
J'en voudrais faire autant à tous les faux marquis.
NÉRINE.
Vous auriez, par ma foi, bien à faire à Paris.
Il est tant de traitants qu'on voit, depuis la guerre,
En modernes seigneurs sortir de dessous terre,
Qu'on ne s'étonne plus qu'un laquais, un pied-plat,
De sa vieille mandille achète un marquisat.
ANGÉLIQUE, à madame la Ressource.
Vous avez découvert ici bien du mystère.
Mme LA RESSOURCE.
De quoi s'avise-t-il de me rompre en visière ?
Mais aux grands mouvements qu'en ce lieu je puis voir,
Madame se marie.
NÉRINE.
Oui, vraiment, dès ce soir.
Mme LA RESSOURCE, fouillant dans sa poche.
J'en ai bien de la joie. Il faut que je lui montre
Deux pendants de brillants que j'ai là de rencontre.
J'en ferai bon marché. Je crois que les voilà ;
Ils sont des plus parfaits. Non, ce n'est pas cela :
C'est un portrait de prix, mais il n'est pas à vendre.

NÉRINE.

Faites-le voir.

Mme LA RESSOURCE.

Non, non ; on doit me le reprendre.

NÉRINE, le lui arrachant.

Oh ! je suis curieuse ; il faut me montrer tout.
Que les brillants sont gros ! ils sont fort de mon goût.
Mais que vois-je ? grands dieux ! Quelle surprise extrême !
Aurais-je la berlue ? Eh ! ma foi, c'est lui-même.
Ah !...

(Elle fait un grand cri.)

ANGÉLIQUE.

Qu'as-tu donc, Nérine ? Et te trouves-tu mal ?

NÉRINE.

Votre portrait, madame, en propre original.

ANGÉLIQUE.

Mon portrait ! Es-tu folle ?

NÉRINE, pleurant.

Ah ! ma pauvre maîtresse,
Faut-il vous voir ainsi durement mise en presse ?

Mme LA RESSOURCE.

Que veut dire ceci ?

ANGÉLIQUE, à Nérine.

Tu te trompes. Vois mieux.

NÉRINE.

Regardez donc vous-même, et voyez par vos yeux.

ANGÉLIQUE.

Tu ne te trompes point, Nérine ; c'est lui-même ;
C'est mon portrait, hélas ! qu'en mon ardeur extrême
Je viens de lui donner pour prix de ses amours,
Et qu'il m'avait juré de conserver toujours.

Mme LA RESSOURCE.

Votre portrait ! il est à moi sans vous déplaire ;
Et j'ai prêté dessus mille écus à Valère.

ANGÉLIQUE.

Juste ciel !

NÉRINE.

Le fripon !

DORANTE, prenant le portrait.

Je veux aussi le voir.

Mme LA RESSOURCE.

Ce portrait m'appartient, et je prétends l'avoir.

DORANTE, à madame la Ressource.

Laissez-moi le garder un moment, je vous prie :
C'est la seule faveur qu'on m'ait faite en ma vie.

ANGÉLIQUE.

C'en est fait : pour jamais je le veux oublier.

NÉRINE, à Angélique.

S'il met votre portrait ainsi chez l'usurier,
Étant encore amant, il vous vendra, madame,
A beaux deniers comptants, quand vous serez sa femme.
Mais le voici qui vient.

(A madame la Ressource.)

A trois ou quatre pas,
De grâce, éloignez-vous, et ne vous montrez pas.

Mme LA RESSOURCE.

Mais pourquoi ?...

DORANTE.

Du portrait ne soyez plus en peine.

Mme LA RESSOURCE, se retirant au fond de la scène.

Lorsque je le verrai, j'en serai plus certaine.

SCÈNE VII.

VALÈRE, ANGÉLIQUE, DORANTE, HECTOR, NÉRINE,
Mme LA RESSOURCE, au fond du théâtre.

VALÈRE.

Quel bonheur est le mien ! Enfin voici le jour,
Madame, où je dois voir triompher mon amour.
Mon cœur tout pénétré... Mais, ciel ! quelle tristesse,
Nérine, a pu saisir ta charmante maîtresse ?
Est-ce ainsi que tantôt ?...

NÉRINE.

Bon ! ne savez-vous pas ?
Les filles sont, monsieur, tantôt haut, tantôt bas.

VALÈRE.

Hé quoi ! changer sitôt !

ANGÉLIQUE.

Ne craignez point, Valère,
Les funestes retours [1] de mon humeur légère :

---

[1] Dans quelques éditions modernes, on lit, *revers* au lieu de *retours* :
c'est une faute des éditeurs.

Le portrait dont ma main vous a fait possesseur
Vous est un sûr garant que vous avez mon cœur.
                    VALÈRE.
Que ce tendre discours me charme et me rassure !
                    NÉRINE, à part.
Tu ne seras heureux, par ma foi, qu'en peinture.
                    ANGÉLIQUE.
Quiconque a mon portrait, sans crainte de rival,
Doit, avec la copie, avoir l'original [1].
                    VALÈRE.
Madame, en ce moment, que mon âme est contente !
                    ANGÉLIQUE.
Ne consentez-vous pas à ce parti, Dorante ?
                    DORANTE.
Je veux ce qu'il vous plaît : vos ordres sont pour moi
Les décrets respectés d'une suprême loi.
Votre bouche, madame, a prononcé sans feindre ;
Et mon cœur subira votre arrêt sans se plaindre.
                    HECTOR, bas à Valère.
De l'arrêt tout du long il va payer les frais.
                    ANGÉLIQUE.
Valère, vous voyez pour vous ce que je fais.
                    VALÈRE.
Jamais tant de bontés...
                    ANGÉLIQUE.
                            Montrez donc, sans attendre,
Le portrait que de moi vous avez voulu prendre ;
Et que votre rival sache à quoi s'en tenir.
                    VALÈRE, fouillant dans sa poche.
Soit... Mais permettez-moi de vous désobéir.
C'est mon oncle : en voyant de votre [2] amour ce gage,
Il jouerait, à vos yeux, un mauvais personnage.
Vous savez bien qui l'a.
                    ANGÉLIQUE.
                            Vous pouvez le montrer :
Il verra mon portrait sans se désespérer.

---

[1] Dans les anciennes éditions on lit ainsi ce vers :
    Doit avoir la copie avec l'original.

[2] Dans l'édition originale, on lit :
    En voyant de mon amour ce gage.

ACTE V, SCÈNE VII.

DORANTE.

Madame au plus heureux accordant la victoire [1],
Le triomphe est trop beau, pour n'en pas faire gloire.

VALÈRE, fouillant toujours dans sa poche.

Puisque vous le voulez, il faut vous le chercher :
Mais je n'aurai du moins rien à me reprocher.
Vous voulez un témoin, il faut vous satisfaire.

HECTOR, apercevant madame la Ressource.

Ah! nous sommes perdus, j'aperçois l'usurière.

VALÈRE.

C'est votre faute, si...

(A Hector.)

Qu'as-tu fait du portrait?

HECTOR.

Du portrait?

VALÈRE.

Oui, maraud; parle, qu'en as-tu fait?

HECTOR, tendant la main par derrière, dit bas à madame
la Ressource :

Madame la Ressource, un moment sans paraître,
Prêtez-nous notre gage.

VALÈRE.

Ah! chien! ah! double traître!

Tu l'as perdu.

HECTOR.

Monsieur...

VALÈRE, mettant l'épée à la main.

Il faut que ton trépas...

HECTOR, à genoux.

Ah! monsieur, arrêtez, et ne me tuez pas.
Voyant dans ce portrait madame si jolie,
Je l'ai mis chez un peintre; il m'en fait la copie.

VALÈRE.

Tu l'as mis chez un peintre!

HECTOR.

Oui, monsieur.

VALÈRE.

Ah! maraud!

Va, cours me le chercher, et reviens au plus tôt.

---

[1] Ce vers manque dans l'édition originale et dans quelques anciennes éditions.

DORANTE, montrant le portrait.

Épargnez-lui ces pas. Il n'est plus temps de feindre.
Le voici.

HECTOR, à part.

Nous voilà bien achevés de peindre !
Ah ! carogne !

VALÈRE, à Angélique.

Le peintre...

ANGÉLIQUE, à Valère.

Avec de vains détours,
Ingrat, ne croyez pas qu'on m'abuse toujours.

VALÈRE.

Madame, en vérité, de telles épithètes
Ne me vont point du tout.

ANGÉLIQUE.

Perfide que vous êtes !
Ce portrait, que tantôt je vous avais donné,
Pour le gage d'un cœur le plus passionné,
Malgré tous vos serments, parjure, à la même heure,
Vous l'avez mis en gage !

VALÈRE.

Ah ! qu'à vos yeux je meure...

ANGÉLIQUE.

Ah ! cessez de vouloir plus longtemps m'outrager,
Cœur lâche.

HECTOR, bas, à Valère.

Nous devions tantôt le dégager ;
Et contre mon avis vous avez fait la chose.

Mme LA RESSOURCE.

De tous vos débats, moi, je ne suis point la cause ;
Et je prétends avoir mon portrait, s'il vous plaît.

DORANTE.

Laissez-le-moi garder ; j'en paierai l'intérêt
Si fort qu'il vous plaira.

SCÈNE VIII.

GÉRONTE, ANGÉLIQUE, VALÈRE, DORANTE, NÉRINE,
Mme LA RESSOURCE, HECTOR.

GÉRONTE, à Angélique.

Que mon âme est ravie

ACTE V, SCÈNE VIII.

De voir qu'avec mon fils un tendre hymen vous lie !
J'attends depuis longtemps ce fortuné moment.
NÉRINE.
Son cœur ressent, je crois, le même empressement.
GÉRONTE.
De vous trouver ici je suis ravi, mon frère.
Vous prenez, croyez-moi, comme il faut cette affaire ;
Et l'hymen de madame, à vous en parler net,
N'était, en vérité, point du tout votre fait.
DORANTE.
Il est vrai.
GÉRONTE, à Angélique.
Le notaire en ce lieu va se rendre ;
Avec lui nous prendrons le parti qu'il faut prendre.
NÉRINE.
Oh ! par ma foi, monsieur, vous ne prendrez qu'un rat ;
Et le notaire peut remporter son contrat.
GÉRONTE.
Comment donc ?
ANGÉLIQUE.
Autrefois mon cœur eut la faiblesse
De rendre à votre fils tendresse pour tendresse ;
Mais la fureur du jeu dont il est possédé,
Pour mon portrait enfin son lâche procédé,
Me font ouvrir les yeux ; et, contre mon attente,
En ce moment, monsieur, je me donne à Dorante.
(A Dorante.)
Acceptez-vous ma main ?
DORANTE.
Ah ! je suis trop heureux
Que vous vouliez encor...
GÉRONTE, à Hector.
Parle, toi, si tu veux ;
Explique ce mystère.
HECTOR.
Oh ! par ma foi, je n'ose ;
Ce récit est trop triste en vers ainsi qu'en prose.
GÉRONTE.
Parle donc.
HECTOR.
Pour avoir mis, sans réflexion,

Le portrait de madame, une heure, en pension
(Montrant madame la Ressource.)
Chez cette chienne-là, que Lucifer confonde,
On nous donne un congé le plus cruel du monde.

GÉRONTE.

Sans vouloir davantage ici l'interroger,
Sa folle passion m'en fait assez juger.
J'ai peine à retenir le courroux qui m'agite.
Fils indigne de moi, va, je te déshérite ;
Je ne veux plus te voir après cette action,
Et te donne cent fois ma malédiction.

(Il sort.)

SCÈNE IX.

ANGÉLIQUE, VALÈRE, DORANTE, NÉRINE, Mme LA RESSOURCE, HECTOR.

HECTOR.

Le beau présent de noce !

ANGÉLIQUE, à Valère, donnant la main à Dorante.

A jamais je vous laisse.
Si vous êtes heureux au jeu comme en maîtresse,
Et si vous conservez aussi mal ses présents,
Vous ne ferez, je crois, fortune de longtemps.

Mme LA RESSOURCE, à Dorante.

Et mon portrait, monsieur, vous plaît-il me le rendre ?

DORANTE.

Vous n'aurez rien perdu dans ces lieux pour attendre,
Ni toi, Nérine, aussi. Suivez-moi toutes deux.

(A Valère.)

Quelque autre fois, monsieur, vous serez plus heureux.

(Il sort.)

SCÈNE X.

Mme LA RESSOURCE, VALÈRE, NÉRINE, HECTOR.

Mme LA RESSOURCE, faisant la révérence à Valère.

En toute occasion soyez sûr de mon zèle.

(Elle sort.)

HECTOR, à madame la Ressource.

Adieu, tison d'enfer, fesse-Mathieu femelle.

SCÈNE XI.

NÉRINE, VALÈRE, HECTOR.

NÉRINE, à Valère.

Grâce au ciel, ma maîtresse a tiré son enjeu.
Vous épouser, monsieur, c'était jouer gros jeu.

(Elle sort en lui faisant la révérence.)

SCÈNE XII [1].

VALÈRE, HECTOR.

(Hector fait la révérence à son maître, et va pour sortir.)

VALÈRE.

Où vas tu donc?

HECTOR.

Je vais à la bibliothèque
Prendre un livre, et vous lire un traité de Sénèque.

VALÈRE.

Va, va, consolons-nous, Hector ; et quelque jour
Le jeu m'acquittera des pertes de l'amour.

[1] Dans l'édition originale, cet acte n'est divisé qu'en sept scènes.

FIN DU JOUEUR.

AVERTISSEMENT

SUR

LE DISTRAIT.

Cette comédie a été représentée, pour la première fois, le lundi 2 décembre 1697.

Elle a eu peu de succès dans sa nouveauté, et n'a été représentée que quatre fois. L'auteur, découragé, n'a pas osé la remettre sur la scène. Ce n'est qu'après sa mort (en 1731) que les comédiens hasardèrent de la reprendre. Cette pièce eut alors un succès complet, succès qui ne s'est pas démenti par la suite.

On accusé Regnard d'avoir dû la réussite de sa pièce à La Bruyère, qui, dit-on, lui a fourni les principaux traits de son premier personnage ; on ajoute qu'il n'a fait autre chose que de mettre une partie du morceau de La Bruyère en action, et l'autre partie en récit.

On ne nous saura sûrement pas mauvais gré de rapporter ici le portrait que donne La Bruyère du *Distrait*. On verra le parti que Regnard en a tiré, et l'on appréciera les obligations qu'il a à l'auteur qu'il a imité.

« Ménalque descend son escalier, ouvre sa porte pour sortir, il la
» referme ; il s'aperçoit qu'il est en bonnet de nuit, et venant à mieux
» s'examiner, il se trouve rasé à moitié, il voit que son épée est mise
» du côté droit, que ses bas sont rabattus sur ses talons, et que sa
» chemise est par-dessus ses chausses. S'il marche dans les places, il se
» sent tout d'un coup rudement frapper à l'estomac ou au visage ; il ne
» soupçonne point ce que ce peut être, jusqu'à ce qu'ouvrant les yeux
» et se réveillant, il se trouve, ou devant un timon de charrette, ou
» derrière un long ais de menuiserie que porte un ouvrier sur ses
» épaules. On l'a vu une fois heurter du front contre celui d'un aveugle,
» s'embarrasser dans ses jambes, et tomber avec lui, chacun de son

AVERTISSEMENT SUR LE DISTRAIT.

» côté à la renverse. Il lui est arrivé plusieurs fois de se trouver tête
» pour tête à la rencontre d'un prince, et sur son passage, se recon-
» naître à peine, et n'avoir que le loisir de se coller à un mur pour
» lui faire place. Il cherche, il brouille, il crie, il s'échauffe, *il appelle*
» *ses valets l'un après l'autre : on lui perd tout, on lui égare tout. Il*
» *demande ses gants qu'il a dans ses mains* [1], semblable à cette femme
» qui prenait le temps de demander son masque, lorsqu'elle l'avait sur
» son visage. Il entre à l'appartement et passe sous un lustre où sa
» perruque s'accroche et demeure suspendue; tous les courtisans regar-
» dent et rient : Ménalque regarde aussi et rit plus haut que les autres;
» il cherche des yeux dans toute l'assemblée où est celui qui montre ses
» oreilles, et à qui il manque une perruque. S'il va par la ville, après
» avoir fait quelque chemin, il se croit égaré; il s'émeut, et il demande
» où il est à des passants qui lui disent précisément le nom de sa rue.
» Il entre ensuite dans sa maison d'où il sort précipitamment, croyant
» qu'il s'est trompé. *Il descend du palais, et trouvant au bas du grand*
» *degré un carrosse qu'il prend pour le sien, il se met dedans, le cocher*
» *touche et croit ramener son maître dans sa maison. Ménalque se jette*
» *hors de la portière, traverse la cour, monte l'escalier, parcourt l'anti-*
» *chambre, la chambre, le cabinet; tout lui est familier, rien ne lui est*
» *nouveau; il s'assied, il se repose, il est chez soi. Le maître arrive,*
» *celui-ci se lève pour le recevoir, il le traite fort civilement, le prie de*
» *s'asseoir, et croit faire les honneurs de sa chambre : il parle, il rêve,*
» *il reprend la parole; le maître de la maison s'ennuie et demeure étonné;*
» *Ménalque ne l'est pas moins, et ne dit pas ce qu'il en pense; il a affaire*
» *à un fâcheux, à un homme oisif qui se retirera à la fin; il l'espère, et*
» *il prend patience; la nuit arrive qu'il est à peine détrompé* [2]. Une
» autre fois il rend visite à une femme, et se persuadant bientôt que
» c'est lui qui la reçoit, il s'établit dans son fauteuil et ne songe nulle-

[1] Voyez les scènes III, IV et V du second acte.

[2] Voici la manière dont Regnard a imité ce morceau. On verra qu'il a enchéri sur son original, et que l'aventure qu'il raconte est plus comique et a plus de vraisemblance. C'est Carlin, valet du Distrait, qui parle. Scène I, acte II.

> Sortant d'une maison, l'autre jour, par bévue,
> Pour son carrosse il prit celui qui dans la rue
> Se trouva le premier. Le cocher touche, et croit
> Qu'il mène son vrai maître à son logis tout droit.
> Léandre arrive, il monte, il va, rien ne l'arrête;
> Il entre en une chambre où la toilette est prête,
> Où la dame du lieu, qui ne s'endormait pas,
> Attendait son époux couchée entre deux draps.
> Il croit être en sa chambre; et d'un air de franchise,
> Assez diligemment il se met en chemise,
> Prend la robe de chambre et le bonnet de nuit;
> Et bientôt il allait se mettre dans le lit,
> Lorsque l'époux arrive. Il tempête, il s'emporte,
> Le veut faire sortir, mais non pas par la porte;
> Quand mon maître étonné se sauva de ce lieu
> Tout en robe de chambre, ainsi qu'il plut à Dieu.
> Mais un moment plus tard, pour t'achever mon conte,
> Le maître du logis en avait pour son compte.

» ment à l'abandonner : il trouve ensuite que cette dame fait ses visites
» longues, il attend à tout moment qu'elle se lève, et le laisse en
» liberté ; mais comme cela tire en longueur, qu'il a faim, et que la
» nuit est déjà avancée, il la prie à souper ; elle rit, et si haut, qu'elle
» le réveille. Lui-même se marie le matin, l'oublie le soir, et découche
» la nuit de ses noces ; et quelques années après il perd sa femme, elle
» meurt entre ses bras, il assiste à ses obsèques, et le lendemain, quand
» on lui vient dire qu'on a servi, il demande si sa femme est prête, et si
» elle est avertie. C'est lui encore qui entre dans une église, et prenant
» l'aveugle qui est collé à la porte pour un pilier et sa tasse pour le
» bénitier, y plonge la main, la porte à son front, lorsqu'il entend tout
» d'un coup le pilier qui parle, et qui lui offre des oraisons. Il s'avance
» dans la nef, il croit voir un prie-Dieu ; il se jette lourdement dessus,
» la machine plie, s'enfonce et fait des efforts pous crier : Ménalque
» est surpris de se voir à genoux sur les jambes d'un fort petit homme ;
» appuyé sur son dos, les deux bras passés sur ses épaules et ses deux
» mains jointes et étendues qui lui prennent le nez et lui ferment la
» bouche ; il se retire confus et va s'agenouiller ailleurs. Il tire un livre
» pour faire sa prière, et c'est sa pantoufle qu'il a prise pour ses Heures
» et qu'il a mise dans sa poche avant que de sortir. Il n'est pas hors de
» l'église qu'un homme de livrée court après lui, le joint, lui demande
» en riant s'il n'a point la pantoufle de Monseigneur ; Ménalque lui mon-
» tre la sienne, et lui dit : Voilà toutes les pantoufles que j'ai sur moi.
» Il se fouille néanmoins, et tire celle de l'évêque de ***, qu'il vient de
» quitter, qu'il a trouvé malade auprès de son feu, et dont, avant de
» prendre congé de lui, il a ramassé la pantoufle, comme l'un de ses
» gants qui était à terre ; ainsi Ménalque s'en retourne chez soi avec
» une pantoufle de moins. Il a une fois perdu au jeu tout l'argent qui
» est dans sa bourse, et voulant continuer de jouer, il entre dans son
» cabinet, ouvre une armoire, y prend sa cassette, en tire ce qui lui
» plaît, et croit la remettre où il l'a prise ; il entend aboyer dans son
» armoire, qu'il vient de fermer : étonné de ce prodige, il l'ouvre une
» seconde fois, et il éclate de rire d'y voir son chien qu'il a serré pour
» sa cassette. Il joue au trictrac ; il demande à boire, on lui en apporte :
» c'est à lui à jouer, il tient le cornet d'une main et un verre de l'autre ;
» et comme il a une grande soif, il avale les dés et presque le cornet,
» jette le verre d'eau dans le trictrac et inonde celui contre qui il joue.
» Et dans une chambre où il est familier, il crache sur le lit et jette son
» chapeau à terre, en croyant faire tout le contraire. *Il se promène sur*
» *l'eau, et il demande quelle heure il est ; on lui présente une montre : à*
» *peine l'a-t-il reçue, que ne songeant plus, ni à l'heure, ni à la montre,*
» *il la jette dans la rivière comme une chose qui l'embarrasse* [1]. *Lui-même*
» *écrit une longue lettre, met de la poudre dessus à plusieurs reprises et*
» *jette toujours la poudre dans l'encrier. Ce n'est pas tout : il écrit une*
» *seconde lettre ; et après les avoir achevées toutes les deux, il se trompe*
» *à l'adresse* [2]. Un duc et pair reçoit l'une de ces deux lettres, et en

---

[1] Voyez la scène VIII du troisième acte.
[2] Ce trait a peut-être donné à Regnard l'idée du jeu de théâtre de la scène IX du quatrième acte, et de la méprise des lettres.

SUR LE DISTRAIT.

» l'ouvrant il y lit ces mots : Maître Olivier, ne manquez pas, sitôt la
» présente reçue, de m'envoyer ma provision de foin... Son fermier re-
» çoit l'autre, il l'ouvre et se la fait lire; on y trouve ces mots : Mon-
» seigneur, j'ai reçu avec une soumission aveugle les ordres qu'il a plu
» à votre grandeur... Lui-même encore écrit une lettre pendant la nuit,
» et, après l'avoir cachetée, il éteint sa bougie; il ne laisse pas d'être
» surpris de ne voir goutte, et il sait à peine comment cela est arrivé.
» Ménalque descend l'escalier du Louvre, un autre le monte à qui il
» dit : C'est vous que je cherche. Il le prend par la main, le fait descen-
» dre avec lui, traverse plusieurs cours, entre dans les salles, en sort,
» il va, il revient sur ses pas; il regarde enfin celui qu'il traîne après
» soi depuis un quart d'heure : il est étonné que ce soit lui, il n'a rien à
» lui dire; il lui quitte la main et tourne d'un autre côté. Souvent il
» vous interroge, et il est déjà loin de vous quand vous songez à lui
» répondre, ou bien il vous demande en courant comment se porte votre
» père, et comme vous lui dites qu'il est fort mal, il vous crie qu'il en
» est bien aise. Il vous trouve quelque autre fois sur son chemin; il est
» ravi de vous rencontrer, il sort de chez vous pour vous entretenir
» d'une certaine chose; il contemple votre main. Vous avez là, dit-il,
» un beau rubis : est-il balais? Il vous quitte et continue sa route :
» voilà l'affaire importante dont il avait à vous parler. Se trouve-t-il en
» campagne, il dit à quelqu'un qu'il le trouve heureux d'avoir pu se
» dérober à la cour pendant l'automne, et d'avoir passé dans ses terres
» tout le temps de Fontainebleau; il tient à d'autres d'autres discours,
» puis revenant à celui-ci : Vous avez eu, lui dit-il, de beaux jours à
» Fontainebleau, vous y avez sans doute beaucoup chassé. Il commence
» ensuite un conte qu'il oublie d'achever. Il rit en lui-même, il éclate
» d'une chose qui lui passe par l'esprit; il répond à sa pensée, il chante
» entre ses dents, il siffle, il se renverse dans une chaise, il pousse un
» cri plaintif, il bâille, il se croit seul. S'il se trouve à un repas, on
» voit le pain se multiplier sur son assiette; il est vrai que ses voisins
» en manquent, aussi bien que de couteaux et de fourchettes dont il
» ne les laisse pas jouir longtemps. On a inventé aux tables une grande
» cuillère pour la commodité du service; il la prend, la plonge dans le
» plat, l'emplit, la porte à sa bouche, et il ne sort pas d'étonnement de
» voir répandu sur son linge et sur ses habits le potage qu'il vient
» d'avaler. Il oublie de boire pendant tout le dîné; ou, s'il s'en sou-
» vient et qu'il trouve qu'on lui donne trop de vin, il en flaque plus de la
» moitié au visage de celui qui est à sa droite, il boit le reste tran-
» quillement, et ne comprend pas pourquoi tout le monde éclate de
» rire de ce qu'il a jeté à terre ce qu'on lui a versé de trop. Il est un
» jour retenu au lit par quelque incommodité; on lui rend visite : il y
» a un cercle d'hommes et de femmes dans sa ruelle qui l'entretien-
» nent; et en leur présence il soulève sa couverture et crache dans ses
» draps. On le mène aux Chartreux, on lui fait voir un cloître orné
» d'ouvrages, tous de la main d'un excellent peintre. Le religieux qui
» les lui explique parle de saint Bruno, du chanoine et de son aventure,
» en fait une longue histoire, et la montre dans l'un de ces tableaux.
» Ménalque qui, pendant la narration, est hors du cloître et bien loin
» au-delà, y revient enfin, et demande au père si c'est le chanoine ou

» saint Bruno qui est damné. Il se trouve par hasard avec une jeune
» veuve, il lui parle de son défunt mari, lui demande comment il est
» mort. Cette femme, à qui ce discours renouvelle ses douleurs, pleure,
» sanglote et ne laisse pas de reprendre tous les détails de la maladie
» de son époux, qu'elle conduit depuis la veille de sa fièvre qu'il se
» portait bien jusqu'à l'agonie. *Madame, lui demande Ménalque, qui*
» *l'avait apparemment écoutée avec attention, n'aviez-vous que celui-là*[1]*?*
» Il s'avise un matin de faire tout hâter dans sa cuisine, il se lève
» avant le fruit et prend congé de la compagnie; on le voit ce jour-là
» en tous les endroits de la ville, hormis en celui où il a donné rendez-
» vous précis pour cette affaire qui l'a empêché de dîner, et l'a fait
» sortir à pied de peur que son carrosse ne le fît attendre. *L'entendez-*
» *vous crier, gronder, s'emporter contre l'un de ses domestiques? Il est*
» *étonné de ne point le voir. Où peut-il être? dit-il. Que fait-il? qu'est-*
» *il devenu? Qu'il ne se présente plus devant moi, je le chasse dès à cette*
» *heure. Le valet arrive, à qui il demande fièrement d'où il vient. Il lui*
» *répond qu'il vient de l'endroit où il l'a envoyé, et lui rend un fidèle*
» *compte de sa commission*[2]. Vous le prendriez souvent pour tout ce
» qu'il n'est pas : pour un stupide; car il n'écoute point, et il parle
» encore moins : pour un fou; car, outre qu'il parle tout seul, il
» est sujet à de certaines grimaces et à des mouvements de tête invo-
» lontaires : pour un homme fier et incivil; car vous le saluez, et il
» passe sans vous regarder, ou il vous regarde sans vous rendre le sa-
» lut : pour un inconsidéré; car il parle de banqueroute au milieu
» d'une famille où il y a cette tache, d'exécution et d'échafaud devant
» un homme dont le père y a monté, de roture devant les roturiers qui
» sont riches et qui se donnent pour nobles. De même il a dessein
» d'élever auprès de soi un fils naturel sous le nom et le personnage
» d'un valet; et quoiqu'il veuille le dérober à la connaissance de sa
» femme et de ses enfants, il lui échappe de l'appeler son fils dix fois le
» jour. Il a pris aussi la résolution de marier son fils à la fille d'un
» homme d'affaires, et il ne laisse pas de dire de temps en temps, en
» parlant de sa maison et de ses ancêtres, que les Ménalque ne se
» sont jamais mésalliés. Enfin il n'est ni présent ni attentif dans une
» compagnie à ce qui fait le sujet de la conversation; il pense et il
» parle tout à la fois, mais la chose dont il parle est rarement celle à la-
» quelle il pense : aussi ne parle-t-il guère conséquemment et avec
» suite. *Où il dit non, souvent il faut dire oui; et où il dit oui, croyez*
» *qu'il veut dire non. Il a, en vous répondant si juste, les yeux fort ou-*
» *verts, mais il ne s'en sert point; il ne regarde, ni vous, ni personne, ni*
» *rien qui soit au monde*[3]. Tout ce que vous pouvez tirer de lui, et en-

[1] Scène VI, acte IV, Léandre répond au chevalier qui lui parle de son
père :
<blockquote>Et n'avez-vous jamais eu que ce père-là?</blockquote>
[2] Voyez le commencement de la scène VIII du troisième acte.
[3] Voyez le portrait que Carlin fait de son maître, acte II, scène I.
<blockquote>Il rêve fort à rien, il s'égare sans cesse;
Il cherche, il trouve, il brouille, il regarde sans voir.
Quand on lui parle blanc, soudain il répond noir;
Il vous dit non pour oui, pour oui non; il appelle
Une femme monsieur, et moi mademoiselle.</blockquote>

SUR LE DISTRAIT.

» core dans le temps qu'il est le plus appliqué et d'un meilleur com-
» merce, ce sont ces mots : Oui vraiment! C'est vrai. Bon! Tout de bon,
» Oui-dà, Je pense que oui, Assurément, Ah! ciel! et quelques autres
» monosyllabes qui ne sont pas même placés à propos. Jamais aussi il
» n'est avec ceux avec qui il paraît être; il appelle sérieusement son la-
» quais monsieur, et son ami il l'appelle la Verdure; il dit votre Révé-
» rence à un prince du sang, et Votre Altesse à un jésuite; il entend la
» messe, le prêtre vient à éternuer, il lui dit : Dieu vous assiste. Il se
» trouve avec un magistrat : cet homme, grave par son caractère, véné-
» rable par son âge et par sa dignité, l'interroge sur un événement, et
» lui demande si cela est ainsi; Ménalque lui répond : Oui, mademoi-
» selle. Il revient une fois de la campagne, ses laquais en livrée entre-
» prennent de le voler et y réussissent; ils descendent de son carrosse,
» ils lui portent un bout de flambeau sous la gorge, lui demandent la
» bourse, et il la rend. Arrivé chez soi, il raconte son aventure à ses
» amis, qui ne manquent pas de l'interroger sur les circonstances, et il
» leur dit : Demandez à mes gens, ils y étaient. »

C'est moins un caractère particulier que donne La Bruyère qu'un recueil de faits de distractions. Regnard a fait usage de plusieurs de ces faits, mais il en a d'autres qui lui appartiennent; et l'on peut juger, par le rapprochement que nous avons fait de ceux dont il a fait usage, combien il est injuste de leur attribuer tout le succès de la comédie, au point de dire que Regnard n'a fait que mettre le morceau de La Bruyère, partie en action, partie en récit.

Un reproche plus essentiel que l'on a fait à ce poëte, c'est d'avoir choisi un sujet vicieux et d'avoir mis sur la scène un ridicule *prétendu*, parce que, dit-on, il ne dépend point de nous d'être ou de n'être point distraits; c'est, non un ridicule, ni même un vice, mais un défaut purement physique : et l'on ajoute qu'il a été aussi déraisonnable de mettre sur la scène un distrait, qu'il le serait d'y mettre un boiteux, un aveugle, etc.

On convient que cette critique est juste à certains égards. Cependant on observe que la distraction est plus souvent un vice d'habitude qu'un défaut naturel. Nous sommes distraits, parce que notre imagination, trop fortement occupée d'un objet quelconque, ne nous permet pas la moindre attention sur les choses qui nous environnent; c'est pourquoi ce défaut est communément celui des personnes occupées de grandes affaires. Il est donc possible de prévenir ce défaut et de s'en corriger, et ce n'est point un rire barbare que celui qu'excitent les méprises plaisantes que la distraction peut produire.

Lors de la reprise du *Distrait*, en 1731, l'abbé Pélegrin fit imprimer, dans le Mercure de France, du mois de juillet de la même année, une critique de cette pièce qui ne mérite pas la peine d'être réfutée.

Il reproche à Regnard de n'avoir produit que des caractères vicieux. Le chevalier est un petit-maître du plus mauvais ton, bas et crapuleux ; Mme Grognac est une grondeuse insupportable et une mauvaise mère ; Valère, une espèce d'imbécile qui a une affection déraisonnable pour son neveu, le chevalier ; enfin Léandre, qui est le principal personnage de la pièce, et celui dont il a voulu *étaler le principal ridicule*, n'est qu'une espèce de fou. L'intrigue de la pièce est misérable, et le dénoûment une mauvaise copie de celui de nos *Femmes savantes*. Le critique finit par cette phrase : Cela n'empêche pas qu'on ne doive rendre à M. Regnard la justice qui lui est due ; c'est que personne n'a mieux possédé que lui le talent de faire rire, et *c'est par là que ses pièces de théâtre sont plus aimées qu'elles ne sont estimées.*

C'est ainsi que s'exprimait sur le compte d'un de nos poètes comiques les plus estimables, un misérable auteur qui n'était connu au théâtre que par ses chutes, et dont le nom, ainsi que celui de Cotin, ne servira jamais qu'à caractériser la médiocrité. Mais qu'en est-il arrivé ? La critique de l'abbé est demeurée ensevelie dans le Mercure, où personne ne s'avisera jamais d'aller la lire, et la comédie de Regnard jouit et jouira toujours du succès le plus mérité.

Le caractère du distrait est celui d'un homme vertueux et ridicule, qui intéresse par les qualités de son cœur, en même temps qu'il nous fait rire par les travers de son esprit ; ainsi Molière avait produit auparavant les mêmes effets dans son rôle du misanthrope.

Le chevalier est un libertin tel que l'étaient autrefois nos petits-maîtres, et le portrait chargé qu'en a fait Regnard en était d'autant plus propre à les faire rougir de la bassesse de leurs inclinations et de la dépravation de leurs mœurs.

La faiblesse de Valère pour ce jeune débauché provient de l'extrême pusillanimité de son caractère ; c'est un de ces timides vieillards qui savent étaler les meilleures maximes du monde et sont incapables d'agir. Ce caractère contraste avec celui de Mme Grognac. Celle-ci est une vieille quinteuse, bizarre, hargneuse, qui ne voit, dans la soumission et dans la douceur de sa fille Isabelle, que de nouveaux sujets d'émouvoir sa bile.

L'intrigue n'est point aussi misérable que le prétend le critique; tous les incidents sont heureusement amenés et très-plaisants. Le dénoûment est préparé ; on parle dès la première scène de l'oncle agonisant dont Léandre doit hériter : on n'est donc pas aussi étonné d'apprendre à la fin de la pièce qu'il a déshérité son neveu, qu'on est surpris, dans les *Femmes savantes*, d'entendre parler du jugement d'un procès, et d'une banqueroute, dont il n'avait jusque-là été nullement question.

L'auteur des Proverbes dramatiques a su nous donner une petite pièce du Distrait très-plaisante, et dans laquelle il a mis en action des faits de distractions autres que ceux employés par Regnard.

La comédie de Regnard se joue très-souvent, et est toujours vue avec plaisir.

NOMS DES ACTEURS

QUI ONT JOUÉ DANS LA COMÉDIE DU DISTRAIT, DANS SA NOUVEAUTÉ,
EN 1697.

Léandre, *le sieur Beaubourg*. Clarice, Mlle *Dancourt*. Mme Grognac, Mlle *Desbrosses*. Isabelle, Mlle *Raisin* [1]. Le chevalier, *le sieur Baron* [2], Valère, *le sieur Guérin*, Lisette, Mlle *Beauval*. Carlin, *le sieur La Thorillière*.

[1] Françoise Pitel de Long-Champ, femme de Jean-Baptiste Raisin, comédien, a été conservée lors de la réunion des troupes, en 1680. Cette actrice doublait Mlle Dancourt, et jouait aussi en second les amoureuses tragiques. Elle s'est retirée du théâtre en 1701, et est morte en 1721.

[2] Cet acteur était fils du fameux Baron. Il se nommait Etienne Baron, et remplissait avec quelque succès les seconds rôles tragiques, et les premiers dans le haut comique. Il est mort en 1711.

LE DISTRAIT [1]

COMÉDIE EN CINQ ACTES, ET EN VERS.

Représentée, pour la première fois, le lundi 2 décembre 1697.

ACTEURS :

LÉANDRE, Distrait.
CLARICE, amante de Léandre.
Mme GROGNAC.
ISABELLE, fille de Mme Grognac.
LE CHEVALIER, frère de Clarice et amant d'Isabelle.
VALÈRE, oncle de Clarice et du Chevalier.
LISETTE, servante d'Isabelle.
CARLIN, valet de Léandre.
UN LAQUAIS.

La scène est à Paris, dans une maison commune.

ACTE PREMIER.

SCÈNE I [2].

VALÈRE, Mme GROGNAC.

VALÈRE.

Quoi! toujours opposée à toute une famille?

« [1] Regnard, toujours plaisant, mais presque jamais moral, ne devait pas, dit Cailhava (*De l'Art de la Comédie*, I, 44), ne devait pas jouer la distraction, ou du moins devait-il donner à Léandre un état qui, en rendant ses méprises plus dangereuses, fît sentir combien la distraction est contraire à certaines professions, et combien il est imprudent de remettre ses intérêts entre les mains des personnes qui ont ce défaut.

» Léandre me fait sourire en perdant une de ses bottes, en jetant sa montre au lieu de son tabac, en trempant sa plume dans le poudrier, en proposant un régiment à sa maîtresse : mais il ne m'instruit, ni ne me corrige. Cette pièce n'est bonne qu'à prouver aux dames qu'en épousant un distrait, elles risquent d'être oubliées la première nuit de leurs noces; c'est beaucoup pour elles, j'en conviens; ce n'est pas assez pour les hommes en général. »

[2] Cailhava, dans son traité *De l'Art de la Comédie*, 1re édition, I, 215, loue la rapidité du dialogue au commencement de cette scène.

ACTE I, SCÈNE I.

Mme GROGNAC.

Oui.

VALÈRE.

Vous ne voulez point marier votre fille?

Mme GROGNAC.

Non.

VALÈRE.

Quand on vous en parle, on vous met en courroux.

Mme GROGNAC.

Oui.

VALÈRE.

Vous ne prendrez point des sentiments plus doux?

Mme GROGNAC.

Non.

VALÈRE.

Fort bien! Non, oui, non : beau discours! vos répliques
Me paraissent, pour moi, tout à fait laconiques.
Mais, pour mieux raisonner avec vous là-dessus,
Et pour rendre un moment le discours plus diffus,
Dites-moi, s'il vous plaît la véritable cause
Qui vous fait rejeter les partis qu'on propose.
Ce fameux partisan, par exemple, pourquoi...?

Mme GROGNAC.

Hé fi, monsieur! fi donc! vous radotez, je croi :
Il est trop riche.

VALÈRE.

Ah! ah! nouvelle est la maxime.

Mme GROGNAC.

Gagne-t-on en cinq ans un million sans crime?
Je hais ces fort-vêtus qui, malgré tout leur bien,
Sont un jour quelque chose, et le lendemain rien.

VALÈRE.

Et ce jeune marquis, cet homme d'importance?
Vous ne lui pouvez pas reprocher sa naissance :
Il a les airs de cour, parle haut, chante, rit;
Il est bien fait; il a du cœur et de l'esprit.

Mme GROGNAC.

Il est trop gueux.

VALÈRE.

Fort bien! la réponse est honnête;
Et vous avez toujours quelque défaite prête.

Il s'offre deux partis, vous les chassez tous deux :
Le premier est trop riche, et le second trop gueux.
Dans vos brusques humeurs je ne puis vous comprendre.
Comment prétendez-vous que soit fait votre gendre ?
Mme GROGNAC.
Je prétends qu'il soit fait comme on n'en trouve point ;
Qu'il soit posé, discret, accompli de tout point ;
Qu'il ait, avec du bien, une honnête naissance ;
Qu'il ne fasse point voir ces traits de pétulance,
Ces actions de fou, ces airs évaporés,
Dignes productions des cerveaux mal timbrés ;
Qu'il ait auprès du sexe un peu de politesse ;
Qu'il mêle à ses discours certain air de sagesse ;
Qu'il ne soit point enfin, pour tout dire de lui,
Comme les jeunes gens que je vois aujourd'hui.
VALÈRE.
Cet homme à rencontrer sera très-difficile ;
Et, si vous le trouvez, je vous tiens fort habile.
Vous nous en faites voir un rare et beau portrait ;
Et si vous ne voulez de gendre qu'ainsi fait,
Quoique Isabelle soit et riche et de famille,
Elle court grand hasard de vivre et mourir fille.
Mme GROGNAC.
Non. Léandre est l'époux que je veux lui donner.
VALÈRE.
Léandre !
Mme GROGNAC.
Ce parti semble vous étonner !
Mais c'est un fait, monsieur, dont peu je me soucie ;
Et je le trouve, moi, selon ma fantaisie.
Je sais qu'à bien parler de lui sans passion,
Il est particulier en sa distraction ;
Il répond rarement à ce qu'on lui propose ;
On ne le voit jamais à lui dans nulle chose :
Mais ce n'est pas un crime enfin d'être ainsi fait.
On peut être, à mon sens, homme sage et distrait.
VALÈRE.
Je croyais, à parler aussi sans artifice,
Qu'il avait quelque goût pour ma nièce Clarice.
Mme GROGNAC.
Oh bien ! je vous apprends que vous vous abusiez ;

Et, pour vous détromper, il faut que vous sachiez
Que je suis dès longtemps liée à sa famille ;
Et que, pour m'engager à lui donner ma fille,
L'oncle dont il attend sa fortune et son bien
D'un dédit mutuel cimenta ce lien.
Léandre est allé voir cet oncle à l'agonie,
Et j'attends son retour pour la cérémonie.
Si je n'avais en vue un tel engagement,
Il n'aurait pas chez moi pris un appartement.
Vous qui logez céans avecque votre nièce,
Vous êtes tous les jours témoin de sa tendresse.

VALÈRE.

Mais m'assurerez-vous que Léandre, en son cœur,
Malgré votre dédit, n'ait point une autre ardeur?
Et que, d'une autre part, votre fille Isabelle
A vos intentions n'ait pas un cœur rebelle?

Mme GROGNAC.

Léandre aime ma fille ; et ma fille fera,
Lorsque j'aurai parlé, tout ce qu'il me plaira.
C'est une fille simple, à mes désirs sujette :
Et je voudrais bien voir qu'elle eût quelque amourette!

VALÈRE.

Il faut que, sur ce point, nous la fassions parler.
Son cœur s'expliquera sans rien dissimuler.

Mme GROGNAC.

D'accord. Lisette ! holà! Lisette ! De la vie
On ne vit dans Paris femme si mal servie.
Lisette !

SCÈNE II.

LISETTE, Mme GROGNAC, VALÈRE.

LISETTE.

Eh bien, Lisette ! Est-ce fait? Me voilà.

Mme GROGNAC.

Que fait ma fille?

LISETTE.

Quoi ! ce n'est que pour cela ?
Vous avez bonne voix. Quel bruit! A vous entendre,

J'ai cru qu'à la maison le feu venait de prendre[1].
Mme GROGNAC.
Vous plairait-il vous taire, et finir vos discours ?
LISETTE.
Oh ! vous grondez sans cesse.
Mme GROGNAC.
      Et vous parlez toujours.
Répondez seulement à ce que l'on souhaite.
Que fait ma fille ?
LISETTE.
    Elle est, madame, à sa toilette.
Mme GROGNAC.
Toujours à sa toilette, et devant un miroir !
Voilà tout son emploi du matin jusqu'au soir.
LISETTE.
Vous parlez bien à l'aise, avec votre censure.
Il m'a fallu trois fois réformer sa coiffure.
Nous avons toutes deux enragé tout le jour
Contre un maudit crochet qui prenait mal son tour.
Mme GROGNAC.
Belle occupation, vraiment ! Qu'elle descende.
Dites-lui de ma part qu'ici je la demande.
LISETTE.
Je vais vous l'amener.

SCÈNE III.

VALÈRE, Mme GROGNAC.

VALÈRE.
     N'allez pas la gronder,
Ni par votre air sévère ici l'intimider.
Mme GROGNAC.
Mon Dieu ! je sais assez comme il faut se conduire,
Et je ne dirai rien que ce qu'il faudra dire.
La voilà. Vous verrez quels sont ses sentiments.

---

[1] Voltaire, dans *la Prude*, acte III, scène VI, a dit :

   Il semblerait que l'on vous assassine
   Ou qu'on vous vole, ou qu'on vous bat un peu
   Ou qu'au logis vous avez mis le feu.

SCÈNE IV.

ISABELLE, LISETTE, Mme GROGNAC, VALÈRE.

Mme GROGNAC, à Isabelle.

Venez, mademoiselle, et saluez les gens.
(Isabelle fait la révérence.)
Plus bas; encor plus bas. O ciel! quelle ignorance!
Ne savoir pas encor faire la révérence,
Depuis trois ans et plus qu'elle apprend à danser!

LISETTE.

Son maître tous les jours vient pourtant l'exercer :
Mais que peut-on apprendre en trois ans?

Mme GROGNAC, à Lisette.

A se taire.

LISETTE, bas.

Elle a bien aujourd'hui l'esprit atrabilaire.
(Haut.)
Nous attendons encore un maître italien,
Qui doit venir tantôt.

Mme GROGNAC, à Lisette.

Je vous le défends bien.
Je ne veux point chez moi gens de cette sequelle ;
Ce sont courtiers d'amour pour une demoiselle.
(A Isabelle.)
Levez la tête; encor. Soyez droite. Approchez.
Faut-il tendre toujours le dos quand vous marchez?
Présentez mieux la gorge et baissez cette épaule.

LISETTE, à part.

C'est du soir au matin un éternel contrôle.

Mme GROGNAC, à Isabelle.

Avancez, s'il vous plaît, et répondez à tout.
Parlez. Le mariage est-il de votre goût?
(Isabelle rit.)

VALÈRE.

Elle rit. Bon, tant mieux; j'en tire un bon augure.

LISETTE.

Voilà ce qui s'appelle un ris d'après nature.

Mme GROGNAC, à Isabelle.

Quoi! vous avez le front de rire, et devant nous!
Vous ne rougissez pas quand on parle d'époux!

ISABELLE.

J'ignorais qu'une fille, au mot de mariage
D'une prompte rougeur dût couvrir son visage
Je dois vous obéir ; et, quand je l'entendrai,
Puisque vous le voulez, d'abord je rougirai.

LISETTE, à part.

Quel heureux naturel!

Mme GROGNAC.

Les époux sont bizarres,
Brutaux, capricieux, impérieux, avares :
On devrait s'en passer, si l'on avait bon sens.

ISABELLE.

N'étaient-ils pas ainsi tous faits de votre temps?
Vous n'avez pas laissé d'en prendre un étant fille.

Mme GROGNAC.

Vous êtes dans l'erreur. Rodillard de Choupille,
Noble au bec de corbin, grand gruyer de Berry,
Et qui fut votre père, étant bien mon mari,
M'enleva malgré moi ; sans cela, de ma vie,
De me donner un maître il ne m'eût pris envie.

LISETTE.

La même chose un jour pourra nous arriver.

ISABELLE.

On ne fait donc point mal à se faire enlever?

Mme GROGNAC.

Eh bien ! vit-on jamais un esprit plus reptile?
Puis-je avoir jamais fait une telle imbécile?
C'est une grosse bête, et qui n'est propre à rien.

LISETTE, à part.

Elle est bien votre fille, et vous ressemble bien.

Mme GROGNAC, à Lisette.

Euh ! plaît-il?

LISETTE.

Vous m'avez ordonné le silence.

Mme GROGNAC.

Vous pourriez à la fin lasser ma patience.

VALÈRE, à madame Grognac.

Je veux plus doucement la sonder sur ce point.

(A Isabelle.)

Voulez-vous un mari?

ISABELLE.

Je n'en demande point.

ACTE I, SCÈNE IV.

Mais, s'il s'en rencontrait quelqu'un qui pût me plaire,
Je pourrais l'accepter, ainsi qu'a fait ma mère.

Mme GROGNAC, à Isabelle.

Comment donc?

VALÈRE, à madame Grognac.

Avec elle agissons sans aigreur.

(A Isabelle.)

Çà, dites-moi, quelqu'un vous tiendrait-il au cœur?

ISABELLE.

Ah!

LISETTE, à Isabelle.

Bon! courage!

VALÈRE, à Isabelle.

Allons, parlez-nous sans rien craindre.

ISABELLE.

Je sens, lorsque je vois un petit homme à peindre...

VALÈRE.

Eh bien donc?

ISABELLE.

Je sens là je ne sais quoi qui plaît;
Mais je ne saurais bien vous dire ce que c'est.

LISETTE.

Oh! je le sais bien, moi : c'est l'amour qui murmure.

Mme GROGNAC, à Isabelle.

J'apprends avec plaisir une telle aventure.
Et quel est, s'il vous plaît, ce jeune adolescent
Qui vous fait ressentir ce mouvement naissant?

ISABELLE.

Ah! si vous le voyiez, vous l'aimeriez vous-même.
Il me dit tous les jours qu'il m'estime, qu'il m'aime;
Il pleure quand il veut. Tu sais comme il est fait,
Lisette; et tu nous peux en faire le portrait.

LISETTE.

C'est un petit jeune homme à quatre pieds de terre,
Homme de qualité qui revient de la guerre;
Qu'on voit toujours sautant, dansant, gesticulant;
Qui vous parle en sifflant, et qui siffle en parlant;
Se peigne, chante, rit, se promène, s'agite;
Qui décide toujours pour son propre mérite;
Qui près du sexe encor vit assez sans façon :

VALÈRE.

Mais, c'est le chevalier.

LISETTE.

Vous avez dit son nom.

Mme GROGNAC.

Qui? ce fou?

VALÈRE.

S'il n'a pas le bonheur de vous plaire,
Songez qu'il m'appartient. C'est un jeune homme à faire.
Il a de la valeur; il est bien à la cour.

Mme GROGNAC.

Qu'il s'y tienne.

VALÈRE.

Il sera très-riche quelque jour :
Il peut lui convenir de bien, d'esprit et d'âge [1].

ISABELLE.

Il est tout fait pour moi, l'on ne peut davantage.

Mme GROGNAC.

De quel front, s'il vous plaît, sans mon consentement,
Osez-vous bien penser à quelque attachement?
Vous êtes bien hardie et bien impertinente!

VALÈRE.

L'amour du chevalier pourrait être innocente.

Mme GROGNAC.

L'amour du chevalier n'est point du tout mon fait [2].
J'ai fait, pour son mari, choix d'un autre sujet :
Le dédit pour Léandre en est une assurance.
Que votre chevalier cherche une autre alliance :
Je ne l'ai jamais vu; mais on m'en a parlé
Comme d'un petit fat et d'un écervelé;
Et je vous défends, moi, de le voir de la vie.

ISABELLE.

Je ne le verrai point, vous serez obéie;
Mes yeux trop curieux n'iront point le chercher;
Mais lui, s'il me veut voir, puis-je l'en empêcher?

Mme GROGNAC.

A ces simplicités qui sortent de sa bouche,
A cet air si naïf, croirait-on qu'elle y touche?

---

[1] Ce vers est conforme à l'édition originale, à celle de 1728, et à celle de 1750. Dans toutes les éditions modernes, on lit :

Il peut lui convenir d'esprit, de bien, et d'âge.

[2] *Misanthrope*, acte I, scène 1 :

L'ami du genre humain n'est point du tout mon fait.

Mais c'est une eau qui dort, dont il faut se garder.
ISABELLE.
Vous êtes avec moi toujours prête à gronder.
Je parais toute sotte alors qu'on me querelle,
Et cela me maigrit.
Mme GROGNAC.
Taisez-vous, péronnelle.
Rentrez ; et là-dedans allez voir si j'y suis.
VALÈRE.
Si vous vouliez pourtant écouter quelque avis...
Mme GROGNAC.
Je ne prends point d'avis : je suis indépendante.
VALÈRE.
Je le sais ; mais...
Mme GROGNAC.
Adieu. Je suis votre servante.
VALÈRE.
Mais, madame, entre nous, il est de la raison...
Mme GROGNAC.
Mais, monsieur, entre nous, quand de votre façon,
Vous aurez, s'il se peut encor, garçon ou fille,
Je n'irai point chez vous régler votre famille :
De vos enfants alors vous pourrez disposer
Tout à votre plaisir, sans que j'aille y gloser.
(A Isabelle.)
Allons vite, rentrez : faites ce qu'on ordonne.

SCÈNE V.

VALÈRE, LISETTE.

LISETTE.
La madame Grognac a l'humeur hérissonne ;
Et je ne vois pas, moi, son esprit se porter
A l'hymen que tantôt vous vouliez contracter.
VALÈRE.
J'avais dessein de faire une double alliance ;
Mais ce dédit fâcheux étourdit ma prudence.
Léandre a pour Clarice un penchant dans le cœur ;
Et si pour Isabelle il a feint quelque ardeur,
C'était pour obéir à la voix importune
D'un oncle fort âgé, dont dépend sa fortune.

LISETTE.
La mère d'Isabelle est un diable en procès ;
Je crains que notre amour n'ait un mauvais succès.
VALÈRE.
Le temps et la raison la changeront peut-être ;
Et mon neveu pourra... Mais je le vois paraître.

SCÈNE VI.

LE CHEVALIER, VALÈRE, LISETTE.

LE CHEVALIER, riant.
Bonjour, mon oncle. Ah! ah! Lisette, te voilà!
Je ne veux de ma vie oublier celui-là.
LISETTE, au chevalier.
Faites-nous, s'il vous plaît, la grâce de nous dire
Le sujet si plaisant qui vous excite à rire.
LE CHEVALIER.
Oh! parbleu, si je ris, ce n'est pas sans sujet.
Léandre, ce rêveur, cet homme si distrait,
Vient d'arriver en poste ici couvert de crotte :
Le bon est qu'en courant il a perdu sa botte,
Et que, marchant toujours, enfin il s'est trouvé
Une botte de moins quand il est arrivé.
LISETTE.
De ces distractions il est assez capable.
LE CHEVALIER.
L'aventure est comique, ou je me donne au diable.
Mais ce n'est rien encore ; et son valet m'a dit
(Je le crois aisément) que le jour qu'il partit
Pour aller voir mourir son oncle en Normandie,
Il suivit le chemin qui mène en Picardie,
Et ne s'aperçut point de sa distraction
Que quand il découvrit les clochers de Noyon.
LISETTE.
Il a pris le plus long pour faire sa visite.
LE CHEVALIER, à Valère.
Fussiez-vous descendu du lugubre Héraclite
De père en fils, parbleu, vous rirez de ce trait.
Vous faites le Caton ; riez donc tout à fait,
Mon oncle ; allons gai, gai ; vous avez l'air sauvage [1].

[1] Cailhava (1, 325) trouve, avec raison, bien indécent le ton du che-

VALÈRE.
Vous, n'aurez-vous jamais celui d'un homme sage?
Faudra-t-il qu'en tous lieux vos airs extravagants,
Vos ris immodérés donnent à rire aux gens?

LE CHEVALIER.
Si quelqu'un rit de moi, moi, je ris de bien d'autres.
Vous condamnez mes airs, et je blâme les vôtres;
Et, dans ce beau conflit, ce que je trouve bon,
C'est que nous prétendons avoir tous deux raison.
Pour moi, je n'ai pas tort. Il faut bien que je rie
De tout ce que je vois tous les jours dans la vie.
Cette vieille qui va marchander des galants,
Comme un autre ferait du drap chez les marchands;
Cidalise, qu'on sait avoir l'âme si bonne
Qu'elle aime tout le monde et n'éconduit personne;
Lucinde, qui, pour rendre un adieu plus touchant,
Jusque sur la frontière accompagne un amant,
Ne sont pas des sujets qui doivent faire rire?
Parbleu, vous vous moquez.

VALÈRE.
                    Eh bien! votre satire [1]
S'exerce-t-elle assez? D'un trait envenimé
Toujours l'honneur du sexe est par vous entamé.
Celles dont vous vantez mille faveurs reçues,
De vos jours bien souvent vous ne les avez vues.
Sur ce cruel défaut ne changerez-vous point?

LE CHEVALIER, fait deux ou trois pas de ballet.
Il ne prêche pas mal. Passez au second point,
Je suis déjà charmé. Que dis-tu de ma danse,
Lisette?

LISETTE.
Vous dansez tout à fait en cadence.

VALÈRE.
Vous vous faites honneur d'être un franc libertin;
Vous mettez votre gloire à tenir bien du vin;

---

lier avec son oncle, soit dans cette scène, soit dans le quatrième acte, seconde scène.

[1] Cailhava (*Art de la Comédie*, II, 507) dit que cette tirade (y compris le couplet suivant de Valère) et les deux couplets du chevalier commençant par : *Mais que fais-je donc tant*, etc., sont peut-être les seules tirades *morales* qui soient dans Regnard.

Et lorsque, tout fumant d'une vineuse haleine,
Sur vos pieds chancelants vous vous tenez à peine,
Sur un théâtre alors vous venez vous montrer :
Là parmi vos pareils on vous voit folâtrer ;
Vous allez vous baiser comme des demoiselles ;
Et, pour vous faire voir jusque sur les chandelles,
Poussant l'un, heurtant l'autre, et comptant vos exploits,
Plus haut que les acteurs vous élevez la voix [1] ;
Et tout Paris, témoin de vos traits de folie,
Rit plus cent fois de vous que de la comédie.

LE CHEVALIER.

Votre troisième point sera-t-il le plus fort?
Soyez bref en tout cas, car Lisette s'endort;
Moi, je bâille déjà.

VALÈRE.

Moi, votre train de vie
Cent fois bien autrement et me lasse et m'ennuie ;
Et je serai contraint de faire à votre sœur
Le bien que je voulais faire en votre faveur.
Votre père en mourant, ainsi que votre mère,
Vous laissèrent de bien une somme légère ;
Et, pour vous établir le reste de vos jours,
Vous devez de moi seul attendre du secours.

LE CHEVALIER.

Mais que fais-je donc tant, monsieur, ne vous déplaise,
Pour trouver ma conduite à tel excès mauvaise?
J'aime, je bois, je joue; et ne vois en cela
Rien qui puisse attirer ces réprimandes-là.
Je me lève fort tard, et je donne audience
A tous mes créanciers.

LISETTE.

Oui ; mais en récompense,
Vous donnez peu d'argent.

LE CHEVALIER.

De là, je pars sans bruit,
Quand le jour diminue et fait place à la nuit,
Avec quelques amis, et nombre de bouteilles
Que nous faisons porter pour adoucir nos veilles,
Chez des femmes de bien dont l'honneur est entier,

Dans *les Fâcheux*, acte I, scène I, Molière a dit :
Plus haut que les acteurs élevant ses paroles.

ACTE I, SCÈNE VI.

Et qui de leur vertu parfument le quartier.
Là, nous perçons [1] la nuit d'une ardeur sans égale ;
Nous sortons au grand jour pour ôter tout scandale ;
Et chacun, en bon ordre, aussi sage que moi,
Sans bruit, au petit pas, se retire chez soi.
Cette vie innocente est-elle condamnée ?
Ne faire qu'un repas dans toute une journée !
Un malade, entre nous, se conduirait-il mieux ?

LISETTE.

Vous êtes trop réglé.

LE CHEVALIER, à Valère.

Voyez-le par vos yeux.
Nous sommes cinq amis que la joie accompagne,
Qui travaillons ce soir en bon vin de Champagne.
Vous serez le sixième, et vous paierez pour nous ;
Car à cinq chevaliers, en nous cotisant tous,
Et ramassant écus, livres, deniers, oboles,
Nous n'avons encor pu faire que deux pistoles.

LISETTE.

Heureux le cabaret, monsieur, qui vous attend !
Vous voilà cinq seigneurs bien en argent comptant !

VALÈRE.

Mais n'êtes-vous pas fou !...

LE CHEVALIER.

A propos de folie,
Savez-vous que dans peu, monsieur, je me marie ?
(A Lisette.)
Comment gouvernes-tu cet objet de mes vœux ?

LISETTE.

Monsieur...

LE CHEVALIER.

S'apprête-t-elle à couronner mes feux ?
C'est un petit bijou que toute sa personne,
Que je veux mettre en œuvre, et que j'affectionne :
(A Valère.)
Elle est jeune, elle est riche ; et, de la tête aux pieds,
Vous en seriez charmé, si vous la connaissiez.

---

[1] *Perçons* est le mot employé par l'auteur ; et c'est lui qu'on trouve dans l'édition originale et dans les anciennes éditions. Mais dans les éditions modernes, on a mis, *passons*.

VALÈRE.

Je la connais : mais vous, connaissez-vous sa mère?
Elle ne prétend pas songer à cette affaire.

LE CHEVALIER.

Elle ne prétend pas! Il faut que nous voyions
Qui des deux doit avoir quelques prétentions.
Elle ne prétend pas! Parbleu, le mot me touche;
Je veux apprivoiser cet animal farouche.

LISETTE.

L'apprivoiser! monsieur? Vous perdrez votre temps,
Et vous prendrez plutôt la lune avec les dents.

LE CHEVALIER, à Lisette.

Nous allons voir; suis-moi.

VALÈRE.

Hé! doucement, de grâce;
Ralentissez un peu cette amoureuse audace.
A vous voir, on vous croit parti pour un assaut.
Et chez les gens ainsi s'en va-t-on de plein saut?

LE CHEVALIER.

Elle ne prétend pas! Ah! vous pouvez lui dire
Que nous sommes instruits comme il faut se conduire;
Et nous savons la règle établie en tel cas.
Je la trouve admirable; elle ne prétend pas!

VALÈRE.

Je n'épargnerai rien pour la rendre capable
De prendre à votre amour un parti convenable.
Vous, cependant, tâchez, avec des airs plus doux,
A mériter le choix qu'on peut faire de vous.

LE CHEVALIER.

J'y penserai, mon oncle. Adieu.

SCÈNE VII.

LE CHEVALIER, LISETTE.

LE CHEVALIER.

Toi, fine mouche,
Va conter mon amour à l'objet qui me touche.
Une affaire à présent m'empêche de le voir :
Je vais tâter du vin dont nous ferons[1] ce soir

---

[1] Cette leçon est conforme à l'édition originale, à celle de 1728, et à celle de 1750. Dans toutes les éditions modernes, on lit : *boirons*.

Une ample effusion ; et cependant, la belle,
Acceptez ce baiser de moi pour Isabelle.
(Il veut l'embrasser.)
LISETTE.
Modérez les transports de vos convulsions.
Je ne me charge point de vos commissions :
Donnez-les à quelque autre, ou faites-les vous-même.
LE CHEVALIER.
J'adore ta maîtresse, et je sens que je t'aime
Aussi par contre-coup.
LISETTE.
Monsieur, retirez-vous ;
Vous pourriez me blesser ; je crains les contre-coups.

SCÈNE VIII.

LISETTE, seule.

Quel amant ! Pour raison importante il diffère
D'aller voir sa maîtresse ; et quelle est cette affaire ?
Il va tâter du vin ! Ma foi, les jeunes gens,
A ne rien déguiser, aiment bien en ce temps !
Heu ! les femmes, déjà si souvent attrapées,
Seront-elles encor par les hommes dupées ?
Aimera-t-on toujours ces petits vilains-là ?
Maudit soit le premier qui nous ensorcela !
Mais à bon chat bon rat ; et ce n'est pas merveille,
Si les femmes souvent leur rendent la pareille.

FIN DU PREMIER ACTE.

ACTE SECOND.

SCÈNE I.

LISETTE, CARLIN.

LISETTE.
Avec plaisir, Carlin, je te vois dans ces lieux.

CARLIN.

Fraîchement débarqué, je parais à tes yeux,
Et mes cheveux encor sont sous la papillote.

LISETTE.

Eh bien! ton maître enfin a-t-il trouvé sa botte?

CARLIN.

Et qui diable déjà t'a conté de ses tours?

LISETTE.

Je sais tout.

CARLIN.

   Il m'en fait bien d'autres tous les jours.
Hier encore, en mangeant un œuf sur son assiette,
Il prit, sans y songer, son doigt pour sa mouillette,
Et se mordit, morbleu, jusques au sang.

LISETTE.

        Je crois
Qu'il n'y retourna pas une seconde fois.

CARLIN.

Sortant d'une maison, l'autre jour, par bévue,
Pour son carrosse il prit celui qui dans la rue
Se trouva le premier. Le cocher touche et croit
Qu'il mène son vrai maître à son logis tout droit.
Léandre arrive, il monte, il va, rien ne l'arrête;
Il entre en une chambre où la toilette est prête,
Où la dame du lieu, qui ne s'endormait pas,
Attendait son époux couchée entre deux draps.
Il croit être en sa chambre, et, d'un air de franchise,
Assez diligemment il se met en chemise,
Prend la robe de chambre et le bonnet de nuit;
Et bientôt il allait se mettre dans le lit,
Lorsque l'époux arrive. Il tempête, il s'emporte,
Le veut faire sortir, mais non pas par la porte;
Quand mon maître, étonné, se sauva de ce lieu
Tout en robe de chambre, ainsi qu'il plut à Dieu.
Mais un moment plus tard, pour t'achever mon conte,
Le maître du logis en avait pour son compte.

LISETTE.

Ton récit est charmant. Mais, raillerie à part,
Dis-moi, qu'avez-vous fait depuis votre départ?

CARLIN.

Nous venons, mon enfant, de courre un bénéfice.

LISETTE.

Un bénéfice, toi?

CARLIN.

Pour te rendre service.
Mais nos soins empressés ne nous ont rien valu ;
Et le diable a sur nous jeté son dévolu.

LISETTE.

Explique-toi donc mieux.

CARLIN.

Ah! Lisette, j'enrage !
Notre espoir dans le port vient de faire naufrage.
Nous croyions hériter, du côté maternel,
D'un oncle... Ah ciel! quel oncle! Il est oncle éternel.
Nous attendions en paix que son âme à toute heure
Passât de cette vie en une autre meilleure ;
Nous le laissions mourir à sa commodité ;
Quand, un beau jour enfin, le ciel, par charité,
A fait tomber sur lui deux ou trois pleurésies,
Qu'escortaient en chemin nombre d'apoplexies.
Nous partons aussitôt, faisant partout *flores*,
Sûrs de trouver déjà le bonhomme *ad patres*.
Mais fol et vain espoir! vermisseaux que nous sommes !
Comme le ciel se rit des vains projets des hommes !
Écoute la noirceur de ce maudit vieillard.

LISETTE.

Vous êtes arrivés sans doute un peu trop tard,
Et quelque autre avant vous...

CARLIN.

Non.

LISETTE.

Il aurait peut-être
En faveur de quelqu'un déshérité ton maître?

CARLIN.

Point.

LISETTE.

Il a déclaré, se voyant sur sa fin,
Quelque enfant provenu d'un hymen clandestin?

CARLIN.

Non. Il ne fit jamais d'enfant, par avarice.

LISETTE.

Parle donc, si tu veux.

CARLIN.
Le vieillard, par malice,
Malgré nos vœux ardents, n'a pas voulu mourir.
LISETTE.
Le trait est vraiment noir, et ne peut se souffrir.
CARLIN.
Par trois fois de ma main il a pris l'émétique,
Et je n'en donnais pas une dose modique ;
J'y mettais double charge, afin que par mes soins
Le pauvre agonisant en languît un peu moins ;
Mais par trois fois le sort injuste, inexorable,
N'a point donné les mains à ce soin charitable ;
Et le bonhomme enfin, à quatre-vingt-neuf ans,
Malgré sa fièvre lente et ses redoublements,
Sa fluxion, son rhume et ses apoplexies,
Son crachement de sang et ses trois pleurésies,
Sa goutte, sa gravelle et son prochain convoi,
Déjà tout préparé, se porte mieux que moi.
LISETTE.
Votre course n'a pas produit grand avantage.
CARLIN.
Nous en avons été pour les frais du voyage :
Mais nous avons laissé Poitevin tout exprès
Pour prendre sur les lieux nos petits intérêts.
Il doit de temps en temps nous donner des nouvelles ;
Et nous nous conduirons par ses avis fidèles.
LISETTE.
Sans avoir donc rien fait, vous voilà de retour !
Je vous applaudis fort. Mais comment va l'amour ?
Ton maître aime toujours ?
CARLIN.
Cela n'est pas croyable.
Je le vois pour Clarice amoureux comme un diable,
C'est-à-dire beaucoup ; mais comme il est distrait,
Son esprit se promène encor sur quelque objet.
Le dédit que son oncle a fait pour Isabelle
Partage son amour, et le tient en cervelle.
Je sais que ta maîtresse a de naissants appas,
Et surtout de grands biens que Clarice n'a pas ;
Mais mon maître est fidèle, et son âme est pétrie
De la plus fine fleur de la galanterie :

ACTE II, SCÈNE I.

Il ne ressemble pas à quantité d'amants ;
C'est un homme, morbleu, tout plein de sentiments.

LISETTE.

Mais, s'il aime Clarice ensemble et ma maîtresse,
Que puis-je faire, moi, pour servir sa tendresse ?
Les épousera-t-il toutes deux ?

CARLIN.

Pourquoi non ?
Il le fera fort bien dans sa distraction.
C'est un homme étonnant et rare en son espèce :
Il rêve fort à rien, il s'égare sans cesse ;
Il cherche, il trouve, il brouille, il regarde sans voir ;
Quand on lui parle blanc, soudain il répond noir ;
Il vous dit non pour oui, pour oui non[1] ; il appelle
Une femme, monsieur ; et moi, mademoiselle ;
Prend souvent l'un pour l'autre ; il va sans savoir où.
On dit qu'il est distrait ; mais moi, je le tiens fou :
D'ailleurs fort honnête homme, à ses devoirs austère,
Exact et bon ami, généreux, doux, sincère,
Aimant, comme j'ai dit, sa maîtresse en héros :
Il est et sage et fou ; voilà l'homme en deux mots.

LISETTE.

Si Léandre ressent une tendresse extrême
Pour Clarice, Isabelle est prise ailleurs de même,
Et pour le chevalier son cœur s'est découvert.

CARLIN.

Tant mieux. Il nous faudra travailler de concert
Pour détourner le coup de ce dédit funeste ;
Et l'amour avec nous achèvera le reste.

LISETTE.

De tes soins empressés nous attendrons l'effet.

CARLIN.

Soit. Adieu donc. Mon maître est dans son cabinet ;
Il m'attend. J'ai voulu, comme le cas me touche,
Apprendre, en arrivant, ta santé par ta bouche.

---

[1] C'est ainsi qu'on lit dans l'édition originale, dans celle de 1728, et dans celle de 1750. Comme ces deux expressions, *non pour oui, pour oui non*, signifient la même chose, on s'est décidé à faire ainsi ce vers dans quelques éditions.

Il vous dit non pour oui, oui pour non ; il appelle

LISETTE.

Je me porte là là : mais toi ?

CARLIN.

Coussi, coussi.
En très-bonne santé j'arriverais ici,
Si je n'étais porteur d'une large écorchure [1].

LISETTE.

Bon ! c'est des postillons l'ordinaire aventure.
Jusqu'au revoir. Adieu, courrier malencontreux [2].

(Elle sort.)

CARLIN.

Mon grand mal est celui que m'ont fait tes beaux yeux ;
Mon cœur est plus navré de ton humeur sévère [3].

SCÈNE II.

CARLIN, seul.

Cette friponne-là serait bien mon affaire.
Mais mon maître paraît, il tourne ici ses pas.

SCÈNE III.

LÉANDRE, CARLIN.

CARLIN.

Il rêve, il parle seul, et ne m'aperçoit pas.

LÉANDRE, se promenant sur le théâtre en rêvant, un de ses bas déroulé.

Je ne sais si l'absence, aux amants peu propice,
Ne m'a point effacé de l'esprit de Clarice.

---

[1] Molière dans le *Cocu imaginaire*, acte I, scène VII, a dit :

> Sans préjudice encor d'un accident bien pire
> Qui m'afflige un endroit que je ne veux pas dire.

[2] Au lieu de ce vers et du suivant, qui peut-être ont été corrigés sans l'aveu de l'auteur, on lit dans l'édition originale et dans celle de 1728 :

> Jusqu'au revoir. Adieu, beau courrier offensé.
> CARLIN.
> Ce n'est pas là, coquine, où le bât m'a blessé ;
> Mon cœur, etc.

[3] *Sévère* est conforme à l'édition originale et à celle de 1728. Dans les autres éditions, on lit, *légère*. Est-ce une faute dans l'édition originale ? en est-ce une dans les éditions modernes ?

ACTE II, SCÈNE V.

On en trouve bien peu de ces cœurs généreux
Qui, dans l'éloignement, sachent garder leurs feux :
Un moment les éteint, ainsi qu'il les fit naître.

CARLIN.

Me mettant face à face, il me verra peut-être.

LÉANDRE heurte Carlin sans s'en apercevoir.

Je serais bien à plaindre, aimant comme je fais,
Qu'un autre profitât du fruit de ses attraits.
Plus je ressens d'amour, plus j'ai d'inquiétude.
Je ne puis demeurer dans cette incertitude ;
Je veux entrer chez elle, et sans perdre de temps.
Carlin, va me chercher mon épée et mes gants.

CARLIN.

J'y cours, et je reviens, monsieur, à l'heure même.

SCÈNE IV.

LÉANDRE, seul.

Je suis plus que jamais dans une peine extrême.
Si mon oncle fût mort, j'aurais, à mon retour,
Disposé de mon cœur en faveur de l'amour.
Mais je vois tout d'un coup mon attente trompée.

SCÈNE V.

CARLIN, LÉANDRE.

CARLIN.

Je ne trouve, monsieur, ni les gants ni l'épée.

LÉANDRE.

Tu ne les trouves point ! Voilà comme tu fais !
Ce qu'on te voit chercher ne se trouve jamais.
Je te dis qu'à l'instant ils étaient sur ma table.

CARLIN.

Mais j'ai cherché partout, ou je me donne au diable.
Il faut donc qu'un lutin soit venu les cacher.

(Il s'aperçoit que Léandre a son épée et ses gants.)

Ah ! ah ! le tour est bon, et j'avais beau chercher.
Dormez-vous ? veillez-vous ?

LÉANDRE.

Quoi ! que veux-tu donc dire ?

CARLIN.

Fi donc! arrêtez-vous, monsieur; voulez-vous rire?
(A part.)
Il en tient un peu là. Sa présence d'esprit
A chaque instant du jour me charme et me ravit.

LÉANDRE.

Mais dis-moi donc, maraud...

CARLIN.

Ah! la belle équipée!
Hé! sont-ce là vos gants? est-ce là votre épée?

LÉANDRE.

Ah! ah!

CARLIN.

Ah! ah!

LÉANDRE.

Je rêve, et j'ai certain ennui...

CARLIN, à part.

Ce ne sera pas là le dernier d'aujourd'hui.

LÉANDRE.

Tout autre objet, Carlin, met mon cœur au supplice.
Je veux bien l'avouer, je n'aime que Clarice.
Ma famille prétend, attendu mes besoins,
Que j'épouse Isabelle, et je feins quelques soins.
Son bien me remettrait en fort bonne figure;
Mais je brûle, Carlin, d'une flamme trop pure.
Biens, fortune, intérêts, gloire, sceptre, grandeur,
Rien ne saurait bannir Clarice de mon cœur;
Je ressens de la voir la plus ardente envie...
Quelle heure est-il?

CARLIN.

Il est six heures et demie.

LÉANDRE.

Fort bien. Qui te l'a dit?

CARLIN.

Comment, qui me l'a dit?
Palsambleu! c'est l'horloge.
(A part.)
Il perd, ma foi, l'esprit.

LÉANDRE, riant.

Mais connais-tu comment la chose est avenue,
Et par quel accident ma botte s'est perdue?

Je l'avais ce matin en montant à cheval.
CARLIN.
Riez, c'est fort bien fait, le trait est sans égal.
Mais, à propos de botte, un sort doux et propice
Tout à souhait ici vous amène Clarice.
Mettez, de grâce, un frein à votre vertigo,
Et n'allez pas ici faire de quiproquo.

SCÈNE VI.

CLARICE, LÉANDRE, CARLIN.

LÉANDRE, à Clarice.
J'allais m'offrir à vous, flatté de l'espérance
D'adoucir les tourments de près d'un mois d'absence.
Vous êtes à mes yeux plus belle que jamais ;
Chaque jour, chaque instant augmente vos attraits ;
A chaque instant aussi mon amoureuse flamme
Croît comme vos appas...
(A Carlin.)
Un fauteuil à madame.
(Carlin apporte un fauteuil, Léandre s'assied dessus.)
CLARICE.
Chaque amant parle ainsi : mais souvent, de retour,
Il oublie avec lui de ramener l'amour.
Notre sexe autrefois changeait, c'était la mode ;
Le premier en amour il prit cette méthode ;
Les hommes ont depuis trouvé cela si doux,
Qu'ils sont dans ce grand art bien plus savants que nous.
CARLIN, voyant que son maître a pris le fauteuil, apporte un tabouret à Clarice.
Madame, vous plaît-il de vous mettre à votre aise ?
Nous n'avons qu'un fauteuil ici, ne vous déplaise,
Et mon maître s'en sert, comme vous pouvez voir.
CLARICE, à Carlin.
Je te suis obligée, et ne veux point m'asseoir.
(A Léandre.)
Si je vous aimais moins, je serais plus tranquille.
A m'alarmer toujours l'amour me rend habile.
Je crains autant que j'aime ; et mes faibles appas
Sur vos distractions ne me rassurent pas.
J'appréhende en secret que quelque amour nouvelle...

LÉANDRE.

Non, je n'aime que vous, adorable Isabelle.

CARLIN, bas, à Léandre.

Isabelle! Clarice.

LÉANDRE.

Et mes vœux les plus doux
Sont de passer mes jours et mourir avec vous.
Isabelle...

CARLIN, bas, à Léandre.

Clarice.

LÉANDRE.

A pour moi mille charmes;
L'amour prend dans ses yeux ses plus puissantes armes;
Isabelle est...

CARLIN, bas, à Léandre.

Clarice.

LÉANDRE.

A mes yeux un tableau
De tout ce que le ciel fit jamais de plus beau.

CLARICE, à Carlin.

Qu'entends-je? Justes dieux! ton maître est infidèle;
Son erreur me fait voir qu'il adore Isabelle.
Je suis au désespoir; et je sens dans mon cœur
Mon amour outragé se changer en fureur.

LÉANDRE, sortant de sa rêverie.

Quel sujet tout à coup vous a mise en colère,
Madame? Ce maraud a-t-il pu vous déplaire?

CLARICE.

Si quelqu'un me déplaît en ce moment, c'est vous.

LÉANDRE.

Moi?

CLARICE.

Vous.

LÉANDRE.

Quoi! je pourrais exciter ce courroux!

CLARICE.

Vous êtes un ingrat, un lâche, un infidèle :
Suivez, servez, aimez, adorez Isabelle.

LÉANDRE, à Carlin.

Ah! maraud, qu'as-tu dit?

CARLIN.

Eh bien! ne voilà pas?

ACTE II, SCÈNE VI.

J'aurai fait tout le mal.
LÉANDRE, à Clarice.
J'adore vos appas ;
Et je veux que du ciel la vengeance et la foudre
Me punisse à vos yeux, et me réduise en poudre,
Si mon cœur, tout à vous, adore un autre objet.
CARLIN.
Ne jurez pas, monsieur ; vous êtes trop distrait.
CLARICE.
Vous aimez Isabelle ; et de quelle assurance
Prononcez-vous un nom dont mon amour s'offense ?
LÉANDRE.
J'ai parlé d'Isabelle ? Eh ! vous voulez, je croi,
Éprouver mon amour, ou vous railler de moi.
Moi, parler devant vous d'autre que de vous-même,
Vous, qui m'occupez seule, et que seule aussi j'aime !
CARLIN.
Il faudrait, par ma foi, qu'il eût perdu l'esprit.
LÉANDRE.
De ce cruel soupçon ma tendresse s'aigrit ;
Vos yeux vous sont garants qu'il ne m'est pas possible
Que pour quelque autre objet je devienne sensible.
Ah ! madame, à propos, vous avez quelque accès
Auprès du rapporteur que j'ai dans mon procès.
Écrivez-lui, de grâce, un mot pour mon affaire.
CLARICE.
Volontiers.
CARLIN, à part.
A propos, est là fort nécessaire.
CLARICE.
Quels que soient vos discours pour me persuader,
J'aime trop, pour ne pas toujours appréhender ;
Mais ces distractions, qui vous sont naturelles,
Me rassurent un peu de mes frayeurs mortelles.
Je vous juge innocent, et crois que votre erreur
Provient de votre esprit plus que de votre cœur.
LÉANDRE.
Avec ces sentiments vous me rendez justice.
CARLIN, à Clarice.
Je suis sa caution ; il n'a point de malice.
Mais le dédit pourrait traverser vos desseins.

CLARICE.

Mon oncle, sur ce point, nous prêtera les mains ;
Il aime fort mon frère, et toute son envie
Serait de voir un jour sa fortune établie :
Pour lui-même à la cour il brigue un régiment.

LÉANDRE.

Je m'offre à le servir pour avoir l'agrément.

CARLIN.

Tout à propos ici le voilà qui se montre.

SCÈNE VII.

LE CHEVALIER, LÉANDRE, CLARICE, CARLIN.

LE CHEVALIER, embrassant Léandre.

Hé ! bonjour, mon ami. Quelle heureuse rencontre !

LÉANDRE, au chevalier.

Monsieur, avec plaisir...

(A Carlin.)

Quel est cet homme-là ?

CARLIN.

C'est le chevalier.

LÉANDRE.

Ah !

LE CHEVALIER.

Quoi ! ma sœur, te voilà ?
Je t'en sais fort bon gré. Viens-tu, par inventaire,
Du cœur de ton amant te porter héritière ?

CLARICE.

Mais, dis-moi, seras-tu toujours fou, chevalier ?

LE CHEVALIER.

C'est un charmant objet qu'un nouvel héritier ;
Et le noir est pour moi la[1] couleur favorite :
Un amant en grand deuil a toujours son mérite ;
Et quand, comme Carlin, on serait mal formé,
Du moment qu'on hérite, on est sûr d'être aimé.

CARLIN.

Comment ! comme Carlin ! Sachez que, sans reproche,
Votre comparaison est odieuse, et cloche.
Chacun vaut bien son prix. Carlin, dans certains cas,

---

[1] On trouve *ma* dans l'édition originale.

ACTE II, SCÈNE VII.

Pour certains chevaliers ne se donnerait pas.

LE CHEVALIER, à Carlin.

Tu te fâches, mon cher ! Il faut que je t'embrasse.
L'oncle a donc fait la chose enfin de bonne grâce?
As-tu trouvé le coffre à ton gré copieux?
Ses écus, ses louis étaient-ils neufs ou vieux?

CARLIN, au chevalier.

Nous n'y prenons pas garde; et toujours, avec joie,
Nous recevons l'argent tel que Dieu nous l'envoie.

LE CHEVALIER.

Le bonhomme est donc mort !

(Il chante.)

J'en ai bien du regret.

CLARICE.

Cela se voit assez.

CARLIN.

L'air vient fort au sujet.

LE CHEVALIER.

Je te le veux chanter ; j'en ai fait la musique,
Et les vers, dont chacun vaut un poème épique.

AIR.

« Je me console au cabaret
» Des rigueurs d'une Iris qui rit de ma tendresse;
» Là mon amour expire, et Bacchus en secret
     » Succède aux droits de ma maîtresse.
» Là mon amour expire...

CARLIN.

Au cabaret, c'est là mourir au champ d'honneur.

LE CHEVALIER, chantant.

» Et Bacchus en secret
» Succède, succède...

Ce bémol est-il fin, et va-t-il droit au cœur?

» Succède...

Qu'en dis-tu?

CARLIN.

Mais je dis que dans cet air si doux
Bacchus est plus habile à succéder que nous.

LE CHEVALIER répète

» Succède aux droits de ma maîtresse. »

(A Léandre.)

Que vous semble, monsieur, et de l'air et des vers?

LÉANDRE, sortant de la rêverie où il a été pendant la scène, prend Clarice par le bras, croyant parler au chevalier, et la tire à un des bouts du théâtre.

Vos intérêts en tout m'ont toujours été chers ;
J'étais fort serviteur de monsieur votre père,
Et je vous veux servir de la bonne manière.

CLARICE, à Léandre.

Je me sens obligée à votre honnêteté.

LÉANDRE, craignant d'être entendu, la ramène à l'autre côté du théâtre.

Je crois que nous serions mieux de l'autre côté.

LE CHEVALIER fait le même jeu de théâtre avec Carlin.

J'ai de ma part aussi quelque chose à te dire.
Il nous faut divertir...

CARLIN.

Que [1] diantre! est-ce pour rire?

LÉANDRE, à Clarice.

Je suis, comme l'on sait, assez bien près du roi,
Je veux vous faire avoir un régiment.

CLARICE.

A moi?

LÉANDRE.

A vous-même.

LE CHEVALIER, à Carlin.

Ton maître au moins n'est pas trop sage.

CARLIN, au chevalier.

D'accord. Il vous ressemble en cela davantage.

LÉANDRE, à Clarice.

Vous avez du service, un nom, de la valeur :
Il faut vous distinguer dans un poste d'honneur.

CLARICE.

Mais regardez-moi bien.

LÉANDRE.

Ah! je vous fais excuse,
Madame; et maintenant je vois que je m'abuse.
J'ai cru qu'au chevalier...

LE CHEVALIER.

Ma sœur, un régiment!

CARLIN.

Ce serait de milice un nouveau supplément :

---

[1] L'édition originale et celle de 1728 portent, QUEL *diantre!*

Et, si chaque famille armait une coquette,
Cette troupe, je crois, serait bientôt complète.
####### LE CHEVALIER.
Cet homme-là, ma sœur, t'aime à perdre l'esprit.
####### CLARICE.
Je m'en flatte en secret; du moins il me le dit.
####### LE CHEVALIER, à Léandre.
Je crois bien que vos vœux tendent au mariage :
Ma sœur en vaut la peine; elle est belle, elle est sage.
####### LÉANDRE.
Ah ! monsieur, point du tout.
####### LE CHEVALIER.
                  Comment donc, point du tout?
Cette grâce, cet air...
####### LÉANDRE.
                  Il n'est point de mon goût.
####### LE CHEVALIER.
Cependant vous l'aimez?
####### LÉANDRE.
                  Oui, j'aime la musique;
Mais, si vous voulez bien qu'en ami je m'explique,
Votre air n'a point ce tour tendre, agréable, aisé,
Et le chant, entre nous, m'en paraît trop usé.
####### LE CHEVALIER.
Et qui vous parle ici de vers et de musique?
Cet amant-là, ma sœur, est tout à fait comique.
####### LÉANDRE.
Vous chantiez à l'instant; et ne parliez-vous pas
De votre air?
####### LE CHEVALIER.
     Non vraiment.
####### LÉANDRE.
                  J'ai donc tort en ce cas.
####### LE CHEVALIER.
Je vous entretenais ici de votre flamme;
Et voulais pour ma sœur faire expliquer votre âme,
Savoir si vous l'aimez.
####### LÉANDRE.
                  Si je l'aime, grands dieux !
Ne m'interrogez point, et regardez ses yeux.
####### LE CHEVALIER.
Vous avez le goût bon. Si je n'étais son frère,

Près d'elle on me verrait pousser bien loin l'affaire ;
Mais je suis pris ailleurs. Près d'un objet vainqueur,
Je fais à petit bruit mon chemin en douceur.
J'ai jusqu'ici conduit mon affaire en silence ;
J'abhorre le fracas, le bruit, la turbulence ;
Et je vais pour chercher cet objet de mes feux.

SCÈNE VIII.

LÉANDRE, CARLIN, CLARICE.

LÉANDRE, à Clarice.

Puisque vous désirez sitôt quitter ces lieux,
Souffrez donc, s'il vous plaît, que je vous reconduise.
(Il met un gant, et présente à Clarice la main qui est nue.)

CARLIN, à Léandre.

Vous donnez une main pour l'autre par méprise.

LÉANDRE ôte le gant qu'il avait.

Il est vrai.

CLARICE, à Léandre.

Demeurez, et ne me suivez pas.

LÉANDRE.

Je veux jusque chez vous accompagner vos pas.
(Il donne la main à Clarice jusqu'au milieu du théâtre, et la quitte
pour parler à Carlin.)

(Clarice sort.)

SCÈNE IX.

LÉANDRE, CARLIN.

LÉANDRE.

J'ai, Carlin, en secret, un ordre à te prescrire ;
Écoute... Je ne sais ce que je voulais dire...
Va chez mon horloger, et reviens au plus tôt.
Prends de ce tabac... Non, tu n'iras que tantôt.

CARLIN, à part.

Le beau secret, ma foi !

SCÈNE X.

LE CHEVALIER, LÉANDRE, CARLIN.

LÉANDRE retourne pour donner la main à Clarice, et la donne au
chevalier.

Souffrez ici sans peine

Qu'à votre appartement, madame, je vous mène.
LE CHEVALIER, contrefaisant la voix de femme.
Vous êtes trop honnête, il n'en est pas besoin.
LÉANDRE, s'apercevant qu'il parle au chevalier.
Vous êtes encor là ! Je vous croyais bien loin.
Je cherchais votre sœur, et ma peine est extrême...
LE CHEVALIER.
Vous ne vous trompez pas, c'est une autre elle-même.
Mais si jamais, monsieur, vous êtes son époux,
Dans vos distractions défiez-vous de vous.
Une femme suffit, tenez-vous à la vôtre ;
N'allez pas, par méprise, en conter à quelque autre.
Ma sœur n'est pas ingrate ; et, sans égard aux frais,
Elle vous le rendrait avec les intérêts.
Adieu, monsieur. Je suis tout à votre service.

SCÈNE XI.

LÉANDRE, CARLIN.

LÉANDRE.
Je cherche vainement, et ne vois point Clarice.
CARLIN.
N'étant plus en ce lieu, vous ne sauriez la voir.
LÉANDRE.
Ah ! mon pauvre Carlin, je suis au désespoir.
Que je suis malheureux ! Contre moi tout conspire.
J'avais dans ce moment cent choses à lui dire.
Ne perdons point de temps ; sortons, suivons ses pas :
Je ne suis plus à moi quand je ne la vois pas.
CARLIN.
Et quand vous la voyez, c'est cent fois pis encore.

SCÈNE XII [1].

CARLIN, seul.

Il aurait bien besoin de deux grains d'ellébore.
Il était moins distrait hier qu'il n'est aujourd'hui :
Cela croît tous les jours. Je me gâte avec lui.

---

[1] Dans l'édition originale, cet acte n'est divisé qu'en huit scènes.

On m'a toujours bien dit qu'il fallait dans la vie
Fuir autant qu'on pouvait mauvaise compagnie :
Mais je l'aime, et je sais qu'un cœur qui n'est point faux
Doit aimer ses amis avec tous leurs défauts.

FIN DU SECOND ACTE.

ACTE TROISIÈME.

SCÈNE I.

ISABELLE, LISETTE.

LISETTE.
Grâce au ciel, à la fin vous quittez la toilette ;
Votre mère aujourd'hui doit être satisfaite.
De notre diligence on peut se prévaloir ;
Il n'est encore au plus que sept heures du soir.

ISABELLE.
Il me semble pourtant que j'aurai peine à plaire,
Et je n'ai pas les yeux si vifs qu'à l'ordinaire.
Ma mère en est la cause, et ce qu'elle me dit
Me brouille tout le teint, me sèche et m'enlaidit.

LISETTE.
Elle enrage à vous voir si grande et si bien faite.
La loi devrait contraindre une mère coquette,
Quand la beauté la quitte, ainsi que les amants,
Et qu'elle a fait sa charge environ cinquante ans,
D'abjurer la tendresse, et d'avoir la prudence
De faire recevoir sa fille en survivance.

ISABELLE.
Que ce serait bien fait ! car enfin, en amour,
Il faut, n'est-il pas vrai ? que chacun ait son tour.

LISETTE.
Oui, la chanson le dit. Dites-moi, je vous prie,
Si pour le chevalier votre âme est attendrie.
Est-ce estime ? est-ce amour ?

ACTE III, SCÈNE I.

ISABELLE.
Oh ! je n'en sais pas tant.
LISETTE.
Mais encor?
ISABELLE.
Je ne sais si ce que mon cœur sent
Se peut nommer amour ; mais enfin je t'avoue
Que j'ai quelque plaisir d'entendre qu'on le loue :
Par un destin puissant et des charmes secrets,
Je me trouve attachée à tous ses intérêts ;
Je rougis, je pâlis, quand il s'offre à ma vue :
S'il me quitte, des yeux je le suis dans la rue ;
Mais que te dis-je, hélas! mon cœur partout le suit :
Ses manières, son air, occupent mon esprit ;
Et souvent, quand je dors, d'agréables mensonges
M'en présentent l'image au milieu de mes songes.
Est-ce estime? est-amour?
LISETTE.
C'est ce que vous voudrez ;
Mais enfin c'est un mal dont vous ne guérirez
Qu'avec un récipé d'un hymen salutaire,
Et je veux m'employer à finir cette affaire.
Le chevalier, tout franc, est bien mieux votre fait.
Léandre a de l'esprit, mais il est trop distrait.
Il vous faut un mari d'une humeur plus fringante,
Léger dans ses propos, qui toujours danse ou chante ;
Qui vole incessamment de plaisirs en plaisirs,
Laissant vivre sa femme au gré de ses désirs,
S'embarrassant fort peu si ce qu'elle dépense
Vient d'un autre ou de lui. C'est cette nonchalance
Qui nourrit la concorde, et fait que dans Paris
Les femmes, plus qu'ailleurs, adorent leurs maris.
ISABELLE.
Tu sais bien que ma mère est d'une humeur étrange ;
Crois-tu que son esprit à ce parti se range?
Elle m'a défendu de voir le chevalier.
LISETTE.
Sans se voir, on ne peut pourtant se marier.
Ne vous alarmez point : nous trouverons peut-être
Quelque moyen heureux que l'amour fera naître,
Qui pourra tout d'un coup nous tirer d'embarras.
Un sort heureux déjà conduit ici ses pas.

SCÈNE II.

ISABELLE, LE CHEVALIER, LISETTE.

LE CHEVALIER, dansant et sifflant, à Isabelle.

Je vous trouve à la fin. Ah! bonjour, ma princesse;
Vous avez aujourd'hui tout l'air d'une déesse;
Et la mère d'amour, sortant du sein des mers,
Ne parut point si belle aux yeux de l'univers.
De votre amour pour moi je veux prendre ce gage.
(Il lui baise la main.)

ISABELLE.

Monsieur le chevalier...

LISETTE, au chevalier.

Allons donc, soyez sage.

Comme vous débutez!

LE CHEVALIER, à Lisette.

Nous autres gens de cour,
Nous savons abréger le chemin de l'amour.
Voudrais-tu donc me voir, en amoureux novice,
De l'amour à ses pieds apprendre l'exercice,
Pousser de gros soupirs, serrer le bout des doigts?
Je ne fais point, morbleu, l'amour comme un bourgeois;
Je vais tout droit au cœur.

(A Isabelle.)

Le croiriez-vous, la belle?
Depuis dix ans et plus je cherche une cruelle,
Et je n'en trouve point, tant je suis malheureux!

LISETTE.

Je le crois bien, monsieur, vous êtes dangereux!

LE CHEVALIER, à Isabelle.

J'ai bien bu cette nuit; et, sans fanfaronnades,
A votre intention j'ai vidé cent rasades.
Mon feu, qui dans le vin s'éteint le plus souvent [1],
Reprend vigueur pour vous, et s'irrite en buvant.

---

[1] Au lieu de ce vers et des suivants, jusqu'à : *Voulez-vous vous asseoir?* qui sont conformes à l'édition originale et à celle de 1728, on lit dans dans les éditions modernes :

Ah! le verre à la main, qu'il faisait beau nous voir!
Il fait, parbleu, grand chaud.

ISABELLE.

Voulez-vous vous asseoir?

ACTE III, SCÈNE II.

Il fait, parbleu, bien chaud.
(Il ôte sa perruque, et la peigne.)

LISETTE.

La manière est plaisante.
Vous voulez nous montrer votre tête naissante ;
Ce regain de cheveux est encor bon à voir.

ISABELLE, au chevalier.

Vous êtes mal debout : voulez-vous vous asseoir ?
Lisette, des fauteuils.

LE CHEVALIER.

Point de fauteuil, de grâce.

ISABELLE.

Oh ! monsieur, je sais bien...

LE CHEVALIER.

Un fauteuil m'embarrasse.
Un homme là-dedans est tout enveloppé ;
Je ne me trouve bien que dans un canapé.
(A Lisette.)
Fais-m'en approcher un pour m'étendre à mon aise.

LISETTE.

Tenez-vous sur vos pieds, monsieur, ne vous déplaise.
J'enrage quand je vois des gens qu'à tout moment
Il faudrait étayer comme un vieux bâtiment,
Couchés dans des fauteuils, barrer une ruelle.
Et mort non de ma vie ! une bonne escabelle ;
Soyez dans le respect. Nos pères autrefois
Ne s'en portaient que mieux sur des meubles de bois.

ISABELLE.

Paix donc ; ne lui dis rien, Lisette, qui le blesse.

LISETTE, à Isabelle.

Bon ! bon ! il faut apprendre à vivre à la jeunesse.

LE CHEVALIER.

Lisette est en courroux. Çà, changeons de discours.
Comment suis-je avec vous ? M'adorez-vous toujours ?
Cette maman encor fait-elle la hargneuse ?
C'est un vrai porc-épic.

ISABELLE.

Elle est toujours grondeuse :
Elle m'a depuis peu défendu de vous voir.

LE CHEVALIER.

De me voir ? Elle a tort. Sans me faire valoir,

Je prétends vous combler d'une gloire parfaite [1];
Car ce n'est qu'en mari que mon cœur vous souhaite.
ISABELLE.
En mari! mais, monsieur, vous êtes chevalier :
Ces gens-là ne sauraient, dit-on, se marier.
LE CHEVALIER.
Quel abus! Nous faisons tous les jours alliance
Avec tout ce qu'on voit de femmes dans la France.
LISETTE, entendant madame Grognac.
Ah! madame Grognac!
ISABELLE.
Ah! monsieur, sauvez-vous.
Sortez. Non, revenez.
LISETTE.
Où nous cacherons-nous?
LE CHEVALIER.
Laissez, laissez-moi seul affronter la tempête.
LISETTE.
Ne vous y jouez pas. Il me vient dans la tête
Un dessein qui pourra nous tirer d'embarras.
Elle sait votre nom, mais ne vous connaît pas :
Nous attendons un maître en langue italienne;
Faites ce maître-là pour nous tirer de peine.
ISABELLE.
Elle approche, elle vient. O ciel!
LE CHEVALIER.
C'est fort bien dit.
En cette occasion j'admire ton esprit.
J'ai par bonheur été deux ans en Italie.

SCÈNE III.

Mme GROGNAC, ISABELLE, LE CHEVALIER, LISETTE.

Mme GROGNAC, à Isabelle.
Ah! vraiment, je vous trouve en bonne compagnie.
Quel est cet homme-là?
LISETTE.
Ne le voit-on pas bien?
C'est, comme on vous a dit, ce maître italien
Qui vient montrer sa langue.

---

[1] Ce vers manque dans l'édition originale.

ACTE III, SCÈNE III.

Mme GROGNAC.

Il prend bien de la peine.
Ma fille, pour parler, n'a que trop de la sienne.
Qu'elle apprenne à se taire, elle fera bien mieux.

LE CHEVALIER, à Isabelle.

Un grand homme disait que s'il parlait aux dieux,
Ce serait espagnol; italien aux femmes;
L'amour par son accent se glisse dans leurs âmes :
A des hommes, français; et suisse à des chevaux.
Das dich der donder schalcq.

LISETTE.

Ah! juste ciel, quels mots!

Mme GROGNAC,

Comme je ne veux point qu'elle parle à personne,
Sa langue lui suffit, et je la trouve bonne.

LE CHEVALIER, à Isabelle.

Or je vous disais donc tantôt que l'adjectif
Devait être d'accord avec le substantif.
Isabella bella, c'est vous, belle Isabelle.
(Bas.)
Amante fedele, c'est moi, l'amant fidèle,
Qui veut toute sa vie adorer vos appas,
(Madame Grognac s'approche pour écouter.)
(Haut à Isabelle).
Il faut les accorder en genre, en nombre, en cas.

Mme GROGNAC, au chevalier.

Tout votre italien est plein d'impertinence.

LE CHEVALIER, à madame Grognac.

Ayez pour la grammaire un peu de révérence.
(A Isabelle.)
Il faut présentement passer au verbe actif;
Car moi, dans mes leçons, je suis expéditif.
Nous allons commencer par le verbe *amo*, j'aime.
Ne le voulez-vous pas?

ISABELLE.

Ma joie en est extrême.

LISETTE, au chevalier.

Elle a pour vos leçons l'esprit obéissant.

LE CHEVALIER, à Isabelle.

Conjuguez avec moi, pour bien prendre l'accent.
Io amo, j'aime.

ISABELLE.
Io amo, j'aime.
LE CHEVALIER.
Vous ne le dites pas du ton que je demande.
(A madame Grognac.)
Vous me pardonnez bien si je la réprimande.
(A Isabelle.)
Il faut plus tendrement prononcer ce mot-là :
Io amo, j'aime.
ISABELLE, fort tendrement.
Io amo, j'aime.
LE CHEVALIER.
Le charmant naturel, madame, que voilà !
Aux dispositions qu'elle m'a fait paraître,
Elle en saura bientôt trois fois plus que son maître.
(A Isabelle.)
Je suis charmé. Voyons si d'un ton naturel
Vous pourrez aussi bien dire le pluriel.
Mme GROGNAC.
Elle en dit déjà trop, monsieur ; et dans les suites
Il faudra, s'il vous plaît, supprimer vos visites.
LE CHEVALIER.
J'ai trop bien commencé pour ne pas achever.

SCÈNE IV.

VALÈRE, LE CHEVALIER, Mme GROGNAC, ISABELLE, LISETTE.

VALÈRE, au chevalier.
Ah ! je suis, mon neveu, ravi de vous trouver.
(A madame Grognac.)
Madame, vous voyez, sans trop de complaisance,
Un gentilhomme ici d'assez belle espérance ;
Et s'il pouvait vous plaire, il serait trop heureux.
LISETTE, à part.
Que le diable t'emporte !
ISABELLE, à part.
Ah ! contre-temps fâcheux !
Mme GROGNAC, à Valère.
Votre neveu ! Comment !
VALÈRE.
Il a su se produire,

ACTE III, SCÈNE V.

Et n'a pas eu besoin de moi pour s'introduire.

Mᵐᵉ GROGNAC, au chevalier.

Vous n'êtes pas, monsieur, un maître italien ?

VALÈRE.

Lui ? c'est le chevalier.

LE CHEVALIER.

Il est vrai, j'en convien ;
Cela n'empêche pas que, dans quelques familles,
Je ne montre parfois l'italien aux filles.

Mᵐᵉ GROGNAC, à Isabelle.

Comment, impertinente !

LE CHEVALIER, à madame Grognac.

Ah ! point d'emportement.

Mᵐᵉ GROGNAC, à Isabelle.

Après vous avoir dit...

LE CHEVALIER, à madame Grognac.

Madame, doucement;
N'allez pas, devant moi, gronder mes écolières.

Mᵐᵉ GROGNAC, au chevalier.

Mêlez-vous, s'il vous plaît, monsieur de vos affaires.

(A Isabelle.)

Lorsque je vous défends...

LE CHEVALIER, à madame Grognac.

Pour calmer ce courroux,
J'aime mieux vous baiser, maman.

Mᵐᵉ GROGNAC, au chevalier.

Retirez-vous.

Je ne suis point, monsieur, femme que l'on plaisante.

LE CHEVALIER prend madame Grognac par la main, chante, et la fait danser par force.

Je veux que nous dansions ensemble une courante.

VALÈRE, les séparant, et mettant le chevalier dehors.

C'est trop pousser la chose ; allons, retirez-vous.

SCÈNE V.

VALÈRE, Mᵐᵉ GROGNAC, ISABELLE, LISETTE.

VALÈRE, à madame Grognac.

Et vous, pour éviter de vous mettre en courroux,
Dans votre appartement rentrez, je vous en prie.

Mᵐᵉ GROGNAC, s'en allant.

Ouf ! ouf ! je n'en puis plus.

SCÈNE VI.

VALÈRE, ISABELLE, LISETTE.

LISETTE, à Valère.

Mais quelle étourderie !
Pour éviter le bruit, j'avais trouvé moyen
De le faire passer pour maître italien ;
Et vous êtes venu...

VALÈRE.

Mon imprudence est haute ;
Mais je veux sur-le-champ réparer cette faute.
Je m'en vais la rejoindre, et tâcher de calmer
Son esprit violent, prompt à se gendarmer.

(Il sort.)

SCÈNE VII.

LISETTE, ISABELLE.

LISETTE.

Voilà, je vous l'avoue, une fâcheuse affaire.

ISABELLE.

N'as-tu pas ri, Lisette, à voir danser ma mère ?

LISETTE.

Comment donc ! vous riez, et vous ne craignez pas
La foudre toute prête à tomber en éclats !

ISABELLE.

Laissons pour quelque temps passer ici l'orage.
Léandre vient ; il faut nous ranger du passage.
Écoutons un moment ; nous n'oserions sortir.
De ses distractions il faut nous divertir ;
Il ne manquera pas d'en faire ici paraître.

LISETTE.

Je le veux. Demeurons sans nous faire connaître.
Écoutons.

SCÈNE VIII.

LÉANDRE, CARLIN ; ISABELLE ET LISETTE dans le fond du théâtre.

LÉANDRE.

D'où viens-tu ? parle donc, réponds-moi

ACTE III, SCÈNE VIII.

Je ne te vois jamais, quand j'ai besoin de toi.

CARLIN.

J'exécute votre ordre avec zèle, ou je meure.
Vous avez oublié que, depuis un quart d'heure,
De dix commissions il vous plut me charger.
J'ai vu le rapporteur, le tailleur, l'horloger ;
Et voilà votre montre enfin raccommodée :
Elle sonne à présent.

LÉANDRE, prenant la montre.

Il me l'a bien gardée.

CARLIN.

Vous m'avez commandé de même d'acheter
De bon tabac d'Espagne ; en voilà pour goûter.

LÉANDRE prend le papier où est le tabac.

Voyons.

CARLIN.

C'est du meilleur qu'on puisse jamais prendre,
Dont on frauda les droits en revenant de Flandre.

LÉANDRE jette la montre, croyant jeter le tabac.

Quel horrible tabac ! tu veux m'empoisonner.

CARLIN.

La montre ! ah ! voilà bien pour la faire sonner !
Quelle distraction, monsieur, est donc la vôtre ?

LÉANDRE.

Oh ! je n'y pensais pas ; j'ai jeté l'un pour l'autre.

CARLIN.

Ne vous voilà pas mal ! La montre cette fois
Va revoir l'horloger tout au moins pour six mois.

LÉANDRE.

Cours à l'appartement de l'aimable Clarice ;
Sache si pour la voir le moment est propice ;
Peins-lui bien mon amour, et quel est mon chagrin
D'avoir manqué tantôt à lui donner la main.
Va vite, cours, reviens.

CARLIN, mettant la montre à l'oreille.

La montre est tout en pièces.

Vous devriez, monsieur, exercer vos largesses,
Et m'en faire présent....

LÉANDRE.

Va donc, ne tarde pas.

Je t'attends.

CARLIN.
J'obéis, et reviens sur mes pas.

SCÈNE IX.

LÉANDRE, ISABELLE, LISETTE.

ISABELLE.

Approchons-nous.
LÉANDRE, croyant parler à Carlin, et sans voir Isabelle et Lisette.
Carlin, j'attends tout de ton zèle.
Si Clarice venait à parler d'Isabelle,
Dis-lui bien que mon cœur n'en fut jamais touché ;
Par de plus nobles nœuds je me sens attaché.
Isabelle est jolie ; au reste, peu capable
De fixer le penchant d'un homme raisonnable.
Malgré les faux dehors de sa simplicité,
Elle est coquette au fond.
LISETTE, à Isabelle.
La curiosité
Vous pourra coûter cher, aux sentiments qu'il montre.
LÉANDRE, croyant répondre à Carlin.
Mais me parleras-tu toujours de cette montre ?
Eh bien ! c'est un malheur. Fais-lui bien concevoir
Qu'Isabelle sur moi n'eut jamais de pouvoir,
Et que mon oncle en vain veut faire une alliance
Dont mon amour murmure, et dont mon cœur s'offense.
ISABELLE.
Il ne m'aime pas trop, Lisette.
LÉANDRE, croyant répondre à Carlin.
Oui, l'on le dit,
Cette Lisette-là lui tourne mal l'esprit ;
C'est une babillarde en intrigues habile,
Et qui, dans un besoin, pourrait montrer en ville.
LISETTE, à Isabelle.
Voilà donc mon paquet, et vous le vôtre aussi.
Lui dirai-je, à la fin, que vous êtes ici ?
LÉANDRE.
Oui, tu pourras lui dire. Avec impatience
J'attendrai ton retour ; va, cours en diligence.
Que les hommes sont fous d'empoisonner leurs jours
Par des dégoûts cruels qu'ils ont dans leurs amours !

LE DISTRAIT.

........Monsieur, si par hasard
Vous voulez bien sur nous jeter quelque regard......

Acte III, sc. IX.

Je savoure à longs traits le poison qui me tue.
LISETTE.
C'est pendant trop de temps nous cacher à sa vue :
Et je veux l'attaquer. Monsieur, si par hasard
Vous vouliez bien sur nous jeter quelque regard.
LÉANDRE, sans les voir.
Sans ce fâcheux dédit qui vient troubler ma joie,
Je passerais des jours filés d'or et de soie.
LISETTE.
Vous voulez bien, monsieur, me permettre à mon tour,
De vous féliciter sur votre heureux retour?
LÉANDRE, sans les voir.
Au pouvoir de l'amour c'est en vain qu'on résiste.
LISETTE.
Monsieur, par charité...
LÉANDRE, sans les voir.
    Que le ciel vous assiste.
LISETTE.
Sommes-nous donc déjà des objets de pitié?
(A Isabelle.)
De tout ce qu'on me dit vous êtes de moitié.
(A Léandre.)
Tournez les yeux sur nous.
   (Elle le tire par la manche.)
LÉANDRE.
    Ah! te voilà, Lisette!
LISETTE.
Et ma maîtresse aussi.
LÉANDRE, à Isabelle.
    Que ma joie est parfaite!
Jamais rien de plus beau ne s'offrit aux regards;
Les amours près de vous volent de toutes parts.
Aux coups de vos beaux yeux qui pourrait se soustraire?
Et qu'on serait heureux si l'on pouvait vous plaire!
ISABELLE, à Léandre.
Bon! votre cœur pour moi ne fut jamais touché;
Par de plus nobles nœuds vous êtes attaché :
Je suis un peu jolie; au reste peu capable
De fixer le penchant d'un homme raisonnable :
Malgré les faux dehors de ma simplicité,
Je suis coquette au fond.

LÉANDRE.

Č'est une fausseté.
Lisette, tu devrais, dans le soin qui t'anime,
Lui faire prendre d'elle une plus juste estime :
Tu gouvernes son cœur.

LISETTE.

Oui, quelqu'un me l'a dit.
Cette Lisette-là lui tourne mal l'esprit;
C'est une babillarde, en intrigues habile,
Et qui pourrait montrer, en un besoin, en ville.
Votre panégyrique a pour nous des appas.
Quel peintre ! Par ma foi, vous ne nous flattez pas.

LÉANDRE, à part.

Ah ! maraud de Carlin, dans peu ton imprudence
Recevra de ma main sa juste récompense.

LISETTE.

J'entends venir quelqu'un. Ah ! ciel ! quel embarras !
C'est madame Grognac qui revient sur ses pas.

ISABELLE.

Lisette, que dis-tu ?

LISETTE.

Votre mère en personne.

ISABELLE.

Quel parti prendre, ô ciel ! je tremble, je frissonne.
Sa brusque humeur sur nous pourrait bien éclater :
Aidez-moi, s'il vous plaît, monsieur, à l'éviter.

LÉANDRE.

Vous cacher à ses yeux est chose assez facile,
Mon cabinet pour vous doit être un sûr asile ;
Entrez-y.

ISABELLE.

Volontiers. Mais que personne au moins
Ne puisse nous y voir.

(Isabelle et Lisette entrent dans le cabinet de Léandre.)

LÉANDRE.

Fiez-vous à mes soins.

SCÈNE X.

Mme GROGNAC, LÉANDRE.

Mme GROGNAC.

Je ne la trouve point. Monsieur, où donc est-elle?

ACTE III, SCÈNE XII.

LÉANDRE.

Qui, madame ?

Mme GROGNAC.

Ma fille.

LÉANDRE.

Eh ! qui donc[1] ?

Mme GROGNAC.

Isabelle,
Que j'aurais de plaisir, avec deux bons soufflets,
A venger pleinement les affronts qu'on m'a faits !
Mais je ne perdrai pas ici toute ma peine,
Puisqu'il faut aussi bien que je vous entretienne,
Et vous dise en deux mots que je veux, dès ce jour,
Votre oncle vif ou mort, terminer votre amour.
Vous savez ses desseins, et qu'un dédit m'engage,
Monsieur, à vous donner ma fille...

LÉANDRE.

En mariage ?

Mme GROGNAC.

Comment donc ? Oui, monsieur, en mariage, oui ;
Et je prétends, de plus, que ce soit aujourd'hui.
Je ne puis plus longtemps voir traîner cette affaire,
Et je vais ordonner qu'on m'amène un notaire :
C'est un point résolu, monsieur, dans mon cerveau ;
La garde d'une fille est un trop lourd fardeau.

SCÈNE XI.

LÉANDRE, seul.

Ce dédit m'embarrasse et me tient en cervelle.

SCÈNE XII.

CARLIN, CLARICE, LÉANDRE.

CARLIN, à Léandre.

J'ai fait ce que vos feux attendaient de mon zèle,
Et j'amène Clarice.

LÉANDRE.

Ah ! madame, en ces lieux

---

[1] Dans l'édition originale, au lieu de ces mots, *Eh ! qui donc ?* on lit, *Quelle fille ?*

Quel bonheur tout nouveau vous présente à mes yeux ?
CLARICE.
Malgré votre dédit, je viens ici vous dire
Que mon oncle à nos feux est tout prêt de souscrire [1].
Mon cœur en est charmé ; mais je crains votre humeur,
Et qu'une autre que moi ne règne en votre cœur.
LÉANDRE.
Ces soupçons mal fondés me font trop d'injustice ;
Et je n'aime que vous, adorable Clarice.

SCÈNE XIII.

LÉANDRE, CLARICE, CARLIN, UN LAQUAIS.

LE LAQUAIS, à Clarice.
Mon maître ici m'envoie avec ce mot d'écrit.
(Il sort.)
(Clarice lit.)
CARLIN, au laquais qui sort.
Ce petit joufflu-là montre avoir de l'esprit.

SCÈNE XIV.

LÉANDRE, CLARICE, CARLIN.

CLARICE, à Léandre.
De votre rapporteur je reçois cette lettre :
Vous pouvez de ses soins bientôt tout vous promettre.
Je vous quitte un moment, et je monte là-haut
Pour lui faire réponse, et reviens au plus tôt.
LÉANDRE, l'arrêtant.
Si dans mon cabinet vous vouliez bien écrire,
Vous auriez plus tôt fait.
CLARICE.
Je craindrais de vous nuire.
LÉANDRE.
Vous me ferez plaisir, madame, assurément.
CLARICE.
Puisque vous le voulez, j'en use librement.
Je vais le supplier de vous faire justice,

---

[1] Ce vers est conforme à l'édition originale, à celle de 1728, et à celle de 1750. Dans les éditions modernes, on lit :
Que mon oncle à vos vœux est tout prêt à souscrire.

Et de continuer à vous rendre service.
J'aurai fait en deux mots.

SCÈNE XV.

LÉANDRE, CARLIN.

CARLIN.
Vos feux sont en bon train.
Je vous vois bientôt prêts à vous donner la main :
Le ciel, jusques au bout, nous garde de disgrâce !

SCÈNE XVI.

LISETTE, LÉANDRE, CARLIN.

LISETTE, dans le cabinet.
Sortons, sortons, madame ; il faut quitter la place.

SCÈNE XVII.

LÉANDRE, CARLIN.

CARLIN.
Dans votre cabinet, monsieur, j'entends du bruit.
Que veut dire cela ? N'est-ce point un esprit
Qui lutine Clarice !
LÉANDRE.
Ah ! je vois ma méprise.
Carlin, tout est perdu ! j'ai fait une sottise.
En plaçant là Clarice, en mon esprit distrait,
Je n'ai pas réfléchi que dans le même endroit
J'avais mis Isabelle.
CARLIN.
Isabelle ! Ah ! j'enrage.
Nous allons voir bientôt arriver du carnage.
Êtes-vous fou, monsieur ?

SCÈNE XVIII.

ISABELLE, CLARICE, LISETTE, LÉANDRE, CARLIN.

CARLIN.
Mais, qu'est-ce que je vois !

Quelle prospérité! Pour une, en voilà trois.
ISABELLE, à Clarice.
Vous pouvez, dans ce lieu, tout à votre aise écrire,
Et tant qu'il vous plaira; pour moi je me retire.
CLARICE.
Vous avez eu le temps, pour vous, tout à loisir,
D'y pouvoir, sans témoins, remplir votre désir[1].
LÉANDRE.
Le hasard, malgré moi, dans ce lieu vous assemble;
Mon dessein n'était point de vous y mettre ensemble.

(A Isabelle.)

Votre mère tantôt...
ISABELLE.
Je suis au désespoir.
LÉANDRE, à Clarice.
Madame, vous saurez...
CLARICE.
Je ne veux rien savoir.
LÉANDRE, à Isabelle.
Je n'ai pas réfléchi que...
ISABELLE, s'en allant.
Vous êtes un traître.

SCÈNE XIX.

LÉANDRE, CLARICE, LISETTE, CARLIN.

LÉANDRE, à Clarice.
Le hasard...
CLARICE, s'en allant.
Devant moi gardez-vous de paraître.

SCÈNE XX.

LISETTE, LÉANDRE, CARLIN.

LISETTE, à Carlin.
Tu nous as fait le tour; mais vingt coups de bâton,

---

[1] A ces deux vers, qui sont conformes à l'édition originale et à celle de 1728, on a substitué ceux-ci :
> Non pas, c'est moi qui sors, et le laisse avec vous :
> Je sais qu'on ne doit pas troubler un rendez-vous.

Dans peu, monsieur Carlin, nous en feront raison.
(Elle sort.)

SCÈNE XXI.

CARLIN, LÉANDRE.

CARLIN.

Je tombe de mon haut.
LÉANDRE.
Moi, je me désespère.
Allons de l'une et l'autre arrêter la colère.
(Il sort.)

SCÈNE XXII [1].

CARLIN, seul.

Courons-y donc : je crains quelque accident cruel ;
Et ces deux filles-là se vont battre en duel.

FIN DU TROISIÈME ACTE.

ACTE QUATRIÈME.

SCÈNE I.

VALÈRE, CLARICE.

CLARICE.
De vos soins généreux je vous suis obligée :
Mais, depuis un moment, mon âme est bien changée.
VALÈRE.
Plaît-il?
CLARICE.
Je ne veux plus me marier.
VALÈRE.
Comment!
D'où vous peut donc venir un si prompt changement?

---

[1] Dans l'édition originale, cet acte n'est divisé qu'en quatorze scènes.

CLARICE.

J'ai pensé mûrement aux soins du mariage,
Aux chagrins presque sûrs où son joug nous engage,
A cette liberté que l'on perd sans retour :
L'hymen est trop souvent un écueil pour l'amour.
Je ne me sens point propre aux soins d'une famille ;
Et, tout considéré, j'aime mieux rester fille.

VALÈRE.

Je sais bien que l'hymen peut avoir ses dégoûts ;
Chaque état a les siens, et nous les sentons tous.
Cependant vous vouliez de moi ce bon office.

CLARICE.

D'accord ; mais plus on voit de près le précipice,
Plus nos sens étonnés frémissent du danger.
Léandre est pris ailleurs ; et, pour le dégager,
Votre application peut-être serait vaine.

VALÈRE.

Calmez-vous ; je prétends y réussir sans peine.
Léandre sent pour vous une sincère ardeur :
Je pourrais bien ici répondre de son cœur ;
Et ce n'est qu'un devoir de pure obéissance
Qui retient jusqu'ici son esprit en balance.

SCÈNE II.

LE CHEVALIER, VALÈRE, CLARICE.

LE CHEVALIER.

Ah ! mon oncle, parbleu ! je vous trouve à propos
Pour vous laver la tête, et vous dire en deux mots...[1]

VALÈRE.

Le début est nouveau.

LE CHEVALIER.

Se peut-il qu'à votre âge
Vous n'ayez pas encor les airs d'un homme sage ?
Si j'en faisais autant, je passerais chez vous
Pour un franc étourdi. Là, là, répondez-nous.

VALÈRE.

J'ai tort, mais...

---

[1] Dans l'édition originale seulement, on trouve :
Pour vous laver la tête, et vous dire deux mots :
Voyez la note de la page 414.

ACTE IV, SCÈNE II.

LE CHEVALIER.
Mais, mais, mais!

CLARICE.
Quelle est votre querelle?

LE CHEVALIER.
Je m'étais introduit tantôt chez Isabelle,
Que j'aime à la fureur et qui m'aime encor plus;
J'y passais pour un autre; et monsieur, là-dessus,
Est venu brusquement gâter tout le mystère,
Et m'a mal à propos fait connaître à la mère.
Parlez; n'est-il pas vrai?

VALÈRE.
D'accord, mon cher neveu;
Mais je réparerai ma faute.

LE CHEVALIER.
Eh! ventrebleu,
C'est un étrange cas. Faut-il que la jeunesse
Apprenne maintenant à vivre à la vieillesse,
Et qu'on trouve des gens, avec des cheveux gris,
Plus étourdis cent fois que nos jeunes marquis?
Je n'y connais plus rien. Dans le siècle où nous sommes,
Il faut fuir dans les bois et renoncer aux hommes.

VALÈRE.
Je veux vous marier, et votre sœur aussi.

LE CHEVALIER.
Ma sœur? Vous vous moquez.

VALÈRE.
Pourquoi donc ce souci?

LE CHEVALIER, à Valère.
Quelle injustice, ô ciel! On me vole, on me pille.
Cela n'est point dans l'ordre; et l'on sait qu'une fille,
Pour enrichir un frère, en faire un gros seigneur,
Doit renoncer au monde.

CLARICE.
On connaît ton bon cœur,
Et je sais qui t'oblige à parler de la sorte;
C'est l'amour de mon bien.

LE CHEVALIER.
Oui, le diable m'emporte.

VALÈRE.
Je prétends lui donner cinquante mille écus,

Vous réservant, à vous, de mon bien le surplus;
Et je veux aujourd'hui terminer cette affaire.

SCÈNE III.

LE CHEVALIER, CLARICE.

LE CHEVALIER.

Veux-tu que sur ce point je m'explique en bon frère?
Tu sais bien qu'entre nous nous parlons assez net.
Un hymen, quel qu'il soit, n'est point du tout ton fait.
Te voilà faite au tour, nul soin ne te travaille;
Et le premier enfant te gâterait la taille.
Crois-moi, le mariage est un triste métier.

CLARICE.

Mon frère, cependant, tu veux te marier.

LE CHEVALIER.

Le devoir d'une femme engage à mille choses;
On trouve mainte épine où l'on cherchait des roses:
Le plaisir de l'hymen est terrestre et grossier.

CLARICE.

Mon frère, cependant, tu veux te marier.

LE CHEVALIER.

Parlons à cœur ouvert, et confessons la dette.
Je suis un peu coquet, tu n'es pas mal coquette;
Notre mère l'était, dit-on, en son vivant;
Nous chassons tous de race, et le mal n'est pas grand.
Si quelque amant venait frapper ta fantaisie,
Tu pourrais avec lui faire quelque folie.

CLARICE.

Mon frère, cependant...

LE CHEVALIER.

Tu vas te récrier,
Mon frère, cependant, tu veux te marier.
Que [1] diable! tu réponds toujours la même prose.

CLARICE.

Mais tu me dis aussi toujours la même chose.

---

[1] Dans l'édition originale, et dans celle de 1728, on lit: QUEL *diable!*

SCÈNE IV.

LE CHEVALIER, CLARICE, LISETTE.

LISETTE.
Bonjour, monsieur. Depuis votre maudit jargon,
La madame Grognac est pire qu'un dragon ;
Et je viens vous chercher ici pour vous apprendre
Qu'elle veut dès ce soir finir avec Léandre.
Elle m'a commandé de lui faire venir
Un notaire.
LE CHEVALIER.
Bon ! bon ! il faut la prévenir.
LISETTE, apercevant Clarice.
Ah ! vous voilà, madame ? Eh ! dites-moi, de grâce,
Au cabinet encor venez-vous prendre place ?
Quelque nouvel amant, en dépit des jaloux,
Vous donne-t-il ici quelque autre rendez-vous ?
LE CHEVALIER.
Comment ! un rendez-vous ? Que dis-tu ? prends bien garde ;
C'est ma sœur.
LISETTE.
Votre sœur ! peste, quelle égrillarde !
CLARICE.
Pour faire une réponse aux termes d'un billet,
Léandre a bien voulu m'ouvrir son cabinet,
Où j'ai trouvé d'abord Isabelle enfermée.
LE CHEVALIER.
Isabelle !
CLARICE.
Et Lisette.
LE CHEVALIER.
Ah ! petite rusée !
Avant le mariage on me fait de ces tours !
L'augure est vraiment bon pour nos futurs amours !
LISETTE.
Ici mal à propos votre esprit se gendarme ;
Le mal est donc bien grand pour faire un tel vacarme !
Ne vous souvient-il plus du maître italien,
Et de cette courante à contre-cœur ?
LE CHEVALIER.
Eh bien ?

LISETTE.

Eh bien! pour éviter le retour de la dame,
Qui pestait contre nous, et jurait dans son âme,
Nous avons fait retraite au cabinet, sans bruit :
Clarice est arrivée en ce même réduit
Pour écrire une lettre ; et voilà le mystère.

LE CHEVALIER.

L'une écrit une lettre, et l'autre fuit sa mère.
Et toutes deux d'abord s'en vont chez un garçon :
C'est prendre son parti. L'asile est vraiment bon !

CLARICE.

Lisette, tu remets le calme dans mon âme ;
Mon soupçon se dissipe, et fait place à ma flamme.
Peut-être à tes discours j'ajoute trop de foi ;
Mais Léandre aujourd'hui triomphe encor de moi.

LE CHEVALIER, l'arrêtant.

Écoute donc, ma sœur.

CLARICE.

Que me veux-tu, mon frère?

LE CHEVALIER.

Mets-toi dans un couvent, tu ne saurais mieux faire

CLARICE.

Je prends comme je dois tes conseils là-dessus ;
Mais l'avis ne vaut pas cinquante mille écus.

SCÈNE V.

LE CHEVALIER, LISETTE.

LE CHEVALIER.

Voilà ce que me vaut ta légère cervelle.
Le maudit instrument qu'une langue femelle !
De ses soupçons jaloux pourquoi la guéris-tu?

LISETTE.

Comment! de ma maîtresse effleurer la vertu !
J'entends venir quelqu'un. Adieu, je me retire.

SCÈNE VI.

LE CHEVALIER, LÉANDRE, CARLIN.

LE CHEVALIER, à part.

C'est Léandre ; tant mieux, j'ai deux mots à lui dire.

ACTE IV, SCÈNE VI.

(A Léandre.)
Un sort heureux, monsieur, vous présente à mes yeux.
LÉANDRE, à Carlin.
Peut-être elle pourra revenir en ces lieux.
LE CHEVALIER, à Léandre.
Je sais que vous voulez devenir mon beau-frère;
C'est fort bien fait à vous : ma sœur a de quoi plaire;
Elle est riche en vertus; pour en argent comptant,
Je crois, sans la flatter, qu'elle ne l'est pas tant.
Quand mon père mourut, il nous laissa, pour vivre,
Ses dettes à payer, et sa manière à suivre :
C'est, comme vous voyez, peu de bien que cela.
LÉANDRE, au chevalier.
Et n'avez-vous jamais eu que ce père-là?
LE CHEVALIER rit.
Comment?
LÉANDRE.
Que cette sœur, monsieur, j'ai voulu dire.
CARLIN.
L'erreur est pardonnable; il ne faut point tant rire.
LE CHEVALIER.
Je sais votre naissance et votre probité,
Et je suis fort content de vous par ce côté.
Vous n'avez qu'un défaut qui partout vous décèle;
Dans le fond cependant c'est une bagatelle;
Mais je serais content de vous en voir défait.
Vous êtes accusé d'être un peu trop distrait;
Et tout le monde dit que cette léthargie
Fait insulte au bon sens, et vise à la folie.
LÉANDRE.
Chacun ne peut pas être aussi sage que vous :
Tous les hommes, monsieur, sont différemment fous;
Chacun a sa folie, et j'ai grâce à vous rendre
De ne trouver en moi qu'un défaut à reprendre.
LE CHEVALIER.
Ce que je vous en dis n'est que par amitié;
Et je vous trouve, moi, trop sage de moitié.
On ne m'entend jamais censurer ni médire,
Et je ne dis ici que ce que j'entends dire.
LÉANDRE.
On parle volontiers; mais un homme d'esprit

Doit donner rarement créance à ce qu'on dit.
De louange et d'encens les hommes sont avares ;
Ils font rarement grâce aux vertus les plus rares ;
Au lieu qu'avec plaisir, d'une langue sans frein,
De leurs traits médisants ils chargent le prochain.
Je suis toujours en garde, et n'ai pas voulu croire
Cent bruits semés de vous, fâcheux à votre gloire.

LE CHEVALIER.

Que peut-on, s'il vous plaît, monsieur, dire de moi?
On n'insultera pas ma naissance, je croi.

LÉANDRE.

Non.

LE CHEVALIER.

Nul dans l'univers ne peut dire, je gage,
Que dans l'occasion je manque de courage.

LÉANDRE.

Non.

LE CHEVALIER.

Peut-on m'accuser d'être fourbe, flatteur,
Fat, insolent, ingrat, suffisant, imposteur?

LÉANDRE.

(Il prend sa tabatière, la renverse ; prend ses gants pour son mouchoir.)

Non, vous dis-je, monsieur ; et je ne vois personne
Qui de ces vices-là seulement vous soupçonne :
Mais on ne me dit pas de vous autant de bien
Que je souhaiterais. On dit (je n'en crois rien)
Qu'en discours vous prenez un peu trop de licence ;
Qu'on ne peut se soustraire à votre médisance ;
Que vous parlez toujours avant que de penser ;
Que tout votre mérite est de chanter, danser ;
Que, pour vous faire croire homme à bonne fortune,
Vous passez en hiver les nuits au clair de lune,
A souffler dans vos doigts, et prendre vos ébats
Sur la porte d'Iris, qui ne vous connaît pas ;
Que souvent vous prenez trop de vin de Champagne,
Et qu'il faut que toujours quelqu'un vous accompagne,
Pour pouvoir vous montrer votre chemin la nuit,
Et même quelquefois vous reporter au lit.
Enfin, que sais-je, moi? l'on charge ma mémoire
De cent mauvais récits que je ne veux pas croire :

Et tout homme prudent doit se garder toujours
De donner trop crédit à de mauvais discours.
LE CHEVALIER.
Adieu, Carlin, adieu.
CARLIN.
Monsieur de la musique,
Redites-nous encor ce petit air bachique.

SCÈNE VII.

LÉANDRE, CARLIN.

CARLIN.
Vous avez fort bien fait de lui river son clou,
C'est bien à faire à lui de vous appeler fou ;
Et vous deviez encor lui mieux laver la tête.
LÉANDRE.
J'ai bien un autre soin qui m'occupe et m'arrête.
Tu t'imagines bien que Clarice en courroux
Se livre tout entière à ses transports jaloux,
Et m'accable des noms d'ingrat et d'infidèle.
D'une autre part aussi que peut dire Isabelle?
CARLIN.
Vous avez tort. Faut-il que chaque instant du jour
Votre distraction nous fasse quelque tour?
Vous avez de l'esprit et de la politesse ;
Vous raisonnez par fois comme un sage de Grèce ;
Et d'autres fois aussi vos faits et vos raisons
Vous font croire échappé des Petites-Maisons.
LÉANDRE.
Mais sais-tu bien, maraud, qu'avec ta remontrance,
Tu te feras chasser?
CARLIN.
Monsieur, en conscience,
Je ne veux point du tout ici vous corriger.
LÉANDRE.
Ma manière est fort bonne, et n'en veux point changer.
Je ne ressemble point aux hommes de notre âge,
Qui masquent en tout temps leur cœur et leur visage.
Mon défaut prétendu, mon peu d'attention,
Fait la sincérité de mon intention.
Je ne prépare point avec effronterie

Dans le fond de mon cœur d'indigne menterie ;
Je dis ce que je pense et sans déguisement ;
Je suis, sans réfléchir, mon premier mouvement ;
Un esprit naturel me conduit et m'anime :
Je suis un peu distrait, mais ce n'est pas un crime.

CARLIN.

Ce n'est pas un grand mal. Pour être bel-esprit,
Il faut avec mépris écouter ce qu'on dit :
Rêver dans un fauteuil, répondre en coq-à-l'ânes,
Et voir tous les mortels ainsi que des profanes.
Au suprême degré vous avez ce défaut,
Et bien d'autres encor.

LÉANDRE.
(Pendant ce couplet, il ôte la cravate à son valet par distraction.)
Te tairas-tu, maraud ?...
Un cerveau faible, étroit, qui ne tient qu'une chose,
Peut répondre en tout temps à ce qu'on lui propose ;
Mais celui qui comprend toujours plus d'un objet
Peut bien être excusé s'il est un peu distrait.

CARLIN remet sa cravate.

Je vous excuse aussi. Mais permettez, de grâce,
Que je remette ici chaque chose en sa place ;
Il n'est pas encor temps que je m'aille coucher.

LÉANDRE déboutonne son valet.

C'est le moindre défaut qu'on puisse reprocher.
Est-il juste, après tout, que l'on s'assujettisse
A répondre à cent sots selon leur sot caprice ?
Ce qu'on pense vaut mieux cent fois que leurs discours.
J'irais de ma pensée interrompre le cours,
Pour un jeune étourdi qui me rompt les oreilles
De ses travaux fameux d'amour et de bouteilles ;
Pour un plaisant qui vient de son bruit m'enivrer,
Qui croit me faire rire et qui me fait pleurer ;
Pour un fastidieux qui n'a pour l'ordinaire,
Ni le don de parler, ni l'esprit de se taire !

CARLIN, remettant son justaucorps.

Mais voyez, s'il vous plaît [1], quelle distraction !

LÉANDRE.

Je crains pour mon amour quelque altération.

---

[1] Dans l'édition originale, et dans celle de 1728, on lit :
Mais voyez, *je vous prie*, quelle distraction !

La belle est en courroux; toute mon innocence
Ne me rassure pas, et je crains sa présence.

CARLIN.

Je vous dirai, monsieur, pour sortir d'embarras,
Comme ordinairement j'en use en pareil cas.
Il faudrait qu'une lettre, écrite d'un beau style,
Pût vous rendre près d'elle un accès plus facile.
Mandez-lui que tantôt ce que vous avez fait
N'est qu'un coup d'étourdi.

LÉANDRE.

Je serai satisfait,
Si la lettre, Carlin, a l'effet que j'espère [1].

CARLIN.

Une lettre, monsieur, remet bien une affaire;
Et trois ou quatre mots, en hâte barbouillés,
Font souvent embrasser des amants bien brouillés.

LÉANDRE.

En cette occasion, Carlin, je te veux croire.
Va vite me chercher la table et l'écritoire.

CARLIN.

Je vais, je cours, je vole, et je reviens à vous.

SCÈNE VIII.

LÉANDRE, seul.

Je veux la rassurer de ses soupçons jaloux,
Dissiper son erreur. Oui, charmante Clarice,
Vous verrez que mon cœur, dépouillé d'artifice,

---

[1] C'est ainsi qu'on lit ce vers et le suivant dans toutes les éditions modernes; mais il est probable que l'auteur les a faits différemment. Dans l'édition originale, on lit :

LÉANDRE.
Je serai satisfait.
Si la lettre produit l'effet que tu l'espères.
CARLIN.
Une lettre, monsieur, remet bien des affaires.

Dans l'édition de 1728 et dans celle de 1750, on lit :

LÉANDRE.
Je serai satisfait
Si la lettre a l'effet, Carlin, que tu l'espères.
CARLIN.
Une lettre, monsieur, remet bien des affaires.

Ne brûle que pour vous d'un véritable feu;
Et ma main, sur-le-champ, en va signer l'aveu.

SCÈNE IX.

CARLIN, LÉANDRE.

CARLIN, présentant un livre à son maître.
Tenez, monsieur, voilà...
LÉANDRE.
Comment! es-tu donc ivre?
Pour écrire un billet tu m'apportes un livre!
CARLIN.
Ah! vous avez raison. On hurle avec les loups,
Et je serai bientôt aussi distrait que vous.
Votre absence d'esprit est une maladie
Qui se gagne aisément.
LÉANDRE.
Eh! tais-toi, je te prie;
Ne me fatigue point par tes mauvais discours.
Les valets sont fâcheux, et font tout à rebours.
CARLIN, apportant une table et une écritoire.
Pour écrire, à ce coup, j'apporte toute chose.
LÉANDRE s'assied pour écrire.
Donne-moi promptement.
CARLIN.
Voyons de votre prose.
Si pour vous d'Apollon les trésors sont ouverts,
Vous pouvez même aussi vous escrimer en vers,
En sonnet, en ballade, en ode, en élégie.
Le sexe aime les vers.
LÉANDRE change plusieurs fois de plume, qu'il trempe dans la poudre pour le cornet.
Quelque mauvais génie
Des plumes que je prends vient empêcher l'effet.
CARLIN.
Je le crois bien, monsieur, car voilà le cornet:
Et dans le poudrier vous trempiez votre plume.
LÉANDRE.
Tu peux avoir raison : c'est contre ta coutume.
CARLIN, à part.
L'écriture est un art bien utile aux amants!

Petits soins, rendez-vous, doux raccommodements,
Promesse d'épouser, plainte, douceur, rupture,
Tout cela se trafique avecque l'écriture.
Si le papier qui sert aux amoureux billets
Coûtait comme celui qu'on emploie au palais,
Cette ferme en un an produirait plus de rente
Que le papier timbré ne peut rendre en quarante.

LÉANDRE renverse sur sa lettre le cornet pour la poudre.

Ma lettre est achevée...

CARLIN.

Ah! perdez-vous l'esprit?
Vous versez à grands flots l'encre sur votre écrit.
Quelle est donc, s'il vous plaît, cette façon de peindre?

LÉANDRE.

De mon esprit trop prompt c'est à moi de me plaindre.

CARLIN, montrant la lettre.

Le bel écrit, ma foi, pour un traité de paix!
On croirait qu'un démon en a formé les traits;
Les experts écrivains s'y donneront au diable :
Je tiens, dès à présent, la lettre indéchiffrable.

LÉANDRE se remet à écrire.

Il faut recommencer; le mal n'est pas bien grand.
Je ne plains point, Carlin, la peine que je prend.

CARLIN.

C'est très-bien fait; mais moi, je plains fort Isabelle.

LÉANDRE.

Isabelle?

CARLIN.

Oui, monsieur.

LÉANDRE, écrivant.

Ne me parle point d'elle.

CARLIN.

Soit. Quand d'une cruelle on veut toucher le cœur,
C'est un style éloquent qu'un billet au porteur,
Qui vaut mieux qu'un discours rempli de fariboles.
Si vous vous en serviez...

LÉANDRE.

Fais trêve à tes paroles.

CARLIN, à part.

Quand une belle voit, comme par supplément,
Quatre doigts de papier plié bien proprement

Hors du corps de la lettre, et qu'avant sa lecture,
(Car c'est toujours par là que l'on fait l'ouverture)
On voit du coin de l'œil sur ce petit papier...

(Léandre écoute Carlin, et par distraction écrit ce qu'il dit.)

« Monsieur, par la présente, il vous plaira payer
» Deux mille écus comptant, aussitôt lettre vue,
» A damoiselle, en blanc, d'elle valeur reçue... »
Et Dieu sait la valeur! Un discours aussi rond
Fait taire l'éloquence et l'art de Cicéron.

LÉANDRE, écrivant.

Cela peut être vrai pour de serviles âmes
Qui trafiquent d'un cœur.

CARLIN.

Aujourd'hui bien des femmes
Se mêlent du trafic.

LÉANDRE.

J'ai fini. Je n'ai plus
Qu'à cacheter ma lettre et mettre le dessus.

CARLIN.

Le ciel en soit loué! Me voilà hors de crise.
Je tremblais de vous voir faire quelque méprise.
Vous avez plus d'esprit que je ne l'eusse cru;
Et j'attendais encore un trait de votre crû.

LÉANDRE.

Tu deviens insolent.

CARLIN.

Ce n'est que par tendresse.

LÉANDRE.

Tiens, porte de ce pas la lettre à son adresse.
De ton zèle empressé j'attends tout dans ce jour,
Et me remets sur toi du soin de mon amour.

CARLIN.

Pour vous servir plus vite en cette conjoncture,
Je m'en vais emprunter les ailes de Mercure.

SCÈNE X.

CARLIN, seul.

Allons nous acquitter de notre honnête emploi;
Remettons deux amants... Mais qu'est-ce que je vois?
« Pour Isabelle. » Oh diable! aurais-je la berlue?

Quelque nuage épais m'obscurcit-il la vue ?
Mais non ; j'ai, grâce au ciel, encore deux bons yeux.
Monsieur, monsieur... Il est déjà loin de ces lieux.
Il me semble pourtant que, selon tout indice,
Le billet que je tiens doit aller à Clarice.
Mais le nom d'Isabelle est peint sur ce papier.
Ne me jouerait-il point un tour de son métier ?
Il peut se faire aussi qu'il instruise Isabelle
De l'état de son cœur, et qu'il rompe avec elle,
Lui donne en peu de mots son congé par écrit.
Oui, voilà ce que c'est, et le cœur me le dit.
Ah ! qu'un maître est heureux quand un valet habile
A la conception et légère et facile !
Il peut se fourvoyer sans rien appréhender ;
Et de tels serviteurs sont nés pour commander.

FIN DU QUATRIÈME ACTE.

ACTE CINQUIÈME.

SCÈNE I.

ISABELLE, LISETTE, CARLIN.

ISABELLE, tenant une lettre ouverte.
Croit-il que de mon cœur je sois embarrassée,
Et que de l'engager on ait eu la pensée.
CARLIN, à Isabelle.
Je ne dis pas cela.
LISETTE, à Carlin.
Dans son petit cerveau
Pense-t-il que l'on soit bien tenté de sa peau,
Et de la tienne aussi ?
CARLIN, à Lisette.
Je ne l'ai pas trop rude.
ISABELLE.
Pour m'outrager encore, il a mis tant d'étude
A m'offrir un billet pour Clarice dicté !

CARLIN, à part.

Le traître à fait le coup, je m'en suis bien douté.
ISABELLE.

Mon parti sur ce point est fort facile à prendre.
CARLIN, à Isabelle.

Madame, écoutez-moi...
ISABELLE.

Je ne veux rien entendre.
CARLIN.

Mais, de grâce, un seul mot.
LISETTE.

Sors d'ici, malheureux :
Va-t'en porter ailleurs ton cartel amoureux.
CARLIN.

On ne traita jamais un courrier de la sorte.
LISETTE.

Détalons.
CARLIN.

Vous saurez...
LISETTE.

Gagneras-tu la porte ?
CARLIN.

Mais tu perds le respect ; je suis ambassadeur.
LISETTE.

Sortiras-tu d'ici, postillon de malheur !

SCÈNE II.

ISABELLE, LISETTE.

LISETTE.

Il est enfin parti, malgré son éloquence.
Mais d'un autre côté le chevalier s'avance.

SCÈNE III.

LE CHEVALIER, ISABELLE, LISETTE.

LE CHEVALIER, à Isabelle.

Eh bien ! la mère encor fait-elle le lutin ?
Pourrons-nous nous soustraire à son brusque chagrin ?
ISABELLE.

Vous savez son humeur. Ah ! juste ciel ! je tremble ;
Elle peut revenir et nous trouver ensemble.

LE CHEVALIER.
Que ce soin ne vous fasse aucune impression :
Je vous prends en ces lieux sous ma protection.
N'êtes-vous pas ma femme? Et pour hâter les choses,
J'ai dressé le contrat moi-même avec les clauses,
Dont mon oncle est porteur.
LISETTE.
Tout est bien avancé,
Puisque déjà par vous le contrat est dressé ;
Et l'aveu de la mère est une bagatelle.
ISABELLE.
Nous aurons de la peine à venir à bout d'elle.
LE CHEVALIER.
Avant d'accorder tout à mon juste transport,
Je veux sur son esprit faire un dernier effort,
Me jeter à ses pieds, lui dire mes alarmes,
Crier, gémir, pleurer; car j'ai le don des larmes.
Lisette m'appuiera. Malgré son noir chagrin,
Nous la flatterons tant, qu'il faudra bien enfin
Qu'elle me cède un bien dont mon amour est digne.
LISETTE.
Bon! bon! plus on la flatte, et plus elle égratigne;
C'est un esprit rétif, et qu'on ne réduit pas.
Mais je vois votre sœur tourner ici ses pas.

SCÈNE IV.

LE CHEVALIER, CLARICE, ISABELLE, LISETTE.

LE CHEVALIER, à Clarice.
Eh bien! ma chère sœur, quel soin ici t'amène?
Et quelle intention est maintenant la tienne?
As-tu pris ton parti?
CLARICE.
J'espère qu'à la fin
Mon oncle avec Léandre unira mon destin.
ISABELLE, à Clarice.
Tant mieux. Mais puisque enfin vous épousez Léandre,
L'amitié, la raison m'obligent à vous rendre
Un billet amoureux qu'il m'écrit. Le voici.
CLARICE.
De Léandre?

ISABELLE.

De lui.

LE CHEVALIER, à Isabelle.

Quel rôle fais-je ici?
Un rival odieux aurait pu vous écrire?

ISABELLE, au chevalier.

De ce qui s'est passé je saurai vous instruire.
Suivez-moi seulement, et demeurez en paix.
(A Clarice.)
Tenez, voilà la lettre et le cas que j'en fais.
Adieu.

LE CHEVALIER.

Bonsoir, ma sœur.
(A Isabelle.)

Il faut aller, madame;
Faire un dernier effort pour couronner ma flamme.

SCÈNE V.

CLARICE, seule.

L'ai-je bien entendu? Dois-je en croire mes yeux?
Mais je puis sur-le-champ m'éclaircir encor mieux.
Lisons. « Pour Isabelle. » O ciel! je suis trahie.
Je vois, je tiens, je sens toute sa perfidie.
Mais je vois son valet.

SCÈNE VI.

CARLIN, CLARICE.

CLARICE.

Approche, monstre affreux,
Ministre impertinent d'un maître malheureux.
A qui va cette lettre? Est-ce pour Isabelle?

CARLIN.

Madame, c'est pour elle, et ce n'est pas pour elle.

CLARICE.

Avec ces vains détours penses-tu me tromper?
Voyons. Demeure là; ne crois pas m'échapper.
(Elle lit.)

« Je suis au désespoir, mademoiselle, que l'aventure du
» cabinet vous ait donné quelque soupçon de ma fidélité. »

ACTE V, SCÈNE VII.

Viens çà, maraud; réponds, parle.
(Elle le prend par la cravate.)

CARLIN.

Miséricorde!
Cette lettre est pour nous la pomme de discorde.
Ouf, hai! je n'en puis plus; vous serrez le sifflet.
Mais du moins, jusqu'au bout lisez donc le billet.

CLARICE.

Que je lise, maraud! Que veux-tu qu'il m'apprenne?
De ses déloyautés ne suis-je pas certaine?

CARLIN.

Si mon maître est ingrat, puis-je mais de cela?
Mais il vient; vous pouvez l'étrangler : le voilà.

SCÈNE VII.

LÉANDRE, CLARICE, CARLIN.

(Léandre est plongé dans la rêverie.)

CLARICE, à part.

J'ai peine, en le voyant, à tenir ma colère.

CARLIN, bas, à Clarice.

Ne parlons pas trop haut, de peur de le distraire.

CLARICE.

Vous voilà donc, monsieur! Cherchez-vous en ces lieux
Que ma rivale encor se présente à mes yeux?

LÉANDRE, sortant de sa rêverie.

Ah! madame... à propos, avez-vous lu ma lettre?

CLARICE.

Oui, traître! ma rivale a su me la remettre :
Je la tiens d'Isabelle; et le cas qu'elle en fait,
Peut me venger assez de ton lâche forfait.

LÉANDRE.

Un autre que Carlin en vos mains l'a remise?
Le maraud! je saurai châtier sa méprise;
Je le rouerai de coups; le coquin tous les jours
Lasse ma patience, et me fait de ces tours.
Je le vois. Viens çà, traître ; aux dépens de ta vie
Je veux tirer raison de cette perfidie.
Tu mourras de ma main.

CARLIN.

Ah! monsieur, doucement,

Grâce ; je n'ai point fait encor mon testament.
(A part.)
Non, je n'ai jamais vu de pièce d'écriture
Faire tant de procès.

LÉANDRE.

Parle sans imposture.
Qu'as-tu fait de ma lettre ? et quel affreux démon
Te pousse à me trahir d'une telle façon ?

CARLIN.

Moi, monsieur, vous trahir ! je vous sers avec zèle ;
Je l'ai mise avec soin dans les mains d'Isabelle.

LÉANDRE, tirant son épée.

Et voilà pour ta mort l'arrêt tout prononcé.

CARLIN.

Quelle faute, ai-je fait ?

LÉANDRE.

Quelle faute, insensé !

CARLIN.

Oui, vous avez raison de vous faire justice.

LÉANDRE.

Ne t'avais-je pas dit de la rendre à Clarice ?

CARLIN.

A Clarice, monsieur ? je veux être pendu,
Si je me ressouviens de l'avoir entendu.

LÉANDRE.

Mais le dessus écrit suffit pour te confondre.
A ce témoin muet que pourras-tu répondre ?
(A Clarice.)
Pour lui faire sentir son peu de jugement,
De grâce prêtez-moi cette lettre un moment.

CARLIN, à part.

Bon ! c'est où je l'attends.

LÉANDRE.

Viens, tête sans cervelle,
Lis avec moi, bourreau ; lis donc... « Pour Isabelle. »

CARLIN.

Pouf ! il faut l'avouer, vous avez, à mon gré,
La présence d'esprit au suprême degré.
Lis donc, bourreau, lis donc.

LÉANDRE.

Ah ! de grâce, madame,

ACTE V, SCÈNE VII.

Pardonnez mon erreur en faveur de ma flamme :
Mon cœur n'a point de part au crime de ma main.
CLARICE.
Vous tâchez, inconstant, à me séduire en vain ;
Mais je ne reçois point un grossier artifice.
CARLIN.
Je réponds pour mon maître : il n'a point de malice ;
Et s'il n'était point fou, je veux dire distrait,
Ce serait, je vous jure, un garçon tout parfait.
LÉANDRE.
Mais si vous avez lu le dedans de ma lettre,
De ces soupçons cruels elle a dû vous remettre.
CLARICE,
Ma curiosité m'en a fait lire assez;
Je n'en ai que trop lu.
CARLIN.
Mon Dieu, recommencez.
En changeant le dessus, nous changeons bien la thèse.
Vous avez le bras bon, soit dit par parenthèse.
CLARICE, lit.
« Je suis au désespoir que l'aventure du cabinet vous
» ait pu donner quelque soupçon de ma fidélité. Votre
» rivale ne servira qu'à rendre votre triomphe plus par-
» fait. Monsieur, par la présente, il vous plaira payer à
» damoiselle, en blanc, d'elle valeur reçue, et Dieu sait la
» valeur. »
CARLIN.
Fi donc, madame, fi ! vous moquez-vous de moi ?
Cela n'est point écrit.
CLARICE.
Vois donc.
CARLIN à Léandre.
Ah! par ma foi,
Votre méprise ici me paraît fort étrange,
Quoi, vos billets d'amour sont des lettres de change?
Vous aurez bientôt fait votre paix à ce prix.
LÉANDRE.
C'est ce malheureux-là qui, pendant que j'écris ;
M'embarrasse l'esprit de ses impertinences.
CARLIN.
J'ai diablement d'esprit ; on écrit mes sentences.

CLARICE continue de lire.

« Oui, belle Clarice, je n'adore que vous, et fais tout
» mon bonheur de vous aimer le reste de ma vie. »

CARLIN, à Clarice.

Vous trouvez maintenant les termes plus coulants ;
Et vous ne venez plus pour étrangler les gens.

CLARICE.

Je respire. Ah ! Carlin, c'est une joie extrême
De trouver innocent un coupable qu'on aime ;
Et que, sans nul effort, on fait un prompt retour
Des mouvements jaloux aux transports de l'amour !

LÉANDRE.

A mes distractions faites grâce, madame ;
Nul autre objet que vous ne règne dans mon âme.

CARLIN, à Clarice.

C'est une vérité ; le plaisir qu'il reçoit
Fait qu'il ne vous croit pas où souvent il vous voit.
Voici monsieur votre oncle. A vos vœux tout conspire.

SCÈNE VIII.

VALÈRE, LÉANDRE, CLARICE, CARLIN.

VALÈRE, à Léandre.

Avec empressement, monsieur, je viens vous dire
Que mon plaisir serait de pouvoir, en ce jour,
Au gré de vos souhaits contenter votre amour.

LÉANDRE, à Valère.

Je crois qu'à mes désirs vous n'êtes point contraire.

VALÈRE.

Je donne volontiers les mains à cette affaire.
Mais il faut du dédit encor vous délier,
Et procurer de plus l'hymen du chevalier.
Nous nous trouvons toujours dans une peine extrême.

CARLIN.

Il me vient dans l'esprit un petit stratagème.
(A Léandre.)
La vieille ne songeait, dans votre engagement,
Qu'au bien qu'on vous devait laisser par testament.

LÉANDRE.

Non, sans doute.

CARLIN.

L'on peut dresser quelque machine,

ACTE V, SCÈNE IX.

Faire jouer sous main quelque secrète mine...
VALÈRE.
J'ai déjà dans ma poche un contrat.
CARLIN.
Bon, tant mieux.
La mère ne sait point que je suis en ces lieux ;
Elle ne m'a point vu ; je puis aisément dire
Ce que pour vous servir mon adresse m'inspire.
VALÈRE.
Mais, crois-tu...
CARLIN.
Laissez-moi, l'affaire est dans le sac.
VALÈRE
J'entends venir quelqu'un. C'est madame Grognac.
CARLIN.
Je vais tout préparer pour que la mine joue ;
Et vous, ne manquez pas de pousser à la roue.

SCÈNE IX.

VALÈRE, Mme GROGNAC, ISABELLE, LE CHEVALIER,
CLARICE, LÉANDRE.

LE CHEVALIER, à madame Grognac.
Le dessein en est pris ; je ne vous quitte point
Que je ne sois enfin satisfait sur ce point.
Je prétends, malgré vous, devenir votre gendre :
Vous ne sauriez mieux faire ; et, pour vous en défendre,
Vous avez beau pester, crier, tempêter [1]...
Mme GROGNAC, au chevalier.
Ouais !
Je vous trouve plaisant ! Au gré de mes souhaits
Je ne pourrai donc pas disposer de ma fille ?
Monsieur, je ne veux point de fou dans ma famille.
LE CHEVALIER.
Là, là... doucement.
Mme GROGNAC.
Paix.

---

[1] Dans l'édition originale, on lit :
Vous avez beau *jurer*, pester, tempêter....

ISABELLE.

Ma mère...

Mme GROGNAC.

Taisez-vous.

LE CHEVALIER.

Un peu de naturel.

Mme GROGNAC.

Non.

VALÈRE, à madame Grognac.

Calmez ce courroux.

Mme GROGNAC, à Valère.

Vous, calmez, s'il vous plaît, votre langue indiscrète,
Ennuyeux harangueur. C'est une affaire faite,
Monsieur sera mon gendre. Et pour me délivrer
Des importunités qui pourraient trop durer,
J'ai mandé tout exprès en ces lieux un notaire.

LE CHEVALIER.

Moi, je m'inscris en faux contre ce qu'il peut faire.

Mme GROGNAC.

Mais où sommes-nous donc?

(A Léandre.)

Vous, monsieur le distrait,
Vous êtes là debout planté comme un piquet.

VALÈRE.

Il ne répond point trop aux offres que vous faites.

Mme GROGNAC, à Valère.

Monsieur, guérissez-vous des soucis où vous êtes :
Quand il ne voudrait point encor se marier,
Je n'aurai point recours à votre chevalier,
Un fat dont la conduite est tout impertinente.

VALÈRE, à part.

Et qui lui fait danser quelquefois la courante.

Mme GROGNAC.

Un petit libertin qui doit de tous côtés,
Un étourdi fieffé.

LE CHEVALIER, à madame Grognac.

Passons les qualités.

Cela ne rendra pas le contrat moins valide.

SCÈNE X.

VALÈRE, Mme GROGNAC, CLARICE, ISABELLE,
LE CHEVALIER, LÉANDRE, LISETTE ; CARLIN, en courrier.

LISETTE.

Place, place au courrier qui vient à toute bride.

CARLIN, à Léandre.

Ah ! monsieur, vous voilà. Quelle fatalité ?
Votre oncle ici m'envoie... ouf ! je suis éreinté !...
Pour vous dire... Attendez...

CLARICE, à Carlin.

Tu nous fais bien attendre.

LÉANDRE, à Carlin.

N'as-tu point de sa part quelque lettre à me rendre ?

CARLIN.

Non ; depuis qu'il est mort le défunt n'écrit plus.

LE CHEVALIER, riant.

C'est Carlin.

CARLIN, au chevalier.

Ah ! monsieur, vos ris sont superflus,
De vos pleurs bien plutôt lâchez ici la bonde,
En apprenant le coup le plus fatal du monde,
Et qui fera trembler les pâles héritiers
Jusque dans l'avenir de nos neveux derniers.

CLARICE, à Carlin.

Dis-nous donc, si tu veux, cette action si noire.

CARLIN.

La volonté de l'homme est bien ambulatoire !
   (A Léandre.)
A grand'peine au bonhomme aviez-vous dit adieu,
Qu'il a fait appeler le notaire du lieu ;
Et n'écoutant alors qu'un aveugle caprice,
Bien informé d'ailleurs que vous aimiez Clarice,
Et que vous deveniez réfractaire à ses lois,
Refusant d'épouser celle dont il fit choix ;
Sans avoir, en mourant, égard à ma prière,
Il a testamenté tout d'une autre manière ;
Et l'avare défunt, descendant au cercueil,
Ne vous a pas laissé de quoi porter le deuil.

Mme GROGNAC.

Ah ! juste ciel ! qu'entends-je ?

CARLIN.
O cruelle disgrâce!
Nous voilà pour jamais réduits à la besace.

Mme GROGNAC.
Le défunt a bien fait, et je l'en applaudis;
Il devait, à mon sens, encore faire pis.

CARLIN.
Hélas! qu'aurait-il fait?

Mme GROGNAC, à Carlin.
Ta plainte m'importune.
(A Léandre.)
Vous, monsieur, vous pouvez chercher ailleurs fortune;
Votre hymen à présent ne me convient en rien :
Pour épouser ma fille il faut avoir du bien.

VALÈRE, à madame Grognac.
Mon neveu ne craint point la disgrâce cruelle
D'un pareil testament. S'il épouse Isabelle,
Je lui donne à présent mon bien après ma mort.
En faveur de l'amour faites, vous, cet effort.

Mme GROGNAC.
Il est bien étourdi.

LE CHEVALIER.
Dans peu je me propose
De l'être encore plus : si je vaux quelque chose,
C'est par là que je vaux, et par ma belle humeur.

Mme GROGNAC, au chevalier.
Euh! j'ai cette courante encore sur le cœur.

VALÈRE, à madame Grognac, lui présentant un contrat tout dressé.
Signez donc ce papier... Une plume, Lisette.

LISETTE, donnant une plume.
Voilà tout ce qu'il faut.

Mme GROGNAC, signant.
C'est une affaire faite;
Je signerai, pourvu que vous me promettiez
Qu'il deviendra plus sage, et que vous le signiez.

VALÈRE.
D'accord.
(A Léandre.)
Vous, pour le prix d'une juste tendresse,
Soyez heureux, monsieur; je vous donne ma nièce.

Mme GROGNAC, à Valère.
Comment donc! rêvez-vous, monsieur? êtes-vous fou,

ACTE V, SCÈNE X.

De donner votre nièce à qui n'a pas un sou?

VALÈRE, à madame Grognac.

Il ne faut pas ici plus longtemps vous séduire;
Et vous me permettrez maintenant de vous dire
Que ce faux testament, madame, n'est qu'un jeu [1]
Inventé par Carlin pour tirer votre aveu.

Mme GROGNAC, à Carlin.

Parle.

CARLIN, à part.

Le dénoûment est bien prêt à se faire.

Mme GROGNAC, à Carlin.

Ne nous as-tu pas dit que l'oncle, en sa colère,
A d'autres qu'à Léandre avait laissé son bien?

CARLIN.

Ma foi, je le croyais. Mais, puisqu'il n'en est rien,
Le ciel en soit loué!

Mme GROGNAC.

Je suis assassinée.

LISETTE, à madame Grognac.

Il ne faut point ici tant faire l'étonnée;
C'est vous qui nous montrez à choisir un mari.
Quand votre époux, jadis grand gruyer de Berri,
Voulut vous enlever, vous le laissâtes faire :
Votre fille est encor plus sage que sa mère.

Mme GROGNAC, à Isabelle.

Coquine!

ISABELLE, à madame Grognac.

Écoutez-moi.

Mme GROGNAC, à Isabelle.

Taisez-vous, s'il vous plaît.

LE CHEVALIER, à madame Grognac.

J'ai, si vous la grondez, un menuet tout prêt.

CARLIN, à madame Grognac.

Vous paierez le dédit, parbleu.

VALÈRE, à madame Grognac.

De bonne grâce,
Puisque tout est signé, que la chose se fasse.
Pour apporter la paix et calmer votre esprit,
Je m'oblige pour vous à payer le dédit,

---

[1] On a remarqué qu'il eût été mieux qu'une distraction du héros et non un mensonge du valet amenât le dénoûment.

Et je donne de plus cette somme à ma nièce.
Mme GROGNAC.
Je suis au désespoir. C'est à moi qu'on s'adresse
Pour faire de ces tours!
(A Valère).
Vous saurez, en un mot,
Que je ne donnerai pas cela pour sa dot.
Fasse qui le voudra les frais du mariage;
Vous l'avez commencé, finissez votre ouvrage :
Et je prétends, de plus, qu'en formant ces liens,
On les sépare encore et de corps et de biens.
(Elle sort.)

SCÈNE XI.

VALÈRE, LE CHEVALIER, LÉANDRE, CLARICE, ISABELLE,
LISETTE, CARLIN.

VALÈRE.
Rentrons, et sur-le-champ terminons cette affaire.
LE CHEVALIER, à Clarice et à Isabelle.
Allons, embrassez-vous, vous ne sauriez mieux faire;
Vous serez belles-sœurs. Mais, surtout, gardez-vous
De prendre à l'avenir le même rendez-vous.
ISABELLE.
Lorsque j'en donnerai, je serai plus secrète.
CLARICE.
Une autre fois aussi je serai plus discrète.

SCÈNE XII.

LÉANDRE, CARLIN.

LÉANDRE.
Toi, Carlin, à l'instant prépare ce qu'il faut
Pour aller voir mon oncle, et partir au plus tôt.
CARLIN.
Laissez votre oncle en paix. Quel diantre de langage!
Vous devez cette nuit faire un autre voyage;
Vous n'y songez donc plus? vous êtes marié.
LÉANDRE.
Tu m'en fais souvenir, je l'avais oublié.

SCÈNE XIII [1].

CARLIN, seul.

Ah ciel! un jour de noce oublier une femme!
Cette erreur me paraît un peu digne de blâme;
Pour le lendemain, passe; et j'en vois aujourd'hui
Qui voudraient bien pouvoir l'oublier comme lui.

[1] Dans l'édition originale, cet acte n'est divisé qu'en neuf scènes.

FIN DU DISTRAIT.

AVERTISSEMENT

SUR

ATTENDEZ-MOI SOUS L'ORME.

Cette comédie a été représentée, pour la première fois, le mercredi 19 mai 1694[1].

Nous laissons dans les OEuvres de Regnard cette comédie, que l'on a prétendu appartenir en entier à Dufresny, et que nous croyons l'ouvrage des deux poètes.

Elle a été composée dans le temps que Regnard et Dufresny, liés par l'amitié, et associés dans leurs travaux, se communiquaient réciproquement leurs idées. Il y a tout lieu de croire que cette pièce-ci appartenait plus particulièrement à Regnard qu'à Dufresny, puisqu'elle a toujours été imprimée dans les OEuvres de Regnard, et qu'elle ne l'a jamais été dans celles de Dufresny.

Jamais ce poète ne l'a réclamée hautement, même après la mort de Regnard, à qui il a survécu près de quatorze ans.

Ce n'est qu'après la mort de l'un et de l'autre qu'il s'est répandu un bruit peu vraisemblable, et que beaucoup de personnes ont cependant adopté[2]. Ce fait étrange a été imprimé pour la pre-

---

[1] On a varié sur la date de la première représentation de cette pièce. Les auteurs des Recherches sur les théâtres de France la placent en 1700 (voyez édition in-4°, page 283); l'auteur de la Bibliothèque des théâtres, en 1695; l'éditeur de OEuvres de Regnard, édition de 1742, en 1706. Nous suivons la date donnée par MM. Parfait dans leur Histoire du Théâtre français, tome 13, page 378, date qu'ils disent rapporter d'après les registres de la Comédie française.

Le privilége du roi est du 16 janvier 1693.

[2] ATTENDEZ-MOI SOUS L'ORME a été imprimé dans le premier recueil des OEuvres de théâtre de Regnard, 2 vol. in-12, Paris, Ribou, 1728, et dans les éditions qui ont suivi. Regnard était mort lorsque cette édition

mière fois dans le Mercure de France, en octobre 1724, page 2264. On a dit que Regnard, abusant de la situation embarrassée de son ami, avait acheté de lui cette comédie 300 livres, et l'avait donnée sous son nom au théâtre.

Ce fait a été ensuite répété par plusieurs auteurs, notamment par MM. Parfait, dans leur Histoire du Théâtre français. Nous leur avons déjà fait des reproches de la manière rigoureuse avec laquelle ils ont traité un poète estimable tel que Regnard ; c'est surtout dans cette circonstance que l'on voit éclater leur partialité.

Ils se contredisent en plusieurs endroits : tantôt ils attribuent cette comédie en entier à Dufresny : *Nous avons dit que cette pièce, qui passe pour être de M. Regnard, et qui est imprimée dans tous les recueils de ses OEuvres, est très-certainement de M. Dufresny* (Hist. du Théâtre français, t. XV, page 409). *Cette comédie* (ATTENDEZ-MOI SOMS L'ORME) *se trouve dans toutes les éditions des OEuvres de M. Regnard, au nombre de ses pièces de théâtre. Jusqu'à présent le public, trompé par le titre du recueil, l'a crue de lui ; cependant il est très-certain qu'elle est de Dufresny* (Ibid. tome XIV, page 378). ATTENDEZ-MOI SOUS L'ORME, *comédie en un acte et en prose de M. Dufresny... dans le recueil des OEuvres de M. Regnard, à qui elle a été faussement attribuée* (Dict. des Théâtres de Paris [1], tome premier, page 323).

a paru, mais Dufresny vivait encore. On n'a jamais compris cette pièce au nombre de celles de Dufresny ; je ne connais aucune édition de ses OEuvres où elle ait été imprimée.

L'auteur des Recherches sur les théâtres la met au nombre des pièces de Regnard. Il dit qu'elle fut représentée en 1700, et imprimée en 1715, sans nom de ville ni d'imprimeur. (Voyez les Recherches sur les théâtres, part. II, 4ᵉ âge, page 283, édition in-4°.) Cet auteur écrivait en 1736 ; il ne fait point mention de cette pièce à l'article de DUFRESNY, et elle ne fut point insérée dans le premier recueil de ses OEuvres, imprimé en 6 volumes in-12, à Paris, chez Briasson, en 1731.

La Bibliothèque des théâtres, vol. in-8° imprimé en 1733, article ATTENDEZ-MOI SOUS L'ORME, dit : « Nos deux théâtres ont chacun une
» petite pièce en prose sous ce titre, qui y furent représentées au com-
» mencement de l'année 1695. Le Théâtre-Français joue celle de
» M. Regnard, et l'Italien celle de M. Dufresny. » (Voyez la Bibliothèque des théâtres, page 43.)

On est donc fondé à croire que ce sont MM. Parfait qui se sont plu à accréditer l'anecdote hasardée dans le Mercure, et à laquelle personne, avant eux n'avait paru faire attention.

[1] Dictionnaire des Théâtres de Paris, 7 vol. in-12, à Paris, chez Rosset, libraire, rue Saint-Séverin, 1757, ouvrage de MM. Parfait.

Ailleurs ils conviennent que Regnard a eu part à cette comédie, et qu'elle est autant l'ouvrage de l'un que de l'autre. Ils disent, dans la vie de Dufresny, que ce poëte, *pour n'avoir aucun démêlé avec* Regnard, *a souffert qu'il fît imprimer dans le recueil de ses OEuvres la comédie* d'ATTENDEZ-MOI SOUS L'ORME, *dans laquelle cependant il n'avait qu'une très-médiocre part* (Histoire du Théâtre français, tome XV, page 406). On lit quelques lignes plus haut : *Des liaisons d'amitié qu'il* (Dufresny) *avait avec Regnard l'engageaient à lui faire part de ses idées. Il lui communiqua plusieurs sujets de comédie presque finis, entre autres ceux du* Joueur *et d'*ATTENDEZ-MOI SOUS L'ORME, *dans le dessein de les achever ensemble ; mais Regnard, qui sentait la valeur de cette première pièce, amusa son ami, fit quelques changements à ce qu'avait fait Dufresny, et la donna aux comédiens sous son nom* (Ibid. pag. 405).

Tout ceci ne se concilie point avec le marché honteux que l'on prétend que Regnard a fait avec Dufresny. S'il a quelque part dans la comédie d'ATTENDEZ-MOI SOUS L'ORME, il est injuste de l'attribuer tout entière à Dufresny. Il est vrai que l'on ajoute que cette part est très-médiocre, mais il est bien difficile de l'évaluer. Nous ne croyons pas que l'on ait vu le canevas de Dufresny ; nous ne connaissons personne qui ait lu la pièce *presque finie*, telle qu'elle a été communiquée à Regnard, et qui puisse la comparer à la pièce telle qu'elle est maintenant, avec les additions et corrections de celui-ci.

Si l'on juge de la part que Dufresny a dans cette pièce, par comparaison à celle du JOUEUR, il se trouvera que tout le mérite est du côté de Regnard, et que, d'une pièce très-médiocre, il a su faire un charmant ouvrage. Dufresny nous a fourni ce parallèle en faisant imprimer LE CHEVALIER JOUEUR tel qu'il l'avait composé [1]. Il est à croire que s'il eût produit de même ATTENDEZ-MOI SOUS L'ORME tel qu'il est sorti de ses mains, la comparaison ne lui serait pas favorable.

Nous pensons donc qu'on ne nous saura pas mauvais gré de rejeter une fable ridicule, qui ne fait honneur ni à l'un ni à l'autre des deux poëtes ; fable invraisemblable, qu'on ne s'est permis de répandre qu'après la mort de celui qui avait intérêt de la détruire, et qui s'est accréditée ensuite, on ne sait trop pourquoi.

Nous nous sommes un peu étendus sur cette discussion, par-

---

[1] Voyez l'avertissement qui précède le JOUEUR.

ce que nous avons cru qu'il était convenable de restituer à Regnard une pièce que l'on s'était efforcé de lui enlever; et quoique aucun éditeur de ses OEuvres n'ait osé la retrancher, cependant on ne l'a admise dans les dernières éditions qu'avec des restrictions, et en adoptant l'opinion que cette pièce appartenait à Dufresny.

Les rôles d'Agathe et de Colin sont ceux que Dufresny pourrait peut-être revendiquer, et nous sommes portés à croire que ce sont les seuls que Regnard ait conservés. Ces deux caractères ont un ton naïf et vrai qui nous paraît appartenir plutôt à Dufresny qu'à Regnard ; mais il faut convenir qu'on reconnaît Regnard dans le surplus de la pièce. On sait qu'il entendait très-bien l'économie du théâtre, mais que son associé entendait mieux à produire des scènes détachées qu'à bien conduire une intrigue ; et la comédie d'ATTENDEZ-MOI SOUS L'ORME est bien intriguée, quoique le sujet en soit simple : le dialogue est vif, et d'un plaisant qui ne peut appartenir qu'à Regnard.

Quelque temps après la première représentation d'ATTENDEZ-MOI SOUS L'ORME, Dufresny donna au théâtre italien une pièce sous le même titre, qui fut représentée pour la première fois le 30 janvier 1695.

Cette comédie n'a de commun avec celle de Regnard que le titre ; cependant, comme elle est peu connue, plusieurs personnes l'ont confondue avec la première.

Dufresny est incontestablement l'auteur de la pièce italienne, qui a eu quelque succès sur l'ancien théâtre italien, mais qui, depuis la suppression arrivée en 1697, a éprouvé le sort des pièces composées pour ce spectacle, et n'a paru que rarement sur la scène.

Cette comédie ignorée a contribué à entretenir l'erreur de quelques personnes sur l'ATTENDEZ-MOI SOUS L'ORME du Théâtre français. On a attribué celle-ci à Dufresny, quoiqu'il ne fût l'auteur que de la pièce italienne.

Dans la liste des comédies de Dufresny données à l'ancien théâtre italien, imprimée à la tête de ses OEuvres, on trouve, ATTENDEZ-MOI SOUS L'ORME, pièce en un acte, 1694, avec cette note *imprimée aussi dans les OEuvres de Regnard.*

L'éditeur, entraîné par l'opinion commune, a confondu la pièce italienne avec la pièce française. C'est cette dernière qui est imprimée dans les OEuvres de Regnard, et qui lui appartient, au moins pour la plus grande partie ; c'est aussi la pièce française qui a été représentée en 1694.

Quant à la pièce italienne, elle n'a jamais été attribuée à Regnard, ni insérée dans ses OEuvres. Elle a été représentée en 1695, et non en 1694. C'est cette pièce qui est imprimée dans le recueil de Ghérardi, tom. 5, pag. 401, édition de 1717.

Ces deux pièces n'ont de conformité que le titre. Celle de Regnard, comme nous l'avons dit, est agréablement intriguée ; et la pièce de Dufresny n'est qu'une suite de scènes épisodiques, et que l'on appelle proverbialement scènes à tiroir.

Quoique la comédie de Dufresny ne soit pas dépourvue de mérite, elle ne peut néanmoins soutenir la comparaison avec celle de Regnard. La première a dû la plus grande partie de son succès au jeu des acteurs ; la seconde est restée au théâtre, et se voit toujours avec plaisir.

Si Dufresny eût eu une part bien considérable dans la pièce française, il n'aurait pas manqué de reprendre ce qui lui appartenait, et de le transporter dans la pièce italienne. C'était une bonne manière de se venger de l'infidélité de son ami, et de revendiquer ses usurpations.

Il a suivi cette route pour le Joueur : il a produit sur la scène sa comédie telle qu'il l'avait composée, et a mis tout le monde à portée de prononcer entre lui et son adversaire : chacun a pu voir le parti que Regnard avait tiré des idées de Dufresny ; on a reconnu ce qui appartenait à l'un et à l'autre.

Dufresny ne s'est pas contenté de reprendre ses scènes dans cette pièce, il les a employées de nouveau dans sa comédie de la Joueuse. Désespéré du peu de succès de la première pièce, il ne pouvait concevoir que le public dédaignât des scènes auxquelles il attribuait tout le succès de la comédie de Regnard.

Ce second essai a été encore infructueux. On a continué de se porter en foule au Joueur de Regnard, et l'on n'a pu goûter les deux pièces de Dufresny. Celui-ci n'a pas cependant perdu toute espérance ; il a cru que son rival devait son triomphe à sa versification ; il a mis en vers la comédie de la Joueuse.

On ne sait quel aurait été le succès de cette nouvelle tentative. La Joueuse, mise en vers, n'a jamais été représentée, et est du nombre des pièces que Dufresny, en mourant, fit brûler sous ses yeux, et par le conseil de son confesseur.

Mais ces faits prouvent combien Dufresny était attaché à ses productions, et qu'il ne souffrait pas patiemment que d'autres adoptassent ses idées, et s'attribuassent le fruit de ses travaux.

On ne voit pas pourquoi il aurait eu plus d'indifférence pour

ATTENDEZ-MOI SOUS L'ORME, qu'il n'en avait eu pour le JOUEUR. L'infidélité de son ami devait lui être aussi sensible pour l'une que pour l'autre pièce.

Nous nous croyons donc fondés à laisser à Regnard une propriété que nous ne pensons pas qu'il ait usurpée. Nous imprimons dans ses OEuvres la comédie d'ATTENDEZ-MOI SOUS L'ORME, non parce que cette pièce y a été insérée jusqu'à présent (nous n'aurions pas balancé à l'en retrancher, si nous eussions pu croire qu'elle appartient à Dufresny), mais parce que nous croyons qu'il en est l'auteur.

Nous n'avons négligé aucun moyen d'éclaircir nos doutes [1], et toutes les recherches que nous avons pu faire n'ont servi qu'à nous confirmer dans notre opinion, et nous assurer que la comédie d'ATTENDEZ-MOI SOUS L'ORME est l'ouvrage de Regnard; que Dufresny y a quelque part, mais que cette part est si médiocre et si équivoque, qu'elle ne suffit pas pour disputer à Regnard sa propriété, et retrancher cette pièce du recueil de ses OEuvres.

On rapporte dans les Anecdotes dramatiques l'anecdote suivante, relative à ATTENDEZ-MOI SOUS L'ORME. Armand, cet excellent comique, saisissait avec une présence d'esprit singulière tout ce qui pouvait plaire au public, dont il était fort aimé. Jouant le rôle de Pasquin dans cette pièce, après ces mots, « Que dit-on » d'intéressant? Vous avez reçu des nouvelles de Flandre », il répliqua sur-le-champ: « Un bruit se répand que Port-Mahon est pris. » Le vainqueur de Mahon était le parrain d'Armand.

---

[1] *Extrait du Journal de Paris, du lundi 27 janvier 1783.*

La petite comédie ATTENDEZ-MOI SOUS L'ORME, donnée au théâtre en 1694, par Regnard, et imprimée dans tous les recueils des OEuvres de ce poète, a été attribuée ensuite, on ne sait trop pourquoi, à Dufresny.

MM. Parfait, auteurs de l'Histoire du Théâtre français paraissent être les premiers qui aient eu cette opinion et qui l'aient rendue publique.

C'est d'après eux que les derniers éditeurs de Regnard ont également attribué cette pièce à Dufresny.

Enfin on a été jusqu'à dire que Regnard avait abusé de la situation embarrassée de Dufresny, et avait acheté de lui cette pièce 300 liv. (Anecd. dram.)

Les libraires associés préparent une nouvelle édition des OEuvres de Regnard, qui sera exécutée avec le soin dû au meilleur de nos poètes comiques, après Molière.

Ils ne veulent insérer dans cette édition aucune pièce qui n'appartienne réellement à Regnard; ils désirent en conséquence que quelque amateur du théâtre veuille bien leur communiquer, par la voie de votre journal, des éclaircissements sur ce fait.

ATTENDEZ-MOI
SOUS L'ORME [1].

COMÉDIE EN UN ACTE ET EN PROSE,

AVEC UN DIVERTISSEMENT.

Représentée, pour la première fois, le mercredi 19 mai 1694.

ACTEURS :

DORANTE, officier réformé, revenant de sa garnison, qui devient amoureux d'Agathe.
AGATHE, fille d'un fermier, amoureuse de Dorante.
PASQUIN, valet de Dorante.
LISETTE, amie d'Agathe.
COLIN, jeune fermier, accordé avec Agathe.
NANETTE, bergère.
NICAISE, berger.
PLUSIEURS BERGERS ET BERGÈRES, qui étaient priés pour la noce de Colin et d'Agathe.

La scène est dans un village de Poitou, sous l'Orme.

SCÈNE I.

DORANTE, PASQUIN.

PASQUIN.

Pour m'expliquer en termes plus clairs, j'ai avancé la dépense du voyage depuis notre garnison jusqu'à ce village-ci ; nous y avons déjà séjourné quinze jours sur mes crochets : je vous prie que nous comptions ensemble, et je vous demande mon congé.

DORANTE.

Oh ! palsembleu, tu prends bien ton temps !

---

[1] La 1re édition est de 1694.

SCÈNE I.

PASQUIN.

Hé! puis-je le mieux prendre, monsieur? Vous venez d'être réformé; il faut bien que vous réformiez votre train.

DORANTE.

Pasquin, quitter le service d'un officier, c'est se brouiller avec la fortune.

PASQUIN.

Ma foi, monsieur, je me suis brouillé avec elle dès le jour que je suis entré chez vous : mais, Dieu merci, je suis au-dessus de la fortune; je veux me retirer du monde.

DORANTE.

Le fat! ô le fat!

PASQUIN.

Oui, monsieur, j'ai fait depuis peu des réflexions morales sur la vanité des plaisirs mondains : je suis las d'être bien battu et mal nourri; je suis las de passer la nuit à la porte d'un lansquenet, et le jour à vous détourner des grisettes; je suis las enfin d'avoir de la condescendance pour vos débauches, et de m'enivrer au buffet, pendant que vous vous enivrez à table. Il faut faire une fin, monsieur. Je vais me rendre mari d'une certaine Lisette [1], qui est le bel esprit de ce village-ci. Les plus jolies filles du Poitou la consultent comme un oracle, parce qu'elle a fait ses études sous une coquette de Paris; c'est là où elle est devenue amoureuse de moi.

DORANTE.

Hé! je n'ai point encore trouvé en mon chemin cette Lisette si aimable; j'en sais mauvais gré à mon étoile.

PASQUIN.

Ce n'est pas votre étoile, monsieur; c'est moi qui ai pris soin de vous cacher Lisette : je l'ai trouvée trop jolie pour vous la faire connaître. Mais cette digression vous fait oublier qu'il s'agit entre vous et moi d'une petite règle d'arithmétique. Il y a huit ans que je vous sers; à vingt-cinq écus de gages, somme totale, six cents livres; sur quoi j'ai reçu quelques coups de canne, coups de pied au cul [2]; partant

---

[1] On lit, dans l'édition originale : *Il faut faire une fin, monsieur, et je vay me rendre; je vay me rendre mari d'une certaine Lisette*, etc. Cette répétition peut être une faute de l'imprimeur.

[2] Cette leçon est conforme à l'édition originale. Dans l'édition de 1728, on lit : *Quelques coups de canne* ET *coups de pied au cul;* dans celle

reste toujours six cents livres, que je vous prie de me donner présentement.

DORANE, d'un ton de colère.

Quoi! j'ai eu la patience de garder huit ans un coquin comme toi!

PASQUIN.

Tout autant, monsieur.

DORANTE.

Un maraud!

PASQUIN.

Oui, monsieur.

DORANTE.

Huit ans, un valet à pendre!

PASQUIN.

Ah!

DORANTE.

A noyer, à écraser!

PASQUIN.

Il y a du malheur à mon affaire. Vous avez été jusqu'à présent très-content de mon service, et vous cessez de l'être dans le moment que je vous demande mes gages.

DORANTE, se radoucissant.

Pasquin, ce n'est pas d'aujourd'hui que je suis la dupe de ma bonté. Va, mon cher, je veux bien encore ne te point chasser de chez moi.

PASQUIN.

Vraiment, monsieur, ce n'est pas vous qui me chassez; c'est moi qui vous demande mon congé, et les six cents livres.

DORANTE.

Non, mon cœur, tu ne me quitteras point. Tu ne sais ce qu'il te faut. La vie champêtre ne convient point à un intrigant, à un fourbe.

PASQUIN.

Je sais bien que j'ai tous les talents pour faire fortune à la ville; mais je borne mon ambition à Lisette, à qui j'apporte en mariage les six cents livres, dont je vais vous donner quittance.

(Il tire de sa poche un papier.)

---

de 1750 : *Quelques coups de canne, quelques coups de pied au cul;* et dans les éditions modernes, *Quelques coups de canne et quelques coups de pied au cul.*

SCÈNE I.

DORANTE, lui arrêtant la main.

Peste soit du faquin! Tu n'as que tes affaires en tête : parlons un peu des miennes. J'épouse demain la petite fermière Agathe. J'ai si bien fait, par mon manége, que le père est à présent aussi amoureux de moi que sa fille. Elle a dix mille écus, Pasquin.

PASQUIN.

Vous n'avez que vos affaires en tête; reparlons un peu des miennes.

DORANTE.

Agathe m'attend chez elle à quatre heures; et, avant que d'y aller, j'ai à régler certaines choses avec le notaire.

PASQUIN.

Monsieur, il n'y a que deux mots à mon affaire.

DORANTE.

Le notaire m'attend, Pasquin.

PASQUIN.

Mon congé et mes gages.

DORANTE.

Oh! puisque tu veux absolument que nous finissions [1] d'affaire ensemble...

PASQUIN.

Si ce n'était pas pour une occasion aussi pressante...

DORANTE.

Il faut faire un effort...

PASQUIN.

Je ne vous importunerais pas.

DORANTE.

Quelque peine que cela me fasse...

PASQUIN.

Voici la quittance.

DORANTE, prenant la quittance et embrassant Pasquin.

Va, je te donne ton congé.

PASQUIN.

Et mes gages, monsieur?

DORANTE.

Tu m'attendris, Pasquin; je ne veux pas te voir davantage.

---

[1] Cette leçon est conforme à l'édition originale et à celle de 1728. Dans les autres éditions, on lit, *sortions* au lieu de *finissions*.

SCÈNE II.

PASQUIN, seul.

Le scélérat! Je n'ai plus rien à ménager avec cet homme-là. Lisette me sollicite de rompre son mariage avec Agathe. Allons voir ce qui en sera.

SCÈNE III.

PASQUIN, LISETTE.

PASQUIN.

Ah! te voilà!

LISETTE.

Il y a une heure que je te cherche. Es-tu d'accord avec ton maître?

PASQUIN.

Peu s'en faut. Il ne s'agissait entre lui et moi que de deux articles. Je lui demandais mon congé et mes gages : il a partagé le différent par moitié; il m'a donné mon congé, et me retient mes gages.

LISETTE.

Et tu gardes des mesures avec cet homme-là! Te feras-tu encore tirer l'oreille pour m'aider à rompre son mariage, en faveur de mon pauvre frère Colin, à qui Agathe était promise? Il ne tient qu'à toi de rendre la joie à tout le village. Ce n'était que fêtes, danses et chansons préparées pour les noces de Colin et d'Agathe; et depuis que ton officier réformé est venu nous enlever le cœur de cette jolie fermière, toute notre galanterie poitevine est en deuil.

PASQUIN.

Je ne manque pas de bonne volonté; mais je considère...

LISETTE.

Et moi, je ne considère plus rien. Je suis bien sotte de prier quand j'ai droit de commander. Colin est mon frère, et s'il n'épouse point Agathe par ton moyen, Lisette n'épousera point Pasquin.

PASQUIN.

Ouais! tu me mets bien librement le marché à la main!

LISETTE.

C'est que je ne suis pas comme la plupart de celles qui

font de pareils marchés. Je ne t'ai point donné d'arrhes, et je romprai, si...

PASQUIN.

Doucement. Çà, que faut-il donc faire pour ce petit frère Colin? As-tu pris des mesures avec lui?

LISETTE.

Des mesures avec Colin? Bon! c'est un jeune amant à la franquette, qui n'est capable que de se trémousser à contre-temps. Il va, il vient, il piétine, peste contre son infidèle, et a [1] toujours quelque raisonnement d'enfant qu'il veut qu'on écoute; enfin, c'est un petit obstiné que j'ai été contrainte d'enfermer, afin qu'il me laissât en paix travailler à ses affaires. Je crois que le voilà encore.

SCÈNE IV.

COLIN, LISETTE, PASQUIN.

LISETTE, à Colin.

Quoi! petit lutin, tu seras toujours sur mes talons?

COLIN, à Lisette.

J'ai sauté par la fenêtre de la salle où tu m'avais enfermé, pour te venir dire que tout le tripotage de veuve que tu veux faire pour attraper ce Dorante, par ci, par là, tant y a que tout ça ne vaut rien.

LISETTE.

Mort de ma vie! si tu...

PASQUIN.

Laissez opiner Colin; il me paraît homme de tête.

COLIN.

Assurément. J'ai trouvé un secret pour qu'Agathe me r'aime, et j'ai commencé à imaginer...

LISETTE.

Et va-t'en achever d'imaginer; laisse-moi exécuter.

COLIN.

Oh! y faut que ce soit moi qui...

LISETTE.

Oh! ce ne sera pas toi qui...

COLIN.

Je te dis que...

---

[1] Ce verbe *a* n'existe ni dans l'édition originale, ni dans de celle 1728.

LISETTE.

Je te dis que tu te taises.

COLIN.

Oh! c'est moi qui suis l'amoureux, une fois; je veux parler tout mon soûl.

LISETTE.

Oh! le petit lutin d'amoureux!

COLIN.

Tenez, si Pasquin me dit que je n'ai pas pus d'esprit que toi, pour ce qui est d'Agathe, je veux bien m'en retourner dans la salle.

LISETTE.

Écoutons à cette condition.

COLIN.

C'est que j'ai eune ruse pour faire venir Agathe dans eun endroit où je vous cacherai tous deux.

PASQUIN.

Fort bien!

COLIN.

Et pis, quand a sera là, je li dirai : Çà, gnia personne qui nous écoute; n'est-y pas vrai, Agathe, qu'ou m'avez dit cent fois qu'ou m'aimiez? A dira : Oui, Colin; car ça est vrai. N'est-y pas vrai, li redirai-je, que quand vous me dites ça, je dis, moi, que les paroles étaient belles et bonnes, mais que ça ne tient guère, à moins qui n'y ait quelque chose, là, qui signifie qu'ou n'oseriez pus prendre d'autre mari que moi? Agathe dira : Oui, Colin. N'est-y pas vrai, ce li ferai-je encore, qu'un certain jour que l'épingle de votre collet était défaite, je le soulevis tout doucement, tout doucement?...

LISETTE.

Oh! va donc plus vite; j'aime l'expédition.

PASQUIN.

Ce récit promet beaucoup, au moins. Et nous serons cachés pour entendre tout cela?

COLIN.

Assurément. Je ne barguignerai point à li faire tout dire; car si a m'épouse, l'épousaille couvre tout; et sinon, je sis bien aise qu'on sache que la récolte appartient à sti qui a défriché la terre. Oh! donc, je dirai à Agathe : N'est-y pas vrai, quand j'eu entr'ouvart votre collet, que je pris dessous un papier dans votre sein, et que sur ce papier vous m'aviez fagotté en lacs d'amour votre nom parmi le mien, pour montrer ce que je devions être l'un à l'autre?

PASQUIN.

Et a dira : Oui, Colin.

COLIN.

Oh! a dira peut-être que c'est qu'a dormait; mais je sais bien qu'a ne faisait que semblant; car a se réveillit tout juste quand...

LISETTE.

Eh bien, enfin! quand elle aura tout dit...

COLIN.

Vous sortirez tous deux de votre cache, et vous li direz : Agathe, faut qu'ou vous mariiez rien qu'avec Colin tout seul, ou nous allons dire partout qu'ous aimez deux hommes à la fois. Oh! a ne voudra pas.

LISETTE.

O que si, a voudra. Les femmes en font gloire.

COLIN.

Faire gloire d'aimer un autre que sti avec qui on se marie! Non, gnia point de femme comme ça dans tout le monde.

PASQUIN.

Colin n'a pas voyagé. Çà, je juge que M. Colin imagine mieux que nous; mais nous exécuterons mieux que Colin. Partant, condamné à retourner dans la salle jusqu'à ce que nous ayons besoin de lui.

COLIN.

Oh! ne vlà-t-il pas qu'il dit comme Lisette, à cause que... hé! là, là.

LISETTE.

Oh! va donc, ou je ne me mêle plus de tes affaires.

COLIN.

J'y vas, mais j'enrage.

SCÈNE V.

LISETTE, PASQUIN.

LISETTE.

Oh! nous voilà délivrés de lui. Çà, il s'agit de guérir Agathe de l'entêtement où elle est pour ton maître.

PASQUIN.

Hon! quand l'amour s'est une fois emparé d'un cœur aussi simple que celui d'Agathe, il est difficile de l'en chasser; il se trouve mieux logé là que chez une coquette.

LISETTE.

J'avoue que les grands airs de ton maître ont saisi la superficie de son imagination; mais le fond du cœur est encore pour Colin. Finissons. Il faut empêcher Agathe de sortir de chez elle, afin qu'elle ne vienne point rompre les mesures que nous avons prises. Comment nous y prendrons-nous?

PASQUIN.

Hon! attendez. Nous lui avons fait venir des habits de Paris. Si j'allais lui dire que mon maître veut qu'elle les mette.... La coiffure seule suffit pour amuser une femme toute la journée.

LISETTE.

La voici qui vient; songe à la renvoyer chez elle.

SCÈNE VI.

AGATHE, LISETTE, PASQUIN.

AGATHE.

Où donc est ton maître, Pasquin? Il y a deux heures que je l'attends chez moi.

PASQUIN.

Vous vous trompez, madame; mon maître est trop amoureux pour vous faire attendre.

LISETTE, à Agathe.

Je vous avais bien dit que ses empressements ne dureraient pas.

AGATHE.

Oh! c'est tout le contraire, Lisette. Dorante doit être aujourd'hui amoureux de moi à la folie; car il m'a promis que son amour augmenterait tous les jours, et il m'aimait déjà bien hier.

LISETTE.

En une nuit, il arrive de grandes révolutions dans le cœur d'un Français.

PASQUIN.

Oui, sur la fin de ce siècle-ci, les amants et les saisons se sont bien dérégles ; le chaud et le froid n'y dominent plus que par caprice.

LISETTE.

Oh ! en Poitou nous avons une règle certaine ; c'est que le jour des noces, le thermomètre de la tendresse est à son plus haut degré ; mais le lendemain il descend bien bas.

AGATHE.

Vous voulez me persuader tous deux que Dorante sera inconstant ; mais il faudrait que je fusse folle pour craindre qu'il change. Quoi ! quand Colin me disait tout simplement qu'il me serait fidèle, je le croyais ; et je ne croirais pas Dorante, qui est gentilhomme, et qui fait des serments horribles qu'il m'aimera toujours.

PASQUIN.

En amour, les serments d'un courtisan ne prouvent rien ; c'est le langage du pays.

LISETTE, à Agathe.

Si vous vouliez m'écouter une fois en votre vie, je vous ferais voir que Dorante...

AGATHE.

Parlons d'autre chose, Lisette.

PASQUIN, à Lisette.

Elle a raison. (A Agathe.) Parlons des beaux habits que mon maître vous a fait venir.

AGATHE.

Ah ! Pasquin, j'en suis charmée.

PASQUIN.

A propos, mon maître voulait vous voir aujourd'hui parée.

AGATHE.

Je voudrais bien l'être aussi ; mais je ne sais pas lequel je dois mettre des deux habits. Dis-moi, Pasquin, lequel aimera-t-il mieux de l'innocente ou de la gourgandine [1] ?

PASQUIN.

La gourgandine a toujours été du goût de mon maître.

AGATHE.

Il faut que les femmes de Paris aient bien de l'esprit pour inventer de si jolis noms.

PASQUIN.

Malepeste ! leur imagination travaille beaucoup. Elles

---

[1] Deux noms d'habits à la mode en 1694. Voir l'édition originale.

n'inventent point de modes qui ne servent à cacher quelque défaut. Falbala par haut pour celles qui n'ont point de hanches ; celles qui en ont trop le portent plus bas. Le col long et les gorges creuses ont donné lieu à la steinkerque ; et ainsi du reste.

AGATHE.

Ce qui m'embarrasse le plus, c'est la coiffure. Je ne pourrai jamais venir à bout d'arranger tant de machines sur ma tête ; il n'y a pas de place pour en mettre seulement la moitié.

PASQUIN.

Oh ! quand il s'agit de placer des fadaises, la tête d'une femme a plus d'étendue qu'on ne pense. Mais vous me faites souvenir que j'ai ici le livre instructif que la coiffeuse a envoyé de Paris. Il s'intitule :

« Les Éléments de la Toilette, ou le Système harmonique
» de la Coiffure d'une Femme. »

AGATHE.

Ah ! que ce livre doit être joli !

LISETTE.

Et savant [1] !

PASQUIN, tirant un livre de sa poche.

Voici le second tome. Pour le premier, il ne contient qu'une table alphabétique des principales pièces qui entrent dans la composition d'une commode, comme :

« La duchesse, le solitaire,
» La fontange, le chou,
» Le tête-à-tête, la culbute,
» Le mousquetaire, le croissant,
» Le firmament, le dixième ciel,
» La palissade et la souris. »

AGATHE.

Ah ! Pasquin, cherche-moi l'endroit où le livre dit que se met la souris. J'ai un nœud de ruban qui s'appelle comme cela.

PASQUIN.

C'est ici quelque part ; attendez...

« Coiffure pour raccourcir le visage. »

---

[1] Je n'ai trouvé ces deux mots, *Et savant !* dits par Lisette, que dans l'édition originale et dans celle de 1728.

Ce n'est pas cela.

« Petits tours blonds à boucles fringantes pour les fronts
» étroits et les nez longs. »

Je n'y suis pas.

« Suppléments ingénieux qui donnent du relief aux
» joues plates. »

Ouais !

« Cornettes fuyantes pour faire sortir les yeux en
» avant. »

Ah ! voici ce que vous demandez.

« La souris est un petit nœud de nompareille qui se
» place dans le bois. *Nota*. On appelle petit bois un
» paquet de cheveux hérissés, qui garnissent le pied
» de la futaie bouclée. »

Mais vous lirez cela à loisir. Allez vite arranger votre toilette. Je vous enverrai mon maître aussitôt qu'il aura fini une petite affaire.

AGATHE.

Qu'il ne me fasse pas attendre au moins. Adieu, Lisette.

LISETTE.

Adieu, Agathe.

SCÈNE VII.

LISETTE, PASQUIN.

LISETTE.

On vient à bout de tout en ce monde, quand on sait prendre chacun par son faible ; les hommes par les femmes, les femmes par les habits. Çà, il faut à présent nous assurer de ton maître.

PASQUIN.

Il est chez le notaire ; il faut qu'il repasse par ici pour aller chez Agathe, et je l'arrêterai pendant que tu iras te déguiser en veuve.

LISETTE.

Récapitulons un peu ce déguisement. Tu es bien sûr que ton maître n'a jamais vu la veuve.

PASQUIN.

Assurément. Sur la réputation qu'elle a dans Poitiers

d'être fort riche, mon fanfaron s'est vanté qu'elle était amoureuse de lui. Pour se venger, elle a pris plaisir à se trouver masquée à deux ou trois assemblées où il était, de faire la passionnée ; en un mot, de se moquer de lui, trouvant toujours des excuses pour ne se point démasquer. C'est une gaillarde qui fait mille plaisanteries de cette nature pour égayer son veuvage.

LISETTE.

Puisque cela est ainsi, je contreferai la veuve comme si je l'étais.

PASQUIN.

Tant pis. Car on ne saurait bien contrefaire la veuve, qu'on n'ait contrefait la femme mariée. L'habit est-il prêt?

LISETTE.

Oui.

PASQUIN.

Voilà mon maître qui vient.

LISETTE.

Amuse-le pendant que je me déguiserai ; et après, tu iras avertir Agathe qu'elle vienne nous surprendre, tu la feras écouter notre conversation. Laisse-moi faire.

SCÈNE VIII.

PASQUIN, seul.

Comment lui tournerai-je la chose? Mais il ne faut pas tant de façons avec mon maître. Un homme qui se croit aimé de toutes les femmes en est aisément la dupe.

SCÈNE IX.

DORANTE, PASQUIN.

PASQUIN.

Monsieur! monsieur!

DORANTE.

Ne m'arrête point; Agathe m'attend.

PASQUIN.

Ce n'est plus de mes affaires que je veux vous parler à présent.

DORANTE.

Je meurs d'impatience de la voir. L'amour, Pasquin, l'amour! Ah! quand on a le cœur pris...

SCÈNE IX.

PASQUIN.

Fait comme vous êtes, monsieur, je n'eusse jamais deviné que l'amour vous ferait perdre votre fortune.

DORANTE.

Que veux-tu dire par là?

PASQUIN.

Que votre amour pour Agathe vous fait manquer cette veuve de cinquante mille écus.

DORANTE.

Hé! ne t'ai-je pas dit que la sotte est devenue invisible à Poitiers?

PASQUIN.

Apparemment elle voulait éprouver votre constance. L'heureux moment est venu ; elle est ici, monsieur.

DORANTE.

Est-il possible?

PASQUIN.

Il n'y a rien de plus vrai; et depuis que vous m'avez quitté... Mais n'en parlons plus, vous avez le cœur pris pour Agathe.

DORANTE.

Achève, Pasquin, achève.

PASQUIN.

Amoureux comme vous êtes, vous ne voudriez pas rompre un mariage d'inclination pour vingt mille écus plus ou moins.

DORANTE.

Il faudra se faire violence. Avec vingt mille écus on achète un régiment, on est utile au prince; tu sais qu'un gentilhomme doit se sacrifier pour les besoins de l'État.

PASQUIN.

Entre nous, l'État n'a pas grand besoin de vous, puisqu'il vous a remercié de vos services à la tête de votre compagnie.

DORANTE.

Parlons de la veuve, Pasquin.

PASQUIN.

La veuve est venue ce matin de Poitiers pour vos beaux yeux ; et depuis que vous m'avez quitté, on vient de m'offrir de sa part cent pistoles, si je puis livrer [1] votre cœur.

---

[1] Cette leçon est conforme à l'édition originale. Les autres éditions portent : *Si je puis* LUI *livrer votre cœur.*

DORANTE.

Je serai ravi de te faire gagner cent pistoles. J'aime à m'acquitter, Pasquin.

PASQUIN.

En rabattant sur les [1] gages.

DORANTE.

Çà, que faut-il faire, mon cœur?

PASQUIN.

On est convenu avec moi que le hasard amènerait la veuve sous cet orme dans un quart d'heure.

DORANTE.

Bon!

PASQUIN.

J'ai promis que le même [2] hasard vous y conduirait aussi.

DORANTE.

Fort bien!

PASQUIN.

Il faut que vous vous promeniez, sans faire semblant de rien. Elle va venir, sans faire semblant de rien. Pour lors vous l'aborderez, vous, en faisant semblant de rien; elle vous écoutera en faisant semblant de rien. Voilà comment se font les mariages des Tuileries.

DORANTE.

Parbleu, tu es un homme adorable!

PASQUIN.

Çà, préparez-vous à aborder la veuve en petit maître. Cachez-vous un œil avec votre chapeau, la main dans la ceinture, le coude en avant, le corps d'un côté, et la tête de l'autre; surtout gardez-vous bien de vous promener sur une ligne droite, cela est trop bourgeois.

DORANTE.

Ce maraud-là en sait presque autant que moi.

PASQUIN.

Voici l'occasion, monsieur, de faire profiter les talents que vous avez pour le grand art de la minauderie. Ah! si vous pouviez vous souvenir de cette mine que vous fîtes l'autre jour à la comédie, là, une certaine mine qui perdit de réputation cette femme à qui vous n'aviez jamais parlé.

---

[1] C'est ainsi qu'on lit dans l'édition originale. Dans les éditions modernes, on lit : *En rabattant sur* MES *gages*.

[2] Je n'ai trouvé ce mot *même* que dans l'édition originale.

DORANTE.

Que tu es badin!

SCÈNE X.

LISETTE, en veuve; DORANTE, PASQUIN.

PASQUIN, bas à Dorante.

Voici la veuve, monsieur; faites semblant de rien; hem, semblant de rien. (Haut à Dorante, en faisant signe à Lisette.) N'y a-t-il rien de nouveau en Catalogne? Que dit-on de l'Allemagne? Vous avez reçu des lettres de Flandre. La promenade est bien déserte aujourd'hui. De quel côté vient le vent? Mon Dieu! la belle journée!

DORANTE, bas à Pasquin.

Pasquin, la veuve soupire.

PASQUIN, bas à Dorante.

Apparemment, c'est pour le défunt.

DORANTE, bas à Pasquin.

Il faut un peu la laisser ronger son frein. Elle est sensible aux bons airs. Je me sers de mes avantages.

PASQUIN, bas à Dorante.

Vous avez raison; votre geste est tout plein de mérite, et vous avez encore plus d'esprit de loin que de près. Si elle vous entendait chanter, elle serait charmée, monsieur. Ne savez-vous point par cœur quelque impromptu de l'opéra nouveau?

DORANTE, haut à Pasquin.

Je vais chanter, pour me désennuyer, un petit air que je fis à Poitiers pour cette charmante veuve. Hem.

(Il chante.)

Palsambleu, l'Amour est un fat,
L'Amour est un fat;
Sans égard pour ma naissance,
Il me fait soupirer, gémir, sentir l'absence
Comme un amant du tiers état.
Palsambleu, l'Amour, etc.

Il n'est point de belle en France
Que je n'aie soumise à ce petit ingrat;
Et, pour toute récompense,
Il m'enchaîne comme un forçat.
Palsambleu, l'Amour, etc.

PASQUIN, après que Dorante a chanté.

Vous êtes l'Amour, monsieur!

DORANTE, bas à Pasquin.

C'est assez la faire languir. Ciel! quelle aventure, Pasquin! Je crois que voilà mon aimable invisible dont je te parlais.

PASQUIN.

C'est elle-même.

DORANTE, abordant la veuve.

Par quel bonheur, madame, vous trouve-t-on dans ce village?

LISETTE.

J'y venais [1] chercher la solitude, et pleurer en liberté.

PASQUIN.

Retirons-nous donc, monsieur : il est dangereux d'interrompre les larmes d'une veuve. La vue d'un joli homme fait rentrer la douleur en dedans.

DORANTE.

Je vous l'ai dit cent fois, charmante spirituelle, je suis le cavalier de France le plus spécifique pour la consolation des dames.

LISETTE.

Un cavalier fait comme vous ne saurait en consoler une, qu'il n'en afflige mille autres.

DORANTE.

Périssent de jalousie toutes les femmes du monde, pourvu que vous vouliez bien...

LISETTE.

Ah! n'achevez pas, monsieur; je crains que vous ne me fassiez des propositions que je ne pourrais entendre sans horreur; car, enfin, il n'y a encore que huit ans que mon mari est mort.

PASQUIN.

Ah! monsieur, vous allez rouvrir une plaie qui n'est pas encore bien fermée [2].

DORANTE.

Ah! Pasquin, je sens que mon feu se rallume.

LISETTE.

Hélas! le pauvre défunt m'aimait tant!

---

[1] Dans toutes les éditions autres que l'édition originale, on lit : *revenais*.

[2] L'édition originale porte *refermée*.

PASQUIN, bas à Dorante.

Elle parle du défunt; vos affaires vont bien.

LISETTE.

Il m'a fait promettre, en mourant (en baissant la voix) que je ne me remarierais point.

PASQUIN, bas à Dorante.

Profitez du moment, monsieur : elle est femme; et puisque sa parole baisse, il faut qu'elle soit bien faible.

LISETTE, bégayant.

Je tiendrai... ma promesse... ou bien...

PASQUIN, bas à Dorante.

Elle bégaie, il est temps que je me retire.

DORANTE, bas à Pasquin.

Va-t'en.

SCÈNE XI.

DORANTE, LISETTE.

DORANTE.

Nous sommes seuls, madame; accordez-moi donc enfin ce que vous m'avez tant de fois refusé à Poitiers; levez ce voile cruel...

LISETTE.

Monsieur, l'affliction m'a si fort changée...

DORANTE.

Hé! je vous conjure...

LISETTE, d'un ton de précieuse.

Je ne dors point; la fatigue du carrosse, la chaleur, la poussière, le grand jour... vous me trouverez laide à faire peur.

DORANTE.

Je vous trouverai charmante.

LISETTE.

Vous le voulez?

(Elle lève sa coiffe.)

DORANTE.

Que vois-je?

LISETTE.

Puisqu'il faut vous l'avouer, dès la seconde fois que je vous vis, je formai le dessein de faire votre fortune; mais je voulais vous éprouver. Ah! cruel! fallait-il sitôt vous rebuter?

DORANTE.

Hé! vous avais-je vue, madame?

SCÈNE XII.

DORANTE, LISETTE, AGATHE, PASQUIN.

(Pasquin amène Agathe pour écouter.)

AGATHE, à part, à Pasquin.

C'est donc pour cela qu'il me faisait tant attendre?

PASQUIN, à part, à Agathe.

Écoutez...

(Il sort.)

SCÈNE XIII.

DORANTE, LISETTE; AGATHE, à part.

DORANTE, à Lisette.

Je l'avoue franchement; à votre refus, j'avais baissé les yeux sur une petite fermière, parce que je trouvais une somme d'argent pour nettoyer de gros biens que j'ai en direction : mais, d'honneur, en honneur, je ne l'ai jamais regardée que comme un enfant, une poupée avec quoi on se joue; et depuis les charmantes conversations de Poitiers, vous n'avez point désemparé mon cœur [1].

AGATHE, à part.

Le traître!

LISETTE.

Apparemment que je vous crois, puisque je veux bien vous donner ma main. Mais, avant toutes choses, il faut que vous disiez à Agathe, en ma présence, que vous ne l'avez jamais aimée.

DORANTE.

En votre présence?

---

[1] Ce passage est conforme à l'édition originale. Dans la plupart des éditions modernes on lit :

Je l'avoue franchement; à votre refus, j'avais *jeté* les yeux sur une petite fermière, parce que je trouvais une somme d'argent pour nettoyer de gros bien que j'ai en direction : mais d'honneur (*en honneur* est omis), je ne l'ai jamais regardée que comme *une* enfant, une poupée avec quoi on se joue; et depuis les charmantes conversations de Poitiers, vous n'avez point désemparé *de* mon cœur.

SCÈNE XIV.

LISETTE.

Quoi! vous hésitez?

DORANTE.

Nullement. Mais enfin, dire en face à une femme que je ne l'aime point, c'est l'assassiner : le coup est mortel, madame; et je dois avoir des ménagements pour une pauvre petite créature, qui...

LISETTE.

Qui...

DORANTE.

Qui, puisqu'il faut vous faire la confidence, a eu pour moi certaines faiblesses. Je suis galant homme.

AGATHE, à part.

Comme il ment!

DORANTE.

Mais, madame, je quitte tout pour vous suivre. Je me laisse enlever, je vous épouse : faut-il d'autres marques de mon amour?

LISETTE.

Au moins, je vous ordonne d'aller tout présentement rompre l'engagement que vous avez avec le père.

DORANTE.

Oh! pour cela, volontiers.

LISETTE.

Allez promptement, et revenez dans une demi-heure m'attendre sous cet orme.

DORANTE.

Je vais vous satisfaire.

LISETTE.

Sous l'orme, au moins.

SCÈNE XIV.

AGATHE, LISETTE.

AGATHE, à part, n'osant aborder la veuve.

Il faut que je sache d'elle... Mais me ferai-je connaître après ce qu'on lui vient de dire de moi?

LISETTE.

Mon Dieu! la jolie mignonne! Qu'elle est aimable! Me voulez-vous parler?

AGATHE, n'osant l'aborder.

Non.

LISETTE.

Mais je crois vous avoir vue quelque part. N'êtes-vous pas la belle Agathe?

AGATHE.

Je ne sais pas.

LISETTE.

Ne craignez rien, ma bouchonne. Vous m'aviez enlevé mon amant; mais je suis déjà vengée, puisqu'il vous a sacrifiée à moi.

AGATHE.

Le traître!

LISETTE.

Vous êtes bien fâchée, n'est-ce pas, de perdre un si joli petit homme?

AGATHE.

Je ne suis fâchée que de ce qu'il vous vient de dire des faussetés de moi. Il dit que j'ai eu des faiblesses pour lui : ah! ne le croyez pas au moins, madame; c'est un méchant qui en dira autant de vous.

LISETTE rit.

Ha! ha!

AGATHE.

Vous riez! Est-ce que vous me soupçonnez de ce que ce menteur-là vous a dit?

LISETTE.

Dorante ne saurait mentir; il est gentilhomme.

AGATHE.

Que je suis malheureuse! Quoi! vous croyez?...

LISETTE, se dévoilant.

Oui, je crois...

AGATHE.

C'est Lisette!

LISETTE.

Je crois, comme je l'ai toujours cru, que vous êtes fort sage, et que Dorante est le plus grand scélérat [1]. Mais je suis contente, vous avez tout entendu. Ce n'est pas sa faute, comme vous voyez, si je ne suis qu'une fausse veuve. Eh bien! que vous dit le cœur présentement?

AGATHE.

Hélas! j'ai trahi Colin : Colin m'aime-t-il encore?

---

[1] Cette leçon est conforme à l'édition originale. Dans les autres éditions que j'ai consultées, on lit : *Le plus grand scélérat* DU MONDE.

LISETTE.

Il fera tout comme s'il vous aimait; et sitôt que vous lui aurez dit un mot, il ne songera plus qu'à se venger de Dorante.

AGATHE.

Ah! qu'il ne s'y joue pas : Dorante m'a dit qu'il était bien méchant.

LISETTE.

Il s'agit d'une vengeance qui servira de divertissement à toute notre petite société galante. Il sera berné... qu'il ne [1] manquera rien.

SCÈNE XV.

COLIN, AGATHE, LISETTE.

COLIN, à part, sans apercevoir Agathe.

Pasquin me vient de dire que tout allait bien, pourvu que je patientisse : mais, quand je devrais tout gâter, je ne saurais plus me tenir en place; je sis trop amoureux.

AGATHE, à Colin, fâchée de l'avoir trahi.

Ah! Colin, Colin!

COLIN, à Agathe, qu'il aperçoit.

Ce n'est pas de vous au moins que je dis que je sis amoureux : il ferait beau var que j'aimisse encore eune... ingrate!

AGATHE.

Il est vrai.

COLIN.

Eune... infidèle!

AGATHE.

Oui, Colin.

COLIN.

Eune... changeuse!

AGATHE.

Hélas! je n'aime pas trop à changer; mais c'est que cela me vint malgré moi tout d'un coup, parce que je n'avais jamais vu d'homme fait comme Dorante.

COLIN.

Oui, vous êtes une traîtresse.

---

[1] *Ne* est conforme aux deux éditions citées ci-dessus. Dans les autres éditions on lit : *Qu'il* N'Y *manquera rien*.

AGATHE.

Oh! pour traîtresse, non... Ne vous avais-je pas averti que je voulais aimer Dorante?

COLIN, étouffant de colère et d'amour.

Eume... aouf! gnia pu moyen de retenir mon naturel. Baille-moi ta main.

AGATHE.

Ah! Colin, que je suis fâchée!

COLIN.

Ah! que je sis aise, moi!

LISETTE.

Vous allez user toute votre tendresse; gardez-en un peu pour quand vous serez mariés, vous en aurez besoin. Çà, Dorante va venir m'attendre sous l'orme; nous avons résolu de nous moquer de lui. Pierrot, Nanette et Licas nous doivent aider; ils sont là tout prêts. Les voici.

SCÈNE XVI.

LISETTE, COLIN, AGATHE, NANETTE, DEUX BERGERS.

LISETTE, à Nanette et aux bergers.

Qui vous a donc avertis qu'il était temps?

NANETTE, à Lisette.

Nous avons vu de loin qu'elle se laissait [1] baiser la main par Colin; nous avons jugé...

COLIN, à Nanette.

C'est signe qu'al' a retrouvé l'esprit qu'al' avait pardu.

AGATHE.

Que je suis honteuse, Nanette, d'avoir été trompée par un homme!

NANETTE.

Hélas! à qui est-ce de nous autres que cela n'arrive point? Mais nous allons faire voir à ce petit coquet de Dorante qu'il ne sait pas son métier, puisqu'il donne le temps à une fille de faire des réflexions.

LISETTE.

Tous vos petits rôles de raillerie sont-ils prêts?

---

[1] *Laissait* est conforme à l'édition originale. Dans les autres, on lit : *faisait*.

NANETTE.

Bon! notre Licas et notre Pierrot feraient un opéra en deux heures.

LISETTE.

Oui, je vais vous donner votre rôle.

NANETTE.

Voici Dorante. Retirez-vous; c'est à moi à commencer.

(Ils sortent.)

SCÈNE XVII.

DORANTE, seul, venant au rendez-vous que lui a donné la veuve.

Voici à peu près l'heure du rendez-vous. J'ai bien fait de ne point voir ni le père ni la fille : si la veuve m'allait manquer, je serais bien aise de retrouver Agathe. J'entends des villageois qui chantent; laissons-les passer.

SCÈNE XVIII.

DORANTE, NANETTE, NICAISE.

(Nicaise finit une chanson à une paysanne qui le fuit.)

NANETTE.

Mon pauvre Nicaise, tu perds ton temps et ta chanson. Il est vrai que je t'ai aimé; mais c'est justement pour cela que je ne t'aime plus. Ce sont là nos règles.

NICAISE chante.

Lorsque tu me promis, sous cet orme fatal,
Que je triompherais bientôt de mon rival,
Tu m'en voulus donner une preuve certaine.
Ah! que n'en ai-je profité!
Je ne serais plus à la peine
De te reprocher ton infidélité.

NANETTE chante.

Il est vrai que ma franchise
Fut surprise
Par tes discours trompeurs et par ton air charmant;
Mais j'ai passé l'écueil du dangereux moment.
J'ai pensé faire la sottise :
Tu ne m'as pas prise au mot ;
Tu seras le sot.
Tu seras le sot.
Tu seras le sot.

SCÈNE XIX.

DORANTE, seul.

Ces Poitevines sont galantes naturellement. Mais la veuve tarde beaucoup.

SCÈNE XX.

DORANTE, PASQUIN.

PASQUIN.

Ah! monsieur, nous jouons de malheur.

DORANTE.

Qu'y a-t-il donc?

PASQUIN.

La veuve est partie, monsieur; une de ses tantes est venue l'enlever à ma barbe. Tout ce que la pauvrette a pu faire, c'est de sortir la tête par la portière du carrosse, et de me faire signe de loin qu'elle ne laisserait pas de vous aimer toujours.

DORANTE.

Se serait-elle moquée de moi?

PASQUIN.

Monsieur, j'ai sellé votre anglais; le voilà attaché à la porte : si vous voulez suivre le carrosse, il n'est pas encore bien loin.

DORANTE.

Pasquin, il faut aller au plus certain. Je vais trouver Agathe, et conclure avec elle. La voici justement.

SCÈNE XXI.

DORANTE, AGATHE, PASQUIN.

AGATHE, à part.

Je vais bien me moquer de lui. (Haut, à Dorante.) Ah! vous voilà, monsieur; il faudra donc que je vous cherche toute la journée?

DORANTE.

Ah! pardon, ma charmante; j'ai eu une affaire indispensable.

AGATHE.

N'est-ce point plutôt que vous m'auriez fait quelque infidélité?

DORANTE.

Que dites-vous là, cruelle, injuste, ingrate? J'atteste le ciel...

AGATHE.

Hé! là, là, ne jurez point. Je sais bien comme vous m'aimez.

DORANTE.

Mais vous, qui parlez, est-ce aimer que de pouvoir attendre jusqu'à demain?

AGATHE.

Eh bien! marions-nous tout à l'heure.

DORANTE.

Dites donc au papa qu'il abrége les formalités : ces articles, ce contrat, me désespèrent.

PASQUIN.

La sotte coutume pour les amants qui sont bien pressés !

AGATHE.

Nous irons dans un moment trouver mon père ; et, s'il nous fait trop attendre, nous nous marierons tous deux tout seuls.

SCÈNE XXII.

LES MÊMES ; CHŒUR DE BERGERS ET DE BERGÈRES.

LE CHOEUR chante derrière le théâtre :
Attendez-moi sous l'orme,
Vous m'attendrez longtemps.

SCÈNE XXIII.

DORANTE, AGATHE, PASQUIN.

DORANTE.

Qu'entends-je?

AGATHE.

C'est la noce d'un nommé Colin. Vous ne le connaissez pas?

PASQUIN, faisant un saut, va rejoindre la noce.

Une noce ! ma foi je m'en vais danser.

SCÈNE XXIV[1].

DORANTE, AGATHE, PASQUIN; PLUSIEURS BERGERS ET BER-
GÈRES, priés pour la noce de Colin et d'Agathe.

DORANTE, à Agathe.
Ils s'avancent, cédons-leur la place.
AGATHE.
Oh! il faut que je sois de cette noce-là.
DORANTE.
Quoi! vous pouvez différer un moment?
AGATHE.
Sitôt que la noce sera faite, nous nous marierons.
LE CHOEUR chante :
Attendez-moi sous l'orme,
Vous m'attendrez longtemps.
DORANTE.
Pasquin, voici bien des circonstances.
PASQUIN.
C'est le hasard, monsieur.
DORANTE.
En tout cas, il faut faire bonne contenance. (Il se mêle avec les villageois.) Fort bien, mes enfants. Vive la Poitevine! Menuet de Poitou. Courage, Pasquin.

(On chante.)

Prenez la fillette
Au premier mouvement;
Car elle est sujette
Au changement :
Souvent la plus tendre
Qu'on fait trop attendre,
Se moque de vous
Au rendez-vous.

PASQUIN, se moquant de Dorante.
Nous sommes trahis; on nous berne, monsieur.
DORANTE.
Ceci me confond.
LISETTE chante à Dorante.
Vous qui pour héritage
N'avez que vos appas,

---

[1] Dans l'édition originale, cette pièce n'est divisée qu'en dix-huit scènes.

SCÈNE XXIV.

L'argent ni l'équipage
Ne vous manqueront pas :
Malgré votre réforme,
La veuve y pourvoira ;
Attendez-la sous l'orme,
Peut-être elle viendra.

AGTAHE chante à Dorante.

La fille de village
Ne donne à l'officier
Qu'un amour de passage ;
C'est le droit du guerrier.
Mais le contrat en forme
C'est le lot du fermier :
Attendez-moi sous l'orme,
Monsieur l'aventurier.

COLIN chante.

Un jour notre goulu de chat
Tenait la souris sous la patte ;
Mais al' était pour li trop délicate,
Il la lâchit pour prendre un rat.

PASQUIN, à Dorante.

Voilà de mauvais plaisants, monsieur. Votre cheval est sellé.

(Dorante veut tirer son épée.)

PIERROT, arrêtant Dorante.

Tout bellement, ou nous ferons sonner le tocsin sur vous.

DORANTE.

Je viendrai saccager ce village-ci avec un régiment que j'achèterai exprès.

LISETTE.

Ce sera des deniers de la veuve ?

(Dorante s'en va.)

(Le village poursuit Dorante, en dansant et chantant :)

Attendez-moi sous l'orme,
Vous m'attendrez longtemps.

FIN DE ATTENDEZ-MOI SOUS L'ORME.

AVERTISSEMENT

SUR

DÉMOCRITE.

Cette comédie a été représentée, pour la première fois, le mardi 12 janvier 1700, sous le titre de DÉMOCRITE AMOUREUX. Son succès a été complet; elle a eu, dans sa nouveauté, dix-sept représentations : depuis elle a été très-souvent reprise, et est restée au théâtre.

Malgré ce succès, la comédie de DÉMOCRITE a été vivement critiquée, surtout dans sa nouveauté; mais le goût constant du public pour cette pièce a fait taire enfin les critiques : on ne peut nier cependant que plusieurs de leurs observations ne soient fondées.

On a reproché, avec quelque justice, au poète d'avoir travesti Démocrite en un pédant ridicule et peu sensé; s'il raisonne, c'est d'une manière inintelligible, et en employant un jargon digne des Marphurius et des Pancrace; c'est un vrai docteur de la comédie italienne qui n'a d'un savant que les dehors empruntés, et cache son ignorance en affectant un langage obscur, hérissé de termes que personne ne comprend, et qu'il ne comprend pas lui-même. Si Démocrite fait l'amour, c'est alors que le ridicule et l'extravagance sont à leur comble; c'est une caricature digne du théâtre sur lequel Regnard a fait ses premiers essais.

On convient que les critiques ont à cet égard quelques fondements; cependant Regnard n'est pas tout à fait inexcusable. Il n'a point cherché à nous peindre Démocrite tel qu'il était; il a voulu seulement nous représenter sous ce nom un faux philosophe, ou plutôt un visionnaire, censeur impitoyable des défauts de ses semblables, quoiqu'il soit sujet à des faiblesses de même nature, et qu'il soit tout au moins aussi ridicule que ceux aux dépens de qui il ne cesse de rire. On ne pourrait que lui reprocher d'avoir nommé ce fou Démocrite, chose qui peut déplaire à ceux qui conservent quelque respect pour la mémoire de cet ancien philosophe.

Les autres critiques sont injustes, et le poète a bien fait de n'y avoir aucun égard. On conseillait à Regnard de retrancher le premier acte de sa pièce, pour conserver l'unité de lieu ; on l'accusait aussi d'avoir fait revivre à Athènes l'état monarchique pendant la vie de Démocrite, quoiqu'il fût éteint alors depuis plus de sept cents ans.

L'unité de lieu ne blesse ouvertement les règles que lorsqu'une partie de l'action se passe à une distance très-éloignée de l'autre ; cette unité est subordonnée à celle du temps, et toutes les deux ont pour fondement la vraisemblance.

> Mais nous que la raison à ses règles engage,
> Nous voulons qu'avec art l'action se ménage ;
> Qu'en un lieu, qu'en un jour, un seul fait accompli
> Tienne jusqu'à la fin le théâtre rempli.
> Jamais au spectateur n'offrez rien d'incroyable.
>   (Boileau, *Art poétique*, chant III.)

On ne peut donc point dire que l'unité de lieu soit violée, lorsque l'endroit où commence l'action est à si peu de distance de celui où elle finit, que cette distance puisse être franchie dans un espace de quelques heures, parce qu'alors il n'y a rien qui choque la vraisemblance. Tel est le premier acte de Démocrite. Il se passe à la proximité d'Athènes, dans un endroit écarté et solitaire où Démocrite s'était retiré. Le roi, qui s'était égaré à la chasse, découvre la retraite du philosophe. Les quatre autres actes se passent à Athènes, dans le palais du prince ; et comme peu d'heures ont suffi pour y transporter le philosophe et sa suite, il n'est rien qui ne soit dans les règles de la vraisemblance.

On trouve fréquemment des exemples de semblables licences, si c'en est une, et la critique la plus sévère ne s'est point permis d'en faire des reproches à plusieurs de nos poètes modernes.

Quant à l'anachronisme, Regnard n'a point prétendu que sa comédie servît à fixer des dates et à apprendre l'histoire ; et l'on ne peut raisonnablement lui faire un reproche d'une licence que l'usage et les règles de la comédie autorisent.

Un autre poète a mis aussi Démocrite sur la scène ; en 1730, Autreau fit représenter sur le théâtre de la Comédie italienne,

Démocrite prétendu fou, comédie charmante, rejetée par les comédiens français, et qui a fait un des principaux ornements du théâtre italien.

Le caractère de Démocrite, dans cette pièce, est mieux soutenu, et répond mieux à l'idée que nous nous sommes faite de ce philosophe ; mais il faut convenir aussi que la pièce est bien moins comique que celle de Regnard ; le dialogue est facile et plein d'esprit, mais un peu froid ; le caractère de Démocrite est le plus soigné, le mieux fait de tous, le seul qui soutienne la pièce.

Dans Regnard, au contraire, c'est celui qui est le plus négligé. Il a tellement craint que ce personnage ne se ressentît de la froideur philosophique, que, non content de l'avoir travesti en un pédant ridicule, il l'a accompagné d'une espèce de valet philosophe, extrêmement plaisant : nous parlons du personnage de Strabon ; les saillies de cette espèce d'arlequin contrastent admirablement avec les boutades de Démocrite et les naïvetés de Thaler, le seul paysan que Regnard ait introduit sur la scène.

Nous ne disons rien des deux scènes épisodiques de Strabon et de Cléanthis ; on les regarde, quant à l'idée et quant à l'exécution, comme un chef-d'œuvre comique.

Le jeu de théâtre de ces deux personnages, au moment de leur reconnaissance, disent les auteurs de l'Histoire du Théâtre français, fut inventé par mademoiselle Beauval, chargée du rôle de Cléanthis, et par le sieur La Thorillière, chargé de celui de Strabon, et il a été religieusement observé par les acteurs et les actrices qui leur ont succédé.

On ne sait pourquoi les comédiens sont dans l'usage de supprimer, à la représentation, la scène IV du second acte. Démocrite, récemment arrivé à la cour du roi d'Athènes, paraît suivi d'un intendant, d'un maître-d'hôtel, et de quatre grands laquais. Ce cortége excite l'humeur cynique du philosophe ; et sa situation présente, comparée à sa vie passée, lui donne matière à rire. Chacun des officiers qui le suit lui fait part des volontés du roi et de la nature des fonctions qu'il doit remplir auprès du philosophe, ce qui fournit une matière nouvelle à ses ris et à ses critiques.

La scène finit d'une manière très-comique : l'intendant et le maître d'hôtel, qui paraissent amis et chercher [1] à se rendre mutuellement service, vantent réciproquement et à voix haute au philosophe leur intelligence et leur savoir-faire, tandis qu'ils s'ap-

---

[1] *Qui paraissent amis et chercher*, n'est pas très-français.

prochent de son oreille, pour démentir tout bas ces éloges exagérés. Démocrite rit de tout son cœur de ce manége si ordinaire dans les cours, et les congédie en les raillant l'un et l'autre sur leur candeur, leur amitié, et l'estime qu'ils se témoignent réciproquement.

Cette scène est très-comique ; il nous semble qu'elle devrait produire de l'effet à la représentation, et nous ne pouvons imaginer la raison qui l'a fait supprimer.

La comédie de DÉMOCRITE est restée au théâtre, et y est jouée très-fréquemment.

NOMS DES ACTEURS

QUI ONT JOUÉ DANS LA COMÉDIE DE DÉMOCRITE, DANS SA NOUVEAUTÉ, EN 1700.

DÉMOCRITE, *le sieur Poisson*. Agélas, roi d'Athènes, *le sieur Baron*. Agénor, *le sieur Dufey* [1]. Criséis, Mlle *Mimi-Dancourt* [2]. Ismène, Mlle *Dancourt sa mère*. Strabon, *le sieur La Thorillière*. Cléanthis, Mlle *Beauval*. Thaler, *le sieur Desmares*.

Nota. Le sieur Poisson ne plut pas dans le rôle de Démocrite, et l'abandonna après quelques représentations. Il a été remplacé par le sieur Dancourt [3].

---

[1] Pierre-Louis Villot-Dufey, comédien français, débuta par le rôle de Nicomède en 1694. Il jouait les seconds rôles dans le tragique et dans le comique : il s'est retiré en 1712, et il est mort en 1736, âgé de soixante-douze ans.

[2] Cette actrice était fille de Florent Carton-Dancourt, et a débuté, en 1699, dans les rôles d'amoureuses pour la comédie : elle a joué aussi les soubrettes. Elle a épousé Samuel Boulignon-des-Hayes, et s'est retirée du théâtre en 1724 : c'était une actrice médiocre.

[3] Florent Carton-Dancourt, auteur et acteur, débuta au Théâtre-Français en 1685, et mérita les applaudissements du public dans les rôles du haut comique, à manteau et raisonnés : il est cependant plus connu aujourdhui par les pièces qu'il a laissées au théâtre, qui sont en très-grand nombre, et qui ont été recueillies d'abord en huit volumes, puis en dix volumes in-12. Dancourt a quitté le théâtre en 1718, et est mort en 1725, âgé de soixante-quatre ans.

DÉMOCRITE [1]

COMÉDIE EN CINQ ACTES, ET EN VERS.

Représentée, pour la première fois, le mardi 12 janvier 1700.

ACTEURS :

DÉMOCRITE.
AGÉLAS, roi d'Athènes.
AGÉNOR, prince d'Athènes.
ISMÈNE, princesse promise à Agélas.
STRABON, suivant de Démocrite.
CLÉANTHIS, suivante d'Ismène.
CRISÉIS, crue fille de Thaler.
THALER, paysan.
UN INTENDANT.
UN MAÎTRE-D'HÔTEL.
OFFICIERS DU ROI.
LAQUAIS.

La scène est à Athènes [2].

ACTE PREMIER.

Le théâtre représente un désert, et une caverne dans l'enfoncement.

SCÈNE I.

STRABON, seul.

Que maudit soit le jour où j'eus la fantaisie
D'être valet de pied de la philosophie !
Depuis près de deux ans je vis en cet endroit,
Mal vêtu, mal couché, buvant chaud, mangeant froid.
Suivant de Démocrite, en cette solitude,
Ce n'est qu'avec des ours que j'ai quelque habitude :
Pour un homme d'esprit comme moi, ce sont gens
Fort mal morigénés, et peu divertissants.

[1] L'édition originale est de 1700.
[2] La scène n'est à Athènes que dans les quatre derniers actes. Le premier est dans un désert : il n'y a donc point unité de lieu.

ACTE I, SCÈNE II.

Quand je songe d'ailleurs à la méchante femme
Dont j'étais le mari... Dieu veuille avoir son âme!
Je la crois bien défunte; et, s'il n'était ainsi,
Le diable n'eût manqué de l'apporter ici.
Depuis vingt ans et plus son extrême insolence
Me fit quitter Argos, le lieu de ma naissance :
J'erre, depuis ce temps, de climats en climats,
Et j'ai dans ce désert enfin fixé mes pas.
Quelques maux que j'endure en ce lieu solitaire,
Je me tiens trop heureux d'avoir pu m'en défaire;
Et je suis convaincu que nombre de maris
Voudraient de leur moitié se voir loin à ce prix.
Thaler vient. Le manant, pour notre subsistance,
Chaque jour du village apporte la pitance.
Il nous fait bien souvent de fort mauvais repas :
Il faut prendre ou laisser, et l'on ne choisit pas.

SCÈNE II.

STRABON, THALER.

THALER, *portant une sporte de jonc, et une grosse bouteille garnie d'osier.*

Bonjour, Strabon.

STRABON.

Bonjour.

THALER.

Voici votre ordinaire.

STRABON.

Bon, tant mieux. Aujourd'hui ferons-nous bonne chère?
Depuis deux ans je jeûne en ce désert maudit.
Un jeûne de deux ans cause un rude appétit.

THALER.

Morgué, pour aujourd'hui, j'ons tout mis par écuelle,
Et c'est pis qu'une noce.

STRABON.

Ah! la bonne nouvelle!

THALER.

Voici dans mon panier des dattes, des pignons,
Des noix, des raisins secs, et quantité d'oignons.

STRABON.

Quoi! toujours des oignons? Esprit philosophique,

Que vous coûtez de maux à ce cadavre étique!
THALER.
Je vous apporte aussi cette bouteille d'eau,
Que j'ai prise en passant dans le plus clair ruisseau.
STRABON.
Une bouteille d'eau! le breuvage est ignoble.
Ce n'est donc point chez vous un pays de vignoble?
Tout est-il en oignons? n'y croît-il point de vin?
THALER.
Oui-dà : mais Démocrite, habile médecin,
Dit que du vin l'on doit surtout faire abstinence
Quand on veut mourir tard.
STRABON.
Ah, ciel! quelle ordonnance!
C'est mourir tous les jours que de vivre sans vin.
Mais laisse Démocrite achever son destin :
C'est un homme bizarre, ennemi de la vie,
Qui voudrait m'immoler à la philosophie,
Me voir comme un fantôme; et, quand tu reviendras,
De grâce, apporte-m'en le plus que tu pourras,
Mais du meilleur au moins, car c'est pour un malade;
Et je boirai pour toi la première rasade.
Entends-tu, mon enfant?
THALER.
Je n'y manquerai pas.
STRABON.
Où donc est Criséis qui suit parfois [1] tes pas?
J'aime encore le sexe.
THALER.
Elle est, morgué gentille;
Et Démocrite...
STRABON.
Étant, comme je crois, ta fille,
Ayant de plus tes traits et cet air si charmant,
Elle ne peut manquer de plaire, assurément.
THALER.
Oh! ce sont des effets de votre complaisance.
Mais elle n'est pas tant ma fille que l'on pense.

---

[1] Cette leçon est conforme à l'édition originale et à celle de 1728. Dans les autres l'éditions, on lit, *partout* au lieu de *parfois*.

ACTE I, SCÈNE II.

STRABON.

Comment donc?

THALER.

Bon! qui sait d'où je venons tretous?

STRABON.

C'est donc la mode aussi d'en user parmi vous
Comme on fait à la ville, où l'on voit d'ordinaire
Qu'on ne se pique pas d'être enfant de son père?

THALER.

Suffit, je m'entends bien. Mais enfin, m'est avis
Que votre Démocrite en tient pour Criséis.

STRABON.

Pour Criséis?...

THALER.

Il a l'âme un tantet férue.

STRABON.

Bon! bon!

THALER.

Je vous soutiens que je ne suis pas grue :
Je flaire un amoureux, voyez-vous, de cent pas.
Je vois qu'il est fâché quand il ne la voit pas.

STRABON.

Il est tout occupé de la philosophie.

THALER.

Qu'importe? quand on voit une fille jolie...
Le diable est bien malin, et fait souvent son coup.

STRABON.

Parbleu, je le voudrais, m'en coûtât-il beaucoup.

THALER.

Mais vous, qui près de lui passez ainsi la vie,
Que diantre faites-vous tout le jour?

STRABON.

Je m'ennuie :
Voilà tout mon emploi.

THALER.

Bon! vous vous moquez bien :
Eh! peut-on s'ennuyer lorsque l'on ne fait rien?

STRABON.

Animé d'une ardeur vraiment philosophique,
Je m'étais figuré que, dans ce lieu rustique,

Je vivrais [1] affranchi du commerce des sens,
Et n'aurais pour mon corps nuls soins embarrassants ;
Qu'entièrement défait de femme et de ménage,
Les passions sur moi n'auraient nul avantage :
Mais je me suis trompé, ma foi, bien lourdement ;
Le corps contre l'esprit regimbe à tout moment.

THALER.

Et que fait Démocrite en cette grotte obscure?

STRABON.

Il rit.

THALER.

Il rit! de quoi?

STRABON.

De l'humaine nature.
Il soutient par raisons, que les hommes sont tous
Sots, vains, extravagants, ridicules et fous.
Pour les fuir, tout le jour il est dans sa caverne :
Et la nuit, quand la lune allume sa lanterne,
Nous grimpons l'un et l'autre au sommet des rochers,
Plus élevés cent fois que les plus hauts clochers.
Aux astres, en ces lieux, nous rendons nos visites ;
Nous voyons Jupiter avec ses satellites ;
Nous savons ce qui doit arriver ici-bas ;
Et je m'instruis pour faire un jour des almanachs.

THALER.

Des almanachs! morgué, j'en voudrais savoir faire.

STRABON.

Eh bien! changeons d'état ; ce n'est pas une affaire.
Demeure dans ces lieux, et moi j'irai chez toi.
Tu deviendrais savant ; tu saurais, comme moi,
Que rien ne vient de rien ; et que des particules...
Rien ne retourne en rien ; de plus, les corpuscules...
Les atomes, d'ailleurs, par un secret lien,
Accrochés dans le vide... Tu m'entends bien?

THALER.

Fort bien.

STRABON.

Que l'âme et que l'esprit n'est qu'une même chose.

---

[1] *Vivrais* est conforme à l'édition originale et à celle de 1728. Dans les autres éditions, on lit *serais*.

Et que la vérité, que chacun se propose,
Est dans le fond d'un puits.

THALER.

      Elle peut s'y cacher;
Je ne crois pas, tout franc, que j'aille l'y chercher.

STRABON.

Mais, raillerie à part, achète mon office;
Tu pourrais dès ce jour entrer en exercice :
J'en ferai bon marché.

THALER.

     C'est bien l'argent, ma foi,
Qui nous arrêterait! J'ai, si je veux, de quoi
Faire aller un carrosse, et rouler à mon aise.

STRABON.

Et comment as-tu fait cela, ne te déplaise?

THALER.

Comment? Je le sais bien, il suffit.

STRABON.

        Mais encor;
Aurais-tu par hasard trouvé quelque trésor?

THALER.

Que sait-on?

STRABON.

   Un trésor! en quel lieu peut-il être?
Dis-moi.

THALER.

   Bon! quelque sot!... Vous jaseriez peut-être?

STRABON.

Non, ma foi.

THALER.

   Votre foi?

STRABON.

     Je veux être un maraud,
Si...

THALER.

  Vous me promettez?...

STRABON.

      Parle donc au plus tôt.
Est-il loin d'ici?

THALER, *tirant un riche bracelet.*

  Non; le voilà dans ma poche.

STRABON, à part.
Le coquin dans le bois a volé quelque coche.
(A Thaler.)
Juste ciel! d'où te vient ce bijou plein de feu?
THALER.
De notre femme.
STRABON.
Ah! ah! de ta femme? A quel jeu
L'a-t-elle donc gagné?
THALER.
Bon! est-ce mon affaire?

SCÈNE III.

DÉMOCRITE, STRABON, THALER.

THALER.
Mais Démocrite vient. Motus, il faut se taire.
DÉMOCRITE, à part.
Suivant les anciens, et ce qu'ils ont écrit,
L'homme est, de sa nature, un animal qui rit;
Cela se voit assez : mais pour moi, sans scrupule,
Je veux le définir animal ridicule.
STRABON, à Thaler.
Ce début n'est pas mal.
DÉMOCRITE, à part.
Il est, à tout moment,
La dupe de lui-même et de son changement.
Il aime, il hait, il craint, il espère, il projette ;
Il condamne, il approuve, il rit, il s'inquiète ;
Il se fâche, il s'apaise, il évite, il poursuit ;
Il veut, il se repent, il élève, il détruit :
Plus léger que le vent, plus inconstant que l'onde,
Il se croit, en effet, le plus sage du monde :
Il est sot, orgueilleux, ignorant, inégal.
Je puis rire, je crois, d'un pareil animal.
STRABON, à Démocrite.
Dans ce panégyrique où votre esprit s'aiguise,
La femme, s'il vous plaît, n'est-elle pas comprise?
DÉMOCRITE.
Oui, sans doute.
STRABON.
En ce cas, je suis de votre avis.

DÉMOCRITE, à Thaler.
Ah! vous voilà, bonhomme! où donc est Criséis?
THALER.
Je l'attendais ici; j'en ai le cœur en peine :
Elle s'est amusée au bord de la fontaine.
Elle tarde, et cela commence à me fâcher.
Elle viendra bientôt, car je vais la chercher.

SCÈNE IV.

DÉMOCRITE, STRABON.

STRABON.
Nous sommes, dans ces lieux, à l'abri des visites
Des sots écornifleurs et des froids parasites ;
Car je ne pense pas que nul d'entre eux jamais
Y puisse être attiré par l'odeur de nos mets.
Voudriez-vous tâter, dans cette conjoncture,
D'un repas apprêté par la seule nature.
(Il tire son dîner.)
DÉMOCRITE.
Toujours boire et manger! carnassier animal,
C'est bien fait; suis toujours ton appétit brutal.
Le corps, ce poids honteux, où l'âme est asservie,
T'occupera-t-il seul le reste de ta vie?
STRABON.
Quand je nourris le corps, l'esprit s'en porte mieux.
DÉMOCRITE.
Ame stupide et grasse!
STRABON.
Elle est grasse à vos yeux ;
Mais mon corps, en revanche, est maigre, dont j'enrage.
Je suis las à la fin de tout ce badinage ;
Et si vous ne quittez les lieux où nous voilà,
Je serai bien contraint, moi, de vous planter là.
Je suis un parchemin; mon corps est diaphane.
DÉMOCRITE.
Va, fuis de devant moi; retire-toi, profane,
Puisque ton cœur est plein de sentiments si bas :
Assez d'autres, sans toi, suivront ici mes pas.
Je voulais te guérir de tes erreurs funestes,
Te mener par la main aux régions célestes,

Affranchir ton esprit de l'empire des sens :
Tu ne mérites pas la peine que je prends,
Animal sensuel, qui n'oserais me suivre !
STRABON.
Sensuel, j'en conviens; j'aime à manger pour vivre :
Mais on ne dira pas que je sois amoureux.
DÉMOCRITE.
Qu'entends-tu donc par là ?
STRABON.
                J'entends ce que je veux,
Et vous ce qu'il vous plaît.
DÉMOCRITE, à part.
                Saurait-il ma faiblesse ?
(Haut.)
Mais ce n'est pas à moi que ce discours s'adresse ?
STRABON.
Êtes-vous amoureux, pour relever ce mot ?
DÉMOCRITE.
Démocrite amoureux !
STRABON.
            Seriez-vous assez sot
Pour donner, comme un autre, en l'erreur populaire ?
DÉMOCRITE, à part.
Cela n'est que trop vrai.
STRABON.
              Vous chercheriez à plaire,
Et feriez le galant ! j'en rirais tout mon soûl.
Mais je vous connais trop; vous n'êtes pas si fou.
DÉMOCRITE, à part.
Que je souffre en dedans, et qu'il me mortifie !
STRABON.
Vous avez le rempart de la philosophie ;
Et, lorsque le cœur veut s'émanciper parfois,
La raison aussitôt lui donne sur les doigts.
DÉMOCRITE.
Il est des passions que l'on a beau combattre,
On ne saurait jamais tout à fait les abattre :
Sous la sagesse en vain on se met à couvert;
Toujours par quelque endroit notre cœur est ouvert.
L'homme fait, malgré lui, souvent ce qu'il condamne.
STRABON.
Va, fuis de devant moi; retire-toi, profane,

Puisque ton cœur est plein de sentiments si bas :
Assez d'autres, sans toi, suivront ailleurs mes pas.
Animal sensuel !
DÉMOCRITE.
Quoi ! tu crois donc que j'aime ?
(A part.)
Je voudrais me cacher ce secret à moi-même.
STRABON.
Le ciel m'en garde ! mais j'ai cru m'apercevoir
Que les filles vous font encor plaisir à voir.
Votre humeur ne m'est pas tout à fait bien connue,
Où Criséis parfois vous réjouit la vue.
DÉMOCRITE.
D'accord : son cœur, novice à l'infidélité,
Par le commerce humain n'est point encor gâté :
La vérité se voit en elle toute pure ;
C'est une fleur qui sort des mains de la nature.
STRABON.
Vous avez fait divorce avec le genre humain,
Mais vous vous raccrochez encore au féminin.
DÉMOCRITE.
Tu te moques de moi. Mais Criséis s'avance.
Sur son front pudibond brille son innocence.

SCÈNE V.

CRISÉIS, DÉMOCRITE, STRABON.

CRISÉIS.
Je cherche ici mon père, et ne le trouve pas ;
Jusque assez près d'ici j'avais suivi ses pas.
Ne l'avez-vous point vu ? Dites-moi, je vous prie,
Serait-il retourné ?
DÉMOCRITE, à part.
Dans mon âme attendrie,
Je sens, en la voyant, la raison et l'amour,
L'homme et le philosophe agités tour à tour.
STRABON.
N'avez-vous point, la belle, en votre promenade,
Donné, sans y penser, près de quelque embuscade ?
On trouve quelquefois, au milieu des forêts,
Des Sylvains pétulants, des Faunes indiscrets,

Qui, du soir au matin, vont à la picorée,
Et n'ont nulle pitié d'une fille égarée.
CRISÉIS.
Jamais je ne m'égare; et, grâce à mon destin,
Je ne rencontre point telles gens en chemin.
Je m'étais arrêtée au bord d'une fontaine
Dont le charmant murmure et l'onde pure et saine
M'invitaient à laver mon visage et mes mains.
STRABON.
C'est aussi tout le fard dont j'use les matins.
DÉMOCRITE.
Tu vois, Strabon, tu vois; c'est la pure nature :
Son teint n'est point encor nourri dans l'imposture;
Elle doit son éclat à sa seule beauté.
STRABON.
Son visage est tout neuf, et n'est point frelaté.
DÉMOCRITE, à Criséis.
Ce fard que vous prenez au bord d'une onde claire
Fait voir que vous avez quelque dessein de plaire.
CRISÉIS.
D'autres soins en ces lieux m'occupent tout le jour.
DÉMOCRITE.
Sauriez-vous, par hasard, ce que c'est...
CRISÉIS.
Quoi?
STRABON.
L'amour.
CRISÉIS.
L'amour?
STRABON.
Oui, l'amour.
CRISÉIS.
Non.
DÉMOCRITE.
Je veux vous en instruire.

(A part.)

Je tremble, et je ne sais ce que je vais lui dire.
STRABON, à part, à Démocrite.
Quoi! vous qui raisonnez philosophiquement,
Qui parlez à vos sens impérativement,
Qui voyez face à face étoiles et planètes,

Une fille vous met en l'état où vous êtes!
Vous tremblez! Allons donc, montrez de la vigueur.
   DÉMOCRITE, à part.
Tant de trouble jamais ne régna dans mon cœur.
 (A Criséis.)
L'amour est, en effet, ce qu'on a peine à dire;
C'est une passion que la nature inspire,
Un appétit secret dans le cœur répandu,
Qui meut la volonté de chaque individu
A se perpétuer et rendre son espèce...
   STRABON, à part, à Démocrite.
Pour un homme d'esprit vous parlez mal tendresse.
 (A Criséis.)
L'amour, ne vous déplaise, est un je ne sais quoi,
Qui vous prend, je ne sais ni par où, ni pourquoi;
Qui va je ne sais où; qui fait naître en notre âme
Je ne sais quelle ardeur que l'on sent pour la femme;
Et ce je ne sais quoi qui paraît si charmant,
Sort enfin de nos cœurs, et je ne sais comment.
   CRISÉIS.
Vous me parlez tous deux une langue étrangère;
Et moins qu'auparavant je connais ce mystère.
L'amour n'est pas, je crois, facile à pratiquer,
Puisqu'on a tant de peine à pouvoir l'expliquer.
Mon esprit est borné : je ne veux point apprendre
Les choses qui me font tant de peine à comprendre.
   STRABON.
En exerçant l'amour, vous le comprendrez mieux.

SCÈNE VI.

AGÉLAS ET AGÉNOR, en habits de chasseurs; DÉMOCRITE,
  CRISÉIS, STRABON.

   STRABON.
Qui peut si brusquement nous surprendre en ces lieux?
   AGÉLAS, à Agénor.
Demeurons dans ce bois; laissons aller la chasse;
Attendons quelque temps que la chaleur se passe.
 (Il aperçoit Criséis.)
Mais que vois-je?

STRABON, à part, à Démocrite et à Criséis.
Voilà peut-être de ces gens
Qui vont par les forêts détrousser les passants.
CRISÉIS, à part, à Strabon.
Pour moi, je ne vois rien dans leur air qui m'étonne.
AGÉLAS, à Agénor.
Approchons. Que d'appas! Ciel! l'aimable personne!
Et comment se peut-il que ces sombres forêts
Renferment un objet si doux, si plein d'attraits?
STRABON, à part, à Démocrite et à Criséis.
Tout cela ne vaut rien. Ces gens-ci, dans leur course,
Paraissent en vouloir plus au cœur qu'à la bourse.
Sauvons-nous.
AGÉLAS, à Criséis.
Permettez qu'en ce sauvage endroit,
On rende à vos appas l'hommage qu'on leur doit;
Souffrez...
DÉMOCRITE, à Agélas.
Plus long discours serait fort inutile.
Vous êtes égarés du chemin de la ville;
Cela se voit assez : mais, quand il vous plaira,
Dans la route bientôt Strabon vous remettra.
AGÉLAS.
Un cerf que nous poussons depuis trois ou quatre heures
Nous a, par les détours, conduits dans ces demeures;
Et j'ai mis pied à terre en ces lieux détournés...
DÉMOCRITE.
Vous êtes donc chasseurs?
AGÉLAS.
Des plus déterminés.
DÉMOCRITE.
Ah! je m'en réjouis. Prendre bien de la peine,
Se tuer, s'excéder, se mettre hors d'haleine;
Interrompre au matin un tranquille sommeil;
Aller dans les forêts prévenir le soleil;
Fatiguer de ses cris les échos des montagnes;
Passer en plein midi les guérets, les campagnes;
Dans les plus creux vallons fondre en désespérés,
Percer rapidement les bois les plus fourrés;
Ignorer où l'on va, n'avoir qu'un chien pour guide,
Pour faire fuir un cerf qu'une feuille intimide;
Manquer la bête enfin, après avoir couru,

ACTE I, SCÈNE VI.

Et revenir bien tard, mouillé, las et recru,
Estropié souvent : dites-moi, je vous prie,
Cela ne vaut-il pas la peine qu'on en rie?

AGÉNOR.

Ces occupations et ces nobles travaux
Sont les amusements des plus fameux héros ;
Et lorsqu'à leurs souhaits ils ont calmé la terre,
Ils mêlent dans leurs jeux l'image de la guerre.

AGÉLAS.

Mais, sans trop témoigner de curiosité,
Peut-on savoir quelle est cette jeune beauté?

STRABON.

De quoi vous mêlez-vous?

AGÉLAS.

     On ne peut voir paraître
Un si charmant objet, sans vouloir le connaître.

STRABON.

Allez courir vos cerfs, s'il vous plaît.

AGÉNOR.

       Sais-tu bien
A qui tu parles là?

STRABON.

    Moi? non, je n'en sais rien.

AGÉNOR.

Sais-tu que c'est le roi?

STRABON.

     Le roi! Soit. Que m'importe?

AGÉNOR.

Mais voyez ce maraud, de parler de la sorte!

STRABON.

Maraud! Sachez, monsieur, que ce n'est point mon nom :
Et, si vous l'ignorez, je m'appelle Strabon,
Philosophe sublime autant qu'on le peut être,
Suivant de Démocrite; et vous voyez mon maître.

AGÉLAS.

Quoi! je verrais ici cet homme si divin,
Cet esprit si vanté, ce Démocrite, enfin,
Que son profond savoir jusques aux cieux élève?

STRABON.

Oui, seigneur, c'est lui-même; et voilà son élève.

AGÉLAS, à Démocrite.

Pardonnez, s'il vous plaît, mes indiscrétions ;

Je trouble avec regret vos méditations :
Mais la longue fatigue et le chaud qui m'accable...
            DÉMOCRITE.
Vous venez à propos; nous nous mettions à table :
Vous prendrez votre part d'un très-frugal repas :
Mais il faut excuser, on ne vous attend pas.
Ce sera de bon cœur, et sans cérémonie [1].
            AGÉLAS.
De manger à présent je ne sens nulle envie ;
Mais je veux toutefois, sortant de ce désert,
Vous rendre le repas que vous m'avez offert.
            STRABON.
Sire, vous vous moquez.
            AGÉLAS.
                    Je veux que dans une heure
Vous quittiez tous les deux cette triste demeure
Pour venir à ma cour.
            DÉMOCRITE.
            Qui? nous, seigneur?
            AGÉLAS.
                            Oui, vous.
        STRABON, à part.
Que je m'en vais manger !
            AGÉLAS.
                Vous viendrez avec nous.
            DÉMOCRITE.
Moi, que j'aille à la cour! Grands dieux ! qu'irais-je y faire?
Mon esprit peu liant, mon humeur trop sincère,
Ma manière d'agir, ma critique et mes ris,
M'attireraient bientôt un monde d'ennemis.
            AGÉLAS, à Démocrite.
Je serai votre appui, quoi qu'on dise ou qu'on fasse.
Je vous demande encore une seconde grâce,
Et votre cœur, je crois, n'y résistera pas :
C'est que ce jeune objet accompagne vos pas.
        (A Criséis.)
Y répugneriez-vous?

---

[1] Ce dernier vers, suivant les éditions faites du vivant de l'auteur, doit être dans la bouche de Démocrite. Il a été mis depuis dans celle de Strabon. Ce changement ne peut venir que de la part des acteurs.

ACTE I, SCÈNE VII.

CRISÉIS.
Je dépends de mon père ;
Sans son consentement je ne saurais rien faire :
Mais j'aurais grand plaisir de le suivre en des lieux
Où l'on dit que tout rit, que tout est somptueux ;
Où les choses qu'on voit sont pour moi si nouvelles,
Les hommes si bien faits !

STRABON, à part.
Les femmes si fidèles !

DÉMOCRITE, à Criséis.
Que vous connaissez mal les lieux dont vous parlez !

CRISÉIS, à Démocrite.
Je les connaîtrai mieux bientôt, si vous voulez.
Vous avez sur mon père une entière puissance ;
Vous n'avez qu'à parler.

DÉMOCRITE.
Vous vous moquez, je pense.
Examinez-moi bien ; ai-je, du bas en haut,
Pour être courtisan, la taille et l'air qu'il faut ?

CRISÉIS.
J'attends de vos bontés cette faveur extrême.
Ne me refusez pas.

DÉMOCRITE, à part.
Pourquoi faut-il que j'aime ?

(A Agélas.)
Mais, seigneur...

AGÉLAS, à Démocrite.
A mes vœux daignez tout accorder ;
Songez qu'en vous priant, j'ai droit de commander.
Je le veux.

DÉMOCRITE.
Il suffit.

AGÉLAS.
La résistance est vaine.
J'ai des gens, des chevaux dans la route prochaine ;
Pour se rendre en ces lieux on va les avertir.
Toi, prends soin, Agénor, de les faire partir.

(A Démocrite.)
Je vous laisse.

(A Agénor, à part.)
Surtout, cette aimable personne...

AGÉNOR, à Agélas.

Qu'à mes soins diligents votre cœur s'abandonne.

SCÈNE VII.

DÉMOCRITE, AGÉNOR, THALER, CRISÉIS, STRABON.

THALER, à Criséis.

Morgué, je n'en puis plus ; je vous cherche partout.
J'ai couru la forêt de l'un à l'autre bout,
Sans pouvoir...

STRABON, à Thaler.

Paix, tais-toi ; va plier ton bagage :
Nous allons à la cour ; on t'a mis du voyage.

THALER.

A la cour !

STRABON,

Oui, parbleu.

THALER.

Tu te gausses de moi.

STRABON.

Non : le roi veut te voir ; il a besoin de toi.

THALER.

Pargué, j'irai fort bien, sans répugnance aucune ;
Pourquoi non? M'est avis que j'y ferai fortune.

AGÉNOR, à Criséis.

Ne perdons point de temps, suivons notre projet.

STRABON.

Partons quand vous voudrez ; mon paquet est tout à fait

DÉMOCRITE, à part.

Quel voyage, grands dieux !

(A Criséis.)

C'est à votre prière
Que je fais une chose à mon cœur si contraire.
Mais pour vous, Criséis, que ne ferait-on pas?
(A part.)
Que je sens là-dedans de trouble et de combats !

SCÈNE VIII [1].

STRABON, seul.

Adieu, forêts, rochers ; adieu, caverne obscure,

---

[1] Dans l'édition originale, cet acte n'est divisé qu'en sept scènes.

Insensibles témoins de la faim que j'endure [1] ;
Adieu, tigres, ours, cerfs, daims, sangliers et loups.
Si, pour philosopher, je reviens parmi vous,
Je veux qu'une panthère, avec sa dent gloutonne,
Ne fasse qu'un repas de toute ma personne.
Je suis votre valet. Loin de ce triste lieu,
Je vais boire et manger. Bonjour, bonsoir, adieu.

FIN DU PREMIER ACTE.

ACTE SECOND.

Le théâtre représente le palais d'Agélas, roi d'Athènes.

SCÈNE I.

ISMÈNE, CLÉANTHIS.

CLÉANTHIS.

Si j'avais le secret de deviner la cause
Du chagrin qu'à mes yeux votre visage expose,
De cet ennui soudain qui vous tient sous ses lois,
Nous nous épargnerions deux peines à la fois ;
Moi, de le demander, et vous de me le dire.
Mais, puisque sans parler je ne puis m'en instruire,
Dites-moi, s'il vous plaît, depuis une heure ou deux,
Quel nuage a troublé l'éclat de vos beaux yeux ?
Quel sujet vous oblige à répandre des larmes ?
Le roi plus que jamais est épris de vos charmes ;
Il vous aime ; et, de plus, une suprême loi
L'oblige à vous donner et sa main et sa foi :
Et quand même il romprait une si douce chaîne,
Agénor est un prince assez digne d'Ismène :
Je sais qu'il vous adore, et qu'il n'ose à vos yeux,
Par respect pour le roi, faire éclater ses feux.

---

[1] Ce vers est conforme à l'édition originale. Dans les éditions modernes, on lit :
Insensibles témoins *des peines* que j'endure.

DÉMOCRITE.

ISMÈNE.

Je veux bien avouer qu'un manque de couronne
Est l'unique défaut qui soit en sa personne,
Et qu'Agénor aurait tous les vœux de mon cœur,
S'il était un peu moins sensible à la grandeur.
Mais enfin un chagrin que je ne puis comprendre,
Ma chère Cléanthis, est venu me surprendre :
Je le chasse, il revient ; et je ne sais pourquoi,
Ce jour plus qu'aucun autre, il cause mon effroi.

CLÉANTHIS.

On ne peut vous ôter le sceptre et la couronne ;
Et le rang glorieux que le destin vous donne,
Je vous l'apprends encor, si vous ne le savez,
J'en suis un peu la cause, et vous me le devez.

ISMÈNE.

Comment?

CLÉANTHIS.

Écoutez-moi. La reine votre mère,
Abandonnant Argos, où mourut votre père,
Par un second hymen épousa le feu roi
Qui régnait en ces lieux, mais avec cette loi,
Que, si d'aucun enfant il ne devenait père,
Du trône athénien vous seriez l'héritière,
Et que son successeur deviendrait votre époux.
La reine eut une fille ; et, l'aimant moins que vous,
Elle trouva moyen de changer cette fille,
Et de mettre un enfant, pris d'une autre famille,
De même âge à peu près, mais moribond, malsain,
Et qui mourut aussi, je crois, le lendemain.
Moi, j'allai cependant, sans tarder davantage,
Porter nourrir l'enfant dans un lointain village.
Un pauvre paysan, que l'or sut engager,
De ce fardeau pour moi voulut bien se charger.
Je lui dis que l'enfant de moi tenait naissance,
Qu'il devait avec soin élever son enfance :
Je lui cachai toujours son nom et son pays.
Le pâtre crut enfin tout ce que je lui dis.
Quinze ans se sont passés depuis cette aventure.
Votre mère a payé les droits à la nature ;
Et depuis ce long temps aucun mortel, je crois,
N'a pu de cette fille avoir ni vent ni voix.

ACTE II, SCÈNE I.

ISMÈNE.

Je sais depuis longtemps ce que tu viens de dire ;
Ta bouche avait déjà pris soin de m'en instruire ;
Ce souvenir encore augmente ma terreur,
Et vient justifier le trouble de mon cœur.
N'as-tu point remarqué qu'au retour de la chasse,
Le roi, rêveur, distrait, a paru tout de glace ?
Ses regards inquiets m'ont dit son embarras :
Il semblait m'éviter et détourner ses pas.
Ah ! Cléanthis, je crains que quelque amour nouvelle
Ne lui fasse...

CLÉANTHIS.

Ah ! voilà l'ordinaire querelle.
C'est une étrange chose ! Il faut que les amants
Soient toujours de leurs maux les premiers instruments.
Qu'un homme par hasard ait détourné la vue
Sur quelque objet nouveau qui passe dans la rue ;
Qu'il ait paru rêveur, enjoué, gai, chagrin ;
Qu'il n'ait pas ri, pleuré, parlé, que sais-je enfin ?
Voilà la jalousie aussitôt en campagne.
D'une mouche on lui fait une grosse montagne :
C'est un traître, un ingrat ; c'est un monstre odieux,
Et digne du courroux de la terre et des cieux.
Il faut aller plus doux dans le siècle où nous sommes.
On doit, parfois, passer quelque fredaine aux hommes.
Fermer souvent les yeux ; bien entendu, pourtant,
Que tout cela se fait à la charge d'autant.

ISMÈNE.

Pour un cœur délicat qu'un tendre amour engage,
Un calme si tranquille est d'un pénible usage.
Toujours quelque soupçon renaît pour l'alarmer.
Ah ! que tu connais mal ce que c'est que d'aimer !

CLÉANTHIS.

Oui ! je me suis d'aimer parfois licenciée ;
J'ai fait pis ; dans Argos, je me suis mariée [1].

ISMÈNE.

Toi, mariée !

---

[1] Ce vers est conforme à l'édition originale. Dans les éditions modernes, on lit :

J'ai fait pis ; je me suis dans Argos mariée.

CLÉANTHIS.

Oui, moi, mais à mon grand regret.
Autant que je le puis, je tiens le cas secret.
Avant que les destins, touchés de ma misère,
Eussent fixé mon sort auprès de votre mère,
J'avais fait ce beau coup; mais, à vous dire vrai,
Ce mariage-là n'était qu'un coup d'essai.
J'avais pris un mari brutal, jaloux, bizarre,
Gueux, joueur, débauché, capricieux, avare,
Comme ils sont presque tous : je l'ai tant tourmenté,
Excédé, maltraité, rebuté, molesté,
Qu'enfin il m'a privé de sa vue importune [1];
Le diable l'a mené chercher ailleurs fortune.

ISMÈNE.

Est-il mort?

CLÉANTHIS.

Autant vaut. Depuis vingt ans et plus
Qu'il a pris son parti, nous ne nous sommes vus;
Et quand même en ces lieux il viendrait à paraître,
Nous nous verrions, je crois, tous deux sans nous connaître.
J'ai bien changé d'état; et, lorsqu'il s'en alla,
Je n'étais qu'un enfant haute comme cela.

ISMÈNE.

Ta belle humeur pourrait me sembler agréable,
Si de quelque plaisir mon cœur était capable.

CLÉANTHIS.

Pour chasser le chagrin, madame, où je vous voi,
Consentez, je vous prie, à venir avec moi,
Pour voir un animal qu'en ces lieux on amène,
Et que le prince a pris dans la forêt prochaine.
Il tient, à ce qu'on dit, et de l'homme et de l'ours;
Il parle quelquefois, et rit presque toujours.
On appelle cela, je pense... un Démocrite.

ISMÈNE.

Tu rends assurément peu d'honneur au mérite.
L'animal dont tu fais un portrait non commun
Est un grand philosophe.

---

[1] Ce vers est conforme à l'édition originale. Comme, suivant la construction du vers, on ne pouvait pas mettre au féminin le participe *privé*, dans les éditions modernes, on s'est permis ce changement :

Qu'il m'a *privée* enfin de sa vue importune.

ACTE II, SCÈNE III.

CLÉANTHIS.
Eh! n'est-ce pas tout un?
ISMÈNE.
Tu peux aller le voir; mais pour moi, je te prie,
Laisse-moi quelque temps toute à ma rêverie;
J'en fais mon seul plaisir. Tout ce que tu m'as dit,
Et mes jaloux soupçons, m'occupent trop l'esprit.
CLÉANTHIS.
Quelqu'un s'avance ici. Je m'en vais vous conduire,
Et reviendrai pour voir cet homme qu'on admire.

SCÈNE II.

STRABON, seul, en habit de cour.

Quand on a de l'esprit, ma foi, vive la cour!
C'est là qu'il faut venir se montrer au grand jour;
Et c'est mon centre, à moi. Bon vin, bonne cuisine;
J'ai calmé les fureurs d'une guerre intestine.
J'ai, d'abord, pris ma part de deux repas exquis;
Et me voilà déjà vêtu comme un marquis.
Cela me sied bien. Mais quelqu'un ici s'avance...

SCÈNE III.

THALER, en habit de cour par-dessus son habit de paysan;
STRABON.

STRABON.
C'est Thaler. Justes dieux! quelle magnificence!
THALER, vers la porte d'où il sort, à des domestiques qui éclatent de rire.
Oh! dame, voyez-vous, tout franc, je n'aime pas
Qu'on se rie à mon nez, et qu'on suive mes pas;
Si quelqu'un vient encor se gausser davantage,
Je lui sangle d'abord mon poing par le visage.
STRABON.
D'où te vient, mon enfant, l'humeur où te voilà?
THALER, à Strabon.
Morgué! je ne sais pas quelle graine c'est là.
Ils sont un régiment de diverses figures,
Jaune, gris, vert, enfin de toutes les peintures,
Qui sont tous après moi comme des possédés.

(Allant vers la porte.)
Palsangué, le premier...

STRABON.

C'est qu'ils sont enchantés
De voir un gentilhomme avec si bonne mine,
Un port si gracieux, une taille si fine.

THALER, revenant à Strabon.

Me voilà.

STRABON.

Je te vois.

THALER.

Je n'ai pas méchant air,
N'est-ce pas?

STRABON.

Je me donne au grand diable d'enfer
Si seigneur à la cour, dans ses airs de conquête,
Est mieux paré que toi des pieds jusqu'à la tête.

THALER.

Je suis, sans vanité, bien tourné quand je veux,
Et j'ai, quand il me plaît, tout autant d'esprit qu'eux.
Qui fait le bel oiseau? c'est, dit-on, le plumage.
Notre fille est, de même, en fort bon équipage.
Allons, faut dire vrai, je suis content du roi;
Morguenne, il en agit rondement avec moi.
Ils m'ont bien fait dîner : c'est un plaisir extrême
D'avoir grand appétit, et l'estomac de même;
Lorsque l'on peut tous deux les contenter, s'entend.
J'ai mangé comme quatre, et j'ai trinqué d'autant.

STRABON.

Tu te trouves donc bien en cette hôtellerie?

THALER.

J'y serais volontiers tout le temps de ma vie.
L'état où je me vois me fait émerveiller;
M'est avis que je rêve, et crains de m'éveiller.

STRABON.

Malgré tes beaux habits, ton air gauche et sauvage
Tient encore, à mes yeux, quelque peu du village.
Plante-toi sur tes pieds; te voilà comme un sot.
L'on aurait plus d'honneur d'habiller un fagot.
Des airs développés; allons, fais-toi de fête.
Remue un peu les bras; balance-toi la tête.

De la vivacité. Danse. Prends du tabac.
Ne tends pas tant le dos. Renfonce l'estomac.
(Il lui donne un coup dans le dos, et un autre dans l'estomac.)
THALER.
Oh! morgué, bellement; comme vous êtes rude!
J'ai l'estomac démis.
STRABON.
Ce n'est là qu'un prélude.
THALER.
Achevez donc tout seul.
STRABON.
Paix, Démocrite vient :
Prends d'un jeune seigneur la taille et le maintien.
THALER.
Non, morgué, je m'en vais : aussi bien je pétille,
Mis comme me voilà, d'aller voir notre fille.

SCÈNE IV.

DÉMOCRITE, suivi d'un INTENDANT, d'un MAÎTRE-D'HÔTEL et de quatre grands LAQUAIS ; STRABON.

DÉMOCRITE.
En ces lieux, comme ailleurs, je vois de toutes parts
Mille plaisants objets attirer mes regards.
Les grands et les petits, la cour comme la ville,
Pour rire à mon plaisir tout m'offre un champ fertile ;
Et me voyant aussi dans un riche palais,
Entouré d'officiers, escorté de valets,
Transporté tout d'un coup de mon séjour paisible,
Je me trouve moi-même un sujet fort risible.
Vous qui suivez mes pas, que voulez-vous de moi?
L'INTENDANT, à Démocrite.
Je suis auprès de vous par l'ordre exprès du roi.
Il prétend, s'il vous plaît, m'accorder cette grâce,
Que de votre intendant je prenne ici la place;
Et je viens vous offrir mes soins et mon savoir.
DÉMOCRITE.
Mais je n'ai nulle affaire, et n'en veux point avoir.
L'INTENDANT.
C'est aussi pour cela qu'officier nécessaire,
Réglant votre maison, j'aurai soin de tout faire.

J'afferme, je reçois, je dispose des fonds,
Des valets...
DÉMOCRITE.
Ah ! tant mieux. Puisque dans les maisons
Vous avez sur les gens un pouvoir despotique,
De grâce, réformez tout ce vain domestique.
Je ne saurais souffrir toujours à mes côtés
Ces quatre grands messieurs droit sur leurs pieds plantés.
L'INTENDANT.
Il est de la grandeur d'avoir un gros cortége.
DÉMOCRITE.
Quoi ! si je veux tousser, cracher, moucher, que sais-je,
Et le jour, et la nuit, faudra-t-il que quelqu'un
Tienne de tous mes faits un registre importun ?
L'INTENDANT.
Des gens de qualité c'est l'ordinaire usage.
DÉMOCRITE.
Cet usage, à mon gré, n'est ni prudent ni sage.
Les hommes, qui souvent font tout mal à propos,
Et qui devraient cacher leur faible et leurs défauts
Sont toujours les premiers à montrer leurs bêtises.
Pour faire à tout moment, et dire des sottises,
A quoi bon, s'il vous plaît, payer tant de témoins ?
Messieurs, laissez-moi seul, et trêve de vos soins.
(Au maître-d'hôtel).
Et vous, que vous plaît-il ?
LE MAITRE-D'HOTEL, à Démocrite.
Le prince à vous m'envoie,
Et pour maître-d'hôtel il veut que je m'emploie,
STRABON, à part.
Bon ! voici le meilleur.
DÉMOCRITE.
C'est, entre vous et moi,
Auprès d'un philosophe un fort chétif emploi.
LE MAITRE-D'HOTEL.
J'espère avec honneur remplir mon ministère,
Et vous n'aurez, je crois, nul reproche à me faire.
DÉMOCRITE.
J'en suis persuadé de reste.
L'INTENDANT, à Démocrite.
Ce n'est point

Parce que l'amitié l'un à l'autre nous joint;
Mais je réponds de lui ; c'est un très-honnête homme,
Fidèle, incorruptible, équitable, économe.
(Bas, à Démocrite.)
Ne vous y fiez pas, je vous en avertis.
LE MAITRE-D'HOTEL, à l'intendant.
Quand je ne serais pas au rang de vos amis,
Je publierais partout que l'on ne trouve guères
D'homme plus entendu que vous dans les affaires,
Plus désintéressé, plus actif, plus adroit.
(Bas, à Démocrite.)
Prenez-y garde au moins, car il ne va pas droit.
L'INTENDANT, au maître-d'hôtel.
Monsieur, en vérité, vous êtes trop honnête.
On sait votre bon goût pour conduire une fête;
Nul n'entend mieux que vous à donner un repas,
En aussi peu de temps, sans bruit, sans embarras.
(Bas, à Démocrite.)
C'est un homme qui n'a l'âme, ni la main nette,
Et qui gagne moitié sur tout ce qu'il achète.
LE MAITRE-D'HOTEL, à l'intendant.
Tout le monde connaît votre esprit éclairé
A gagner le procès le plus désespéré,
A nettoyer un bien, à liquider des dettes
Que dans une maison un long désordre a faites.
(Bas, à Démocrite.)
C'est un homme sans foi, qui prend de toute main,
Et ne fait pas un bail qu'il n'ait un pot-de-vin.
DÉMOCRITE.
Messieurs, je suis ravi qu'en vous rendant service,
Tous deux, en même temps, vous vous rendiez justice.
Allez, continuez, aimez-vous bien toujours,
Et servez-vous ainsi le reste de vos jours :
Cette rare amitié, cette candeur sublime
Me fait naître pour vous encore plus d'estime.
Adieu.

SCÈNE V.

DÉMOCRITE, STRABON.

DÉMOCRITE.
Tu ne ris pas de ces deux bons amis?

Tu peux juger, Strabon, des grands par les petits.
De ces lâches flatteurs qui hautement vous louent,
Et dans l'occasion tout bas se désavouent;
De ces menteurs outrés, ces caractères bas,
Qui disent tout le bien et le mal qui n'est pas;
Des faux amis du temps reconnais les manières :
Peut-être ces deux-là sont-ils des plus sincères.
Mais changeons de propos. Que dis-tu de la cour?
STRABON.
Toutes sortes de biens. Et vous, à votre tour,
Parlez à cœur ouvert, qu'en dites-vous vous-même?
DÉMOCRITE.
Tu t'imagines bien que ma joie est extrême
D'y voir certaines gens tout fiers de leur maintien,
Qui ne déparlent pas, et qui ne disent rien;
D'y rencontrer partout des visages d'attente,
Qui n'ont que l'espérance et les désirs pour rente;
D'autres dont les dehors affectés et pieux
S'efforcent de duper les hommes et les dieux;
Des complaisants en charge, et payés pour sourire
Aux sottises qu'un autre est toujours prêt à dire;
Celui-ci qui, bouffi du rang de son aïeul,
Se respecte soi-même, et s'admire tout seul.
Je te laisse à juger si, de tant de matière [1],
J'ai, pour rire à plaisir, une vaste carrière.
STRABON.
Je m'en rapporte à vous
DÉMOCRITE.
Dans ce nouveau pays,
Dis-moi, que dit, que fait, que pense Criséis?
STRABON.
Si l'on en peut juger à l'air de son visage,
Elle se plaît ici bien mieux qu'en son village.
Elle a pris, comme moi, d'abord les airs de cour;
Elle veut déjà plaire, et donner de l'amour.
DÉMOCRITE.
Que dis-tu?

---

[1] Ce vers est conforme à l'édition originale. Dans les autres éditions, on lit :

Je te laisse à juger si, *sur cette matière*.

ACTE II, SCÈNE V.

STRABON.
           Vous savez qu'en princesse on la traite.
Je la voyais tantôt devant une toilette,
D'une mouche assassine irriter ses attraits.
Elle donne déjà le bon tour aux crochets.
Elle montre, avec art, quoique novice encore,
Une gorge timide et qui voudrait éclore.
Agélas l'observait d'un œil plein de désirs.

DÉMOCRITE.
Agélas?

STRABON.
           Oui. Parfois il poussait des soupirs;
Et je suis fort trompé, si le roi, pour la belle,
Ne ressent de l'amour quelque vive étincelle.

DÉMOCRITE.
Juste ciel! quoi! déjà?...

STRABON.
                    L'on va vite en ces lieux,
Et l'air de ce pays est fort contagieux.

DÉMOCRITE.
Et comment Criséis prend-elle cet hommage?
Semble-t-elle répondre à ce muet langage?
Montre-t-elle l'entendre?

STRABON.
                    Oh! vraiment, je le croi?
Elle l'entend déjà mieux que vous et que moi.
Elle a de certains yeux, de certaines manières,
Des souris attrayants, des mines meurtrières...
Oh! vive la nature!

DÉMOCRITE.
           En savoir déjà tant!

STRABON.
Si le prince l'aimait, le cas serait plaisant.

DÉMOCRITE.
Oui.

STRABON.
           Que diriez-vous, qu'un roi cherchant à plaire,
Comme un aventurier, donnât dans la bergère?

DÉMOCRITE.
J'en rirais tout à fait.

STRABON.
           Que nous serions heureux!

Notre fortune ici serait faite à tous deux.
L'amour est, je l'avoue, une belle manie :
Les hommes sont bien fous! rions-en, je vous prie :
Je les trouve à présent presque aussi sots que vous.
DÉMOCRITE, à part.
Il ne me manquait plus que d'être encor jaloux.
J'étouffe, et je sens là... certain poids qui m'oppresse.
STRABON.
D'où vous vient, s'il vous plaît, cette sombre tristesse?
Du bien de Criséis n'êtes-vous pas content?
Pourquoi cet air chagrin, à vous qui riez tant?
DÉMOCRITE.
Ces feux pour Criséis me donnent quelque ombrage.
Son éducation est mon heureux ouvrage;
Elle est sous ma conduite arrivée en ces lieux,
Et j'en dois prendre soin.
STRABON.
On ne peut faire mieux.
DÉMOCRITE.
Agélas a grand tort d'employer sa puissance
A vouloir d'un enfant surprendre l'innocence,
Qui doit être en sa cour en toute sûreté.
STRABON.
C'est violer les droits de l'hospitalité.
DÉMOCRITE.
Mais il faut empêcher que cet amour n'augmente ;
Et, pour mieux étouffer cette flamme naissante,
Je vais le conjurer de nous laisser partir.
STRABON.
Parlez pour vous; d'ici je ne veux point sortir;
Je m'y trouve trop bien.

SCÈNE VI.

STRABON, seul.

Ma foi, le philosophe
D'un feu long et discret dans son harnais s'échauffe.
Le pauvre diable en a tout autant qu'il en faut,
Et toute sa morale a, parbleu, fait le saut.
Allons sur ses pas...

SCÈNE VII.

CLÉANTHIS, STRABON.

STRABON.
Mais quelle est cette égrillarde
Qui d'un œil curieux me tourne et me regarde?
CLÉANTHIS, à part.
Voilà, certes, quelqu'un de ces nouveaux-venus;
Et ces traits-là me sont tout à fait inconnus.
STRABON, à part.
Mon port lui paraît noble, et ma mine assez bonne;
La princesse a, je crois, dessein sur ma personne.
Il ne faut point ici perdre le jugement,
Mais en homme d'esprit tourner un compliment.
(Haut.)
Madame, s'il est vrai, selon nos axiomes,
Que tous corps ici-bas sont composés d'atomes,
Chacun doit convenir, en voyant vos attraits,
Que le vôtre est formé d'atomes bien parfaits.
Ces organes subtils, d'où votre esprit transpire,
Avant que vous parliez, font que je vous admire.
CLÉANTHIS.
A votre air étranger, on devine aisément...
STRABON.
A mon air étranger! Parlez plus congrument.
Je suis homme de cour; et pour la politesse,
J'en ai, sans me vanter, de la plus fine espèce.
CLÉANTHIS.
Un esprit méprisant ne m'a point fait parler;
Et tous nos courtisans voudraient vous ressembler.
STRABON.
Je le crois.
CLÉANTHIS.
Je voulais par vous-même m'instruire
Quel sujet, quelle affaire à la cour vous attire.
STRABON.
C'est par l'ordre du roi que j'y viens aujourd'hui;
Je suis, sans me vanter, assez bien avec lui :
Le plaisir de nous voir quelquefois nous rassemble;
Et nous devons, je crois, ce soir, souper ensemble.

CLÉANTHIS.

C'est un honneur qu'il fait à peu de courtisans.

STRABON.

D'accord ; mais il sait vivre, et connaît bien ses gens.
Pour convive, je suis d'une assez bonne étoffe,
Suivant de Démocrite, et garçon philosophe.

CLÉANTHIS.

On le voit ; votre esprit éclate dans vos yeux.

STRABON.

Madame...

CLÉANTHIS.

Tout en vous est noble et gracieux.

STRABON.

Madame, à bout portant vous tirez la louange.
Je veux être un maraud, si mes sens, en échange,
Auprès de vos appas ne sont tous stupéfaits.

CLÉANTHIS.

Peu de cœurs devant vous ont conservé leur paix.

STRABON.

Ah ! madame, il est vrai qu'on est fait d'un modèle
A ne pas attaquer vainement une belle.
On sait de son esprit se servir à propos ;
Se plaindre, se brouiller, écrire en quatre mots,
Revenir, s'apaiser, se remettre en colère ;
Faire bien le jaloux, et vouloir se défaire ;
Commander à ses pleurs de sortir au besoin ;
Être un jour sans manger, bouder seul en un coin ;
Redoubler quelquefois de tendresses nouvelles.
Lorsque l'on sait jouer ce rôle auprès des belles,
On est bien malheureux et bien disgracié,
Quand on manque, à la fin, d'en tirer aile ou pied.

CLÉANTHIS.

La nature, en naissant, vous fit l'âme sensible.

STRABON.

Le soufre préparé n'est pas plus combustible.

CLÉANTHIS.

Ainsi donc votre cœur s'est souvent enflammé?
Vous aimiez autrefois?

STRABON.

Non, mais j'étais aimé.
Je me suis signalé par plus d'une victoire.

ACTE II, SCÈNE VII.

Mais si de vous aimer vous m'accordiez la gloire,
Vous verriez tout mon cœur, par des soins éternels,
Faire fumer l'encens au pied de vos autels.

CLÉANTHIS.

Mon bonheur serait pur, et ma gloire trop grande,
De recevoir ici vos vœux et votre offrande ;
Mais certaine raison, qui murmure en mon cœur,
M'empêche de répondre à toute votre ardeur.

STRABON.

A mes désirs aussi j'en ai quelqu'un contraire [1] ;
Mais où parle l'amour, la raison doit se taire.

CLÉANTHIS, à part,

Si mon traître d'époux par bonheur était mort...

STRABON, à part.

Si ma méchante femme avait fini son sort...

CLÉANTHIS, à part.

Que je me serais fait un bonheur de lui plaire !

STRABON, à part.

Que nous aurions bientôt terminé notre affaire !

CLÉANTHIS, à Strabon.

Votre abord est si tendre et si persuasif...

STRABON, à Cléanthis.

Vous avez un aspect [2] tellement attractif...

CLÉANTHIS.

Que d'un charme puissant on se sent ravir l'âme.

STRABON.

Qu'en vous voyant paraître, aussitôt on se pâme.

CLÉANTHIS.

Je sens que ma vertu combat mal avec vous ;
Il faut nous séparer.
(A part.)
Ah ciel ! si mon époux

---

[1] Ce vers est conforme à l'édition originale, et il paraît que c'est ainsi que l'auteur l'a fait. Comme on a vu un solécisme dans ce vers, le pronom *quelqu'un* devant se rapporter à *raison*, on a refait ainsi ce vers :

J'en ai quelqu'une aussi qui me serait contraire.

Changement pour changement, on aurait pu préférer celui-ci :

A mes desirs aussi j'en ai quelque contraire.

[2] Dans l'édition originale, au lieu de ce mot, *aspect*, on lit, *abord*, mot qui est déjà dans le vers précédent. Est-ce une correction de l'auteur ou des éditeurs ?

Avait été formé sur un pareil modèle,
Qu'il m'eût donné d'amour !
STRABON.
Adieu, charmante belle :
Auprès de vos appas je défends mal mon cœur.
(A part.)
Ah ciel ! si j'avais eu femme de cette humeur,
Quelles félicités ! et qu'en sa compagnie
J'aurais avec plaisir passé toute ma vie !

SCÈNE VIII.

STRABON, seul.

Cela ne va pas mal. J'arrive dans la cour,
Une belle me voit, je suis requis d'amour.
Courage, mon garçon ; continue ; encore une,
Et te voilà passé maître en bonne fortune.

FIN DU SECOND ACTE.

ACTE TROISIÈME.

SCÈNE I.

AGÉLAS ET AGÉNOR, SUITE DU ROI.

AGÉNOR.
Criséis, par votre ordre, en ces lieux va se rendre ;
Et vous pouvez bientôt et la voir et l'entendre.
Mais si je puis, Seigneur, avec vous m'exprimer,
Votre cœur me paraît bien prompt à s'enflammer.
AGÉLAS.
Je ne te cache rien de l'état de mon âme.
Tu vis naître tantôt cette nouvelle flamme :
Sois témoin du progrès ; mes feux sont parvenus,
En moins d'un jour, au point de ne s'accroître plus.
J'adore Criséis : à chaque instant, en elle

ACTE III, SCÈNE I.

Je découvre, je vois quelque grâce nouvelle.
Ne remarques-tu point, comme moi, ses beautés?
Ses airs dans cette cour ne sont point empruntés ;
Son esprit se fait voir, même dans son silence :
Elle n'a rien des bois que la seule naissance.

AGÉNOR.

De ces feux violents quelle sera la fin ?

AGÉLAS.

Je ne sais.

AGÉNOR.

Mais, seigneur, quel est votre dessein ?

AGÉLAS.

D'aimer.

AGÉNOR.

Quel sera donc le sort de la princesse ?
Athènes, par un choix où chacun s'intéresse,
Vous a fait souverain, sans aucune autre loi
Que d'épouser Ismène, alliée au feu roi.

AGÉLAS.

Mon cœur jusqu'à ce jour, sans nulle répugnance,
Suivait de cette loi la douce violence.
Ce cœur même, en secret, souvent s'applaudissait
De la nécessité que le sort m'imposait :
Mais depuis le moment qu'une jeune bergère
M'a charmé sans avoir nul dessein de me plaire,
Mon penchant pour Ismène aussitôt m'a quitté.
Je me sens entraîner d'un tout autre côté.

AGÉNOR, à part.

Ciel, qui sais mon amour, fais si bien qu'en son âme
Puisse à jamais régner cette nouvelle flamme !

(A Agélas.)

Ce n'est pas d'aujourd'hui que les champs et les bois
Ont produit des objets dignes des plus grands rois ;
Et le sort prend plaisir, d'une chaîne secrète,
D'allier quelquefois le sceptre et la houlette.

AGÉLAS.

Cette inégalité, ce défaut de grandeur,
Pour Criséis encore irrite mon ardeur.

AGÉNOR.

Je ne sais ce qu'annonce une telle aventure ;
Mais un des miens m'a dit qu'en changeant de parure,

Ce paysan, de joie ou de vin transporté,
A laissé, dans l'habit qu'il avait apporté,
Un bracelet d'un prix qui passe sa puissance :
On doit me l'apporter. Mais Criséis s'avance.

SCÈNE II.

CRISÉIS, THALER, AGÉLAS, AGÉNOR, SUITE DU ROI.

THALER, à part, à Criséis.

Je suis trop en chagrin ; je vais lui dire, moi ;
Arrive qui pourra, n'importe. Je le voi :
Je m'en vais, palsangué, lui débrider ma chance.
(A Agélas.)
Sire, excusez l'affront de notre importunance.

AGÉLAS.

Qu'avez-vous donc ?

THALER.

J'avons... Mais c'est trop de faveur,
Sire, mettez dessus.

AGÉLAS.

Parlez.

THALER.

C'est votre honneur.

AGÉLAS.

Poursuivez... quel sujet ?

THALER.

Je ne veux point poursuivre,
Si vous n'êtes couvert ; je savons un peu vivre.

AGÉLAS.

Je suis en cet état pour ma commodité.

THALER.

Ah ! vous pouvez vous mettre à votre liberté,
Et je ne sommes pas dignes de contredire.
Ici, j'ons plus d'honneur que je ne saurais dire ;
Je sons nourris, vêtus mieux qu'à nous n'appartient ;
Mais on nous fait un tour qui, tout franc, ne vaut rien.
C'est pis qu'un bois ; vos gens n'ont point de conscience.
J'ai, dans mon autre habit, laissé, par oubliance...
Avec tout mon esprit, morgué, je suis un sot.

AGÉLAS.

Quoi donc ?

ACTE III, SCÈNE III.

THALER.
Ils m'avont fait bian payer mon écot.

AGÉLAS.
Qui?

THALER.
Vos valets de chambre. Ah! la maudite engeance!
En me déshabillant, en toute diligence,
L'un un pied, l'autre un bras (ils ont eu bientôt fait),
Ils m'ont pris un bijou, morgué, dans mon gousset :
Il est de votre honneur de les faire tous pendre.

AGÉLAS.
Ne vous alarmez point, je vous le ferai rendre ;
Je veux que l'on le trouve, et je vous en réponds.

THALER.
Tous les honnêtes gens d'ici sont des fripons :
Je sais pourtant fort bien que ce n'est pas vous, sire ;
Je vous crois honnête homme, et je sais bien qu'en dire :
Mais tout chacun ici ne vous ressemble pas.

AGÉLAS, à Agénor.
Que l'on aille avec lui le chercher de ce pas,
Et qu'ici les plaisirs, les jeux, la bonne chère,
Suivent ces étrangers qu'Agélas considère.

THALER.
Ah! vous êtes, seigneur, par trop considérant.
Mais, parlant par respect, l'honneur que l'on me rend
Me confond ; car, tout franc, sans tant de préambule...
(A Criséis.)
Palsangué! te voilà comme une ridicule!
Que ne réponds-tu, toi? Je m'embrouille toujours,
Lorsque d'un compliment j'entreprends le discours.

AGÉLAS, à Thaler.
Allez, et n'ayez point de chagrin davantage.

THALER.
Que je suis malheureux ! J'ai fait un beau voyage!

SCÈNE III.

AGÉLAS, CRISÉIS.

AGÉLAS.
Je ne sais, Criséis, si l'éclat de ces lieux
Avec quelque plaisir peut arrêter vos yeux ;

Je ne sais si la cour vous plaît, vous dédommage
De la tranquillité que l'on goûte au village :
Mais je voudrais qu'ici vous pussiez recevoir
Tout autant de plaisir que j'ai de vous y voir.
CRISÉIS.
Seigneur, de vos bontés, qu'on aura peine à croire,
Le souvenir toujours vivra dans ma mémoire ;
Et j'aurais mauvais goût, si, sortant des forêts,
Je ne me plaisais pas en des lieux pleins d'attraits,
Où chacun du plaisir fait son unique affaire,
Où les dames surtout ne s'occupent qu'à plaire,
Font briller leur esprit, ont un air si charmant,
Et font de leur beauté tout leur amusement.
AGÉLAS.
Parmi les courtisans dont la foule épandue
Brille dans cette cour et s'offre à votre vue,
Ne s'en trouve-t-il point quelqu'un assez heureux
Pour pouvoir s'attirer un regard de vos yeux?
Pourriez-vous les voir tous avec indifférence?
CRISÉIS.
On dit qu'il ne faut point qu'avec trop de licence
Une fille s'arrête à voir de tels objets,
Et dise de son cœur les sentiments secrets.
Il en est un pourtant, si j'ose ici le dire,
Qui, d'un charme flatteur que sa présence inspire,
Se distingue aisément, et qui de toutes parts
S'attire, sans effort, les cœurs et les regards.
AGÉLAS.
Vous prenez du plaisir en le voyant paraître?
CRISÉIS.
Oh! beaucoup. A son air on voit qu'il est le maître.
Les autres, devant lui timides et défaits,
Ne paraissent plus rien, et deviennent si laids
Qu'on ne regarde plus tout ce qui l'environne.
AGÉLAS.
Aimeriez-vous un peu cette heureuse personne?
CRISÉIS.
Je ne sais point, seigneur, ce que c'est que d'aimer.
AGÉLAS.
Aucun objet encor n'a pu vous enflammer?
CRISÉIS.
Non : l'on est dans les bois d'une froideur extrême.

ACTE III, SCÈNE IV.

AGÉLAS.
Si cet heureux mortel vous disait qu'il vous aime?...
CRISÉIS.
Qu'il m'aime, moi, seigneur ! je me garderais bien,
S'il me parlait ainsi, d'en croire jamais rien :
On parle dans ces lieux autrement qu'on ne pense ;
Les plus sincères cœurs... Mais Démocrite avance [1].

SCÈNE IV.

DÉMOCRITE, AGÉLAS, CRISÉIS, AGÉNOR, STRABON.

AGÉLAS, à Démocrite.
Avec bien du plaisir je vous vois à ma cour.
Comment vous trouvez-vous de ce nouveau séjour?
DÉMOCRITE.
Fort mal.
AGÉLAS.
J'ai commandé, par un ordre suprême,
Qu'on vous y respectât à l'égal de moi-même.
DÉMOCRITE.
Cela n'empêche pas qu'avec tout votre soin,
Seigneur, je ne voulusse être déjà bien loin.
On me croit en ces lieux placé hors de ma sphère,
Un animal venu d'une terre étrangère :
Chacun ouvre les yeux et me prend pour un ours.
Je ne suis point taillé pour habiter les cours.
Que dirait-on de voir un homme de mon âge
Des airs d'un courtisan faire l'apprentissage?
Non, seigneur, à tel point je ne puis m'oublier,
Ni jusqu'à cet excès descendre et me plier.
Ainsi, pour faire bien, permettez que sur l'heure
Nous allions tous revoir notre ancienne demeure :
Strabon, Criséis, moi, nous vous en prions tous.
STRABON, à Démocrite.
Halte-là, s'il vous plaît; ne parlez que pour vous.

---

[1] Ces quatre vers sont conformes à l'édition de 1728. Les deux derniers manquent dans l'édition originale et dans celle de 1750. Dans la plupart des éditions modernes, on lit ainsi :
CRISÉIS.
Qu'il m'aime, moi, seigneur! je me garderais bien,
S'il faisait cet aveu, d'en croire jamais rien.
On parle ici, dit-on, autrement qu'on ne pense ;
Il faut bien se garder..... Mais Démocrite avance.

En ce lieu, plus qu'ailleurs, je suis, moi, dans ma sphère.
AGÉLAS.
Si Criséis le veut, je consens à tout faire.
(A Criséis.)
Parlez, expliquez-vous.
CRISÉIS.
Seigneur, l'obscurité
Conviendrait beaucoup mieux à ma simplicité :
Mais, s'il faut devant vous dire ce que l'on pense,
Ce beau lieu me retient sans nulle violence ;
Et, s'il m'était permis de me faire un séjour,
Je n'en choisirais point d'autre que votre cour.
STRABON, à part.
Quel heureux naturel ! le charmant caractère !
Je ne répondrais pas mieux qu'elle vient de faire.
DÉMOCRITE, à Criséis.
C'est fort bien fait ! la cour a pour vous des appas ?
Quoi ! vous pourriez vous plaire en un lieu de fracas,
Où l'envie a choisi sa demeure ordinaire,
Où l'on ne fait jamais ce que l'on voudrait faire,
Où l'humeur se contraint, où le cœur se dément,
Où tout le savoir-faire est un raffinement,
Où les grands, les petits sont, d'une ardeur commune,
Attelés jour et nuit au char de la fortune ?
AGÉLAS, à Démocrite.
La cour qu'en ce tableau vous nous représentez,
Vous ne la prenez pas par ses plus beaux côtés.
STRABON.
Hé ! non, non.
AGÉLAS.
Quelque aigreur que cette cour vous laisse,
Convenez que toujours l'esprit, la politesse,
Le bon air naturel et le goût délicat,
Plus qu'en nul autre endroit, y sont dans leur éclat.
STRABON.
Sans doute.
AGÉLAS.
Que le sexe y tient un doux empire ;
Qu'on rend à la beauté les respects qu'elle attire ;
Et que deux yeux charmants, tels qu'à présent j'en vois,
Peuvent prétendre ici les honneurs dus aux rois.
Mais une autre raison, que près de vous j'emploie,

ACTE III, SCÈNE IV.

Et qui vous comblera d'une parfaite joie,
Doit, malgré vos dégoûts, vous fixer à la cour.
DÉMOCRITE.
Et quelle est, s'il vous plaît, cette raison?
AGÉLAS.
L'amour.
DÉMOCRITE.
L'amour! De passions me croyez-vous capable?
AGÉLAS.
Me préserve le ciel d'un jugement semblable!
DÉMOCRITE.
Démocrite est-il homme à se laisser toucher?
(A part.)
Je ne le suis que trop! J'ai peine à me cacher.
AGÉLAS.
Libre de passions, dégagé de faiblesse,
Votre cœur, je le sais, se ferme à la tendresse.
Chacun ne parvient pas à cet état heureux.
C'est de moi dont je parle, et je suis amoureux.
DÉMOCRITE.
Vous êtes amoureux?
AGÉLAS.
Oui.
DÉMOCRITE.
Mais, dans cette affaire,
Ma présence, je crois, n'est pas trop nécessaire.
Absent, comme présent, vous pouvez, à loisir,
Suivre les mouvements de ce tendre désir.
AGÉLAS.
J'adore Criséis, puisqu'il faut vous le dire.
STRABON, à part.
Ah! ah! nous y voilà.
DÉMOCRITE.
Bon! bon! vous voulez rire [1].

---

[1] Cette leçon est parfaitement conforme à l'édition originale. J'ignore ce qui a porté l'éditeur de l'édition de 1790 à dire, et celui de l'édition de 1810 à répéter que dans les premières éditions on lisait ainsi :

AGÉLAS.
J'adore Criséis, puisqu'il faut vous le dire.
STRABON.
Ah! ah! nous y voilà.
(Bas, à Démocrite.)
Belle matière à rire!
DÉMOCRITE.
Un grand roi comme vous, etc.

Un grand roi comme vous, au milieu de sa cour,
Voudrait-il s'abaisser à cet excès d'amour?
Que dirait, s'il vous plaît, tout votre aréopage?

AGÉLAS.

Pour me déterminer j'attends peu son suffrage.
Oui, belle Criséis, je sens pour vous un feu
Dont je fais avec joie un éclatant aveu.
Mais un cœur bien épris veut être aimé de même.
Vous ne répondez rien.

CRISÉIS.

Ma surprise est extrême,
D'entendre cet aveu de la bouche d'un roi :
Mon silence, seigneur, répond assez pour moi.

AGÉLAS.

Ce silence douteux à trop de maux m'expose.

(A Démocrite.)

Vous, qui voyez le rang que l'amour lui propose,
Secondez mes désirs, parlez en ma faveur.

DÉMOCRITE.

Moi, seigneur?

AGÉLAS.

Oui, je veux de vous tenir son cœur :
Vos conseils ont sur elle une entière puissance;
Vantez-lui mon amour bien plus que ma naissance.

DÉMOCRITE.

Par grâce, de ce soin, seigneur, dispensez-moi :
Je n'ai point les talents propres à cet emploi.
Je suis un faible agent auprès d'une maîtresse;
J'ignore le grand art qui surprend la tendresse.
Votre amour, où vos soins veulent m'intéresser,
Reculerait, seigneur, plutôt que d'avancer.

AGÉLAS.

Non, j'attends tout de vous; je connais votre zèle.
Un soin m'appelle ailleurs ; je vous laisse avec elle.
Puis-je, pour couronner mes amoureux desseins,
Mettre mes intérêts en de meilleures mains?
Je vous quitte.

SCÈNE V.

DÉMOCRITE, CRISÉIS, STRABON.

STRABON, à part.

Voilà, je vous le certifie,
Un fâcheux argument pour la philosophie.

DÉMOCRITE, à Criséis.

Le roi me charge ici d'un fort honnête emploi,
Et je n'attendais pas l'honneur que je reçois.
Il vient de m'ordonner de disposer votre âme,
Et la rendre [1] sensible à sa nouvelle flamme ;
La charge est vraiment belle ; et, pour un tel dessein,
Il ne me faudrait plus qu'un caducée en main.
Quels sont vos sentiments ? que prétendez-vous faire ?

CRISÉIS.

C'est de vous que j'attends un avis salutaire.
Que me conseillez-vous de faire en cas pareil ?
Car je prétends toujours suivre votre conseil.

DÉMOCRITE.

Ce que je vous conseille ?

CRISÉIS.

Oui.

DÉMOCRITE, à part.

Je ne sais que dire.

(Haut.)

Suivez les mouvements que le cœur vous inspire.

CRISÉIS.

Ah ! que j'ai de plaisir que cet avis flatteur
Se rapporte si bien au penchant de mon cœur !
J'étais, je vous l'avoue, en une peine extrême,
Et n'osais tout à fait me fier à moi-même.
Je sentais pour le prince un mouvement secret,
Et je ne savais pas si c'est bien ou mal fait :
Maintenant que je vois le parti qu'il faut prendre,
Je puis, par votre avis, suivre un penchant si tendre.

---

[1] Cette leçon est conforme à l'édition originale. Dans les autres éditions, on lit :

Il vient de m'ordonner de disposer votre âme
A devenir sensible à sa nouvelle flamme.

DÉMOCRITE.
Pour lui vous sentez donc cet appétit secret...
(A part.)
J'ai bien peur d'être ici curieux indiscret.
CRISÉIS.
Quand le prince tantôt s'est offert à ma vue,
J'ai senti dans mon cœur une flamme inconnue ;
Tout ce qu'il me disait me donnait du plaisir ;
Ma bouche a laissé même échapper un soupir.
En cessant de le voir, une tristesse affreuse
Tout d'un coup m'a rendue inquiète et rêveuse ;
A son air, à ses traits, j'ai pensé tout le jour :
Je l'aime, si c'est là ce qu'on appelle amour.
STRABON.
Oui, voilà ce que c'est. Peste ! quelle ignorante !
Vous êtes devenue en un jour bien savante !
Vous n'aviez pas besoin tantôt de nos leçons ;
Ni nous, de nous étendre en définitions.
DÉMOCRITE.
Enfin donc vous aimez ?
CRISÉIS.
Moi ?
DÉMOCRITE.
Voilà, je vous jure,
Les symptômes d'amour que cause la nature.
CRISÉIS.
Quoi ! c'est là ce qu'on nomme amour ?
DÉMOCRITE.
Et vraiment oui.
CRISÉIS.
Si j'aime, en vérité, ce n'est que d'aujourd'hui.
DÉMOCRITE.
Vous m'aviez tant promis qu'aucun homme, en votre âme,
N'exciterait jamais une amoureuse flamme.
CRISÉIS.
Je n'en connaissais point ; et je les croyais tous
Tels que vous les disiez, et formés comme vous.
STRABON, bas à Démocrite.
Cette sincérité devrait vous rendre sage.
DÉMOCRITE.
Je sens qu'elle a raison, et cependant j'enrage.

ACTE III, SCÈNE VII.

J'ai tort de m'emporter ; reprenons désormais
L'esprit qui nous convient ; rions sur nouveaux frais.
Les hommes, en effet, ont bien peu de prudence,
Sont bien vides de sens, bien pleins d'extravagance,
De se laisser mener par de tels animaux,
Connaissant, comme ils font, leur faible et leurs défauts.
Il n'en est presque point qui, vingt fois en sa vie,
N'ait senti les effets de quelque perfidie ;
Cependant on les voit, de nouveaux feux épris,
Redonner dans le piége où l'on les a vus pris :
A grand'peine échappés de leurs derniers naufrages,
Ils vont, tout de nouveau, défier les orages.
Continuez, messieurs ; soyez encor plus fous ;
Justifiez toujours mes ris et mes dégoûts.
Ces ris, dans l'avenir, porteront témoignage
Que je n'ai point été la dupe de mon âge,
Et que je comprends bien que tout homme, en un mot,
Est, sans m'en excepter, l'animal le plus sot.

CRISÉIS, à Démocrite.

J'aime à voir que, malgré votre austère caprice,
Comme aux autres humains vous vous rendiez justice.
Je vais trouver le prince, et lui dire l'ardeur
Dont vous avez voulu parler en sa faveur.

SCÈNE VI.

DÉMOCRITE, STRABON.

STRABON.

Vous ne riez plus tant : quel chagrin vous tourmente ?
La chose me paraît cependant fort plaisante.
La peste ! quel enfant ! pour moi je suis surpris
Comme aux filles l'esprit vient vite en ce pays.

DÉMOCRITE.

Commerce humain, pour moi plus mortel que la peste,
Ce n'est pas sans raison que mon cœur te déteste.

SCÈNE VII.

DÉMOCRITE, STRABON, LE MAÎTRE-D'HÔTEL.

LE MAITRE-D'HOTEL.

Messieurs, servira-t-on ? Le dîner est tout prêt.

STRABON.

Oui ; qu'on mette à l'instant sur table, s'il vous plaît.
Allez vite. Écoutez : ferons-nous bonne chère?

LE MAITRE-D'HOTEL.

Vingt cuisiniers ont fait de leur mieux pour vous plaire.

DÉMOCRITE.

Vingt cuisiniers!

LE MAITRE-D'HOTEL.

Autant.

DÉMOCRITE.

Mais c'est bien peu, vraiment!

LE MAITRE-D'HOTEL.

Ils ont mis de leur art tout le raffinement.

DÉMOCRITE.

Qui ne rirait de voir qu'avec un soin extrême
L'homme ait inventé l'art de se tuer lui-même !
A force de ragoûts et de mets succulents,
Il creuse son tombeau sans cesse avec ses dents.
Il sait le peu de jours qu'il a des destinées,
Et tâche, autant qu'il peut, d'abréger ses années.
Vous êtes, dans votre art, tous de francs assassins,
Produits par les enfers, payés des médecins ;
Et, si l'on agissait en bonne politique,
On vous bannirait tous de chaque république.

(Il sort.)

SCÈNE VIII [1].

LE MAÎTRE-D'HÔTEL, STRABON.

STRABON.

Il faut le laisser dire, aller toujours son train,
Et, si vous le pouvez, faire encor mieux demain.

---

[1] Dans l'édition originale, cet acte n'est divisé qu'en sept scènes.

FIN DU TROISIÈME ACTE.

ACTE QUATRIÈME.

SCÈNE I.

THALER, CRISÉIS.

THALER.
En jase qui voudra, j'ai fait en homme sage
De quitter bravement les bois et le village.
On a, morgué, raison, et c'est bien mon avis,
Un homme ne fait point fortune en son pays;
Il n'y sera qu'un sot tout le temps de sa vie :
Il a biau se sentir du talent, du génie,
Être bien fait, avoir le discours bien pendu;
Bon! c'est, comme dit l'autre, autant de bien perdu.
CRISÉIS.
Vous avez le bon goût, je vous en félicite.
THALER.
Ici, du premier coup, on connaît le mérite.
D'aussi loin qu'on me voit, on m'ôte son chapeau.
CRISÉIS.
Vous vous trouvez donc bien de ce séjour nouveau?
THALER.
Si je m'y trouve bien! Je ris, je me goberge.
Que je sommes échus dans une bonne auberge!
Notre bijou s'en va nous être rapporté.
Notre hôte est bon vivant, disons la vérité.
CRISÉIS.
Vous ne devriez pas tenir un tel langage :
Ces termes-là, mon père, étaient bons au village.
Si l'on vous entendait parler ainsi du roi,
On pourrait se moquer et de vous et de moi.
THALER.
Dame! je sis faché que mon discours vous choque;
Chacun parle à sa guise, et qui voudra s'en moque :
J'ai pourtant, m'est avis, plus d'esprit que vous tous.

CRISÉIS.
Excusez si je prends cet air libre avec vous.
THALER.
Tu prétends donc apprendre à parler à ton père?
CRISÉIS.
Je ne dis pas cela pour vous mettre en colère.
THALER.
Morgué, cela m'y met. Écoute, vois-tu bien,
Dame! on n'est pas un sot, quoiqu'on ne sache rien.
Parce que te voilà de bout en bout dorée,
Ne va pas envers moi faire la mijaurée.
CRISÉIS.
Je sais trop...
THALER.
Je prétends qu'on me respecte, moi.
CRISÉIS.
Je ne manquerai point à ce que je vous doi.
THALER.
C'est bien fait; quand je parle, il faut que l'on m'écoute.
CRISÉIS.
D'accord.
THALER.
Qu'on m'estime.
CRISÉIS.
Oui.
THALER.
Me révère.
CRISÉIS.
Sans doute.
THALER.
Or donc, pour rattraper le fil de mon discours,
Que c'est un bel emploi que de hanter les cours!
Tous ces grands messieurs-là sont des gens bien honnêtes.
CRISÉIS.
Démocrite n'est pas si charmé que vous l'êtes.
Il voudrait bien déjà se voir loin de ces lieux.
THALER.
Pourquoi donc, s'il vous plaît?
CRISÉIS.
Tout y blesse ses yeux.
Son cœur n'est pas content; quelque soin l'embarrasse.

Il dit qu'en ce pays ce n'est rien que grimace :
Que les hommes y sont cachés et dangereux,
Et les femmes encor bien plus à craindre qu'eux;
Que ce n'est que par art qu'elles paraissent belles,
Que leur cœur...

THALER.

Ne va pas te gâter avec elles,
Ni pour quelque monsieur te prendre ici d'amour.
Elles peuvent tout faire, elles sont de la cour,
Ces madames-là. Mais j'aperçois Démocrite.

SCÈNE II.

DÉMOCRITE, CRISÉIS, THALER.

DÉMOCRITE.

Ah! te voilà, Thaler! ta mine hétéroclite
Me réjouit l'esprit. Serviteur, Criséis.
Dans ce riche attirail, sous ces pompeux habits,
Dirais-tu que c'est là ta fille?

THALER.

En ces matières,
Tous les plus clairvoyants, ma foi, n'y voyent guères.

DÉMOCRITE.

Cela lui sied fort bien; et cet air dédaigneux
Qu'elle a pris à la cour, lui sied encore mieux.

THALER.

Je m'en suis aperçu déjà.

CRISÉIS, à Démocrite.

J'en suis bien aise
Que mon air, quel qu'il soit, vous contente et vous plaise.

DÉMOCRITE, à Criséis.

A de plus hauts desseins vous aspirez ici,
Et me plaire n'est pas votre plus grand souci.

THALER.

Morguenne, elle aurait tort. J'entends, je veux, j'ordonne
Qu'elle vous y respecte autant que ma personne :
Je suis maître... une fois.

CRISÉIS, à Thaler.

Je vois avec plaisir
Vos ordres s'accorder à mon juste désir.
J'obéis de grand cœur : j'aurai toute ma vie

Un très-profond respect pour la philosophie.
Pour d'autres sentiments, je puis m'en dispenser,
Sans blesser mon devoir, ni sans vous offenser.

SCÈNE III.

DÉMOCRITE, THALER.

THALER.

Quelle mouche la pique? A qui diable en a-t-elle?
Elle a, comme cela, des vapeurs de cervelle.
Je ne sais; mais, depuis qu'elle est en ce pays,
Elle fait peu de cas de ce que je lui dis.

DÉMOCRITE.

Un soin plus important à présent la tourmente.
Aurait-on jamais cru que cette jeune plante,
Que j'avais pris plaisir d'élever de mes mains,
Eût trompé mon espoir, et trahi mes desseins?
Agélas s'est épris, en la voyant paraître,
Du feu le plus ardent...

THALER.

Morgué, le tour est traître!

DÉMOCRITE.

La pompe de la cour, et son éclat flatteur,
A de ses faux brillants séduit son jeune cœur.
De son malheur prochain nous sommes les complices,
Nous l'avons amenée au bord des précipices :
Car, sans t'en dire plus, tu t'imagines bien
Le but de cet amour.

THALER.

Oui, cela ne vaut rien.

DÉMOCRITE.

Il faut abandonner la cour tout au plus vite.

THALER.

Abandonner la cour?

DÉMOCRITE.

Oui.

THALER.

C'est un si bon gîte!
Je m'y trouve si bien!

DÉMOCRITE.

Il n'importe, il le faut.
Tu dois tirer d'ici Criséis au plus tôt;

ACTE III, SCÈNE IV.

C'est à toi que le roi fait la plus grande offense.
THALER.
Je le vois bien; pour faire ici sa manigance,
Morgué, le prince a tort de s'adresser à moi :
Il s'imagine donc que parce qu'il est roi....
Suffit, je ne dis mot.
DÉMOCRITE.
Il y va de ta gloire.
THALER.
C'est, morgué, pour cela qu'ils m'avont tant fait boire :
Mais ils n'en croqueront, ma foi, que d'une dent;
Je vais faire beau bruit. Serviteur cependant.

SCÈNE IV.

DÉMOCRITE, seul.

Dieux! que fais-je? Où m'emporte une indigne tendresse?
Suis-je donc Démocrite? et quelle est ma faiblesse!
Pendant que je suis seul, laissons agir mon cœur,
Et tirons le rideau qui cache mon ardeur.
Depuis assez longtemps, mon rire satirique
Sur les autres répand une bile cynique :
Je veux sans nuls témoins rire à présent de moi;
Il ne faut point ailleurs aller chercher de quoi.
J'aime! c'est bien à toi, philosophe rigide,
De sentir l'aiguillon d'une flamme perfide!
Et quel est cet objet qui t'apprend l'art d'aimer?
Un enfant de quinze ans! Tu prétends la charmer,
Adonis suranné?.... Mais un pouvoir suprême
Me commande, m'entraîne en dépit de moi-même.
Ah! c'est où je t'attends, le plus lâche des cœurs!
Il te faut des chemins tout parsemés de fleurs.
Tu ne saurais saisir ces haines rigoureuses [1]
Que sentent pour l'amour les âmes généreuses [2];
Tu ne peux gourmander un penchant trop fatal,
Homme pusillanime, imbécile, brutal!

---

[1] *Rigoureuses* est conforme à l'édition originale et à celle de 1728. Dans les autres éditions, on lit, *vigoureuses*.

[2] Molière, dans le *Misanthrope*, acte 1er, scène Ire a dit :

> Ces haines vigoureuses
> Que doit donner le vice aux âmes vertueuses.

Ce n'est pas encor tout; vois où va ta folie.
Toi qui veux te targuer de la philosophie,
Tu conduis Criséis..... en quels lieux? à la cour.
Ah! qu'ensemble on voit peu la prudence et l'amour!
Mais on vient. Finissons un discours si fantasque;
Pour sauver notre honneur, remettons notre masque.

SCÈNE V.

CLÉANTHIS, DÉMOCRITE.

CLÉANTHIS, à part.
On voit assez, à l'air dont il est habillé,
Que c'est l'original dont on nous a parlé.
(Haut à Démocrite.)
Vous qui dans les forêts avez passé la vie,
Uniquement touché de la philosophie,
Quel noir démon vous pousse à causer notre ennui?
Et que venez-vous faire à la cour aujourd'hui?

DÉMOCRITE.
Je n'en sais vraiment rien : ce que je puis vous dire,
C'est qu'ici, malgré moi, le roi m'a fait conduire,
M'a voulu transplanter, et me faire, en un jour,
D'un philosophe actif, un oisif de la cour.

CLÉANTHIS.
Savez-vous bien qu'ici votre face équivoque,
Et rare en son espèce, étrangement nous choque?

DÉMOCRITE.
Je le crois; sur ce point j'ai peu de vanité,
Et mon dessein n'est point de plaire, en vérité.

CLÉANTHIS.
Vous auriez tort : il n'est, je veux bien vous le dire,
Prince, ni galopin, que vous ne fassiez rire.

DÉMOCRITE.
Pourquoi non? C'est un droit qu'on acquiert en naissant;
Et rire l'un de l'autre est fort divertissant.

CLÉANTHIS.
Ismène ici m'envoie, et vous dit par ma bouche,
Que votre aspect ici l'alarme et l'effarouche.
Le roi lui doit sa foi; cependant, à ses yeux,
On sait qu'à Criséis il adresse ses vœux :
Par de lâches conseils dont vous êtes prodigue,

ACTE IV, SCÈNE V.

C'est vous, à ce qu'on dit, qui menez cette intrigue.

DÉMOCRITE.

Moi!

CLÉANTHIS.

Vous.... C'est une honte, à l'âge où vous voilà,
De vouloir commencer ce vilain métier-là.

DÉMOCRITE.

Le reproche est plaisant et nouveau, je vous jure :
Je ne m'attendais pas à pareille aventure.

CLÉANTHIS.

Riez!

DÉMOCRITE.

Si vous saviez l'intérêt que j'y prends,
Vous m'accuseriez peu de ces soins obligeants.
Vous me connaissez mal. C'est une chose étrange,
Comme dans ce pays on prend toujours le change!

CLÉANTHIS.

Quoi! le prince tantôt ne vous a pas commis
Le soin officieux d'attendrir Criséis?
Et vous, n'avez-vous pas pris soin de la réduire?

DÉMOCRITE.

Cela peut être vrai; mais bien loin de vous nuire,
Ce jour verrait Ismène entre les bras du roi,
S'il voulait de son choix se rapporter à moi :
C'est un fait très-constant.

CLÉANTHIS.

Je veux bien vous en croire,
Mais pour ne point donner d'atteinte à votre gloire,
Partez.

DÉMOCRITE.

Soit : j'ai pourtant de quoi rire à mon goût,
En ces lieux plus qu'ailleurs, et des femmes surtout.

CLÉANTHIS.

Et de qui ririez-vous?

DÉMOCRITE.

Mais de vous la première,
De votre air. Vos habits, vos mœurs, votre manière,
Tout en vous, haut et bas, est artificieux.
Pour paraître plus grande, et pour tromper les yeux,
On voit sur votre tête une longue coiffure,
Et sur de hauts patins vos pieds à la torture;
En sorte qu'en ôtant ces secours superflus,

Il ne resterait pas un tiers de femme au plus.
####### CLÉANTHIS.
Il nous en reste assez pour, telles que nous sommes,
Faire, quand nous voulons, bien enrager les hommes.
Mais partez, s'il vous plaît, demain avant le jour :
Vous ferez sagement ; car, aussi bien la cour,
Dont vous faites toujours quelque plainte nouvelle,
Est bien lasse de vous.
####### DÉMOCRITE.
Et moi bien plus las d'elle ;
Et je vais de ce pas préparer avec soin
Que l'aurore en naissant m'en trouve déjà loin.

SCÈNE VI.

####### CLÉANTHIS, seule.

L'affaire est en bon train pour la princesse Ismène :
Mais, pour mon compte, à moi, je suis assez en peine.
Je voudrais arrêter le disciple en ces lieux :
Il a touché mon cœur en s'offrant à mes yeux ;
Son tour d'esprit me charme ; il fait tout avec grâce :
Il n'est rien que pour lui de bon cœur je ne fasse.
Le ciel me le devait, pour me récompenser
De mon premier mari. Je le vois s'avancer.

SCÈNE VII.

####### CLÉANTHIS, STRABON [1].

####### STRABON, à part.
Ouf ! je suis bien guedé ! Par ma foi, la science
Ne s'acquiert point du tout à force d'abstinence.
C'est mon système à moi : l'esprit croît dans le vin ;
Je m'en sens déjà plus trois fois que ce matin.
Je me venge à longs traits de la philosophie.
(A Cléanthis.)
Hé ! vous voilà, princesse, infante de ma vie !
Vous voyez un seigneur fort satisfait de soi,
Un convive échappé de la table du roi :

---

[1] Cailhava (*Art et la Comédie*, I, 307) loue l'instant et la reconnaissance, sans approuver la façon dont elle est préparée.

ACTE IV, SCÈNE VII.

Il tient bon ordinaire, et je l'en félicite.
CLÉANTHIS.
Au disciple fameux du savant Démocrite,
Plus qu'à nul autre humain, cet honneur était dû.
STRABON.
C'est un petit repas que le roi m'a rendu :
Nous nous traitons parfois.
CLÉANTHIS.
Vous ne sauriez mieux faire :
Rien ne fait des amis comme la bonne chère,
Quoiqu'on embrasse ici des gens de tous métiers,
Bien moins pour l'amour d'eux que de leurs cuisiniers.
STRABON.
Cet honneur, quoique grand, ne me toucherait guère,
Si je n'étais bien sûr du bonheur de vous plaire.
Vous aimer est un bien pour moi plus précieux
Qu'être admis à la table et des rois et des dieux ;
Et l'on ne leur sert point, même en des jours de fêtes,
De morceau si friand à mon goût que vous l'êtes.
CLÉANTHIS.
N'êtes-vous point de ceux dont l'usage est connu,
Qui ne sont amoureux que quand ils ont bien bu ;
A qui beaucoup de vin fait sortir la tendresse ;
Qui vont en cet état aux pieds de leur maîtresse
Exhaler les transports de leurs brûlants désirs,
Et pousser des hoquets en guise de soupirs?
De nos jeunes seigneurs c'est assez la manière.
STRABON.
Ma tendresse n'est point d'un pareil caractère.
Bacchus n'est point chez moi l'interprète d'amour.
J'ai près du sexe, enfin, l'air de la vieille cour.
Mon cœur s'est laissé prendre, en vous voyant paraître,
Et de ses mouvements n'a plus été le maître.
L'esprit, la belle humeur, la grâce, la beauté,
Tout en vous s'est uni contre ma liberté.
CLÉANTHIS.
Ce n'est point un retour de pure complaisance
Qui me fait hasarder la même confiance,
Mais je vous avouerai qu'à vos premiers regards
Mon faible cœur s'est vu percé de toutes parts.
Je ne sais quel attrait, et quel charme invisible

En un instant a pu me rendre si sensible ;
Et je n'ai point senti de transports aussi doux
Pour tout autre mortel que j'en ressens pour vous.
STRABON.
En vous réciproquant, vous êtes, je vous jure,
De ces heureux transports payée avec usure.
L'on n'a jamais senti des feux si violents
Que ceux qu'auprès de vous et pour vous je ressens.
Mais ne puis-je savoir, en voyant tant de charmes,
Quel est l'aimable objet à qui je rends les armes?
CLÉANTHIS.
Bon! que vous servirait de savoir qui je suis?
Ce nous serait peut-être une source d'ennuis,
Après vous avoir fait l'aveu de ma faiblesse.
STRABON.
Ah! que cette pudeur augmente ma tendresse!
CLÉANTHIS.
Je devrais bien plutôt songer à me cacher.
STRABON.
Rien de vous découvrir ne doit vous empêcher.
CLÉANTHIS.
L'homme est d'un naturel si volage et si traître...
Qui le sait mieux que moi?
STRABON.
      Vous en avez peut-être
Été souvent trahie? Ici, comme en tous lieux,
La femme, à mon avis, ne vaut pas beaucoup mieux.
J'en ai, pour mes péchés, quelquefois fait l'épreuve,
Êtes-vous fille?
CLÉANTHIS.
  Non.
STRABON.
 Femme?
CLÉANTHIS.
    Point du tout.
STRABON.
          Veuve?
CLÉANTHIS.
Je ne sais.
STRABON.
  Oh! parbleu, vous vous moquez de nous.
De quelle espèce donc, s'il vous plaît, êtes-vous?

ACTE IV, SCÈNE VII.

CLÉANTHIS.
Je fus fille autrefois, et pour telle employée,
STRABON.
Je le crois.

CLÉANTHIS.
A quinze ans je me suis mariée :
Mais, depuis le long temps que sans époux je vis,
Je ne saurais passer pour femme, à mon avis ;
Ni pour veuve non plus, puisqu'en effet j'ignore
Si le mari que j'eus est mort, ou vit encore.
STRABON.
Ce discours, quoique abstrait, me paraît assez bon.
Je ne suis, comme vous, homme, veuf, ni garçon ;
Et mon sort, de tout point, est si conforme au vôtre,
Qu'il semble que le ciel nous ait faits l'un pour l'autre [1].
CLÉANTHIS, à part.
Homme, veuf, ni garçon !
STRABON, à part.
Fille, femme, ni veuve !
CLÉANTHIS, à part.
Le cas est tout nouveau.
STRABON, à part.
L'aventure est très-neuve.
(A Cléanthis.)
Depuis quand, s'il vous plaît, vivez-vous sans époux ?
CLÉANTHIS.
Depuis près de vingt ans je goûte un sort si doux.
J'avais pris un mari fourbe, plein d'injustices,
Qui d'aucune vertu ne rachetait ses vices,
Ivrogne, débauché, scélérat, ombrageux.
Pour sa mort je faisais tous les jours mille vœux.
Enfin, le ciel plus doux, touché de ma misère,
Lui fit naître en l'esprit un dessein salutaire ;
Il partit, me laissant, par bonheur, sans enfants.
STRABON.
C'est tout comme chez nous. Depuis le même temps,
Inspiré par le ciel, je quittai ma patrie,
Pour fuir loin de ma femme, ou plutôt ma furie.
Jamais un tel démon ne sortit des enfers.

---

[1] Après ce vers, il en manque deux de rime masculine.

C'était un vrai lutin, un esprit de travers,
Un vieux singe en malice, insolente, revêche,
Coquette, sans esprit, menteuse, pigrièche.
A la noyer cent fois je m'étais attendu;
Mais je n'en ai rien fait, de peur d'être pendu.

CLÉANTHIS.

Cette femme vous est vraiment bien obligée!

STRABON.

Bon! tout autre que moi ne l'eût point ménagée,
Elle aurait fait le saut.

CLÉANTHIS.

Et de grâce, en quels lieux
Aviez-vous épousé ce chef-d'œuvre des cieux?

STRABON.

Dans Argos.

CLÉANTHIS, à part.

Dans Argos!

STRABON.

Où la fortune a-t-elle
Mis en vos mains l'époux d'un si rare modèle?

CLÉANTHIS.

Dans Argos.

STRABON, à part.

Dans Argos!

(Haut.)

Et s'il vous plaît, quel nom
Portait ce cher époux?

CLÉANTHIS.

Il se nommait Strabon.

STRABON.

Strabon!

(A part.)

Haï.

CLÉANTHIS.

Pourrait-on aussi, sans vous déplaire,
Savoir quel nom portait cette épouse si chère?

STRABON.

Cléanthis.

CLÉANTHIS.

Cléanthis! c'est lui.

STRABON.

C'est elle! ô dieux!

ACTE IV, SCÈNE VII.

CLÉANTHIS.
Ses traits n'en disent rien; mais je le sens bien mieux,
Au soudain changement qui se fait dans mon âme.

STRABON.
Madame, par hasard, n'êtes-vous point ma femme?

CLÉANTHIS.
Monsieur, par aventure, êtes-vous mon époux?

STRABON.
Il faut que cela soit; car je sens que pour vous,
Dans mon cœur tout à coup ma flamme est amortie,
Et fait en ce moment place à l'antipathie.

CLÉANTHIS.
Ah! te voilà donc, traître! après un si longtemps,
Qui t'amène en ces lieux? qu'est-ce que tu prétends?

STRABON.
M'en aller au plus tôt. Que ma surprise est forte!
Dis-moi, ma chère enfant, pourquoi n'es-tu pas morte?

CLÉANTHIS.
Pourquoi n'es-tu pas morte! Indigne, scélérat,
Déserteur de ménage, et maudit renégat,
Pour t'arracher les yeux...

STRABON.
        Ah! doucement, madame.
(A part.)
O pouvoir de l'hymen, quel retour en mon âme!

CLÉANTHIS, à part.
Je ressentais pour lui les transports les plus doux;
Hélas! qu'allais-faire? il était mon époux.
(Haut.)
Va, fuis. Que le démon, qui te prit en ton gîte
Pour t'amener ici, t'y remporte au plus vite.
Évite ma fureur; retourne dans tes bois.

STRABON.
Il ne vous faudra pas me le dire deux fois.
J'aime mieux être ermite, et brouter des racines,
Revoyager vingt ans, nu-pieds, sur des épines,
Que de vivre avec vous. Adieu.

CLÉANTHIS.
        Que je le hais [1]!

---

[1] Dans l'édition originale et dans celle de 1728, on lit : *Grands dieux! que je le hais!* ce qui fait un vers de quatorze syllabes. Il faut nécessairement supprimer *grands dieux*, ou le mot *adieu*, qui est plus haut.

STRABON.

Qu'elle est laide à présent! et qu'elle a l'air mauvais!

FIN DU QUATRIÈME ACTE.

ACTE CINQUIÈME.

SCÈNE I.

STRABON, seul.

Je suis tout confondu. Quelle étrange aventure!
Ma femme en ce pays, et dans cette figure!
La coquine aura su, par quelque ami présent,
Se faire consoler de son époux absent :
Mais elle n'aura pas plus longtemps l'avantage
D'anticiper les droits d'un prétendu veuvage.
J'ai fait réflexion sur son sort et le mien;
Je ne veux point quitter des lieux où je suis bien.
Assez et trop longtemps un chagrin domestique
M'a fait souffrir les maux d'un exil tyrannique;
Et puisque mon destin m'amène en ce séjour,
Je veux sur mes foyers demeurer à mon tour.
De me voir en ces lieux si mon'épouse gronde,
Elle peut à son tour aller courir le monde.

SCÈNE II.

STRABON, THALER.

THALER.

Palsangué, je commence à me mettre en souci;
Mon bijou ne vient point. Voyez-vous! ces gens-ci
Vous promettont assez, mais ils ne tenont guère.

STRABON.

Quoi?

THALER.

Vous ne savez pas ce qu'on me vient de faire?

DÉMOCRITE.

Qu'elle est laide à présent ! et qu'elle a l'air mauvais !

Acte IV, Sc. VII.

ACTE V, SCÈNE 1.

STRABON.

Non.

THALER.

Vous avez grand tort.

STRABON.

Soit; mais je n'en sais rien.

THALER.

Vous avez vu tantôt ce bracelet?

STRABON.

Eh bien?

THALER.

Bon! ne me l'ont-ils pas déjà pris?

STRABON.

Comment diable?

THALER.

Ils m'ont mis sur le corps cet habit honorable,
Disant que l'autre était trop ignominieux.
Je me suis vu si brave, et j'étais si joyeux,
Que je n'ai pas songé de fouiller dans ma poche :
Ils l'avont fait.

STRABON.

Le tour est digne de reproche.
Ta mémoire t'a là joué d'un vilain trait.

THALER.

On est si partroublé, qu'on ne sait ce qu'on fait.
Mais le roi m'a promis de me le faire rendre :
Pour cela, tout exprès, je viens ici l'attendre,
Après quoi, je dirons serviteur à la cour.

STRABON.

Le serpent sous les fleurs se cache en ce séjour :
J'y viens d'en trouver un... Mais qui peut t'y déplaire?
T'a-t-on fait quelque pièce encor?

THALER.

Tout au contraire;
C'est à qui me fera tout le plus d'amiquié :
L'un me baille un soufflet, et l'autre un coup de pied;
L'autre une croquignole, enfin chacun s'empresse,
Tout du mieux qu'il le peut, à me faire caresse :
On me fait plus d'honneur que je ne vaux cent fois.
J'ai vu manger le roi, tout comme je te vois,
Et tout de bout en bout.

STRABON.
Tu l'as vu?
THALER.
Face à face :
Comme ces gros monsieurs, je tenais là ma place ;
Et, stapendant, j'avais du chagrin dans le cœur.
STRABON.
Du chagrin ! et pourquoi ?
THALER.
Morgué, j'ons de l'honneur ;
Et l'on dit qu'Agélas en veut à notre fille.
STRABON.
Voyez le grand malheur !
THALER.
Morgué, dans la famille,
J'ons toujours été droit, hors notre femme, dà,
Qui faisait jaser d'elle un peu par ci par là.
STRABON.
Te voilà bien malade ! elle tient de sa mère.
Prétends-tu réformer cet usage ordinaire ?
THALER.
Ce serait un affront.
STRABON.
Je suis en même cas,
Et l'on ne m'entend point faire tant de fracas.
C'est tant mieux, animal, si le sort favorable
Veut élever ta fille en un rang honorable.
THALER.
Tant mieux ? Qui dit cela ?
STRABON.
C'est moi qui te le dis.
THALER.
Les uns disent tant mieux, et les autres tant pis.
Dame ! accordez-vous donc.
STRABON.
Crois-moi, n'en fais que rire.
THALER.
Si j'avais mon joyau, je les laisserais dire.
STRABON.
La fortune m'a bien joué d'un autre tour ;
J'ai bien plus de sujet de me plaindre à mon tour.

Un chagrin différent s'empare de notre âme :
Tu perds ton bracelet, moi je trouve ma femme.
THALER.
Comment donc votre femme? Êtes-vous marié?
STRABON.
Hélas! mon pauvre enfant, je l'avais oublié :
Mais le diable en ces lieux (qui l'eût pu jamais croire!)
M'en a subitement rafraîchi la mémoire.

SCÈNE III.

CLÉANTHIS, STRABON, THALER.

STRABON.
Ah! la voilà qui vient; c'est elle, je la voi.
THALER.
Qu'elle a de beaux habits!
STRABON.
Ils ne sont pas de moi.
CLÉANTHIS, à Strabon.
Quoi! malgré les transports dont mon âme est émue,
Oses-tu bien encor te montrer à ma vue?
Et pourquoi n'es-tu pas déjà bien loin d'ici?
STRABON.
Vous vous y trouvez bien, et moi fort bien aussi.
Si mon fatal aspect ici vous importune,
Je vous permets d'aller chercher ailleurs fortune.
CLÉANTHIS.
Où puis-je aller, pour fuir un si funeste objet?
(Thaler regarde Cléanthis avec attention.)
STRABON.
Vous pouvez voyager vingt ans comme j'ai fait :
Ou, si de la sagesse un beau feu vous excite,
Allez dans les déserts, et suivez Démocrite :
De vous voir avec lui je serai peu jaloux.
CLÉANTHIS.
Sors vite de ces lieux, redoute mon courroux.
(A Thaler.)
As-tu bientôt assez contemplé ma figure?
THALER, à part.
J'ai quelque souvenir de cette créature.

STRABON.

C'est là que l'on apprend à corriger ses mœurs,
Et d'un flegme moral réprimer les aigreurs.

CLÉANTHIS.

Je veux, quand il me plaît, moi, me mettre en colère.

THALER, à part.

C'est elle ; je le vois, plus je la considère.

STRABON.

N'adoucirez-vous point cet esprit pétulant ?

THALER, à part.

Voilà celle qui vint m'apporter son enfant.

CLÉANTHIS.

Ma haine, en te voyant, s'irrite dans mon âme,
Lâche, perfide époux !

THALER, à Strabon.

C'est donc là votre femme ?

STRABON.

Hélas ! oui.

THALER, à Cléanthis, la prenant par le bras.

Payez-moi ce que vous me devez.

CLÉANTHIS.

Ce que je vous dois ?

THALER.

Oui, s'il vous plaît.

CLÉANTHIS.

Vous rêvez.
Je ne vous connais point, mon ami, je vous jure.

THALER.

Je vous connais bien, moi. Quinze ans de nourriture
Pour un de vos enfants.

CLÉANTHIS.

Pour un de mes enfants ?

STRABON.

Pour un de nos enfants ! Ciel ! qu'est-ce que j'entends ?
Je n'en eus jamais d'elle ; et c'est nous faire honte.

THALER, à Strabon.

Elle n'a pas laissé d'en avoir, à bon compte.

STRABON.

D'en avoir ! justes dieux ! verrai-je d'un œil sec
Le front d'un philosophe endurer tel échec ?

CLÉANTHIS, à Thaler.

Quoi ! tu pourrais, maraud, avec pareille audace,

Me soutenir...
(A part.)
J'ai vu quelque part cette face.
THALER, à Cléanthis.
Oui, je le soutiendrai. C'est, palsanguenne, vous
Qui vint, par un matin, mettre un enfant cheux nous,
Si bien que vous disiez que vous étiez sa mère.
CLÉANTHIS.
Qui, moi?
THALER, à Strabon.
Je suis ravi que vous soyez son père;
C'est un gentil enfant.
STRABON, à Cléanthis.
M'avoir joué ce trait,
Sans t'en avoir donné jamais aucun sujet[1] !
CLÉANTHIS.
Vous êtes fous tous deux.
STRABON.
Me donner, infidèle,
Un enfant clandestin!... Est-il mâle ou femelle?
THALER.
C'est une belle fille, et laquelle, ma foi,
Ne vous ressemble guère.
STRABON.
Oh! vraiment, je le croi.

SCÈNE IV.

AGÉLAS, DÉMOCRITE, CRISÉIS, STRABON, CLÉANTHIS, THALER.

DÉMOCRITE, à Agélas.
Seigneur, il ne faut pas m'arrêter davantage :
Je joue en votre cour un fort sot personnage ;
Et quand vous me forcez à rester dans ces lieux,
Je sais que ce n'est point du tout pour mes beaux yeux.
AGÉLAS.
Votre rare mérite en est l'unique cause.

---

[1] Dans l'édition originale et dans celle de 1728, on lit ainsi ce vers :
Sans t'en avoir jamais *donné aucun* sujet?

Par le simple déplacement des deux mots *jamais* et *donné*, on a évité l'hiatus.

DÉMOCRITE.

Mon mérite? Ah! vraiment, c'est bien prendre la chose.
Si vous le connaissiez en effet tel qu'il est,
Vous verriez qu'il n'est pas tout ce qu'il vous paraît.

AGÉLAS.

Ici votre présence est encor nécessaire.
Je veux que vous voyiez terminer une affaire;
Après quoi vous pourrez, libres dans vos desseins,
Vous, Thaler et Strabon, chercher d'autres destins.

DÉMOCRITE.

Quelle affaire?

AGÉLAS.

Je veux qu'un heureux mariage
Par des nœuds éternels à Criséis m'engage.

THALER.

A ma fille?

(A part.)

Morgué! ces courtisans de cour
Ont tous, comme cela, des vartigos d'amour.

CRISÉIS.

Il ne faut point, seigneur, surprendre ma faiblesse
Par le flatteur aveu d'une feinte tendresse.
Je connais votre rang; de plus, je me connois;
Vous respecter, seigneur, est tout ce que je dois.

AGÉLAS.

Les dieux et les destins, en vain par la naissance,
Ont mis entre nous deux une vaste distance;
J'en appelle à l'amour; il est beaucoup plus fort
Que le sang, que les lois, que les dieux et le sort.
Je veux sur votre front mettre le diadème [1].

THALER, à Criséis.

Ne va pas t'y fier; ce n'est qu'un stratagème.

SCÈNE V.

ISMÈNE, AGÉLAS, AGÉNOR, CRISÉIS, DÉMOCRITE,
CLÉANTHIS, STRABON, THALER.

ISMÈNE, à Agélas.

Seigneur, il court un bruit que je ne saurais croire;

---

[1] Ou ce vers et le suivant sont de trop, ou il manque après eux deux vers avec rimes masculines.

ACTE V, SCÈNE V.

Il intéresse trop mes droits et votre gloire :
J'apprends que, vous laissant séduire par l'amour,
Vous voulez épouser Criséis en ce jour.

AGÉLAS.

Le bruit qui se répand ne me fait nul outrage :
Un inconnu pouvoir à cet hymen m'engage ;
Et mon choix, l'élevant dans ce rang glorieux,
Peut réparer assez l'injustice des dieux.

DÉMOCRITE, à Agélas.

Vous voulez tout de bon en faire votre femme.

AGÉLAS.

Jamais aucun espoir n'a tant flatté mon âme.

THALER, à part.

Tatigué, queu malin !

(A Agélas.)

Rendez-moi mon bijou,
Et je prends, pour partir, mes jambes à mon cou.

AGÉNOR, donnant le bracelet au roi.

Par les soins que j'ai pris, on vient de me le rendre,
Seigneur, je vous l'apporte.

THALER.

On m'a bien fait attendre.
N'en a-t-on rien ôté ?

AGÉLAS.

Les yeux sont éblouis
Des traits de feu qu'on voit...

(A Thaler.)

Mais d'où vient ce rubis?

THALER.

Du pays des rubis. Il est à notre fille.

AGÉLAS.

Comment?

THALER.

Oui ; c'est, seigneur, un bijou de famille.

AGÉLAS.

Éclaircis-nous le fait sans feinte et sans détour.

THALER.

Mais tout ce que je dis est plus clair que le jour.

AGÉLAS.

Ce discours ambigu cache quelque mystère :
Explique-toi.

THALER.

Morgué! je ne suis point son père,
Puisqu'il faut vous le dire et parler tout de bon.

CRISÉIS.

Juste ciel!

THALER.

Je ne fais que lui prêter mon nom,
Comme bien d'autres font.

CLÉANTHIS, à part.

Le dénoûment s'avance.

AGÉLAS.

Et quel est donc celui qui lui donna naissance?

STRABON, à part.

Ce n'est pas moi, toujours.

THALER, montrant Cléanthis.

Cette femme, je croi,
Si vous l'interrogez, le dira mieux que moi :
La drôlesse, un matin, s'en vint, bon jour, bonne œuvre,
Jusqu'à notre maison porter ce biau chef-d'œuvre.

CLÉANTHIS.

Moi, quelle calomnie!

THALER, à Cléanthis.

Oh! je vous connais bien.

CLÉANTHIS.

Qui? moi, j'aurais...

THALER.

Oui, vous.

AGÉLAS, à Cléanthis.

Ne dissimule rien.

CLÉANTHIS.

Seigneur, j'ai satisfait aux ordres de la reine,
Qui, de son premier lit, n'ayant pour fruit qu'Ismène,
Et lui voulant au trône assurer tous les droits,
M'obligea de porter sa fille dans les bois.

AGÉLAS.

Puis-je croire, grands dieux! cette étrange aventure?
Mais, hélas! n'est-ce point une heureuse imposture?

CLÉANTHIS.

Seigneur, ce bracelet avecque ce rubis
Rendent le fait constant.

STRABON, à part.

Je reprends mes esprits.

ACTE V, SCÈNE V.

AGÉLAS, à Criséis.

Il est temps qu'à présent, puisque le ciel l'ordonne,
Je remette à vos pieds le sceptre et la couronne.
Je vous rends votre bien, madame ; et désormais
Je ne le puis tenir que de vos seuls bienfaits.

CRISÉIS.

Je ne me plaignais point du sort où j'étais née :
Maintenant que le ciel, changeant ma destinée,
Veut réparer les maux qu'il m'avait fait souffrir,
Je me plains de n'avoir qu'un cœur à vous offrir.

AGÉLAS, à Ismène.

Madame, vous voyez mon destin et le vôtre ;
Le ciel ne nous a point fait naître l'un pour l'autre ;
Mais ce prince pourra, sensible à vos attraits,
De la perte du trône adoucir les regrets.

ISMÈNE.

Agénor à mes yeux vaut bien une couronne.

AGÉNOR.

Seigneur...

AGÉLAS, à Thaler.

    Vous, dont je tiens cette aimable personne,
Demandez ; je ne puis trop vous récompenser.

THALER.

Faites-moi maltôtier toujours pour commencer.

DÉMOCRITE, à Agélas.

Seigneur, depuis longtemps je garde le silence,
Un tel événement étourdit ma prudence :
Interdit et confus de tout ce que je vois,
J'ai peine à retrouver l'usage de la voix.
Il est temps cependant de me faire connaître.
Je n'ai point été tel que j'ai voulu paraître :
Vraiment faible au dedans, philosophe au dehors,
L'esprit était la dupe et l'esclave du corps.
Deux yeux, deux yeux charmants avaient, pour ma ruine,
Détraqué les ressorts de toute la machine.
De la philosophie en vain on suit les lois ;
La nature en nos cœurs ne perd jamais ses droits ;
Et[1], comptant nos défauts, je vois, plus je calcule,

---

[1] Cette leçon est conforme à l'édition originale ; et je la crois celle de l'auteur. Dans toutes les autres éditions, on trouve EN *comptant*, au lieu de ET, *comptant*.

Qu'il n'est point de mortel qui n'ait son ridicule :
Le plus sage est celui qui le cache le mieux.
J'étais amoureux.

AGÉLAS.

Vous !

CLÉANTHIS.

Vous étiez amoureux ?

DÉMOCRITE.

L'amour m'avait forcé, pour traverser ma vie,
Dans les retranchements de la philosophie.

(Montrant Criséis).

Voilà l'objet fatal, le véritable écueil
Où la fière sagesse a brisé son orgueil.

CLÉANTHIS.

Vous aimiez Criséis ?

DÉMOCRITE.

La partie animale
Avait pris, malgré moi, le pas sur la morale ;
La nature perverse entraînait la raison.
A l'univers entier j'en demande pardon.
Adieu.

AGÉLAS.

Ne partez point ; il y va de ma gloire.

DÉMOCRITE.

Faut-il que j'orne encor votre char de victoire ?
Je ne me trouve pas assez bien de la cour,
Seigneur, pour y vouloir faire un plus long séjour.
J'ai fait, en m'y montrant, une folie extrême ;
J'y vins comme un franc sot, et je m'en vais de même ;
Trop heureux d'en partir libre de passion,
Et d'avoir de critique ample provision !
J'en ai fait à la cour un recueil à bon titre :
Je me mets, je l'avoue, en tête du chapitre
De ceux que l'amour fait à l'excès s'oublier ;
Mais, sans le bracelet, vous étiez le premier.
Je vais chercher des lieux où la philosophie
Ne soit plus exposée à cette épilepsie.
Dans un antre plus creux, achevant mon emploi,
Je vais rire de vous ; riez aussi de moi.

(Il sort.)

SCÈNE VI.

ISMÈNE, AGÉLAS, AGÉNOR, CRISÉIS, CLÉANTHIS, STRABON, THALER.

AGÉLAS.

Tâchons de l'arrêter.
(A Criséis.)
Nous cependant, madame,
Allons pour couronner une si belle flamme.

SCÈNE VII [1].

CLÉANTHIS, STRABON.

STRABON.
Eh bien ! que dirons-nous ? Partirai-je avec lui ?
CLÉANTHIS.
Je suis bien en courroux ; si, pourtant, aujourd'hui,
Tu voulais un peu mieux m'aimer ?
STRABON.
Déjà, coquine,
Tu voudrais me tenir ; je le vois à ta mine.
Je te pardonne tout, fais-moi grâce à ton tour.
Oublions le passé, renouvelons d'amour.
Je ne serai pas seul qui, d'une âme enchantée,
Aura repris sa femme après l'avoir quittée.

[1] Dans l'édition originale, cet acte n'est divisé qu'en six scènes.

FIN DE DÉMOCRITE.

AVERTISSEMENT

SUR

LE RETOUR IMPRÉVU.

Cette comédie a été représentée, pour la première fois, le jeudi 11 février 1700.

Le sujet en est tiré du *Mostellaria* de Plaute, et il faut que l'idée en ait paru plaisante et théâtrale, car plusieurs de nos poètes l'ont mise sur la scène avant et depuis Regnard [1].

Nous n'entreprendrons pas de donner un extrait de cette pièce; nous nous contenterons de citer les scènes dont Regnard a cherché à tirer parti.

Le premier acte du *Mostellaria* présente une esquisse des débauches de Philolachès pendant l'absence de son père. Regnard se propose le même objet dans ses huit premières scènes. Le personnage du marquis est imité de celui de Callidamatès (scène IV du premier acte), qui vient ivre, accompagné de sa belle, faire la débauche chez Philolachès. Ces deux personnages sont épisodiques dans l'une et dans l'autre pièce. Le rôle du marquis nous semble cependant plus agréable que celui de Callidamatès, qui est un débauché crapuleux, déjà pris de vin lorsqu'il arrive chez son ami, et qui, après avoir fait quelques caresses à sa maîtresse, se laisse tomber sur un lit et s'endort.

Tranion, valet de Philolachès, ouvre le second acte, et annonce le retour inattendu de Theuropidès, père de ce jeune débauché. Embarras de Philolachès; extravagances de Callidamatès, que l'on

---

[1] Qui au moins y a pris le caractère du vieillard crédule.

s'efforce de réveiller, mais que son extrême ivresse empêche de connaître le danger où se trouvent ses amis. Cependant Tranion reprend courage, il imagine un moyen d'éloigner Theuropidès; il recommande à Philolachès et à ses convives de se renfermer dans la maison, et se résout à aborder seul le vieillard.

Dans Regnard, Merlin, qui remplace Tranion, est instruit seul de l'arrivée du père de son maître, et se trouve serré de si près, qu'il ne peut en informer Clitandre. Celui-ci ignore, et le malheur qui le menace, et la ruse que son valet emploie pour le parer; de sorte que sa joie n'en est pas troublée, non plus que celle de ses convives.

Les scènes suivantes sont imitées avec plus d'exactitude : l'embarras de Merlin à la vue du vieillard, ses *à parte*, sont absolument semblables dans les deux pièces. Dans Plaute, la fourberie de Tranion est traversée par l'arrivée d'un usurier qui demande son paiement; il est d'abord déconcerté, et il tâche d'imposer silence au créancier importun. Ne pouvant y parvenir, il confesse au vieillard que son fils a emprunté quarante mines; mais il ajoute qu'il a employé cet argent à acheter une maison. Le père approuve l'emprunt, et congédie l'usurier en promettant de le satisfaire.

Le nouvelles fourberies de Tranion, loin de le tirer d'affaire, ne font qu'augmenter son embarras. Theuropidès, content de la nouvelle acquisition de son fils, désire aller la visiter, et exige qu'on la lui indique sur-le-champ, pour aller la voir; le valet, ne sachant que dire ni que faire, nomme au hasard Simon, voisin de Theuropidès, comme vendeur de cette maison.

Sur ces entrefaites Simon arrive (ce rôle ressemble à celui de Mme Bertrand) : Tranion le prévient que son maître veut faire de nouvelles constructions dans sa maison, et qu'il désire prendre la sienne pour modèle. Simon consent de la laisser voir, et Tranion abouche les deux vieillards. Il avait prévenu son maître que Simon était fâché d'avoir vendu sa maison, et l'avait engagé à ne point lui rappeler un souvenir qui augmentait son chagrin. Cette scène est très-comique. Theuropidès visite la maison à son aise; il paraît enchanté de ce qu'il voit, et est très-content du marché de son fils. On reconnaît dans cette scène la dix-huitième de la pièce de Regnard; cependant elle ne se termine pas de même : il n'y a point d'explications entre les deux vieillards, comme entre Géronte et Mme Bertrand, et la fourberie de Tranion a un succès complet.

A l'ouverture du IVe acte, toutes les fourberies commencent à se découvrir, mais moins plaisamment et avec plus de lenteur que dans Regnard.

Le valet de Callidamatès va chercher son maître, suivant les ordres qu'il en avait reçus; il est rencontré par Theuropidès dans l'instant qu'il se dispose à frapper à la porte de Philolachès, et, sans connaître ce vieillard, il lui apprend la mauvaise conduite de son fils, et lui découvre les fourberies de Tranion. Molière a pu faire usage de cette scène dans la scène II du second acte de George Dandin. Simon survient qui achève de dévoiler tout à Theuropidès, en s'expliquant avec lui au sujet de la maison.

Au cinquième acte, Theuropidès, furieux, veut faire punir Tranion. Callidamatès survient; il est ivre : cependant il entreprend de réconcilier le fils avec le père; et, ce qui étonne un peu, il y parvient sans beaucoup de peine : il obtient même la grâce de Tranion, sur laquelle le vieillard se montrait d'abord inflexible.

Ce dénoûment nous paraît moins heureux que celui de Regnard. La facilité de Theuropidès est peu vraisemblable, et la présence d'un débauché pris de vin, et accompagné de courtisanes, nous semblait devoir plutôt exciter la colère du vieillard, que propre à ménager une réconciliation. La présence et les discours du marquis ne produisent pas, à beaucoup près, le même effet dans la pièce de Regnard. L'incident du sac de vingt mille francs prépare le dénoûment d'une manière plus adroite et plus naturelle : le caractère du vieillard y est mieux soutenu; et il est plus vraisemblable qu'il pardonne à son fils, dans l'espoir de recouvrer son argent, qu'il ne l'est qu'il se rende aux persuasions d'un de ses compagnons de débauche.

En 1578, Pierre La Rivey, poète champenois, a mis sur la scène le sujet du Mostellaria. Sa comédie est intitulée *les Esprits*. Nous ne nous étendrons pas beaucoup sur cette pièce, qui nous paraît une mauvaise imitation des Adelphes et du Mostellaria, et qui ne nous semble pas mériter les éloges que lui donnent les auteurs de l'Histoire du Théâtre français. Les mœurs y sont outragées avec une indécence que la licence du temps ne peut excuser. L'espèce de ruse employée par les valets demande de la part des vieillards beaucoup de crédulité : aussi dans Plaute et dans Regnard sont-ils très-crédules; mais dans La Rivey, cette crédulité est poussée à l'extrême, et au-delà des bornes de la vraisemblance. Rien n'égale l'imbécillité de Séverin. Quoiqu'il se méfie de Frontin, et qu'il l'accuse d'avoir débauché son fils, il croit néanmoins, sur la parole de ce valet, que sa maison est pleine de diables. Il fait venir un sorcier pour les conjurer; Frontin contrefait le diable, et répond pour lui. Cette scène extravagante aboutit à escroquer au vieil avare un diamant, sans que l'on sache, ni si le sorcier a expulsé les diables, ni si Séverin peut rentrer dans sa maison.

Le dénoûment a cependant quelque ressemblance avec celui de Regnard; mais si notre poëte a tiré parti de l'idée de La Rivey, il faut convenir qu'il l'a embellie. Dans les deux pièces, les avares ne pardonnent à leurs fils que dans la vue de recouvrer une bourse qui leur a été volée, mais les circonstances sont différentes. Dans La Rivey, Séverin porte sur soi une bourse de deux mille écus, que son caractère soupçonneux ne lui permet pas de perdre de vue un seul instant. Cependant, par une inconséquence inexplicable, il se détermine à la cacher sous une pierre, près le seuil de la porte de sa maison de ville. C'est cette bourse qui lui est enlevée, et dont la restitution est le prix de la réconciliation générale. Le Géronte de Regnard est aussi avare, mais plus prudent; il a vingt mille francs en or qu'il cache dans l'intérieur de sa maison : personne ne sait son secret; il ne le découvre que par nécessité, et par une suite très-comique du stratagème de Merlin, qui lui-même ne s'attendait pas à la découverte.

Montfleuri a mis aussi sur la scène le sujet du Mostellaria, dans le premier acte d'une pièce intitulée, *le Comédien poète*, représentée sur le théâtre de la rue Guénégaud, en 1673. Ce premier acte a été imprimé séparément sous le titre du *Garçon sans conduite*, et forme une petite comédie très-inférieure à celle de Regnard, mais supérieure à celle de La Rivey. Montfleury n'a imité que l'incident de la supercherie de Tranion; il y a seulement introduit un personnage de son invention, qu'il nomme Dargentbref, que l'on s'attend à trouver plaisant, et qui n'est qu'ennuyeux, et dans la bouche duquel il met une morale d'autant plus déplacée, que ce Dargentbref est un joueur et un escroc, qui profite lui-même des travers qu'il fronde.

La principale scène entre Damon père et Clitandre est imitée et presque traduite de Plaute jusqu'à l'endroit où Tranion fait l'histoire de l'hôte assassiné. Montfleuri a changé cet endroit, à l'imitation de La Rivey, et au lieu de l'ombre d'un mort, il fait habiter la maison par des diables.

DAMON père.

Je veux heurter.

CRISPIN.
Monsieur, n'approchez pas, vous dis-je.
DAMON père.
Mais pourquoi m'empêcher d'approcher mon logis?
CRISPIN.
Depuis près de six mois il revient des esprits.
DAMON père.
Maraud!
CRISPIN.
Sur votre bail le diable a mis enchère,
Monsieur, et fait chez vous son sabbat ordinaire.

Nous observons ici que Montfleuri est celui qui a mis le plus de vraisemblance dans sa pièce. Damon n'est nullement disposé à croire le récit du valet; il s'obstine à vouloir entrer chez lui, et ce n'est que lorsqu'il est convaincu par le témoignage de ses propres yeux, qu'il commence à s'effrayer.

Le dénoûment de la pièce de Montfleuri est le plus vicieux de tous, ou pour mieux dire, il n'y a point de dénoûment dans cette pièce. La manie de Damon fils était de faire construire des décorations et des machines de théâtre : c'est à cet usage qu'il employait les grands biens dont son père lui avait confié le dépôt pendant son absence. Les amis du jeune homme profitent de l'occasion pour appuyer le récit de Crispin : ils se déguisent en diables, et à l'aide d'une machine, ils enlèvent le vieillard. C'est par ce burlesque coup de théâtre que la pièce se termine.

Enfin Destouches a cherché aussi à mettre sur notre scène le Mostellaria. Sa comédie du *Trésor caché*, imprimée dans ses œuvres posthumes, est une imitation de la comédie de Plaute; mais on n'y reconnaît point l'auteur du *Glorieux* et du *Philosophe marié*. Ce sujet si plaisant, et qui fournissait tant de situations comiques, est rendu d'une manière froide et languissante : cette pièce est l'une des plus mauvaises de ce poète qui, d'ailleurs, tient un rang distingué sur la scène française.

Telles sont les principales pièces imitées du Mostellaria; et ce que nous avons dit suffit pour faire juger de la supériorité de celle de Regnard. L'idée, comme l'observent les auteurs de l'Histoire du Théâtre français, est extrêmement bouffonne, et même un peu ridicule; mais il n'est pas juste de dire que Regnard ait enchéri sur ce ridicule, ni que ses personnages soient trop chargés et plus vicieux que ceux qui, dans Plaute, lui ont servi de modèles. Merlin est plus gai que Tranion; Géronte est plus comique que Theuropidès; c'est un vieil avare justement puni : Theuropidès, au contraire, est un père sage, en faveur de qui on s'intéresse, ce qui rend moins plaisants les stratagèmes dont il est la dupe. Le personnage du marquis, quoiqu'il semble remplacer celui de Callidamatès, nous paraît si supérieur à son modèle, qu'on peut le regarder comme appartenant à Regnard. Mme Bertrand remplace Simon; et M. André, l'usurier. Aucun des personnages de cette agréable comédie ne nous paraît vicieux ni inutile. La critique des auteurs de l'Histoire du Théâtre français nous semble donc injuste, et une suite des préventions que nous leur avons déjà reprochées contre notre poète.

LE RETOUR IMPRÉVU [1]

COMÉDIE EN UN ACTE ET EN PROSE.

Représentée, pour la première fois, le jeudi 11 février 1700.

ACTEURS :

GÉRONTE, père de Clitandre.
CLITANDRE, amant de Lucile.
Mme BERTRAND, tante de Lucile.
LUCILE.
CIDALISE.
LE MARQUIS.
LISETTE.
M. ANDRÉ, usurier.
MERLIN, valet de Clitandre.
JAQUINET, valet de Géronte.

La scène est à Paris.

SCÈNE I.

Mme BERTRAND, LISETTE.

Mme BERTRAND.

Ah! vous voilà! Je suis fort aise de vous rencontrer. Parlons ensemble un peu sérieusement, je vous prie, mademoiselle Lisette.

LISETTE.

Aussi sérieusement qu'il vous plaira, madame Bertrand.

Mme BERTRAND.

Savez-vous bien que je suis fort mécontente de la conduite et des manières de ma nièce?

LISETTE.

Comment donc, madame! Que fait-elle de mal, s'il vous plaît?

Mme BERTRAND.

Elle ne fait rien que de mal; et le pis que j'y trouve, c'est qu'elle garde auprès d'elle une coquine comme vous, qui ne lui donnez que de mauvais conseils, et qui la poussez

[1] L'œuvre originale est de 1700.

dans un précipice où son penchant ne l'entraîne déjà que trop.

LISETTE.

Voilà un discours très-sérieux au moins, madame ; et si je répondais aussi sérieusement, la fin de la conversation pourrait bien faire rire ; mais le respect que j'ai pour votre âge, et pour la tante de ma maîtresse, m'empêchera de vous répondre avec aigreur.

Mme BERTRAND.

Vous avez bien de la modération !

LISETTE.

Il serait à souhaiter, madame, que vous en eussiez autant : vous ne seriez pas la première à scandaliser votre nièce, et à la décrier, comme vous faites, dans le monde, par des discours qui n'ont point d'autre fondement que le déréglement de votre imagination.

Mme BERTRAND.

Comment, impudente ! le déréglement de mon imagination ! C'est le déréglement de vos actions qui me fait parler ; et il n'y a rien de plus horrible que la vie que vous faites.

LISETTE.

Comment donc, madame ! quelle vie faisons-nous, s'il vous plaît ?

Mme BERTRAND.

Quelle ? Y a-t-il rien de plus scandaleux que la dépense que Lucile fait tous les jours ? une fille qui n'a pas un sou de revenu !

LISETTE.

Nous avons du crédit, madame.

Mme BERTRAND.

C'est bien à elle d'avoir seule une grosse maison, des habits magnifiques.

LISETTE.

Est-il défendu de faire fortune ?

Mme BERTRAND.

Et comment la fait-elle, cette fortune ?

LISETTE.

Fort innocemment : elle boit, mange, chante, rit, joue, se promène ; les biens nous viennent en dormant, je vous en assure.

Mme BERTRAND.

Et la réputation se perd de même. Elle verra ce qui lui

arrivera; elle n'aura pas un sou de mon bien. Premièrement, ma fille unique ne veut plus être religieuse; je m'en vais la marier : mon frère le chanoine, qui lui en veut depuis longtemps, la déshéritera; car il est vindicatif. Patience, patience; elle ne sera pas toujours jeune.

LISETTE.

Hé! vraiment, c'est pour cela que nous songeons à profiter de la belle saison.

Mme BERTRAND.

Oui! fort bien! et tout le profit qui vous en demeurera, c'est que vous mourrez toutes deux à l'hôpital, et déshonorées encore.

LISETTE.

Oh! pour cela, non, madame; un bon mariage va nous mettre à couvert de la prédiction.

Mme BERTRAND.

Un bon mariage! Elle va se marier?

LISETTE.

Oui, madame.

Mme BERTRAND.

A la bonne heure, je ne m'en mêle point; je la renonce pour ma nièce, et je ne prétends pas aider à tromper personne. Adieu.

LISETTE.

Nous ferons bien nos affaires sans vous; ne vous mettez pas en peine.

Mme BERTRAND.

Je crois que ce sera quelque belle alliance!

LISETTE.

Ce sera un mariage dans toutes les formes; et quand il sera fait, vous serez trop heureuse de nous faire la cour, et d'être la tante de votre nièce.

SCÈNE II.

MERLIN, LISETTE.

MERLIN.

Bonjour, ma chère enfant. Qui est cette vieille madame avec qui tu étais en conversation?

LISETTE.

Quoi! tu ne connais pas madame Bertrand, la tante de ma maîtresse?

SCÈNE II.

MERLIN.

Si fait vraiment, je ne connais autre ; je ne l'avais pas bien envisagée.

LISETTE.

C'est une femme fort à son aise, qui a de bonnes rentes sur la ville, des maisons à Paris. Lucile est fort bien apparentée, au moins.

MERLIN.

Oui, mais elle n'en est pas plus riche.

LISETTE.

Il ne faut désespérer de rien ; cela peut venir. S'il lui mourait trois oncles, deux tantes, trois couples de cousins germains, deux pairs de neveux et autant de nièces, elle se trouverait une fort [1] grosse héritière.

MERLIN.

Comment diable ! Mais sais-tu bien qu'en temps de peste, cette fille-là pourrait devenir un très-gros parti ?

LISETTE.

Le parti n'est pas mauvais dès à présent ; et la beauté...

MERLIN.

Tu as raison, sa beauté tient lieu de tout ; et mon maître est absolument déterminé à l'épouser.

LISETTE.

Et elle, absolument déterminée à épouser ton maître.

MERLIN.

Il y aura peut-être quelque tribulation à essuyer au retour de notre bonhomme de père : mais il ne reviendra pas sitôt ; nous aurons le temps de nous préparer ; et mon maître ne sera pas malheureux, s'il n'a que ce chagrin-là de son mariage.

LISETTE.

Comment donc ? que veux-tu dire ?

MERLIN.

Le mariage est sujet à de grandes révolutions.

LISETTE.

Ah ! ah ! tu es encore un plaisant visage, de croire que Clitandre puisse jamais se repentir d'avoir épousé Lucile, une fille que j'ai élevée !

MERLIN.

Tant pis.

---

[1] Je n'ai trouvé ce mot *fort* que dans l'édition originale.

LISETTE.

Une fille belle, jeune, et bien faite!

MERLIN.

Il n'y a pas là de quoi se rassurer.

LISETTE.

Une fille aisée à vivre!

MERLIN.

La plupart des filles ne le sont que trop.

LISETTE.

Une fille sage et vertueuse!

MERLIN.

Et c'est toi qui l'as élevée?

LISETTE.

Parle donc, maraud; que veux-tu dire?

MERLIN.

Tiens, veux-tu que je te parle franchement? cette alliance ne me plaît point du tout; et je ne prévois pas que nous y trouvions notre compte ni l'un ni l'autre. Clitandre fait de la dépense, parce qu'il est amoureux : l'amour rend libéral; le mariage corrige l'amour. Si mon maître devenait avare, où en serions-nous?

LISETTE.

Il est d'un naturel trop prodigue pour devenir jamais trop économe. A-t-il donné de bons ordres pour le régal d'aujourd'hui?

MERLIN.

Je t'en réponds. Trois garçons de la Guerbois viennent d'arriver avec tout leur attirail de cuisine; Camel, le fameux Camel, marchait à leur tête. L'illustre Forel[1] a envoyé six douzaines de bouteilles de vin de Champagne comme il n'y en a point : il l'a fait lui-même.

LISETTE.

Tant mieux; j'aime la bonne chère.

SCÈNE III.

CLITANDRE, MERLIN, LISETTE.

LISETTE, à Merlin.

Mais voici ton maître.

---

[1] Forel avait son cabaret à l'enseigne de l'*Alliance*. Il était tout près de la porte de l'hôtel des Comédiens.

CLITANDRE.

Hé! bonjour, ma chère Lisette. Comment te portes-tu, mon enfant? Que fait ta belle maîtresse?

LISETTE.

Elle est chez elle avec Cidalise.

CLITANDRE.

Va, cours, ma chère Lisette, la prier de se rendre au plus tôt ici; je n'ai d'heureux moments que ceux que je passe avec elle.

LISETTE.

Que vous êtes bien faits l'un pour l'autre! Elle s'ennuie à la mort quand elle ne vous voit point : elle ne tardera pas, je vous en réponds.

SCÈNE IV.

CLITANDRE, MERLIN.

MERLIN.

Eh bien! monsieur, vous allez donc épouser? Vous voici, grâce au ciel, bientôt à la conclusion de votre amour, et à la fin de votre argent. C'est vraiment bien fait de terminer ainsi toutes ses affaires. Mais, s'il vous plaît, qu'allons-nous faire en attendant le retour de monsieur votre père, qui est en Espagne depuis un an pour les affaires de son commerce? et que ferons-nous quand il sera revenu?

CLITANDRE.

Que tu es impertinent avec tes réflexions! Hé! mon ami, jouissons du présent; n'ayons point de regret au passé, et ne lisons point des choses fâcheuses dans l'avenir. N'as-tu pas reçu de l'argent pour moi ces jours passés?

MERLIN.

Il n'y a que trois semaines que j'ai touché une demi-année d'avance de ce fermier à qui vous avez donné quittance de l'année entière.

CLITANDRE.

Bon.

MERLIN.

J'ai reçu, l'autre semaine, dix-huit cents livres de ce curieux, pour ces deux grands tableaux dont votre père avait refusé deux mille écus quelque temps avant que de partir.

CLITANDRE.

Bon.

MERLIN.

Bon? J'ai encore eu deux cents louis d'or de ce fripier pour cette tapisserie que monsieur votre père avait achetée, il y a deux ans, cinq mille francs [1], à un inventaire.

CLITANDRE.

Bon.

MERLIN.

Oui, oui, nous avons fait de bons marchés pendant son absence, n'est-ce pas?

CLITANDRE.

Voilà un petit rafraîchissement qui nous mènera quelque temps, et nous travaillerons ensuite sur nouveaux frais.

MERLIN.

Travaillez-y donc vous-même; car pour moi je fais conscience d'être l'instrument et la cheville ouvrière de votre ruine : c'est par mes soins que vous avez trouvé le moyen de dissiper plus de dix mille écus, sans compter douze ou quinze mille francs que vous devez encore à plusieurs quidams, usuriers ou notaires (c'est presque la même chose), qui nous vont tomber sur le corps au premier jour.

CLITANDRE.

Celui qui m'embarrasse le plus, c'est ce persécutant monsieur André; et si, je ne lui dois que trois mille cinq cents livres.

MERLIN.

Il ne vous a prêté que cela; mais vous avez fait le billet de deux mille écus. Il a, depuis quatre jours, obtenu contre vous une sentence des consuls; et il ne serait pas plaisant que, le jour de la noce, il vous fît coucher au Châtelet.

CLITANDRE.

Nous trouverons des expédients pour nous parer de cet inconvénient.

MERLIN.

Hé! quel expédient trouver? Nous avons fait argent de

---

[1] Page 624, Géronte dit : *Près de deux mille écus*. Or il est à croire qu'il faut ici une somme au-dessus de *cinq mille francs*. Un usurier n'aurait pas prêté 4,800 francs sur un objet qui n'en aurait coûté que 5,000. Il est vrai que page 625 il est dit 1,800 livres.

tout; les revenus sont touchés d'avance; la maison de la ville est démeublée à faire pitié; nous avons abattu les bois de la maison de campagne, sous prétexte d'avoir de la vue. Pour moi, je vous avoue que je suis à bout.

CLITANDRE.

Si mon père peut être encore cinq ou six mois sans venir, j'aurai tout le temps de réparer, par mon économie, les premiers désordres de ma jeunesse.

MERLIN.

Assurément. Et monsieur votre père, de son côté, ne travaille-t-il pas à reboucher tous ces trous-là?

CLITANDRE.

Sans doute.

MERLIN.

Il vaut mieux que vous fassiez toutes ces sottises-là de son vivant qu'après sa mort; il ne serait plus en état d'y remédier.

CLITANDRE.

Tu as raison, Merlin.

MERLIN.

Allez, monsieur, vous n'avez pas tant de tort qu'on dirait bien. Monsieur votre père fera un gros profit pendant son voyage; vous aurez fait une grosse dépense pendant son absence : quand il reviendra, de quoi aura-t-il à se plaindre? Ce sera comme s'il n'avait bougé de chez lui; et, au pis aller, ce sera lui qui aura eu tort de voyager.

CLITANDRE.

Que tu parles aujourd'hui de bon sens, mon pauvre Merlin!

MERLIN.

Entre nous, ce n'est pas un grand génie que monsieur votre père; je l'ai mené autrefois par le nez, comme vous savez; je lui fais accroire ce que je veux : et quand il reviendrait présentement, je me sens encore assez de vigueur pour vous tirer des affaires les plus épineuses. Allons, Monsieur, grande chère et bon feu; le courage me revient. Combien serez-vous à table aujourd'hui?

CLITANDRE.

Cinq ou six.

MERLIN.

Et votre bon ami le marquis, soi-disant tel, qui vous

aide à manger si généreusement votre bien, et qui n'est qu'un fat au bout du compte, y sera-t-il?
CLITANDRE.
Il me l'a promis.

SCÈNE V.

LUCILE, CIDALISE, CLITANDRE, MERLIN, LISETTE.

CLITANDRE, à Merlin.
Mais voici la charmante Lucile et sa cousine.
LUCILE.
Les démarches que vous me faites faire, Clitandre, ne peuvent être justifiées que par le succès qu'elles vont avoir; et je serais entièrement perdue dans le monde, si le mariage ne mettait fin à toutes les parties de plaisir où je me laisse engager tous les jours.
CLITANDRE.
Je n'ai jamais eu d'autres sentiments, belle Lucile; et voilà votre amie qui peut vous en rendre témoignage.
CIDALISE, à Clitandre.
Je suis caution de la bonté de votre cœur, et vous touchez au moment de la justifier par vous-même. Mais moi qui n'entre pour rien dans l'aventure, et qui n'ai point en vue de conclusion, quel personnage est-ce que je fais dans tout ceci? et que dira-t-on, je vous prie?
MERLIN, à Cidalise.
On dira qu'on se fait pendre par compagnie; et par compagnie, il ne tiendra qu'à vous de vous faire épouser : mon maître a tant d'amis! vous n'avez qu'à dire.
LISETTE, à Cidalise.
Prenez-en quelqu'un, madame : plus on est de fous, plus on rit. Allons, déterminez-vous.
MERLIN.
Je me donne au diable, pendant que nous sommes en train, il me prend envie d'épouser Lisette aussi par compagnie, moi; c'est une chose bien contagieuse que l'exemple.
CLITANDRE, à Cidalise.
Je voudrais que le nôtre la pût engager à nous imiter; et j'ai un jeune homme de mes amis qui s'est brouillé depuis quelques jours avec sa famille.

MERLIN, à Cidalise.

Voilà le vrai moyen de le raccommoder. Le cœur vous en dit-il?

CIDALISE.

Non; ces sortes d'alliances-là ne me plaisent point. Je ne dépends de personne; je veux prendre un mari aussi indépendant que moi.

MERLIN.

C'est bien fait; il n'est rien tel que d'avoir tous deux la bride sur le cou. Mais voici votre marquis qui vient au rendez-vous. Je vais voir si tout se prépare pour votre souper.

SCÈNE VI.

LE MARQUIS, CLITANDRE, LUCILE, CIDALISE, LISETTE.

LE MARQUIS.

Serviteur, mon ami. Ah! mesdames, je suis ravi de vous voir. Vous m'attendez [1], c'est bien fait : je suis l'âme de vos parties, j'en conviens; le premier mobile de vos plaisirs, je le sais. Où en sommes-nous? Le souper est-il prêt? Epouserons-nous? Aurons-nous du vin abondamment? Allons, de la gaîté; je ne me suis jamais senti de si belle humeur; et je vous défie de m'ennuyer.

CIDALISE.

En vérité, monsieur le marquis, vous vous êtes bien fait attendre.

LISETTE.

Cela serait beau, qu'un marquis fût le premier au rendez-vous! On croirait qu'il n'aurait rien à faire.

LE MARQUIS.

Je vous assure, mesdames, qu'à moins de voler, on ne peut pas faire plus de diligence : il n'y a pas, en vérité, trois quarts d'heure que je suis parti de Versailles. Vous connaissez ce cheval barbe et cette jument arabe que je mets ordinairement à ma chaise; il n'y a pas deux meilleurs animaux pour un rendez-vous de vitesse.

CLITANDRE, au marquis.

Quelle affaire si pressée?....

---

[1] *Attendez* est conforme à l'édition originale. Dans les autres éditions on lit, *attendiez*.

LE MARQUIS.

Et un postillon.... un postillon, qui n'est pas plus gros que le poing, et qui va comme le vent. Si nous n'avions pas, nous autres, de ces voitures volantes-là, nous manquerions la moitié de nos occasions.

LUCILE.

Et depuis quand, monsieur le marquis, vous mêlez-vous d'aller à Versailles? Il me semble que vous faites ordinairement votre cour à Paris.

LE MARQUIS, à Clitandre.

Eh bien! qu'est-ce, mon cher? Te voilà au comble des plaisirs; tu vas nager dans les délices : tu sais l'intérêt que je prends à tout ce qui te touche. Quelle félicité, lorsque deux cœurs bien épris approchent du moment attendu.... là, qu'on se voit à la queue du roman.

(Il chante.)

Sangaride, ce jour est un grand jour pour vous [1].

CLITANDRE.

Je ressens mon bonheur dans toute son étendue. Mais, dis-moi, je te prie, as-tu passé, comme tu m'avais promis, chez ce joaillier, pour ces diamants?

LE MARQUIS, à Cidalise.

Et vous, la belle cousine, qu'est-ce? le cœur ne vous en dit-il point? Il faut que l'exemple vous encourage. Ne voulez-vous point, en vous mariant, payer vos dettes à l'amour et à la nature? Fi! que cela est vilain d'être une grande inutile dans le monde!

CIDALISE.

L'état de fille ne m'a point encore ennuyée.

LE MARQUIS.

Ce sera quand il vous plaira, au moins, que nous ferons quelque marché de cœur ensemble : je suis fait pour les dames; et les dames, sans vanité, sont aussi faites pour moi. Je veux être déshonoré, si je ne vous trouve fort à mon gré; je me sens même de la disposition à vous aimer un jour à l'adoration, à la fureur; mais point de mariage au moins, point de mariage; j'aime les amours sans conséquence : vous m'entendez bien?

---

[1] Quinault, *Atys*, 1, vi.

LISETTE.

Vraiment, ce discours-là est assez clair; il n'a pas besoin de commentaire. Quoi! monsieur le marquis...

LE MARQUIS, à Clitandre.

Il n'est pas connaissable depuis qu'il me hante, ce petit homme. Il est vrai que je n'ai pas mon pareil pour débourgeoiser un enfant de famille, le mettre dans le monde, le pousser dans le jeu, lui donner le bon goût pour les habits, les meubles, les équipages. Je le mène un peu raide ; mais ces petits messieurs-là ne sont-ils pas trop heureux qu'on leur inspire les manières de cour, et qu'on leur apprenne à se ruiner en deux ou trois ans?

LUCILE, au marquis.

Avez-vous bien des écoliers?

LE MARQUIS.

A propos, où est Merlin? je ne le vois point ici : c'est un joli garçon; je l'aime; je le trouve admirable pour faire une ressource, pour écarter les créanciers, amadouer des usuriers, persuader des marchands, démeubler une maison en un tour de main. (A Clitandre.) Que ton père a eu de prévoyance, d'esprit, de jugement, de te laisser un gouverneur aussi sage, un économe aussi entendu! Ce coquin-là vaut vingt mille livres de rente, comme un sou, à un enfant de famille.

SCÈNE VII.

MERLIN, LUCILE, CIDALISE, LE MARQUIS, CLITANDRE, LISETTE.

MERLIN.

Messieurs et mesdames, quand vous voudrez entrer, le souper est tout prêt.

LE MARQUIS.

Oui, c'est bien dit; ne perdons point de temps. Je vous disais bien que Merlin était un joli garçon. Je me sens en disposition louable de bien boire du vin; vous allez voir si j'en tiens raisonnablement. Allons, mesdames, qui m'aime, me suive.

CLITANDRE.

Les moments sont trop chers aux amants; n'en perdons aucun.

SCÈNE VIII.

MERLIN, seul.

Voilà, Dieu merci, les affaires en bon train : nos amants sont en joie; fasse le ciel que cela dure longtemps!

SCÈNE IX.

JAQUINET, MERLIN.

MERLIN.

Mais que vois-je? Voilà, je crois, Jaquinet, le valet de notre bonhomme.

JAQUINET.

A la fin me voilà. Hé! bonjour, Merlin; soyez le bien retrouvé. Comment te portes-tu?

MERLIN, à part.

Et vous le mal revenu. (Haut.) Monsieur Jaquinet, comment t'en va?

JAQUINET.

Tu vois, mon enfant, le mieux du monde. A la fatigue près, nous avons fait un bon voyage.

MERLIN.

Comment, vous avez fait un bon voyage! Tu n'es donc pas venu tout seul!

JAQUINET.

La belle question! Vraiment non; je suis arrivé avec mon maître; et pendant qu'il est allé avec le carrosse de voiture faire visiter à la douane quelques ballots de marchandises, il m'a fait prendre les devants pour venir dire à monsieur son fils qu'il est de retour en parfaite santé.

MERLIN.

Voilà une nouvelle qui le réjouira fort. (A part.) Qu'allons-nous faire?

JAQUINET.

Qu'as-tu? Il semble que tu ne me fais guère bonne mine; et tu ne me parais pas trop content de notre arrivée.

MERLIN, à part.

Je ne suis pas celui qu'elle chagrinera le plus. Tout est perdu. (Haut.) Et dis-moi, le bonhomme a-t-il affaire pour longtemps à cette douane?

SCÈNE IX.

JAQUINET.

Non ; il sera ici dans un moment.

MERLIN, à part.

Dans un moment ! Où me fourrerai-je ?

JAQUINET.

Mais que diable as-tu donc ? Parle.

MERLIN.

Je ne saurais. (A part.) Ah ! le maudit vieillard ! Revenir si mal à propos, et ne pas avertir qu'il revient encore ! Cela est bien traître !

JAQUINET.

Te voilà bien intrigué ! Ce retour imprévu ne dérangerait-il point un peu vos petites affaires ?

MERLIN.

Oh ! non ; elles sont toutes dérangées, de par tous les diables.

JAQUINET.

Tant pis.

MERLIN.

Jaquinet, mon pauvre Jaquinet, aide-moi un peu à sortir d'intrigue, je te prie.

JAQUINET.

Moi ? que veux-tu que je fasse ?

MERLIN.

Va te reposer ; entre au logis, tu trouveras bonne compagnie : ne t'effarouche point, on te fera boire de bon vin de Champagne.

JAQUINET.

Cela n'est pas bien difficile.

MERLIN.

Dis à mon maître que son père est de retour, mais qu'il ne s'embarrasse point : je vais l'attendre ici, et tâcher de faire en sorte que nous puissions... (A part.) Je me donne au diable, si je sais comment m'y prendre. (Haut.) Dis-lui qu'il se tienne en repos ; et toi, commence par t'enivrer, et tu t'iras coucher. Bonsoir.

JAQUINET.

J'exécuterai tes ordres à merveille, ne te mets pas en peine.

SCÈNE X.

MERLIN, seul.

Allons, Merlin, de la vivacité, mon enfant, de la présence d'esprit. Ceci est violent : un père qui revient en impromptu d'un long voyage ; un fils dans la débauche, sa maison en désordre, pleine de cuisiniers ; les apprêts d'une noce prochaine [1] ! Il faut se tirer d'embarras pourtant [2].

SCÈNE XI.

GÉRONTE, MERLIN.

MERLIN.
Ah ! le voici. Tenons-nous un peu à l'écart, et songeons d'abord aux moyens de l'empêcher d'entrer chez lui.

GÉRONTE, à lui-même.
Enfin, après bien des travaux et des dangers, voilà, grâce au ciel, mon voyage heureusement terminé ; je retrouve ma chère maison, et je crois que mon fils sera bien sensible au plaisir de me revoir en bonne santé.

MERLIN, à part.
Nous le serions bien davantage à celui de te savoir encore bien loin d'ici.

GÉRONTE.
Les enfants ont bien de l'obligation aux pères qui se donnent tant de peine pour leur laisser du bien.

MERLIN, à part.
Oui ; mais ils n'en ont guère à ceux qui reviennent si mal à propos.

GÉRONTE.
Je ne veux pas différer davantage à rentrer chez moi, et à donner à mon fils le plaisir que lui doit causer mon retour : je crois que le pauvre garçon mourra de joie en me voyant.

MERLIN, à part.
Je le tiens déjà plus que demi-mort. Mais il faut l'aborder.

---

[1] Ces mots, *les apprêts d'une noce prochaine*, sont omis dans les éditions modernes ; mais on les trouve dans l'édition originale, dans celle de 1728, et dans celle de 1750.

[2] Je n'ai trouvé ce mot *pourtant* que dans l'édition originale.

SCÈNE XI.

(Haut.) Que vois-je? juste ciel! suis-je bien éveillé? Est-ce un spectre?

GÉRONTE.

Je crois, si je ne me trompe, que voilà Merlin.

MERLIN.

Mais vraiment! c'est monsieur Géronte lui-même, ou c'est le diable sous sa figure. Sérieusement parlant, serait-ce vous, mon cher maître?

GÉRONTE.

Oui, c'est moi, Merlin. Comment te portes-tu?

MERLIN.

Vous voyez, monsieur, fort à votre service, comme un serviteur fidèle, gai, gaillard, et toujours prêt à vous obéir.

GÉRONTE.

Voilà qui est bien. Entrons au logis.

(Il va pour entrer chez lui.)

MERLIN, l'arrêtant.

Nous ne vous attendions point, je vous assure; et vous êtes tombé des nues pour nous, en vérité.

GÉRONTE.

Non; je suis venu par le carrosse de Bordeaux, où mon vaisseau est heureusement abordé [1] depuis quelques jours... Mais nous serons aussi bien...

(Il va pour entrer chez lui.)

MERLIN, l'arrêtant.

Que vous vous portez bien! Quel visage! quel embonpoint! Il faut que l'air du pays d'où vous venez soit merveilleux pour les gens de votre âge. Vous y deviez bien demeurer, monsieur, pour votre santé, (à part.) et pour notre repos.

GÉRONTE.

Comment se porte mon fils? A-t-il eu grand soin de mes affaires, et mes deniers ont-ils bien profité entre ses mains?

MERLIN.

Oh! pour cela, je vous en réponds; il s'en est servi d'une manière... Vous ne sauriez comprendre comme ce jeune homme-là aime l'argent: il a mis vos affaires dans un état... dont vous serez étonné, sur ma parole.

---

[1] *Abordé* est conforme à l'édition originale. Dans toutes les autres éditions, on lit *arrivé*.

GÉRONTE.

Que tu me fais de plaisir, Merlin, de m'apprendre une si bonne nouvelle! Je trouverai donc une grosse somme d'argent qu'il aura amassée?

MERLIN.

Point du tout, monsieur.

GÉRONTE.

Comment, point du tout!

MERLIN.

Et non, vous dis-je : ce garçon-là est bien meilleur ménager que vous ne pensez; il suit vos traces; il fatigue son argent à outrance; et sitôt qu'il a dix pistoles, il les fait travailler jour et nuit.

GÉRONTE.

Voilà ce que c'est de donner aux enfants de bonnes leçons et de bons exemples à suivre. Je me meurs d'impatience de l'embrasser : allons, Merlin.

MERLIN.

Il n'est pas au logis, monsieur; et si vous êtes si pressé de le voir...

SCÈNE XII.

M. ANDRÉ, GÉRONTE, MERLIN.

M. ANDRÉ.

Bonjour, monsieur. Merlin.

MERLIN.

Votre valet, monsieur André, votre valet. (A part.) Voilà un coquin d'usurier qui prend bien son temps pour venir demander de l'argent.

M. ANDRÉ.

Savez-vous bien, monsieur Merlin, que je suis las de venir tous les jours sans trouver votre maître; et que, s'il ne me paie aujourd'hui, je le ferai coffrer demain, afin que vous le sachiez.

MERLIN, bas.

Nous voilà gâtés.

GÉRONTE, à Merlin.

Quelle affaire avez-vous donc?

MERLIN, bas à Géronte.

Je vous l'expliquerai tantôt : ne vous mettez pas en peine.

SCÈNE XII.

M. ANDRÉ, à Géronte.

Une affaire de deux mille écus qui me sont dus par son maître, dont j'ai le billet, et, en vertu d'icelui, une bonne sentence par corps, que je vais faire mettre à exécution.

GÉRONTE.

Qu'est-ce que cela veut dire, Merlin?

MERLIN.

C'est un maraud qui le ferait comme il le dit.

GÉRONTE, à M. André.

Clitandre vous doit deux mille écus?

M. ANDRÉ, à Géronte.

Oui, justement, Clitandre, un enfant de famille, dont le père est allé je ne sais où, et qui sera bien surpris, à son retour, quand il apprendra la vie que son fils mène pendant son absence.

MERLIN, à part.

Cela va mal.

M. ANDRÉ.

Autant que [1] le fils est joueur, dépensier et prodigue, autant le père, à ce qu'on dit, est un vilain, un ladre, un fesse-Mathieu.

GÉRONTE.

Que voulez-vous dire avec votre ladre et votre fesse-Mathieu?

M. ANDRÉ.

Ce n'est pas de vous dont je veux parler; c'est du père de Clitandre, qui est un sot, un imbécile.

GÉRONTE.

Merlin...

MERLIN, à Géronte.

Il vous dit vrai, monsieur; Clitandre lui doit deux mille écus.

GÉRONTE.

Et tu dis qu'il a été d'une si bonne conduite!

MERLIN.

Oui, monsieur; c'est un effet de sa bonne conduite de devoir cet argent-là.

GÉRONTE.

Comment, emprunter deux mille écus d'un usurier!

---

[1] Ce mot *que* se trouve dans l'édition originale et dans celle de 1728: on l'a supprimé dans les autres éditions.

car je vois bien, à la mine, que monsieur est du métier.

M. ANDRÉ, à Géronte.

Oui, monsieur; et je vous crois aussi de la profession.

MERLIN, à part.

Comme les honnêtes gens se connaissent!

GÉRONTE, à Merlin.

Tu appelles cela l'effet d'une bonne conduite?

MERLIN, bas à Géronte.

Paix, ne dites mot. Quand vous saurez le fond de cette affaire-là, vous serez charmé de monsieur votre fils; il a acheté une maison de dix mille écus.

GÉRONTE.

Une maison de dix mille écus!

MERLIN, bas, à Géronte.

Qui en vaut plus de quinze; et comme il n'avait que vingt-quatre mille francs d'argent comptant, pour ne pas manquer un si bon marché, il a emprunté les deux mille écus en question de l'honnête fripon que vous voyez. Vous n'êtes plus si fâché que vous étiez, je gage?

GÉRONTE.

Au contraire, je ne me sens pas de joie. (A M. André.) Oh! çà, monsieur, ce Clitandre, qui vous doit de l'argent, est mon fils.

MERLIN, à M. André.

Et monsieur est son père, entendez-vous?

M. ANDRÉ.

J'en ai bien de la joie.

GÉRONTE, à M. André.

Ne vous mettez point en peine de vos deux mille écus; j'approuve l'emploi que mon fils en a fait. Revenez demain, c'est de l'argent comptant.

M. ANDRÉ.

Soit. Je suis votre valet.

SCÈNE XIII.

GÉRONTE, MERLIN.

GÉRONTE.

Et, dis-moi un peu, dans quel endroit de la ville mon fils a-t-il acheté cette maison?

SCÈNE XIII.

MERLIN.

Dans quel endroit?

GÉRONTE.

Oui. Il y a des quartiers meilleurs les uns que les autres; celui-ci, par exemple...

MERLIN.

Mais vraiment, c'est aussi dans celui-ci qu'il l'a achetée.

GÉRONTE.

Bon, tant mieux. Où cela?

MERLIN.

Tenez, voyez-vous bien cette maison couverte d'ardoise, dont les fenêtres sont reblanchies depuis peu?

GÉRONTE.

Oui. Eh bien?

MERLIN.

Ce n'est pas celle-là; mais un peu plus loin, à gauche, là... cette grande porte cochère qui est vis-à-vis de cette autre qui est vis-à-vis d'elle, là... dans cette autre rue.

GÉRONTE.

Je ne saurais voir cela d'ici.

MERLIN.

Ce n'est pas ma faute.

GÉRONTE.

Ne serait-ce point la maison de madame Bertrand?

MERLIN.

Justement, de madame Bertrand; la voilà : c'est une bonne acquisition, n'est-ce pas?

GÉRONTE.

Oui, vraiment. Mais pourquoi cette femme-là vend-elle ses héritages?

MERLIN.

On ne prévoit pas tout ce qui arrive. Il lui est survenu un grand malheur; elle est devenue folle.

GÉRONTE.

Elle est devenue folle!

MERLIN.

Oui, monsieur. Sa famille l'a fait interdire; et son fils, qui est un dissipateur, a donné sa maison pour moitié de ce qu'elle vaut. (A part.) Je m'embourbe ici de plus en plus.

GÉRONTE.

Mais elle n'avait point de fils quand je suis parti.

MERLIN.

Elle n'en avait point?

GÉRONTE.

Non assurément.

MERLIN.

Il faut donc que ce soit sa fille.

GÉRONTE.

Je suis fâché de son accident. Mais je m'amuse ici trop longtemps; fais-moi ouvrir la porte.

MERLIN, à part.

Ouf! nous voilà dans la crise.

GÉRONTE.

Te voilà bien consterné! serait-il arrivé quelque accident à mon fils?

MERLIN.

Non, monsieur.

GÉRONTE.

M'aurait-on volé pendant mon absence?

MERLIN.

Pas tout à fait... (A part.) Que lui dirais-je?

GÉRONTE.

Explique-toi donc; parle.

MERLIN.

J'ai peine à retenir mes larmes. N'entrez pas, monsieur. Votre maison, cette chère maison que vous aimez tant... depuis six mois...

GÉRONTE.

Eh bien! ma maison, depuis six mois...

MERLIN.

Le diable s'en est emparé, monsieur; il nous a fallu déloger à mi-terme.

GÉRONTE.

Le diable s'est emparé de ma maison?

MERLIN.

Oui, monsieur : il y revient des lutins si [1] lutinants... C'est ce qui a obligé votre fils à acheter cette autre maison; nous ne pouvions plus demeurer dans celle-là.

---

[1] On ne trouve ce mot *si* que dans l'édition originale. Dans toutes les autres éditions, on l'a supprimé, en conservant les points de suspension après *lutinants*. Je pense que c'est une faute : en supprimant le *si*, les points de suspension deviennent inutiles. J'ai cru devoir conserver la leçon de l'édition originale.

SCÈNE XIII.

GÉRONTE.

Tu te moques de moi ; cela n'est pas croyable.

MERLIN.

Il n'y a sorte de niches qu'ils ne m'aient faites ; tantôt ils me chatouillaient la plante des pieds, tantôt ils me faisaient la barbe avec un fer chaud ; et, toutes les nuits régulièrement, ils me donnaient des camouflets qui puaient le soufre...

GÉRONTE.

Mais, encore une fois, je crois que tu te moques de moi.

MERLIN.

Point du tout, monsieur : qu'est-ce qu'il m'en reviendrait ? Nous avons vu là-dessus les meilleures devineresses de Paris, la Duverger même ; il n'y a pas moyen[1] de les faire déguerpir : ce diable-là est furieusement tenace ; c'est celui qui possède ordinairement les femmes, quand elles ont le diable au corps.

GÉRONTE.

Une frayeur soudaine commence à me saisir. Et dis-moi, je te prie, n'ont-ils point été dans ma cave ?

MERLIN.

Hélas ! monsieur, ils ont fourragé partout.

GÉRONTE.

Ah ! je suis perdu ; j'ai caché en terre un sac de cuir où il y a vingt mille francs.

MERLIN.

Vingt mille francs ! Quoi ! monsieur, il y a vingt mille francs dans votre maison ?

GÉRONTE.

Tout autant, mon pauvre Merlin.

MERLIN.

Ah ! voilà ce que c'est ; les diables cherchent les trésors, comme vous savez. Et en quel endroit ?

GÉRONTE.

Dans la cave.

MERLIN.

Dans la cave ? Justement, c'est là où ils font leur sabbat. (A part.) Ah ! si nous l'avions su plus tôt... (Haut.) Et de quel côté, s'il vous plaît ?

[1] Cette leçon est conforme à l'édition originale et à celle de 1728. Dans les autres éditions, on lit : *Il n'y a pas* EU *moyen*, etc.

GÉRONTE.

A gauche, en entrant, sous une grande pierre noire qui est à côté de la porte.

MERLIN.

Sous une grande pierre noire ! vingt mille francs ! Vous deviez bien nous en avertir ; vous nous eussiez épargné bien de l'embarras. C'est à gauche en entrant, dites-vous ?

GÉRONTE.

Oui ; l'endroit n'est pas difficile à trouver.

MERLIN, à part.

Je le trouverai bien. (Haut.) Mais savez-vous bien, monsieur, que vous jouiez là à nous faire tordre le cou ? Et toute la somme est-elle en or ?

GÉRONTE.

Toute en louis vieux.

MERLIN, à part.

Bon ! elle en sera plus aisée à emporter. (Haut.) Oh çà, monsieur, puisque nous savons la cause du mal, il ne sera pas difficile d'y remédier ; je crois que nous en viendrons à bout : laissez-moi faire.

GÉRONTE.

J'ai peine à me persuader tout ce que tu me dis : cependant on fait tant de contes sur ces matières-là, que je ne sais qu'en croire. Je m'en vais au-devant de mes hardes, et je reviens sur mes pas, pour voir ce qu'il faut faire en cette occasion. Qu'il y a de traverses dans la vie ! On ne saurait avoir un peu de bien que les hommes ou le diable ne cherchent à vous l'attraper.

SCÈNE XIV.

MERLIN, seul.

Le diable n'aura pas celui-ci.

SCÈNE XV.

LISETTE, MERLIN.

LISETTE.

Ah ! mon pauvre Merlin, est-il vrai que le père de ton maître est arrivé ?

MERLIN.

Cela n'est que trop vrai. Mais pour nous en consoler, j'ai trouvé un trésor.

LISETTE.

Un trésor !

MERLIN.

Il y a dans la cave, en entrant, à gauche, sous une grande grande pierre noire, un sac de cuir qui contient vingt mille francs.

LISETTE.

Vingt mille francs !

MERLIN.

Oui, mon enfant; je te dirai cela plus amplement : cours au sac, au sac; c'est le plus pressé.

LISETTE.

Mais si...

MERLIN.

Que le diable t'emporte avec tes si et tes mais. J'entends monsieur Géronte qui revient sur ses pas : sauve-toi au plus vite. Au sac, au sac.

SCÈNE XVI.

MERLIN, seul.

Nous voilà dans un joli petit embarras ! et vogue la galère !

SCÈNE XVII.

MERLIN, GÉRONTE.

GÉRONTE.

Je n'ai pas tardé, comme tu vois. J'ai trouvé mes gens à deux pas d'ici, et je les ai fait demeurer parce qu'il m'est venu en pensée de mettre mes ballots dans cette maison que mon fils a achetée.

MERLIN, à part.

Nouvel embarras !

GÉRONTE.

Je ne la remets pas bien; viens-t'en my conduire toi-même.

MERLIN.

Je le veux bien, monsieur; mais...

GÉRONTE.

Quoi! mais?

MERLIN.

Le diable ne s'est pas emparé de celle-là ; mais madame Bertrand y loge encore.

GÉRONTE.

Elle y loge encore !

MERLIN.

Oui, vraiment. On est convenu qu'elle achèverait le terme ; et, comme elle a l'esprit faible, elle se met dans une fureur épouvantable quand on lui parle de la vente de cette maison ; c'est là sa plus grande folie, voyez-vous.

GÉRONTE.

Je lui en parlerai d'une manière qui ne lui fera pas de peine. Allons, viens.

MERLIN, à part.

Oh ! pour le coup, tout est perdu.

GÉRONTE.

Tu me fais perdre patience. Je veux absolument lui parler, te dis-je.

SCÈNE XVIII.

Mme BERTRAND, GÉRONTE, MERLIN.

MERLIN.

Eh bien ! monsieur, parlez-lui donc ; la voilà qui vient heureusement : mais souvenez-vous toujours qu'elle est folle.

Mme BERTRAND.

Comment ! voilà monsieur Géronte de retour, je pense.

MERLIN, bas, à madame Bertrand.

Oui, madame, c'est lui-même ; mais il est revenu fou. Son vaisseau a péri, il a bu de l'eau salée un peu plus que de raison ; cela lui a tourné la cervelle.

Mme BERTRAND, bas.

Quel dommage ! le pauvre homme !

MERLIN, bas, à Mme Bertrand.

S'il s'avise de vous accoster par hasard, ne prenez pas garde à ce qu'il vous dira ; nous allons le faire enfermer. (Bas à Géronte.) Si vous lui parlez, ayez un peu d'égard à sa faiblesse ; songez qu'elle a le timbre un peu fêlé.

SCÈNE XVIII.

GÉRONTE, bas, à Merlin.

Laisse-moi faire.

Mme BERTRAND, à part.

Il a quelque chose d'égaré dans la vue.

GÉRONTE, à part.

Comme sa physionomie est changée! elle a les yeux hagards.

Mme BERTRAND, haut.

Eh bien! qu'est-ce, monsieur Géronte? vous voilà donc de retour en ce pays-ci?

GÉRONTE.

Prêt à vous rendre mes petits services.

Mme BERTRAND.

J'ai bien du chagrin, en vérité, du malheur qui vous est arrivé.

GÉRONTE.

Il faut prendre patience. On dit qu'il revient des esprits dans ma maison; il faudra bien qu'ils en délogent, quand ils seront las d'y demeurer.

Mme BERTRAND, à part.

Des esprits dans sa maison! Il ne faut pas le contredire, cela redoublerait son mal.

GÉRONTE.

Je voudrais bien, madame Bertrand, mettre dans votre maison quelques ballots que j'ai rapportés de mon voyage.

Mme BERTRAND, à part.

Il ne se souvient pas que son vaisseau a péri. Quelle pitié! (Haut.) Je suis à votre service, et ma maison est plus à vous qu'à moi-même.

GÉRONTE.

Ah! madame, je ne prétends point abuser de l'état où vous êtes. (A part à Merlin.) Mais vraiment, Merlin, cette femme-là n'est pas si folle que tu disais.

MERLIN, bas, à Géronte.

Elle a quelquefois de bons moments, mais cela ne dure pas.

GÉRONTE.

Dites-moi, madame Bertrand, êtes-vous toujours aussi sage, aussi raisonnable qu'à présent?

Mme BERTRAND.

Je ne pense pas, monsieur Géronte, qu'on m'ait jamais vue autrement.

GÉRONTE.

Mais, si cela est, votre famille n'a point été en droit de vous faire interdire.

Mme BERTRAND.

De me faire interdire, moi! de me faire interdire!

GÉRONTE, à part.

Elle ne connaît pas son mal.

Mme BERTRAND.

Mais si vous n'êtes pas ordinairement plus fou qu'à présent, je trouve qu'on a grand tort de vous faire enfermer.

GÉRONTE.

Me faire enfermer! (A part.) Voilà la machine qui se détraque. Çà, çà, changeons de propos. (Haut.) Eh bien! qu'est-ce, madame Bertrand? êtes-vous fâchée qu'on ait vendu votre maison?

Mme BERTRAND.

On a vendu ma maison?

GÉRONTE.

Du moins vaut-il mieux que mon fils l'ait achetée qu'un autre, et que nous profitions du bon marché.

Mme BERTRAND.

Mon pauvre monsieur Géronte, ma maison n'est point vendue, et elle n'est point à vendre.

GÉRONTE.

Là, là, ne vous chagrinez point; je prétends que vous y ayez toujours votre appartement comme si elle était à vous, et que vous fussiez dans votre bon sens.

Mme BERTRAND.

Qu'est-ce à dire, comme si j'étais dans mon bon sens? Allez, vous êtes un vieux fou; un vieux fou, à qui il ne faut point d'autre habitation que les Petites-Maisons; les Petites-Maisons, mon ami.

MERLIN, à part, à madame Bertrand.

Êtes-vous sage, de vous emporter contre un extravagant?

GÉRONTE.

Oh! parbleu, puisque vous le prenez sur ce ton-là, vous sortirez de ma maison; elle m'appartient, et j'y ferai mettre mes ballots malgré vous. Mais voyez cette vieille folle!

MERLIN, à part, à Géronte.

A quoi pensez-vous de vous mettre en colère contre une femme qui a perdu l'esprit?

Mme BERTRAND.

Vous n'avez qu'à y venir; je vais vous y attendre. Hom! l'extravagant! (A Merlin.) Hâtez-vous de le faire enfermer : il devient furieux, je vous en avertis.

SCÈNE XIX.

GÉRONTE, MERLIN.

MERLIN, à part.

Je ne sais pas comment je me tirerai de cette affaire.

SCÈNE XX.

LE MARQUIS, ivre; GÉRONTE, MERLIN.

LE MARQUIS.

Que veut donc dire tout ce tintamarre-là? Vient-on, s'il vous plaît, faire tapage à la porte d'un honnête homme, et scandaliser toute une populace?

GÉRONTE, bas, à Merlin.

Merlin, qu'est-ce que cela veut dire?

MERLIN, bas, à Géronte.

Les diables de chez vous sont un peu ivrognes; ils se plaisent dans la cave.

GÉRONTE, à Merlin.

Il y a ici quelque fourberie; je ne donne point là-dedans.

LE MARQUIS, à Géronte.

Il nous est revenu que le maître de ce logis vient d'arriver d'un long voyage : serait-ce vous par aventure?

GÉRONTE.

Oui, monsieur, c'est moi-même.

LE MARQUIS.

Je vous en félicite. C'est quelque chose de beau que les voyages, et cela façonne bien un jeune homme : il faut savoir comme monsieur votre fils s'est façonné pendant le vôtre; les jolies manières..... Ce garçon-là est bien généreux : il ne vous ressemble pas; vous êtes un vilain, vous.

GÉRONTE.

Monsieur, monsieur!....

MERLIN, bas, à Géronte.

Ces lutins-là sont d'une insolence...

GÉRONTE.

Tu es un fripon.

LE MARQUIS.

Nous avons eu bien du chagrin, bien du souci, bien de la tribulation de votre retour ; je veux dire de votre absence : votre fils en a pensé mourir de douleur, en vérité ; il a pris toutes les choses de la vie en dégoût ; il s'est défait de toutes les vanités qui pouvaient l'attacher à la terre ; richesses, meubles, ajustements. Ce garçon-là vous aime, cela n'est pas croyable.

MERLIN.

Il serait mort, je crois, de chagrin pendant votre absence, sans cet honnête monsieur-là.

GÉRONTE, au marquis.

Hé! que venez-vous faire chez moi, monsieur, s'il vous plaît ?

LE MARQUIS.

Ne le voyez-vous pas bien sans que je vous le dise? J'y viens de boire du bon vin de Champagne, et en fort bonne compagnie. Votre fils est encore à table, qui se console de votre absence du mieux qu'il est possible.

GÉRONTE.

Le fripon me ruine. Il faut aller...

(Il va pour rentrer chez lui.)

LE MARQUIS, l'arrêtant.

Halte-là, s'il vous plaît, je ne souffrirai pas que vous entriez là-dedans.

GÉRONTE.

Je n'entrerai pas dans ma maison ?

LE MARQUIS.

Non ; les lieux ne sont pas disposés pour vous recevoir.

GÉRONTE.

Qu'est-ce à dire ?

LE MARQUIS.

Il serait beau, vraiment, qu'au retour d'un voyage, après une si longue absence, un fils qui sait vivre, et que j'ai façonné, eût l'impolitesse de recevoir son très-cher et honoré père dans une maison où il n'y a que les quatre murailles !

GÉRONTE.

Que les quatre murailles ! Et ma belle tapisserie, qui me coûtoit près de deux mille écus, qu'est-elle devenue ?

LE RETOUR IMPRÉVU.

Je n'entrerai pas dans ma maison?

Sc. XX.

A Paris, chez P. Dufart, Quai Voltaire, N.º 19.

LE MARQUIS.

Nous en avons eu dix-huit cents livres; c'est bien vendre.

GÉRONTE.

Comment, bien vendre! une tenture comme celle-là!

LE MARQUIS.

Fi! le sujet était lugubre; elle représentait la brûlure de Troie : il y avait là-dedans un grand vilain cheval de bois qui n'avait ni bouche ni éperons : nous en avons fait un ami.

GÉRONTE, à Merlin.

Ah! pendard!

LE MARQUIS.

N'aviez-vous pas aussi deux grands tableaux qui représentaient quelque chose?

GÉRONTE.

Oui vraiment; ce sont deux originaux d'un fameux maître, qui représentent l'enlèvement des Sabines.

LE MARQUIS.

Justement : nous nous en sommes aussi défaits, mais par délicatesse de conscience.

GÉRONTE.

Par délicatesse de conscience!

LE MARQUIS.

Un homme sage, vertueux, religieux comme monsieur Géronte! Ah! il y avait là une immodeste Sabine, décolletée, qui... Fi! ces nudités-là sont scandaleuses pour la jeunesse.

SCÈNE XXI.

Mme BERTRAND, GÉRONTE, LE MARQUIS, MERLIN.

Mme BERTRAND.

Ah! vraiment, je viens d'apprendre de jolies choses, monsieur Géronte; et votre fils, à ce qu'on dit, engage ma nièce dans de belles affaires.

GÉRONTE.

Je ne sais ce que c'est que votre nièce; mais mon fils est un coquin, madame Bertrand.

MERLIN.

Oui, un débauché, qui m'a donné de mauvais conseils, et qui est cause...

LE MARQUIS, à Merlin.

Ne nous plaignons point les uns des autres, et ne parlons point mal des absents; il ne faut point condamner les personnes sans les entendre. Un peu d'attention, monsieur Géronte. Il est constant que si... vous prenez les choses du bon côté... quand vous serez content, tout le monde le sera... D'ailleurs, comme dans tout ceci il n'y a pas de votre faute, vous n'avez qu'à ne point faire de bruit, on n'aura pas le mot à vous dire.

GÉRONTE.

Allez au diable, avec votre galimatias.

SCÈNE XXII.

LES MÊMES, LUCILE, CIDALISE, LISETTE [1].

Lisette sort de la maison de Géronte, tenant un sac [2] de louis; elle est suivie de Lucile et de Cidalise, qui traversent la scène, et se retirent.

GÉRONTE.

Mais que vois-je? mon sac et mes vingt mille francs qu'on emporte.

Mme BERTRAND.

C'est cette coquine de Lisette et ma nièce.

SCÈNE XXIII [3].

CLITANDRE, GÉRONTE, LE MARQUIS, MERLIN, Mme BERTRAND.

GÉRONTE.

Et mon fripon de fils! ah! misérable!

CLITANDRE.

Il ne faut pas, mon père, abuser plus longtemps de votre crédulité. Tout ceci est un effet du zèle et de l'imagination de Merlin, pour vous empêcher d'entrer chez vous, où j'étais avec Lucile dans le dessein de l'épouser. Je vous demande pardon de ma conduite passée : consentez à ce

---

[1] Lisette qui n'est pas dans l'édition de 1700.

[2] Ce sac doit être de cuir, et d'un volume capable de contenir vingt mille francs en or.

[3] Dans l'édition originale, cette pièce n'est divisée qu'en dix-neuf scènes.

mariage, je vous prie : on vous rendra votre argent; et je promets que vous serez content de moi dans la suite.

GÉRONTE, à Merlin.

Ah! pendard, tu te moquais de moi!

MERLIN.

Cela est vrai, monsieur.

Mme BERTRAND.

Lucile est ma nièce; et si votre fils l'épouse, je lui donnerai un mariage dont vous serez content.

GÉRONTE.

Pouvez-vous donner quelque chose, et n'êtes-vous pas interdite?

MERLIN.

Elle ne l'est que de ma façon.

GÉRONTE.

Quoi! la maison...

MERLIN, se touchant le front.

Tout cela part de là.

GÉRONTE.

Ah, malheureux! Mais... qu'on me rende mon argent, je me sens d'humeur à consentir à ce que vous voulez; c'est le moyen de vous empêcher de faire pis.

LE MARQUIS.

C'est bien dit; cela me plaît. Touchez là, monsieur Géronte; vous êtes un brave homme : je veux boire avec vous : allons nous remettre [1] à table. Cela est heureux que vous soyez venu tout à propos pour être de la noce.

---

[1] *Remettre* est conforme à l'édition originale et à celle de 1728. Dans les autres éditions on lit : *Allons nous* METTRE *à table*.

FIN DU RETOUR IMPRÉVU.

AVERTISSEMENT

SUR

LES FOLIES AMOUREUSES.

Cette comédie a été représentée, pour la première fois, le mardi 15 janvier 1704, accompagnée d'un Prologue et du Divertissement intitulé LE MARIAGE DE LA FOLIE. Depuis on a supprimé le prologue et le divertissement.

Il est très-possible qu'un ancien canevas italien, intitulé *la Finta pazza*, la Folle supposée, ait fourni à Regnard l'idée de cette comédie. Quoi qu'il en soit, on ne peut que lui savoir gré d'avoir adapté à notre théâtre un canevas informe, et d'avoir su faire une comédie très-agréable, d'un sujet qui n'avait eu aucun succès sur le théâtre de l'Opéra, ni sur celui de la Comédie italienne.

Le premier opéra qui fut représenté en France était intitulé *la Festa theatrale della Finta pazza*. Il fut exécuté en 1645, sur le théâtre du Petit Bourbon : le cardinal Mazarin avait fait venir exprès des musiciens d'Italie. Cependant le succès de cet opéra ne fut que médiocre, malgré tous les soins que l'on se donna pour la réussite d'une entreprise que favorisait ce ministre.

Les comédiens italiens, lors de leur rétablissement (en 1716), firent l'ouverture de leur théâtre par *la Finta pazza*, pièce italienne, qui est la même que celle qui avait été mise précédemment sur le théâtre de l'Opéra, et qui était du nombre des anciens canevas qu'ils apportaient d'Italie. Voici ce que dit à ce sujet un auteur du temps « Le théâtre de l'hôtel de Bourgogne étant prêt, » les comédiens italiens en prirent possession le lundi 1er juin

» 1716, et représentèrent *la Folle supposée*. Cette pièce ressemble
» en partie aux FOLIES AMOUREUSES de Regnard, et à *l'Amour*
» *médecin* de Molière. Il y eut grand monde à cette première
» représentation; mais il me parut que les trois quarts y étaient
» venus autant pour voir la salle que le spectacle, et ils eurent
» plus lieu d'être contents que ceux qui n'y étaient venus que
» pour voir la pièce [1]. » Il en résulte que cette pièce eut encore
moins de succès sur ce théâtre, qu'elle n'en avait eu sur celui
de l'Opéra.

Regnard a été plus heureux. Ce sujet, soit qu'il en fût l'inventeur, soit qu'il l'eût emprunté des Italiens, a eu beaucoup de succès entre ses mains. Sa pièce a été représentée quatorze fois dans sa nouveauté, a été souvent reprise, et est restée au théâtre.

Il paraît que, dans l'origine, elle formait un spectacle complet, à l'aide du prologue et du divertissement que l'auteur y avait ajoutés. Ces accompagnements n'ont eu lieu qu'aux premières représentations de la comédie.

Un vieux tuteur, amoureux et jaloux, qui tient sa pupille captive, est la dupe des stratagèmes que l'amour suggère à cette jeune prisonnière, qui parvient, malgré la vigilance de son argus, à sortir d'esclavage. Tel est le canevas usé de cette pièce, mais que Regnard a su rajeunir par l'art avec lequel il l'a traité.

Albert, personnage dur, quinteux et bizarre, n'est point, comme l'ont dit quelques critiques [2], un vieillard imbécile; c'est un jaloux rusé, qui ne néglige aucune précaution pour s'assurer d'un objet dont il sait qu'il n'a pu gagner le cœur; c'est un homme méfiant, à qui tout le monde est suspect, et qui ne connaît pas de gardien plus sûr de sa maîtresse que lui-même.

S'il est la dupe de la feinte folie d'Agathe, on ne peut l'attribuer à l'imbécillité. La jeune personne joue ce personnage avec tant d'art, qu'Éraste lui-même s'y laisse tromper, et n'est au fait de la fourberie que lorsque sa maîtresse l'en a instruit par une lettre.

S'il croit aussi légèrement aux secrets merveilleux de Crispin, il faut avouer que la circonstance rend sa crédulité excusable. Pressé de chercher des secours au mal qui tourmente sa maîtresse, Albert saisit avec empressement tout ce qui se présente. Il n'est pas rare, dans de pareilles circonstances, de donner tête baissée

---

[1] Seconde lettre historique sur la nouvelle comédie italienne, par M. de Charni.
[2] Histoire du Théâtre Français, tome XIV, page 322.

dans les rêveries d'un charlatan. On a vu précédemment combien Albert avait fait peu de cas, et de la science, et du personnage.

Le rôle de Crispin n'est pas non plus celui d'un arlequin balourd ; il ressemble plutôt aux arlequins intrigants et rusés que Dominique a mis sur la scène : il n'est point inutile aux projets d'Agathe, ou plutôt il aide à les consommer. Ce rôle d'ailleurs est saillant, plein de gaieté ; on ne peut que lui reprocher de ressembler un peu trop aux autres valets que Regnard a mis sur la scène.

Le rôle d'Agathe, qui a paru le meilleur de la pièce, est sans contredit le principal, et celui que l'auteur a le plus soigné ; cependant c'est celui qui nous semble le plus défectueux. On doit s'accoutumer difficilement à la hardiesse d'une jeune fille de quinze ans, qui, sous prétexte de feindre l'extravagance, se permet les propos les plus durs et les plus injurieux contre son tuteur, les discours les plus libres et les moins mesurés à l'égard de son amant. Ce tuteur, il est vrai, est un homme haïssable ; mais si sa pupille ne ressent point pour lui d'amour, elle lui doit au moins quelque reconnaissance d'avoir élevé son enfance, quelque respect relativement à son âge. Une jeune personne qui se dépouille aussi facilement de ces sentiments perd beaucoup de l'intérêt qu'elle devrait naturellement inspirer.

L'auteur a senti ce défaut, et pour le diminuer, il a donné à Albert tous les défauts possibles : il n'en a pas fait un bonhomme simple et crédule, que sa simplicité aurait rendu quelque peu intéressant ; il n'a pas voulu qu'il fût possible de plaindre son jaloux : de cette manière il justifie, autant qu'il le peut, la conduite d'Agathe. Plus il rend pesant le joug de la servitude sous laquelle elle gémit, plus il autorise les ressorts qu'elle fait jouer pour s'en affranchir. Cependant, malgré tout son art, on sera toujours mal disposé pour une jeune fille capable d'une entreprise aussi hardie.

Dominique, fils du fameux Arlequin de l'ancienne troupe, a trouvé ce sujet théâtral, et l'a mis sur la scène italienne le 19 janvier 1725, sous le titre de *la Folle raisonnable*. Sa pièce a beaucoup de conformité avec LES FOLIES AMOUREUSES.

Mme Argante se laisse éblouir par les richesses de M. Bassemine, et lui promet sa fille Silvia, déjà promise à Léandre. Pour rompre ce projet, Silvia feint de devenir folle : elle dit qu'Apollon l'attend sur le Parnasse, qu'elle y doit souper avec lui ; ensuite elle se travestit en homme, et, sous l'habit d'un garçon, elle insulte Bassemine, et veut lui faire mettre l'épée à la main. Elle change bientôt de travestissement : on la voit paraître en pèlerine, et, sous prétexte d'aller en pèlerinage, elle fait ses adieux à la compagnie. Bassemine, que toutes ces extravagances intriguent et rebutent, retire sa parole et s'en va. Léandre alors se présente, il demande la main de Silvia, et l'obtient.

Tel est l'extrait de cette comédie peu connue, et qui n'est, comme on le voit, qu'une copie maladroite des FOLIES AMOUREUSES. Si les deux poètes ont puisé dans la même source, il faut convenir que c'est avec un succès bien différent.

Le divertissement dont on a parlé, et qui s'est joué dans l'origine à la suite des FOLIES AMOUREUSES, contient une description de la vie délicieuse que menait notre poète dans sa terre de Grillon. On sait qu'il s'est distingué lui-même sous le nom de Clitandre, et qu'il s'est plu à donner dans cette pièce un tableau de sa manière de vivre. Comme tous ces objets ont cessé bientôt d'intéresser les spectateurs, on a supprimé ce divertissement.

On rapporte dans les Anecdotes dramatiques, qu'à une reprise des FOLIES AMOUREUSES « Mlle Le Couvreur voulut jouer dans cette
» pièce le rôle d'Agathe; mais comme elle ne savait pas jouer de
» la guitare, un nommé Chabrun, fameux maître de guitare, était
» dans le trou du souffleur, et accompagnait l'air italien, pendant
» que Mlle Le Couvreur touchait à vide. Malgré ces précautions,
» on ne put faire illusion au public, et cela donna un petit
» ridicule à Mlle Le Couvreur. »

LES

FOLIES AMOUREUSES[1]

COMÉDIE EN TROIS ACTES, ET EN VERS,

Précédée d'un PROLOGUE en vers libres, et suivie d'un DIVERTISSEMENT intitulé :

LE MARIAGE DE LA FOLIE

AUSSI EN VERS LIBRES;

Représentée, pour la première fois, le mardi 15 janvier 1704.

Mis en opéra par Castil Blaze.

PROLOGUE.

ACTEURS :

M. DANCOUR.
Mlle BEAUVAL.
Mlle DESBROSSES.

MOMUS.
M. DUBOCAGE.

SCÈNE I.

Mlle BEAUVAL, à ses camarades qui sont dans la coulisse.

Oui, je vous le soutiens, messieurs, c'est fort mal fait,
    Vous n'avez point de conscience.
C'est tromper, c'est piller le public en effet ;
    C'est voler avec confiance.
    On vient ici dans l'espérance
    D'un divertissement complet.
    Depuis un mois votre affiche promet
Que de l'amour chez vous on verra les folies ;

---

[1] C'est le même sujet que l'*Amour médecin* de Molière dont on retrouve plusieurs traits.
La 1re édition est de 1704 : le frontispice porte M.DC.XCCIV.

En un besoin, je crois que ce sujet
Fournirait trente comédies ;
Et vous en prétendez donner effrontément
Une en trois actes seulement!
Fi, fi, c'est une extravagance.
(Au public.)
M'en croirez-vous [1], messieurs? reprenez votre argent
Avant que la pièce commence.

SCÈNE II.

M. DANCOUR, Mlle BEAUVAL.

M. DANCOUR.
Parbleu, vous vous chargez d'un soin bien obligeant.
Mlle BEAUVAL.
Qu'est-ce à dire?
M. DANCOUR.
Eh! mademoiselle,
De quoi, diantre, vous mêlez-vous?
Mlle BEAUVAL.
Moi, monsieur, de quoi je me mêle?
Hé! ne devons-nous pas nous intéresser tous
A faire réussir une pièce nouvelle?
M. DANCOUR.
Vous faites sans doute éclater
Un merveilleux excès de zèle
Pour la réussite de celle
Que nous allons représenter!
Mlle BEAUVAL.
Moi, je n'y sais point de finesse ;
J'avertis qu'elle finira
Une heure au moins plus tôt qu'une autre pièce,
Et que peut-être elle ennuiera.
M. DANCOUR.
On ne peut louer d'avantage ;
C'est parler comme il faut en faveur d'un ouvrage :
L'auteur vous en remerciera.
Mlle BEAUVAL.
L'auteur est mon ami; je l'estime, je l'aime.

[1] *Croirez* est conforme à l'édition originale et à celle de 1728. Dans les autres éditions on lit : *M'en* CROYEZ-*vous?*

PROLOGUE.

M. DANCOUR.

Vous lui [1] prouvez très-bien, vraiment!

Mlle BEAUVAL.

Sans doute. Je n'en veux pour juge que lui-même;
Et s'il avait voulu suivre mon sentiment,
    Ou qu'il eût eu moins de paresse....

M. DANCOUR.

Hé! qu'eût-il fait?

Mlle BEAUVAL.

    Il eût premièrement,
  Changé le titre de la pièce,
  Qui ne lui convient nullement.
Il promet trop, il a trop d'étendue;
  Et chacun, sitôt qu'on l'entend,
  Porte indifféremment la vue
  Sur toute sorte d'accident
  Dont peut l'amoureuse manie
Embarrasser l'organe du génie
  Le plus sage et le plus prudent.

M. DANCOUR.

Mais à qui diantre avez-vous ouï dire
Tous les grands mots que vous répétez là?

Mlle BEAUVAL.

Comment donc, s'il vous plaît! que veut dire cela?
  Ma foi, monsieur, je vous admire!
Il semble aux gens, parce qu'ils savent lire,
Qu'on ne saurait parler aussi bien qu'eux.
  Vous êtes de plaisants crasseux!

M. DANCOUR.

  Mille pardons, mademoiselle;
  Je ne prétends point vous fâcher.
J'en sais la conséquence, et je ne veux tâcher
Qu'à finir au plus tôt la petite querelle
Qu'assez à contre-temps vous paraissez chercher.

Mlle BEAUVAL.

Qui? moi, chercher querelle! Eh bien, la médisance!
  Parce que naturellement,
Avec simplicité je dis ce que je pense,

---

[1] *Lui* est conforme à l'édition originale et à celle de 1728. Dans les autres éditions, on lit : *Vous* LE *prouvez bien*.

SCÈNE II.

Que j'avertis le public bonnement
Qu'une pièce n'a rien du titre qu'on lui donne.....

M. DANCOUR.

Oui, vous êtes tout à fait bonne!

Mlle BEAUVAL.

Eh bien! monsieur, pourquoi me chagriner?
Vraiment, je vous trouve admirable!
On me fait passer pour un diable,
Moi, qui, comme un mouton, suis facile à mener.

M. DANCOUR.

S'il est ainsi, laissez-vous donc conduire;
Rentrez dans les foyers; songez à commencer.

Mlle BEAUVAL.

Commencer, moi! Non, vous aurez beau dire.

M. DANCOUR.

De grâce.....

Mlle BEAUVAL.

Là-dessus rien ne me peut forcer.

M. DANCOUR.

Mademoiselle!....

Mlle BEAUVAL.

Ah! oui, vous saurez m'y réduire!

M. DANCOUR.

Quoi!....

Mlle BEAUVAL.

Je ne jouerai point, monsieur.

M. DANCOUR.

Mais on dira.....

Mlle BEAUVAL.

Mais on dira, monsieur, tout ce que l'on voudra.

M. DANCOUR.

La bonne cervelle!

Mlle BEAUVAL.

Il est drôle!
J'aurai chaussé ma tête, et l'on me contraindra?
Ah! vous verrez comme on réussira!

M. DANCOUR.

Si.....

Mlle BEAUVAL.

L'on me contredit! mais ce qui m'en console,
Jouera le rôle qui pourra.

M. DANCOUR.
Mais si vous ne jouez, la pièce tombera :
Et pour ne point jouer un rôle,
Il faut avoir des raisons, s'il vous plaît.

Mlle BEAUVAL.
J'en ai, monsieur une très-bonne.

M. DANCOUR.
Et c'est.....

Mlle BEAUVAL.
J'en ai, vous dis-je, et je ne suis point folle.
Je n'en démordrai point, en un mot comme en cent;
Votre discours devient lassant;
Vous me prenez pour une idole;
Vous croyez me pétrir comme une cire molle;
Mais vous êtes un innocent,
Et votre éloquence est frivole.
Vous avez beau parler, prier, être pressant,
Je ne saurais jouer, j'ai perdu la parole.

M. DANCOUR.
Il y paraît.

SCÈNE III.

M. DANCOUR, Mlle BEAUVAL, Mlle DESBROSSES.

Mlle DESBROSSES.
Voici bien un autre embarras!
L'auteur, dans les foyers, se fait tenir à quatre;
Il ne veut point laisser jouer sa pièce.

Mlle BEAUVAL.
Hélas!

Mlle DESBROSSES.
Oui, de quelques raisons qu'on puisse le combattre,
Si l'on veut l'obliger, on ne la jouera pas.

Mlle BEAUVAL.
On ne la jouerait pas! Hé! pourquoi, je vous prie?
L'auteur l'entend fort bien! Il serait beau, ma foi,
Que messieurs les auteurs nous donnassent la loi!
Oh! contre sa mutinerie,
Puisqu'il le prend ainsi, je me révolte, moi :
Pour le faire enrager, je prétends qu'on la joue.

Mlle DESBROSSES.
Venez donc lui parler. Tout le monde s'enroue

SCÈNE III.

Pour lui faire entendre raison.

M. DANCOUR.

Mais peut-être en a-t-il quelques-unes.

Mlle BEAUVAL.

Lui? Bon!
Ses raisons ne sont pas meilleures que les nôtres.
La pièce est sue ; il faut la jouer, vous dit-on.
Appuierez-vous, monsieur, ses raisons?

M. DANCOUR.

Pourquoi non?
Vous m'avez déjà fait presque approuver les vôtres.

Mlle BEAUVAL.

Mardienne, monsieur, finissez ;
Je n'aime pas qu'on me plaisante.
Avec votre sang-froid.....

M. DANCOUR.

Que vous êtes charmante,
Lorsque vous vous radoucissez !

Mlle BEAUVAL.

Je suis la douceur même ; et je ne me tourmente
Que quand les choses ne vont pas
Selon mes intérêts, ou selon mon attente.
Mais quand on me fâche, en ce cas
Je deviens vive, et je suis pétulante.

M. DANCOUR.

Allez donc employer votre vivacité,
Et déployer votre éloquence,
Pour faire revenir un auteur entêté :
Mais, au moins, point de pétulance.

Mlle BEAUVAL.

Mais d'où vient son entêtement?

Mlle DESBROSSES.

Il dit qu'on prend plaisir à décrier sa pièce ;
Qu'on n'a pour les auteurs aucun ménagement ;
Qu'un si dur procédé le blesse ;
Que l'un blâme son dénoûment ;
Que vous, vous condamnez son titre.

Mlle BEAUVAL.

L'auteur ment.
Je ne dis jamais rien. Est-ce que je me mêle
D'aller prôner mon sentiment?

Ce sont bien là mes allures vraiment!

M. DANCOUR.

Pour cela, non ; mademoiselle
N'en a lâché qu'un mot confidemment.
Et tout à l'heure encore, au public seulement,
Mais ce n'est qu'une bagatelle.

Mlle BEAUVAL.

Si je l'ai dit, je m'en dédis.
La pièce est bonne, et je la soutiens telle.
Diantre soit des censeurs et des donneurs d'avis,
Qui de leurs sots discours m'échauffent les oreilles !
Puis, je ne sais ce que je dis.
Le dénoûment est bon, le titre est à merveilles :
Car ce qui fait ce dénoûment,
Ne sont-ce pas d'agréables folies,
D'ingénieuses rêveries,
Que fait imaginer l'amour dans le moment
Pour attraper un vieux amant?

M. DANCOUR.

Sans doute.

Mlle BEAUVAL.

Eh ! pourquoi donc est-ce qu'on le critique ?
Avec raison l'auteur se pique.
Sur ce pied-là le titre est excellent,
Et le sujet est tout à fait galant.
Cela réussira.

Mlle DESBROSSES.

Qui vous dit le contraire?

Mlle BEAUVAL.

De sottes gens qui ne peuvent se taire,
Qui font les beaux esprits, les savants connaisseurs.

M. DANCOUR.

Laissez parler de tels censeurs.
On les connaît, on ne les croira guère.

Mlle BEAUVAL.

C'est fort bien dit.

Mlle DESBROSSES.

La grande affaire
Est à présent de radoucir l'auteur.

Mlle BEAUVAL.

Il ne tiendra pas sa colère.

SCÈNE IV.

M. DANCOUR, Mlle BEAUVAL, Mlle DESBROSSES,
M. DUBOCAGE.

M. DUBOCAGE.
Tout le monde veut s'en aller.
Hé! commençons de grâce; allez vous habiller.
De nos débats le public n'a que faire.
Mlle BEAUVAL.
Mais est-on d'accord là-derrière?
M. DUBOCAGE.
Oui; là-dessus, n'ayez point de souci.
Une personne fort jolie.
Qui paraît beaucoup notre amie,
Et qui l'est de l'auteur aussi,
Dans le moment vient d'arriver ici
Avec nombreuse compagnie :
Ils disent que c'est la Folie;
Et c'est elle en effet. J'ai bien jugé d'abord,
Comme on a mis son nom au titre de la pièce,
Qu'au succès elle s'intéresse.
Mais je vois quelqu'un qui s'empresse
A venir de sa part pour nous mettre d'accord.

SCÈNE V.

MOMUS, M. DANCOUR, Mlle BEAUVAL, Mlle DESBROSSES,
M. DUBOCAGE.

MOMUS.
Serviteur à la compagnie.
Des dieux de la mythologie
Vous voyez en moi le bouffon,
Momus, dieu de la raillerie,
Et, partant, de la comédie
Le protecteur et le patron.
Mlle BEAUVAL.
Monsieur Momus, point de cérémonie;
Soyez le bienvenu. Notre profession
Avec la vôtre a quelque ressemblance.
Gens de même condition
Font entre eux bientôt connaissance.

PROLOGUE.

MOMUS.

Il est vrai, vous avez raison.
Là-haut je raille et je fais rire ;
Vous faites de même ici-bas :
Les dieux n'échappent point aux traits de ma satire ;
Et les hommes, je crois, quand vous voulez médire,
Ne vous échappent pas.
Je suis ravi qu'enfin nos emplois ordinaires
Mettent du rapport entre nous.
Touchez là ; je suis tout à vous.
Serviteur donc, mes amis et confrères.

M. DANCOUR.

Seigneur Momus, votre divinité
A notre corps fait une grâce entière :
Mais en vous avouant ainsi notre confrère,
Vous nous autorisez à trop de vanité.

Mlle BEAUVAL.

Non, point du tout ; laissez-le faire.
Mais, dites-nous, avec sincérité,
Franchement, là... quelle heureuse aventure
Vous a fait venir dans ces lieux.
En faveur du plus grand des dieux
Venez-vous ménager quelque conquête sûre ?
Au lieu d'être Momus, n'êtes-vous point Mercure ?

MOMUS.

Oh ! pour cela, non, par ma foi.
Chacun là-haut a son emploi,
Et nous n'usurpons rien sur les charges des autres.
Nos rôles sont marqués ainsi que sont les vôtres,
Et de n'en point changer on se fait une loi.
Je voudrais bien troquer ma charge avec Mercure :
Il est bien plus aisé de servir deux amants
Dans une tendre conjoncture,
Que de faire rire les gens.

Mlle BEAUVAL.

Vous en pouvez parler mieux qu'un autre, peut-être ;
Et, sans trop vous flatter, je croi
Que vous êtes un fort grand maître
Et dans l'un et dans l'autre emploi.

Mlle DESBROSSES.

Mais enfin quel dessein ici-bas vous attire ?

SCÈNE V.

MOMUS.

Ne trouvant plus là-haut de sujets de médire
   (Car vous savez que depuis quelque temps
Les dieux sont devenus d'assez honnêtes gens,
Et vous n'entendez plus parler de leurs fredaines),
J'ai résolu, malgré les périls et les peines,
  De venir sourdement m'établir en ces lieux,
     Et d'y jouer la comédie.

Mlle BEAUVAL.

    Quelle diable de fantaisie!

MOMUS.

    Dans ce dessein capricieux,
    J'amène une troupe choisie.
    J'ai pris avec moi la Folie,
Et son futur époux, monsieur du Carnaval,
    De qui je suis un peu rival.
  Chacun de nous doit, suivant son génie,
    Se faire un rôle original.
Je viens donc à Paris pour y lever boutique,
Et pour faire valoir mon talent comme vous.
Je crois qu'en ce pays (et soit dit entre nous)
    Mon humeur vive et satirique
    Ne manquera pas de pratique,
    Car il n'y manque pas de fous.

Mlle BEAUVAL.

   Comment donc! merci de ma vie!
Vous venez, dites-vous, jouer la comédie!
Et pour vous établir, vous choisissez ces lieux!
    Croyez-moi, remontez aux cieux :
Nous ne gagnons pas trop, le temps est malheureux.
Je ne souffrirai point de concurrents semblables.
    Si vous m'irritez une fois,
Et contre tous les dieux, et contre tous les diables,
    Seule, je défendrai mes droits.

MOMUS.

Nous ne prétendons point nuire à votre fortune.
    Joignons-nous de bonne amitié;
    Nous partagerons par moitié,
    Et nous ferons bourse commune :
    Sinon, nouveaux comédiens,
    Nous irons courir la campagne;

Et si, malgré tous nos moyens,
Nous dépensons plus qu'on ne gagne,
Nous lèverons un opéra,
Qui peut-être réussira.
Nous jouerons des pièces nouvelles.
Nous avons des musiciens
Dont les voix sonores et belles
Ne sont point artificielles,
Et non pas des Italiens,
De qui les voix ne sont ni mâles ni femelles.

Mlle BEAUVAL.

J'ai grande opinion de votre habileté :
Mais cependant, avant que de finir l'affaire,
Et d'entrer en société,
Encor faut-il bien voir ce que vous savez faire.

MOMUS.

Vous pouvez à l'essai juger de nos talents.
Vous êtes, ce me semble, en peine ;
Et vous auriez besoin de quelque scène,
De quelques airs vifs et brillants,
Pour alonger votre pièce nouvelle?

M. DUBOCAGE.

Voilà le fait.

MOMUS.

C'est une bagatelle.
Je ne veux que quelques moments
Pour préparer des divertissements
Dont le public, je crois, pourra se satisfaire.
Nous autres dieux, nous ne saurions mal faire.

Mlle BEAUVAL.

Tout dieux que vous soyez, je soutiens le contraire.
Le public a le goût si délicat, si fin,
Qu'avec tous vos talents, et votre esprit divin,
Ce ne sera pas peu que de pouvoir lui plaire.
Mais quel sujet choisirez-vous enfin?

MOMUS.

Je n'en manquerai pas, et j'en fais mon affaire.
Tout à l'heure, dans vos foyers,
J'ai trouvé des sujets pour mille comédies,
Nombre d'originaux de tous arts et métiers,
Dont on peut sur la scène extraire des copies :

SCÈNE V.

Un marquis éventé, qui vient avec fracas,
En bourdonnant un air étaler ses appas :
  Une savante à toute outrance,
  Qui décide à tort, à travers,
  Des auteurs de prose et de vers,
  De l'Andrienne et de Térence :
  Un abbé d'égale science,
  Qui, dressant son petit collet,
D'un air présomptueux, et d'un ton de fausset,
  Applaudit à son ignorance :
  Un tas de ces faux mécontents
  Et de la cour et du service,
  Qui se plaignent de l'injustice
  Qu'on leur fait depuis si longtemps ;
  Qui, prenant un autre exercice,
  Et méprisant de vains lauriers,
  Bornent tous leurs exploits guerriers
  A lorgner dans une coulisse
  Quelque belle au tendre regard,
  Laquelle aussi n'est pas novice
  A contre-lorgner de sa part.
  Ne sont-ce pas là, je vous prie,
  D'amples sujets de comédie?

    Mlle BEAUVAL.

 Ah! tout beau, monseigneur Momus!
Avec tous ces gens-là point de plaisanterie.

    Mlle DESBROSSES.

 Nous souffririons de votre raillerie.

    MOMUS.

Je vois ce qui vous tient ; vous aimez les écus :
  Je n'en dirai pas davantage.
Et ce ne sont point eux aussi que j'envisage
Pour servir de matière au divertissement.
  Nous vous donnerons seulement
 Quelques chansons et gentilles gambades,
Que, du mieux qu'ils pourront, feront mes camarades ;
  Quelque agréable petit rien,
  Des amusantes bagatelles,
 Qui font souvent de vos pièces nouvelles
  Tout le succès et le soutien.

M. DANCOUR.

L'imagination mérite qu'on la loue;
Et la pièce, je crois, s'en trouvera fort bien.

Mlle DESBROSSES.

Sur ce pied-là, l'auteur voudra bien qu'on la joue.

Mlle BEAUVAL.

Commençons donc.

SCÈNE VI.

MOMUS, au parterre.

Messieurs, vous serez les témoins
De notre zèle et de nos soins.
Nous descendons exprès de la céleste voûte,
Pour vous donner quelques plaisirs nouveaux :
On ne fait pas ce chemin qu'il n'en coûte.
Il serait bien fâcheux qu'après tant de travaux,
Avec un pied de nez, et n'ayant pu vous plaire,
On vît rentrer dans la céleste sphère
Une troupe de dieux penauds.
Je vous fais donc, messieurs, très-instante prière
(La prière d'un dieu n'est pas à rejeter)
De vouloir à ma troupe accorder grâce entière.
Si favorablement vous daignez l'écouter,
Je vous promets, foi de dieu véridique,
Qui raille assez souvent, mais qui ne ment jamais,
Que de ma veine satirique
Vous n'exercerez point les traits.
C'est beaucoup, dans un temps où chacun, dans sa vie,
Fait pour le moins une folie.
Adieu, jusqu'au revoir. Surtout, vivons en paix.

FIN DU PROLOGUE.

LES
FOLIES AMOUREUSES.
COMÉDIE.

ACTEURS :

ALBERT, jaloux, et tuteur d'A-
  gathe.
ÉRASTE, amant d'Agathe.

AGATHE, amante d'Éraste.
LISETTE, servante de M. Albert.
CRISPIN, valet d'Éraste.

La scène est dans une avenue, devant le château d'Albert.

ACTE PREMIER.

SCÈNE I.

AGATHE, LISETTE.

LISETTE.
Lorsqu'en un plein repos chacun encor sommeille [1],
Quel démon, s'il vous plaît, vous tire par l'oreille,
Et vous fait hasarder de sortir si matin?
AGATHE.
Paix, tais-toi, parle bas; tu sauras mon dessein [2].
Éraste est de retour.
LISETTE.
Éraste?

---

[1] Ce début ne rappelle-t-il pas celui de l'*Iphigénie* de Racine.
    Oui, c'est Agamemnon, c'est ton roi qui t'éveille,
    Viens, reconnais la voix qui frappe ton oreille.
    — C'est vous-même, seigneur, quel important besoin
    Vous a fait devancer l'aurore de si loin?

[2] On lit *destin* dans l'édition originale et dans celle de 1728.

AGATHE.

D'Italie.

LISETTE.

D'où savez-vous cela, madame, je vous prie?

AGATHE.

J'ai cru le voir hier paraître dans ces lieux;
Et j'en crois plus mon cœur encore que mes yeux.

LISETTE.

Je ne m'étonne plus que votre diligence
Ait du seigneur Albert trompé la vigilance.
Par ma foi, c'est un guide excellent que l'amour!

AGATHE.

J'étais à ma fenêtre en attendant le jour,
Quand quelqu'un est sorti : voyant la porte ouverte,
J'ai saisi promptement l'occasion offerte,
Tant pour prendre le frais; que pour flatter l'espoir
Qui pourrait attirer Éraste pour me voir.

LISETTE.

Vous n'avez pas envie, à ce qu'on peut comprendre,
Que le pauvre garçon s'enrhume à vous attendre.
Il arrive le soir; et vous, au point du jour,
Vous l'attendez ici pour flatter son amour :
C'est perdre peu de temps. Mais si, par aventure,
Albert, votre tuteur, jaloux de sa nature,
Vient à nous rencontrer, que dira-t-il de nous?

AGATHE.

Je me veux affranchir du pouvoir d'un jaloux;
J'ai trop longtemps langui sous son cruel empire :
Je lève enfin le masque; et, quoi qu'il puisse dire,
Je veux, sans nul égard, lui montrer désormais
Comme je prétends vivre et combien je le hais.

LISETTE.

Que le ciel vous maintienne en ce dessein louable!
Pour moi, j'aimerais mieux cent fois servir le diable.
Oui, le diable : du moins, quand il tiendrait sabbat,
J'aurais quelque repos. Mais, dans mon triste état,
Soir, matin, jour ou nuit, je n'ai ni paix ni trêve :
Si cela dure encore, il faudra que je crève.
Tant que le jour est long, il gronde entre ses dents :
« Fais ceci, fais cela ; va, viens ; monte, descends ;
» Fais bien la guerre à l'œil; ferme porte et fenêtre ;

ACTE I, SCÈNE I.

» Avertis, si de loin tu vois quelqu'un paraître. »
Il s'arrête, il s'agite, il court sans savoir où ;
Toute la nuit il rôde ainsi qu'un loup-garou ;
Il ne nous permet pas de fermer la prunelle ;
Lui, quand il dort d'un œil, l'autre fait sentinelle ;
Il n'a ri de sa vie ; il est jaloux, fâcheux,
Brutal à toute outrance, avare, dur, hargneux.
J'aimerais mieux chercher mon pain de porte en porte,
Que servir plus longtemps un maître de la sorte.

AGATHE.

Lisette, tous nos maux vont finir désormais.
Qu'Éraste est différent du portrait que tu fais !
Dès mes plus tendres ans chez sa mère nourrie,
Nos cœurs se sont trouvés liés de sympathie ;
Et l'amour acheva, par des nœuds plus charmants,
De nous unir encor par ses engagements.
Plutôt que de souffrir la contrainte effroyable
Qui depuis quelque temps et me gêne et m'accable,
Je serais fille à prendre un parti violent ;
Et, sous un habit d'homme, en chevalier errant,
Pour m'affranchir d'Albert et de ses lois si dures,
J'irais par le pays chercher des aventures.

LISETTE.

Oh ! sans aller si loin, ici, quand vous voudrez,
Je vous suis caution que vous en trouverez.

AGATHE.

Tu ne sais pas encor quel est mon caractère,
Quand on m'impose un joug à mon humeur contraire.
J'ai vécu dans le monde au milieu des plaisirs ;
La contrainte où je suis irrite mes désirs.
Présentement qu'Éraste à m'épouser s'apprête,
Mille vivacités me passent par la tête.
J'ai du cœur, de l'esprit, du sens, de la raison,
Et tu verras dans peu des traits de ma façon.
Mais comment du château la porte est-elle ouverte ?

LISETTE.

Bon ! votre vieux Cerbère est à la découverte ;
Faut-il le demander ? Il rôde dans les champs :
Il fait toute la nuit sentinelle en dedans,
Et sur le point du jour il va battre l'estrade.
S'il pouvait, par bonheur, choir en quelque embuscade,

Et que des égrillards, avec de bons bâtons...
Mais paix; j'entends du bruit; quelqu'un vient; écoutons.

SCÈNE II.

ALBERT, AGATHE, LISETTE.

ALBERT, à part.

J'ai fait dans mon château, toute la nuit la ronde,
Et dans un plein repos j'ai trouvé tout le monde.
Pour mieux des ennemis rendre vains les efforts,
J'ai voulu même encor m'assurer des dehors.
Grâce au ciel, tout va bien. Une terreur secrète,
En dépit de mes soins, cependant m'inquiète.
Je vis hier rôder un certain curieux,
Qui de loin, ce me semble, examinait ces lieux.
Depuis plus de six mois ma lâche complaisance
Met à chaque moment en défaut ma prudence;
Et pour laisser Agathe à l'aise respirer,
Je n'ai, par bonté d'âme, encor rien fait murer.
Ce n'est point par douceur qu'on rend sage les filles [1];
Je veux, du haut en bas, faire attacher des grilles,
Et que de bons barreaux, larges comme la main,
Puissent servir d'obstacle à tout effort humain.
Mais j'entends quelque bruit; et, dans le crépuscule,
J'entrevois quelque objet qui marche et qui recule.
Approchons. Qui va là? Personne ne répond.
Ce silence affecté ne me dit rien de bon.

LISETTE, bas.

Je tremble.

ALBERT.

C'est Lisette : Agathe est avec elle.

AGATHE.

Est-ce donc vous, monsieur, qui faites sentinelle?

ALBERT.

Oui, oui, c'est moi, c'est moi. Mais à l'heure qu'il est,
Que venez-vous chercher en ce lieu, s'il vous plaît?

---

[1] On lit dans Molière, *École des Maris*, acte 1, scène II.
Les verrous et les grilles,
Ne font pas la vertu des femmes ni des filles.

ACTE I, SCÈNE II.

AGATHE.

De dormir ce matin n'ayant aucune envie,
Lisette et moi, monsieur, nous avons fait partie
D'être devant le jour sous ces arbres épais,
Pour voir naître l'aurore et respirer le frais.

LISETTE.

Oui.

ALBERT.

Respirer le frais et voir l'aurore naître,
Tout cela se pouvait faire à votre fenêtre.
Ici, pour me trahir, vous êtes de complot.

LISETTE, à part.

Que ce serait bien fait!

ALBERT, à Lisette.

Que dis-tu?

LISETTE.

Pas le mot.

ALBERT.

Des filles sans intrigue, et qui sont retenues,
Sont, à l'heure qu'il est, dans leur lit étendues,
Dorment tranquillement, et ne vont point sitôt
Prendre dans une cour ni le froid ni le chaud.

LISETTE, à Albert.

Et comment, s'il vous plaît, voulez-vous qu'on repose?
Chez vous, toute la nuit, on n'entend d'autre chose
Qu'aller, venir, monter, fermer, descendre, ouvrir,
Crier, tousser, cracher, éternuer, courir.
Lorsque, par grand hasard, quelquefois je sommeille,
Un bruit affreux de clefs en sursaut me réveille.
Je veux me rendormir, mais point : un juif errant,
Qui fait du mal d'autrui son plaisir le plus grand;
Un lutin que l'enfer a vomi sur la terre
Pour faire aux gens dormants une éternelle guerre,
Commence son vacarme, et nous lutine tous.

ALBERT.

Et quel est ce lutin et ce juif errant?

LISETTE.

Vous.

ALBERT.

Moi!

LISETTE.

Oui, vous. Je croyais que ces brusques manières

Venaient de quelque esprit qui voulait des prières;
Et, pour mieux m'éclaircir, dans ce fâcheux état,
Si c'était âme ou corps qui faisait ce sabbat,
Je mis, un certain soir, à travers la montée,
Une corde aux deux bouts fortement arrêtée :
Cela fit tout l'effet que j'avais espéré.
Sitôt que pour dormir chacun fut retiré,
En personne d'esprit, sans bruit et sans chandelle,
J'allai dans certain coin me mettre en sentinelle :
Je n'y fus pas longtemps qu'aussitôt patatras!
Avec un fort grand bruit, voilà l'esprit à bas :
Ses deux jambes à faux dans la corde arrêtées
Lui font avec le nez mesurer les montées.
Soudain j'entends crier : A l'aide! je suis mort!
A ces cris redoublés, et dont je riais fort,
J'accours, et je vous vois étendu sur la place,
Avec une apostrophe au milieu de la face;
Et votre nez cassé me fit voir par écrit
Que vous étiez un corps, et non pas un esprit [1].

ALBERT.

Ah! malheureuse engeance! apanage du diable!
C'est toi qui m'as joué ce tour abominable :
Tu voulais me tuer avec ce trait maudit?

LISETTE.

Non, c'était seulement pour attraper l'esprit.

ALBERT.

Je ne sais maintenant qui retient mon courage,
Que de vingt coups de poing au milieu du visage...

AGATHE, le retenant.

Eh! monsieur, doucement.

ALBERT, à Agathe.

     Vous pourriez bien ici,
Vous, la belle, attraper quelque gourmade aussi.
Taisez-vous, s'il vous plaît.

(A part.)

    Pour punir son audace,
Il faut que de chez moi sur-le-champ je la chasse.

---

[1] Boileau a dit :
  Où les doigts des laquais dans la crasse tracés
  Témoignaient par écrit qu'on les avait rincés.

ACTE I, SCÈNE III.

(A Lisette.)
Qu'on sorte de ce pas.

LISETTE, feignant de pleurer.
Juste ciel! quel arrêt!
Monsieur...

ALBERT.
Non; dénichons au plus tôt, s'il vous plaît.

LISETTE, riant.
Ah! par ma foi, monsieur, vous nous la donnez bonne,
De croire qu'en quittant votre triste personne
Le moindre déplaisir puisse saisir mon cœur!
Un écolier qui sort d'avec son précepteur;
Une fille longtemps au célibat liée,
Qui quitte ses parents pour être mariée;
Un esclave qui sort des mains des mécréants;
Un vieux forçat qui rompt sa chaîne après trente ans;
Un héritier qui voit un oncle rendre l'âme;
Un époux, quand il suit le convoi de sa femme;
N'ont pas le demi-quart tant de plaisir que j'ai
En recevant de vous ce bienheureux congé.

ALBERT.
De sortir de chez moi tu peux être ravie?

LISETTE.
C'est le plus grand plaisir que j'aurai de ma vie.

ALBERT.
Oui! puisqu'il est ainsi, je change de désir,
Et je ne prétends pas te donner ce plaisir :
Tu resteras ici pour faire pénitence.

(A Agathe.)
Et vous, sans raisonner, rentrez en diligence.

(Agathe rentre en faisant la révérence, Lisette en fait autant;
Albert la retient, et continue.)

Demeure, toi; je veux te parler sans témoins.

SCÈNE III.

ALBERT, LISETTE.

ALBERT, à part.
Il faut l'amadouer; j'ai besoin de ses soins.
(Haut.)
Allons, faisons la paix, vivons d'intelligence;
Je t'aime dans le fond, et plus que l'on ne pense.

LISETTE.
Et je vous aime aussi plus que vous ne pensez.
ALBERT.
Un bel amour, vraiment, à me casser le nez !
Mais je pardonne tout, et te donne promesses
Que tu ressentiras l'effet de mes largesses,
Si tu veux me servir dans une occasion.
LISETTE.
Voyons. De quel service est-il donc question?
ALBERT.
Tu sais depuis longtemps que sur le fait d'Agathe
J'ai, comme on doit avoir, l'âme un peu délicate.
La donzelle bientôt prendrait le mors aux dents,
Sans la précaution que près d'elle je prends.
Chez la dame du bourg jusqu'à quinze ans nourrie,
Toujours dans le grand monde elle a passé sa vie :
Cette dame étant morte, un parent me pria
D'en vouloir prendre soin, et me la confia.
L'amour, depuis ce temps, s'est glissé dans mon âme,
Et j'ai quelque dessein d'en faire un jour ma femme.
LISETTE.
Votre femme? fi donc !
ALBERT.
Qu'entends-tu par ce ton?
LISETTE.
Fi ! vous dis-je.
ALBERT.
Comment?
LISETTE.
Eh ! fi ! fi ! vous dit-on.
Vous avez trop d'esprit pour faire une sottise ;
Et j'en appellerais à votre barbe grise.
ALBERT.
Je n'ai point eu d'enfants de mon hymen passé ;
Et je veux achever ce que j'ai commencé,
Faire des héritiers dont l'heureuse naissance
De mes collatéraux détruise l'espérance.
LISETTE.
Ma foi, faites, monsieur, tout ce qu'il vous plaira,
Jamais postérité de vous ne sortira :
C'est moi qui vous le dis.

ACTE I, SCÈNE III.

ALBERT.
Et pourquoi donc?
LISETTE.
Que sais-je?
ALBERT.
Qui t'a de deviner donné le privilége?
Dis donc, parle, réponds.
LISETTE.
Mon Dieu, je ne dis rien;
Sans dire la raison, vous la devinez bien.
Je m'entends, il suffit.
ALBERT.
Ne te mets point en peine.
Ce sera mon affaire, et point du tout la tienne.
LISETTE.
Ah! vous avez raison.
ALBERT.
Tu sais bien qu'ici-bas
Sans trouver quelque embûche on ne peut faire un pas.
Des piéges qu'on me tend mon âme est alarmée.
Je tiens une brebis avec soin enfermée :
Mais des loups ravissants rôdent pour l'enlever,
Contre leur dent cruel il la faut conserver :
Et pour ne craindre rien de leur noire furie,
Je veux de toutes parts fermer la bergerie,
Faire avec soin griller mon château tout autour,
Et ne laisser partout qu'un peu d'entrée au jour.
J'ai besoin de tes soins en cette conjoncture,
Pour faire, à mon désir, attacher la clôture.
LISETTE.
Qui? moi!
ALBERT.
Je ne veux pas que cette invention
Paraisse être l'effet de ma précaution.
Agathe, avec raison, pourrait être alarmée
De se voir, par mes soins, de la sorte enfermée;
Cela pourrait causer du refroidissement :
Mais, en fille d'esprit, il faut adroitement
Lui dorer la pilule, et lui faire comprendre
Que tout ce qu'on en fait n'est que pour se défendre,
Et que, la nuit passée, un nombre de bandits

N'a laissé que les murs dans le prochain logis.
LISETTE.
Mais croyez-vous, monsieur, avec ce stratagème,
Et bien d'autres encor dont vous usez de même,
Vous faire bien aimer de l'objet de vos vœux?
ALBERT.
Ce n'est pas ton affaire; il suffit, je le veux.
LISETTE.
Allez, vous êtes fou de vouloir, à votre âge,
Pour la seconde fois tâter du mariage;
Plus fou d'être amoureux d'un objet de quinze ans,
Encor plus fou d'oser la griller là-dedans.
Ainsi, dans ce dessein, funeste en conséquences,
Je compte la valeur de trois extravagances,
Dont la moindre va droit aux Petites-Maisons.
ALBERT.
Pour me conduire ainsi j'ai de bonnes raisons.
LISETTE.
Pour moi, grâce aux effets de la bonté céleste,
J'ai, jusqu'à présent, eu de la vertu de reste :
Mais si j'avais amant ou mari de ce goût,
Ils en auraient, parbleu, sur la tête et partout.
Si vous me choisissez pour prendre cette peine,
Je vous le dis tout net, votre espérance est vaine.
Je ne veux point tremper dans vos lâches desseins :
Le cas est trop vilain, je m'en lave les mains.
ALBERT.
Sais-tu qu'après avoir employé la prière,
Je saurai contre-toi prendre un parti contraire?
LISETTE.
Pestez, jurez, criez, mettez-vous en courroux,
Vous m'entendrez toujours vous dire qu'un jaloux
Est un objet affreux à qui l'on fait la guerre,
Qu'on voudrait de bon cœur voir à cent pieds sous terre;
Qu'il n'est rien plus hideux; que Satan, Lucifer,
Et tant d'autres messieurs habitants de l'enfer,
Sont des objets plus beaux, plus charmants, plus aimables,
Des bourreaux moins cruels et moins insupportables,
Que certains jaloux, tels qu'on en voit en ce lieu.
Vous m'entendez. J'ai dit. Je me retire. Adieu.

SCÈNE IV.

ALBERT, seul.

Pour me trahir ici tout le monde s'emploie :
On dirait qu'ils n'ont pas tous de plus grande joie.
Lisette ne vaut rien ; mais, de crainte de pis,
Malgré sa brusque humeur, je la garde au logis.
Je ne laisserai pas, quoi qu'on dise et qu'on glose,
D'accomplir le dessein que mon cœur se propose.

SCÈNE V.

ALBERT, CRISPIN.

CRISPIN, à part.

Mon maître, qui m'attend au cabaret prochain,
M'envoie ici devant pour sonder le terrain.
Voilà, je crois, notre homme ; il faut feindre de sorte.

ALBERT.

Que faites-vous ici seul, et devant ma porte?

CRISPIN.

Bonjour, monsieur.

ALBERT.

Bonjour.

CRISPIN.

Vous portez-vous bien?

ALBERT.

Oui [1].

CRISPIN.

En vérité, j'en ai le cœur bien réjoui.

ALBERT.

Content, ou non content, quel sujet vous attire?
Et quel homme êtes-vous?

CRISPIN.

J'aurais peine à le dire.
J'ai fait tant de métiers, d'après le naturel,
Que je puis m'appeler un homme universel.

---

[1] Ces brèves réponses d'Albert rappellent la scène de Valère et de Sganarelle dans l'*École des Maris*, acte I, scène v.

J'ai couru l'univers; le monde est ma patrie :
Faute de revenus, je vis de l'industrie,
Comme bien d'autres font; selon l'occasion,
Quelquefois honnête homme, et quelquefois fripon
J'ai servi volontaire un an dans la marine;
Et me sentant le cœur enclin à la rapine,
Après avoir été dix-huit mois flibustier,
Un mien parent me fit apprenti maltôtier.
J'ai porté le mousquet en Flandre, en Allemagne;
Et j'étais miquelet dans les guerres d'Espagne.

ALBERT.

Voilà bien des métiers!

(A part.)

Du bas jusques en haut,
Cet homme me paraît avoir l'air d'un maraud.

(Haut.)

Que faites-vous ici? Parlez.

CRISPIN.

Je me retire.

ALBERT.

Non, non; il faut parler.

CRISPIN, à part.

Je ne sais que lui dire.

ALBERT.

Vous me portez tout l'air d'être de ces fripons
Qui rôdent pour entrer la nuit dans les maisons.

CRISPIN.

Vous me connaissez mal; j'ai d'autres soins en tête.
Tandis que le hasard dans ce séjour m'arrête,
Ayant pour bien des maux des secrets merveilleux,
Je m'amuse à chercher des simples dans ces lieux.

ALBERT.

Des simples?

CRISPIN.

Oui, monsieur. Tout le temps de ma vie,
J'ai fait profession d'exercer la chimie.
Tel que vous me voyez, il n'est guère de maux
Où je ne sache mettre un remède à propos;
Pierre, gravelle, toux, vertige, maux de mère;
On m'a même accusé d'avoir un caractère.
Il ne s'en est fallu qu'un degré de chaleur

ACTE I, SCÈNE V.

Pour être de mon temps le plus heureux souffleur.
ALBERT.
Cet habit cependant n'est pas de compétence.
CRISPIN.
Vous savez que l'habit ne fait pas la science ;
Et je ne serais pas réduit d'être valet,
Si je n'avais eu bruit avec le Châtelet.
Mais un jour, on verra triompher l'innocence.
ALBERT.
Vous avez, dites-vous?...
CRISPIN.
Voyez la médisance!
Certain jour, me trouvant le long d'un grand chemin,
Moi troisième, et le jour étant sur son déclin,
En un certain bourbier j'aperçus certain coche :
En homme secourable aussitôt je m'approche ;
Et pour le soulager du poids qui l'arrêtait,
J'ôtai des magasins les paquets qu'il portait.
On a voulu depuis, pour ce trait charitable,
De ces paquets perdus me rendre responsable :
Le prévôt s'en mêlait ; c'est pourquoi mes amis
Me conseillèrent tous de quitter le pays.
ALBERT.
C'est agir prudemment en affaires pareilles.
CRISPIN.
J'arrive de la guerre, où j'ai fait des merveilles.
Les Ardennes m'ont vu soutenir tout le feu,
Et batailler un jour, seul, contre un parti bleu.
J'ai, dans le Milanais, payé de ma personne.
Savez-vous bien, monsieur, que j'étais dans Crémone [1] ?
ALBERT.
Je vous crois. Mais, après tous ces exploits fameux
Que voulez-vous enfin de moi?
CRISPIN.
Ce que je veux?
ALBERT.
Oui.

[1] Crémone avait, en 1702, servi de quartier d'hiver au maréchal de Villeroi, qui y fut fait prisonnier par le prince Eugène, après des prodiges de valeur de la part des Français, qui forcèrent les Impériaux à se retirer ; mais le maréchal avait été emmené.

CRISPIN.

Rien. Je crois qu'on peut, quoique l'on en raisonne,
Se promener ici, sans offenser personne.

ALBERT.

Oui : mais il ne faut pas trop longtemps y rester.
Serviteur.

CRISPIN.

Serviteur. Avant de nous quitter,
Dites-moi, s'il vous plaît, monsieur, à qui peut être
Le château que voilà?

ALBERT.

Mais..., il est à son maître.

CRISPIN.

C'est parler comme il faut. Vous répondez si bien,
Que l'on ne peut sitôt quitter votre entretien.
Nous devons à la ville aller ce soir au gîte,
Y serons-nous bientôt?

ALBERT.

Si vous allez bien vite.

CRISPIN, à part.

Cet homme n'aime pas les conversations.
(Haut.)
Pour finir en un mot toutes mes questions,
Je pars; et dites-moi quelle heure il pourrait être.

ALBERT.

La demande est plaisante! A ce qu'on peut connaître,
Vous me croyez ici mis, comme les cadrans,
Pour, du haut d'un clocher, montrer l'heure aux passants :
Allez l'apprendre ailleurs ; partez : je vous conseille
De ne pas plus longtemps étourdir mon oreille.
Votre aspect me fatigue autant que vos discours.
Adieu : bonjour.

SCÈNE VI.

CRISPIN, seul.

Cet homme a bien de l'air d'un ours.
Par ma foi, ce début commence à m'interdire.
Le vieillard me paraît un peu sujet à l'ire :
Pour en venir à bout, il faudra batailler :

Tant mieux; c'est où je brille, et j'aime à ferrailler.

SCÈNE VII.

ÉRASTE, CRISPIN.

CRISPIN.

Mais j'aperçois mon maître.

ÉRASTE.

Eh bien ! quelle nouvelle,
Cher Crispin? Dans ces lieux as-tu vu cette belle?
As-tu vu ce tuteur? et vois-tu quelque jour,
Quelque rayon d'espoir, qui flatte mon amour?

CRISPIN.

A vous dire le vrai, ce n'était pas la peine
De venir de Milan ici tout d'une haleine,
Pour nous en retourner d'abord du même train ;
Vous pouviez m'épargner le travail du chemin.
Ah ! que ce mont Cénis est un pas ridicule !
Vous souvient-il, monsieur, quand ma maudite mule
Me jeta par malice, en ce trou si profond?
Je fus près d'un quart d'heure à rouler jusqu'au fond.

ÉRASTE.

Ne badine donc point; parle d'autre manière.

CRISPIN.

Puisque vous souhaitez une phrase plus claire,
Je vous dirai, monsieur, que j'ai vu le jaloux,
Qui m'a reçu d'un air qui tient de l'aigre-doux.
Il faudra du canon pour emporter la place.

ÉRASTE.

Nous en viendrons à bout, quoi qu'il dise et qu'il fasse;
Et je ne prétends point abandonner ces lieux,
Que je ne sois nanti de l'objet de mes vœux.
L'amour, de ce brutal, vaincra la résistance.

CRISPIN.

J'aurais pour le succès assez bonne espérance,
Si de quelque argent frais nous avions le secours :
C'est le nerf de la guerre, ainsi que des amours [1].

---

[1] Molière, dans l'*École des Femmes*, acte 1ᵉʳ, scène VI, a dit :

> Que l'argent est la clef de tous les grands ressorts,
> Et que ce doux métal qui frappe tant de têtes
> En amour, comme en guerre, avance les conquêtes.

ÉRASTE.

Ne te mets point en peine; Agathe, en mariage,
A trente mille écus de bon bien en partage :
Quand elle n'aurait rien, je l'aime cent fois mieux
Qu'une autre avec tout l'or qui séduirait tes yeux.
Dès ses plus tendres ans chez ma mère élevée,
Son image en mon cœur est tellement gravée,
Que rien ne pourra plus en effacer les traits.
Nos deux cœurs qui semblaient l'un pour l'autre être faits,
Goûtaient de cet amour l'heureuse intelligence,
Quand ma mère mourut. Dans cette décadence,
Albert, ce vieux jaloux, que l'enfer confondra,
Par avis de parents d'Agathe s'empara.
Je ne le connais point; et lui, comme je pense,
De moi, ni de mon nom, n'a nulle connaissance.
On m'a dit qu'il était d'un très-fâcheux esprit,
Défiant, dur, brutal.

CRISPIN.

Et l'on vous a bien dit.
Il faut savoir d'abord si dans la forteresse
Nous nous introduirons par force ou par adresse;
S'il est plus à propos pour nos desseins conçus,
De faire un siége ouvert ou former un blocus.

ÉRASTE.

Tu te sers à propos de termes militaires;
Tu reviens de la guerre.

CRISPIN.

En toutes les affaires,
La tête doit toujours agir avant le bras.
Ce n'est pas d'aujourd'hui que je vois des combats :
J'ai même déserté deux fois dans la milice.
Quand on veut, voyez-vous, qu'un siége réussisse,
Il faut, premièrement, s'emparer des dehors;
Connaître les endroits, les faibles et les forts.
Quand on est bien instruit de tout ce qui se passe,
On ouvre la tranchée, on canonne la place,
On renverse un rempart, on fait brèche; aussitôt
On avance en bon ordre, et l'on donne l'assaut;
On égorge, on massacre, on tue, on vole, on pille :
C'est de même à peu près quand on prend une fille;
N'est-il pas vrai, monsieur?

ÉRASTE.

A quelque chose près.
La suivante Lisette est dans nos intérêts.

CRISPIN.

Tant mieux. Plus dans la ville on a d'intelligence,
Et plus pour le succès on conçoit d'espérance.
Il la faut avertir que, sans bruit, sans tambours,
Il est toute la nuit arrivé du secours;
Lui faire des signaux pour lui faire comprendre...

ÉRASTE.

Allons voir là-dessus quels moyens il faut prendre ;
Et pour ne point donner des soupçons dangereux,
Évitons de rester plus longtemps en ces lieux.

SCÈNE VIII.

CRISPIN, seul.

Moi, comme ingénieur et chef d'artillerie,
Je vais voir où je dois placer ma batterie
Pour battre en brèche Albert, et l'obliger bientôt
A nous rendre la place, ou soutenir l'assaut.

FIN DU PREMIER ACTE.

ACTE SECOND.

SCÈNE I.

ALBERT, seul.

Un secret confié, dit un excellent homme
(J'ignore son pays et comment il se nomme),
C'est la chose à laquelle on doit plus regarder,
Et la plus difficile en ce temps à garder :
Cependant, n'en déplaise à ce docteur habile,
La garde d'une fille est bien plus difficile.
J'ai fait par le jardin entrer le serrurier,

Qui doit à mon dessein promptement s'employer.
Je veux faire sortir Agathe et sa suivante,
De peur qu'à cet aspect leur cœur ne s'épouvante :
Il faut les appeler, afin qu'à son plaisir
L'ouvrier libre et seul puisse agir à loisir.
Quand j'aurai sur ce point satisfait ma prudence,
Il faudra les résoudre à prendre patience.
Holà, quelqu'un.

SCÈNE II.

AGATHE, LISETTE, ALBERT.

ALBERT.
Venez, sous ces arbres épais,
Pendant quelques moments, prendre avec moi le frais.
LISETTE, à Albert.
Voilà du fruit nouveau. Quel démon favorable
Vous rend l'accueil si doux, et l'humeur si traitable?
Par votre ordre étonnant, depuis plus de six mois,
Nous sortons aujourd'hui pour la première fois.
ALBERT.
Il faut changer de lieu quelquefois dans la vie :
Le plus charmant séjour à la fin nous ennuie.
AGATHE, à Albert.
Sous quelque autre climat que je sois avec vous,
L'air n'y sera pour moi ni meilleur, ni plus doux
Je ne sais pas pourquoi ; mais enfin je soupire,
Quand je suis près de vous, plus que je ne respire.
ALBERT, à Agathe.
Mon cœur à ce discours se pâme de plaisirs.
Il te faut un époux pour calmer ces soupirs.
AGATHE.
Les filles, d'ordinaire assez dissimulées,
Font, au seul nom d'époux, d'abord les réservées,
Masquent leurs vrais désirs, et répondent souvent
N'aimer d'autre parti que celui du couvent :
Pour moi, que le pouvoir de la vérité presse,
Qui ne trouve en cela ni crime ni faiblesse,
J'ai le cœur plus sincère, et je vous dis sans fard,
Que j'aspire à l'hymen, et plus tôt que plus tard.
LISETTE.
C'est bien dit. Que sert-il, au printemps de son âge,

De vouloir se soustraire au joug du mariage,
Et de se retrancher du nombre des vivants?
Il était des maris bien avant des couvents;
Et je tiens, moi, qu'il faut suivre, en toute méthode,
Et la plus ancienne, et la plus à la mode.
Le parti d'un époux est le plus ancien,
Et le plus usité; c'est pourquoi je m'y tien.

ALBERT.

En personnes d'esprit vous parlez l'une et l'autre.
Mes sentiments aussi sont conformes au vôtre :
Je veux me marier. Riche comme je suis,
On me vient tous les jours proposer des partis
Qui paraissent pour moi d'un très-grand avantage :
Mais je réponds toujours qu'un autre amour m'engage;
(A Agathe.)
Que mon cœur, prévenu de ta rare beauté,
Pour toi seule soupire, et que, de ton côté,
Tu n'adores que moi.

AGATHE.
Comment donc!

ALBERT.
Oui, mignonne,
J'ai déclaré l'amour qui pour moi t'aiguillonne.

AGATHE.
Vous avez, s'il vous plaît, dit...

ALBERT.
Qu'au fond de ton cœur,
Pour moi tu nourrissais une sincère ardeur.

AGATHE.
Votre discrétion vraiment ne paraît guère.

ALBERT.
On ne peut être heureux, belle Agathe, et se taire.

AGATHE.
Vous ne deviez pas faire un tel aveu si haut.

ALBERT.
Et pourquoi, mon enfant?

AGATHE.
C'est que rien n'est si faux [1],
Et qu'on ne peut mentir avec plus d'impudence.

---

[1] *Faux* ne rime pas avec *haut*.

ALBERT.
Vous ne m'aimez donc pas?
AGATHE.
Non : mais, en récompense,
Je vous hais à la mort.
ALBERT.
Et pourquoi?
AGATHE.
Qui le sait?
On aime sans raison, et sans raison on hait.
LISETTE, à Albert.
Si l'aveu n'est pas tendre, il est du moins sincère.
ALBERT, à Agathe.
Après ce que j'ai fait, basilic, pour vous [1] plaire!
LISETTE.
Ne nous emportons point ; voyons tranquillement
Si l'amour vous a fait un objet bien charmant.
Vos traits sont effacés, elle est aimable et fraîche ;
Elle a l'esprit bien fait, et vous l'humeur revêche ;
Elle n'a pas seize ans, et vous êtes fort vieux ;
Elle se porte bien, vous êtes catarrheux ;
Elle a toutes ses dents, qui la rendent plus belle ;
Vous n'en avez plus qu'une, encore branle-t-elle,
Et doit être emportée à la première toux :
A quelle malheureuse ici-bas plairiez-vous?
ALBERT.
Si j'ai pris pour lui plaire une inutile peine,
Je veux, parlasambleu, mériter cette haine,
Et mettre en sûreté ses dangereux appas.
Je vais en certain lieu la mener de ce pas,
Loin de tous damoiseaux, où de son arrogance
Elle aura tout loisir de faire pénitence.
Allons, vite, marchons.
AGATHE.
Où voulez-vous aller?
ALBERT.
Vous le saurez tantôt ; marchons sans tant parler.

---

[1] *Vous* est conforme à l'édition originale. Dans toutes les autres éditions, on lit *te*.

SCÈNE III.

ÉRASTE, ALBERT, AGATHE, LISETTE, CRISPIN.

Éraste entre comme un homme qui se promène. Il aperçoit Albert,
et le salue.

ALBERT, à part.

Quel triste contre-temps dans cette conjoncture!
Au diable le fâcheux, et sa sotte figure!
(Haut, à Éraste.)
Souhaitez-vous, monsieur, quelque chose de moi?
LISETTE, bas, à Agathe.
C'est Éraste.
AGATHE, bas.
Paix donc, je le vois mieux que toi.
(Éraste continue à saluer.)
ALBERT.
A quoi servent, monsieur, les façons que vous faites?
Parlez donc; je suis las de toutes ces courbettes.
ÉRASTE.
Étranger dans ces lieux, et ravi de vous voir,
Vous rendant mes respects, je remplis mon devoir.
Assez près de chez vous ma chaise s'est rompue :
Lorsqu'à la réparer ici l'on s'évertue,
Attiré par l'aspect et le frais de ces lieux,
Je viens y respirer un air délicieux.
ALBERT.
Vous vous trompez, monsieur; l'air qu'ici l'on respire
Est tout à fait malsain : je dois même vous dire
Que vous ferez fort mal d'y demeurer longtemps,
Et qu'il est dangereux et mortel aux passants.
AGATHE.
Hélas! rien n'est plus vrai : depuis que j'y respire,
Je languis nuit et jour dans un cruel martyre.
CRISPIN.
Que l'on me donne à moi toujours du même vin [1]
Que celui que notre hôte a percé ce matin,

---

[1] Cailhava (*Art de la comédie* I, 220) trouve mauvaise cette interruption de Crispin qu'il traite de balourdise, le dialogue de cette scène étant très-bien jusque-là.

Et je défie ici toux, fièvre, apoplexie,
De pouvoir, de cent ans, attenter à ma vie.
ÉRASTE.
On ne croira jamais qu'avec tant de beauté,
Et cet air si fleuri, vous manquiez de santé.
ALBERT.
Qu'elle se porte bien, ou qu'elle soit malade,
Cherchez un autre lieu pour votre promenade.
ÉRASTE.
Cet objet que le ciel a pris soin de parer,
Cette vue où mon œil se plaît à s'égarer,
Enchante mes regards; et jamais la nature
N'étala ses attraits avec tant de parure.
Mon cœur est amoureux de ce qu'on voit ici.
ALBERT.
Oui, le pays est beau, chacun en parle ainsi :
Mais vous emploieriez mieux la fin de la journée :
Votre chaise à présent doit être accommodée;
Votre présence ici ne fait aucun besoin :
Partez; vous devriez être déjà bien loin.
ÉRASTE.
Je pars dans le moment. Dites-moi, je vous prie....
ALBERT.
Puisque de babiller vous avez tant d'envie,
Je vais vous écouter avec attention.
(A Agathe et à Lisette.)
Rentrez, rentrez.
LISETTE.
Monsieur....
ALBERT.
Eh! rentrez, vous dit-on.
ÉRASTE.
Je me retirerai plutôt que d'être cause
Que madame, pour moi, souffre la moindre chose.
AGATHE.
Non, monsieur, demeurez, et, jusques à demain,
Différez, croyez-moi, de vous mettre en chemin,
Et ne vous y mettez qu'en bonne compagnie.
Les chemins sont mal sûrs.
ALBERT.
Que de cérémonie!
(Agathe rentre.)

SCÈNE IV.

ALBERT, LISETTE, ÉRASTE, CRISPIN.

ALBERT, à Lisette.

Allons, vite, rentrons.

LISETTE.

Oui, oui, je rentrerai :
Mais, devant ces messieurs, tout haut je vous dirai
Que le ciel enverra quelque honnête personne
Pour faire enfin cesser les chagrins qu'on nous donne.
Depuis plus de six mois, dans ce cloître nouveau,
Nous n'avons aperçu que l'ombre d'un chapeau.
A tout homme en ce lieu l'entrée est interdite :
Tout, dans cette maison, est sujet à visite.
Nous croyons quelquefois que le monde a pris fin.
Rien n'entre ici, s'il n'est du genre féminin :
Jugez si quelque fille en ce lieu peut se plaire.

ALBERT, lui mettant la main sur la bouche, et la faisant rentrer.

Ah ! je t'arracherai ta langue de vipère.

SCÈNE V.

ALBERT, ÉRASTE, CRISPIN.

ALBERT, bas.

Je ne veux point sitôt rentrer dans le logis,
Pour donner tout le temps que les barreaux soient mis.
Leurs plaintes et leurs cris me toucheraient peut-être.

(Haut.)

Çà, de quoi s'agit-il ? Parlez, vous voilà maître :
Mais surtout soyez bref.

ÉRASTE.

Je suis fâché, vraiment,
Que pour moi votre fille ait un tel traitement.

ALBERT.

Qu'est-ce à dire, ma fille ?

ÉRASTE.

Est-ce donc votre femme ?

ALBERT.

Cela sera bientôt.

ÉRASTE.
J'en suis ravi dans l'âme.
Vous ne pouvez jamais prendre un plus beau dessein,
Et vous faites fort bien de lui tenir la main.
Tous les maris devraient faire ce que vous faites.
Les femmes aujourd'hui sont toutes si coquettes!....
ALBERT.
J'empêcherai, parbleu, que celle que je prends
Ne suive la manière et le train de ce temps.
CRISPIN.
Ah! que vous ferez bien! Je suis si soûl des femmes!....
Et je suis si ravi, quand quelques bonnes âmes
Se servent de main-mise un peu de temps en temps...
ALBERT.
Ce garçon-là me plaît, et parle de bon sens.
ÉRASTE.
Pour moi, je ne vois rien de si digne de blâme,
Qu'un homme qui s'endort sur la foi d'une femme;
Qui, sans être jamais de soupçons combattu,
Compte tranquillement sur sa frêle vertu;
Croit qu'on fit pour lui seul une femme fidèle.
Il faut faire soi-même, en tout temps, sentinelle;
Suivre partout ses pas; l'enfermer, s'il le faut;
Quand elle veut gronder, crier encor plus haut.
Et malgré tous les soins dont l'amour nous occupe,
Le plus fin, tel [1] qu'il soit, en est toujours la dupe.
ALBERT.
Nous sommes un peu grecs sur ces matières-là;
Qui pourra m'attraper, bien habile sera.
Chaque jour, là-dedans, j'invente quelque adresse
Pour mieux déconcerter leur ruse et leur finesse.
Ma foi, vous aurez beau, messieurs leurs partisans,
Débonnaires maris, doucereux courtisans,
Abbés blonds et musqués qui cherchez par la ville
Des femmes dont l'époux soit d'un accès facile,
Publier que je suis un brutal, un jaloux;
Dans le fond de mon cœur je me rirai de vous.

---

[1] Cette locution, TEL *qu'il soit*, est conforme à l'édition originale et à celle de 1728. Dans toutes les éditions modernes, on lit, QUEL *qu'il soit;* ce qui est plus conforme à la grammaire : mais il est certain que l'auteur a écrit autrement.

ÉRASTE.
Quand vous seriez jaloux, devez-vous vous défendre
Pour avoir plus qu'un autre un cœur sensible et tendre?
Sans être un peu jaloux, on ne peut être amant.
Bien des gens cependant raisonnent autrement.
Un jaloux, disent-ils, qui sans cesse querelle,
Est plutôt le tyran que l'amant d'une belle :
Sans relâche agité de fureur et d'ennui,
Il ne met son plaisir que dans le mal d'autrui.
Insupportable à tous, odieux à lui-même,
Chacun à le tromper met son plaisir extrême,
Et voudrait qu'on permît d'étouffer un jaloux,
Comme un monstre échappé de l'enfer en courroux.
C'est dans le monde ainsi qu'on parle d'ordinaire :
Mais pour moi, je soutiens un parti tout contraire,
Et dis qu'un galant homme, et qui fait tant d'aimer,
Par de jaloux transports peut se voir animer,
Céder à ce penchant, et qu'il faut, dans la vie,
Assaisonner l'amour d'un peu de jalousie.
ALBERT.
Certes, vous me charmez, monsieur, par votre esprit,
Je voudrais, pour beaucoup, que cela fût écrit,
Pour le montrer aux sots qui blâment ma manière.
CRISPIN.
Entrons chez vous, monsieur : là, pour vous satisfaire,
Je vous l'écrirai tout, sans qu'il vous coûte rien.
ALBERT, l'arrêtant.
Je vous suis obligé ; je m'en souviendrai bien.
Vous n'avez pas, je crois, autre chose à me dire :
Voilà votre chemin. Adieu. Je me retire.
Que le ciel vous maintienne en ces bons sentiments ;
Et ne demeurez pas en ce lieu plus longtemps.

SCÈNE VI.

LISETTE, ÉRASTE, ALBERT, CRISPIN.

LISETTE.
Au secours! aux voisins! Quel accident terrible!
Quelle triste aventure! Ah ciel! est-il possible?
Pauvre seigneur Albert, que vas-tu devenir?
Le coup est trop mortel ; je n'en puis revenir.

ALBERT.

Qu'est-il donc arrivé?

LISETTE.

La plus rude disgrâce...

ALBERT.

Mais encor faut-il bien savoir ce qui se passe

LISETTE.

Agathe...

ÉRASTE.

Eh bien ! Agathe?

LISETTE.

Agathe, en ce moment,
Vient de devenir folle, et tout subitement.

ALBERT.

Agathe est folle !

ÉRASTE.

Ah ciel !

ALBERT.

Cela n'est pas croyable.

LISETTE.

Ah! monsieur, ce malheur n'est que trop véritable.
Quand, par votre ordre exprès, elle a vu travailler
Ce maudit serrurier, venu pour nous griller;
Qu'elle a vu ces barreaux et ces grilles paraître,
Dont ce noir forgeron condamnait sa fenêtre,
J'ai, dans le même instant, vu ses yeux s'égarer,
Et son esprit frappé soudain s'évaporer.
Elle tient des discours remplis d'extravagance;
Elle court, elle grimpe, elle chante, elle danse.
Elle prend un habit, puis le change soudain
Avec ce qu'elle peut rencontrer sous sa main.
Tout à l'heure elle a mis, dans votre garde-robe,
Votre large calotte [1] et votre grande robe;
Puis prenant sa guitare, elle a, de sa façon,
Chanté différents airs en différent jargon.
Enfin, c'est cent fois pis que je ne puis vous dire :
On ne peut s'empêcher d'en pleurer et d'en rire.

ÉRASTE.

Qu'entends-je? juste ciel !

---

[1] C'est ainsi que portent l'édition originale, celle de 1728, et celle de 1750. Dans les autres éditions, on lit culotte au lieu de calotte.

ACTE II, SCÈNE VII.

ALBERT.
Quel funeste malheur!
LISETTE.
De ce triste accident vous êtes seul l'auteur;
Et voilà ce que c'est que d'enfermer les filles!
ALBERT.
Maudite prévoyance, et malheureuses grilles!
LISETTE.
J'ai voulu dans sa chambre un moment l'enfermer;
C'était des hurlements qu'on ne peut exprimer :
De rage elle battait les murs avec sa tête.
J'ai dit qu'on ouvre tout, et qu'aucun ne l'arrête.
Mais je la vois venir.

SCÈNE VII.

AGATHE, ALBERT, ÉRASTE, LISETTE, CRISPIN.

LISETTE.
Hélas! à tout moment
Elle change de forme et de déguisement.

AGATHE, en habit de scaramouche, avec une guitare, faisant le musicien, chante :

Toute la nuit entière,
Un vieux vilain matou
Me guette sur la gouttière.
Ah! qu'il est fou!
Ne se peut-il point faire
Qu'il s'y rompe le cou

ÉRASTE, bas, à Crispin.
Malgré son mal, Crispin, l'aimable et doux visage!
CRISPIN, bas.
Je l'aimerais encor mieux qu'une autre plus sage.

AGATHE chante.

Ne se peut-il point faire
Qu'il s'y rompe le cou?

Vous êtes du métier? musiciens, s'entend;
Fort vains, fort altérés, fort peu d'argent comptant :
Je suis, ainsi que vous, membre de la musique,
Enfant de *g ré sol*; et de plus, je m'en pique;
D'un bout du monde à l'autre on vante mon talent.
Sur un certain *duo*, que je trouve excellent,

Parce qu'il est de moi, je veux, sans complaisance,
Que chacun de vous deux m'en dise ce qu'il pense.
ALBERT.
Ah! ma chère Lisette, elle a perdu l'esprit.
LISETTE.
Qui le sait mieux que moi? Ne vous l'ai-je pas dit?
(Agathe chante un petit prélude.)
CRISPIN.
Ce qui m'en plaît, monsieur, sa folie est gaillarde.
ALBERT.
Elle a les yeux troublés, et la mine hagarde.
AGATHE.
J'aime les gens de l'art.
(Elle présente une main à Albert qu'elle secoue rudement, et laisse baiser l'autre à Eraste.)

Touchez là, touchez là.
L'air que vous entendez est fait en *a mi la;*
C'est mon ton favori : la musique en est vive,
Bizarre, pétulante, et fort récréative;
Les mouvements légers, nouveaux, vifs et pressés.
L'on m'envoya chercher, un de ces jours passés,
Pour détremper un peu l'humeur mélancolique
D'un homme dès longtemps au lit paralytique :
Dès que j'eus mis en chant un certain rigaudon,
Trois sages médecins venus dans la maison,
La garde, le malade, un vieil apothicaire
Qui venait d'exercer son grave ministère,
Sans respect du métier, se prenant par la main,
Se mirent à danser jusques au lendemain.
CRISPIN, à Eraste.
Voir une faculté faire en rond une danse,
Et sortir dans la rue ainsi tout en cadence,
Cela doit être beau, monsieur!
ERASTE, bas, à Crispin.
Quoi! malheureux,
Tu peux rire, et la voir en cet état affreux!
AGATHE.
Attendez... doucement... mon démon de musique
M'agite, me saisit... je tiens du chromatique.
Les cheveux à la tête en dresseront d'horreur...
Ne troublez pas le dieu qui me met en fureur.

ACTE II, SCÈNE VII.

Je sens qu'en tons [1] heureux ma verve se dégorge.
(Elle tousse beaucoup, et crache au nez d'Albert.)
Pouah! c'est un diésis que j'avais dans la gorge.
Or donc, dans le *duo* dont il est question,
Vous y verrez du vif et de la passion :
Je réussis des mieux et dans l'un et dans l'autre.
(Elle donne un papier de musique à Albert, et une lettre à Éraste.)
Voilà votre partie; et vous, voilà la vôtre.
(Elle tousse pour se préparer à chanter.)

CRISPIN.

Écartons-nous un peu; je crains les diésis.

LISETTE, à part.

Nous entendrons bientôt de beaux charivaris.

ALBERT.

Agathe, mon enfant, ton erreur est extrême.
Je suis seigneur Albert, qui te chéris, qui t'aime.

AGATHE.

Parbleu, vous chanterez.

ALBERT.

Eh bien! je chanterai;
Et, si c'est ton désir encor, je danserai.

ÉRASTE, ouvrant son papier, à part.

Une lettre, Crispin.

CRISPIN, bas, à Éraste.

Ah! ciel! qu'elle aventure!
Le maître de musique entend la tablature.

AGATHE.

Çà, comptez bien vos temps, pour partir; cette fois
C'est vous qui commencez. Allons, vite : un, deux, trois.
(Elle donne un coup du papier dont elle bat la mesure sur la tête d'Albert, et frappe du pied sur le sien avec colère.)
Partez donc, partez donc, musicien barbare,
Ignorant par nature, ainsi que par bécarre.
Quelle rauque grenouille, au milieu des ses joncs,
T'a donné de ton art les premières leçons?
Sais-tu, dans un concert, ou croasser, ou braire?

ALBERT.

Je vous ai déjà dit, sans vouloir vous déplaire,
Que je n'ai point l'honneur d'être musicien.

---

[1] Dans plusieurs éditions modernes, on lit *tours* au lieu de *tons*.

AGATHE.

Pourquoi donc, ignorant, viens-tu, ne sachant rien,
Interrompre un concert où ta seule présence
Cause des contre-temps et de la discordance?
Vit-on jamais un âne essayer des bémols,
Et se mêler au chant des tendres rossignols?
Jamais un noir corbeau, de malheureux présage,
Troubla-t-il des serins l'agréable ramage?
Et jamais, dans les bois un sinistre hibou,
Pour chanter un concert, sortit-il de son trou?
Tu n'es et ne seras qu'un sot toute ta vie.

CRISPIN, à Agathe.

Mon maître, comme il faut, chantera sa partie :
J'en suis sa caution.

AGATHE.

Il faut que, dès ce soir,
Dans une sérénade, il montre son savoir;
Qu'il fasse une musique, et prompte, et vive, et tendre,
Qui m'enlève.

LISETTE, à Crispin.

Entends-tu?

CRISPIN.

Je commence à comprendre.
C'est... comme qui dirait une fugue.

AGATHE.

D'accord.

CRISPIN.

Une fugue, en musique, est un morceau bien fort,
Et qui coûte beaucoup.

(Bas à Agathe.)

Nous n'avons pas un double.

AGATHE, bas, à Crispin.

Nous pourvoirons à tout, qu'aucun soin ne vous trouble.

ÉRASTE, à Agathe.

Vous verrez que je suis un homme de concert,
Et que je sais, de plus, chanter à livre ouvert.

AGATHE chante.

L'uccelletto,
No, non è matto,
Che, cercando di quà, di là,
Va trovando la libertà :

Ut re mi, re mi fa ;
Mi fa sol, fa sol la.

Al dispetto
D'un vecchio bruto,
E cercando di quà, di là,
L'accelletto si salverà :
Ut re mi, re mi fa ;
Mi fa sol, fa sol la.

(Elle sort en chantant et en dansant autour d'Éraste.)

SCÈNE VIII.

ALBERT, LISETTE, ÉRASTE, CRISPIN.

ALBERT.

Lisette, suivons-la, voyons s'il est possible
D'apporter du remède à ce malheur terrible.

SCÈNE IX.

LISETTE, ÉRASTE, CRISPIN.

LISETTE.

Ma pauvre maîtresse ! Ah ! j'ai le cœur si saisi !
Je crois que je m'en vais devenir folle aussi.

(Elle sort en chantant et en dansant autour de Crispin.)

SCÈNE X.

ÉRASTE, CRISPIN.

ÉRASTE, ouvrant la lettre.

Il est entré. Lisons...

« Vous serez surpris du parti que je prends ; mais l'es-
» clavage où je me trouve devenant plus dur chaque jour,
» j'ai cru qu'il m'était permis de tout entreprendre. Vous,
» de votre côté, essayez tout pour me délivrer de la tyran-
» nie d'un homme que je hais autant que je vous aime. »

Que dis-tu, je te prie,
De tout ce que tu [1] vois, et de cette folie ?

---

[1] On lit, dans la première édition :

Que dis-tu, je te prie,
De tout ce que *je* vois, et de cette folie ?

CRISPIN.
J'admire les ressorts de l'esprit féminin,
Quand il est agité de l'amoureux lutin.
ÉRASTE.
Il faut que, cette nuit, sans plus longue remise,
Nous fassions éclater quelque noble entreprise,
Et que nous l'arrachions, Crispin, d'un joug si dur.
CRISPIN.
Vous voulez l'enlever?
ÉRASTE.
Ce serait le plus sûr,
Et le plus prompt.
CRISPIN.
D'accord. Mais, vous rendant service,
Je crains après cela...
ÉRASTE.
Que crains-tu?
CRISPIN.
La justice.
ÉRASTE.
C'est pour nous épouser.
CRISPIN.
C'est fort bien entendu.
Vous serez épousé; moi, je serai pendu.
ÉRASTE.
Il me vient un dessein... Tu connais bien Clitandre?
CRISPIN.
Oui-dà.
ÉRASTE.
D'un tel ami nous pouvons tout attendre :
Son château n'est pas loin; c'est chez lui que je veux
Me choisir un asile en partant de ces lieux.
Là, bravant du jaloux le dépit et la rage,
Nous disposerons tout pour notre mariage.
La joie et le plaisir règnent dans ce séjour,
Et nous y conduirons et l'Hymen et l'Amour.

SCÈNE XI.

ALBERT, ÉRASTE, CRISPIN.

ALBERT, à Éraste.
Ah! monsieur, excusez l'ennui qui me possède.

ACTE II, SCÈNE XI.

Je reviens sur mes pas pour chercher du remède.
Cet homme est à vous?

ÉRASTE.

Oui.

ALBERT.

De grâce, ordonnez-lui
Qu'il veuille à mon secours s'employer aujourd'hui.

ÉRASTE.

Et que peut-il pour vous? Parlez.

ALBERT.

De sa science
Il a daigné tantôt me faire confidence :
Il a mille secrets pour guérir bien des maux;
Peut-être en a-t-il un pour les faibles cerveaux.

CRISPIN.

Oui, oui, j'en ai plus d'un, dont l'effet salutaire...
Mais vous m'avez tantôt traité d'une manière!...

ALBERT, à Crispin.

Ah! monsieur!

CRISPIN.

Refuser, lorsqu'on vous en priait,
De dire le chemin et l'heure qu'il était!

ALBERT.

Pardonnez mon erreur.

CRISPIN.

En nul lieu, de ma vie,
On ne me fit tel tour, pas même en Barbarie.

ALBERT.

Pourrez-vous, sans pitié, voir éteindre les jours
D'un objet si charmant, sans lui donner secours?
(A Éraste.)
Monsieur, parlez pour moi.

ÉRASTE.

Crispin, je t'en conjure,
Tâche à guérir le mal que cette belle endure.

CRISPIN.

J'immole encor pour vous tout mon ressentiment.
(A Albert.)
Oui, je veux la guérir, et radicalement.

ALBERT.

Quoi! vous pourriez?...

LES FOLIES AMOUREUSES.

CRISPIN.

Rentrez. Je vais voir dans mon livre
Le remède qu'il est plus à propos de suivre...
Vous me verrez tantôt dans l'opération.

ALBERT.

Je ne puis exprimer mon obligation ;
Mais aussi soyez sûr que mon bien et ma vie...

CRISPIN.

Allez, je ne veux rien qu'elle ne soit guérie.

SCÈNE XII.

ÉRASTE, CRISPIN.

ÉRASTE.

Que veut dire cela? Par quel heureux destin
Es-tu donc à ses yeux devenu médecin?

CRISPIN.

Ma foi, je n'en sais rien. Ce que je puis vous dire,
C'est que tantôt, sa vue ayant su m'interdire,
Pour cacher mon dessein et me déguiser mieux,
J'ai dit que je cherchais des simples dans ces lieux ;
Que j'avais pour tous maux des secrets admirables,
Et faisais tous les jours des cures incurables ;
Et voilà justement ce qui fait son erreur.

ÉRASTE.

Il en faut profiter. Je ressens dans mon cœur
Renaître en ce moment l'espérance et la joie.
Allons nous consulter, et voir par quelle voie
Nous pourrons réussir dans nos nobles projets,
Et ferons éclater ton art et tes secrets.

CRISPIN.

Moi, je suis prêt à tout : mais il est inutile
D'entreprendre un projet, sans ce premier mobile.
Nous sommes sans argent; qui nous en donnera?

ÉRASTE, montrant sa lettre.

L'amour y pourvoira.

SCÈNE XIII [1].

CRISPIN, seul.

L'amour y pourvoira.
Il semble à ces messieurs, dans leur manie étrange,
Que leurs billets d'amour soient des lettres de change.

FIN DU SECOND ACTE.

ACTE TROISIÈME.

SCÈNE I.

ÉRASTE, seul.

Je ne puis revenir de tout ce que j'entends.
Qu'une fille a d'esprit, de raison, de bon sens,
Quand l'amour, une fois, s'emparant de son âme,
Lui peut communiquer son génie et sa flamme !
De mon côté, j'ai pris, ainsi que je le doi,
Tous les soins que l'amour peut attendre de moi.
Crispin est averti de tout ce qu'il faut faire.
Quelque secours d'argent nous serait nécessaire.

SCÈNE II.

ALBERT, ÉRASTE.

ALBERT, à part.

Je ne puis demeurer en place un seul moment.
Je vais, je viens, je cours ; tout accroît mon tourment.
Près d'elle, mon esprit, comme le sien, se trouble ;
Son accès de folie à chaque instant redouble.
(A Éraste.)
Ah! monsieur, suis-je assez au rang de vos amis,

[1] Dans l'édition originale, cet acte n'est divisé qu'en neuf scènes.

Pour m'aider du secours que vous m'avez promis?
Cet homme qui tantôt m'a vanté sa science,
Veut-il de ses secrets faire l'expérience?
En l'état où je suis, je dois tout accorder ;
Et, lorsque l'on perd tout, on peut tout hasarder.
ÉRASTE.
Je me fais un plaisir de rendre un bon office.
On se doit en tout temps l'un à l'autre service.
La malade aujourd'hui m'a fait trop de pitié,
Pour ne vous pas donner ces marques d'amitié.
L'homme dont il s'agit en ces lieux doit se rendre ;
J'ai voulu sur le mal le sonder et l'entendre.
Mais il m'en a parlé dans des termes si nets,
En me développant la cause et les effets,
Qu'en vérité, je crois qu'il en sait plus qu'un autre.
ALBERT.
Quel service, monsieur, peut être égal au vôtre !
Comme le ciel envoie ici, sans y songer,
Cette honnête personne exprès pour m'obliger !
ÉRASTE.
Je ne garantis point sa science profonde,
Vous savez que ces gens, venus du bout du monde,
Pour tout genre de maux apportent des trésors :
C'est beaucoup s'ils n'ont pas ressuscité des morts.
Mais si l'on peut juger de tout ce qu'il peut faire
Par tout ce qu'il m'a dit, cet homme est votre affaire :
Il ne veut que la fin du jour pour tout délai.
Si vous le souhaitez, vous en ferez l'essai.
D'un office d'ami simplement je m'acquitte.
ALBERT.
Je suis persuadé, monsieur, de son mérite.
Nous voyons tous les jours de ces sortes de gens
Apprendre, en voyageant, des secrets surprenants.

SCÈNE III.

LISETTE, ÉRASTE, ALBERT.

LISETTE.
Ah ciel ! vous allez voir bien une autre folie.
Si cela dure encore, il faudra qu'on la lie.

SCÈNE IV.

AGATHE en vieille; LISETTE, ÉRASTE, CRISPIN.

AGATHE.

Bonjour, mes doux amis : Dieu vous gard', mes enfants.
Eh bien! qu'est-ce? comment passez-vous votre temps?
Que le ciel pour longtemps la santé vous envoie,
Vous conserve gaillards, et vous maintienne en joie!
Le chagrin ne vaut rien, et ronge les esprits;
Il faut se divertir, c'est moi qui vous le dis.

ÉRASTE.

Je la trouve charmante; et, malgré sa vieillesse,
On trouverait encor des retours de jeunesse.

AGATHE.

Ho! vous me regardez! vous êtes ébaubis
De me trouver si fraîche avec des cheveux gris.
Je me porte encor mieux que tous tant que vous êtes.
Je fais quatre repas, et je lis sans lunettes.
Je sirote mon vin, quel qu'il soit, vieux, nouveau;
Je fais rubis sur l'ongle, et n'y mets jamais d'eau.
Je vide gentiment mes deux bouteilles.

LISETTE.

                Peste!

AGATHE.

Oui vraiment, du Champagne encor, sans qu'il en reste.
On peut voir dans ma bouche encor toutes mes dents.
J'ai pourtant, voyez-vous, quatre-vingt-dix-huit ans,
Vienne la Saint-Martin.

LISETTE.

                La jeunesse est complète.

AGATHE.

Tout autant : mais je suis encore verdelette;
Et je ne laisse pas, à l'âge où me voilà,
D'avoir des serviteurs, et qui m'en content, dà.
Mais vois-tu, mon ami, veux-tu que je te dise?
Les hommes aujourd'hui, c'est piètre marchandise,
Ils ne valent plus rien; et pour en ramasser,
Tiens, je ne voudrais pas seulement me baisser.

ÉRASTE, bas, à Albert.

De ces vapeurs souvent est-elle travaillée?

ALBERT, bas, à Éraste.

Hélas! jamais. Il faut qu'on l'ait ensorcelée.

AGATHE.

A mon âge, je vaux encor mon pesant d'or.
Les enfants cependant m'ont beaucoup fait de tort :
Je ne paraîtrais pas la moitié de mon âge,
Si l'on ne m'avait mise à treize ans en ménage.
C'est tuer la jeunesse, à vous en parler franc,
Que la mettre sitôt en un péril si grand.
Je ne me souviens pas d'avoir presque été fille.
A vous dire le vrai, j'étais assez gentille.
A vingt-sept ans, j'avais déjà quatorze enfants [1].

LISETTE.

Quelle fécondité! quatorze!

AGATHE.

Oui, tout grouillants,
Et tous garcons encor; je n'en avais point d'autres,
Et n'en voyais aucun tourné comme les nôtres.
Mais ce sont des fripons, et qui finiront mal :
Les malheureux voudraient me voir à l'hôpital.
Croiriez-vous que, depuis la mort de feu leur père,
Ils m'ont, jusqu'à présent, chicané mon douaire?
Un douaire gagné si légitimement!

ALBERT, à part.

Hélas! peut-on plus loin pousser l'égarement?

LISETTE, à part.

La friponne, ma foi, joue, à charmer, ses rôles.

AGATHE, à Albert.

J'aurais très-grand besoin de quelque cent pistoles ;
Prêtez-les moi, monsieur, pour subvenir aux frais,
Et pour faire juger ce malheureux procès.

ALBERT.

Tu rêves, mon enfant : mais pour te satisfaire,
J'avancerai les frais, et j'en fais mon affaire.

AGATHE.

Si je n'ai cet argent, ce jour, en mon pouvoir,
Mon unique recours sera le désespoir.

---

[1] Ce nombre de *quatorze enfants* plaisait à Regnard, qui fait dire à Clistorel dans le *Légataire* acte II, scène XI.

J'ai fait quatorze enfants à ma première femme.

LES FOLIES AMOUREUSES.

Donne à mon procureur, Lisette, cet argent :
Acte III, Sc. IV.

ACTE III, SCÈNE IV.

ALBERT.

Mais songe, mon enfant...

AGATHE.

Vous êtes honnête homme :
Ne me refusez pas, de grâce, cette somme.

ALBERT, bas, à Éraste.

Je veux flatter son mal.

ÉRASTE, bas, à Albert.

Vous ferez sagement.
Il ne faut pas, de front, heurter son sentiment.

LISETTE, bas, à Albert.

Si vous lui résistez, elle est fille, peut-être,
A s'aller, de ce pas, jeter par la fenêtre.

ALBERT, bas.

D'accord.

LISETTE, bas.

Il me souvient que vous avez tantôt
Reçu ces cent louis, ou du moins peu s'en faut ;
Quel risque à ses désirs de vouloir condescendre ?

ALBERT, bas.

Il est vrai qu'à l'instant je pourrai lui reprendre.
(Haut, à Agathe.)
Tiens, voilà cet argent : va, puissent au procès
Ces cent louis prêtés donner un bon succès !

AGATHE, prenant la bourse.

Je suis sûre à présent du gain de notre affaire :
Mais ce secours m'était tout à fait nécessaire.
Donne à mon procureur, Lisette, cet argent :
Je crois qu'à me servir il sera diligent.

LISETTE.

Il n'y manquera pas.

ÉRASTE.

Comptez aussi, madame,
Que je veux vous servir, et de toute mon âme.

AGATHE.

Je reviens sur mes pas en habit plus décent,
Pour aller avec vous, dans ce besoin pressant,
Solliciter mon juge, et demander justice.
(A Albert.)
Adieu. Qu'un jour le ciel vous rende ce service !
Qu'une veuve est à plaindre, et qu'elle a de tourments,

Quand elle a mis au jour de méchants garnements !

SCÈNE V.

LISETTE, ÉRASTE, ALBERT.

LISETTE, bas, à Éraste, lui remettant la bourse.
Voilà de quoi, monsieur, avancer votre affaire.
ÉRASTE, bas, à Lisette.
J'aurai soin du procès; je sais ce qu'il faut faire.
ALBERT, à Lisette qui sort.
Prends bien garde à l'argent.
LISETTE.
N'ayez point de chagrin;
J'en réponds corps pour corps, il est en bonne main.

SCÈNE VI.

ALBERT, ÉRASTE.

ALBERT.
Vous voyez à quel point cette folie augmente.
Votre homme ne vient point, et je m'impatiente.
ÉRASTE.
Je ne sais qui l'arrête : il devrait être ici.
Mais je le vois qui vient; n'ayez plus de souci.

SCÈNE VII.

ALBERT, ÉRASTE, CRISPIN.

ALBERT, à Crispin.
Eh ! monsieur, venez donc. Avec impatience
Tous deux nous attendons ici votre présence.
CRISPIN.
Un savant philosophe a dit élégamment :
« Dans tout ce que tu fais hâte-toi lentement. »
J'ai depuis peu de temps pourtant bien fait des choses,
Pour savoir si le mal dont nous cherchons les causes
Réside dans la basse ou haute région :
Hippocrate dit oui, mais Galien dit non;
Et, pour mettre d'accord ces deux messieurs ensemble,
Je n'ai pas, pour venir, trop tardé, ce me semble.

ALBERT.

Vous voyez donc, monsieur, d'où procède son mal?

CRISPIN.

Je le vois aussi net qu'à travers un cristal.

ALBERT.

Tant mieux. Vous saurez que, depuis tantôt, la belle
Sent toujours de son mal quelque crise nouvelle :
En ces lieux écartés, n'ayant nuls médecins,
Monsieur m'a conseillé de la mettre en vos mains.

CRISPIN.

Sans doute elle serait beaucoup mieux dans les siennes;
Mais j'espère employer utilement mes peines.

ALBERT.

Vous avez donc guéri de ces maux quelquefois?

CRISPIN.

Moi? si j'en ai guéri? Ah! vraiment, je le crois.
Il entre dans mon art quelque peu de magie.
Avec trois mots, qu'un juif m'apprit en Arabie,
Je guéris une fois l'infante de Congo,
Qui vraiment avait bien un autre vertigo.
Je laisse aux médecins exercer leur science
Sur les maux dont le corps ressent la violence :
Mais l'objet de mon art est plus noble; il guérit
Tous les maux que l'on voit s'attaquer à l'esprit.
Je voudrais qu'à la fois vous fussiez maniaque,
Atrabilaire, fou, même hypocondriaque,
Pour avoir le plaisir de vous rendre demain
Sage comme je suis, et de corps aussi sain [1].

ALBERT.

Je vous suis obligé, monsieur, d'un si grand zèle.

CRISPIN.

Sans perdre plus de temps, entrons chez cette belle.

ALBERT, l'arrêtant.

Non, s'il vous plaît, monsieur, il n'en est pas besoin;
Et de vous l'amener je vais prendre le soin.

---

[1] Ce souhait de Crispin est semblable à celui de Toinette, en faux médecin, dans le *Malade imaginaire*, acte III, scène XIV.

SCÈNE VIII.

ÉRASTE, CRISPIN.

ÉRASTE.

Tout va bien. La fortune à nos vœux s'intéresse.
Agathe, en ton absence, avec un tour d'adresse,
A su tirer d'Albert ces cent louis comptants.

CRISPIN.

Comment donc?

ÉRASTE.

Tu sauras le tout avec le temps.
Nous avons maintenant, sans chercher davantage,
De quoi sauver Agathe et nous mettre en voyage.
Pourvu qu'un seul moment nous puissions écarter
Ce malheureux Albert, qui ne la peut quitter :
Tant qu'il suivra ses pas, nous ne saurions rien faire.

CRISPIN.

Reposez-vous sur moi ; je réponds de l'affaire.
Vous avez de l'esprit, je ne suis pas un sot,
Et la fausse malade entend à demi-mot.

ÉRASTE.

J'imagine un moyen des plus fous ; mais qu'importe !
La pièce en vaudra mieux, plus elle sera forte.
Il faut convaincre Albert qu'avec de certains mots,
Ainsi que tu l'as dit déjà fort à propos,
Tu pourrais la guérir de cette maladie,
Si quelque autre voulait prendre la frénésie.
Je m'offrirai d'abord à tout événement.
Laisse-moi faire après le reste seulement :
Va, si de belle peur le vieillard ne trépasse,
Il faudra, pour le moins, qu'il nous quitte la place.

CRISPIN.

Mais comment voulez-vous qu'Agathe à ce dessein,
Sans en avoir rien su, puisse prêter la main?

ÉRASTE.

Je l'instruirai de tout, je t'en donne parole.
Mais songe seulement à bien jouer ton rôle ;
Et lorsque dans ces lieux Agathe reviendra,
Amuse le vieillard du mieux qu'il se pourra,
Pour me donner le temps d'expliquer le mystère,

ACTE III, SCÈNE X.

Et lui dire en deux mots ce qu'elle devra faire.
Albert ne peut tarder. Mais je le vois qui sort.

SCÈNE IX.

LISETTE, ÉRASTE, ALBERT, CRISPIN.

CRISPIN, à part.

Dieu conduise la barque, et la mette à bon port !

ALBERT.

Ah ! messieurs, sa folie à chaque instant augmente ;
Un transport martial à présent la tourmente.
De l'habit dont jadis elle courait le bal,
Elle s'est mise en homme, à cet excès fatal [1].
Elle a pris aussitôt un attirail de guerre,
Un bonnet de dragon, un large cimeterre.
Elle ne parle plus que de sang, de combats :
Mon argent doit servir à lever des soldats ;
Elle veut m'enrôler.

SCÈNE X.

ALBERT, ÉRASTE, AGATHE, LISETTE, CRISPIN.

AGATHE, en justaucorps, avec un bonnet de dragon.

Morbleu, vive la guerre !
Je ne puis plus rester inutile sur terre.
Mon équipage est prêt.

(A Éraste.)

Ah ! marquis, en ce lieu
Je te trouve à propos, et viens te dire adieu.
J'ai trouvé de l'argent pour faire ma campagne ;
Et cette nuit enfin je pars pour l'Allemagne.

ALBERT.

Ciel ! quel égarement !

AGATHE.

Parbleu ! les officiers
Sont malheureux d'avoir affaire aux usuriers :
Pour tirer de leurs mains cent mauvaises pistoles,

---

[1] Ce vers est conforme à l'édition originale. Dans les autres éditions, on lit :

> De l'habit dont jadis elle courait le bal.
> Elle s'est mise en homme. En cet excès fatal,
> Elle a pris aussitôt un attirail de guerre, etc.

Il faut plus s'intriguer et plus jouer de rôles !
Celui qui m'a prêté son argent, je le tien
Pour le plus grand coquin, le plus juif, le plus chien
Que l'on puisse trouver en affaires pareilles :
Je voudrais que quelqu'un m'apportât ses oreilles.
Enfin me voilà prêt d'aller servir le roi ;
Il ne tiendra qu'à toi de partir avec moi.

ÉRASTE.

Partout où vous irez, je suis de la partie.

(Bas, à Albert.)

Il faut, avec prudence, entrer dans sa manie.

AGATHE.

Je quitte avec plaisir l'étendard de l'Amour.
Je puis, sous ses drapeaux, aller loin quelque jour.
J'ai mille qualités, de l'esprit, des manières ;
Je sais l'art de réduire aisément les plus fières.
Mais quoi ! que voulez-vous ? je ne suis point leur fait,
Le beau sexe sur moi ne fit jamais d'effet.
La gloire est mon penchant, cette gloire inhumaine
A son char éclatant, en esclave m'enchaîne.
Ce pauvre sexe meurt et d'amour et d'ennui,
Sans que je sois tenté de rien faire pour lui.
Plus de délais : je cours où la gloire m'appelle.

(A Crispin.)

Amène mes chevaux. L'occasion est belle ;
Partons, courons, volons.

(Éraste parle bas à Agathe.)

CRISPIN, à Albert.

Je ne la quitte pas,
Et suis prêt à la suivre au milieu des combats.

(Albert surprend Éraste parlant à Agathe [1].)

ÉRASTE, à Albert.

J'examinais ses yeux. A ce qu'on peut comprendre,
Quelque accès violent sans doute va la prendre,
Lequel sera suivi d'un assoupissement :
Ordonnez qu'on apporte un fauteuil vitement.

AGATHE.

Qu'il me tarde déjà d'être au champ de la gloire !

---

[1] Ceci est imité de l'*Amour médecin*, acte II, scène VI. Sgaranelle dit : *Il me semble qu'il lui parle de bien près.* A quoi Lisette répond : *C'est qu'il observe sa physionomie et tous les traits de son visage.*

ACTE III, SCÈNE X.

D'aller aux ennemis arracher la victoire!
Que de veuves en deuil! Que d'amantes en pleurs!
Enfants, suivez-moi tous; ranimez vos ardeurs.
Je vois dans vos regards briller votre courage.
Que tout ressente ici l'horreur et le carnage.
La baïonnette au bout du fusil. Ferme; bon :
Frappez. Serrez vos rangs; percez cet escadron.
Les coquins n'oseraient soutenir notre vue.
Ah! marauds, vous fuyez! Non, point de quartier; tue.
    (Elle tombe comme évanouie dans un fauteuil.)

CRISPIN.

En peu de temps voilà bien du sang répandu.

ALBERT.

Sans espoir de retour elle a l'esprit perdu.

CRISPIN.

Tout se prépare bien; je la vois qui repose.
    (Il parle à l'écart à Albert, tandis qu'Éraste parle bas à Agathe.)
Son mal, à mon avis, ne provient d'autre chose
Que d'une humeur contrainte, un esprit irrité,
Qui veut avec effort se mettre en liberté.
Quelque démon d'amour a saisi son idée.

LISETTE.

Comment! la pauvre fille est-elle possédée?

CRISPIN.

Ce démon violent, dont il la faut sauver,
Est bien fort, et pourrait dans peu nous l'enlever.
Si j'avais un sujet, dans cette maladie,
En qui je fisse entrer cet esprit de folie,
Je vous répondrais bien...

ALBERT.

                    Lisette est un sujet
Qui, sans aller plus loin, vous servira d'objet.

LISETTE.

Je vous baise les mains, et vous donne parole
Que je n'en ferai rien : je ne suis que trop folle.

ÉRASTE, à Crispin.

Hâtez-vous donc. Son mal augmente à chaque instant.

CRISPIN.

Malepeste! ceci n'est pas un jeu d'enfant [1].

---

[1] Dans l'*Amour médecin*, acte II, scène v, M. Bahis dit : *Il faut bien prendre garde à ce qu'on fait; car ce ne sont pas ici des jeux d'enfants.*

On ne saurait agir avec trop de prudence.
Quand dans le corps d'un homme un démon prend séance,
Je puis, sans me flatter, l'en tirer aisément ;
Mais dans un corps femelle, il tient bien autrement.

ÉRASTE, à Albert.

Pour savoir aujourd'hui jusqu'où va sa science,
Je veux bien me livrer à son expérience.
Je commence à douter de l'effet ; et je croi
Qu'il s'est voulu moquer et de vous et de moi.
Je veux l'embarrasser.

CRISPIN.

Moi, je veux vous confondre,
Et vous mettre en état de ne pouvoir répondre.
Mettez-vous auprès d'elle. Eh ! non ; comme cela,
Un genou contre terre, et vous tenez bien là,
Toujours sur ses beaux yeux votre vue assurée,
Votre main dans la sienne étroitement serrée.

(A Albert.)

Ne consentez-vous pas qu'il lui donne la main,
Pour que l'attraction se fasse plus soudain ?

ALBERT.

Oui, je consens à tout.

CRISPIN.

Tant mieux. Sans plus attendre,
Vous verrez un effet qui pourra vous surprendre.

(Il fait quelques cercles avec sa baguette sur les deux amants, en disant : MICROC, SALAM, HYPOCRATA.)

AGATHE, se levant de son fauteuil.

Ciel ! quel nuage épais se dissipe à mes yeux !

ÉRASTE, se levant.

Quelle sombre vapeur vient obscurcir ces lieux !

AGATHE.

Quel calme en mon esprit vient succéder au trouble !

ÉRASTE.

Quel tumulte confus dans mes sens se redouble !
Quels abîmes profonds s'entr'ouvrent sous mes pas !
Quel dragon me poursuit ! Ah ! traître, tu mourras :
D'un monstre tel que toi je veux purger le monde.

(Il poursuit Albert l'épée à la main.)

CRISPIN, se mettant au-devant d'Éraste, à d'Albert.
Ah! monsieur, évitez sa rage furibonde.
Sauvez-vous, sauvez-vous.

ÉRASTE.
Laissez-moi de son flanc
Tirer des flots mêlés de poison et de sang.

CRISPIN, retenant Éraste.
Aux accès violents dont son cœur se transporte,
Je vois que j'ai donné la dose un peu trop forte.

ÉRASTE.
Je le veux immoler à ma juste fureur.

CRISPIN, de même.
N'auriez-vous point chez vous quelque forte liqueur,
De bon esprit de vin, des gouttes d'Angleterre,
Pour calmer cet esprit et ces vapeurs de guerre?
Il s'en va m'échapper.

ALBERT, tirant sa clef.
Oui, j'ai ce qu'il lui faut.
Lisette, tiens ma clef; va, cours vite là-haut;
Prends la fiole où...

LISETTE.
Je crains en ce désordre extrême,
De faire un *quiproquo*; vous feriez mieux vous-même.

CRISPIN, de même.
Courez donc au plus tôt. Laisserez-vous périr
Un homme qui, pour vous, s'est offert à mourir?

LISETTE, poussant Albert.
Allez vite; allez donc.

ALBERT, sortant.
Je reviens tout à l'heure.

SCÈNE XI.

ÉRASTE, AGATHE, LISETTE, CRISPIN.

ÉRASTE.
Ne perdons point de temps, quittons cette demeure.
Ce bois nous favorise; Albert ne saura pas
De quel côté l'amour aura tourné nos pas.

AGATHE.
Je mets entre vos mains et mon sort et ma vie.

LISETTE.

Vive, vive Crispin! et *vivat* la Folie!
Allons courir les champs, pour remplir notre sort,
Et le laissons tout seul exhaler son transport.

SCÈNE XII [1].

ALBERT, seul, tenant une fiole.

J'apporte un élixir d'une force étonnante...
Mais je ne vois plus rien. Quel soupçon m'épouvante?
Lisette! Agathe! O ciel! tout est sourd à mes cris.
Que sont-ils devenus? Quel chemin ont-ils pris?
Au voleur! à la force! au secours! Je succombe.
Où marcher? Où courir? Je chancelle; je tombe.
Par leur feinte folie ils m'ont enfin séduit;
Et moi seul en ce jour j'avais perdu l'esprit.
Voilà de mon amour la suite ridicule.
Ah! maudite bouteille, et vieillard trop crédule!
Allons, suivons leurs pas; ne nous arrêtons plus.
Traîtres de ravisseurs, vous serez tous pendus.
Et toi, sexe trompeur, plus à craindre sur terre
Que le feu, que la faim, que la peste et la guerre,
De tous les gens de bien tu dois être maudit;
Je te rends pour jamais au diable qui te fit [2].

---

[1] Dans l'édition originale, cet acte n'est divisé qu'en dix scènes.
[2] Imitation de l'Imprécation de l'*École des Maris*, acte III, scène x.

Malheureux qui se fie à femme après cela!
La meilleure est toujours en malice féconde :
C'est un sexe engendré pour damner tout le monde.
J'y renonce à jamais, à ce sexe trompeur,
Et je le donne tout au diable de bon cœur.

FIN DES FOLIES AMOUREUSES.

LE

MARIAGE DE LA FOLIE.

DIVERTISSEMENT

POUR LA COMÉDIE DES FOLIES AMOUREUSES.

ACTEURS :

CLITANDRE, ami d'Éraste.
ÉRASTE, amant d'Agathe.
AGATHE, amante d'Éraste.
ALBERT, jaloux, et tuteur d'A-
  gathe.
LISETTE, servante d'Albert.

CRISPIN, valet d'Éraste.
MOMUS.
LA FOLIE.
LE CARNAVAL.
TROUPE DE GENS MASQUÉS.
UNE PAGODE.

SCÈNE I.

CLITANDRE, ÉRASTE.

CLITANDRE.
Tu ne pouvais, ami, faire un plus digne choix.
Cette jeune beauté ravit, enlève, enchante :
Aux yeux de tout le monde elle est toute charmante;
Et je te trouve heureux de vivre sous ses lois.
ÉRASTE.
Je le suis d'autant plus que, selon mon attente,
Je retrouve toujours le même cœur en toi,
Un ami généreux, une âme bienfaisante,
Qui prend à mon bonheur la même part que moi ;
　　Et l'accueil qu'ici je reçois,
　　Est une faveur éclatante,
　　Que je ressens comme je dois.
CLITANDRE.
　Point de compliment, je te prie :
　Nous sommes amis de longtemps ;

Bannissons la cérémonie.
Je suis ravi de t'avoir dans un temps
Où se trouve chez moi si bonne compagnie.
Attendant que tes feux soient tout à fait contents,
    Pendant que votre hymen s'apprête,
A vous désennuyer nous travaillerons tous,
    Et nous honorerons la fête
    Des amusements les plus doux.

ÉRASTE.

Tout respire chez toi la joie et l'allégresse ;
    Y peut-on manquer de plaisirs?
A-t-on même le temps de former des désirs?
De tous les environs la brillante jeunesse
A te faire la cour donne tous ses loisirs.
    Tu la reçois avec noblesse ;
    Grand'chère, vin délicieux,
Belle maison, liberté tout entière,
Bals, concerts, enfin tout ce qui peut satisfaire
    Le goût, les oreilles, les yeux.
    Ici, le moindre domestique
    A du talent pour la musique :
    Chacun, d'un soin officieux,
    A ce qui peut plaire s'applique.
Les hôtes même, en entrant au château,
Semblent du maître épouser le génie.
    Toujours société choisie :
Et, ce qui me paraît surprenant et nouveau,
    Grand monde et bonne compagnie.

CLITANDRE.

    Pour être heureux, je l'avouerai,
Je me suis fait une façon de vie
A qui les souverains pourraient porter envie ;
Et, tant qu'il se pourra, je la continuerai.
Selon mes revenus je règle ma dépense ;
    Et je ne vivrais pas content,
    Si, toujours en argent comptant,
    Je n'en avais au moins deux ans d'avance.
    Les dames, le jeu, ni le vin,
    Ne m'arrachent point à moi-même ;
    Et cependant je bois, je joue et j'aime.
Faire tout ce qu'on veut, vivre exempt de chagrin,

Ne se rien refuser, voilà tout mon système;
Et de mes jours ainsi j'attraperai la fin.
ÉRASTE.
Sur ce pied-là, ton bonheur est extrême.
Heureux qui peut jouir d'un semblable destin!
CLITANDRE.
J'en suis content.

SCÈNE II.

CLITANDRE, ÉRASTE; CRISPIN, en habit de médecin.

CLITANDRE.
Mais que vous [1] veut Crispin?
Comme le voilà fait!
ÉRASTE, à Crispin.
Que veux-tu? qui t'amène?
Es-tu fou?
CRISPIN.
Non, monsieur; mais je suis hors d'haleine,
Je n'en puis plus.
ÉRASTE.
Eh bien!
CRISPIN.
Voici bien du fracas.
CLITANDRE.
Comment?
CRISPIN.
Dans ce château l'on a suivi nos pas.
ÉRASTE.
Ah ciel!
CLITANDRE, à Éraste.
Ne craignez rien.
CRISPIN.
Après la belle Hélène
Tant de monde ne courut pas.
ÉRASTE.
Traître! de quoi ris-tu? dis.
CRISPIN.
De votre embarras.

---

[1] *Vous* est conforme à l'édition originale et à celle de 1728. Dans les autres éditions, on lit : *Que* NOUS *veut Crispin?*

ÉRASTE.

Prends-tu quelque plaisir à me tenir en peine?
Qui nous a suivis? Parle. Est-ce notre jaloux?

CRISPIN.

Non pas, monsieur; ce sont des folles et des fous;
Aux environs d'ici la campagne en est pleine;
  En grande bande ils viennent tous;
  Et Momus, qui vous les amène,
A fait de ce château le lieu du rendez-vous.

ÉRASTE.

Mais toi-même es-tu fou? dis-le-moi, je te prie.
Quel habit as-tu là? Que viens-tu nous conter?

CRISPIN.

Non, par ma foi, monsieur, ce n'est point rêverie.
 Le Carnaval, Momus et la Folie,
Viennent, avec leur suite, ici vous visiter;
Et j'ai cru, devant eux, devoir me présenter
  En habit de cérémonie.
Suis-je bien?

CLITANDRE, à Éraste.

  C'est sans doute une galanterie
  Que quelqu'un de la compagnie,
Pour nous divertir mieux, a pris soin d'inventer.
Chacun, selon son goût, chaque jour en fait naître.
  Allons voir ce que ce peut être.

CRISPIN.

C'est la Folie en propre original,
Vous dit-on; de mes yeux moi-même je l'ai vue,
Nous l'avons rencontrée au bout de l'avenue,
Riant, dansant, chantant avec le Carnaval,
Avec Momus, tous trois suivis d'une cohue.
Oh! vous allez chez vous avoir un joli bal.

CLITANDRE.

  C'est justement ce que je pense.

CRISPIN.

On sent déjà l'effet de sa puissance.
Je ne vous dirai point ni comment ni par où;
  Mais je sais bien qu'à sa seule présence
  Dans le château tout est devenu fou.

ÉRASTE.

Oh! pour toi, je vois bien que tu n'es pas trop sage.

SCÈNE III.

LISETTE, ÉRASTE, CLITANDRE, CRISPIN.

CRISPIN.
Lisette, que voilà, ne l'est pas davantage.
ÉRASTE, à Lisette.
Qu'est-ce que tout ceci?
LISETTE.
Me le demandez-vous?
Que pourrait-ce être que la suite
De ce que la Folie a déjà fait pour nous?
Par elle ma maîtresse évite
L'hymen et les fers d'un jaloux.
Elle a trouvé tant d'art, tant de mérite
Dans cette heureuse invention
Qui facilita notre fuite,
Que c'est par admiration
Qu'elle vient vous rendre visite
Avec un cortége de fous
Les plus divertissants de tous.
A la bien recevoir, messieurs, on vous invite.
Jusqu'au jour de votre union,
Ma maîtresse consent d'être sa favorite;
Mais ce n'est qu'à condition
Que l'hymen fait, elle vous quitte.
ÉRASTE.
Elle peut demeurer autant qu'il lui plaira :
Je n'ai de son pouvoir aucune défiance;
Et je prévois que sa présence,
En nous divertissant, même nous servira.
CRISPIN.
Avec Momus la voici qui s'avance.
Joie, honneur, salut, et silence.

Marche fort courte pour Momus et la Folie.

SCÈNE IV.

MOMUS, LE CARNAVAL, LA FOLIE, AGATHE, ÉRASTE,
LISETTE, CLITANDRE, CRISPIN.

MOMUS chante.

Cette foule qui suit nos pas,
Est moins folle qu'elle ne semble.
Les plus fous des mortels ne sont pas
Ceux que le plaisir rassemble.

LA FOLIE chante.

De ces agréables demeures
Le galant seigneur veut-il bien
Nous recevoir chez lui pour quelques heures,
Pour quelques jours, s'il est moyen?

(Elle parle.)

Avec entière garantie
De n'occuper que son château,
Et de ne remplir le cerveau
Que de quelque heureuse manie.

(Elle chante).

Je le promets, foi de Folie.

CLITANDRE.

Disposez de ces lieux au gré de votre envie.
Vous m'offrez un parti qui me paraît trop beau;
Avec plaisir je l'accepte, et vous êtes
La maîtresse chez moi. Madame, ordonnez, faites
Tout ce que vous voudrez; ce qui vous conviendra
Nous servira de lois; on vous obéira.

LA FOLIE.

Sur ce pied-là, je puis vous dire
Que j'y viendrai tenir, tous les ans, désormais,
Les états de mon vaste empire.
J'y viendrai, je vous le promets.
Pour aujourd'hui j'amène ici l'élite
De mes plus fidèles sujets,
De qui la troupe favorite
De mes noces fait les apprêts.

CLITANDRE.

De son mieux chacun s'en acquitte.

SCÈNE IV.

LA FOLIE.

Allons, mon fiancé, monsieur du Carnaval,
Un petit air, en attendant le bal.

LE CARNAVAL chante.

Tandis que, pour quelque temps,
L'hiver interrompt la guerre,
Et que, jusques au printemps,
Mars a quitté son tonnerre,
Je viens avec vous, sur la terre,
Partager ces heureux instants.
Venez, enfants de la gloire,
Vous ranger sous mes drapeaux :
Après des chants de victoire,
Qui couronnent vos travaux,
Chantez des chansons à boire.
Évitez les trompeurs appas
Dont l'amour voudra vous surprendre :
Fuyez, et ne l'écoutez pas ;
Gardez-vous d'avoir un cœur trop tendre.

(On danse.)

MOMUS.

C'est se trémousser hardiment ;
Et voilà des folles fringantes,
Qui pourraient mettre en mouvement
Les cervelles les plus pesantes ;
Témoin monsieur du Carnaval.
Voyez de quoi cet animal s'avise,
De se charger de telle marchandise !
Baste ! l'hymen est sûr, il s'en trouvera mal.

LA FOLIE.

L'hymen est sûr ? Pas tout à fait, je pense.

LE CARNAVAL, à la Folie.

Comment donc ?

LA FOLIE, au Carnaval.

Rien n'est moins certain.

MOMUS.

Ah ! ah !

LA FOLIE.

Pour aujourd'hui j'y vois quelque apparence :
Mais je ne le voudrais peut-être pas demain.

(Elle chante.)

La, la, la.

MOMUS, à la Folie.

Tu n'as pas résolu de lui donner la main ?

LA FOLIE.

Oui-dà, très-volontiers : qu'il la prenne en cadence.
(Elle chante.)

Là, la, la.
MOMUS.

Vous avez du goût pour la danse.
Oh bien ! je vais danser aussi par complaisance.
Nous verrons qui s'en lassera.
Allons gai, quelque contredanse.
(Il danse.)

MOMUS, après avoir dansé.

Ma foi, je n'en puis plus.

LA FOLIE, au Carnaval.

A toi, mon gros bedon,

Viens.

LE CARNAVAL.

Je ne danse point.

LA FOLIE.

Un petit rigaudon :

Je t'en aimerai mieux.

LE CARNAVAL.

Non, je n'en veux rien faire.

LA FOLIE.

Oui, vous le prenez sur ce ton !
Il vous sied bien d'être en colère !
Fi ! le vilain, le triste Carnaval !
Je serais bien lotie avec cet animal !
Est-ce donc en grondant que tu prétends me plaire?
Va, je renonce à l'union,
Et j'ai mauvaise opinion
D'un Carnaval atrabilaire.

LE CARNAVAL.

Je ne le suis que par réflexion.

LA FOLIE.

Eh ! quand on se marie, est-ce qu'il en faut faire?

LE CARNAVAL.

Jeune, folle, et d'humeur légère,
Avec esprit de contradiction,
Ma divine moitié, soit dit sans vous déplaire,
Vous me semblez un peu sujette à caution.

LA FOLIE.

D'accord. Rien n'est conclu, veux-tu rompre la paille?

SCÈNE IV.

Ce n'est point un affront pour moi que tes refus.
  Je m'en moque; et voilà Momus,
  Qui, tout dieu qu'il est...

MOMUS.
              Tout coup vaille.
  Je suis toujours prêt d'épouser;
Et j'enrage en effet de voir que la Folie,
    Trop facile à s'humaniser,
    S'encanaille et se mésallie,
Et qu'un simple mortel prétende en abuser
    Jusqu'au point de la mépriser.
Monsieur du Carnaval...

LE CARNAVAL.
              Chacun sait son affaire,
  Monsieur Momus. Personne, que je croi,
  Dans tout pays n'est instruit mieux que moi
Des bons tours qu'aux maris les femmes savent faire;
Et le temps où je règne est celui d'ordinaire
Le plus propre à couvrir un manquement de foi.
      Depuis que je suis dans l'emploi,
J'ai vu l'Hymen traité de gaillarde manière;
      Et ce que tous les jours je vois,
  Seigneur Momus, fait que je désespère
D'être exempté de la commune loi.

MOMUS.
Pauvre sot! Pourquoi donc songer au mariage?

LE CARNAVAL.
  Je suis amoureux à la rage,
Et ne puis être heureux sans devenir mari.

MOMUS.
  Épouse donc sans tarder davantage;
Et de l'amour bientôt tu te verras guéri.

LE CARNAVAL.
  Eh bien, soit! ferme, allons, courage;
    Je veux bien n'en pas appeler;
Et je suis trop en train pour pouvoir reculer.

LA FOLIE.
Holà, petit mari, lorsque de jalousie
    Je te verrai l'âme saisie,
    Je saurai bien t'en garantir :
Elle ne se nourrit que dans l'incertitude;

Et moi, qui ne sais point mentir,
Si je fais par hasard quelque douce habitude,
Pour te tirer d'inquiétude,
J'aurai soin de t'en avertir.

LE CARNAVAL.

Grand merci.

MOMUS.

Rien n'est plus honnête.

LA FOLIE.

Je suis franche.

LE CARNAVAL.

Achevons la fête,
Au hasard de m'en repentir.
Je sais le monde, et ne suis pas si bête
Que, lorsqu'il me viendra quelque chagrin en tête,
Je ne trouve aisément de quoi le divertir.
Allons, pour plaire à la Folie,
Que chacun avec moi s'allie.

LA FOLIE.

Il va se mettre en train. Ah! le joli garçon!

LE CARNAVAL.

M'aimeras-tu?

LA FOLIE.

C'est [1] selon la chanson.

LE CARNAVAL chante.

L'hymen en ma faveur allume son flambeau.
Je suis charmé de ma conquête.
Amour, viens honorer la fête,
Et couronner un feu si beau.

MOMUS chante au Carnaval.

L'hymen en ce beau jour t'apprête
Une couronne de sa main ;
Tu t'en repentiras peut-être dès demain.
Souvent, quoique l'Amour soit prié de la fête,
Il ne l'est pas du lendemain.

LE CARNAVAL chante.

Si l'Amour volage s'envole,
Et veut me quitter sans retour,
Viens, Bacchus, c'est toi qui console
De l'inconstance de l'Amour.

---

[1] *C'est* est omis dans l'édition originale et dans celle de 1728, ce qui fait un vers de neuf syllabes.

SCÈNE IV.

MOMUS.

La chanson est jolie.

LA FOLIE.

Oui, j'en suis fort contente.
Il me plaît assez quand il chante ;
Et, s'il ne s'était pas présenté pour mari,
J'en aurais fait peut-être un favori :
La musique me prend, j'ai du faible pour elle.

MOMUS.

On vous la donne telle quelle,
Sans y chercher trop de façon.
Allons, à votre tour ; prenez bien votre ton.

ENTRÉE.

LA FOLIE chante.

Mortels, que le sort le plus doux
Sous mon vaste empire a fait naître,
Quelle fortune est-ce pour vous,
Quand vous savez bien la connaître ?
Les plus heureux sont les plus fous ;
Gardez-vous de cesser de l'être.

ENTRÉE.

Danse en dialogue entre Momus et la Folie.

LA FOLIE.

Momus !

MOMUS.

Plaît-il ?

LA FOLIE.

Tu m'as aimée ?

MOMUS.

Un peu.

LA FOLIE.

Beaucoup.

MOMUS.

Trop tendrement.

LA FOLIE.

De toi j'avais l'âme charmée.

MOMUS

Pourquoi donc prendre un autre amant?

LA FOLIE.

J'ai dû changer.

MOMUS.
Pourquoi, je te prie?
LA FOLIE.
Pour te faire enrager.
MOMUS.
L'excuse est jolie [1] !
LA FOLIE.
Volage !
MOMUS.
Ingrate!
LA FOLIE.
Ah ! ah !
MOMUS.
Tu ris de mon tourment?
LA FOLIE.
Bon ! si j'en usais autrement,
Je ne serais pas la Folie.
MOMUS.
S'il est des fous heureux, ils ne le sont pas tous :
Et vous allez en voir un d'une espèce
Autant à plaindre...
LA FOLIE.
Qui serait-ce?
MOMUS.
Monsieur Albert.
ÉRASTE.
Ah ciel!
AGATHE.
C'est mon jaloux.
MOMUS.
Justement ; un vieux fou qui cherche sa maîtresse ;

---

[1] Ce dialogue, depuis *J'ai dû changer*, jusqu'à ces mots, *l'excuse est jolie*, est conforme à l'édition originale. Dans les autres éditions, on a ajouté quelques mots pour avoir un vers de dix syllabes et un de douze ; et on lit ainsi :

LA FOLIE.
J'ai dû changer.
MOMUS.
Et pourquoi, je te prie ?
LA FOLIE.
Pour te faire enrager.
MOMUS.
L'excuse en est jolie !

SCÈNE V.

Et cette maîtresse, c'est vous.
LA FOLIE.
Qu'il entre, je veux bien l'entendre.
AGATHE.
Eh quoi! madame, au lieu de le faire chasser...
ÉRASTE, à la Folie.
Je vous conjure, au nom de l'amour le plus tendre...
LA FOLIE, à Éraste.
Vous l'avez prise, il faut la rendre,
Mon pauvre ami.
ÉRASTE.
Rien ne m'y peut forcer.
LA FOLIE.
L'un des deux doit y renoncer;
Et le plus fou des deux de moi doit tout attendre.
ÉRASTE.
Je suis perdu, ciel!
LA FOLIE.
Non, vous y devez prétendre
Plus que vous ne pouvez penser.
Je me déclare en ceci votre amie;
Et c'est être plus fou qu'un autre, assurément,
De prendre sérieusement
Ce qu'en riant dit la Folie.
ÉRASTE.
Madame...
AGATHE.
Vous cherchiez à nous embarrasser.
LISETTE.
La chose n'était pas trop facile à comprendre.
Voici le loup-garou.

SCÈNE V.

ALBERT, AGATHE, LISETTE, MOMUS, LE CARNAVAL, LA FOLIE, CLITANDRE, ÉRASTE, CRISPIN.

ALBERT, à Momus.
Je crains de me méprendre.
A qui, monsieur, me faut-il adresser?
MOMUS.
Vous voyez votre souveraine.

LA FOLIE.

Ah! le plaisant magot! Que veux-tu? qui t'amène?

ALBERT.

Une ingrate que j'aime, et qu'un godelureau
Est venu m'enlever jusque chez moi, madame.
On m'a dit qu'elle était ici; je la réclame.
Je la vois; permettez...

AGATHE, à Albert.

Tout beau, monsieur, tout beau!
Dans vos prétentions quel droit vous autorise?

LISETTE.

Voyons.

ALBERT.

Entre mes mains vos parents vous ont mise.

AGATHE.

Ils ont fait un [1] beau coup, vraiment!
Mais, pour réparer leur sottise,
La Folie et l'Amour ont fait adroitement
Réussir l'heureuse entreprise
Qui m'a rendue à mon premier amant :
Il m'a conduite en ce lieu de franchise,
Où sans crainte on peut dire vrai :
Je l'aime autant que je vous hai.

ALBERT.

Je le vois bien.

LA FOLIE, à Agathe.

Ma favorite,
C'est parler net et clairement;
Et je suis dans l'étonnement
D'avoir une fille à ma suite,
Qui s'explique si sensément.

(A Albert.)

Sais-tu, mon bon ami, quel parti tu dois prendre?

ALBERT.

Parlez. De vos conseils je me fais une loi.

LA FOLIE.

Ou te consoler, ou te pendre.

---

[1] Dans la première édition, on lit :
Ils ont fait un *fort* beau coup vraiment!
ce qui fait un vers de neuf syllabes.

SCÈNE V.

ALBERT.

Me consoler!

LA FOLIE.

Je parle contre moi.
D'extravagant, je veux te rendre sage.
Te consoler, est le meilleur pour toi :
Te pendre nous plaît davantage.

ALBERT.

Mais, pour me consoler, que faut-il faire?

LE CARNAVAL.

Boi.

(Le Carnaval chante à Albert.)

Infortuné, veux-tu m'en croire?
Renonce aux plaisirs amoureux,
Prends le parti de boire;
Laisse là l'hymen et ses feux.
La jeunesse a seule en partage
L'amour et les tendres désirs :
Mais tu peux encore, à ton âge,
Suivre Bacchus et ses plaisirs.

ALBERT.

Parbleu, j'y veux passer le reste de ma vie,
Sans être amoureux ni jaloux.

(A la Folie.)

Madame, je vous remercie.

LA FOLIE, à Éraste.

Monsieur, de mon aveu, vous serez son époux.

ALBERT.

Le bon vin désormais sera seul mon envie;
Il faut que ce soit lui qui nous réconcilie :
Je brûle d'en boire avec vous.
Dure éternellement ma nouvelle folie!

CHANSON en branle.

Tous les mortels nous font hommage,
Les plus sages et les plus fous;
En tous lieux, tout temps et tout âge,
Aucun n'échappe à nos coups.
Lorsque l'on change, dans la vie,
De goût, d'humeur, ou de façon,
Est-ce devenir sage? Non;
Ce n'est que changer de folie.

Damon, jeune, avait la manie
De vouloir mourir vieux garçon :

A trente ans il passait sa vie
Plus retiré qu'un vieux barbon ;
Puis à soixante il se marie,
Et devient courtisan, dit-on.
Est-ce devenir sage ? Non ;
Ce n'est que changer de folie.

Un amant las d'une cruelle
Dont il essuya les refus,
Dompte l'amour qu'il a pour elle,
Et se donne tout à Bacchus :
Dans les flots du vin il oublie
L'amour qui troubla sa raison.
Est-ce devenir sage ? Non ;
Ce n'est que changer de folie.

Un blondin, à leste équipage,
Grand adorateur de Vénus,
Dissipe d'un gros héritage
Le fonds avec les revenus :
Puis à vieille riche il s'allie,
Afin de se remettre en fond.
Est-ce devenir sage ? Non ;
Ce n'est que changer de folie.

Chacun où son plaisir l'appelle
Se porte dans le carnaval,
Soit au jeu, soit près d'une belle,
L'un au cabaret, l'autre au bal.
Vous venez à la comédie,
Quand un opéra n'est pas bon.
Est-ce devenir sage ? Non ;
Ce n'est que changer de folie.

FIN DU MARIAGE DE LA FOLIE
ET DU TOME PREMIER.

TABLE DES PIÈCES

CONTENUES

DANS LE TOME PREMIER.

———

	Pages.
Essai sur le talent de Regnard et sur le talent comique en général, par M. Alfred Michiels.	I
Tableau des formes comiques et tragiques.	XXXI
Bibliographie des ouvrages concernant le rire et le comique.	XXXV
Notice sur Regnard, par A. Beuchot.	XXXVII
Recherches sur les époques de la naissance et de la mort de J.-F. Regnard, par M. Beffara.	XLIII
Notice sur Regnard.	1
Voyage de Flandre et de Hollande.	9
Voyage de Danemarck.	24
Voyage de Suède.	29
Réflexions.	44
Voyage de Laponie.	47
Voyage de Pologne.	131
Voyage d'Allemagne.	163
La Provençale.	168
Voyage de Normandie.	211
Voyage de Chaumont.	218
Avertissement sur la Sérénade.	227
La Sérénade, comédie en un acte, et en prose, avec un Divertissement.	229

TABLE DES PIÈCES.

	Pages.
Avertissement sur le Bal.	264
Le Bal, comédie en un acte, et en vers, avec un Divertissement.	267
Avertissement sur le Joueur.	296
Le Joueur, comédie en cinq actes, et en vers.	308
Avertissement sur le Distrait.	396
Le Distrait, comédie en cinq actes, et en vers.	404
Avertissement sur Attendez-moi sous l'Orme.	482
Attendez-moi sous l'Orme, comédie en un acte et en prose, avec un Divertissement.	488
Avertissement sur Démocrite.	516
Démocrite, comédie en cinq actes et en vers.	520
Avertissement sur le Retour imprévu.	590
Le Retour imprévu, comédie en un acte et en prose. . . .	596
Avertissement sur les Folies amoureuses.	628
Prologue des Folies amoureuses.	632
Les Folies amoureuses, comédie en trois actes et en vers. .	645
Le Mariage de la Folie, divertissement pour la comédie des Folies amoureuses.	693

FIN DE LA TABLE DU TOME PREMIER.

St-Denis. — Typ. de PREVOT et DROUARD.

PENDANT LA RÉACTION THERMIDORIENNE
ET SOUS LE DIRECTOIRE

PARIS

COLLECTION DE DOCUMENTS RELATIFS A L'HISTOIRE DE PARIS
PENDANT LA RÉVOLUTION FRANÇAISE
Publiée sous le patronage du Conseil municipal

PARIS
PENDANT LA RÉACTION THERMIDORIENNE
ET SOUS LE DIRECTOIRE

RECUEIL DE DOCUMENTS
POUR L'HISTOIRE DE L'ESPRIT PUBLIC A PARIS

PAR

A. AULARD
PROFESSEUR A L'UNIVERSITÉ DE PARIS

TOME IV
DU 21 VENTOSE AN V AU 2 THERMIDOR AN VI
(11 MARS 1797 — 20 JUILLET 1798)

PARIS

| LIBRAIRIE LÉOPOLD CERF | LIBRAIRIE NOBLET |
| 12, RUE SAINTE-ANNE | 13, RUE CUJAS |

MAISON QUANTIN
7, RUE SAINT-BENOIT

1900

www.ingramcontent.com/pod-product-compliance
Lightning Source LLC
Chambersburg PA
CBHW061735300426
44115CB00009B/1224